黑龙江历史文化研究工程项目（CBZZ2201）

卜键 著

黑龙江纪事

内河·界河·掐头去尾的大河

生活·讀書·新知 三联书店

Copyright ⓒ 2024 by SDX Joint Publishing Company.
All Rights Reserved.
本作品版权由生活·读书·新知三联书店所有。
未经许可，不得翻印。

图书在版编目（CIP）数据

黑龙江纪事：内河、界河、掐头去尾的大河 / 卜键
著. —北京：生活·读书·新知三联书店, 2024.8
ISBN 978-7-108-07869-8

Ⅰ.①黑⋯ Ⅱ.①卜⋯ Ⅲ.①黑龙江流域－地方史
Ⅳ.① K293

中国国家版本馆 CIP 数据核字 (2024) 第 108280 号

特约编辑	聂金星　王　伊
责任编辑	张　龙
装帧设计	康　健
责任校对	张国荣
责任印制	卢　岳
出版发行	生活·讀書·新知 三联书店
	(北京市东城区美术馆东街22号　100010)
网　　址	www.sdxjpc.com
经　　销	新华书店
印　　刷	北京隆昌伟业印刷有限公司
版　　次	2024 年 8 月北京第 1 版
	2024 年 8 月北京第 1 次印刷
开　　本	635 毫米 × 965 毫米　1/16　印张 40.5
字　　数	511 千字　图 75 幅
印　　数	00,001－10,000 册
定　　价	128.00 元

(印装查询：01064002715；邮购查询：01084010542)

并不高峻的蒙古国肯特山，成吉思汗崛起之地，黑龙江的南北两源皆发脉于此

克鲁伦河的蛇曲，黑龙江南源（亦称西源）额尔古纳河之上游

黑龙江正流，中间低岭前为额尔古纳河与石勒喀河交汇处

黑龙江上游也有大弯曲，且不止一处

俄罗斯阿穆尔州的土著老猎人,他的狗应属于当地品种,三姓衙门向朝廷的贡品中就有"敢于攻击的小花狗"

俄罗斯滨海边疆区的一位土著老人,仍然从事狩猎、钓鱼与采参

俄罗斯哈巴罗夫斯克(伯力)州的原住民女孩,据称当地人多信奉萨满教

俄罗斯哈巴罗夫斯克(伯力)州的老年土著女子,身穿民族传统服装

雅克萨对面中国一侧的古城岛，曾被沙俄侵占，迭经交涉始得收回，笔者登临时豆棵茂密

永宁寺塔（1868年刊）

康熙戎装像

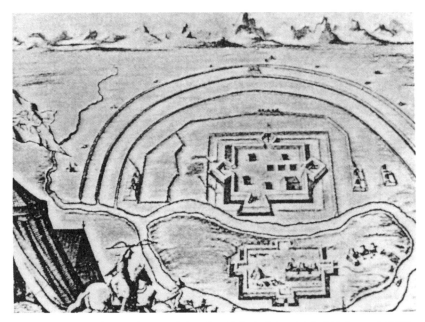

雅克萨之战时的对垒图，上方的哥萨克堡寨已被清军环围；下方即古城岛，上有清军红衣炮城和驿站

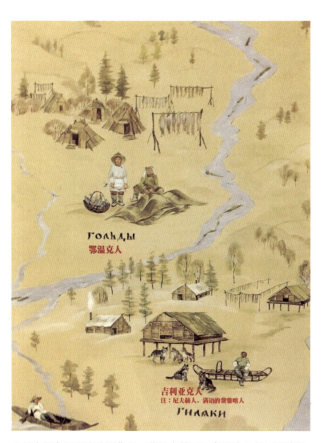

生活在黑龙江两岸的原住民,节选自俄国画家所绘黑龙江流域图,布拉戈维申斯克(海兰泡)博物馆藏

俄国人绘制的尼布楚城和黑龙江北源地域图,聂金星译注

俄国人绘制的清军进剿雅克萨图,中下方河流环绕的椭圆形地块即古城岛

俄廷曾打算在黑龙江设立总督区,此为阿尔巴津(雅克萨)城徽

涅维尔斯科伊像

穆拉维约夫像

瑷珲城临江处的海关旧址,应也是沙俄军政官员的登临之地

大肆兴建中的布拉戈维申斯克(海兰泡),凯旋门已然矗立于江畔

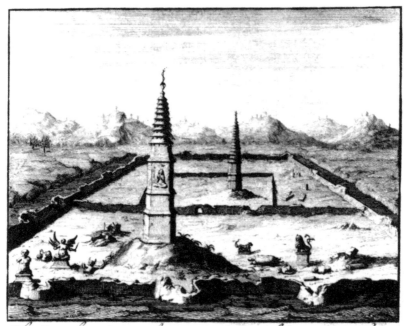

十七世纪荒废的鞑靼石城

特林岬,载于《黑龙江和乌苏里江影集》第一册,第13页

目　录

引子：谁来为黑龙江写一首歌　1

第一章　在江之源　1
　一　大辽的移民与遗民　2
　二　"维此金源"　4
　三　五国头城　9
　四　斡难河的库里勒台　12
　五　吉林船厂　16
　六　爱新觉罗的故乡　21
　七　招抚与掳掠　24
　八　巴尔达齐和博穆博果尔　27

第二章　沙俄的东扩　33
　一　叶尔马克的锁子甲　34
　二　一路向东的城堡　38
　三　寻找贝加尔湖　40
　四　黑龙江的诱惑　43
　五　第一支哥萨克匪帮　45
　六　哈巴罗夫　49

七　松花江保卫战　　53
　　八　宁古塔将军巴海　　56

第三章　康熙之"算"　　62
　　一　叶尼塞斯克远征队　　62
　　二　根特木尔叛逃事件　　65
　　三　第一次东巡　　68
　　四　雅克萨小史　　70
　　五　更东的东巡　　74
　　六　郎谈之谈　　77
　　七　天使节的杀戮　　82
　　八　黑龙江城　　85

第四章　剑指雅克萨　　91
　　一　将军萨布素　　91
　　二　到雅克萨割庄稼　　95
　　三　黑龙江水师　　99
　　四　克复何轻易　　102
　　五　卷土重来的罗刹　　107
　　六　从扑剿到长围　　111

第五章　回望尼布楚　　117
　　一　全权大使戈洛文　　117
　　二　两个信使　　120
　　三　钦差索额图　　122
　　四　准噶尔之叛　　125
　　五　浩荡开来的大清舰队　　128

六　精细与粗放　131
　七　"自古以来"　134
　八　尼布楚之殇　136

第六章　东北无战事　142
　一　屯田之艰　142
　二　一路后撤的将军府　146
　三　噶尔丹军中的大鼻子　151
　四　越境与盗猎　154
　五　"威伊克阿林"之谜　158
　六　萨布素案件　162
　七　大帝与大帝的隔空对话　165
　八　舅舅隆科多　170

第七章　乾隆的尊威　178
　一　跪出个上国风范　178
　二　留学生弗拉迪金　181
　三　"借道"黑龙江　185
　四　嘴炮轰鸣　188
　五　一份机密的侵华作战方案　192
　六　弘历的问号　196

第八章　戈洛夫金使团　201
　一　对黑龙江的新图谋　201
　二　沙皇的大礼　205
　三　潜入江口的"科考队"　208
　四　大使有点儿学者化　212

五　库伦交锋　216

　　六　拿破仑这样说　220

第九章　祸起河口湾　226

　　一　库页六姓　226

　　二　南库页的沙俄"占领军"　230

　　三　间谍间宫　234

　　四　闯入的"贝加尔号"　237

　　五　幸福湾的彼得冬营　240

第十章　只需要几个楔子　246

　　一　穆拉维约夫前传　246

　　二　前省长的控告　250

　　三　西伯利亚谍影　254

　　四　哨所改名零售店　257

　　五　清朝的将军　260

　　六　侵入性地理勘察　263

　　七　进占奇吉　267

　　八　攫取库页岛　271

第十一章　俄舰闯入黑龙江　276

　　一　穆督的战争准备　277

　　二　闯进一支沙俄船队　279

　　三　初战堪察加　284

　　四　叶名琛的情报　288

　　五　尼古拉一世之死　291

　　六　再闯黑龙江　295

七　冻在江上的公使　298
　八　别了，涅维尔斯科伊　301

第十二章　1856：清廷与俄廷　307
　一　两个朝廷的同与异　307
　二　"奕"字辈将军　310
　三　一个十二月党人之子来库伦　314
　四　由通航到强占　317
　五　卧底的达喇嘛　321
　六　死亡撤军路　324
　七　穆督摔官帽　328
　八　增设一个"滨海省"　331

第十三章　南雨北云　337
　一　列强在白河有个约会　337
　二　讹诈的事儿绝不缺席　341
　三　公使吃了个大窝脖　344
　四　"我等不敢不据实奏闻大皇帝"　348
　五　一个美国佬到瑷珲　352
　六　"阿穆尔防线"　355

第十四章　《瑷珲条约》出笼记　361
　一　普公使的韧劲儿　361
　二　奕山接奉密旨　364
　三　主随客便　368
　四　将星翻作客星单　371
　五　令无缓急　375

六　逼签　378
　　七　英诺森大主教　382
　　八　报喜城　385

第十五章　另一个谈判现场　391
　　一　前度普郎今又来　391
　　二　外兴安岭的两条尾巴　394
　　三　强盗遇上强盗　398
　　四　大沽口陷落　401
　　五　耆英的背影　405
　　六　抢签《中俄天津条约》　408

第十六章　"共管"是一个梗　414
　　一　普提雅廷"馅饼"　414
　　二　阿木尔斯启　417
　　三　庙街"旧碑"　421
　　四　枷示外夷的吉拉明阿　425
　　五　彻卜勒幅的非正常死亡　428
　　六　"该人禀性难移"　431

第十七章　小伊与《中俄北京条约》　437
　　一　带上"黑龙江舰队"去中国　437
　　二　谁先开的炮　441
　　三　肃大人的气势　444
　　四　函馆谈判　448
　　五　小伊的小把戏　452
　　六　两面人　455

七　进入安定门　459

　　八　最后缔结的密约　462

第十八章　武力扩张的升级版　467

　　一　"骗人者必受骗"　467

　　二　强拆乌鲁苏木丹卡伦　471

　　三　乌苏里卡伦的冬夜　474

　　四　奕山的罪与罚　478

　　五　惨淡经营　481

　　六　"我在苦撑"　485

　　七　乘人景淳　489

　　八　珲春划界　492

第十九章　大地与金沙　498

　　一　洛古河卡伦　498

　　二　"夹心滩"之争　501

　　三　金沙的诱惑　504

　　四　"极而吐加共和国"　508

　　五　清剿金匪　511

　　六　收回黑顶子　515

　　七　潜入俄境的书生　518

　　八　"金圣"李金镛　521

第二十章　瑷珲的庚子年　527

　　一　修铁路的竞赛　527

　　二　甲午战争中的"奇字营"　530

　　三　从调停到借款　534

四　一份密约　537

　五　大屠杀　541

　六　寿山将军的献祭　545

第二十一章　恢复何艰难　551

　一　千回百折程德全　551

　二　一个战胜国的"十年隐忍"　554

　三　交战与交涉　557

　四　重建瑷珲城　561

　五　"六十四屯遗迹在"　564

　六　彼岸的革命　568

　七　庙街事件（上）　571

　八　庙街事件（下）　574

尾声　580

主要参考书目　584

跋　593

引子：谁来为黑龙江写一首歌

世上的爱似乎有无限多的缘由，也会与艰辛经历相牵结。譬如在中原长大的我，少年时在黑龙江待过一年多，是以当鸿谷兄邀约为《三联生活周刊》开专栏，便提出以清代的黑龙江为题。这个连载持续了三年，其后的增删补缀差不多两年，告竣之际，在"知乎"读到一篇亲历黑龙江的文章，说是从共青城乘船往靠近河口湾的尼古拉耶夫斯克（庙街）时，用耳机听着一首《阿穆尔河的波涛》。我急到网上浏览，见音像甚多，亦译作《黑龙江之波》，抒情细腻复雄浑壮阔，是我们熟悉的《喀秋莎》的韵味，兼有着军乐的激越节奏。

真的很羞愧，我在此前全不知晓有这样一首歌，遂托精晓俄文的小友聂金星详查来历。金星职事繁忙，熬夜厘清端绪，并将歌词重译一过。不去详述了，仅知《阿穆尔河的波涛》从乐曲到歌名、歌词都经过多次修改，"二战"时在前线苏军中极受喜爱。我蓦地想到《我的祖国》，其是电影《上甘岭》插曲，是志愿军女护士在坑道中对伤员的轻唱，是令无数国人热泪盈眶的"一条大河波浪宽"。词作者没有特指是中国的哪一条江河，却难以涵盖黑龙江，那里没有"风吹稻花香两岸"的景色，且对岸也早已另有所属。

很多江河都有自己的歌，国内名作如《黄河大合唱》《长江之歌》《松花江上》《乌苏里船歌》，皆令人耳熟能详，可我一下子却找不到专属黑龙江的乐歌。

带着疑惑，我发微信请教在黑龙江的朋友，他们传来一些与之有所关联的歌曲，也带着遗憾告知并无特别有影响的。音乐无国界，若说传唱久远和具有国际影响的，应还数《阿穆尔河的波涛》，开篇即一派恢宏壮阔——

> 阿穆尔河泛起层层波浪，
> 西伯利亚风儿随之歌唱。
> 岸上松林沙沙响，
> 波涛滚滚
> 奔腾啊向前，
> 这般浩浩荡荡。
> ……

俄罗斯从来不缺少优秀诗人，大约也没有谁会否认，《阿穆尔河的波涛》真的很雄浑，很有激荡情怀的力量，很黑龙江。而后面的一些歌词，又会使我们心里觉得别扭，如：

> 浩荡啊苍茫大河，
> 我们守卫他的安宁。
> 战舰冲向前，
> 波涛滚滚也向前：
> 咆哮啊，亲爱的大河。
> 咆哮着浩浩波涛，
> 汹涌激荡起
> 我们苏维埃自由疆土的荣耀。

那感觉，那气势，与1854年夏总督穆拉维约夫率沙俄船队硬闯黑龙江何其相似？而且，在黑龙江北源石勒喀小镇为外贝加尔哥萨克军举行的开航集会上，就曾吟唱过近似的诗歌；他们在进入黑龙江正流时停驻欢呼，痛饮江水，随行的伊尔库茨克乐队也演奏过近似的乐曲。而且，好像这条大江从上到下，从左到右，整个儿与中国无关了。

江河无言。

在东北亚的丰饶大地上，黑龙江流淌了已不知多少年，浪花淘尽英雄，也将曾经殷红的血沫荡涤净尽，了无痕迹。她在漫长岁月中为我国的内河，后来成为中俄界河，成为一条掐头去尾的河，令人慨叹！本人乃普希金、托尔斯泰、契诃夫等伟大俄罗斯作家的铁粉，对流放于西伯利亚的十二月党人（以及他们忠贞不屈的妻子）亦满怀敬意，本书的写作并非翻旧账、拉仇恨，而是试图拣拾和聚拢那些个文档碎片，追寻历史的真相，以获取认知与鉴戒。借用孔尚任在《桃花扇·小引》中的说法，是叩问黑龙江左岸与上下游大片国土的丧失，"隳于何人？败于何事？消于何年？歇于何地？"。

谁来为我们的黑龙江写一首歌？

第一章　在江之源

世界上所有的大江大河皆接纳众水，黑龙江亦然。从道理上讲，大小支流都可算作江水的来源。松花江乃黑龙江在中国境内的最大支流，出自满洲圣山长白山天池，清初诸帝称之为江源，称两江合流后为混同江，甚至直接将之呼为松花江，自也不难理解。

而后世论黑龙江源头，主要是南北两源说：南源由额尔古纳河一路上溯至呼伦池、克鲁伦河，北源为石勒喀河＋音果达河＋鄂嫩河，都出自今蒙古国境内的肯特山东麓。前不久读齐格勒的《黑龙江》，记述其前往鄂嫩河探源之所见："两条流在砾石岬角两边的小溪，就在这处海拔六千七百英尺的高地，在岬角尖端自然相会。"[1] 那是成吉思汗的故乡，是蒙古帝国的发祥地，学界多指为黑龙江之正源。齐格勒以较多篇幅写铁木真历尽危难的崛起，也暗示蒙古大军的西征与沙俄的东扩冥冥中似有关联，却没有去分水岭另一侧的克鲁伦河源寻访。其实对逐水草而居的游牧民族而言，故乡是个较广阔的区域概念，克鲁伦河也是铁木真家族世代生存繁衍、遭遇困厄和振作兴发之地，缘此被称为"蒙古人的母亲河"。

由江之源，自然会联想到生活在此一地域的各民族，而因其先民多不立文字，在早期史籍中记载极少。得益于近现代的考古发掘，可知沿江两岸在旧石器时代已有人类活动。他们是从哪里来的？说法不一，笔者以为金毓黻先生的"南来说"较有说服力。先秦时期，东北主要部族已程度不同地与中央王朝交往，而随着鲜卑族建立北魏，契丹族建立辽，女真族建立金，蒙古族建立元，北方民族的铁骑一次次冲向中原，也使这条大河的地位渐形凸显。四百年前，女真族再次雄起，将"白山黑水"作为大清的根本之地，也作为补充兵员的地方，目标则是大明的帝京，是温暖富庶的中原和江南。东北部族的又一次大迁徙开始了，随之而来的是哥萨克的侵入，是黑龙江上下罗刹堡寨的出现……

一　大辽的移民与遗民

在汉族文人的笔下，黑龙江流域常被描绘成僻远空旷的苦寒之地，其实两岸部族众多，名称也令人眼花缭乱，如索伦、通古斯、野人女真，如室韦、鄂温克、达斡尔、鄂伦春、锡伯、赫哲、费雅喀、奇勒尔……既有民族的概念，也有部落联盟与氏族的内涵，又因历史演进而变乱游移、融汇掺杂，颇不易理清端绪。或也正由于此，可证自古以来就有大量华夏先民在黑龙江流域繁衍生息，证明这条流过东北之地的大河，与黄河、长江一样，都是中华民族的母亲河。

生活在黑龙江两岸的各个大小族群，隐约可见肃慎、靺鞨等古老民族的传衍，可见鲜卑、契丹、女真、蒙古等开创帝业之皇族遗胤，若往远古上溯，黑龙江流域的初民究竟来自何方？俄国汉学家希罗科戈罗夫基于文化人类学的考察，认为"应该到中国本部去寻找通古斯人的发源地"[2]，并说其体质类型可以在华北、华东汉人中找到。前辈学者金毓黼的研究更为具体，勾勒出一个可能的迁徙路线：山东半岛—登州—旅顺，再播迁于黑龙江两岸。他推测那时的海平面较低，"自登州与旅顺间，可成一脊，以为由山东通于辽东之捷径"，认为"古之肃慎族当起于山东半岛，再由登州之海中之脊而移居于东北"。[3]这一说法得到考古学的有力支撑，不管是旧石器时代晚期的石片文化，还是更晚的楔形石核文化，在黑龙江的考古发掘中皆有发现，从而推导出"由华北地区迤逦北进的古人，有的向西伯利亚、北美阿拉斯加和日本北海道继续蔓延"。[4]往古幽眇,情景已无法再现,难以想象那是怎样的一种坚忍、执着和无畏,又经历了怎样严酷的岁月和漫漫长途。

在隋唐典籍中,黑龙江通常被叫作"黑水""黑河",应来源于当地部民的称呼,应也与唐朝设立黑水军、黑水都督府相关联。至辽代已有"黑龙江"之名,显示出辽人对这条大河的熟悉,应也意味着耶律氏对龙图腾的文化认同。当其盛时,纵兵攻灭渤海国,继而挥师向南,先击后唐,复灭后晋,在开封宣布国号为"大辽"。黑龙江上中游的室韦、女真、奚等部落多被慑服或打服,纷纷归顺。契丹统治者整合国内丁壮,向南攻城略地,也将占领区的男女人口大量迁徙至本土(称"内地")。金毓黻《渤海国志长编》有《宗臣列传》《诸臣列传》《遗裔列传》,记载了这个"海东胜国"之君臣群奔高丽的情形,而更多的则被掳掠为"俘户",集体西迁,造成黑龙江下游居民的大量流出。至后晋覆灭,少帝石重贵奉表求降,得封"负义侯",与皇室成员等被押解北行,忍饥挨饿抵达黄龙府,不久又被命前往西北千余里的怀州,最后被安置在建州,辽朝划出五十多顷土地,让他们耕种自食。那里距后来努尔哈赤率部起事之地甚近,却不知那些个质朴骁勇的开国将领中,有谁是后晋皇族的血胤?

后晋是一个短命王朝,至于契丹建立的大辽,则享国两百多年。及其衰微,内而兄弟阋墙,外而强敌逼临,节节败溃,帝国沦亡的过程也是无比悲惨。元人所纂《辽史》,素以简陋见讥,而读其《天祚帝纪》,仍能见出大辽覆亡时的离散悲情:

> 辽起朔野,兵甲之盛,鼓行塞外,席卷河朔,树晋植汉,何其壮欤?……降臻天祚,既丁末运,又缺人望……金兵一集,内难先作,废立之谋,叛亡之迹,相继蜂起。驯致土崩瓦解,不可复支,良可哀也![5]

回视历代王朝之兴盛废灭,哪一个不是如此呢?

天祚帝耶律延禧至众叛亲离之际,想投奔西夏,过沙漠时猝遇金兵追来,徒步逃出,历尽饥寒,于保大五年(1125)二月被拿获,数月后死去。在此之前,皇子耶律淳在燕京被拥立,建立北辽,不久亦覆灭;而能臣耶律大石率部出逃,建立西辽,后来又有了东辽与后辽等,竟将大辽皇祚又延续了一百八十多年。辽人西迁,一路上走走停停,恶战接着恶战,终得在中亚的楚河流域落定,定都虎思斡耳朵(今吉尔吉斯斯坦托克玛克附近布拉纳城)。后蒙古攻灭其国,西辽贵族又辗转进入今伊朗之地,建立了后西辽小政权,1309年始被伊尔汗国吞并,当年那些契丹族人也随之消散,不知所踪。

一个王朝的败亡,不仅仅是政权的分崩离析,还意味着属民的四处漂泊逃散。大辽遗民中也有不少携家向东向北播迁,到了黑龙江左岸,达斡尔族即其一。近人郭克兴《黑龙江乡土录·部族志》,称:"大贺本系姓氏,唐时契丹君长为大贺氏,玄宗以后遥辇氏继之,唐末始移于耶律氏",至乾隆四十六年(1781)敕撰《辽金元三史国语解》,依据《八旗满洲氏族通谱》,"易大贺为达呼尔"。[6]由于史料的严重匮乏,我们对许多历史留白处难以填补,关于大贺是否辽代"三耶律"、达斡尔是否大贺遗裔也存在争论。所可确知的是,辽亡之后,一批遗民辗转抵达黑龙江左岸,开荒造房,定居下来。这里要感谢陈述先生等一批史学家的努力,他们考索钩稽,根据语言、族群传说及生活习俗与辽代契丹人有相同的特点,认为达斡尔族的祖先是契丹人的一支,于金灭辽时北迁至黑龙江左岸,发展为达斡尔族。

二 "维此金源"

几乎所有部族的长途播迁,都会遭遇种种意料难及的天灾人祸,大自然的雨雪冰霜与山川险隘，世仇或沿途部落的阻击袭扰，无不造成大量减员。而黑龙江流域看似辽阔空寂，实则早已各有所归属，当地各民族、部落、氏族之间虽无精确分界，却也有着一个大致的势力范围。达斡尔能在左岸定居下来，设想会经过较长时间的摩擦磨合，方能换来和平共处的局面。

黑龙江上下的大辽羁縻之地，后来尽入大金，鄂温克、鄂伦春、达斡尔等部族也都成为金朝的子民。女真统治者目光向南，悍然侵入曾联手灭辽的"友好邻邦"宋朝，似乎不太顾得上经略极北的江左地区。而"羁縻"一词作为政治术语，近似于先秦典籍中的"要服""荒服"[7]，既是一个主权概念，也意味着管理相对松散，以民族自治为主。唐朝在边疆少数民族地区设羁縻州，"因其俗以为治"，为后世所效法，对黑龙江流域的治理模式大体如此。但在金朝帝王的眼里，由于发祥地距黑龙江较近，看法应有些不同。《金史》开篇先简述完颜部之来源，"金之先，出靺鞨氏。靺鞨本号勿吉。勿吉，古肃慎地也"，接下来简述民族发展史：

> 黑水靺鞨居肃慎地，东濒海，南接高丽，亦附于高丽……开元中，来朝，置黑水府，以部长为都督、刺史，置长史监之。赐都督姓李氏，名献诚，领黑水经略使。其后渤海盛强，黑水役属之，朝贡遂绝。五代时，契丹尽取渤海地，而黑水靺鞨附属于契丹。其在南者籍契丹，号熟女直；其在北者不在契丹籍，号生女直。生女直地有混同江、长白山，混同江亦号黑龙江，所谓"白山黑水"是也。[8]

短短一段，容纳了数百年之痛史，谁强就服从谁，其间有多少屈辱与不甘，尽在不言中。这里的"白山黑水"，意味着本族繁衍生息的世居之地，再细读之，则知此处的黑水主要指黑龙江中下游，即松花江汇入后的江段。从今天的同江市向下，黑龙江才获得混同江的别号，而对黑龙江中上游部族，新生的金朝仍以羁縻为主。

松花江流域是传统的肃慎地域，也是完颜部的家乡。唐代的完颜部属于黑水靺鞨，隐忍数百年，待阿骨打横空出世，终于率领族人打拼出一片天地。元至正四年修成《金史》，新相阿鲁图上表进呈，用一段话简括金朝之勃兴，曰：

> 维此金源，起于海裔，以满万之众，横行天下；不十年之久，专制域中。其用兵也如纵燎而乘风，其得国也若置邮而传令。……非武元之英略，不足以开九帝之业；非大定之仁政，不足以固百年之基。[9]

女真人兴立大金，以为国号，此文不曰"金"而称"金源"，也是采用金人的说法。查《金史·地理志上》："上京路，即海古之地，金之旧土也。国言'金'曰'按出虎'，以按出虎水源于此，故名金源。建国之号盖取诸此。"海裔有边远之义，而海古则指有"大海沟""小海沟"之名的海古水，是阿骨打的四世祖绥可携家迁徙的地方，听起来气派，却是一条不长的小河。

海古水流入按出虎水（清代称阿拉楚喀河），再汇入松花江，算起来乃黑龙江支流的支流的支流，却被称为金源，内蕴着对其祖宗千里播迁、定居发祥的纪念。此地离大辽鹰路很近，对于女真的反叛，宋人大多归因于辽帝追索海东青，以及银牌使者在鹰路上的胡作非为。洪皓《松漠纪闻》称：

> 大辽盛时，银牌天使至女真，每夕必欲荐枕者。其国旧轮中下户作止宿处，以未出适女待之。后求海东青，使者络绎，恃大国命使，惟择美好妇人，不计其有夫及阀阅高者。女真浸忿，遂叛。[10]

这里所说的"女真",包括完颜部,也有其他居于松花江流域的部落。那些过往的监鹰使者摆谱和作践当地人会有的,但每晚都要女真姑娘陪睡吗?未见金人记载,怕也是出于宋朝使者的耳闻。有关鹰路的记述多出自大宋使臣,常将道听途说之事加以渲染,一则要拣一些皇上爱听的,臆想与夸大之词在在有之;二则耸人听闻,能引发大家的好奇心。这应是历朝出使者的惯行手法,也不限于中国,应加以辨察。

在《契丹国志》中,叶隆礼提供的是另一种说法:

> 女真东北与五国为邻,五国之东邻大海,出名鹰,自海东来者,谓之"海东青"。……辽人酷爱之,岁岁求之女真,女真至五国,战斗而后得,女真不胜其扰。及天祚嗣位,责贡尤苛。又天使所至,百般需索于部落,稍不奉命,召其长加杖,甚者诛之。诸部怨叛,潜结阿骨打,至是举兵谋叛。[11]

宋人陈均在《皇朝编年纲要备要》政和四年的小注中也有近似文字[12]。两书都写到海东青,写收鹰使者之凶横,却未提"荐枕"之说。有一点值得注意:说是辽廷向女真索要名鹰,女真再去五国部以武力博取,年年为此而战斗。

鹰路应不仅是一条掠夺和凌暴之路,其对于东北边远地区的开发、三江流域各部族的发展,对于女真部落的勃兴,皆有着不容忽视的推助作用。发生于这条道路的袭扰拦截,也不一定都出于反抗暴政的民意,更多地在于附近部落酋长的利益考量。早在辽国强盛时,如辽道宗咸雍八年(1072),"五国没撚部谢野勃堇畔辽,鹰路不通",阿骨打的祖父乌古迺任节度使,带着本部人马前往讨平;大安三年(1087),鹰路又出现状况,"纥石烈部阿阁版及石鲁阻五国鹰路,执杀辽捕鹰使者",完颜部节度使盈歌遵辽帝之谕率兵进击,解救了几名幸存的辽使。[13]而就是这个数代为大辽护路的完颜部,这位兵不满千的部族领袖盈歌,为

第一章 在江之源

巩固一方霸主地位，曾亲自导演了一次阻断鹰路事件：

> 乃令主隈、秃答两水之民阳为阻绝鹰路，复使鳖故德部节度使言于辽曰："欲开鹰路，非生女直节度使不可。"辽不知其为穆宗谋也，信之，命穆宗讨阻绝鹰路者，而阿踈城事遂止。[14]

先命人假装断路，引发辽廷忧急和关注；再率部众到那里转一圈儿，回奏鹰路已畅通。辽帝大喜，以打通鹰路予以赏赐。盈歌又让人将赏赐之物送给主隈、秃答二部，威望与控制力与日俱增。

大金崛起后势不可当，1125年灭辽，俘获天祚帝后封其为滨海侯，安置在东海女真的地面上，是为了便于掌控；而其在内地每打下一座城市，也会强迫大批汉人赶往上京会宁府，以充实"金源内地"。对于辽朝降人尤其是归附新朝的黑龙江上游部族，阿骨打采取的是安抚政策，曾说："自破辽兵，四方来降者众，宜加优恤。自今契丹、奚、汉、渤海、系辽籍女直、室韦、达鲁古、兀惹、铁骊诸部官民，已降或为军所俘获，逃遁而还者，勿以为罪，其酋长仍官之，且使从宜居处。"[15]也就是以各居原处为主。

金代立国一百二十年，传十帝，基本国策是向南发展，争夺中原和江南富庶之地。由于族人较少，在金廷的提倡和主导下，不仅是一路南征的军中将士，也不仅仅那些宗室勋戚与各类官吏，普通女真人也大量举家南迁。《金史·地理志》曰："金之壤地封疆，东极吉里迷兀的改诸野人之境。"彼时"野人之境"属于上京胡里改路，金廷称为"内地"，后见村墟空寂，据说也曾由被占土地迁徙数十万辽、宋百姓予以充实。

那里的部族被称作兀的改或乌底改，并非一味顺服金朝的统治，也曾出现过激烈反抗。开国功臣阿离合懑的次子完颜晏，就曾率舟师前往平叛：

> 天会初，乌底改叛。太宗幸北京，以晏有筹策，召问，称旨，乃命督扈从诸军往讨之。至混同江，谕将士曰："今叛众依山谷，地势险阻，林木深密，吾骑卒不得成列，未可以岁月破也。"乃具舟楫舣江，令诸军据高山，连木为栅，多张旗帜，示以持久计，声言俟大军毕集而发。乃潜以舟师浮江而下，直捣其营，遂大破之，据险之众不战而溃。月余，一境皆定。[16]

可知当时黑龙江下江地区人烟较为密集，部族武装颇有战斗力，也未因同源同种甘受统治，金军经过激战始得平定。

三 五国头城

"五国城"之说，来源于辽代的"五国部"，即生活于黑龙江流域的五个较大部落的城寨，为越里吉、奥里米、剖阿里、盆奴里、越里笃，名称齐全，具体方位与规模却大都杳渺难寻。一般以为，清代的三姓城（今依兰）为五国头城旧址，亦即北宋徽、钦二帝最后的流放地。宋人将之称为"北狩"，其实就是战胜国将战俘安置到大后方，也可视为一批强制性移民。北宋沦亡，太上皇赵佶和皇帝赵桓、所有在开封被抓到的皇室成员，以及众多大臣近侍被金兵押解北行，沿途尸体狼藉，极其凄惨。古汉语之精妙，常显得内涵繁复，如一个"狩"字，可以指打猎，亦特指帝王冬猎，可以称天子巡查诸侯国，也可以作为帝王出逃、被俘的婉辞。

那是在靖康二年（1127）四月，金军统帅粘罕、斡离不奉旨将宋朝君臣押送燕京。金人的情报工作极佳，抓捕拘禁堪称计划周密，除了派往河北的康王赵构，大宋皇室几乎被一网打尽。岳飞的《满江红》不是有一句"靖康耻"吗？其耻辱与苦难真是难以言表。将近一万五千名俘虏被分作七批，已禅让的宋徽宗在第四批，钦宗则在最后一批，几经辗转播迁，愈行愈北，四年后始得定居在五国城，据说只剩得一百四十多人。他们是从金上京乘船前往的，沿松花江水路抵达，应无情致去欣赏北国风光，却也少了一些跋涉之苦。徽宗子女众多：幼年皇子相继死于途中，仍有十六个儿子（包括赵桓）来到此地；而离开汴京之际的二十二个皇女，以及诸子的妻妾，沿途死亡或被掳走，更是受尽凌辱，当其中一个女儿后来遭送五国城时，徽宗已于两年前死去；他还有十五个孙子、二十九个孙女，多在冲幼，只有两个男孩随众抵达，活下来的女孩也个个命运凄惨。徽宗的皇后郑氏到五国城不久就死去，而身边的九位嫔妃，流放期间又为他生了十四个儿女。

本节的标题，本想用"徽宗的后裔"，写一代天子赵佶以及他的皇子皇孙在黑龙江大地上的繁衍生息。赵佶的荒怠误国已有定评，而作为个人，仍不乏一些高贵品格：国运艰维之际被逼退位，几乎没有犹豫，颁发罪己诏，并举行禅让；内禅后本已身在江南，闻知都城危急仍然返回；回京后备遭疑忌冷落，而当钦宗身陷金兵大营，传信让他出城，则不顾劝阻毅然前往；弟弟赵俣死于北狩途中，请求运回开封安葬被拒，他便一路抱着弟弟的骨灰盒子……在五国城的最后岁月，赵佶就像一个老族长，坚持祭祀祖先，坚持在先辈的忌日举行斋戒，坚持要求子女读书，与他们一起聊天和吟诗作赋，偶尔也绘画。据说乾隆朝三姓衙门为扩建城池，挖掘出一个紫檀匣子，盛着一轴徽宗画的鹰，"墨迹如新"[17]。贫瘠匮乏是五国城的主要特色，即便他能够作画，怕也做不起紫檀匣子，这个故事似乎不太靠谱。

天会十三年（1135）四月二十一日，五十四岁的徽宗死于五国城，遗言恳请归葬中原，被拒绝后埋骨他乡，连个棺材都没有。七年后两国议和，金朝送还赵构之母韦太后，徽宗的骨殖被拣出装入灵柩，得以随同南归。此一时期，钦宗赵桓的处境也有所改善，由三品重昏侯升为二品天水郡公，合家迁至上京会宁府。这个先卖了北宋、再卖了皇父、同时也卖了自己的北宋末代皇帝，后来又被迁至燕京，存活了多年。[18]

直到明昌六年（1195）正月，金章宗还有旨"敕有司给天水郡公家属田宅"，只不知是在燕京附近，还是在上京？至于其他多数的徽宗子孙，那些个昔日的金枝玉叶，也包括剩余不多的随行臣工，则永远留在了极北之地。他们在那里娶妻生子，活着的公主也被迫嫁人，大宋皇祖的血统与女真皇族、贵族，更多的是普通百姓，融汇交流，代代繁衍，也很快消失在岁月中。

对于宋徽宗在东北大地上的遗胤，正史上一般不记，坊间有不少传言，多为附会之词。《竹叶亭杂记》卷三载：

> 黑津乃"徽钦"二字讹音也，在三姓东三千里外散处，至东海边。以鱼为生，即以鱼皮为衣，故曰"鱼皮鞑子"，或谓"黑津鞑子"，或谓"徽钦鞑子"，名异而实同也。……三姓中有民觉罗。国初之黑津秀而黠者来投，因编入旗。其人以国家有民公之封，自以为宋后，因自名为民觉罗。[19]

清初称赫哲为"黑津"或"黑斤"，此处竟以其谐音，指称赫哲族为"徽钦族"，不免太过牵强。三姓，本名和屯噶珊，意即古城屯，沿承五国城之义甚明，后因居住于此的三个赫哲姓氏改名。他们是北宋皇室的后人吗？根据搜集到的《三姓镶红旗满洲卢氏宗谱书》《三姓正红旗满洲舒穆鲁氏族谱》《葛氏族谱》，其家族历史无一能上溯太远，更不要说与徽、钦二帝扯上关系。

至于"民觉罗"之说，也见于清朝官书，如《钦定皇朝通志》记载："宗室、觉罗之外，有民觉罗氏。其族属之众者，冠以地名，如伊尔根、舒舒、西林、通颜之类散处者，上加民字以不同于国姓也。"[20]这些名目繁多的"觉罗"因地得姓，最初的出处在哪里？书中并未涉及。而姓伊尔根觉罗的铁保，嘉庆间做过礼部尚书，则声明自己的家族本姓赵，为宋代宗室之裔，《啸亭杂录》卷十载：

> 两汉以下惟宋室最为悠久。虽屡遭变迁,其业犹存,即亡国后,其后裔亦有未遭酷毒者。按野史谓元顺帝为天水苗裔,事虽暗昧未必无因也。近日董鄂冶亭制府考其宗谱,乃知其先为宋英宗越王之裔,后为金人所迁处居董鄂,以地为氏。数百年之后尚有巍然兴者,何盛德之至也。[21]

董鄂为满洲大姓,也是努尔哈赤起事时最早加入的女真部落之一,开国名将何和礼、顺康时大臣费扬古都出于该部。更为有名的是被顺治帝追封皇后的董鄂妃,演绎了一段可歌可泣的帝妃之恋。文中的"董鄂冶亭制府"即铁保,嘉庆十年至十四年任两江总督,自认乃徽宗之弟越王赵偲的后代。昭梿与铁保生活的时代同时稍晚,此文应有所依据。昭梿还说元顺帝为徽宗之后,并认为此说并非空穴来风。

金朝崛起于寒苦蛮荒之地,数十年后迁都燕京,文化上也呈现一派繁荣;而一旦政权衰微,族人死亡奔散,又渐渐回到原始状态。由大金灭宋到后金建国,差不多经历了五百年,徽宗的后裔已经难以寻觅,但肯定存在,而且不会是一个太小的数目。文明的差异从来不是一条鸿沟,进步与沦亡泯灭的速度都令人慨叹。以徽宗为代表的北宋皇族,堪称华夏历史上最有文化的宗室,流播之初必会给当地文化带来一些改良,其子孙必会尽力保存家族的记忆,却也终被雨打风吹去。

四 斡难河的库里勒台

1206年春天,在斡难河源头,已然统一蒙古各部的铁木真召集大会,竖起九脚白旄纛,被诸王和群臣推尊为"成吉思汗",意为强者之汗。原先的蒙古共主号称古儿汗,但曾享有此尊号者——败亡,萨满阔阔出提出"不宜采用此有污迹之同一称号",以故改称。[22]儒家经典将此类聚集称为"大会诸侯"或"大和会",蒙古人叫作库里勒台。铁木真在会上公布了早期蒙古法典"札撒",任命了九十五个千户的首领,加上强大的亲卫军,已超过十万铁骑。姚从吾先生认为蒙古人尚白,重九,以"九脚白旄纛"象征至高无上、幸福吉祥的可汗座旗,而因无实物流传,不详其具体形制。札奇斯钦补充为"大白旗上端悬白马尾九束",解释较为合理。[23]白色的马尾随风飞动,状若游丝,故又称"建九游白纛旗"。此次库里勒台后,蒙古骑兵挥师奔袭西夏,接下来是视为世仇的金朝,战旗所指,无不望风披靡。

斡难河为黑龙江的北源,距离同出于肯特山东麓的克鲁伦河不远,为铁木真所在部落的世居之地。克鲁伦河经贝尔湖、呼伦湖与额尔古纳河相连,是为黑龙江的南源,著名的呼伦贝尔大草原就在河之右岸,水草丰美,时有合答斤、塔塔尔、弘吉剌等部落,皆称强大。与阿保机、阿骨打的开创帝业高度近似,铁木真也是由同族兼并开始崛起的,也打着奉旨行事的旗号,也与金朝官军有过很多真真假假的合作,势力渐渐壮大,数年后掌控了呼伦贝尔。他是沿斡难河统兵东进的,却不知是否到过两源交汇的黑龙江干流?

统一蒙古各部之后,成吉思汗的作战方向是向西和向南,对这条大河似乎并未过多关注。1225年春,他在攻灭中亚强国花剌子模后率部返回,在土拉河畔的和林住下,休养生息。此时欧洲的基辅等地已被术赤率领的蒙古大军拿下,而金朝虽在中原一带苟延残喘,却失去了整个大东北。未见成吉思汗巡视黑龙江流域,这位"一代天骄"终生忙于征战,最后死在讨伐西夏的途中,没能将治理新征服的地方提上日程。控制黑龙江上中游广袤地域的,是其幼弟铁木哥斡赤巾等东道诸王,各设王府,在封地享有高度自治权。而黑龙江下游与乌苏里江迤东濒海地方为东真国,国王蒲察万奴背叛金朝自立,表面上奉蒙古为宗主国,暗地里却在悄悄做大,甚至还建立了自己的海军。窝阔台登基后有所觉察,发兵讨伐,活捉了蒲察万奴,东真国被改造为一个傀儡政权,又延续了数十年。

1271年12月，忽必烈改国号为大元，随后定都北京，再数年攻灭南宋，建立了大一统的元朝。他尊重儒学，兼采汉法，设立中书省，在地方上实施行省制，国家治理开始走上正轨。登基不久，忽必烈即遣使诏谕日本国君臣，命其降服，日人不从，甚至屠杀整个使团。元廷定议发兵征讨，在高丽设立征东行中书省，亦称都元帅府。至元十一年（1274）和十八年（1281），元军两次越海进击日本，皆不利。尤以第二次东征损失惨重，十四万大军死伤与被俘大半，其中至少有三千人来自开元路征调的女真族。忽必烈自然咽不下这口气，一直惦念着第三次东征，不光在江淮征集民船，在江南、山东和高丽制造大型海船，还"命女直、水达达造船二百艘及造征日本迎风船"[24]。至元二十年春，第三次征伐日本的军事规划启动，元廷开始调集军队，操练水师，配属在大都制造的新式火炮（回回炮），并在多地打造舰船；几乎在同时，对库页岛的征讨也展开部署，"命开元等路宣慰司造船百艘，付狗国戍军"[25]。两大军事行动的策划应有密切关联，皆指向忽必烈一直耿耿于怀的日本，一南一北，两面夹击的意图甚明。而两方面的进展都不顺利，对库页岛用兵一拖再拖，《元史》卷十三载：

> 辛亥，征东招讨司聂古带言："有旨进讨骨嵬，而阿里海牙、朵剌带、玉典三军皆后期。七月之后，海风方高，粮仗船重，深虞不测，姑宜少缓。"[26]

此奏在至元二十一年八月，忽必烈为此役不仅设立了专门机构——征东招讨司，还征调了杰出将领阿里海牙等三路大军。征东元帅府应组建于此际，"授杨兀鲁带三珠虎符，为征东宣慰使都元帅""以万人征骨嵬"。[27]至于这次征东之役的过程和细节，几乎没看到什么记述，但可确知的是：元朝大军攻占了库页岛，并在岛上长期驻军。《高丽史》

"忠烈王十三年九月"有一条记载:"东真骨嵬国万户帖木儿,领蛮军一千人,罢戍还元。"[28]蛮军,指的是汉人的军队,即前面提到的"狗国戍军"。这位帖木儿应是元朝领兵大员,被冠以"东真骨嵬国万户"的头衔,说明高丽人对东真国印象极深,也把库页岛视为东真的辖区。

黑龙江下游的"征东元帅府"位于何地?未见史料有明确记载。元代大文人黄溍《札剌尔公神道碑》作"东征元帅府",并对其所在的山川形势和居民状况有一段描述:

> 东征元帅府,道路险阻,崖石错立,盛夏水活,乃能行舟;冬则以犬驾耙行冰上。地无禾黍,以鱼代食。乃为相山川形势,除道以通往来,人以为便。斡拙、吉烈灭僻居海岛,不知礼义,而镇守之者抚御乖方,因以致寇。乃檄诸万户,列壁近地,据守要冲,使谕之曰:"朝廷为汝等远人不教化,自作弗靖,故遣使来切责,有司而存等令安其生业。苟能改过迁善,则为圣世之良民,否则尽诛无赦。"由是胁从者皆降,遁于岛中者则遣招之,第戮其渠魁,余无所问。[29]

根据这段记述,多数历史地理学者认为该帅府设在奴儿干之地,再具体一点,就是黑龙江口上溯约三百里右岸的特林。而史料匮乏,证实与证伪都不易,但疑问是难免的:既然是准备攻打库页岛,为什么要将元帅府设得那么远呢?且它并非一个普通的帅府,而是佩三珠虎符的宣慰使司都元帅府,文武属员众多,拥有数万精兵、千艘以上舰只,特林岬下河滩狭窄,水流湍急,又怎能容纳得下?

东真之地,元初作为成吉思汗幼弟斡赤巾的封地,此际为其后裔乃颜领有。乃颜对朝廷颇有异心,加上女真人对繁重徭役的不满,一场酝酿已久的变乱终于在至元二十四年四月爆发。这是一场成吉思汗子孙的大对决,乃颜联络海都等西道诸王兴兵作乱,忽必烈御驾亲征,在呼伦贝尔与叛军遭遇,乘坐的象舆遭到激烈攻击,几乎丧命。但朝廷毕竟兵多将广,又配备了新式火炮,迅速粉碎了东道诸王的叛乱,"带头大哥"乃颜被拿获摔死,尸体扔进河里。成吉思汗二弟合赤温的孙子哈丹不服,率部袭扰官军,活动范围从黑龙江上中游至下游,最后死于鸭绿江畔。之后,黑龙江上游的大部分地域,被划归岭北行省,中下游则由辽阳行省的开元路管辖。因为有不少女真人为乃颜旧部,参加了叛乱,平定后被分批流放至扬州、滨州等地屯田。而下江一带也成了流放犯人的地方,不断有些官员"杖流奴儿干之地""窜于奴儿干地"。

五 吉林船厂

在汉族文人的笔下,黑龙江与内地的距离是极其遥远的,不管上游还是中下游,都显得遥不可及、冰天雪地。而生活在那里的大小部族,像是有着天然的向心力,自远古的肃慎就注意保持与中原王朝的沟通联络,形成一种松散但亲切的贡赏关系,商周时期如此,唐宋亦然。至女真族建立了自己的王朝,横扫辽东与中原,竟将徽、钦二帝流放到黑龙江地域,可谓民族自信心爆棚。而"其兴也勃焉,其亡也忽焉"[30],百余年后金朝灭亡,女真的皇族勋贵也很快被打回原形。

明朝建立未久、都城还在南京、明军与元朝残部仍在交战之际,请求归顺的东北各部族首领已络绎于道。其中主要是前朝在辽东的官员和将领,如洪武四年(1371)二月,辽阳行省平章刘益"以辽东州郡地图并籍其兵马钱粮之数,遣右丞董遵、金院杨贤奉表来降"[31];但也有僻远部族的头领,如洪武十五年二月,鲸海千户速哥帖木儿等四个千户从女真之地来归,并提供了相关信息:

辽阳至佛出浑之地三千四百里,自佛出浑至斡朵怜一千里，斡朵怜至托温万户府一百八十里，托温至佛思木隘口一百八十里，佛思木至胡里改一百九十里，胡里改至乐浪古隘口一百七十里，乐浪古隘口至乞列怜一百九十里。自佛出浑至乞列怜，皆旧所部之地，愿往谕其民，使之来归。[32]

他们所提到的为生女真、野人女真生活的区域，自告奋勇前往招抚。至于那些个里数，仅可作为参考。而随着野人女真首领西阳哈来降，明太祖曾宣布在斡朵怜设置辽东三万卫指挥使司，后因粮饷难继等情况退回开元。

明成祖朱棣也可称一代英主，武力篡位后诸事未定，即着手经略大东北。行人司邢枢与知县张斌受命前往奴儿干地区招抚，备历艰辛，张斌病死途中，而邢枢不负使命，所至之处的女真部族酋长纷纷归附，首领把剌答哈、阿剌孙等相随入京。朱棣命设奴儿干卫，赐予来京各首领官职。此乃明朝在黑龙江下游的第一个卫所，阿剌孙等受封后衣锦还乡，起到了很好的示范作用，此后黑龙江流域各部族纷纷来归，接受朝廷封赐，很快建立起一百三十多个卫所，包括偏远的精奇里江与乌第河地区。

永乐七年（1409）闰四月，在已有众多卫所的基础上，朱棣接受黑龙江下游一些部族首领的吁请，决定设立奴儿干都司，以相统摄。都司，全称都指挥使司，明朝在内地和边疆普遍设置，"掌一方之军政"[33]，职能上则有较大差别。内地省份的都司，与布政使司、按察使司合称"三司"，负责所属卫所的管理，隶属五军都督府。而在少数民族地区如辽东都司，实行军政合一，与清朝的驻防将军衙门近似。还有一种较松散的管理模式，即以羁縻招抚为主的都司，奴儿干属于这一类。

奴儿干都司的管辖范围几乎覆盖了整个黑龙江流域，在北源有斡难河卫，在额尔古纳河与石勒喀河汇合处有木河卫，在左岸最大支流精奇里江源头有古里河卫，在外兴安岭滨海处有兀的河卫，而下江与松花江

第一章 在江之源

沿岸更是卫所密集。都司衙门所在的奴儿干，又作弩尔哥、耦儿干等，据说为满语图画之义，可知自然景色之美。黑龙江经过数千里东趋，在奇吉（又作奇集、奇咭）一带已接近大海，却被接连不断的大山阻住，转向正北、西北，至奴儿干再折向东北、正东入海。此一转弯处有一个巨石构成的高崖直插江中，后被俄人标称"特林岬"。大江的左岸，是由外兴安岭辗转流下的恒滚河（又称亨滚河、兴衮河、恨古河，俄称阿姆贡河），明朝在汇合处北侧设满泾卫，附设满泾站，是为大明驿路十五狗站的最后一站。往下还有哥吉河卫、野木河卫等卫所，越过河口湾至库页岛，也建立了一些卫所。奴儿干是古肃慎各部的一大交会聚集之地，有着向睦中原文化的悠久传统，又得水陆交通之便，于此建置都司是明智的。明朝对省级衙署的建设有一个大致规格，此地虽属偏远，也不会太过草率，唯不见于记载，难得其详，但拖了两年才得以落实，也可知诸事之繁难。

首先是要为奴儿干都司配备一个较强的班子。考虑到该地域的历史与民族背景，明廷挑选辽东都司东宁卫千户康旺为都指挥同知，东宁卫千户王肇舟、佟答剌哈为指挥佥事。东宁卫设于辽阳，由于大量接纳安置下江等地来归的女真人，官员们熟悉边情，从那里就近选调，是一种明智的决策。

其次是派谁前往宣布朝廷旨意？因该都司设于女真部落为多的下江，加上明廷倚信太监，深受皇上信任的首领太监亦失哈为钦差，统带大型船队前往宣抚，同时送新任命的都司官员上任。亦失哈，又作亦信、易信，经历永乐至景泰五朝，在内廷颇受重用，最后做到辽东都司镇守太监。根据万明教授的最新研究，亦失哈为海西女真木里吉寨人，乃父在洪武初率三个儿子投军，朱元璋嘉其一门忠顺，赐姓武，侄子后来位至锦衣卫都督。[34]这是一个有故事的人，可惜记载无多，因何进宫做了太监，又因何受宠发迹，于何时何地死去？史籍中皆无从查询。最重要的是他曾作为钦差，多次率领庞大船队抵达黑龙江下游。明朝太监广受非议与厌憎，实际上因人而殊，读书明理、品节严正、充满忠诚和责任心者不乏其人。

三是要确保都司的权威和安全。为显示朝廷的尊威，也为了加强驻防实力和预防不测，特命从辽东都司调一千多名官军随行，由辽东都司挑选女真族将领统带，同船前往。

永乐九年（1411）开江以后，亦失哈率领船队出发，号称"巨船二十五艘"，沿松花江先向西北，至肇州折向东北，入黑龙江，然后顺流而下。这是亦失哈第一次奉旨前往下江，宣诏设立奴儿干都司，送都指挥同知康旺等人上任。[35]以常理推测，先期应有不少人打前站，搭建一些屋宇木栅，做好各种预备和布置。亦失哈似乎没待太久，举行过都司的成立仪式，将带去的绸缎银两等物颁赏当地头领和部众，即回朝复命去也。康旺等人留下来，亦失哈也会将大部分船只给都司衙门留下，仍从水路返回。此举被称为"东巡"，意思是代天子巡狩，在后来还有过多次（学界有七次、九次、十次之说），每一次往返都是乘船从吉林船厂出发，走同样的路线。而宣抚海西与沿途的各部族百姓，也是亦失哈东巡的任务。

所有这些举措，自然都要经过朱棣的御批。他对这些地方与朝廷的日常性联络很关注，下旨恢复元朝设立的驿站，并予以适当增加扩建。《明太宗实录》卷一三三载："置辽东境外满泾等四十五站，敕其提领那可、孟常等曰：朝廷设奴儿干都司并各卫，凡使命往来所经之地，旧有站赤者复设，各站头目，悉恭命毋怠。"[36]此谕颁于永乐十年十月，而相关驿站的复建，应在设置奴儿干都司之初就开始了。

至于东巡所用的大小舰船，应是先期在松花江畔的吉林船厂制造的。那里靠近盛产松木的长白山林区，采伐大木方便，往黑龙江有水路可通，距离辽东都司也不太远，是理想的造船基地。船厂位于松花江上游接近源头之处，也是亦失哈东巡的起点，大批物资由陆路转运而来，选派的官员将弁以及工匠等皆在此集结登船，这也催生了吉林乌喇的繁荣，后世成为一大都会——清代的吉林将军衙门所在地。今天已无法还原这个大东北造船中心的实况，谁来设计和监造？有多少码头和船坞？有多少工匠以及他们来自何方？而由其一次兴造数十艘大船，可以推测吉林船厂具有相当的规模。在江畔崖壁上，幸存着几处摩崖石刻，曰：

钦委造船总兵官、骠骑将军、辽东都司都指挥使刘清
永乐十八年领军至此
洪熙元年领军至此
宣德七年领军至此

这位留下大名的刘清也是个人物，靖难之役中曾参与打开金川门迎接燕军，永乐间一直备受皇上倚信，以都指挥同知随侍左右。后升为陕西都指挥使掌管宁夏卫，犯事论斩，朱棣特命宽宥，发配辽东，数年后即予复职，命负责造船之事。由此也得知造船的主体是官军，竟达数千之众，因生活条件艰苦，或也有其他一些原因，逃入女真部落的竟达五百余人。根据《明太宗实录》记载，刘清于永乐十八年七月复任都指挥使，奉旨造船可能就是从那时开始的，排在他前面的，还有"太监阮尧民"。从吉林乌喇的船厂而言，二人只能算后来者和领导者，前面是哪些人管事，已无从知晓。

　　从吉林船厂到奴儿干都司，要走的水路很长，松花江先向西北，至肇州折向东北，经过约两千里奔趋与黑龙江汇合，再有三千多里水程才能抵达。它是一个常设衙门，抑或时开时关的临时驻地？史籍中提供的信息较少且混乱。但不管怎样，都需要大量的粮饷辎重，需要很多舰船运送，需要军队的护行，所有这些都要耗费巨大的财政经费。对于雄才大略的明成祖，这是稳定边疆的必然代价，而在后来的守成之君看来，则成为沉重的经济负担。而边疆部族的情况也极为复杂，永乐末年即出了些状况，后来更是发生袭扰官军，抢夺粮饷物资，甚至扣留从奴儿干

返回的官员将士，道路受阻，也使得向奴儿干的粮饷输送大受影响。

宣德七年（1432）五月，亦失哈等"率官军两千，巨船五十"最后一次前往奴儿干后，造船官兵即被裁撤，这是一个信号。十年正月初二日，处于弥留之际的朱瞻基谕令辽东总兵官都督佥事巫凯等，"凡采捕、造船、运粮等事悉皆停止，凡带去物件悉于辽东官库内寄收，其差去内外官员人等俱令回京，官军人等各回卫所着役"[37]。那之后，奴儿干都司的官员将士回到辽东地方，亦失哈并未返京，接着担任辽东都司的镇守太监。

六 爱新觉罗的故乡

讨论这个话题是复杂和困难的。

对于大多数人而言，故乡也就是出生地，携带着无数的儿时记忆，满满的温情。而那些个开国皇帝就不同了，其诞生往往被描绘得神乎其神，先祖也要被追溯到数代以上。如刘邦，司马迁《史记·高祖本纪》先说他为"沛丰邑中阳里人"，接下来笔锋一转，写其母在湖畔歇息时睡着了，梦中与蛟龙交合，并说为乃父亲眼所见，后来就生下了刘邦。《汉书·高帝纪》中几乎照抄："是时雷电晦冥，父太公往视，则见交龙于上。已而有娠，遂产高祖。"[38]交龙也就是蛟龙，可班固却像是有点儿故意，将原来的"蛟"字改为"交"，以增加场景的动感。这样一来，若从其生父的龙族论列，汉高祖的故乡可就成大问题了。

至于那些个出身于少数民族的开创帝业者，由于其生活具有更多的流动性，同时缺乏可靠的文字记载，也很难理清头绪。哪里是努尔哈赤的故乡？清朝的国姓"爱新觉罗"是怎样一种来路？想说清楚也颇不容易。还是先看看清廷的权威记述，《清太祖实录》卷首有一篇《满洲源流》，写道：

满洲原起于长白山之东北布库里山下一泊,名布儿湖里。初,天降三仙女浴于泊,长名恩古伦,次名正古伦,三名佛古伦。浴毕上岸,有神鹊衔一朱果置佛古伦衣上,色甚鲜妍,佛古伦爱之不忍释手,遂衔口中,甫着衣,其果入腹中,即感而成孕,告二姊曰:"吾觉腹重,不能同升,奈何?"二姊曰:"吾等曾服丹药,谅无死理,此乃天意,俟尔身轻上升未晚。"遂别去。佛古伦后生一男,生而能言,倏尔长成。母告子曰:"天生汝,实令汝为夷国主,可往彼处。"将所生缘由一一详说,乃与一舟:"顺水去,即其地也。"言讫,忽不见。

又是一个开国神话,与商朝的"天命玄鸟,降而生商"很相像。以至于令人怀疑是将《史记·殷本纪》的三人行浴,简狄吞玄鸟之卵,生下商祖契之说,演绎成一个新版本。而陈捷先则举满文旧档,证明建州女真的虎尔哈部(为满语 hūrha 的汉语音译,又译作胡尔哈、瑚尔哈、呼尔哈、库尔喀等)也有类似的传说[39],且有可能是皇太极从中得到启发,所以才在派兵招抚时让人传话:"尔之先世,本皆我一国之人。"《满洲源流》中的布儿湖里,多指为今天的镜泊湖,而仙女之子转瞬长大,乘舟而下,被人拥戴为主——

　　彼时长白山东南鳌莫惠(地名)鳌朵里(城名)内,有三姓夷酋争长,终日互相杀伤。适一人来取水,见其子举止奇异,相貌非常,回至争斗之处,告众曰:"汝等无争,我于取水处遇一奇男子,非凡人也。想天不虚生此人,盍往观之?"本酋长闻言罢战,同众往观,及见,果非常人,异而诘之,答曰:"我乃天女佛古伦所生,姓爱新(华言金也)觉罗姓也,名布库里英雄,天降我定汝等之乱。"因将母所嘱之言详告之。众皆惊异曰:"此人不可使之徒行。"遂相插手为舆,拥捧而

回。三酋长息争,共奉布库里英雄为主,以百里女妻之,其国定号满洲,乃其始祖也。(南朝误名建州)[40]

这段话信息量很大,歧义也不少。鳌朵里,被指为松花江下游的依兰,加上文中的"三姓夷酋"云云,似属无疑。而从镜泊湖入牡丹江,顺流而下至与松花江合流处,的确就是斡朵里故城所在的依兰。可此地在长白山东北,文中说的分明是"长白山东南",又为何?从叙事的角度理解,也应是乘舟至山下人烟辐辏处,没有漂漂荡荡经过约千里水程的道理。至于鳌朵里城所在的鳌莫惠,朝鲜志书中认为是靠近其边界的斡木河,也值得注意。接下来便进入爱新觉罗的家族史,曰:

> 历数世后,其子孙暴虐,部属遂叛。于六月间将鳌朵里攻破,尽杀其阖族子孙,内有一幼儿名范嗏,脱身走至旷野,后兵追之,会有一神鹊栖儿头上,追兵谓人首无鹊栖之理,疑为枯木桩,遂回。于是范嗏得出,遂隐其身以终焉(满洲后世子孙俱以鹊为祖故不加害)。其孙都督孟特木,生有智略,将杀祖仇人之子孙四十余,计诱于苏苏河虎栏哈达山名下黑秃阿喇(黑秃,华言横也;阿喇,岗也),距鳌朵里两千五百余里,杀其半以雪仇,执其半以索眷族,既得,遂释之。于是孟特木居于黑秃阿喇。

孟特木,即努尔哈赤尊为六世祖的猛哥帖木儿,后来的大清肇祖原皇帝。这是一段被神化了的家族痛史。元朝末年混乱之际,斡朵里万户挥厚率部众辗转南迁,落居于图们江南岸的阿木河地区,死后由儿子猛哥帖木儿接替。据董万仑考证,此人约在洪武三年(1370)出生于奚关城[41],永乐十年(1412),猛哥帖木儿任建州左卫指挥,宣德元年(1426)正月升都督佥事,八年二月升右都督。这些个职务前往往加上

"土官"二字，不发俸禄，但享有朝廷颁发的"敕书"，有朝贡与边贸的权利，也会得到各项赏赐。当年十月，猛哥帖木儿被仇家袭杀，只有异母弟凡察与儿子童仓幸免，成为家族的一次浩劫。此类仇杀在女真各部时常发生，而他的死应有更复杂的政治背景，牵扯到明朝与属国朝鲜的关系，以及瓯脱之地各方势力的绞杀。有人提出范嗏即孟特木之弟凡察，讽刺其颠倒错乱，倒不一定，但黑秃阿喇即赫图阿拉，则无疑义。大清建国后称赫图阿拉为兴京，如果说依兰为建州女真的祖居地，赫图阿拉才是努尔哈赤父祖数代定居的故乡。

猛哥帖木儿到底是属于女真还是蒙古？他与被称作"常胡"（即普通女真之家）的努尔哈赤究竟有无关联？清史界提出不少质疑。但努尔哈赤家族属于原斡朵里部，祖上曾生活在五国城一带，后随本部播迁至斡木河，较为可信。这个家族的姓氏扑朔迷离，也是其奋斗史的一部分。当时佟（童）为辽东著姓[42]，便冒用佟姓，《明实录》和《朝鲜实录》都有相关记载，称其祖为佟教场、父为佟他失，努尔哈赤也曾自称"女真国建州卫管束夷人主佟奴儿哈赤"。由此再加生发演绎，也有人说爱新觉罗是徽、钦二帝的后裔，此类传说自然无法考定，出现得较晚，也从未见清廷认可。至于爱新觉罗，觉罗为姓氏，爱新词义为"金"，则不仅与依兰的斡朵里故城，也与"大金"挽结在一起。从努尔哈赤以"金"为国号，到乾隆帝说"金源即满洲也"，可知清廷自视为金朝支裔，是以其寻根行动，宁愿找一个职位不高的猛哥帖木儿，也绝不会与北宋的亡国之君挽结在一起。

七　招抚与掳掠

每个王朝都有一段艰苦卓绝的创业史，少数民族的入主中原尤为不易，以本书所写的清朝为例：努尔哈赤以十三甲起事，甲即铠甲，也可以指士兵，极言其实力之弱，而他身先士卒，裹创血战，终于在群雄中率部崛起。轮到明朝重视这个狠角色了，派人来招抚，恭称他为都督，努尔哈赤对来使说：我认得你，你不就是辽阳的混混萧子玉吗？我不是不能杀你，只是不愿让大明国蒙羞。回去告诉你的巡抚，不要再搞欺诈那一套。[43]像这样的生动场景，应更有益于认知明清易代。

不管是汉族还是少数民族，每一个开创帝业之君，起事初期都会遭遇很多危难，都是九死一生，必须团结依靠同乡同族等亲近者，也常会遭遇来自至亲或挚友的背叛。所有这些，努尔哈赤莫不一一亲历，而他最大的短板还在于人少，父祖留下来仅有十三甲，周边强邻环伺，内部阴谋丛生，必须迅速壮大力量。开始时努尔哈赤没有自己的年号，兹以公元系年，简述其同族兼并之路：

1583年五月，努尔哈赤以为祖父和父亲报仇为名，毅然进攻"建州主"尼堪外兰的图伦城，连下图伦、萨尔浒二城。

1584年年初，为追讨杀害妹夫兼侍卫噶哈善的凶手，他与董鄂部爆发激烈冲突，率部进击，终于击败和吞并该部。

1585年春，努尔哈赤两次率部攻打哲陈部的界凡城，对方联合五个城主抵御，"以四人而败八百之众"，两年后攻灭哲陈。

1586年夏，他率兵突袭尼堪外兰藏身的鄂勒珲城，追至明朝边墙，捕杀此人，既得到了明军的默认，也使建州女真各部纷纷表示归附。而努尔哈赤并不满足于名义上的服从，再数年将完颜部、鸭绿江部次第拿下，建州女真已接近于统一。

接下来的主要对手，是号称"扈伦四部"的海西女真，实力可是要强大得多。叶赫等耳闻目睹了努尔哈赤的振起，感到一种逼人的威胁，于1593年夏整合四部兵马进攻建州之地，不敌而退；在秋天，又联络蒙古科尔沁以及锡伯、卦尔察等组成九部联军，共三万人，分路杀向建州。此一役，努尔哈赤从容布置，大获全胜，初步奠定了在女真各部的领袖地位。而他并不以胜骄狂，一方面与扈伦四部歃血为盟，声称"永敦和好",一方面对科尔沁部频频示好,送还被俘的蒙古人等,同时也增加招抚力度。同属建州女真的讷殷部、珠舍里部参加了叶赫的联军,数月后即被攻灭或降服。

为扩充实力,努尔哈赤也将目光投向祖居之地依兰,甚至远至黑龙江的左岸,不断派出人马前往招抚,以同源同种相劝说,以物质条件相诱引,好的不听就来硬的,招降不成就抄掠,将抓到的男女老幼押送而归。此类行动主要发生在努尔哈赤建立后金之后,据《清实录》记载:

天命元年(1616)七月,派侍卫达尔汉率军水陆进兵,征讨萨哈连与虎尔哈部,"取河北岸莫克春大臣镇十六寨,取河南岸博济里大臣镇守之十一寨,取黑龙江南岸萨哈连部九寨……知自寨逃出之人进入河中大岛之柳林,火攻二次,尽取之","继之又招服使犬、诺洛、锡拉欣三部,收其大臣四十人而还"。

天命二年正月,遣兵四百,"造大刀船,驶渡海湾,将依凭海岛不服之国人,尽取之"。

天命四年六月,收取虎尔哈部遗民一千户,男丁两千,家口六千;八月,努尔哈赤亲自率兵攻灭叶赫,收海西女真一万户。

继位的皇太极也是如此。天聪三年(1629)七月,命孟哈图往征东海瓦尔喀,俘获"男子千二百十九名,妇女千二百八十四口,幼丁六百三名,人参皮张甚多"[44]。

天聪六年十二月,派吴巴海出征兀札喇,"俘人口五百六十五"[45]。

天聪八年九月,吴巴海等奏报"俘获胡尔哈部男丁五百六十六,妇女幼稚九百二十四口";十二月,遣霸奇兰再征胡尔哈,"收服编户壮丁二千四百八十有三,人口共七千三百有二"。[46]对于这个"胡尔哈",何秋涛《朔方备乘》称"与东海之呼尔哈部族同而地域异也",后来多归为居住于黑龙江左岸的达斡尔人。王钟翰先生指出并非如此[47],而阿南惟敬经过精细考证,认为实与东海女真的虎尔哈部为同族,又回到何秋涛的观点上。这是对的,乃知元明交替之际的依兰女真大迁徙或者说大逃亡，不可能那么步调一致，必也呈现出不同氏族和群落的不同选择：有的沿牡丹江向南，即后来的东海女真虎尔哈部；也有的沿松花江向东，再越过黑龙江到左岸，是为黑龙江虎尔哈部；可能还有一支顺着黑龙江而下，被称作久契尔人。努尔哈赤与皇太极将他们视为同族远支，一遍遍派人招降，反复搜括，编入新满洲。清初有不少重臣，都出于虎尔哈部。

八　巴尔达齐和博穆博果尔

如果说努尔哈赤在早期进行的是由同部落到同种族的兼并，先行引诱招纳，不从即杀其首领而收其部众，渐次拿下东海女真各部，接着将矛头对准松花江流域的海西女真、黑龙江中下游的野人女真；皇太极则继承了女真民族统一的路线图，继续向边远地域招抚女真族众，并扩展到黑龙江上游的索伦各部。

索伦，是一个部落联盟的概念，由鄂温克、鄂伦春和达斡尔等民族构成。其实他们的族源不同，生活方式的差异也很大：达斡尔以农耕为主，兼及畜牧业，多定居于外兴安岭之南的精奇里江、黑龙江中上游地域，屯落较为密集；鄂温克、鄂伦春的来源较近，被称作"使鹿部"或"林木中百姓"，主要生活在黑龙江上游额尔古纳河两岸大山中，而活动范围甚广，外兴安岭以北、贝加尔湖之南到乌第河畔，甚至库页岛上，都有一些鄂温克人定居。与之错杂而居的，还有不少女真虎尔哈部的村屯，据史料记述，可知这些虎尔哈村屯大多也参加了索伦联盟。

在越江收服同族的虎尔哈部众时，满洲军队发现了索伦的村寨，即行展开招抚。达斡尔首领巴尔达齐深明大势，迅速表示归顺，并带领邻近屯主往盛京进贡。那时已是后金天聪年间，皇太极在积极招抚的同时有所区别：对同族的虎尔哈部众强制迁徙，安插在辽东一带，条件优渥，以使之尽快融入满洲共同体；但允许归顺的达斡尔等族继续留居故土，条件是按期交纳贡品，配合清军行动。巴尔达齐家族本来居住在塞布奇屯，后移居精奇里江畔的多科屯，距与黑龙江汇合处约有一两天路程，并以精奇里为姓。他在天聪八年曾两次到盛京朝贡，每次都带领一批氏族头领，显示出一定的领袖才能。天聪九年（1635）六月，巴尔达奇又来，实录中记载此事，并注明了屯落名称，曰：

> 又黑龙江贡貂者塞布奇屯巴尔达齐等十六人，噶尔达苏屯四人，戈博尔屯二人，额苏里屯萨岱等二十四人，阿里岱屯八人，克殷屯四人，吴鲁苏屯二人，此皆旧日往还之人。[48]

这些屯寨也被称作城，看得出分布较广：额苏里在海兰泡上游约百里的黑龙江左岸，而吴鲁苏还要再向上约两百里，也位于左岸。所谓"旧日往还之人"，应即朋友或熟人。巴尔达齐的带头作用受到皇太极赞赏，赐以宗室之女，于是官方档案中便称之为"额驸"。崇德三年（1638）五月，巴尔达齐受命"偕所尚公主归，赐衣帽、玲珑撒袋、弓矢鞍辔、驼马帐房等物"[49]，并在礼部设宴饯行，备极优宠。这是做给归顺者看的，更是想以他的得意荣归在索伦部树立一个榜样。

另一位重要的索伦首领，是鄂温克族的博穆博果尔，为吴鲁苏屯的屯主。该屯又名乌鲁苏、乌鲁苏木丹[50]，有人认为即雅克萨，实则位于其下七八百里的大江湾中。博穆博果尔曾两次到盛京朝贡，分别是在崇德二年和三年的冬季，第二次还在盛京住了约两个月，却不与巴尔达齐一起，带领的屯主远不如后者多，甚至本屯竟有跟随巴尔达齐入贡者，清廷在赏赐和宴请时也有所区别。或许是觉得待遇不公，自盛京返回后，博穆博果尔便不再向清廷缴贡。皇太极决定先发制人，在崇德四年十一月选派正白旗统领萨穆什喀、镶黄旗统领索海等率军出征，分左右翼进兵讨伐，行前细加叮嘱：

> 尔等师行所经屯内，有已经归附纳贡之屯，此屯内又有博穆博果尔取米之屯，恐尔等不知，误行侵扰，特开列屯名数目付尔，毋得违命骚扰侵害。行军之际，宜遣人哨探于前，防护于后，加意慎重，勿喧哗，勿参差散乱，勿忘纪律。[51]

这份屯寨名单今日已不可见，而据实录及相关史料记载，也可知道个大概。皇太极要求带兵将领区别各屯是归顺还是对抗，该保护的保护，该讨伐的讨伐，实则在交战状态下很难掌握尺度，大兵过处，往往玉石俱焚。

清廷指定的出兵目标，本是打击索伦中的亲博穆博果尔势力，而在进抵呼玛后分路攻掠，遇到的四座木城（铎陈、阿萨津、雅克萨、多金）皆抗拒不降，与皇太极的名单应是对不上了。雅克萨即后来被哥萨克盘踞的那座著名城寨，据记载时属虎尔哈部，首当其冲。据何秋涛《雅克萨考》，该城被攻破时遭到焚毁，"绥赫德所守汛地先举火焚烧城南关厢，八旗将领各率兵二十人前进，托率先入，珠玛喇继之，俱以火攻，克之"[52]，并抓走三百多壮丁，可知该城颇具规模。接下来经过三天激战，清军拿下位于右岸的乌库尔城，也是焚寨抓人。这种毁灭性的手段激起强烈反抗，当他们攻打铎陈时，逃散的虎尔哈人重新聚集来战，博穆博果尔也率领六千索伦兵增援，同仇敌忾。萨穆什喀和索海下令后撤，设下伏兵，中了埋伏的索伦兵死伤惨重，仍浴血死战，使清军也遭受重创。博穆博果尔又挥兵突袭清军辎重，镶白旗章京雅布喀、穆佑、和托等战死，而因兵力与武器悬殊，加上作战经验不足，铎陈、阿萨津等城接连被破，清军取得胜利后撤回。

清代史籍将此定性为一场平叛之役，应讨论处很多，实情也要复杂得多。上世纪70年代在北京发现了巴尔达齐的墓碑，称赞他"倾心内附，岁贡方物，及同党相残，又能率尔兄弟协力纳款，真识时保身者矣"[53]，涉及的正是这场变乱。当时博穆博果尔振臂一呼，黑龙江上

游各屯群起响应,那些原已归附的屯主也加入叛乱,只有巴尔达齐一屯"不为动,坚壁待王师"。实录记述:

> 额驸巴尔达齐于三月十八日来会,云:"惟我多科屯人未曾附逆,其小兀喇各处兵皆往助博穆博果尔。"及我兵大捷后,果博尔屯之温布特博、和里屯之额尔喷噶尔、塔孙屯之科奇纳、木丹屯之诺奇尼、都孙屯之奇鲁德兀、喇喀屯之博卓、户得都尔屯之科约布鲁,七屯之人已归额驸巴尔达齐,别屯之人皆逃。据巴尔达齐曰:逃者亦必来归,无劳再举耳。[54]

乌喇,又作乌拉,意思是江。这里的"小乌喇"指精奇里江,而"大乌喇"则是黑龙江。清军分路清剿时遇到雅克萨等城的对抗,博穆博果尔率部增援,两乌喇多数村屯加入其中。萨穆什喀和索海在奏报时特别强调索伦兵有六千人,应是一个约数,可知博穆博果尔的号召力。只是在战败之后,果博尔等七屯才表示归附巴尔达齐。

清军在此役俘获壮丁、妇幼五千六百多人,编入八旗各牛录,陆续又有索伦部众来降,清廷赏赐布匹绸缎,将之安置在郭尔罗斯等地耕种。对于博穆博果尔,皇太极定下妙计,故意扬言将到黑龙江畔牧马,而算准博穆博果尔必然闻风北逃,密令蒙古科尔沁部挑选二百四十名精锐骑兵,待梅勒章京席特库等率领四十名八旗护军到后,数千里奔袭,终于在贝加尔湖南畔抓获博穆博果尔与其弟。那里也是索伦部的驻牧之地,同时俘获其部众九百五十六人,解送盛京。

这场战争消除了索伦联盟的割据隐患,扩充了满洲八旗的兵员,清军最后取得完胜,使得从贝加尔以南至黑龙江入海口的广袤地域,纳入大清版图。而经过惨烈绞杀与无情掳掠,黑龙江上游各部受创深重,两岸城寨多被焚毁,多数居民被强行迁移,生态与人文环境遭受严重破坏。清廷的目的在于招抚边民和扩充兵员,却给当地部族带来灾难,其危害性不独在哥萨克入侵时彰显，也贯穿于整个清朝的漫长岁月中。

注释

〔1〕［英］杜米尼·齐格勒《黑龙江》第一部《鄂嫩河》，谭天译，联经出版事业有限公司，2018年，第61页。
〔2〕转引自石方《黑龙江移民史》，社会科学文献出版社，2019年，第2页。
〔3〕金毓黼《东北通史》，社会科学战线杂志社翻印本，第52页。
〔4〕干志耿、孙秀仁《黑龙江古代民族史纲》第一章第三节《黑龙江地区旧时代晚期居民》，黑龙江人民出版社，1987年，第39页。
〔5〕《辽史》卷三〇《天祚帝纪》，中华书局，1974年，第359页。
〔6〕《黑龙江乡土录·部族志》，载景爱《达斡尔族论著提要》，人民出版社，2015年，第14—15页。
〔7〕参见《史记》卷四《周本纪》："夷蛮要服，戎翟荒服。"
〔8〕《金史》卷一《世纪》，中华书局，1975年，第1—2页。
〔9〕《金史》附录之《进金史表》，第2899页。
〔10〕《松漠纪闻》等五种，吉林文史出版社，1986年。
〔11〕［宋］叶隆礼《契丹国志》卷十《天祚皇帝上》，钦定四库全书本。
〔12〕《皇朝编年纲要备要》卷二八，中华书局，2006年，第711页。
〔13〕《金史》卷一《世纪》，第13页。
〔14〕《金史》卷一《世纪》，第14页。
〔15〕《金史》卷二《太祖纪》，第29页。
〔16〕《金史》卷七三《完颜晏传》，第1672—1673页。
〔17〕［清］昭梿《啸亭杂录》卷八"五国城"，中华书局，1980年，第250页。
〔18〕对于宋钦宗的死亡时间主要有两种说法：1156年和1161年，均难以系定。
〔19〕［清］姚元之《竹叶亭杂记》卷三，中华书局，1982年，第76—77页。
〔20〕《钦定皇朝通志》卷一《氏族略》一。
〔21〕《啸亭杂录》卷十"宋人后裔"，中华书局，1980年，第325页。
〔22〕冯承钧译《多桑蒙古史》第三章《大会》，上海书店，2003年，第57页。
〔23〕札奇斯钦《蒙古秘史新译并注释》第二〇二节，注释二，联经出版事业有限公司，1979年，第289页。
〔24〕《元史》卷十三《世祖纪》十，中华书局，1976年，第277页。
〔25〕《元史》卷十三《世祖纪》十，第265页。
〔26〕《元史》卷十三《世祖纪》十，第267页。
〔27〕《元史》卷十三《世祖纪》十，第273、280页。
〔28〕［朝］郑麟趾等《高丽史》卷三十，西南师范大学出版社、人民出版社，2014年，第469页。
〔29〕全名为《朝列大夫金通政院事赠荣禄大夫河南江北等处行中书省平章政事柱国追封鲁国公札剌尔公神道碑》，见于《丛书集成续编》第136册，新文丰出版社，1989年，第208页。

[30] 《春秋左传正义》卷九,庄公十一年,"禹汤罪己,其兴也勃焉;桀纣罪人,其亡也忽焉",中华书局,1980年,第1770页。
[31] 《明太祖实录》卷六一,洪武四年二月壬午。
[32] 《明太祖实录》卷一四二,洪武十五年二月壬戌。其中个别讹误已校改。
[33] 《明史》卷七六《职官五·都指挥使司》,中华书局,1974年,第1872页。
[34] 万明《明代永宁寺碑新探——基于整体丝绸之路的思考》,《史学集刊》2019年第1期。
[35] 关于奴儿干城的具体方位,学界一般认为在黑龙江右岸,与永宁寺相邻,笔者引据《永宁寺碑记》等提出质疑,以为应设在左岸兴衮河口之下。见《明代奴儿干城方位献疑》,《中国文化》2022年秋季号。
[36] 《明太宗实录》卷一三三,永乐十年十月丁卯。引文有校改。
[37] 《明宣宗实录》卷一一五,宣德十年正月甲戌。
[38] 《汉书》卷一《高帝纪》上,中华书局,1962年,第1页。
[39] 陈捷先《努尔哈齐写真》一《满洲源流神话》,商务印书馆,2011年,第1—4页。
[40] 《清太祖武皇帝实录》卷一,中华书局,1985年。
[41] 董万仑《猛哥帖木儿》,民族出版社,2005年,第171页。奚关城,时为元奚关总管府驻地,故址在今珲春市西郊。
[42] 根据相关研究,佟姓为汉族,祖籍甘肃陇西,先辈因抗击西夏有功,在宋神宗时迁入汴京,后裔随徽、钦二帝北狩,定居五国头城,被金朝将领招为女婿,子孙绵延,竟成为满洲八大姓之首。
[43] 《清史稿·太祖纪》记载:"明使来,称都督。上语之曰:'吾识尔,尔辽阳无赖萧子玉也。吾非不能杀尔,恐贻大国羞。语尔巡抚,勿复相诈。'"
[44] 《清太宗实录》卷八,天聪五年二月甲戌。
[45] 《清太宗实录》卷十三,天聪七年正月己卯。
[46] 《清太宗实录》卷二三,天聪九年四月癸巳。
[47] 王钟翰《达呼尔人出于索伦部考》,《清史杂考》,中华书局,1963年,第99—116页。
[48] 《清太宗实录》卷二三,天聪九年六月壬午。
[49] 《清太宗实录》卷四一,崇德三年五月丁卯。
[50] 木丹,又作牡丹、穆丹,常见于东北乃至黑龙江两岸地名,意为一天可往返的距离。据方拱乾《绝域纪略》:"随所居多寡而大小之,无旧址,无定名,如曰牡丹者,满言一日往还也。"[清]杨宾等撰,杨立新等整理《吉林纪略》,吉林文史出版社,1993年,第101页。
[51] 《清太宗实录》卷四九,崇德四年十一月辛酉。
[52] 《达斡尔资料集》一《雅克萨考》,民族出版社,1996年,第291页。
[53] 赵展、吴梦玲《巴尔达奇墓碑的发现与碑文略释》,《中央民族学院学报》1977年第3期。
[54] 《清太宗实录》卷五一,崇德五年三月己丑。

第二章　沙俄的东扩

清太祖努尔哈赤、太宗皇太极到过黑龙江吗？他们曾多次派员到这条大河的上下两岸招徕旧族，降服诸部，而本人应无暇也无意前往。入关后的清朝十帝中，康熙曾到吉林船厂的松花江上阅兵，算是走得最远的一个了，雍正、乾隆等无一人至此，遑论更远的黑龙江。

不惧险远的是哥萨克。如果从叶尔马克翻越乌拉尔山攻掠失必儿汗国算起，至侵吞黑龙江左岸和整个下游地区，沙俄用了差不多三百年，打头阵的从来都是哥萨克。俄国历史学家索洛维约夫在所著《俄罗斯史》中写道：

> 就古代罗斯的地理状况及其边界的开放而言，作为边界上的好战居民——哥萨克的存在，是很自然的，也是很必要的。
> 在所有的边界上，特别是在那些缺乏尚武精神和没有时刻准备抗击、戒备敌人的无人敢定居的边界上必然要有哥萨克，而且确实有了哥萨克。[1]

他说的边界就是随着哥萨克的马蹄不断外延的地盘。哥萨克亦民亦兵亦匪，其坚韧果敢、残忍嗜杀的群体性与沙俄的东扩战略一相逢，便演为沙皇的欧亚大帝国梦，演为东方部族和清王朝的一个个噩梦。

一 叶尔马克的锁子甲

在俄罗斯历史上，哥萨克是一个特殊而复杂的群体。他们追求生存自由，常又毫无怜惜地剥夺他人的生命；反抗专制与压迫，常又积极充当沙皇或豪门的鹰犬；坚忍不拔，富有开拓和牺牲精神，也具有极大的破坏性与摧毁性……本节要写的叶尔马克就是一个传奇人物，有记载称他参加过利沃尼亚战争并立功，更多的是说他曾在喀山一带打劫商旅，乃雷帝必欲缉拿的哥萨克要犯，后来摇身一变，成为沙俄东扩的急先锋，率部翻越乌拉尔山，攻入失必儿汗国的首府。

失必儿，又称西比尔，即人们通常所说的"西伯利亚汗国"[2]、蒙古金帐汗国衰败后衍生的四个汗国之一。其是一个人数不到二十万的小汗国，紧挨着乌拉尔山脉之东，拥有托博尔河、额尔齐斯河与鄂毕河之间的广大草原地域，是以在喀山汗国、阿斯特拉罕汗国相继沦亡后，也被沙皇伊凡四世盯上。迫于沙俄的强大压力，汗王叶吉格尔于1555年表示臣服，上缴貂皮等实物税，雷帝也在自己的名号下添加"全西伯利亚的君主"一项。而术赤后裔库程汗在夺得汗位后，废除与沙俄的君臣关系，拒绝缴贡，并对来自俄方的武装挑衅坚决回击。雷帝扩张意识极强且嗜杀成性，岂能容忍？即命与之毗邻的斯特罗甘诺夫家族在交界处构筑堡垒，招兵买马，进而命其侵入外乌拉尔地区，占据军事要地，逐渐蚕食失必儿领土。

与中国的清代有很多大盐商近似，斯特罗甘诺夫家族也是靠盐业发了财，很快就进入沙俄顶级富豪的行列，也博得了雷帝的信任与依赖。1579年，哥萨克首领叶尔马克带领部下穷蹙来投，也有的书说是斯特罗甘诺夫家族派人招募，总之一拍即合，形成了大规模进犯失必儿汗国的计划。1581年9月，经过约两年的准备，叶尔马克率部向西伯利亚进军。这支队伍共八百四十人，多数为叶尔马克的老部下，另有三百人是斯特罗甘诺夫家族武装，其中有身手不凡的武士，也有被俘的立陶宛、德意志、波兰等国军人，悍不畏死，作战经验丰富。他们装备精良，不仅有火绳枪和火炮，据说还携带了当时最先进的速射炮。西伯利亚纵横交错的河流，给入侵者带来极大便利，哥萨克通常是沿河道前进，用船只装载粮食辎重，以及收买归顺者的金币和礼品。所有的侵略者都懂得软硬兼施，哥萨克也不例外。需要说明的是，斯特罗甘诺夫家族收留叶尔马克与侵略失必儿，并未预先报告沙皇。

西伯利亚的寒冬是殖民者的天敌。当年冬天，叶尔马克的挺进队只得驻扎下来，大风雪中倒也没闲着，就近洗劫了沃古尔人，毡帐为之一空，全不顾妇孺老幼的死活。次年河流解冻，哥萨克继续向前推进，而库程汗的军队早已闻知设防，双方在图拉河口发生了激烈战斗。这是一场不对等的交战，一方是习惯于刀头舔血的劫匪+职业军人，配备较为先进的火器；一方主要是临时征集的牧民和渔猎人，手持马刀弓箭。汗国的军队是勇敢的，向来犯之敌发起一波波攻势，换来的则是密集的弹雨和死亡。库程汗的骑兵连战皆败，大量减员，汗国旧都被哥萨克占领，人心惶惶，一些附属部落也开始动摇。接下来汗王之侄马麦特库尔率主力在巴巴桑迎击侵略者，激战数日，虽杀敌百余，最后仍然惨败，不得不率残部撤退。1582年8月，西伯利亚重镇卡拉恰城被攻破，大量金银珠宝、粮食和牲畜成为哥萨克的战利品。9月，叶尔马克率部进抵失必儿汗国的首都伊斯凯尔城附近，在一个小城安营扎寨。此时天气渐趋寒冷，哥萨克经一路厮杀后减员严重，所带粮食也快用尽，失必儿骑兵每天都来攻袭，很多人希望撤回本土，休整扩充后再来。叶尔马克说服众人留了下来，并于11月1日发起反攻。激战持续了三天，汗国的部队实在抵挡不住疯狂的哥萨克，先是一些酋长仓皇撤走，库程汗和侄子马麦特库尔也率领卫队退出首都，哥萨克开进伊斯凯尔城。叶尔马克俨然成为此地的最高统治者，远近的酋长纷纷表示归顺，上缴毛皮和粮食牛羊，被要求发誓效忠俄国，按期缴纳实物税。

捷报很快送到莫斯科,同时用大车拉着征缴(当然包括抢劫)的两千多张珍贵貂狐皮,作为献给沙皇的礼物。雷帝见奏大喜,本来的强烈不满一扫而光,利沃尼亚战争失利的阴霾也随之大半消散,莫斯科大教堂举行感恩祈祷,全城鸣钟庆贺。沙皇慷慨奖赏斯特罗甘诺夫家族,下诏赦免叶尔马克等人的一切罪名,并大行表彰和犒赏。在叶尔马克获得的赏赐中,有一件"舒伊斯基铠甲"最令人艳羡。此乃俄罗斯名将、军役大贵族舒伊斯基的锁子甲,"黄铜镶边刻有双头鹰",制作精良。正是穿着它,舒伊斯基率部攻克立陶宛东部重镇波洛茨克,1564年1月乘胜突进,不料在乌拉河被击溃,本人身亡,八千先锋部队几乎全军覆没,这副铠甲则辗转到了沙皇手中。经过此役,俄国在利沃尼亚战争中的攻势大减,战场也逐渐转入沙俄境内,城镇失守,民众饱受蹂躏,伊凡四世不得已割地求和。本欲一举拿下利沃尼亚,夺取波罗的海入海口,未想到争战二十余年,帝国严重受创,雷帝的内心郁结不难想象。岂料来了一场意料之外的大胜——攻占了失必儿汗国的首都,不啻一针强心剂。沙皇将这件名贵铠甲慷慨赐予叶尔马克,器重欣赏、鼓舞激励之意,应是一望可知。

其实叶尔马克等在失必儿的状况并不妙,危险无处不在,有二十个士兵外出办事,临时留宿于离堡垒不远的某村,睡梦中就掉了脑袋。哥萨克用残暴手段报复,抓住了库程汗的得力将领马麦特库尔,送往莫斯科,也焦灼地等待援兵到来。失必儿汗国的内部争位和仇杀,也极大地帮助了入侵者。库程汗被竞争对手逼赶到边远地带,叶尔马克松了口气,留下亲信科尔佐夫和米哈伊洛夫镇守伊斯凯尔,自己沿托博尔河去迎接援兵。岂知他一离开,那些平日驯顺的降人就果断出手,科尔佐夫与四十名哥萨克被杀死,米哈伊洛夫赶紧带人救援,也被杀得个七零八落。哥萨克好不容易稳住阵脚,库程汗的军队卷土重来,接连发起猛攻。叶尔马克闻讯折返,博尔霍夫斯基亲王带领的援军也在不久后赶到,可情况更为严峻:这批援军一路备历艰辛,已是疲惫不堪,战斗力下降,却多了许多张吃饭的嘴。本来就匮乏的粮食更为紧张,加上败血病流行,很多哥萨克死去,其中也包括亲王大人。而库程汗指挥的袭扰发展到围攻,也使得这个冬天极为难熬,饥饿难耐的哥萨克开始分食死去同伴的尸体——这样的场景,数十年后在黑龙江流域也曾出现。

总算熬到1585年5月,叶尔马克周密组织了突围,汗国的军队无法对抗密集的火力,再一次退向远方。冲出重围的哥萨克反过来追剿敌人,在额尔齐斯河上下寻觅,接近瓦盖河口时得悉有一支商队被库程汗扣留,可能在某处……叶尔马克不知是计,急忙率部轻装奔袭,一心要捕捉猎物,扎营时也顾不得警戒,结果落入陷阱。约翰·巴德利写道:

> 这天是1585年8月6日,夜是漆黑的,正下着雨,哥萨克已经熟睡,敌人以压倒的多数向他们袭击。叶尔马克一个人退到河边想跳上一只船,但失足落水,由于身披铠甲,乃沉没水中。[3]

这是舒伊斯基的锁子甲,是伊凡四世赐给叶尔马克的宝物,也许曾多次挡住了汗国将士的刀箭,这一次却是实实在在地要了他的命。应是积聚了太多的仇恨,库程汗的勇士毫不留情,大约有三百名哥萨克同时被杀,据说只有一人逃出。

失必儿勇士从额尔齐斯河打捞出叶尔马克的尸体,正是由于这副锁子甲,确定了死者的身份。人们七手八脚把铠甲脱卸下来,死者的口鼻中居然喷出血来。库程汗和儿子也赶来察看,"他们用箭镞来刺他的肌肉,却像活人的肌肉一样淌着血"[4]。这样的文字富有演义色彩,叶尔马克死后,也的确成为俄罗斯的传奇英雄。

二 一路向东的城堡

叶尔马克帮伙对失必儿汗国的侵略，初步形成了沙俄东扩的基本模式：哥萨克打头阵，富商提供武器装备和经费，沙皇则在关键时刻派出官员和军队予以支援。哥萨克在瓦盖河口惨败的消息传至伊斯凯尔，留守的格鲁霍伊等慌忙率部撤出，另一支由曼苏罗夫督军带领的援军与之会合，不敢驻留，辗转撤向本土，叶尔马克主导的这次东侵遭受重挫。

差不多在一年半之前，心情郁闷的雷帝在下棋时突然死去，继位的西奥多生性懦弱，大权掌控在戈东诺夫手里。得知叶尔马克战死，俄廷颇为犹豫，一年后才决定继续向失必儿增派援军。督军舒金和马西诺伊奉命出征，带领三百名哥萨克翻越乌拉尔山，途中遇见撤回的格鲁霍伊等人，将之编入自己的队伍。格鲁霍伊有两百余残兵，曼苏罗夫的手下是一百名射击兵，与增援部队合兵一处，约六百人。俄廷决心拿下失必儿汗国，不久后又从莫斯科派来一支援军，由丘尔科夫督军率领。所谓督军，也被译为省长，是一个军政一体的职务。那也是俄廷大撒官帽的时代，这支杂七杂八的不到一千人的哥萨克队伍，似乎就有四五个督军，即便在曼苏罗夫和格鲁霍伊离开后，也还有三个督军，真不知该如何协调。他们仍是沿着河流推进，却变得更加小心，行至图拉河与秋明卡河汇合处，见天气渐冷，便停下来营建一个设防的据点。它就是后来的秋明城，选址堪称精妙：一面是图拉河陡峭的河岸，两面濒临秋明卡河，唯一的可供通行的方向，也在大门外挖了类似护城河的深壕。这是俄国人在外乌拉尔修筑的第一个要塞，也是那个严冬舒金等人干的最重要的事情，有了它，入侵者才得以初步站稳脚跟。

1587年春，文书官丘尔科夫奉命率五百名哥萨克赶来。他负有一个特殊的使命，要在额尔齐斯河右岸、托博尔河口对面，建立一个新的要塞，可知莫斯科也有一批军事家整天对着地图琢磨。那里逼近失必儿的首都，堪称西西伯利亚的心脏地带，也是额尔齐斯河和鄂毕河水系的交通枢纽。先是秋明，再是托博尔斯克，像两个楔子插入失必儿腹地，也意味着沙俄东扩的策略调整，由叶尔马克式的长途奔袭、游击劫掠，变为步步为营，大而要塞，小而堡寨，坚定又稳妥地向东推进。

  杀戮与抢劫仍在进行。就在修筑城堡的过程中，失必儿汗国的另一个领袖塞伊达克被诱捕，所带护卫惨遭屠杀。他的家族一直与库程汗争夺汗位，对哥萨克则有一些合作，或意在借刀杀人，接到邀请参加宴会，未想到落入圈套，万劫不复。倒是库程汗绝不放下武器，虽无力克复首都，仍不断派出轻骑袭扰殖民者，也对偏远地区那些向俄国人进贡的鞑靼人发出威胁。哥萨克跟踪追击，在安加拉河与额尔齐斯河交汇处修建了塔拉城，直接楔入库程汗的新根据地，争夺粮盐之利。库程汗征集其所有的军队前来攻打，而哥萨克建堡通常选址极佳，不便于骑兵的突袭，加上侵略者人数众多，枪炮精良，使汗国军队再次遭受重大损失。又是十余年过去了，库程汗退得越来越远，但坚持带领部众抗击，始终是入侵者的心头大患。1598年夏天，哥萨克首领沃耶伊科夫从俘虏口中得知老汗王在北方的鄂毕河游牧，遂带兵悄然前往，库程汗猝不及防，眷属子女悉数被俘，汗国沦亡，而那位高傲倔强的汗王则不知所终。沃耶伊科夫在报告中写道："我乘木筏在鄂毕河上航行，在鄂毕河岸的森林里寻找库程汗，但是到处都没有找到他。"[5]

  西伯利亚的河流纵横交错，形成了极为便利的水上交通网络。《外贝加尔的哥萨克（史纲）》开列了一个由托博尔斯克到太平洋的路线图：

> 额尔齐斯河——鄂毕河——克特河口——叶尼塞河——安加拉河——贝加尔湖——色楞格河——希洛克河——因果达河——石勒喀河——黑龙江。

其间只有克特河到叶尼塞河、希洛克河到因果达河未能交汇，殖民者修筑了道路，称之为"连水陆路"。这些河流当然不是平行向东。贝加尔湖以西的鄂毕河＋额尔齐斯河、叶尼塞河＋上下通古斯河、勒拿河＋阿尔丹河三大水系，最后皆流入北冰洋；只有贝加尔湖以东的黑龙江水系注入北太平洋。沿着河流追剿库程汗的过程中，哥萨克不断修筑大大小小的城池堡寨，除了前面已提到的秋明与托博尔斯克等核心要塞，鄂毕河下游有别列佐沃，上游有纳雷姆和托木斯克。正是这些像楔子一样的城堡，一个接着一个，渐渐密集，互相支撑，最终把库程汗逼得无路可走。

　　侵吞了失必儿汗国的广袤草原，沙俄的东扩并未停息。大约二十年后，哥萨克侵入叶尼塞河流域，此地又称中西伯利亚，没有一个严格意义上的国家政权，抵御他们的是散居各处的通古斯人和布里亚特人。一切都是与叶尔马克近似的路数：哥萨克沿着水路推进，威胁与杀戮，诱降，然后就是向原住民征收实物税，从内地移民和垦荒耕种。他们在各要地修筑了更多的城堡，如1618年的马科夫斯克、1619年的叶尼塞斯克、1621年的克拉斯诺亚尔斯克、1628年的雷宾斯克。1629年，俄廷将这些城堡与附属村屯划归新独立的托木斯克公署，任命了一批督军，也激起新一轮的扩张浪潮。哥萨克已进入地理概念的东西伯利亚，北部的通古斯人与女真族血缘近同，贝加尔一带的布里亚特人则属于蒙古族的后裔，都与中国有着密切的关联。此时的明朝内忧外患，与外东北处于隔绝状态；而努尔哈赤虽已建立后金，目标却主要是南方的明军据点，是经略辽东和绥定察哈尔，完全不在意外贝加尔与外兴安岭地域。对于明清之交的中国军政大势，哥萨克应说知之甚少，却恰好利用了这一空当。

三　寻找贝加尔湖

　　贝加尔湖，在我国古籍中有北海、柏海、小海、菊海、于尼陂、柏海儿湖等名称，"苏武牧羊"的故事更是妇孺皆知。那是匈奴单于庭与大汉朝廷的角力，匈奴将持节来使的中郎将苏武扣留，囚禁逼降不得，令在贝加尔湖畔牧羊为生，十九年后才放回。[6] 在他之前，汉朝名将霍去病北击匈奴，出代郡塞二千余里，连战皆胜，"封狼居胥山，禅于姑衍，登临翰海"[7]。一般认为此翰海即北海，亦即贝加尔湖。匈奴族源复杂，在漫漫历史上与中央王朝的关系也极为复杂，对峙和激烈交战有之，通使通婚与和睦相处有之，称藩称臣甚至迁入内地也有之，直至匈奴汗庭西迁，在西亚和欧洲大展拳脚。[8] 而环贝加尔湖地域仍生活着蒙古等北方民族，北魏、辽、金诸王朝皆控驭此地，元朝建立，属于岭北行省。

到了17世纪30年代，哥萨克听说了贝加尔湖。

掠夺财宝是哥萨克东扩的主要目标之一。在与布里亚特人交战时，他们发现对方的马鞍和军刀多有银饰，当地女子也佩戴金银首饰，又从俘虏口中得悉贝加尔湖有金矿银矿，于是托木斯克督军就在给莫斯科的报告中大肆渲染，获得批准，开始寻找这一大湖。

1629年春天，叶尼塞斯克首任督军赫利普诺夫率一百三十名哥萨克乘坐二十只平底船出发，航行至伊利姆河河口，留下二十名士兵看守船只，又派遣三十人去勒拿河侦察，自己带领剩下的八十人从陆路赶往安加拉河上游，希望越过贝加尔湖去寻找传说中的银子。途中遭遇布里亚特武装拦截，双方激烈交锋，哥萨克获得胜利，但也折损颇多。赫利普诺夫带着俘虏和抢劫的财物回到伊利姆河口过冬，次年死于酷寒之中，这次行动也就此完结。[9]

沙俄的督军也试图招抚布里亚特人，想了许多办法，甚至派人送回俘虏示好，但几乎没有多少效用。1630年夏，他们放弃远程征剿的思路，重新开始堡垒战术，在安加拉河的奥卡河口修筑军事要塞——布拉茨克城堡，并于次年建成。这是俄国人在布里亚特领地上建造的第一座城堡，也是他们在叶尼塞河到勒拿河之间的一个重要据点，向南约五百公里可至贝加尔湖，向东北则很容易进入勒拿河流域。俄国人对这个城堡的命名也颇费心机，选取的是布里亚特一个重要部落的名称，可作用不大,很长的一段时间内,没有多少原住民愿意缴纳实物税。哥萨克曾尝试从勒拿河向贝加尔湖迂回前进,遭到布里亚特人的顽强抵抗。只好暂且停止,转而向勒拿河下游进攻。那里是雅库特人生活的地方,出产优质貂皮,由于族人稀少,反抗力比较薄弱。哥萨克又发现了一个资源丰富地域,迅速在这里建造了库特城堡,此乃他们在勒拿河上的第一个据点。熬过严冬,库特城堡的哥萨克乘船下航,在勒拿河中游兴建了雅库茨克城堡。[10] 此堡筑成于1632年,为明崇祯五年、后金天聪六年。皇太极打压异己,南面独坐,亲征蒙古察哈尔部,返程时耀兵大同、宣府和张家口;而明朝先是内乱,复有叛军,再加上黄河决口,对后金军处处保持克制。南北两大政权,关注点都不在外东北地区。

1635年冬天,布拉茨克被布里亚特人攻破,所有驻军都被杀光,武器弹药被抢走。次年春,叶尼塞斯克督军派兵前往报复,击溃布里亚特人,扩大了收税范围。他们侦知勒拿河距贝加尔湖很近,另派尤列夫去寻找通往该湖的捷径。尤列夫精干坚韧,招募到五十名哥萨克,即伐木造船,带着粮食和武器出发。勒拿河发源于贝加尔山西坡,距大湖仅七公里,而尤列夫等不知方位,乘船向下游划去,结果误入了北冰洋。那可是三四千公里的遥远航程,沿中西伯利亚高原东缘曲折向北,直接到了北冰洋的拉普捷夫海。他们在那里左右摸索,待了两个冬天,营建扬斯克等城堡,并不忘向原住民征收实物税。俄国史学家科斯托马罗夫写道:

> 尽管气候严寒,尽管哥萨克自己必须拖着小木船走,尽管冬天在零下40度冰冻的旷野里没有生活资料,又在野蛮的、陌生的、敌视的部落中间生活,但是,任何情况都不能阻止这些不知停步的英雄好汉。[11]

所写颇为真切,只是有意忽略了这些英雄好汉的抢劫杀戮,忽略了他们带给原住民的灾难。

贝加尔湖是哥萨克最重要的目标，屡屡受挫，仍不改初衷。从1640年始，雅库茨克不断派出军队前往勒拿河上游，修筑上勒斯克城堡，挤压布里亚特人的生存空间。1644年，哥萨克五十人长伊凡诺夫率部突袭贝加尔湖中的鄂尔洪岛，那是布里亚特人的神圣之地，距岸二十多公里，却也挡不住狂妄的哥萨克，布里亚特部落大败，不得不答应缴税。伊凡诺夫带着人质和战利品返回上勒斯克，留下三十六人在岛上继续勘察，未想到布里亚特人乘入侵者陆续离开，暴起反抗，将最后一拨约二十二名哥萨克全伙报销。布里亚特人对哥萨克切齿痛恨，就在当年秋冬之际，两次围困上勒斯克，虽然未能攻陷该堡，却也赶走了他们的马匹和牲畜，使殖民者一冬天没得肉吃。[12]

四　黑龙江的诱惑

雅库茨克这块勒拿河畔的酷寒之地，即便在明朝的强盛时期，在永乐帝建立奴儿干都司时，大约也未入视野。[13]此前的元朝将之纳入岭北行省，应也缺少有效的管理经营。而俄廷从殖民者的报告与送来的珍贵皮张中发现其价值，不仅拨款巩固和扩建了城堡体系，还在1637年加大移民的力度，"向勒拿河迁移三百户人家和一百五十个姑娘，为的是给哥萨克成家"[14]。那是一片永恒的冻土，每年仅有几个月表层解冻，远道而来的俄国移民竟能从地上种出庄稼来，后来带人闯入黑龙江的哈巴罗夫，据说就曾是一个种粮能手。有了自产的粮食，雅库茨克就更加稳固，既是一个突前的据点和勘测站，又成为探察更多陌生领域的基地。抢掠新土地和貂皮等物吸引着哥萨克一往无前，探险者从这里奔向堪察加和阿拉斯加，也是在这里，他们听说了外兴安岭以南有一条通海的大河——黑龙江。

每到一地，哥萨克都喜欢用各种办法抓捕人质，尤其是当地的部落首领和族长，关押在城堡里，逼迫原住民降服和缴纳实物税，也讯问打探各种情报。一位被抓获的鄂温克头人告知"靠海地方有一条奇尔喀尔河，两岸住着许多定居的种田人。河的附近有山，山里出产银子"；几乎在同时，叶尼塞斯克的哥萨克"也开始流传有关马穆河两岸蕴藏着银矿的消息"[15]。所谓奇尔喀尔河、马穆河，指的应都是黑龙江。那时西伯利亚中部的哥萨克统归叶尼塞斯克督军管辖，莫斯克维京受命带领三十名哥萨克从勒拿河出发，转入阿尔丹河、马亚河、尤多马河，穿越朱格朱尔山，抵达鄂霍次克海岸，在乌利亚河畔建立了过冬营地。一切都是老模式，莫斯克维京留下十人看守营地，率二十人乘船出海，贴岸向北侦察，不太远即见鄂霍塔河入海口，驶入后逼迫原住民纳税。那里生活着狩猎的鄂温克人，奋起反抗，打死了九名入侵者。莫斯克维京见势不好，赶紧撤回乌利亚营地，蛰伏了一个冬天。熬到1639年春，莫斯克维京帮伙的粮食已尽，迫不及待出海向南，至善塔尔群岛见岛上人多，不敢登岸，在稍北一个小河口驶入，从抓到的鄂温克人口中，得知了更多有关黑龙江的信息。[16]

也就在这一年，俄廷宣布增设独立的雅库茨克督军区（起初叫勒拿斯克），戈洛文和格列波夫被任命为督军，带领从托博尔斯克等处调集的三百二十名哥萨克赶到，随即四处侦察和劫掠。尽管此处已有了畜牧和耕种的移民，有了盐业等，而殖民当局最主要的收入，还是向原住民征收貂鼠皮，不给就抢，在人烟稀疏的极北之地可以说畅行无阻。他们也很重视尤列夫先前的北行路线，派出三十名哥萨克沿勒拿河北上，至北冰洋向东，在因纳河河口下航，向生活在那里的通古斯部落征收了六捆貂皮，再转入因迪吉尔卡河，探察新的地域。[17]莫斯克维京返回，详细报告所听到的黑龙江方位，两岸的富庶以及山上的银矿，并呈上抢掠到的银环和铜锅，还有一批貂皮。

由叶尼塞斯克直接派出的另外一伙哥萨克三四十人，由佩尔菲利耶夫带领，从奥廖克敏斯克出发，沿着勒拿河支流维季姆河上行。他们在穆亚河口附近抓获一个通古斯人,向他的部落勒索到七十四张貂皮,并得知沿河南行约一个月水程,可到达斡尔首领巴托加的地盘,"那里有各种牲畜,貂皮也很多,也有银器";再往前不远就是黑龙江,沿岸为达斡尔头人拉德凯(又作拉夫凯)的领地,"附近山中有银矿","拉德凯等从该银矿中提炼白银","他们用白银换取貂皮,而中国人则在石勒喀河上用绸缎和各种商品购买他们的貂皮"。[18] 维季姆河直通外贝加尔地域,与黑龙江北源石勒喀河很接近。1640年春,佩尔菲利耶夫继续沿该河南下,再转入齐皮里河,行至一个大石滩,道路难行,加上粮食不足,方才返回。

没有读到莫斯克维京与戈洛文督军会见的记载,大约是在路上错开了,他们直接返回叶尼塞斯克。而佩尔菲利耶夫则在当年7月27日与戈洛文等在通古斯卡河相遇,报告了了解到的情况。戈洛文等极为重视,甫一抵任,即组派人马展开对黑龙江的探察。他们是那样地迫不及待,1641年1月,即命十名哥萨克在隆冬时节乘雪橇出发,这是一次侦察行动,重点是打听黑龙江与银矿的消息,顺便也收缴了"两张猞猁皮、三张带肚脐和尾巴的貂皮"[19]。在这个小分队回来后,文书官巴赫捷亚罗夫奉命带领哥萨克、通事(即翻译),以及佩尔菲利耶夫抓的人质,配备火枪和铜炮,沿维季姆河南下,前往黑龙江。据《雅库茨克档案抄件》手稿,戈洛文的指令是:先到佩尔菲利耶夫去年抵达之处,再抓两三名通古斯贵人,询问黑龙江居民及矿产情况;然后派员到黑龙江畔巴托加、拉德凯酋长处,趁机抓获或诱捕若干贵人,逼迫他们归顺。这位文书官似乎能力欠缺,折腾了好几个月,也没有弄清楚黑龙江在哪里。[20]

五 第一支哥萨克匪帮

第一支哥萨克匪帮,准确地说,应是抵达黑龙江的第一支哥萨克武装,拈用"匪帮"二字,乃袭用清代人的说法,也在于其所犯下的令人发指的罪行。

阅读清初东北流人的诗文,宁古塔已被视为"绝域",再向北二三千里,只能是鱼皮鞑子、使鹿部、使犬部待的地方,也称为索伦、野人女真。可对于北极冻土雅库茨克的殖民者,对于那些不惧艰险、热衷于杀人越货的哥萨克来说,简直就成了洞天福地。至于方位乃至路线,他们经过多方问讯和持续侦察,已然比较清晰,于是负有特殊使命的探险队、官方资助的哥萨克武装接踵而来,打破了这里的宁静安详。

1643年(明崇祯十六年,清崇德八年)7月,雅库茨克督军戈洛文下令组织一个黑龙江探险队,由文书官波雅尔科夫率领,其中有两名五十人长、十名老兵、一百名新兵、十五名游民(包括地质测绘学家、猎人、渔民),以及税吏、通译、铁匠,约计一百三十人,配备充足的枪支弹药,还有铁炮一门、炮弹一百发,时刻准备着大打出手。戈洛文的指令是:"前往结雅河和石勒喀河,为君主征收实物税,寻找新的未纳税的人和银、铜、铅矿以及粮食。"因携带的粮食辎重较多,他们尽量走水路,先由勒拿河向北,转入阿尔丹河向南,再由乌楚尔河拐入戈诺姆河。这条河有许多急流险滩,更可怕的是横七竖八的石梁,"一艘船驶上一道石梁,在上面撞了一下,船上运载的8普特16磅皇家铅弹便从船尾掉入水中,沉没在石梁下面的深水处,无法找寻"[21]。所有这些都延缓了这帮哥萨克的前进速度,未到外兴安岭北的纽耶姆卡河河水已经封冻。波雅尔科夫就地设立冬营,休整两周后,留下病弱队员看管辎重,只带领九十名哥萨克继续向前。他们用雪橇拉着粮食等必需品,艰难翻过大雪弥漫的外兴安岭,抵达结雅河上游。得知向南可通黑龙江后,波雅尔科夫等安营扎寨,是为哥萨克的早期据点,名为"上结雅堡"。

结雅河,中国人通称精奇里江,又叫黄河、吉河,乃外兴安岭南麓最重要的河流,源于此山脉的多条河先是汇入精奇里江,再南下流入黑龙江,而瑷珲就在两江交汇处。居住在精奇里江两岸的主要是达斡尔族,属于黑龙江左岸文明程度较高的民族，农业和畜牧业发达，生活安定，房舍整洁，各村寨也有较强的防护自卫能力，一直向清朝定期纳贡。

自这伙哥萨克翻山前来，达斡尔人的噩梦就开始了。波雅尔科夫以交朋友、做生意为名，诱捕了当地酋长多普狄乌尔。在拘禁期间，这位酋长讲了许多有关中国的事情：宁古塔将军府的豪华，木石结构的坚固城池，清朝军队装备的火枪与大炮，每年要派兵两三千人巡边与征收贡赋……这些情况应是波雅尔科夫逐项讯问的，回答则是有真有假：所谓两三千人的巡边军队，大约是想吓唬对方，实际远不到此数。推想他还会说将军很快就来巡视，意图令入侵者知难而退。岂知波雅尔科夫全然不惧，将他戴上镣铐，派人告知其部落缴纳贡品和赎金。一百年前西班牙殖民者在南美的印加等国，用的就是这种黑招。

眼看着自带粮食越来越少，波雅尔科夫派彼得罗夫带领七十人，前往距离最近的达斡尔城寨摩尔德基德奇抢粮。两地相距约十天路程。哥萨克抵达后，也是故伎重施，奉上礼物，好言相诱，突然抓住出城迎接的多西伊等酋长。其中一人为多普狄乌尔的儿子，被放回筹集粮食，派人送上很多燕麦与十头牲畜。可哥萨克的胃口哪止于这些，执意要进入城寨，被拒后押着人质开至寨门前。而未等他们发起进攻，愤怒的达斡尔勇士就从门洞与地道拥出，其他村屯的猎人也骑马赶来助战。多西伊酋长趁乱杀掉看守逃回，指挥部众四面围攻，哥萨克仓促抵抗，总算侥幸逃脱。原本嚣张的侵略军，一变而为惊慌失措的逃亡者，在雪野和密林中历尽艰险，总算返回上结雅斯克。临时营寨中也是一团糟，多普狄乌尔已经解锁脱逃，粮食几乎告罄。波雅尔科夫对彼得罗夫的空手而归极为不满，那些受伤的士兵也令他厌烦，视为负担，内部冲突一触即发，孰知达斡尔勇士已跟踪前来，向他们发起进攻，只好一致对外。由于哥萨克火器精良，达斡尔勇士死伤惨重，几天后只得撤围而去。见士兵饥饿已极，波雅尔科夫命将达斡尔人的尸体割肉分食，据戈洛文奏报："那些不想白白饿死的军役人员吃了许多已死的异族人和饿死的军役人员,共吃了约50人"[22]。就这样硬撑到暮春,待运粮船只赶来,仍有约四十名哥萨克活活饿死。

熬到开河,波雅尔科夫整顿残部,乘船顺流而下,越是向南,两岸越是庐舍密集,阡陌相连。但当地民众严密监视,不许哥萨克船只靠岸,高声斥骂他们是吃人的恶魔。波氏一伙到达瑷珲,意图建堡驻留,而瑷珲人显然不欢迎这伙吃人的罗刹,抗争的手段更为激烈。一个二十六人的哥萨克小队外出侦察,只有二人生还,其余全被消灭。数日后,这拨子心惊肉跳的哥萨克匪帮乘船进入黑龙江,离开瑷珲向下游行驶。他们沿江走走停停,一路勘测记录,到达入海口的费雅喀地域,再次抓了三个当地头领做人质,逼迫原住民缴纳食物和贡品,并在那里过冬。

1646年6月,波氏率剩余帮伙回到雅库茨克。他在中国境内待了约两年,向长官献上掠夺的珍贵毛皮,详细报告所见之物产丰饶,激起了一股新的探险热。至于探险队成员死亡过半,除了那些悲悲戚戚的遗属(多数的哥萨克为光棍一条,看不到遗属,也不知道从哪里来的),没有几个人会去理睬。

作为亲历者,波雅尔科夫最看中的还是两江交汇的瑷珲地区,声称只要有三百人就可占领这里,沿江建造三个要塞,每个堡派五十人驻守,另以一百五十人为机动部队,负责镇压那些反抗的部族。这时雅库茨克总督已换人,新总督组建了新的探险队,热热闹闹地举行出发仪式,没有波氏什么事了。新探险队的行动详情失载,只知他们在外兴安岭遇阻后折返,证明这碗强盗饭不是那么好吃的。

正在雅库茨克当局深感沮丧之际,有一小伙俄国渔猎人报告了另一条通往黑龙江的路线,比波雅尔科夫的路线简捷很多,而且是直指黑龙江上游。他们曾在图吉尔河畔遇到一些通古斯人,注意到那些人的服装和银饰:

他,格里什卡,看见那里的通古斯人和他们的妻子佩戴银环,披着斗篷。在他们的衣着上还看到了红布。他们用红布做大褂。在另一些通古斯人的衣服上,还缝缀着一小块绸缎,长约四分之一俄尺,宽约二三俄寸。通古斯人说,这些银首饰和衣服以及绸缎料子,他们是用貂皮从达斡尔人那里购买的。[23]

其实所谓渔猎人与哥萨克很难区分,他们也自觉承担着搞情报的角色。经过与通古斯人聊天,弄清由勒拿河转入奥廖克马河上行,再经图吉尔河、纽加河,就到了石勒喀河。

他们还说从石勒喀河到黑龙江上游的左岸,属于达斡尔酋长拉德凯和两个弟弟的部落,"有许多各种各样的粮食和酒,各种牲畜也很多"[24]。而通古斯人的银首饰与衣服,正是用貂皮从达斡尔人那里交换的。雅库茨克督军对这一情况很重视,反复询问,也让波雅尔科夫参与论证。波氏不以为然,坚持说他选择的路线更近,而且可以直接沿结雅河前往较富庶的达斡尔村寨。

就在这时,就在雅库茨克,另一位重要人物哈巴罗夫正着手自费组建一支黑龙江远征队,即将登上沙俄侵华史的舞台。

六 哈巴罗夫

1649年3月,雅库茨克新任督军弗兰茨别科夫还在途中,商人哈巴罗夫就赶来拜见,递上一份呈文,请求自费组织一支队伍,远征中国的黑龙江流域。哈巴罗夫指责前任督军派文书官带兵前往,耗费大量公款、官饷和弹药,并且走错了路,干了一桩亏本的买卖;他表示若能获得批准,他将自行招募一百五十名或更多的志愿服役人员,备办船只、口粮、枪支弹药等,由奥廖克马河直奔达斡尔酋长拉德凯、巴托加的领地,逼迫他们归顺沙皇,缴纳实物税。弗兰茨别科夫当即予以批准,并亲自参与、大力支持远征队的组建。

哈巴罗夫是俄罗斯历史上的一位传奇人物,一个冒险家,也是第二个带领远征队闯入黑龙江的哥萨克首领。他出身于俄国沃洛格达州一个贫穷农家,年轻时热衷于闯天下,发了一些小财,数年前带领一批乡亲闯荡西伯利亚,辗转抵达雅库茨克。此人脑瓜子聪明,做事用心,很快在维柳伊河发现了湖盐,办熬盐场,开垦耕地,建磨坊,并从事运输业,很快成为当地的巨富。富起来的他不知为何惹恼了戈洛文督军,"抢走了他全部的粮食,把他的熬盐场收归国有,将其投入监狱。直到1645年他损失了自己不少钱后才从监禁中被释放出来"[25],大概率又成了一个穷光蛋。所幸换了督军,哈巴罗夫立即前往迎接,陈述自己的方案。此前的探险队都是官方出人出钱出枪出粮,哈巴罗夫提出的自费组队,令弗兰茨别科夫耳目一新,不光允许他借贷公款,还自掏腰包投资,料定是一桩稳赚大钱的买卖。

由于波尔雅科夫探险队伤亡惨重,哈巴罗夫的招募并不顺利,费了半天劲,只有七十人报名。当年秋天,他带着这支哥萨克小队出发,经勒拿河、奥廖克马河南下,在图吉尔冬营驻扎。1650年1月,正值严冬时节,哈巴罗夫不愿意虚耗粮饷,迫不及待地率部翻越外兴安岭,乘雪橇抵达黑龙江上游,旋即向达斡尔堡寨发起攻势。酋长拉德凯已预先得到哥萨克入侵的消息,也知罗刹火器厉害,主动率族人撤离,坚壁清野。侵略者闯进一座座空寨,虽也挖出些窖藏的貂皮、粮食等物,但所获非常有限。听说大队清军就在附近驻扎,哈巴罗夫有些紧张,留下斯捷潘诺夫等在拉德凯城坚守,赶回雅库茨克求援。弗兰茨别科夫及时向沙皇奏报了哈巴罗夫远征队的进展,并详细描述了拉德凯城的构造:

城中有5座塔楼,城旁有几座大碉堡,壕沟很深,在所有塔楼下面都有地道和通向水边的暗道,城周围环以一条小河,通向阿穆尔河。该城仅有一座通行之城门。城内有数栋用石头砌造的明亮房舍，窗户很大，用短粗木料做成，高2俄尺，宽1俄尺半，窗格子用自造的纸糊着。每所房屋里可住60余人。[26]

拉德凯城坐落在黑龙江北源石勒喀河左岸与乌尔卡河交汇处，向西是他的大弟弟的城寨，向东是其二弟的城寨，建筑格局相近，形成首尾照应之势。雅克萨还要再往下一些，构造应该是一样的。

哈巴罗夫带回的战利品使弗兰茨别科夫深受鼓舞，也让那些视抢掠为人生乐事的哥萨克眼热，踊跃报名，新队伍一下子就达到一百一十七人。唯恐其实力不足，弗氏又拨给二十一名职业军人，并慷慨提供武器装备、军服、船只器械，包括三门新式火炮。督军大人再次对哈巴罗夫发布训令，要他派使者到博格德王公那里劝降，如不听从则"用不宣而战的突袭手段制服他们"，征收下列贡品："貂皮袄、貂皮、貂皮衣领、貂皮桶子、剪裁过的貂皮、玄狐皮、玄褐狐皮、棕褐狐皮、玄狐腹皮、红狐皮、银鼠皮袄、海狸皮和水獭皮。"[27] 弗氏到任仅一年多，对皮货的了解已如此惊人。他还写了一封《关于晓谕博格德王公归顺俄国的文书》，措辞嚣张狂妄，要求其率众归附俄罗斯沙皇，"充当奴仆"。博格德（博格达）王公，一般指蒙古王公，此处指达斡尔首领。

哈巴罗夫第一次到黑龙江时，还真有过一次与拉德凯对话的机会。那是在他占据第三座空城后，拉德凯等五人骑马到城外，与城寨里面的人对话，哈巴罗夫诡称是商人，拉德凯说："你骗谁？我们对你们这些哥萨克很清楚……你们想要把我们全都打死，想要抢走我们的财产，掳走我们的妻子、儿女。"待哈巴罗夫发兵出城追赶，拉德凯等人飞驰而去。

哈巴罗夫重回黑龙江，正值其部下攻打雅克萨失利，即命新带来的哥萨克加入强攻，一举拿下。雅克萨城寨临水而建，本义为"江水刷塌了的湾子"，附近居住着达斡尔人，世代耕种渔猎于斯土，生活安定。哈巴罗夫相中了这个地方，认真进行升级改造，建成一座军事要塞，作为四出抢掠的据点。应是在占领雅克萨不久，哈巴罗夫就抓住了拉德凯，押在城中作为人质。他当然会对之反复讯问，以榨取各种有价值的情报，因缺少记载，详情不得而知。

次年夏天，哈巴罗夫率部顺江而下，黑龙江两岸部族饱受蹂躏。6月，哥萨克船队至呼玛，接连攻破三座达斡尔大寨，肆意杀戮，包括妇孺老人超过一千人被害。9月初，他们侵入瑷珲地区，诱捕了达斡尔头人托尔加，勒索贡赋不得，将城寨焚掠一空，托尔加悲愤自尽。下旬，他们窜至松花江口，大开杀戒，抢掠妇女与财物。10月，哈巴罗夫匪帮越过乌苏里江口，到了赫哲人居住的下江地区。天气已经寒冷，哥萨克抓紧修造了阿枪斯克堡，准备过冬。当地部族对他们痛恨至极，打听到多数哥萨克外出收税，堡内空虚，迅速聚集起来袭击敌人，而因武器与作战经验的悬殊，进攻失利，部民死伤惨重。这伙流寇占据村寨，强行征收实物税，当地人既恨又怕，呼为罗刹、老掐、老枪、老羌。

此时宁古塔是三江流域唯一的东北边镇，梅勒章京海塞奉旨进剿哥萨克匪帮，却只是派遣翼长希福带六百官兵前往，又征调满泾站士兵四百，达斡尔与赫哲人闻讯也赶来相助。开始时，清军以猛烈炮火给敌人很大杀伤，血肉横飞，哈巴罗夫也受了伤，多处栅墙被轰破，堡内一片惊恐，希福却下令停止炮击，命士兵进寨抓活的。哥萨克得以喘息，组织火力反击，官兵猝不及防，扔下大炮和枪械溃散。到手的胜利化为乌有，死伤惨重，海塞也因贻误战机被处死。[28]这是清军第一次正式对俄作战，先胜后败，留下巨大的心理阴影。其实哥萨克也遭受重创，十余人战死，数十人受伤，包括哈巴罗夫本人。自知难以与清朝大队官军对抗，趁着江水解冻，哈巴罗夫率部溯江而回。[29]

他们在途中遇到雅库茨克派来的一百四十名援军，一起到精奇里江口的瑷珲，意图修建结雅堡，以便长期驻扎。可筑堡就要有人留守，有人种地和喂马，在大队人马离开时很容易被当地部族围歼。一批哥萨克强烈反对筑堡，也认为抢来的大量财宝分配不公，趁着主帅外出，一百三十多人哗变，将军饷、财物和部分武器弹药装上三艘船，迅速逃往下游。队伍大减员,哈巴罗夫再次向国内求援,同时也派遣船只往下游抢掠,多次经过乌苏里江口。昔日平静的黑龙江,已成为哥萨克上上下下的通道,处处烽烟。

1653年9月,受俄廷特派前来的季诺维耶夫在瑷珲与哈巴罗夫帮伙相遇。此人是一个深受沙皇信任的贵族,也肩负着为正在规划的大入侵先行考察的使命[30],代表俄廷向他们颁发金币,也详细了解当地与中国内地的情况,并派出切奇金等五人往北京觐见清朝皇帝。此时的哈巴罗夫又有了三百多部下,养成一身骄悍之气,不愿听从季氏的指挥,结果被当众痛打,一部威严的大胡子几乎被拔光,职务也没了,没见有谁出头为之抗争。过了一段时间,季诺维耶夫回国复命,哈巴罗夫也被押往莫斯科,自此再没回来。

七 松花江保卫战

一些俄国人写的书颇为哈巴罗夫鸣不平,其实季诺维耶夫对他的处置并无不当,释放了被长期拘押的拉德凯酋长,境界和策略也比他高出一截子。在黑龙江流域的数年间,哈巴罗夫上下劫掠,破灭无数村寨,肆意屠戮,极为凶残,不仅使江左为之一空,也对占领者的经营和生存带来危害。至于他纵兵滥杀,将抢来的东西攫为己有,亲手掐死逼奸不从的妇女,更谈不上有什么私德。

那是清朝的顺治年间,清廷闻讯后多次派兵讨伐,也接受达斡尔、索伦等部南迁,在黑龙江右岸妥善安置。1653年9月,哥萨克在左岸已抢不到粮食,接替哈巴罗夫的斯捷潘诺夫缺吃少喝,眼看大河就要封冻,遂冒险闯入松花江,抢到不少粮食,满载而归。[31]约略与之同时,奉季诺维耶夫之命出使北京的切奇金等五人,行至一达斡尔村屯索要马匹和向导,说是要与清朝皇帝讨论以黑龙江为界的"分地"之事,激怒村民,全部被杀死。[32]斯捷潘诺夫得知后带兵赶往报复，村民已逃走，帐篷里只剩下一些死者的遗物，"上衣、裤子、衬衫、靴袜、帽子的碎片""死者的锅、斧、小平锅、刀、子弹盒盖、装药器里的火药、腰带的纱线、腰带扣绊和帐子上的印花布、子弹袋，等等，全都割成碎片"。[33]

1654年夏天，斯捷潘诺夫匪帮乘船沿黑龙江上行，在松花江口与新到的五十多名哥萨克会合，经过一番商议，决定再次驶入松花江抢粮。岂知清廷早有戒备，由宁古塔总管沙尔虎达统领官军三百、虎尔哈民勇三百，还特地从朝鲜会宁商调了一百五十余名鸟铳手，乘船顺流而下，遥遥望见约四十艘哥萨克大小兵船。斯捷潘诺夫等人发现后掉转船头逃窜，清军紧追不舍，在百余里后赶上，发生激战。沙尔虎达一面率部冲击敌船，一面命炮手和朝鲜鸟铳手登岸，据高处密集射击，哥萨克抵挡不住，仓皇而退。清舰咬住不放，追杀三百余里，将这支哥萨克匪帮逐出松花江，并在江口修筑土城。[34]

当日黑龙江上下有好几股哥萨克，都在饥肠辘辘地找粮食。斯捷潘诺夫在上游先遇到三十四名军役人员，自称是尼布楚堡别克托夫的部下，乘木筏来黑龙江觅食，请求收留。而过了不到一个月，竟然遇上别克托夫的木筏，先后赶来的有二十九人，也是一帮子饿鬼。问题在于斯捷潘诺夫也缺少粮食，在左岸已抢不到粮食和牲畜，又不敢再入松花江，焦虑万分，派人到雅库茨克求援，自己则带队前往呼玛河口的小岛上修筑库马拉堡。[35]他们是在隆冬季节新修了一座城堡吗？推测不太可能，《外贝加尔的哥萨克（史纲）》《俄国人在黑龙江》都提到此处已有哥萨克城堡，甚至说是哈巴罗夫曾在此筑堡。较有可能的是，由于筑堡高手别克托夫的加入，对旧有小堡（哥萨克一撤离就会被原住民破坏）的废墟进行补筑和增修，实行了升级换代。斯捷潘诺夫给督军的报告中写道：

我方城堡围有高墙，四角筑有扶壁。这座城堡是11月2日在冰天雪地中修筑的,周围挖有壕沟,壕沟也是在冬天挖的,挖掘冻土深1法定俄丈,壕沟宽2俄丈,壕沟外面围插木刺障,而在木刺障外面又围上一层铁刺障。……堡墙上下皆凿有射击孔,上下射孔之间、堡墙中间填满了沙砾。堡内为防火攻,掘有水井一眼,深5俄丈,连着井又挖了斜沟,通向四方,斜沟深6俄丈。堡内还安置了铁台座,上插松明照明,以备博格达兵夜袭时,能够望见城外的博格达兵。为了对付博格达人的云梯和盾牌,紧靠堡墙放着高高的船板木,又将木桶放到堡墙上,以防博格达军猛然来攻。在堡内筑有炮座,我们从炮座上炮轰博格达军……[36]

叙述极细,显得颇为得意,由此也可了解哥萨克对筑堡是多么用心!1655年(顺治十二年)3月23日,清军在都统明安达里统率下前来清剿,一举抓获正在堡外树林中伐木造船的二十人,哥萨克慌忙出城营救,也被击溃。而他们的堡垒确实坚固,大队清军围攻二十多天,炮轰火烧,不仅没能攻克,己方反而伤亡惨重,被迫撤离。斯氏侥幸逃出生天,写信向主子夸耀战绩,更主要的是告急和诉苦:"我们估计博格德人正在向我处大量集结,而皇家火药和铅都已用完,粮食也吃光了,我们在挨饿,我们不知道应该如何才能守住君主的城寨。"[37]

  数月之后,斯捷潘诺夫见清军没有再来,重入松花江抢粮,又搞到了不少吃的,赶紧撤离。整体上而言,可知斯氏等人有着一种巨大的阴影,生活在饥饿惊恐之中,也不敢在黑龙江中游多待,跑到下游的阔吞屯修筑城堡。清廷也没有忘记这个凶残的对手,多方调集兵力,修造大船,耐心地为哥萨克编织一张大网。1658年7月,又到了农作物的收获季节,宁古塔总管沙尔虎达拣选精锐,加上朝鲜支援的二百多名鸟铳手,乘坐四十七艘兵船,在松花江上设伏,而久等不来,整队驶入黑龙江搜索,恰遇溯江而上的哥萨克船队。沙尔虎达即命发炮轰击,斯捷潘诺夫吸纳的新人很快逃往下游,只有那些老兄弟还在殊死拼搏。[38]这场激战呈一面倒的态势,斯捷潘诺夫与近三百名哥萨克被击毙,俄船十只被焚毁,"最后在敌人中间消逝了,就像一座悬崖,被大浪吞没了一样"[39],一位俄国史学家描述得如此诗情画意。

八 宁古塔将军巴海

在整个清朝顺治年间(1644—1661),沙俄对黑龙江的侵犯,以波雅尔科夫揭开序幕,哈巴罗夫登峰造极,至斯捷潘诺夫时期人数最多,却落得个丧师丢命,大致上趋于消歇。

哥萨克败落主要原因有三:其一在于哥萨克匪帮的凶暴嗜杀,竭泽而渔,致使曾经村落相连的黑龙江、精奇里江两岸为之一空,也使得他们很难抢到粮食;其二在于居住在黑龙江上下的各部落对入侵者恨之入骨,正面抵抗与攻打失利,便伺机对落单以及小股哥萨克痛下杀手,毫不留情;其三是清廷虽重在经略内地,对黑龙江地域也并非不闻不问,安置由左岸内迁的各部百姓,多次调兵遣将征剿哥萨克匪帮。如果说清军将领如海塞、明安达里还不熟悉哥萨克的战法,为此吃了大亏,沙尔虎达则堪称名将,精心组织和主动出击,两战皆胜,击毙了悍勇狡诈的斯捷潘诺夫。饥饿加上恐惧,黑龙江已不再是探险者的乐园,而经此一役,更使之闻风丧胆。阅读此一时期的沙俄旧档,会发现除了已死的斯捷潘诺夫,还有不少大小头目都在向上司诉苦,诉说饿肚子,诉说同伴的惨死与无处不在的威胁,请求允许他们回去。[40]

清廷对黑龙江流域的管辖捍卫,主要是通过宁古塔总管衙门实施的。宁古塔在努尔哈赤时就开始驻军,崇德元年(1636)以梅勒章京管理,顺治十年(1653)五月有旨将老将沙尔虎达晋为从一品的昂邦章京,成为统辖大黑龙江流域的军政一体之总管衙门。[41]此地与依兰

(即金代的五国头城)有牡丹江可通,但河道中浅滩较多,不适宜大船航行,是以清军多在吉林船厂造船,沿松花江前往黑龙江。后来命将军衙门迁往吉林,也出于同样的原因。

对于黑龙江,沙尔虎达不仅熟悉,而且颇有亲切感。因为他就出生于虎尔哈部,世代居住在中游的左岸地方。努尔哈赤派员至黑龙江招抚之际,不知是自愿还是被迫,沙尔虎达随父投军,编入满洲镶蓝旗,经过无数征战厮杀,历任甲喇章京、梅勒章京、护军统领,以军功授一等阿思哈尼哈番(一等男爵),成为镇抚东北边疆的大员。亲见外敌入侵,故乡生灵涂炭,他的感受可想而知,对入侵者绝不留情。不知是否与远途征剿和江上激战相关联,沙尔虎达数月后在宁古塔病逝,常见的记载称他逝于顺治十六年正月,应该稍早一些,在前一年的岁末。这是因为顺治帝在十六年正月十二日传谕:

> 宁古塔系边疆要地。昂邦章京沙尔虎达在彼驻防年久,甚得人心,今已病故。其子巴海素著谨敏,堪胜此任,着即代其父为昂邦章京,前往驻防。[42]

宁古塔距京师超过三千里,加以冬月道路难行,其死讯传到皇上那里差不多要一个月。故其辞世应在农历的腊月,即1659年年初。他的本名较早用沙尔瑚达,而史籍中多作沙尔虎达,虽说皆出于音译,应与其是一员作战英勇的虎将相关。

移都北京之初,清廷就恢复了科举制度,从爱新觉罗到满洲勋贵,大都重视以儒家经典教育子弟,兴起一股读书热。巴海为沙尔虎达长子,较早担任军职,历满洲镶蓝旗第三参领第二佐领、护军参领,却喜欢读书,能诗文。顺治九年殿试,巴海考中满洲榜探花,任郑亲王府教习、经筵讲官、秘书院侍读学士,仍兼佐领与护军参领。此类文武职务皆属宫廷近侍,巴海显然颇得皇上欣赏,是以奉旨接替父职,一跃而成为从一品大员。

斯捷潘诺夫死后,哥萨克残匪仍盘踞在下江(黑龙江下游)地方。顺治十七年夏天,巴海统兵沿松花江出黑河口,侦知哥萨克在费雅喀部落之西,即挥师开往下江清剿。因江南科场案流放宁古塔的吴兆骞作《奉送巴大将军东征逻察》,"军声欲扫昆弥兵,战气遥开野人部。卷芦叶脆吹长歌,雕鞬弓矢声相摩""龙江水黑云半昏,马岭雪黄暑犹积"[43],笔意雄豪。野人部,指赫哲、费雅喀等部族,所谓野人女真是也,此时深受哥萨克流寇滋扰欺凌。行至伯力以下江面,巴海命清舰在贴岸设伏,果有敌人船队溯江而来,遂发炮轰击。哥萨克也在慌忙中开炮回击,见难以抵敌,纷纷弃舟登岸逃命,清兵大举掩杀。巴海向皇上奏捷:

> 臣等率兵至萨哈连、松噶里两江合处,侦闻罗刹贼众在费牙喀部落西界,随同副都统尼哈里、海塔等领兵前进。至使犬地方,伏兵船于两岸。有贼艘奄至,伏发,贼即回遁。我兵追袭,贼弃舟登岸败走,斩首六十余级,淹死者甚众。获妇女四十七口并火炮、盔甲、器械等物,招抚费牙喀部落一十五村,一百二十余户。[44]

所写"获妇女四十七口",应该是哥萨克抢掠的当地女子。巴海也是报喜不报忧,隐瞒了己方损失五艘战船之情,事发后受到处分。此一役,清方以多击少,以官军击"民兵",以伏兵击无备,仍是多有伤损,可证哥萨克武装的战斗力甚强。宁古塔人将沙俄称为逻车国、罗刹、逻察,兆骞在给母亲的信中细述哥萨克之凶残,"逻车国人皆深眼高鼻,绿睛红发,其猛如虎,善放鸟枪,满人甚畏之。若国人作水兵,何异汤浇雪,刀切菜,必死无疑"[45],传递出很深的畏惧心理。

康熙元年(1662),为强化对东北边疆的管辖,清廷将宁古塔总管衙门升格为将军府,以巴海为第一任宁古塔将军。兆骞有一首《奉送巴大将军按部海东》,有"海东三万里,笳吹日相闻"句,极写统辖区域之广,沙俄殖民者侵扰抢掠,边地部族不断告警,官军远程清剿,笳鼓竞吹。巴大将军即指巴海,每年夏月,他都要率部巡边,率军扫荡沿江残敌,索伦总管府也会出兵相助,结雅堡、库马拉堡、雅克萨堡被次第荡平,黑龙江流域获得暂时的安宁。

注释

〔1〕参见[俄]索洛维约夫《俄罗斯史》,转引自[俄]瓦西里耶夫《外贝加尔的哥萨克(史纲)》第一卷,"代序",商务印书馆,1977年,第13页。
〔2〕该汗国所辖大致为后世所称的西西伯利亚地域,为避免表述上可能引起的混乱,本书仍沿用"失必儿汗国"之称。
〔3〕参见[英]约翰·巴德利《叶尔马克》,转引自[美]乔治·亚历山大·伦森编《俄国向东方的扩张》,杨诗浩译,严四光校,商务印书馆,1978年,第32页。
〔4〕[美]乔治·亚历山大·伦森编《俄国向东方的扩张》,第34页。
〔5〕[俄]齐保鲁哈《征服西伯利亚——从叶尔马克到白令》之《第二次"夺取"》,杨海明译,中国社会科学出版社,2017年,第99页。
〔6〕《汉书》卷五四《李广苏建列传》,中华书局,1962年,第2459—2469页。
〔7〕《汉书》卷五五《卫青霍去病列传》,第2486页。
〔8〕其始末详见陈序经《匈奴史稿》,中国人民大学出版社,2007年,第60—74页。书中第四章《匈奴人本部的地理》认为"匈奴的北境,是现在的贝加尔湖一带"。
〔9〕《外贝加尔的哥萨克(史纲)》第一卷,"赫利普诺夫于奥卡河口附近第一次击败布里亚特人",第37—38页。
〔10〕《俄国向东方的扩张》,第35页,"叶尔马克的继承者们"一节中,附有一幅"横越大陆"图,注明沙俄东扩所建军堡的年份,值得参考。
〔11〕《外贝加尔的哥萨克(史纲)》第一卷,《寻找贝加尔湖而误入北冰洋》,第43页。
〔12〕《外贝加尔的哥萨克(史纲)》第一卷,《贝加尔湖的哥萨克》,第57—58页。
〔13〕参见杨旸、袁闾琨、傅朗云《明代奴儿干都司及其卫所研究》中《附录一 奴儿干都司属下卫所简表》,中州书画出版社,1982年,第301—311页;其中开列依木河卫、亦文山卫、兀的河卫、督罕河卫等,多数在外兴安岭之南,距勒拿河尚有距离。
〔14〕《外贝加尔的哥萨克(史纲)》第一卷,《雅库茨克的成就》,第43页。
〔15〕刘民声、孟宪章《十七世纪沙俄侵略黑龙江流域编年史》,中华书局,1989年,第1页。
〔16〕《十七世纪沙俄侵略黑龙江流域编年史》,第2—3页。
〔17〕《外贝加尔的哥萨克(史纲)》第一卷,《从1639年起雅库茨克成为独立的督军区》,第44—45页。

〔18〕郝建恒等译《历史文献补编——十七世纪中俄关系文件选译》，第1件《1641年9月前》，商务印书馆，1989年，第2页。

〔19〕《十七世纪沙俄侵略黑龙江流域编年史》，第7—9页。

〔20〕《历史文献补编——十七世纪中俄关系文件选译》，第1件《1641年9月前》，第5—6页。

〔21〕《历史文献补编——十七世纪中俄关系文件选译》，第2件《1946年6月12日以后》，第7页。

〔22〕《历史文献补编——十七世纪中俄关系文件选译》，第2件《1946年6月12日以后》，第19页。

〔23〕《历史文献补编——十七世纪中俄关系文件选译》，第3件《1647年5月27日》，第24页。

〔24〕《历史文献补编——十七世纪中俄关系文件选译》，第3件《1647年5月27日》，第24页。

〔25〕《征服西伯利亚——从叶尔马克到白令》，第223—225页。

〔26〕《历史文献补编——十七世纪中俄关系文件选译》，第7件《1650年5月26日》，第35—36页。

〔27〕苏联科学院远东研究所等编《十七世纪俄中关系》第一卷，厦门大学外文系《十七世纪俄中关系》第一卷翻译小组译，黑龙江大学俄语系翻译组校，商务印书馆，1978年，第178页。

〔28〕《清世祖实录》卷六八，顺治九年九月丙戌，"以驻防宁古塔章京海塞、遣捕牲翼长希福等，率兵往黑龙江，与罗刹战，败绩。海塞伏诛，希福革去翼长、鞭一百，仍令留在宁古塔"。

〔29〕《历史文献补编——17世纪中俄关系文件选译》，第14件《1652年8月》，第68页。这一份文献中提到哈巴罗夫就此战详细报告弗兰茨别科夫，称宁古塔衙门主官"亦失涅"王公亲自指挥战斗，并高喊要生擒活捉哥萨克，译者在注释中推测"亦失涅"可能是"海塞"。

〔30〕参见［俄］瓦西里·帕尔申《外贝加尔边区纪行》，商务印书馆，1976年，第89—90页。书中提到，1653年1月，俄廷决定"派遣火枪兵及哥萨克约三千名前往阿穆尔河，由近侍大臣兼军政长官伊万·伊万诺维奇·洛巴诺夫－罗斯托夫斯基公爵统率"，而季诺维耶夫的特殊任务，就是到黑龙江察明情况，筹集粮食和其他必需品。

〔31〕参见《外贝加尔边区纪行》第三章，第94页。书中写到"他在松花江一带搞到了大量谷物之后，便在离基立亚克人不远的久契尔人那里过冬"。

〔32〕参见《胡世安等题宣塔等因反抗俄国侵华而杀死赴京俄人本》，收录于故宫博物院明清档案部编《清代中俄关系档案史料选编》第一编，中华书局，1981年，第11—17页。该文件记述此事甚详。

〔33〕《历史文献补编——17世纪中俄关系文件选译》，第17件《1654年8月初》，第91页。

〔34〕《外贝加尔的哥萨克（史纲）》第一卷，第135页。

〔35〕参见中共呼玛县委员会、呼玛县人民政府、《呼玛县志》编辑委员会编《呼玛县志》，第二编，第二章第二节，第76—80页。其中认为呼玛斯克城堡"建筑在呼玛河和黑龙江汇合处的一个小岛上（现在我县呼玛河口岛）"。

〔36〕《历史文献补编——17世纪中俄关系文件选译》，第18件《1655年4月4日以后》，第97—98页。

〔37〕《十七世纪俄中关系》第一卷第二册，第304页。

〔38〕朝鲜《通文馆志》卷九，首尔大学校奎章阁韩国学研究院，2006年，第19—20页。

〔39〕《外贝加尔的哥萨克（史纲）》第一卷，《1658年斯捷潘诺夫英勇牺牲》，第144页。

〔40〕此类沙俄档案文献,有《历史文献补编——17世纪中俄关系文件选译》《十七世纪俄中关系》等。
〔41〕《清世祖实录》卷七五,顺治十年五月甲戌,"命镶蓝旗梅勒章京沙尔虎达为昂邦章京,镇守宁古塔地方"。
〔42〕《清世祖实录》卷一二三,顺治十六年正月甲辰。
〔43〕[清]吴兆骞《秋笳集》卷三,上海古籍出版社,2009年,第93页。
〔44〕《清世祖实录》卷一三八,顺治十七年七月丁丑。
〔45〕《秋笳集》附录一,"上母亲书四",第301页。

第三章 康熙之"算"

身为少年天子即毅然清除权臣鳌拜，康熙帝大受史家赞誉，实则发生在他亲政两年后，已然隐忍了很久，等一切筹备妥当，他才果断出手。玄烨是一个开眼看世界、潜心学习西方先进科技与数学知识的明君，深信"多算胜，少算不胜"[1]，在收复雅克萨之役中算无遗策，大处通盘筹划，细处料敌机先，从而将入侵者彻底驱出黑龙江流域，为东北边疆赢得了一百六十多年的安宁。

一 叶尼塞斯克远征队

17世纪中叶，沙俄的东扩步伐加快，不独极北之地的雅库茨克督军接连派兵南侵，远在贝加尔湖之西的叶尼塞斯克督军巴什科夫也不甘落后，不断派出远征队，一路向东，目标已不是贝加尔湖，而指向更远的黑龙江流域。这两个方向来的哥萨克常在黑龙江上相遇，有时会因争抢财物粮食发生冲突，但更多的是合作，被沙尔虎达歼灭的斯捷潘诺夫匪帮中，就有一些来自尼布楚。

在俄文文献里，尼布楚被称作涅尔琴斯克，乃叶尼塞斯克督军府入侵黑龙江的前哨。与雅库茨克哥萨克的流动劫掠、杀人越货稍有所区别的，是他们更注意步步为营的蚕食政策，更注意拉拢收买当地部族领袖，因而也更具有侵略的实效性。1652年，巴什科夫接到报告，得知贝加尔湖以东的涅尔查河一带，居住着大量通古斯人，立即向莫斯科奏报，而不等批复，就迫不及待地派遣别克托夫带领一百名哥萨克开往这一陌生地。给他的指令是："到伊尔根湖，到石勒喀大河遥远的地区去服役""在最可靠和最富足的地方，建立两个城堡，并使土著人纳实物税和打听银矿所在地。"[2]

别克托夫就此登上侵华的大舞台，一些俄国史学家对他的"毅力、活动能力和勇气"不吝赞美，实则此人的命运颇为不济，在侵华史上匆匆一晃，便不知所终。他是一个资深哥萨克，二十年前就担任百夫长，侵入蒙古布里亚特部地区，遭到激烈反抗，也练出一套修筑营垒的本领。此行的侵略目标更遥远，途中不断遇到阻击，走走停停，终于在1653年秋天，别克托夫一伙来到伊尔根湖边。其筑堡能力的确非凡，仅用二十五天就建成堡寨，并对周边山川地貌做了勘测。当时河流已见冰凌，别克托夫坚持率队上路，想在冰冻前赶到尼布楚一带。他先已派人到音果达河上游打前站，自己带主力赶到后，造了一个大木筏，装载上武器弹药与粮食，就急急开航。岂知刚刚航行十余里，河道就整个儿冻住，只好就地建立冬营。乌拉索夫受命率二十人由旱路继续前进，抵达石勒喀河南岸与涅尔查河交汇处，经过勘察定位，在河畔斜坡上修筑了一个小营寨。别克托夫被称作修造城堡的专家，其部下亦擅长此技（其实为了保命，入侵者大都在筑堡时玩儿命赶期，并务求坚实），此堡在隆冬之际建成，选址极佳。它就是尼布楚城的前身，乌拉索夫袭用当地部族涅尔琴之名，称作涅尔琴斯克（尼布楚）。[3]这也是哥萨克东扩时选拟地名的常用路数，以原住民的叫法，再加上前缀"乌斯季"（要塞）或后缀"斯克"（城），便成为新名称。

那里是索伦的一个部落首领根特木尔的家乡。此人定居于斯土，带领族人打猎放牧。罗刹没有攻打他的村寨（或许并没有达斡尔那样的大寨），根特木尔也友好接待了这帮不速之客，甚至缴纳了两捆貂皮的实物税，但很快感受到强烈的压迫感。哥萨克虽人数不多，然不知出于何种原因，素称勇武的根特木尔没有动手，只是在一个夜晚悄然聚集起族众,迁往额尔古纳河对岸。乌拉索夫觉察已晚,派人过河追赶,劝说加上威胁,逼迫他返回故地,根特木尔客客气气地赠了点礼物,执意不回。没见到更多有关占领军与原住民关系的记载,由此事可推知,乌拉索夫一伙应不像波雅尔科夫与哈巴罗夫那样暴虐,而殖民者的掠夺本性不会有任何差别。

1654年春天,别克托夫留下十八人驻守伊尔根堡,率部下乘坐木筏,赶到尼布楚。他也对根特木尔的离去觉得惋惜,派人前去邀请,而"不仅根式(特)木尔没有回来,甚至连派去见他的两名哥萨克也没有回来"。失去了盘剥对象,哥萨克只好自己开荒种地,根特木尔却率轻骑不招而回,多次进攻城堡,抢走了几匹马,还踩坏了地里的庄稼。哥萨克得不到后方接济的粮饷,所种又颗粒无收,很快出现哗变,"饿死的前景顾不得纪律了",三十名哥萨克呼啸而去,禁止不住。别克托夫只剩下二十名士兵,好不容易坚持到河水解冻,也只能离开城堡,乘船去找吃的。[4]他们是在黑龙江上游遇到斯捷潘诺夫的,两路饿鬼合兵一处,又被清军追剿,爆发了库马拉之战。正是别克托夫设计和加固了库马拉城堡,扛住了清军的炮轰和围攻。

俄国已在规划设立阿穆尔(即黑龙江)督军区,"选派叶尼塞斯克督军巴什科夫任阿穆尔督军区的筹建人"。1656年7月,巴什科夫率三百名哥萨克赶往尼布楚,花了一年多才到达石勒喀河,原有的堡垒已被当地人夷为平地。他下令重建城堡,而作为督军府,自也比原先的小堡在规格上大大提升,正式命名为涅尔琴斯克。[5]与此同时,巴什科夫派出三十人去黑龙江寻找斯捷潘诺夫与别克托夫,命他们到雅克萨建立城堡,并调拨一百名哥萨克前往支援。岂知斯捷潘诺夫已跑到黑龙江下游,准确说正处在覆灭的前夜,来不及执行首任阿穆尔督军的命令了。

粮食匮乏仍是哥萨克的最大难题。黑龙江左岸的部族被迫撤往右岸,村墟一空,没有人和粮可供抢劫,这也是斯捷潘诺夫屡次冒险开进松花江口的原因,饿令智昏啊!孰料未到江口就遭遇大队清军伏击,兵败身亡，别克托夫就此没了消息，大概已然葬身鱼腹。一伙子斯氏残部撞见巴什科夫差遣的人，不由分说，即将之抢得精光，闹嚷嚷顺江而下。而另一伙败兵选择沿江上行，去找新督军，看到不少从上游漂下来的破船碎片，得知中国军队曾征讨巴什科夫，觉得大势不妙，转向北方逃窜。其中有十七人到了尼布楚，恰遇巴什科夫不在，这些野性难驯的家伙既难以忍受每天种田或其他劳作，又惧怕与清军打仗，由巴尔非诺夫带头，将城堡洗劫一番，抢了几件武器和破烂衣服，逃往勒拿河。不想路上遇见新任督军托尔布津（就是那位后来在雅克萨中炮身亡的总管大人），此时奉派接替巴什科夫，又将他们带回尼布楚，未予惩处。督军大人正缺兵少将，而几乎所有的哥萨克都如此劣迹斑斑，不用他们又能用谁呢？

或也不能过分责怪叛逃的哥萨克。一位流放的大司祭描述巴什科夫的创业："人们累得弯着腰，在水中跋涉，冬天把船拖过连水陆路。音果达河水浅，木筏笨重，船篙粗大，笞杖多枝，鞭子尖厉，刑罚残酷，动辄得咎。"[6]正是靠这种铁腕管理，尼布楚被迅速建成罗刹东进的桥头堡。巴什科夫向沙皇奏报了斯捷潘诺夫帮伙覆灭的消息，使沙俄进军黑龙江的计划受挫，阿穆尔督军区被撤销，他本人被调回。尼布楚堡降为总管级，面临着攻打与饥饿，但仍像一个楔子立于该地。在早期清代文献中，它被叫作尼布潮或尼布抽，虽与雅克萨相隔约一千里，却是后者的重要战略支撑点，长期为其提供士兵和武器弹药。

二　根特木尔叛逃事件

托尔布津接任后，哥萨克在尼布楚一带的存在更为困难，三座城堡只有七十五名哥萨克，加上他本人带来的二十五人，以及堵截回来的十七个败兵，就是其全部人马。俄廷对黑龙江暂时失去兴趣，也不再关心在达斡尔地区的军堡，拖欠或不发薪饷与补给。托尔布津的地位和能力都不如前任，只知道不断写呈文求援，寄往莫斯科，也寄往叶尼塞斯克和雅库茨克，情况并无改变。哗变在1663年（康熙二年）再一次发生，"带头大哥"仍是那个巴尔菲诺夫，参加的竟有六十八人之多，逃跑的方向依然是黑龙江。三个城堡中只剩下不到五十名哥萨克，附近的蒙古部落开始来攻打围困，内部也出现里应外合的密谋，托尔布津与部下忍冻挨饿，终日戒备，拼死据守。一年后援军终于抵达，带来了补发的薪俸与给养，哥萨克队伍随之稳定下来。

1667年（康熙六年）夏天，托尔布津终于遇上了一桩梦想不到的好事，原来逃离的根特木尔酋长率部前来归附，表示愿意向沙皇称臣纳贡。在黑龙江左岸的哥萨克堡垒中，也有一些原住民，多数系被抓来做苦工，仅有个别为主动依附的，而作为大清索伦一个八旗佐领，根特木尔率领部众集体叛逃，尚属首例。关于他带走的人马记述不一，随他出走的大约有四十人，后来又鼓动三个佐领五百余人叛变，令清廷痛恨至极。后来，根特木尔被沙俄封为公爵，所部成为哥萨克的强援，也成了清廷的心腹大患。

根特木尔，也写作根忒木尔，族属传说不一。有人说他是鄂温克头人，也有说他属于蒙古族，国内学者大多认为他属于达斡尔部落。此一区域族群混杂，通称索伦，包括达斡尔、鄂温克、鄂伦春等，应也有一些蒙古号称女真氏族。根特木尔所在部落号称涅柳德，人数不甚多，世代生活在尼布楚一带，与清朝有着稳定的贡赋关系，尼布楚堡被焚毁，根特木尔及部下应是参与了进攻和袭扰。

呼伦贝尔为蒙古族与索伦共聚之地，陆续迁来许多因躲避哥萨克南下的族群，生存空间顿觉狭窄。像根特木尔之类小部落头目，清廷赏给一个牛录章京，已算是待之不薄了。据与之见过面的俄外交官斯帕法里记述，根特木尔魁伟、骁勇，状似巨人，有九个妻子、十三个儿子（亦有记载说他有三十几个儿子），部众三百多人，英勇善战，武器也较其他部落精良。[7]他在后来号称清军佐领，所部虽编入八旗新满洲，但与正规军两回事,一般不许拥有铠甲与枪支,也很少发粮饷。清朝蛮横僵硬、带有歧视防范心理的边疆管理模式,常使部族首领深感屈辱,从而离心离德。如根特木尔部由北部山林丘陵地区南迁至大草原,驻地不产貂鼠,索伦总管衙门仍要求每年上缴原先规定的貂皮数额,不做应有的变动。部民不得不远赴江左狩猎,距离遥远,猎物又有可能被哥萨克抢夺,生存压力极大。巴什科夫重建尼布楚堡后,密派人员与他联络,许诺多多,希望能率部返回故地,根特木尔陷入矛盾中。

顺治十一年那场攻打库马拉堡之战,根特木尔部也被调往前线。数千清军对阵几百名哥萨克,却在交战中死伤惨重,不得不撤围而去。根特木尔目睹中俄在武器和战术上的悬殊,亲见哥萨克之火力强大,见敌垒外尸体横藉,而较多为打头阵的索伦兵,改换门庭的念头渐渐强烈。

真正触发根特木尔叛逃的导火索,可能是一次司法审判:根特木尔与一个儿媳产生了矛盾,诉诸官府,认为判决不公,愤而出走。记述欠详,无法推测他有一个怎样的儿媳,敢于公然对抗且使之吃官司。[8]清初对东北边疆部族的笼络措施中,有"进京娶妇"一项,即从京师或盛京选一些满族姑娘(不一定出于宗室,却常常假托"宗室女"之名),嫁与部族首领的子弟。这是一份荣耀,也享有一些特殊待遇,如赫哲的霍集珲(满语女婿)与萨尔罕锥(满语宗室女)。根特木尔的儿媳可能类似萨尔罕锥,出于满族权豪之家,发生冲突后得到官府庇护。不管怎么说,根特木尔怒而出走,率领部众逃往尼布楚,还煽动另外三个佐领跟着叛逃。清军发现后曾经追赶,双方发生交火,根特木尔多处负伤,具体情形已难以推演了。

俄国对根特木尔的到来大喜过望,热情接纳,派他担任军职,负责管理纳税的异族人。根特木尔颇知如何讲故事,知道怎样包装自个,索取高价。他对俄方大肆渲染自己的地位,说清朝封他为正红旗领兵都统,每年领取俸禄一千二百两白银、三盒黄金,还说"曾经得到过九普特银子(四千二百两)和四锭金子的赏赐"[9]。这种明显的瞎编乱造,俄国人似乎很乐于相信,在文件中照录不误。

根特木尔与儿子卡坦乃在尼布楚加入东正教,受洗礼时,根特木尔取名彼得,卡坦乃取名帕维尔,死心塌地地为沙俄效力,被沙皇赐予爵位称号及大块土地。这样一个人物的反叛,必然影响到地区的安宁,影响到一些部落头领的忠诚。清廷高度重视,齐齐哈尔副都统曾亲往规劝,带去朝廷赏赐的官服玉带和腰刀,被拒绝。而根特木尔利用族属与亲谊关系,又秘密策动了几起叛逃,令清廷极为痛恨。

在两国公文交涉中,清廷多次要求归还根特木尔,甚至以此作为通商的先决条件,使俄方颇为犹豫。根特木尔闻知后非常惊慌,赶到伊尔库茨克拜见即将出使中国的斯帕法里,表示宁可自尽也不返回。[10]所有的叛徒都知道被遣返的后果,都会这般赌咒发誓。依照大清律,根特木尔所犯叛逆罪应予凌迟处死,那可比自尽悲惨多了。

三　第一次东巡

康熙十年(1671)九月,玄烨前赴盛京,拜谒祖庙和先帝陵寝,史称"东巡"。这一年的他十八岁,不光能刻苦读书,领悟儒家经典中的治理之道,而且在祖母孝庄太皇太后督导下,不忘满洲的骑射传统,"挽弓十五钧,用矢十三握,左右骑射,发必中的"[11],狩猎时还特别喜爱亲射猛虎。法国传教士白晋还称玄烨能熟练使用各类外国火枪,可以"立定射击或快跑射击"[12]。

这是玄烨的第一次东巡,九月初三日起驾,十九日至盛京,十一月初三日便回到京师,日程十分紧凑。其间他并没有去兴京(赫图阿拉,那才是爱新觉罗氏真正的发祥地,永陵在焉),而是前往东北方向,经铁岭、开原、叶赫正北堡、雅克萨、古城、穆当阿烟台、纳尔浑、达溪尔巴,一直走了约五百里才打回转。有意思的是第五站驻跸之处也叫雅克萨，在今开原市境内。疆臣职司甚重，未经宣召不得擅离，巴海并未到盛京接驾。而就是在这个雅克萨，康熙帝"遣侍卫往宁古塔，赐将军巴海裘帽等物"[13]。而巴海闻知赶紧前来迎驾，急急赶赴行在，随即接受皇上召见。玄烨细细询问了宁古塔及瓦尔喀、虎尔哈的风俗民情，叮嘱他善加抚育引导。之后巴海便与盛京将军一起扈从，康熙帝在十天后离开盛京返回，对二人各有几句"赠言"——

> 谕宁古塔将军巴海：朕向闻尔贤能、今侍朕左右，朕益知尔矣。飞牙喀、黑折虽服，然其性暴戾，当善为防之，尤须广布教化、多方训迪，以副朕怀远至意。罗刹虽云投诚，尤当加意防御，操练士马，整备器械，毋堕狡计。至于地方应行大事，即行陈奏，毋得疑畏。尔膺边方重任，尚其黾勉，以报朕知遇之恩。
>
> 谕盛京将军阿穆尔图曰：朕驾将还，观尔非无能之人，尔其镇守地方，勉副朕意。[14]

真可谓"没有对比就没有伤害"啊！阿穆尔图是一员老将，长期任护军参领，顺治十二年春远征南明军击败李定国，正是他从广东驰奏朝廷，接着又携带上谕回军，可谓不辞辛苦。康熙九年六月，阿穆尔图升任盛京将军，在玄烨东巡期间一直陪侍左右，皇帝也对他有所肯定，仅此一句而已。关于巴海的一段则大不同，康熙帝措辞亲切，也很平实，毫不掩饰对他的欣赏器重。

通过这道上谕，可知玄烨对沙俄入侵黑龙江流域之事极为关切，可推想巴海应向皇上奏报了相关情况，大意则是已经降伏，不再对边疆构成威胁。他说的也是实情：康熙七年，流窜江上的哥萨克伊凡等人向清军投降；康熙八年，索伦人袭击了雅克萨城郊的沙俄移民村庄，打死三人，赶走了他们的一批马匹牛羊；康熙九年，大批蒙古骑兵横扫尼布楚地区，堡内的哥萨克不敢出战。这几年的黑龙江的确安静了不少。与宁古塔将军衙门的积极防御政策分不开，但问题并没有彻底解决。巴海久历官场，深知报喜不报忧之诀窍，使得青年皇帝很开心。

康熙十三年十一月，将军巴海率松花江、乌苏里江地域"新满洲佐领四十员并佐领下人等入觐行礼"，皇上命在御前演习射箭，钦赐茶酒。十二月，陕西提督王辅臣起兵呼应吴三桂叛乱，京师再发劲旅前往平叛，有旨"调盛京官兵一千，令副都统鄂泰帅之至京；乌喇兵七百，令副都统安珠护遣章京帅赴盛京；其宁古塔兵，令将军巴海调发镇守乌喇"[15]。次年三月，又传谕巴海与奉天将军倭内"固守盛京"，其中的信赖一望而知。

此时，清朝大军要来征剿的消息不断传到俄国人那里，不管是尼布楚还是雅克萨的哥萨克，都在积极备战，兵力皆得到加强。1675年春，根河地方的达斡尔首领洛普索杰伊卡潜往雅克萨，诉说清朝收税太重，希望返回左岸的故土，又担心当局阻拦，请求俄国人出兵保护。切尔尼戈夫斯基大喜过望，当即亲带三百哥萨克前往[16]。此事见诸沙俄文献，应该是确有其事，但索伦总管衙门没有觉察和阻拦，也没出现交火事件。而一个部落的出走，毕竟不是个小事，索伦总管乃至将军巴海事后应不会听不到，未见奏报。

此一时期南方和西部叛乱丛起，康熙帝的注意力被吴三桂等叛乱所吸引，无暇顾及黑龙江流域。他对巴海稳定一方的能力倍加信任，以招抚迁移新满洲、增编佐领之功，予以表彰，"优加一等阿达哈哈番"[17]。巴海家族已有了一个世袭男爵，现在又有了一个，真是君恩浩荡。

四 雅克萨小史

对于驱逐罗刹、收复黑龙江左岸被占领土，玄烨在亲政后就念念不忘,实在是思谋已久,之所以隐忍不发,应与吴三桂、耿精忠的接连叛乱相关。康熙二十年(1681)秋,随着三藩之乱即将平定,二十六岁的玄烨开始谋划攻剿之役,其核心目标很清晰,就是要拿下哥萨克盘踞的雅克萨堡。

回顾雅克萨的城史,可算是充满悲情。

早在清朝建立之前,那里已有了一座较重要的城寨,说不清属于虎尔哈部,还是达斡尔,总之是在索伦地方,人口较多,甚至约略能见出几分繁盛。崇德四年清军讨伐叛乱的博穆博果尔,雅克萨遭到摧毁,人口大多被强行迁徙。附近的达斡尔部落很快将之恢复重建,规模应大不如以前。仅仅过了十年,哈巴罗夫匪帮攻占此城,增建了一些防御工事,改造成一个小而坚固的要塞,取名阿尔巴津。原住民已逃得精光,哈巴罗夫以此堡作为在黑龙江的第一个据点,四处烧杀抢掠,扣押人质,逼缴实物税。前往中下游时,也有少量哥萨克在此驻守,而哈巴罗夫等冬季返回后,又不停地改建扩建,使之成为黑龙江两岸"设防最坚固"的过冬地。他们把抢来的物资都存放在这里,光是粮食,据说就"能够吃上五年"[18]。1653年秋冬之际,季诺维耶夫将哈巴罗夫带走,黑龙江上游已处于无粮状态,斯捷潘诺夫帮伙主要在中下游活动,这个堡垒快速萧条,沙俄档案中也不再提及,应是已经废弃。至于是被清军或原住民捣毁,还是哥萨克自行放弃的,未见记载。

忽忽又是十余年过去,1665年(康熙四年)的隆冬时节,俄国逃犯切尔尼戈夫斯基带着一帮乌合之众来到雅克萨。切氏本为波兰战俘,流放至叶尼塞斯克服兵役,后到勒拿河一个盐场当监工。因伊利姆斯克督军奥布霍夫调戏他的妻子(一说为其女儿),切尔尼戈夫斯基纠众杀死督军,劫取国库钱财,辗转逃至这里。与他一起前来的超过八十人,以波兰战俘为骨干,其中三十几个参与了杀官闹事,另外一些是后来陆续入伙的。这帮亡命徒看中了雅克萨的地理位置,顶风冒雪,愣是在原来的营垒废墟上,建成一座方形的木头城堡,"长十八俄丈,宽十三俄丈,有三个塔楼：两个设在临河的那边墙上，一个设在山坡上有大门的那面墙上"，"城堡周围有两俄丈宽的壕沟。在大门上的阁楼里设有办公所，并设岗哨。在两个塔楼里，有住人的房间，墙上有枪眼"。[19] 以抢掠为生的哥萨克很重视仓库，将之设在城堡内，住房则建在城外。与其说这是旧堡寨的恢复，不如说是重建，自此成为切氏等长期盘踞的根据地。他们的主体应是波兰战俘，可长期生活在西伯利亚的经历，已然染上哥萨克习性，筑堡期间就到处抢掠，"有一次出动时，他的一伙中有十三人被通古斯人打死了"[20]，其凶狠报复也可推想。而斯捷潘诺夫的惨败，从未彻底击破哥萨克的淘金梦，黑龙江上下从不缺少晃晃荡荡的孤魂野鬼，闻讯迅速往雅克萨聚集。这个帮伙也常窜扰黑龙江中下游，抢收实物税，但始终有人留守雅克萨堡，并在周围招募农民耕种，认真经营，很快有了村庄，开始垦荒种植，还建了磨坊。离开伊利姆斯克时，切氏等人劫持了基连加修道院的格尔莫根神甫，一座救世主教堂很快在附近建成，对于聚拢俄国流民，稳定人心，乃至吸纳原住民信教，都起了很大的作用。

1670年，切尔尼戈夫斯基开始向俄廷进贡，缴纳逼收来的貂鼠皮张，甚至向尼布楚督军提供一些粮食。俄廷接受了切氏呈送的贡品与税赋，象征性地做了一下审判，接着就加以赦免，任命他为阿尔巴津城管事。切氏由杀人犯一变而为沙俄命官，还真的有些本事，在附近兴办殖民村屯，招募俄国流民，更主要的是诱迫当地部族民众归顺沙皇。斯捷潘诺夫匪帮覆灭之后，俄廷心存畏惧，基本打消了占领黑龙江的念头，拟议中的"阿穆尔督军府"也被撤销，而因上游雅克萨堡的重建，此议再被提出。1674年2月，雅克萨堡划归尼布楚督军区，军役贵族维什涅科夫奉派前来，接管了此堡。[21] 而切尔尼戈夫斯基成为军役人员，仍掌管着军队。

城堡和要塞是沙俄东扩的制胜法宝，侵入黑龙江仅三四十年，哥萨克就已建造了不少堡垒：精奇里江沿岸有上结雅堡、西林穆迪斯克堡、吉柳伊冬营,两江交汇处有结雅堡,而沿黑龙江向上有库马拉堡、多隆堡,向下有老枪斯克等堡。罗刹城堡甚多,康熙帝为什么盯着偏在一隅的雅克萨堡?

理由应有两点:

一是哥萨克的目标是抢掠财富,流动性很强,离开后营寨即被清军或部族百姓焚毁,临近江左的罗刹堡垒多数存在时间很短,而库马拉堡、结雅堡、老枪斯克,皆因曾遭到清军的进攻,哥萨克觉得不安全而撤离,雅克萨已是俄军在黑龙江左岸中上游的唯一据点;

二是雅克萨堡地处黑龙江上游接近南北两源交汇点之岸边,战略位置极为重要。入侵的哥萨克主要分为两路,一自雅库茨克南进,一自叶尼塞斯克西来,常以雅克萨作为集结地。此堡背靠尼布楚,渐成为俄人入侵黑龙江的门户,长期派兵驻守,为此也深受俄廷重视。他们沿江逐渐向下,形成一串殖民村落,安插流放人员和耕农大肆垦荒,养牛养羊,伐木造船,一副扎根我边疆的架势,实乃肉中之刺,焉得不拔?

玄烨在心中酝酿着一个宏大规划,包括设置边疆军政大区,建立黑龙江将军衙门,在左岸修筑黑龙江城,设立官庄、驿站与粮台……而第一个举措,则是在康熙二十年(1681)夏派理藩院侍郎明爱前往雅克萨察看地形,探明虚实,并对俄人发出严正警告。明爱经索伦地方进抵黑龙江畔,遵照皇上行前的叮嘱,派遣佐领带领二十名士兵至雅克萨,质问敌酋为何侵占中国之地,要求他们迅速撤离大清疆界。对方则态度傲慢,说什么奉沙皇之命而来,要退也得报请沙皇批准。

明爱回京后向皇上奏报:雅克萨系一座木城,宽约十五丈,长二十余丈,墙上有四层枪眼,墙外设木桩与两重围栏,堡内有三百余人。清朝臣子的情报往往如此,看起来详细准确,实则与事实悬殊。据俄人的记载,当时的雅克萨堡宽三十六俄丈、长四十俄丈,俄丈虽短于我们的丈,总面积仍被少算了约三分之一;且城中有多门大炮,城外木栅壕沟内插满箭镞。真正打起仗来,这种误报漏报会造成致命损失。

五　更东的东巡

康熙二十年（1681）十月，清军攻取昆明，吴世璠自杀，属下五千余人投降，云南底定。此类来自重大战役的喜讯，称作"红旌报捷"，要以八百里加急驰奏京师。玄烨在十一月十四日四鼓得悉，兴奋之情难以抑制，急忙跑到太皇太后和皇太后宫中报喜，天亮后接受百官朝贺，然后去遵化谒陵。[22]他也提出明年再次东巡的设想，要将这次大胜祭告葬在关外的太祖太宗，又非仅此一项目的。[23]

康熙二十一年二月十五日，玄烨开始第二次东巡，先期即传谕巴海，巡幸期间将自盛京前往吉林乌喇，命他做好相应准备，曰：

> 谕乌喇将军巴海等：今以云南等处底定，躬诣盛京告祭三陵，意欲于扈从人等喂养马匹之暇，省观乌喇地方。将军应从何处带领兵丁候迎，可与盛京将军定议行之。再，产鲟鳇等鱼之处，尔即询明乌喇西特库，会同将需用诸物，悉加备办完整。特谕。[24]

康熙帝至盛京后待了五天，然后到兴京祭拜永陵，接下来前往吉林，时称"吉林乌喇军屯"，为一新兴军镇。宁古塔将军衙门在六年前已奉旨迁来，黑龙江、松花江、乌苏里江流域皆为其辖区，实为玄烨巡视之重点。巴海率标下精兵至阿尔滩诺门接驾，一路陪扈。三月二十五日，康熙帝行抵吉林乌喇军屯，亲率皇太子及扈从王公大臣等面向东南，望祭长白山。清帝以白山黑水为满族发祥地，仰望白山，黑水自也存于心中。

据南怀仁《鞑靼旅行记》，此次东巡的队伍格外庞大，领侍卫内大臣率护军营、前锋营等御林军随驾扈从，随行的皇太子与王公大臣各有侍从家丁，加上行在六部等大批官员吏役，达六七万人之众。二十九岁的皇帝似乎有意磨炼军伍，考校臣子，于途中打猎行围，兴致勃勃，而随从众官多苦不堪言。离京之际寒意仍浓，他们要冲风冒雪北行，还要自带帐篷、炊具和食物，大是辛苦。纳兰性德的名篇《长相思》就写于扈从路上，颇有纪实色彩：

> 山一程，水一程，身向榆关那畔行，夜深千帐灯。风一更，雪一更，聒碎乡心梦不成，故园无此声。[25]

点染行军、宿营的蜿蜒壮观，也写出那无形的入骨之寒。此时还未到山海关（即榆关），关外情形自不难推想。

皇驾进入吉林地方，已是三月底四月初，化冻的道路一片泥泞，加上连续两日大雨，河渠水涨，桥梁多数被冲垮，大队人马的行进更为困难。玄烨命王公大臣留住乌喇军屯，仅带蒙古诸王和内大臣、侍卫等扈从，登舟前往捕塔海噶山（亦称大乌喇），宁古塔将军巴海与副都统等自是作为先导。那里素有"船厂"之称，紧挨着松花江正流，水道畅通，附近为莽莽无尽的原始森林，自明代起就是伐木造船的地方。江面上春水溶溶，玄烨登上御舟，大阅乌喇水军。

为追剿哥萨克匪帮，宁古塔驻防八旗在顺治间就配属舰船火炮，具有一定的水上运兵和作战能力。而在这次东巡之前，兵部又奉旨从福建等地调来一批经验丰富的水师官兵，驾驶战舰由外海经辽河辗转驶来，故此次松花江检阅水师，场面甚为壮观。皇上心情愉悦，大阅后亲自撒网捕鱼，赐与随行勋贵大臣，并命挑选最好的鲟鳇，腌制后驰送京师，请太皇太后和皇太后享用。青年皇帝思绪飞扬，二次东巡最著名的御制诗也于江上吟成，即《松花江放船歌》：

> 松花江，江水清，夜来雨过春涛生。浪花叠锦绣縠明，采

帆画鹢随风轻。箫韶小奏中流鸣,苍岩翠壁两岸横。浮云耀日何晶晶,乘流直下蛟龙惊。连樯接舰屯江城,貔貅健甲毕锐精,旌旆映水翻朱缨,我来问俗非观兵。松花江,江水清,浩浩瀚瀚冲波行,云霞万里开澄泓。[26]

激情豪迈,也不乏艺术夸张。东北为满洲根本之地,以马队为主,兵勇擅长骑射,历来不重水师,各军镇仅有少量小型船只,且大多数简陋破敝。巴海等为皇上的水上检阅做了最大努力,加上从南方调来的大型战舰,总算撑起了场面,而离剿灭罗刹的实战需求相差尚远。

康熙帝既要保障边疆与部族百姓的安宁,在内乱甫平之际,也不愿与强邻沙俄发生大规模战争,明明是检阅水师,检视军队的水上作战能力,却要声称"我来问俗非观兵"。该诗传递出复杂信息,既有他所一贯倡导的重民思想,也有其素来秉持的节制谨慎,更多的应是抚绥边疆的自信。松花江放船,为的是不久后扬帆进击,大清舰队由松花江辗转奔赴雅克萨战场,收复黑龙江左岸被占领土,当是玄烨心中预设的未来场景。

康熙本打算只在大乌喇待一天,未想到阻于大雨,竟然住了七个晚上。在此地也包括在军屯期间,玄烨多次召见将军巴海与副都统萨布素、瓦礼祜等人,详加询问,听取他们的汇报,同时考察其人品才识和对边情的判断。皇上也真的借机"问俗",宴请年迈将士与地方长者,了解到军队管理的弊病与士卒生活的艰辛,包括流放人员的悲苦。正是由于了解到很多情况,他对巴海的欣赏大为消减。御驾返回之日,玄烨专门向全体官兵颁布特旨,遍加赏赐,鼓励他们镇守边疆,卫国安民,并指出兵丁"役重差繁,劳苦至极"的状况,告诫应迅速改变,其中包含对巴海等高官的不满。

回京后不久,康熙帝又就东巡所见,接连发出两道谕旨。先是说宁古塔一带流放人犯太苦,命内阁以后将流人安插在生存条件稍好的地方。[27]皇帝慈悲为怀,其中也不无备战的因素,一旦在黑龙江打起仗来，宁古塔和乌喇都是重要的后勤保障基地，太多流犯在当地晃晃悠悠，总有些不太放心。

玄烨更为关心的还是八旗驻军和满人的生活。地方官员会极力呈现最好的状态给皇上看，可皇上自有一套"访询民隐"的办法，知悉不少实情，深为忧虑。他在返京后传谕巴海、萨布素等人，逐项列举那些额外差徭：三月的觅捕鹰雏与驯养，宁古塔的八月放鹰，乌喇的冬寒抓山鸡，也包括围猎过多、分肉不均、差派士兵打鱼等，命一律革除。攘外必先安内。康熙帝着重对军伍的训练、巡逻以及侦探敌情提出要求，对新满洲的安置、农田的耕种收获表达关切，谕曰："此后将军以下、拨什库以上，应念兵丁远居边境，无市贸易，身冒严寒往采山木，妻子汲水操作，备极艰辛，时加怜悯。吉林乌喇田地米粮甚为紧要，农事有误关系非细，宜劝勉之，使勤耕种。"[28] 这份谕旨由巴海所派送密折的笔帖式带回，康熙帝特别说明：本要遣人专往传谕，又不愿加重驿递的压力，方才如此。

历代清帝共有十次东巡（康熙四次、乾隆三次、嘉庆两次、道光一次），以此行最为靠东。限于多种原因，康熙帝没有直抵黑龙江边，却明显是为黑龙江而来。玄烨后来说，自亲政之日起就关注罗刹对黑龙江的入侵，那时的他还是一个十三四岁的少年天子。[29] 通过这次东巡，玄烨亲自考察边镇驻军，已知不能单纯依赖乌喇和宁古塔兵，知他们难以独立完成收复左岸之役，但仍希望巴海与两位副都统整饬军伍，振奋军心，尽快做出大的改变。

康熙帝将罗刹视为肘腋之患，已然隐忍很久了。

六　郎谈之谈

沙俄对外兴安岭以南地域的节节入侵，哥萨克武装对黑龙江上下游的流动劫掠，尤其那些像钉子一样揳入边疆的敌堡，使大清皇帝如鲠在喉。而经历过艰辛危难的三藩与台厦之战，玄烨更加坚毅沉静，思虑谋划也更为周密。这是捍卫国家主权和领土完整的一战，必然要打，但如何打法？怎样才能做到攻而必克？

"知己知彼，百战不殆"，是《孙子兵法·谋攻篇》的警句。己方的不利条件，康熙帝经过东巡已较为清楚：边镇生计萧条，统兵大员不娴水战，兵丁困乏，武器落后，终年苦于各种徭役，加上作战地点遥远，粮饷辎重转输艰难……他是一位清醒沉稳的英主，与生俱来的求知欲和阅读习惯，几乎不间断的日讲课程，与传教士的交往沟通，二十余年的帝王生涯，已磨炼得更为洞察与务实。平定三藩后满朝称颂，但玄烨深知胜利的取得有多么不易，且不无侥幸。群臣（其中有不少当初是反对撤藩的）请求上封号，被他一口拒绝。

彼，即沙俄，具体说是那些嚣然而来的哥萨克帮伙，以及越建越多的罗刹堡垒。康熙帝略知其背后是一个庞大的帝国，从东北到西北与中国接壤，民风彪悍，火器精良，是以并不愿意与强邻兵戎相见，但白山黑水素称满洲的根本所在，岂能容外人横行！他在吉林曾多次召见巴海、萨布素等边将，询问罗刹堡寨的详情，征求恢复大计，但没有得到满意的回答。这些将军都统虽曾领兵与哥萨克多次接战，互有胜负，内心实也不无惧怯，巡逻进剿时常远远就开炮，以吓跑轰走为目的。至于远在两千多里外的雅克萨，他们皆未亲至，对其现状不甚了了。

康熙二十一年（1682）夏天，入侵者在黑龙江的劫掠又复猖獗。雅克萨堡派遣弗罗洛夫带六十名哥萨克，"乘坐六艘平底船、一艘货船，到布列亚河和阿姆贡河去征收实物税"[30]。布列亚河即牛满江，为黑龙江左岸的第二大支流，在精奇里江以下约两百里处汇入，长期为野人女真和鄂伦春的族群居住地。阿姆贡河，我国称恒滚河，自外兴安岭蜿蜒而下，两岸生活着赫哲和费雅喀等部族，在下游的特林地方汇入黑龙江。两处皆属宁古塔衙门管辖，消息传到京师，康熙帝决定再次派员去实地察看,探明水陆进军路线与雅克萨堡实情,选中由郎谈与朋春带队。

郎谈(也作郎坦)为正白旗满洲副都统,一位难得的将才。因父亲为内大臣吴拜,郎谈在十四岁即授为三等侍卫,顺治六年升二等侍卫,很快就以战功擢一等侍卫;也因乃父卷入宫廷之争,他被革去官职,逐离宫廷。康熙间郎谈被起用,历佐领、护军参领,袭男爵,屡建奇功,升为副都统。此年郎谈四十余岁,曾多次深入虎穴,强悍复精细,被任为领队。朋春(又作彭春)虽无参战经历,但家世显赫,乃满洲开国功臣何和礼之后,世袭一等公,现任正红旗副都统,作为郎谈的副手。

刚过中秋节,玄烨召见将要出发的郎谈、朋春,激励加赏赐,并晓以沙俄犯边的严重后果。皇上说:罗刹进犯黑龙江已历多年,侵扰渔民和猎户,戕害村屯居民,以前曾发兵进讨,皆未能彻底剪除。近来其势焰更为嚣张,已经蔓延到中下游,越过牛满江、恒滚河口,杀害我赫哲与费雅喀部众,抢掠不已。这些匪帮的重要巢穴就是雅克萨,非拔除荡平不可。玄烨命二人从京师选带参领、侍卫和护军前往,并面授机宜,要点为四条:

一、迷惑敌人。抵达索伦后,即派人前往俄人盘踞的尼布楚城,告知该城头目,清朝官军此行的目的是捕鹿。

二、侦察军情。去时要详细察看陆路状况,至黑龙江后假作围猎,直接开进到雅克萨城下,勘明敌人城堡与布防设置。

三、不打无把握之仗。推测罗刹不敢出战,若赠以食物,就接受并适当回赠物品,万一对方出战,暂不与交锋,率众引还即可。

四、查清航道。由水路返还时,须详细勘察和记录自黑龙江至额苏里、瑷珲的航行情况;抵达额苏里后,再选派随行人员同萨布素一起,查明直通宁古塔的水路交通。[31]

康熙帝还谕令蒙古科尔沁部毕力克图等五台吉率骑兵百人、宁古塔副都统萨布素率兵八十人，赶往索伦，在那里与郎谈等会合。这是一次武装侦察，也可视为日后进兵的演练。郎谈等人当会不折不扣地执行皇上的谕令，遗憾的是没有留下详细记述，官方文献中仅能见到其返京后的奏报。作为武人，郎谈与朋春也没有诗文与日记。倒是涅尔琴斯克督军沃耶伊科夫在向上司的紧急报告中，描述了清军到达雅克萨城外的情形：

今年，191年（公元1682年），11月26日，中国博格达汗（指康熙皇帝）的王公和将军8人，率中国军队的佐领、五十人长和各种军士约1000人及大批马队驻扎于阿尔巴津堡下，枪矛林立，旌旗招展，他们还携带小型火器。中国王公和将军的名字是阿姆马贾宁、凡塔、纳卡曼、卡拉姆古、麦塔马、阿列汉巴、西尔萨拉马、叶加马梅林，同他们一起来的还有脑温江总管孟额德。中国王公们带少数随从驻于哥萨克村哥萨克加夫里尔卡·弗罗洛夫家中。[32]

清廷派员去侦察，对方也在反侦察，并且信息源很多。参与此行的清朝王公大臣的确是八人，但名字被译成这般模样，也是醉了。与大清官员的奏报颇相像，多数俄国督军也是假话篓子，常故意夸大对方的军力，郎谈等所带人马应不会超过五百人，被多说了至少一倍。文中还写到清军对雅克萨的侦察："中国人在阿尔巴津逗留时，少数人离堡到阿穆尔河（黑龙江），从河上观察阿尔巴津堡；另一些人则骑马到河对岸，或到该堡各处进行观察，了解城防情况。显然，他们到该堡不是为了追缉逃民，而是为了观察阿尔巴津堡，了解城防情况和阿尔巴津堡内俄国人的人数多寡。"[33] 双方的观察是认真仔细的，也是公开透明的。郎谈等人力图探明雅克萨的底牌，同时也将己方意图亮给敌方，那就是很快就要发兵来攻打了。

郎谈与雅克萨总管谢苗诺夫有过一次对话，是在堡外某移民的房舍，有翻译在场，会面的具体情形不详，核心话题却是关于逃人的。据俄人记载，郎谈提出扈从皇帝在库马拉河口围猎时，有一名达斡尔头人诉说家中奴婢两男两女逃跑，皇帝派人追赶，一路追踪至此，要求归还逃人。郎谈显然脑子灵活，皇上行前交代的是假作打猎，他却能由围猎引申到追捕逃奴，听起来理由更为合理。雅克萨堡的确刚收留了两对逃亡来的奴隶，而皇帝在库马拉河口围猎云云，则纯属编造，若郎谈真的这样说了，也是为了威吓敌人。谢苗诺夫应是非常紧张的，不过交谈时依然嘴硬，说堡内的确有此四人，但没有沙皇的谕令，不能交还中方；还说自己没接到与中方谈判的任何指示，如有要事，请去涅尔琴斯克商谈。

谈到这里，应说是谈崩了，堡内大概也做好了开打的准备，郎谈等镇定自若，不能谈就不谈，却不贸然进攻。他与朋春自带一批京营精锐，萨布素的宁古塔兵与孟额德的索伦兵也都是优中选优，诸将心里应会有一股子动手的冲动，但遵照皇上的既定方针，暂不与计较。郎谈告知对方已派人去尼布楚，然后就率军沿水路离开。河道已进入冰冻期，但骑马和乘雪橇的行进速度都很快。谢苗诺夫派出十名哥萨克跟踪，沿黑龙江一路跟了十天，郎谈等岂能不觉察，却也没让手下设计擒拿。这伙子罗刹跟得辛苦且无趣，只得返回雅克萨交差。

郎谈此行，完全遵照皇上的谕令，去时走陆路，一路披荆斩棘，翻山越涧，回程时沿黑龙江而下，实地考察水路。十二月二十七日，就在元旦之前四天，郎谈等回到京师。他们的奏报颇为详明，兹据《清史稿·郎坦传》节选的一段，曰：

> 罗刹久踞雅克萨，恃有木城。若发兵三千，与红衣炮二十，即可攻取。陆行自兴安岭以往，林木丛杂，冬雪坚冰，夏雨泥淖，惟轻装可行。自雅克萨还至爱滹城，于黑龙江顺流

行船，仅须半月，逆流行船，约须三月，倍于陆行，期于运粮饷、军器辎重为便。现有大船四十、小船二十六，宜增造小船五十余应用。

郎谈是一个有心人，将征剿雅克萨的水陆进兵路线都做了说明，也提出陆路进军、水路运输粮饷辎重的思路。所说船只数量，应是吉林乌喇军屯的水师战船，若再增造五十只小船，足够三四千人乘用。与此同时，宁古塔将军巴海也向兵部提出修造兵船的请求，说明他们之间商议过此事。皇上认为"宁古塔地方与罗刹甚近，战船关系紧要"，命户部尚书伊桑阿选带工匠前往，并派投诚入旗的原郑成功旧部林兴珠跟随协助。

台北图书馆存有一幅清代早期满文地图，据考证即出自郎谈之手，题名《原内大臣郎谈绘制和带来之九路图》，著录为《吉林九河图》。[34] 此图的勘察绘制应是在此行途中就开始了，推测也会对雅克萨堡及附近地形绘图加注，上奏皇上。郎谈、朋春等侦察雅克萨归来，信心满满，向皇上请求整军速战，一鼓拿下敌人的要塞，没想到竟被拒绝。康熙帝谕以"兵非善事，宜暂停攻取"，也让几位武将一头雾水，殊不知其心中正谋划着一盘通局大棋。

七 天使节的杀戮

1682年11月18日，就在郎谈、朋春抵达雅克萨堡的半个月之前，当地发生了一件惨无人道的谋杀案：额提儿克等二十名中国人被哥萨克活活烧死，其中有鄂伦春人，也有达斡尔人。他们多数以渔猎为生，有时到雅克萨附近的窝棚住下，与当地俄国农民也有交往和贸易，谁知落入虎口。尼布楚督军沃耶伊科夫在给叶尼塞斯克督军的报告中写到此事：

今年，191年，圣诞节斋戒前的五六天，即米哈伊尔天使节前后，阿尔巴津哥萨克在上游修道院的一个村中把20名中国猎民诱骗到冬营，活活烧死；中国猎民的马匹和粮食，全被阿尔巴津哥萨克抢去。阿尔巴津哥萨克烧死的中国人的窝棚位于岭后的阿尔巴津小河河畔。窝棚里的中国人逃回脑温江，返回中国土地。[35]

沃氏说"此事阿尔巴津堡尽人皆知"，但对外封锁消息，刚刚派了两个人来送报告，压根儿一句也不提起。只是由于当地两名耕农（俄国移民）前来揭发，方才暴露真相。耕农法列利耶夫等声称自己是庄稼人，"对这样重大事件绝不敢隐瞒"，不知前面来的信使是否报告过，也担心会引发清军的报复，才有此行。

由于此前曾遭受雅克萨哥萨克的羞辱，沃耶伊科夫父子对之深恶痛绝。他说自己一再对谢苗诺夫发出指令，"严禁向中国人寻衅，严禁与之发生纠纷"，然后写道：

阿尔巴津哥萨克对这些指令置若罔闻。他们扬言："倘若中国人来到阿尔巴津堡，我们将弃堡出走，并带走大炮、火药、铅弹和小型武器，我们现在已探明由阿尔巴津堡越过山岭去奥廖克马河的道路……我们将把你们这些耕农扔下不管，让中国人去收拾你们。"

正因为如此，雅克萨的耕农都有一种大祸临头的感觉，生怕清军对哥萨克的挑衅行为做出激烈反应，推选代表到尼布楚告状。

沃耶伊科夫即命将谢苗诺夫派来的信使抓起来审讯，要他与耕农代表当面对质，并在刑讯室严加拷问，很快交待："上游修道院村的阿尔巴津哥萨克安德留什卡·丘尔卡、阿廖什卡·布托林、鞋匠瓦斯卡等把

20名中国猎人诱骗到空冬营,将他们烧死,其马匹、粮食及一应零星杂物,全被阿尔巴津哥萨克瓜分,并在阿尔巴津堡将马匹卖掉。"他们用什么来诱骗的?推测是酒,将那些猎人一一灌醉,然后纵火,才会出现全部烧死的惨案。

对于这样一桩板上钉钉的罪案,瓦西里耶夫在《外贝加尔的哥萨克(史纲)》中,竟将这些猎人说成是间谍——

> 阿尔巴津人,再也无法忍耐中国人的间谍活动,他们把二十个中国渔猎人(间谍)诱到教堂村里,用火把他们烧死在浴室里,尽管涅尔琴斯克下达过指令说"不要向中国人寻衅"。[36]

该书在此前铺垫了很多大队清军逼近,袭击和围捕哥萨克的情节,有意将这些联系起来,称为"一个误会"。

郎谈等人逗留期间显然对此事一无所知,在返京后也无从奏报。而在哥萨克盘踞雅克萨后,仍有不少中国猎户前往左岸捕貂鼠,闻知后报告索伦总管衙门,再经理藩院奏报朝廷。兹事重大,也会有一个调查核实过程,时间上不免拖了下来。二十二年(1683)九月初九日,康熙帝传谕理藩院尚书阿穆瑚琅,历数"鄂罗斯国罗刹等无端犯我索伦边疆,扰害虞人,肆行抢掠,屡匿根特木尔等逃人,过恶日甚",说自己不忍用兵剿灭,屡次晓谕而不改悔,其中重点提到此事,曰:

> 但罗刹尚执迷不悟,反遣其部下人于飞牙喀、奇勒尔等处肆行焚杀;又诱索伦打虎儿、俄罗春之打貂人额提儿克等二十人入室,尽行焚死。此曹虽经晓谕,藐不畏法!因特遣将军督耕统兵驻守黑龙江、呼马尔等处,不许罗刹仍前恣意妄行,遇即擒杀。[37]

谕旨还特别提到：清军在黑龙江上遭遇哥萨克船只，有三十余人投降，"朕体好生之德，未戮一人，皆加豢养，使各得其所"。玄烨谕令理藩院根据此意拟旨，命雅克萨、尼布楚的俄国人离开国境，否则就必须投降归顺；并指令派遣两名在京哥萨克降人前往送信，"彼有何言，令其回奏"。

八　黑龙江城

康熙的谕旨中提到清军在黑龙江俘获三十多名哥萨克，瓦西里耶夫在书中也有记述。此事发生在康熙二十二年闰六月十四日，雅克萨哥萨克梅利尼克等六十七人乘船往黑龙江下游，过了精奇里江口一天多，猝然与索伦总管博克率领的清军船队相遇。清军船多势大，博克即命将俄船包围，梅利尼克等三十余人投降，其余的趁乱逃逸，只有十个人回到雅克萨。博克此行是为大队清军进驻做准备的，兴筑黑龙江、呼玛尔等城已在规划和实施中。

城，曾是黑龙江流域清廷与俄廷的攻守焦点；而拔掉入侵者的楔子，在左岸兴建以瑷珲为中心的镇城，则是玄烨谋划的恢复大计之关键。

先是在听取郎谈等所奏敌情及地形路况之后，康熙当日即召见议政王大臣等，谕曰：

> 据郎谈等奏，"攻取罗刹甚易，发兵三千足矣"，朕意亦以为然。第兵非善事，宜暂停攻取，调乌喇、宁古塔兵一千五百，并置造船舰，发红衣炮、鸟枪及演习之人，于黑龙江、呼马尔二处建立木城，与之对垒，相机举行。所需军粮取诸科尔沁十旗及席北乌喇之官屯，约可得一万二千石，可支三年。且我兵一至，即行耕种，不致匮乏。黑龙江城距索伦村不

远，五宿可到，其间设一驿，俟我兵将至净溪里乌喇，令索伦接济牛羊，甚有裨益。如此，则罗刹不得纳我逋逃，而彼之逋逃者且络绎来归，自不能久存矣。其命宁古塔将军巴海、副都统萨布素统兵往驻黑龙江、呼马尔。[38]

对于玄烨来说，毁掉一个雅克萨堡并非终极目标，而是要将入侵者彻底逐出黑龙江流域，使左岸各部族黎民百姓重回安定生活。

从波雅尔科夫匪帮侵入黑龙江流域、建造上结雅冬营至此，算来已整整四十年了。清军与入侵者就这些"楔子"持续角力。不管是上游的雅克萨堡，中游的库马拉堡，还是精奇里江的上结雅堡与靠近瑷珲的结雅堡，都是你建我拆，拆了再建，建了又拆，几经反复，如牛皮癣小广告一般难以根除。康熙帝经过深思熟虑，加上亲自往吉林乌喇巡视军伍，以及派郎谈等抵近侦察，谋划已渐渐成熟。他的谕旨要点有：其一，在黑龙江左岸旧有爱滹城的基础上兴筑黑龙江城，在右岸的呼玛河口建呼玛尔城；其二，从宁古塔将军标下调一千五百名官兵来此戍守，携带家属，屯田戍边；其三，配属水师舰船、红衣大炮与鸟枪。此时还未明确提出增设黑龙江将军衙门，但钦命巴海与副都统萨布素率部前往，亦可推想皇上心中已有了大致的设想。

瑷珲，得名于黑龙江与精奇里江交汇处下方一条不大的艾浑河（俄称芒嘎河）。这里曾是达斡尔人的城寨，明代典籍中已有记录，译作爱滹、艾呼、艾浒等，在精奇里江口以东约六十里处。此地平沃肥美，居住着很多从事农业种植的百姓，便于军粮的就地征集；又能控驭两条大江，扼住哥萨克入侵的要冲，不管是从雅库茨克越山南下的，还是由雅克萨沿江东进的，都可在瑷珲被堵截。康熙朝勘测绘制的《皇舆全览图》，标注了该城的满语名称"萨哈连乌拉和屯"。萨哈连，意为黑色；乌拉，即大河；和屯，指城镇。这里位置适中，为水陆交通的枢纽：向西一千四五百里抵达雅克萨，可以镇抚黑龙江上游地域；向北十余日可达精奇里江上游，便于清剿越过外兴安岭进犯之敌。至于与后方的联系，既有陆路，又有航道，不至于孤悬边地。而选择在江左设置军镇，必然要下设副都统和总管衙门，各有专城，也会将卡伦军台推向更远，有利于保卫边境和安定民心。

为了赶工期，也因当地缺少大批量烧制砖瓦的先例，加上木材资源丰富，新建的黑龙江城主体为木城。所谓木城，是指城墙与城内建筑物多数以木头建造，与内地的高大城池有很大区别。黑龙江流域此类木城甚多，有清朝地方各衙门建的，有索伦、达斡尔人建的，也有俄国人建的，规模不一，坚固与简陋的差异也很大。但建造一座内设将军、副都统衙署的黑龙江城，规格则大为不同。该年秋天，萨布素奏请从宁古塔调五百人来兴建城池，皇上认为该镇士兵抽调已多，决定另派六百名盛京兵携带工程器械赶来。同时命萨布素率军越精奇里江西进，沿黑龙江上行一百余里，在左岸额苏里地方构建屯兵大营。额苏里也曾是达斡尔古寨，田亩相连，原住民为躲避哥萨克内迁。清军营建了木城、军港和粮仓，玄烨也命于此设兵驻守，与黑龙江城、呼玛尔城形成呼应之势。

第一座黑龙江城存在时间不长，基本上没太投入使用。尚未建成，即有旨命萨布素等前移至额苏里大营，等收复雅克萨返回已在两年后，很快又返回宁古塔休整。其规制，《盛京通志》记载甚简，"周围九百四十步，门五"，指的应是内城，与同类城池大致相同。据《宁古塔纪略》记载：宁古塔城，核心也是衙署所在木城（即内城），周回约二里半，东西南各一门，因北部为将军衙门所在，不设门。外为官兵与百姓所居，再环以土城，周长八里，四面有城门。[39]再如乌喇城：衙署在木城，城外为壕沟，壕外再筑土墙，"康熙十五年春移宁古塔将军镇之，中土流人千余家，西关百货凑集，旗亭戏馆，无一不有"[40]。流人虽大多穷苦潦倒，却也能促进边镇的繁荣。

至于黑龙江城，也有内城和外城之分。《黑龙江外记》卷二，记述其内城与齐齐哈尔相同，"排木为重垣，实以土，具雉堞之观，四门皆有楼橹,方一千三百步,崇丈八尺",至于外城,周遭十里,在西南北三面也是排木为墙,东面临江。[41]因为临江就不立墙垣,吉林乌喇旧城也是如此,倒也省钱省工,可难道不知罗刹多来自江上？建于左岸的第一座黑龙江城并不靠近江边,由此可知该书所记,应为第二座,即迁至右岸的黑龙江城。

对于一座历史名城、边疆重镇,以上记述太过简略。俄国人对此城的营建高度关切,记述也详细一些:"城墙是用麻刀和泥筑成的,高一俄丈,内外都树有城堡围栅。在围栅之间,墙厚二俄丈；城墙周长六百俄丈。土墙外挖有一俄丈深的壕沟；沿壕沟筑有'鹿砦'。在两个城门边各有两门有轮座的大炮。"[42]马克的《黑龙江旅行记》做了较为详细的描述:

> 要塞呈四方形,每边长约一百俄丈。整个要塞是由内外两道栅墙构成的,外栅墙高七俄尺,内栅墙高四俄尺半。外栅墙距内栅墙一俄丈。两道栅墙固定在一排横木上,相互之间距离也是一俄丈。内外栅墙之间有一道高二俄尺的土堤。应当指出,每道栅墙都是用一些不太粗的木桩夹成,外栅墙的木桩上端削尖。要塞的每边中间均开着大门。四角各修着塔形突出部,高度与要塞相等。每座大门旁边也都有这种突出部。此外,要塞四角与大门之间还各修两个突出部……[43]

两书所写应都是已迁至右岸、降为副都统衙署的瑷珲木城,但仍保留着原黑龙江城的格局。不管是内城,还是外城,都没有太大变化,靠江的一侧仍没有城墙。书中写到的突出部当是楼橹,矮矮地连在木桩土墙之上,大约一两炮就会灰飞烟灭。毋怪马克忍不住要发出讥笑:"整个要塞的建筑表明,中国的军事技术处在可怜的原始状态。"

奉旨领兵前来的副都统萨布素,奏请以乌喇宁古塔所属三千官军,分为三班,由将军、副都统分别率领,在中游设立木城轮流驻扎,其思路是仍将黑龙江流域统归宁古塔将军兼管,哪知皇上已经有了通盘谋划,一个新的将军衙门即将设立。

注释

〔1〕 出于《孙子·计篇》:"夫未战而庙算胜者,得算多也,未战而庙算不胜者,得算少也。多算胜,少算不胜,而况于无算乎!"康熙在接到收复雅克萨捷报后,曾引用此语,见《清圣祖实录》卷一二一,二十四年六月癸巳。

〔2〕 [俄]瓦西里耶夫《外贝加尔的哥萨克(史纲)》第一卷,《1652年至1655年彼得·别克托夫的冒险》,第74页。

〔3〕《外贝加尔的哥萨克(史纲)》第一卷,《1652年至1655年彼得·别克托夫的冒险》,第78页。

〔4〕《外贝加尔的哥萨克(史纲)》第一卷,《1652年至1655年彼得·别克托夫的冒险》,第78—80页。

〔5〕 据《外贝加尔的哥萨克(史纲)》第一卷记载,此堡于1658年重建竣工。

〔6〕《外贝加尔的哥萨克(史纲)》第一卷,《巴什科夫整顿达斡尔各城堡》,第155页。

〔7〕 相关记载参见[俄]尼古拉·班蒂什-卡缅斯基编著《俄中两国外交文献汇编(1619—1792年)》,中国人民大学俄语教研室译,商务印书馆,1982年,第29—31页。

〔8〕 郝建恒等译校《历史文献补编——17世纪中俄关系文件选译》,第163页,第41件文献中收录博格达国书译文,提到"根特木尔之儿媳原住博格达国,因翁媳涉讼,地方官员裁判不公,致使根特木尔愤然出走"。

〔9〕《俄中两国外交文献汇编(1619—1792年)》,第29页。

〔10〕《俄中两国外交文献汇编(1619—1792年)》,第44页。

〔11〕《清圣祖实录》卷首小引。

〔12〕[法]白晋《康熙帝传》,中华书局《清史资料》第一辑,1979年,第197页。

〔13〕《清圣祖实录》卷三六,康熙十年九月丙子。

〔14〕《清圣祖实录》卷三七,康熙十年十月壬辰。

〔15〕《清圣祖实录》卷五一,康熙十三年十二月庚子。

〔16〕 参见《历史文献补编——17世纪中俄关系文件选译》,第48件《1675年7月19日后》,第179页;该文件采自《叶尼塞斯克档案抄件》手稿,第二卷,第370张。

〔17〕《清圣祖实录》卷七四,康熙十七年四月丙子。

〔18〕《外贝加尔的哥萨克(史纲)》第一卷,《1650年至1651年的乌斯季-斯特列耳卡城堡》,第105页。

〔19〕《外贝加尔的哥萨克(史纲)》第一卷,《1665年阿尔巴津城堡的再建》,第180—181页。

〔20〕 刘民声、孟宪章《十七世纪沙俄侵略黑龙江流域编年史》,第105页。

〔21〕《外贝加尔的哥萨克(史纲)》第一卷,《阿尔巴津城堡》,第192—194页。

〔22〕《清通鉴》卷三八,"本月十四日四鼓,大将军章泰等报捷疏至,康熙帝即赴太皇太后、

皇太后宫行礼","翌日，率皇太子及王公大臣赴遵化谒陵孝陵"，山西人民出版社，1999年，第1701页。

〔23〕《清圣祖实录》卷九九，康熙二十年十一月丁亥，"谕奉天将军安珠护：今云南等处俱已底定，海宇清平。告祭天地、太庙、社稷毕，即应于陵寝行告祭礼。盛京者，祖宗开创根本重地，朕时思念不忘。今值天下宴安，意欲躬诣山陵告祭。前幸盛京时，未至永陵致奠，迄今尚歉于怀，兹若果往，当身历其处，仰瞻祖宗发祥旧址。尔可密遣副都统穆泰，暨贤能官员，将所行途程与驻跸之处，自兴京通乌喇路径，详看绘图，于同往官员内择通晓者一员来奏。恐踏看未周，不能详记道里山川也。因无定期，未行明示，若俟定后商酌，恐不及矣，故尔密谕。"

〔24〕《清圣祖实录》卷一○一，康熙二十一年二月己丑。

〔25〕［清］纳兰性德《长相思·山一程》，收录于《纳兰性德全集》第二册，线装书局，2016年，第521页。

〔26〕［清］爱新觉罗·玄烨《御制文集》卷三六，"松花江放船歌"，海南出版社，2000年，第10页。

〔27〕《清通鉴》卷三九，第1718页。

〔28〕《清圣祖实录》卷一○二，康熙二十一年五月丙寅。

〔29〕参见《清圣祖实录》卷一二一，康熙二十四年五月癸巳，文献记载："即今征罗刹之役，似非甚要，而所关最巨。罗刹扰我黑龙江、松花江一带三十余年，其所窃据，距我朝发祥之地甚近，不速加剪除，恐边徼之民不获宁息。朕亲政之后即留意于此，细访其土地形胜，道路远近及人物性情。"

〔30〕［俄］谢·弗·巴赫鲁申《哥萨克在黑龙江上》第六章《中国战争》，郝建恒、高文风译，商务印书馆，1975年，第70页。

〔31〕参见《清圣祖实录》卷一○四，康熙二十一年八月庚寅，据原文整理。

〔32〕《历史文献补编——17世纪中俄关系文件选译》，第64件《1683年1月3日—1700年9月》之一，第222页。此文件原载《巴坚科夫伯爵文献集》。

〔33〕《历史文献补编——17世纪中俄关系文件选译》，第64件《1683年1月3日—1700年9月》之一，第223页。

〔34〕此图为日本学者吉田金一在台北图书馆发现，并做了考证，认为绘制始于雅克萨之战前，完成于康熙二十九年（1690）。

〔35〕《历史文献补编——17世纪中俄关系文件选译》，第64件《1683年1月3日—1700年9月》之二，第225—228页。此文件原载《叶尼塞斯克档案抄件》手稿，第3卷，第391张；此后数处引文皆出于此篇文献。

〔36〕《外贝加尔的哥萨克（史纲）》第一卷，《瑷珲》，第234—235页。

〔37〕《清圣祖实录》卷一一二，康熙二十二年九月丁丑。

〔38〕《清圣祖实录》卷一○六，康熙二十一年十二月庚子。

〔39〕［清］吴振臣《宁古塔纪略》，吉林文史出版社，1993年，第84页。

〔40〕［清］杨宾《柳边纪略》，吉林文史出版社，1993年，第9—10页。

〔41〕［清］西清《黑龙江外记》卷二，黑龙江人民出版社，1994年，第926页。

〔42〕《外贝加尔的哥萨克（史纲）》第一卷，《瑷珲》，第234页。

〔43〕［俄］P.马克《黑龙江旅行记》第五章《在瑷珲城的逗留和返回伊尔库茨克市》，吉林省哲学社会科学研究所翻译译，商务印书馆，1977年，第401页。

第四章　剑指雅克萨

对于沿着黑龙江上下袭扰的哥萨克,康熙早已留心,也找出其最主要的盘踞之处,那就是雅克萨。

平定三藩后,玄烨即毅然定策,多次派员前往晓谕,希望能不战而屈人之兵,同时也侦察该堡构造与附近的山川地貌,履勘水陆进军路线,筹备发兵进剿。这位青年皇帝的部署非常周慎,对于选调将帅军伍、兴造各式船舶、设立驿站粮道等项,无不精心安排。正史说他"料敌制胜,庙算如神"[1],强调的正是这一性格特征。

一　将军萨布素

萨布素是康熙帝钦点的首任黑龙江将军,也是一个守护边疆的传奇英雄。在宁古塔和瑷珲的满族传说中都有他的故事,如《萨布素将军传》《萨大人传》,三百余年间讲唱不衰。其实玄烨在起初并未看上他,后来也因不满积累而爆发,将之撤职治罪,具体情况要复杂得多。

兴筑黑龙江城,设置黑龙江军政大区,对于玄烨经略黑龙江流域的整体规划,应是重中之重。而由谁来担任黑龙江将军,康熙帝又迟迟物色不到适当人选。在这个辽远严寒、人烟稀疏、强邻窥视的边疆地域,尤其需要一个外能御敌、内可服众的帅才,需要一个坚定勇毅的干员。康熙帝曾经很看好宁古塔将军巴海,而经过二十一年东巡期间的实地考察,对其看法有所改变。朝中现任武职郎谈、朋春,也包括派往索伦的原理藩院侍郎、工部尚书马喇等，应都进入过皇上的视野，也都不太满意。透过一些史实，能看出康熙在用人上的犹豫——

两次派员由京师率兵前赴雅克萨，第一次由郎谈领队，朋春为辅，第二次却换成朋春为主，郎谈只是随军前往；

先命巴海率乌喇、宁古塔兵赶赴黑龙江驻守，似乎意在调用颇有威名的巴大将军，不久即传谕斥责，说他带兵无方，又与副职不和，改命萨布素与另一位副都统瓦礼祜领兵。

古人有"用人不疑，疑人不用"之说，其实谈何容易。玄烨作为一代英主，仍不免用而生疑，虽疑也不得不用。这种大战前的用人犹豫，可以视为慎重，也能证明清廷已出现严重的人才荒，突出表现为满族将帅的匮乏。回想大清开创之初，最不缺的就是身先士卒、马上杀伐的将领，努尔哈赤的子辈孙辈，随便拉出一个，都是带兵打仗的好手。温柔乡是英雄冢，仅仅过去三四十年，平定三藩与攻打台湾，靠的主要是汉军与降将，满营已见式微。清朝设驻防将军，通例由满蒙出身的武将中选用，至少是汉军旗，而像样的将军已然不多了。玄烨为之烦闷焦灼、易变易怒，是以尚未任命，先有了一波革职潮。

二十二年正月，奉天将军安珠护"以疾乞休"的奏折到京。这是一位曾长期在宁古塔任副都统的老臣，东巡期间积极运作调回京城，表示想到部院做个文官，已然在皇上心中记了一笔账。此时正要收复黑龙江左岸，乃国家用人之际，他这个奉天将军却打算溜号，想到京师找个舒服位子。康熙帝阅后很生气，传谕大加斥责，"着革退，发往宁古塔乌喇等处地方效力"[2]。

当年春，巴海与萨布素、瓦礼祜有一件联名题奏，讲了一大堆的困难：瑷珲与呼玛尔相距甚远，若驻兵两处，兵力分散且与后方联络不便，难以防御对方来袭；说在雅克萨上游还有尼布楚等俄堡，假设水陆两路增兵救援，结果很难预测等。他们的意见是等修造好舰船，于明年七月兵抵雅克萨城下，先宣谕招抚，观察敌方反应，再决定攻剿机宜。

一众议政大臣都觉得此计周密,康熙则大为恼火,斥之"殊为疏略",决定弃用巴海,由萨布素、瓦礼祜以副都统带兵前往,不授予将军职衔。

六月,巴海因"诳奏叟登等处田禾未收"被革职。念在其迁移新满洲之功,皇上给他保留了一个阿达哈哈番世职,回本旗安置。弃用巴海的原因,根子在于玄烨认为其消极胆怯。接奉进驻黑龙江与呼玛尔的旨意,这个曾经的满洲探花郎不即进军,反而提出战船破旧,需要修理。而待户部尚书伊桑阿带领工匠赶到,奉旨询问攻剿方略,大军在哪里驻扎,他也是不甚了了。

康熙帝本打算在当年冬天拿下雅克萨,而南方的攻台之役迅速取胜,北边却迟迟未能进兵。他虽称不急于进剿罗刹,也不能容忍臣下借故拖延,不容许哥萨克长期盘踞,任命行伍出身的萨布素为军中主将,寄予了较大希望。

萨布素,满洲镶黄旗人,富察氏,先辈生活在索伦地区,努尔哈赤起事后举族来归,定居于宁古塔。他从普通士兵做起,由于能吃苦与作战勇敢,一路升为领催、骁骑校、协领。康熙十六年夏,内大臣武墨讷奉旨往长白山瞻礼,巴海派萨布素率兵二百护从。朝中从没人到过这座满族圣山,路途之艰辛难以想象,萨布素逢山开道,遇水架桥,护从武墨讷抵达长白山麓。长期与哥萨克交锋的经历,使萨布素深知对方火器之利与彪悍凶残,力求稳扎稳打,而难题是"扎"与"打"多要由皇上遥控。前几朝清帝几乎个个自命为伟大的军事家,带来的弊端也难以缕述,包括这次雅克萨之役。

那一年气候奇寒,七月即出现霜冻。萨布素赶紧奏报,恳请皇上先不要急着迁徙军人家属,否则吃的住的都是难题。从士兵到将军的萨布素爱惜体恤部下,但缺少开阔的全局视野,也缺少破釜沉舟的强大意志力。这样的奏折,皇上虽勉强采纳,却明显不快。

不管怎么说,朝廷派大军抵达黑龙江,建城长驻,极大地震慑了入侵的哥萨克,振奋了达斡尔、鄂伦春、赫哲等部族民众。中下游的小股哥萨克闻讯匆匆撤离，或集中于一些较大的堡垒，龟缩不出，各族勇士则纷纷出手：奇勒尔人在牛满河格杀十余罗刹，鄂伦春人于精奇里江杀死五人，缴获其鸟枪，下游也传来费雅喀打死很多罗刹的消息。擒拿殴击罗刹鬼成为一时风潮，部族民众对哥萨克仇恨在心，借大军之势奋起报仇，将敌人的营寨村屯接连焚毁。萨布素及时发兵相助，会同当地部民逐个清除哥萨克堡垒与营地。闻知有一伙人仍盘踞在下游江中岛屿上，他派出两名章京率兵三百，携带红衣炮四门，逼迫入侵者投降，"先取其鸟枪二十具，并鄂罗春留质之子三人，招抚罗刹米海罗等二十一人"[3]。

自从东巡以后，康熙就对宁古塔的军事实力不太放心，深知光靠该镇不一定能迅速获胜，已在京营与中原数省调兵遣将。他也谕令就近征调一批士兵，于第二年秋天，携带家口，到额苏里长期驻防。原来拟设在瑷珲的将军与副都统衙署，皆命前移至此处。对于从锡伯地区运送军粮之事，玄烨要求派遣一批水手由陆路赶往齐齐哈尔，等来年河道冰解，立即协助运送。郎谈又一次奉旨前来，与萨布素详细讨论实施细节。萨布素提出"冬时进征，炮具军糈输运维艰，倘遇大雪亦未便用兵"，建议当年冬天暂时驻扎于额苏里，"俟来年四月冰解即往攻雅克萨城"。他还奏请乌喇宁古塔兵分为三班轮流驻防，提出明年春先调五百达斡尔兵赴额苏里耕种，根据秋收状况，再定能否迁移家属。

九月，康熙做出长篇批谕，对攻剿行动的拖延倒没有多说，但显然不快，驳斥萨布素的轮番派驻之策，再一次明确要营建以黑龙江城为中心的战区体系。谕曰：

> 其在黑龙江建城永戍，豫备炮具船舰，令设斥堠于呼马尔。自黑龙江至乌喇置十驿，驿夫五十人。遇有警急，乘蒙古马疾驰，寻常事宜，则循十驿以行。由水路陆续运粮，积贮黑龙江。此兵既往，且立二年之业，仍设将军、副都统领之。[4]

其思路是先筑黑龙江城，作为核心军镇，沿江而上有额苏里、呼玛尔，沿江而下设立十个驿站，直至宁古塔和乌喇。每驿都是一个堡寨，设兵驻守，携带家口，移民或安插军犯屯田种粮。果真如此，江左地区将逐渐实现建制完整、人烟稠密、经济发展，或不会有后来的失地之虞。

一个月后，康熙帝擢升萨布素为第一任黑龙江将军。

萨布素懂得感恩和报效，做事认真，努力执行皇上的每一道旨意。整个冬季直到二十三年夏天，萨将军都忙于清剿中下游的哥萨克，忙于督运粮饷炮具，在黑龙江城与驿站建设上投入很多精力，对雅克萨的情形也密切关注。

二 到雅克萨割庄稼

比起原住民的反抗、清军的追剿，粮食匮乏才是入侵者面临的更大威胁。不管是在尼布楚、雅克萨，还是在库马拉，哥萨克都曾遭逢缺粮之痛，有时竟至于大批活活饿死。正因为如此，他们在建立城堡后，便会招徕国内农民与游民在附近耕种，一些流放人员也会被押解前来，是以罗刹城堡周边多是移民村落。这方面两国有着惊人的相似，清廷在瑷珲也是如此运作，安插了不少流放人员，区别在于罗刹踏入了别国的土地。

哥萨克在建成尼布楚堡后，即积极进行种田的尝试，似乎并无太大成效，"禾谷不生"，过了十余年才摸索出一些诀窍。就在清廷筹划收复雅克萨之际，沙俄殖民者在尼布楚及和石勒喀河沿岸都获得了农业大丰收。督军沃耶伊科夫充满喜悦地向沙皇奏报此事，"目前黑麦长势喜人，如同在俄国最肥沃的草原地带的土地上长的黑麦一样，迄今6月17日已全部抽穗，开始扬花"，列举的品种还有小麦、大麦、燕麦、春麦等。[5] 比较起来，雅克萨附近的农作物收成更好，前面曾写到沃耶伊科夫到那里买粮，正是这个缘故。

第四章 剑指雅克萨

雅克萨之战中有一个历来被忽视的细节，也与粮食相关。玄烨曾命黑龙江将军萨布素率兵去雅克萨堡周边，抢割入侵者种的麦子，并因其未坚决执行而大动肝火。

规划和经略大黑龙江边疆区，康熙以用兵与建城并重：用兵是为了拔除入侵者的堡垒，关键在于扫平雅克萨；建城则是要确立清朝在此辽阔大地上的统治，中心就在瑷珲。而不管是短期用兵，还是建城永驻，军粮都是一个重要问题。"兵马未动，粮草先行。"他对此多次发布谕旨，筹谋极为周详：命户部尚书带人勘查往黑龙江城运粮路线，尤重视水陆之间如何转运；命于辽东和索伦两处征集粮食，并在多处修造运粮船只和车辆；命在额苏里大营和中转处设立仓库粮台，向粮船水手和陆运猎户发放补贴……玄烨还做出长远安排，在黑龙江城周边大兴屯田，逐步推向更多的地区，发放种子，提供耕牛和农具，动员达斡尔等部落回迁，以尽快实现当地的粮食自给。

这个注重细节的皇帝，甚至令通州粮船在中南海做了一次演试，以亲自检测多大的船载多少粮为宜，总之要确保前线将士不饿肚子。同理，玄烨也会调研和琢磨雅克萨等堡的军粮如何供应，会推演那些长途来袭的哥萨克靠什么过活。就在此时，三等轻车都尉马喇（一作玛拉）自索伦递来一份奏报，其中写道：

> 雅克萨、尼布楚二城久为罗刹所据，臣密诇雅克萨惟耕种自给，尼布楚岁捕貂与喀尔喀贸易资养赡。请饬喀尔喀车臣汗禁所部与尼布楚贸易，并饬黑龙江将军水陆并进，示将攻取雅克萨，因刈其田禾，则俄罗斯将不战自困。[6]

马喇也是一个细心人，观察到雅克萨周围所种麦子长势甚好，也发现那是哥萨克吃粮的主要来源，提议派兵前去收割敌人种的庄稼，绝其军粮。

三等轻车都尉是清代世爵的第六位，由军功得来，正三品，后人可以承袭，不是实职。但马喇却是一个人物，出身满洲镶白旗，多次随军建功，由理藩院副理事官、通政使、礼部侍郎，升为工部尚书，因事革职，皇上仍看重其精强干练。决定收复江左地域后，玄烨选派能员到临近尼布楚与雅克萨之地，宣抚部族首领，筹集粮草马匹，侦察俄人动向，伺机策应清军主力的行动。他们不是钦差大臣，身份类似后来的特派员，起到了很好的作用。一代词人纳兰性德时为御前侍卫，也曾奉派前去侦察哥萨克动向，先后历五个月之久，有词《宿乌龙江》为证。[7]遗憾的是文献不足，很难确定纳兰是作为郎谈等人的随员，还是单独负责一路？

马喇多年在理藩院任职，知道如何与部族首领打交道，很快与索伦总管博克关系密切，同率轻骑直趋黑龙江。博克又译作卜魁，出身于达斡尔大姓，父亲德里布与大哥、二哥先后任索伦总管。由于根特木尔叛逃，他的二哥被革职，博克接任三品总管一职，是一个忠诚度很高又性格倔强的人。在根特木尔策动下，当地一些部族首领起了归附沙俄之念，博克劝阻拦截，也带兵追杀那些铁了心要叛逃的人，国家立场十分坚定。但边情错综复杂，不少部落叛附不定，清廷多有防范，不向他们发放铠甲枪械。博克因功升为副都统衔，萨布素仍对他呼来喝去，索要铠甲仍是不给，都使博克心中委屈和不满。

即便如此，博克仍带领索伦兵沿江巡逻，抓获四名外出侦讯的雅克萨士兵，又与马喇一起逼降近三十名哥萨克，屡有斩获。经过审讯，弄清楚尼布楚、雅克萨堡内不少情况，马喇随即上奏，提议禁止漠北蒙古与俄人贸易，再派兵前往雅克萨，佯作攻城，将其田中早麦收割，使敌人缺少粮食，必然无法存活。康熙帝闻奏以为有理，急令萨布素领兵前往收割抢粮，谕曰：

据马喇等奏，"取罗刹田禾，当不久自困"，又侍卫关保来奏"将军萨布素等亦以取罗刹田禾为然"，则罗刹盘踞雅克萨、尼布潮，惟赖耕种，若田禾为我所取，诚难久存。其令萨布素等酌议，或由陆路进，或水陆并进，尽刈其田禾，不令收获。由陆路进，以所刈之禾投江下流；水陆并进，以所刈之禾船载以归。[8]

皇上传谕时已是五月十九日，京师至黑龙江城差不多四千里，谕旨送达约二十天。而萨布素大营驻扎于额苏里，距雅克萨还有一千余里，时间上有些紧迫了。

延至七月，始接萨布素回奏："大兵驻临边地，宜水陆并进，取罗刹田禾。但臣军粮自六月初三日以次运到，给粮治装约至初十始得启行。问罗刹降人，俱言雅克萨早熟，诸禾彼时渐行收获。今溯流而上，值淫雨之期，江水泛滥无常，陆路亦复泥泞，纵令急行，非一月不到。是则取禾无及，徒劳士马。"[9]一大堆的理由，最主要的是哥萨克俘虏说麦子通常提前收割，而部队赶到雅克萨至少要一个月，已然来不及了。他建议明年四月再发兵，能打下雅克萨最好，否则就割取敌人的麦子。康熙帝大为生气，斥责其坐失良机，借故拖延。又说到了明年，萨布素还会找出新的托词。谕旨中还提到那些遣发黑龙江城的罪臣，说一定是这些人从中阻挠，萨布素出身卑微，不敢不听他们的话。萨将军岂敢分辩，赶紧上疏请罪。

就事论事，去雅克萨割麦子是有些晚了，而萨布素的拖延迟缓也是事实。在向皇上奏报之前，马喇已对他提出过这一建议，皇上钦派的侍卫关胜也与他商议过此事，萨布素嘴上说可行，心中应不以为然。路途遥远只是地理因素，还有一个当是心里没底——万一罗刹鬼急眼了，冲出堡垒拼命，真怕以所属兵力干不过对手。殊不知更害怕的其实是敌人：雅克萨的哥萨克首领闻知清军要来攻城，早就命附近村屯农民撤入城堡，将未成熟的麦子慌忙收割；后见清军迟迟不来，胆子大了些，又让农民出城种地。

粮食也是哥萨克的生命线，从其国内转运艰难，沙皇对前线将士远没有康熙帝关切，尼布楚和雅克萨守敌只能是取之于当地。萨布素若能步步进逼，抵近雅克萨结营扎寨，不许他们收割与耕作，哥萨克必然是难以久留。马喇的观察与建议都很到位，皇上也反应极快，慢的只是在前线带兵的萨布素。

三　黑龙江水师

因罗刹频频袭扰黑龙江，宁古塔将军衙门较早就增设战船，组建水军，也有过乌喇水师的说法，但一直不够正规。《清会典事例》有一条记载：

> 康熙十三年，自吉林移水师分驻黑龙江地方，设水师营总管各员，统辖水师。[10]

这一说法，历来为研究者所沿承。如《黑龙江志稿》曰："黑龙江于清康熙十三年备御罗刹，始从吉林移置水师。"[11]今人所著《黑龙江通史》也说："清廷决定自吉林移水师分驻黑龙江地方，设水师营以统辖水师。"[12]笔者颇觉疑惑，查阅《清实录》也找不到出处，推测应是"康熙二十三年"，编纂会典时遗漏了"二"字。但尽管如此，也是一个值得关注的重大举措。

黑龙江城自设兵驻守伊始，兵部就奉皇上旨意，在八旗二十四佐领之外，特别配置了水师营。瑷珲八旗以乌喇宁古塔兵为骨干，加上在当地征召的索伦兵，水师营也由两部分组成：一是萨布素在调防时由乌喇带来的，主要是水手，来源很杂，拼凑的痕迹很强，但对山川地形较为熟悉；二是福建水师将领陈汶环所率正规水军，奉调驾驶大型舰只开赴黑龙江,参加收复雅克萨之战,然后就留在了黑土地上。[13]

乌喇水军由来已久,也被称作水营,却与真正的水师有很大区别。这块古老大地自辽金始争战不息,大多为马上杀伐,很少在江河上交战。河道虽多,船只大都是独木舟之类,官船用于交通运输,亦不甚大,像明永乐间三宝太监所率大型舰队久已不见。康熙五年春,因罗刹滋扰日益严重,兵部发文宁古塔,要求六十岁以下流放人员一律服役当差,"选二百服水性者为水军,习水战"[14],并到数百里外的乌喇演练备战。东北流人成分复杂,有满汉犯事官员,有各类刑事罪犯,也有身陷"江南科场案""浙江通海案"等大案的文人,那次征召就有一批读书人入营。如抗清名将祁彪佳的幼子、号称六公子的祁班孙就做了水手,后来才逃归内地,落发为僧。差不多二十年过去了,第一拨水手大多老去,乌喇水军在结构上应无大的改变,主要是一帮扯帆摇橹的水手,负责为八旗将士开船。骑兵的马也载于船舱,随时准备靠岸追敌。

收复雅克萨之役提上日程后,巴海请求维修战船,玄烨命户部尚书伊桑阿带领能工巧匠"前往修理"。说是修船,实际主要是新造,包括战船与粮船。随同前往的,还有已投诚入旗、现任銮仪使的林兴珠,原系吴三桂水师中将领,福建永春人,给他的任务是"前往演习",即通过正规训练,提高水军的实战能力。

作战经验丰富的职业水师将士,也在征调派拨中。兵部向江南和福建等水师重镇发出调令,来自福建水师的陈汶环赶赴黑龙江。不少文章说他原任福建水师提督,或说是厦门水师提督,应是不准确,此时的福建水师提督是大名鼎鼎的施琅,而非他人。陈汶环的事迹未见于《清实录》等正史,主要得之于《陈氏宗谱》与相关小说,说他在雅克萨之战前带领三千水师及巨舰,由外海转辽水赶赴东北战场。清军第一次进攻雅克萨,总数也就是三千人左右,第二次连三千都不到,岂有陈汶环率水军三千之理?而提督为从一品武职大员,高于副都统,皇上也不会不令其参赞军务。后人追述先祖事迹,职衔封赠常常大为拔高,但此人不虚，带领福建水师一部前来参战也是事实。泉州同安是著名的航海之乡，后来的大海盗蔡牵和水师名将李长庚都出于该县。陈汶环带了一支擅长水上作战的家乡子弟兵，长驱数千里，为收复故土、戍守边疆付出了牺牲。

陈汶环的具体情况未见官方记载。其后人分布于瑷珲与齐齐哈尔水师营，先将搜罗到的黑龙江水师营史迹编为《营务杂集》，后又扩展为《宦海伏波大事记》，对先祖在雅克萨之战中的功勋大肆渲染，有些过头的地方也可以理解。陈汶环等水师官兵从温暖湿润的福建来到冰封雪覆的瑷珲，舰船停泊在黑龙江，光是那份刺骨之寒就难以承受，而他们不光英勇参加了两次雅克萨之战，还曾开往更北的尼布楚，最后在东北大地留了下来，一代代繁衍不息，后来墨尔根和齐齐哈尔分别组建水师营，基本上以同安人的子孙为骨干。

第一次进剿雅克萨之前，黑龙江水师营拥有各类舰只超过一百一十艘，比乌喇多了约一倍，配备火器也大大加强。起初从乌喇调拨"旧大船四十只，小船二十四只"，又"添造新船六十八只，红衣炮四十只，子母炮二百尊"[15]，萨布素还要增加人员设施，而皇上几乎是有求必应，要人给人，要船给船，要炮给炮。按清朝水师规制：大号战船长八丈三尺，船头宽三尺，中宽一丈三尺，连楼二十二舱，双帆双橹，大桅高六丈二尺五寸；二号战船长七丈一尺，船头宽三尺五寸，连楼二十二舱，大桅高四丈五尺；小战船（又称江船）长五丈二尺，船头一尺九寸，连楼十四舱，桅高三丈……这些船在作战中很有优势。那时西方火轮还没有出现，侵入此地的俄人多数就地取材，伐木造一些小型船只，更多时干脆编个木筏，比起黑龙江水师的大号战舰，可就差远了。

为了交战时灵活机动，易于进入江湾河汊追击小股敌人，水师也配属了一些小船。郎谈在赴雅克萨侦察敌情后，就提议要再造五十六艘小船备用。玄烨当场表示赞同，传谕造一批三丈长的小型船只，发给红衣炮和火枪，让士兵演练施放。[16]这种坚固快捷、火力充足的小型战船，后来成为制胜利器之一。雅克萨邻近江湾，清军用小船将火炮潜运到南面与东西两方，架起轰城，令守敌大为惊慌。

康熙帝还为参战水师配备了一支特种部队，那就是福建藤牌兵。他得知哥萨克靠的是快枪，火力厉害，也在寻找出奇制胜之策，一次召见林兴珠，问怎样方能抵御火枪射击，回禀可用"滚被""滚牌"应对，并说福建人长于此技，自己的家丁就擅长此技。玄烨极感兴趣，即命来宫中表演，亲见其以藤牌遮身，跳跃腾挪，火枪手来不及施放，即滚地挥刀杀至眼前。皇上大喜，知平台湾后在北方安插的郑氏旧部中有不少擅用藤牌者，传旨速从山东河南等省选调，组建一支五百人的藤牌军。福建水师提督施琅受命备办藤牌长刀，运来后玄烨也是亲加验看，感觉稍单薄，命多造双层藤牌，中间加旧棉絮，以抵挡敌人的枪弹。林兴珠受命统带藤牌兵，并参赞军务。[17]康熙还特别指派郑氏降将、左都督何祐统带水师，何祐是一个水战经验丰富的老将。谕旨中没有提到陈汶环，大概还是因其品阶较低吧。

四 克复何轻易

康熙二十四年（1685）四月二十八日，清朝大军自黑龙江城和额苏里出发，水陆并进，前往讨伐哥萨克盘踞的雅克萨。从玄烨的第二次东巡至今已过去整整三年，谕旨发了一道又一道，收复之役总算正式开始。

对于由谁来担任主帅，康熙帝也是几经反复：从道理上讲应选萨布素，可有了去年没割麦子那档子事，暴露了此人小嘀咕较多，缺乏果决和担当；此后派都统瓦山和侍郎满丕前往军营，与萨布素谋划进军方略，瓦山久历戎行，又是大清宗室、辅国公，奏报明年五月进攻的设想得到批准，受命"为首统辖"，未想到跟前又换人了；最后确定的是已升为都统的朋春,他曾与郎谈一起到雅克萨实地勘察,被钦定为此役水陆大军的统帅。两位参赞是护军统领佟宝、副都统班达尔沙,再加上在瑷珲督办屯田的户部侍郎萨海,在索伦的理藩院侍郎明爱、副都统马喇,还有黑龙江将军萨布素与两位副都统,真可谓大员云集。这里还有一个插曲:二十八日是军中选定的出兵吉日,此前几天突然下起大雨,江水暴涨,可到了二十七日天晴水落,待出兵当日凌晨忽转顺风。清军扬帆溯流之上,航行甚速,竟将岸上行走的骑兵抛在身后。

另外一则记载也有意思,说是军营缺肉,忽见数万只鹿从北山群奔而来,士兵箭射枪挑,吃肉的问题立马解决。

真是一个好兆头。

对于收复雅克萨之战,康熙帝期于必胜,布置极为周密。他知道罗刹火器利害,不仅专门组建了一支五百人的藤牌兵,还从京师选派火器营和前锋营精锐,携带红衣大炮赶往前线。

自两年前,清军要聚集大军前来攻打的消息,就从各种渠道传来,使雅克萨城陷入巨大而持续的惊恐之中,一直在紧张备战。负有管辖之责的尼布楚督军,也不断向上级乃至沙俄朝廷告急和求救,要人要枪要粮,总之不愿意放弃此城。[18]在切尔尼戈夫为头领时,雅克萨已被建成一个较为坚固的木城,四面有配射击孔的塔楼,以及城壕和木栅。此后的历任总管有维什涅科夫(1674—1676)、叶夫塞也夫(1676—1677)、弗罗洛夫(1677—1678)、安德烈·沃耶伊科夫(1681—1682)、沃伊洛什尼科夫(1682—1684),[19]如同走马灯一般,但无论在任多么短促,都注意加固和扩建城堡。

安德烈乃尼布楚督军费多尔·沃耶伊科夫的儿子,遵照父亲的指令,到后"即刻命令修塔楼、挖壕沟、打桩砦、竖排栅",加快了修建的进度。他在致父亲的信中也写到城堡的格局:

阿尔巴津城堡连塔楼在内,周长一百六十五俄丈半。出城关建在陡坡上的路口塔楼，面积为四平方俄丈，另一个通野外的塔楼，面积为三平方俄丈半。三个角楼各为三平方俄丈，第四个角楼面临阿穆尔河，在高于河面的悬崖上，是督军的住宅。[20]

由此可知，就在明爱等人侦察之后，雅克萨城堡扩大了一倍还要多。有意思的是，此地的哥萨克对安德烈很不客气，乃父赶来打压无效，就连买的麦子也不让运走，只得让步。雅克萨的哥萨克推选出沃伊洛什尼科夫为首领，声称不再接受尼布楚督军的管辖，双方都向莫斯科写信告状，结果是都换了主官。

1684年，俄廷决定在雅克萨设置督军辖区，并授予城徽，城徽的图案是一只展翅雄鹰，左爪执弓，右爪握箭，寓意厮杀与攫取。第一任雅克萨督军托尔布津上任之前，受命组建一支正规军。他委托被俘的德国中校别伊顿负责招募、训练与装备枪炮火药，自己先行赶往任所。托尔布津抵达雅克萨后，立刻下令加固城堡，焚毁周边村舍，将俄人全部撤入堡内，并下令将未成熟的麦子尽快收割。清军迟迟未来，而别伊顿招募的六百正规军已在途中，托尔布津的心情渐渐放松，开始允许农民出堡种地。就在这时，清军前锋突然出现，一举将雅克萨堡外的马匹及牧马人员俘获，堡内哥萨克不敢追赶。

康熙二十四年五月二十二日，清军骑兵与水师舰队抵达，大营设于雅克萨南面的江心岛上，骑兵则在左岸逼近扎营。朋春派人向城内俄军宣读皇帝诏令，历数其罪恶，命他们立即从中国领土上撤走，承诺保全其性命。两名随军前来的哥萨克降人担任翻译，也转达了清军统帅的最后通牒。雅克萨堡内至少有七八百人，其中武装人员四百五十名，有三百支枪和三门炮。[21]托尔布津决意抵抗，拒不回应，朋春下令攻城。

清军在雅克萨城南北两面列营：朋春与萨布素率主力在城南，郎谈与副都统温岱率兵在城北,两边皆排列红衣大炮,发炮猛轰;而来自福建的水师将领何祐统领舰船,守定上游江面,以防俄军从尼布楚增援。雅克萨本来有八只俄船,早被马喇派索伦骑兵毁坏。后来哥萨克又造了一些船,乘坐下行侦察时,在瑷珲附近被清朝水师俘获了几只,剩下的便不知道藏到哪儿去了。虽然都是在东北就地伐木造船,哥萨克的简陋小船和木筏毕竟不能与大清水师相敌,两年前在中游被博克逼降的哥萨克船队就是一个例子,第一次雅克萨之役也是如此。

二十四日清晨,清军发现上游有哥萨克四十余人乘木筏顺流而下,水师即加拦截。何祐带领的藤牌兵潜入江中,接近木筏后从水底突然冒出,以藤牌护顶,挥刀横扫筏上敌人之腿,哥萨克惊呼为"大帽鞑子"。[22]多数学者称其为尼布楚来的沙俄增援船队,从时间上分析不吻合,尼布楚督军派出的援军还在路上,而因被俘人员中有妇女儿童,可推断是一伙闯荡黑龙江的哥萨克和移民,正好撞在枪口上。

当天夜晚,清军发动进攻,在密集炮火之下,雅克萨的几座塔楼、角楼、城门上的议事厅全被轰垮,城墙多处残破,一百多人死亡。据俄人记述,哥萨克也组织了几次反击,此类集中兵力和火力的反冲锋在过去屡屡奏效,这一次则被迎头打回,没能突破清军的包围圈。清代文献中缺乏对这场收复战的详细描述,但仍能从只言片语中见出将士的英勇,他们纷纷越过外围木栅与深壕,将材草运到敌堡的木墙下,三面点燃焚烧。敌人当然不愿束手被焚,冲出截击,藤牌兵立即大展身手,滚地而前,在敌军恍惚错愕之际,长刀已横斩小腿。雅克萨堡内外死伤惨重,弹药用尽,更被大火烧烤得焦头烂额,只好投降。托尔布津等还打算用石块死拼,经东正教神甫马克西姆等说服,只得举起白旗,献出城池。

一场筹备数年的大战就这样结束了。

遵照皇上旨意,清军对投降俄人仁至义尽,一个不杀,愿留愿走完全听从个人的意愿。其中有四十五人表示归顺,多数被送往北京,分别编入八旗,马克西姆神甫随之入京,后来获准建立了一个东正教堂,即俄罗斯馆的前身。多数人愿意返回俄国,托尔布津带领约四百人离开,被要求留下枪支炮具,沿江徒步离开。走了一天之后,才遇上尼布楚督军派来的一百名援军,分乘十一只小木船,"他们带来五门炮,三百支火枪,八普特火药,七普特半铅弹,二百三十发炮弹和四十三把钺"[23]。而为防止路上生变,朋春派出水陆军队跟在后面监督押送,俄军不敢造次,乖乖离去。[24]

雅克萨重回祖国怀抱,但朋春等人并未留兵扼守,也没有动员达斡尔部落回归原来的驻地。他们认真搞了一些"破坏",尽可能地将城堡夷为平地,看到附近田地里的青苗,也命骑兵去反复践踏几遍,然后就得胜还朝。

六月初四日,康熙正在出巡塞外途中,理藩院尚书阿喇尼奔至圣驾前,称接到明爱派飞骑奏报,雅克萨城已经收复。理藩院侍郎明爱受命在索伦筹粮,虽不在雅克萨军中,却对前线极为关注,闻讯后飞报阿喇尼。玄烨十分欣慰,命阿喇尼将捷报遍告诸王大臣。当晚驻跸古北口行宫,扈从大臣纷纷前来贺喜。玄烨发布谕旨,说罗刹侵扰黑龙江松花江一带已三十余年,窃据之处距本朝发祥之地甚近,必须速加剪除。他还说自己从十四岁亲政之始,就一直留意那里的山川地理、风土人情,以及道路交通情况。玄烨此时也吐露心结,那就是征剿罗刹于国家所关重大,而多数大臣皆以为路途遥远,不愿举兵,是他决心兴师讨伐,经过精心筹备,终于获得大胜。诸王大臣齐声称颂皇上圣明,检讨自个的糊涂懦弱,小小行宫挨挨排排,三跪九叩,行庆贺礼。

为及时准确地掌握前方信息,御前侍卫关保早就被派往清军大营,康熙帝提到关保此前奏报的两个吉兆:

> 前关保奏云:我兵拟于四月二十八日水陆进发,先期雷雨大作,至二十六日江水泛溢,又风逆,舟不得前。及二十七日

> 天晴水落，二十八日平旦，忽转顺风，我兵扬帆溯流直上。三日之程，一朝而至，陆路之兵虽疾行不及也。又驻扎黑龙江兵丁适当肉食匮乏，忽有鹿数万自山趋下，骑者驰射，步者梃击，及驾船筏于江中，截获者计五千有余。朕观此二事，豫知可以奏功。因事未就，秘而不发。[25]

关保深得皇上信任，派往大营不无监视之意，看来也是一个马屁精，所报二事的可信度都不太高，但皇上喜欢听。不久后朋春等人的正式捷奏也到了，得旨嘉奖所有参战人员，命将投诚的哥萨克安插盛京，堡内被掳各族民人发回原地。

但雅克萨城怎么办？英明如康熙大帝，没有明令派兵在雅克萨驻守；前线将帅云集，也没有一人提及此事。

五　卷土重来的罗刹

第一次雅克萨之战取胜之快，多少有些出乎康熙帝的预想。先前清军在库马拉堡和阿枪斯克的惨痛教训，使他对这次攻剿特别慎重，派遣大内侍卫、京营精锐参战，配属数十门大炮，并征调藤牌兵，没想到雅克萨的老毛子如此不禁打，很快就献城投降。

由于皇上有旨在先，清军对俘虏十分宽仁，没有区分军官与士兵，没有甄别哥萨克与自耕民，没有惩治其中血债累累的恶棍。不久前几个哥萨克借口抓间谍，将二十名索伦猎人骗入一个空房间活活烧死，也没有查问追索究竟是谁干的。"不戮一人，悉行放还"的处置方式，为的是展示大国风范和怀柔罗刹，也为以后的谈判留有余地，却使侵略者保存了实力，也减弱了恐惧。

托尔布津一伙被押送出境，武器粮食物品等皆被扣留，一些人甚至是赤着脚离开的,狼狈万状。因担心清军路上会有行刑杀戮(以自己素来的残暴行径猜度),他们分为两拨,一路向北返回雅库茨克,而主要一路向西撤往尼布楚。[26]托尔布津一伙虽安然离开,却怀有战败的耻辱感,殊无感激之情,走到尼布楚就停了下来。尼布楚督军弗拉索夫也心有不甘,忍了仅仅五天,"于7月15日,便派出五十人长帖利清带领七十名侦察兵,乘五艘平底木船,顺石勒喀河而下到达额尔古纳河口,又继续航行"[27],抵达雅克萨。帖利清等人在8月17日返回,报告沿途没有遇到中国人,所有清军皆已撤离,雅克萨堡与俄人村屯虽被烧光,但地里的庄稼长势很好,有一千多俄亩。

俄廷此前为雅克萨招募的一个团,在路上事故频发,几乎出现哗变,这时由别列伊率领已陆续开到。弗拉索夫胆气顿壮,即命别列伊带二百人出发,重新占领雅克萨。原来在那里种地的耕农,听说清军已撤离,又见有正规军开来保护,也陆续赶回去收庄稼。他们主要是从俄国流放来的犯人,生计艰难,备受欺凌,不获赦免也无处可去。肥沃的黑土地天然宜于农作物生长,他们也渐渐寻觅到耕种的诀窍,返回后先是忙着收割播种,然后才是建筑住宅。

由此,也知清军在取胜后失误连连:放回哥萨克头目与士兵,使侵略者保存了实力,此其一;忽视雅克萨的战略位置,不利用原有城堡,不留下军队戍守,旋得旋失,此其二;未能彻底破坏地里的庄稼,绝敌军之粮,此其三。攻取雅克萨是在夏天,敌人已将麦子收割完毕,但田中青苗甚多,清军将领派骑兵去奔跑踩踏,纵横驰骋那么几圈,也就万事大吉了。至于距城堡较远的地方,大概连踩踏都懒得去了。岂知大军班师之后,被踩躏的禾苗得雨露滋润,再现生机,成为吸引哥萨克重返的一大动因。此又是一种不谋而合——哥萨克也要去雅克萨收割庄稼。一年前萨布素未能理解皇上的旨意,耽误了抢收敌人的麦子;取胜后又潦草马虎,未将田禾铲除净尽,给败军留下大批食粮。第二次雅克萨之战,哥萨克坚守不降,堡中存粮充足也是一个重要原因。思量及此,真是不胜慨叹。

托尔布津很快回至雅克萨。他在守堡作战时表现英勇,深得属下和耕民敬重,重新被任命为督军。所率残兵剩卒与别列伊所率大队人马会合,共有七八百人,陆续还有一些零星哥萨克聚集来,人马不断增多。截止到清军攻城之前,由尼布楚方面提供的人员与武器已很可观。弗拉索夫在致御前侍臣、后来的俄国谈判代表戈洛文的函中做了详细介绍:"截至7月26日,自涅尔琴斯克给阿尔巴津派去军役人员、猎人和耕农八百二十六人,送去八门铜炮、三门城防火绳炮、一门臼炮,三十枚一普特重的炮弹、一百四十枚手榴弹、五枚压气球形炮弹、一百一十二普特三十六俄磅半枪炮用弹药、六十普特六俄磅半铅弹。"[28]一普特约等于中国的三十三斤,这些弹药储备已属充足。他们争分夺秒,抓紧修筑更坚固的城堡。因原址难以打井,他们曾四处寻觅更合适的地方,比较之后还是决定在原地重建。接受上次被火焚烧的教训,不再单纯使用木墙木栅,又用黏土筑一层厚厚的外墙。多年后出版的《外贝加尔的哥萨克(史纲)》一书,盛赞托尔布津领导下的钢铁意志,硬是在严寒中筑起一座新城,城墙底部宽十米,高三米多(也有记载说是六米),黏土中掺入许多蒿草树根,内设炮台,城堡内外工事密布,因为他们知道清军会再来攻打。

此时的清廷一派轻松氛围,萨布素旧日迟延之过被一概赦免,乌喇宁古塔兵撤回原籍休整,不光雅克萨附近没了清军的影子,瑷珲城也只留下五百官兵。康熙居安思危,谕曰:

> 至雅克萨城虽已克取,防御决不可疏。应于何地永驻官兵弹压,此时即当定议。着大学士勒德洪,学士麻尔图、图纳,同郎谈、关保与议政王大臣等会议具奏。[29]

意思是雅克萨城虽已拿下,也不能忽略防御罗刹之事。议事大臣会同得胜回朝的郎谈等将领，讨论在黑龙江驻守事宜，但皇上没具体指明要在该地驻防，兵部与黑龙江将军衙门也就佯装不知。怎知雅克萨城得而复失，敌人在那里热热闹闹地大建设大生产呢。

萨布素毕竟与罗刹打过多年交道，心中并不踏实。

当年冬，萨布素派骁骑校硕格色带人前往探查，根本就没有走到地方，便因粮少马疲折返，途遇几名奇勒尔猎人，询问得知"罗刹复来雅克萨筑城盘踞"。萨布素立即奏报朝廷，请于明年春天亲率官兵，相机进剿。玄烨以所奏来自传闻，令萨布素与理藩院郎中满丕等分别派人再探。满丕很快派人在雅克萨附近生擒一名舌头，得知托尔布津"率五百余人复至雅克萨，依旧址筑城，及讯以粮米可食几月，又云：所获足支二年"[30]，飞奏京师。而萨布素已回到宁古塔休息，接旨后马上筹备出征事宜，并传令索伦总管派轻骑前往侦察。

雅克萨的哥萨克同样不踏实，风声鹤唳，连到堡内做生意的商人，或者偶然经过的索伦猎户，都会被疑作间谍。个别哥萨克的失踪，更加重了他们的危机感。托尔布津希望探明清军动向，基于小股哥萨克易被吃掉的教训，命别列伊率三百人沿河下行，要求抓几个舌头。在呼玛尔河附近，俄军与索伦总管所派一小队侦察骑兵猝然相遇，三百人对四十二人，双方激烈交战，互有死伤。索伦兵杀敌七人，伤三十余人。己方一死三伤，另有一人被俘。俄方文献说杀死三十多名索伦兵，属于严重虚报，类似的数字作伪在俄国档案中也有很多。

呼玛距瑷珲甚近，此际清军大部已经撤回，瑷珲城仅有数百官兵驻扎，如果别列伊率兵进犯，结果很难预料。然小小一支索伦兵就如此勇猛，也令别列伊紧张，赶紧带队折回。俄人先后在雅克萨和尼布楚对被俘索伦骑兵拷打审讯，一遍遍逼问口供，尔后解往莫斯科。在对待俘虏上，双方的差别也是明显的。

既然敢于返回雅克萨，托尔布津也就做好了再次与清军对垒的准备。从这名索伦兵口中，得知瑷珲城中约有二千五百名士兵，将军在春天要带少量人来谈判，质问为何不守信用，重新建城。呵呵，口供永远是不尽可靠的，不管是严刑拷问还是甜言相诱，都有可能暗藏玄机。今天阅读相关供词，双方俘虏似乎都有一颗爱国心，都试图夸大自己一方的兵力，以吓阻敌人。不知托尔布津会不会听信，反正没有被吓跑，督促部下加紧构筑工事，不敢有丝毫懈怠。他们还试图在城中挖一口井，地下石层坚硬，费尽千辛万苦，好像也没有打出水来。在后来的长围中，饮水缺乏是敌人的最大威胁，可也一直没有断绝，人在绝境中的生存能力，总是出乎意料的。

六　从扑剿到长围

俄人重回雅克萨盘踞，对大清皇帝所展示的尊贵姿态，无异于一种践踏嘲弄。玄烨未算及罗刹的言而无信，心情如何不得而知，只知他即行部署第二次攻剿。而因第一次雅克萨之役打得太顺利，复觉敌人在创后实力必然有限，康熙帝的重视程度明显要减弱不少。这也是为何首战两三天就拿下，再战持续十个月未定的原因。

二十五年（1686）二月十三日，康熙帝传谕黑龙江将军萨布素再次出征雅克萨，曰：

> 今罗刹复回雅克萨筑城盘踞，若不速行扑剿，势必积粮坚守，图之不易。其令将军萨布素等姑停迁移家口，如前所请，速修船舰，统领乌喇、宁古塔官兵驰赴黑龙江城。至日，酌留盛京兵镇守，止率所部二千人攻取雅克萨城。并量选候补官员，及见在八旗汉军内福建藤牌兵四百人，令建义侯林兴珠率往。[31]

谕旨中用了"扑剿"二字，即猛扑过去，迅速剿灭哥萨克。萨布素受命为大军主帅，以乌喇、宁古塔兵作为进攻主力。

玄烨没再从京营派遣御林军赴战，仅命上驷院和太仆寺提供两百匹骆驼，由陆路运送大炮与火药炮弹，曾经参战的郎谈、马喇、班达尔沙因熟悉地形，皆被派往参赞军务。上次建功的那支特种兵也再次集结，皇上令林兴珠再次统带四百福建藤牌兵赶赴前线。他显然以为会速战速决，于诸将离京前单独召见监军郎谈，面授机宜，谕曰：

> 尔等此行宜慎之。当如前降旨晓谕：尔罗刹外国人，贪利弃命，扰我边疆。今大兵复至，当速降。如不降，则尽诛之。若得雅克萨城，即往尼布抽。事毕，还驻兵于雅克萨过冬。勿毁其城，亦勿损其田禾，俟禾熟收为我饷。[32]

说大军一到俄人可能马上投降，如不降就全部消灭，然后直接开往尼布楚。皇上没有明令攻打尼布楚，意思却是清楚的，也不再要求毁城与毁坏田禾，命清军取胜后即于雅克萨驻守。

康熙帝有些轻敌了。

"多算胜，少算不胜"，是玄烨在第一次雅克萨之役得胜后说的话，这次似乎失之"少算"。郎谈、马喇诸人虽曾与哥萨克交过手，毕竟经历有限，或许都会有些轻敌，即便没有，谅也不敢当面提醒圣上。

所幸主帅萨布素不会轻敌。二十余年与哥萨克匪帮的缠斗，使他深知这些人的顽劣凶悍，深知其火器之利与堡垒之固，也知其不会轻易投降。大队清军在五月初抵达黑龙江城，迅速沿江上行，途中抓获四名雅克萨派出的侦察兵，审讯后得知堡中备战情形，遂分兵水陆急进，于月底进逼雅克萨堡。此时已是1686年7月中旬，清军以水师舰船停泊在雅克萨上方的修道院附近，扼住黑龙江上游，以阻断从尼布楚来的援军；分派步兵和骑兵从陆上包抄，掘长堑，筑土垒，安设炮位，将城堡四面包围。清军势头甚盛,在城外发现巡逻与看管马匹的小股哥萨克,立即开火,打死和俘获二十二人,剩余十人狂窜入山林,约五百匹俄国高头大马成为战利品。萨布素命俘虏给托尔布津送去信函,其中有康熙帝的诏书和他的敦促投降书,城内不予理睬。猛烈的炮击即行开始,清军向城堡发起一波波猛攻,硝烟弥漫。托尔布津在求救信中说:"大炮自四面八方对准城堡,向城堡开火,发起猛攻。卑职和军役人员、猎人及众百姓被围困在阿尔巴津……大炮、火药和铅弹储备不多。恳乞大人务必遵照大君主谕令,由涅尔琴斯克向阿尔巴津派来军人,送来大炮、火药和铅弹。"[33] 与乞求增援同时,敌人也以大炮回击,俄军头目别列伊久经战阵,多次乘着江上起雾率部出城反冲锋,有的已冲上清军阵地,仍被坚决打了回去。交战场面从一开始就异常惨烈。

此战双方兵力,俄人说清军为八千人,殊为夸张,实际第一批抵达的是两千一百人。后副都统博克带二百筑城兵赶来,加上助战的索伦兵,也就两千四五百之数,大炮约四十门,火枪则较少,有记载说只有五十支,真不知上次缴获的俄国火绳枪哪里去了?而雅克萨城中有军役丁壮约九百人,拥有各种新式火炮与大量枪支弹药。双方一以兵多,一以快枪利炮,实力相差无几。萨布素的战术简单有效,先命大炮轰击,然后逼近要塞筑起两道木栅,以困住敌军,所谓瓮中捉鳖是也。里面一道木栅用松木较多,被哥萨克焚毁。第二道木栅用的是较粗的湿木头,别列伊督兵挖坑道靠近,也是拼命要拆除。哥萨克不断出城冲阵,势焰凶悍,遭到福建藤牌兵迎面痛击,不光有盾牌与滚地长刀,玄烨还特命每人"各带炮弹,或十圆或二十圆",类似可抛掷的手雷,令哥萨克大吃苦头。

萨布素的得力助手是郎谈,提议截断堡内水道,一下子击中哥萨克命门,使其惶恐不安,选择凌晨或雾大时分,从地道突出厮杀阻拦。而萨布素与诸将分兵堵御,列炮轰击,一次次打退敌人进攻。清军抵近围攻之际,随行民夫抓紧修筑坚固高大的环形土墙,前设三道拒马,墙垛后排列火炮,彻底切断敌人陆上逃路;南面江心岛已修起营垒,设置炮台与重兵,西南江上则是舰炮。雅克萨被围得水泄不通,连告急信都很难送出去。交战开始的十余天,双方互有攻守,极为激烈,而好消息传来,雅克萨督军托尔布津中炮身亡。俄人对此记载不一,冈索维奇的《阿穆尔边区史·第二次围攻阿尔巴津》称"勇敢的督军托尔布津在9月末中弹身亡",《外贝加尔的哥萨克(史纲)·被包围的阿尔巴津》也说他在9月末"被一发炮弹打中阵亡",而卡缅斯基所编《俄中两国外交文献汇编(1619—1792年)》等书则说:"托尔布津在7月11日被大炮击中,腿部受伤,于第四日死去,由哥萨克首领别列伊顿(即别列伊)接替其职。"〔34〕

尼布楚督军曾派遣七十人前来增援,由于上一次的教训,远远就停船上岸,从山林中接近,看到这种架势,吓得根本不敢靠前,发现了躲在林间的十名哥萨克,只好带着他们返回。敌人见逃逸无望,龟缩于要塞中,坚守不出。清军每日既用大炮轰击,也射来许多火箭,堡中房屋皆被焚毁,哥萨克挖了很深的地窖子,用以躲避炮击。不能不对哥萨克的坚忍书上一笔:缺水少食的地窖子生活,没有使之崩溃;大批人员的死伤和督军的阵亡,剩下的人仍在死扛。随着围困时间的增长,堡内开始流行坏血病,导致很多人死去。别列伊接过指挥权,哥萨克每天都在减员,仍坚持抵抗。这也是交战双方的耐力比拼,清军虽有源源不断的弹药给养补充,但在抗冻方面远不如来自北方的哥萨克,存在严重的伤病情况,也是同样的坚忍顽强。严冬在雅克萨总是提前来临,萨布素等横下一条心,坚持严密围困,毫不松懈。

康熙帝见速攻不下,也开始做持久战的部署:免去索伦等邻近地区的贡赋,命为大军饲养轮换下来的马匹,命墨尔根等处将士听候征调,尤其是命萨布素做好长期准备。玄烨对前线的情况充满关切,询问结冰之际怎样停泊船舰,怎样饲养马匹,怎样阻击敌人来援,萨布素一一回答,皆有应对之策。副都统博克也奉旨率二百精兵赶来,萨布素更有信心。

外交斡旋也在紧锣密鼓的进行中。1686年11月10日，沙俄特使维纽科夫抵达北京，通告俄谈判使团即将出发，请求先解雅克萨之围。俄使受到大学士明珠等人的接待，在午门前单膝跪地，递交了国书，然后商定双方同往雅克萨宣布解围遣返事宜。维纽科夫做了一番争辩，清廷的姿态很高，决定先行解除对雅克萨的围困。二十五天后，萨布素等接到亲军侍卫马武带来的谕旨，遵命率大部队返回大营，撤除了雅克萨周遭的拒马、防盾之类，允许堡内人员出入与接受尼布楚救济，但监视岗哨仍保留，也有一些硬性规定：不许他们到河中捕鱼，不许到森林中打猎，不许尼布楚大批来人，不许夹带武器弹药，不许有载着货物的驼队……

那可是大清军人扬眉吐气的时刻。

注释

〔1〕《清圣祖实录》卷首，《圣祖仁皇帝实录序》。
〔2〕《清圣祖实录》卷一〇七，康熙二十二年正月甲子。
〔3〕刘民声、孟宪章《十七世纪沙俄侵略黑龙江流域编年史》，第182—183页。
〔4〕《清圣祖实录》卷一一一，康熙二十二年九月丁丑。
〔5〕郝建恒等译校《历史文献补编——17世纪中俄关系文件选译》，第58件《1681年12月20日后，1682年6月17日》二，第208—209页。该件文献由F.C.巴坚科夫收藏。
〔6〕《清史稿》卷二八〇《玛拉传》，中华书局，1977年，第10141页。
〔7〕[清]纳兰性德《青玉案·宿乌龙江》，收录于《纳兰性德全集》，第1408页。
〔8〕《清圣祖实录》卷一一五，康熙二十三年五月甲申。
〔9〕[清]张伯英总纂《黑龙江志稿》卷三〇《武备志·兵事》，黑龙江人民出版社，1992年，第1332页。
〔10〕《清会典事例》卷五四四《兵志三·官制》。
〔11〕《黑龙江志稿》卷二九《兵制·水军》，第1276页。
〔12〕参见周喜峰《黑龙江通史·清朝卷（上）》，附录一《大事年表》，社会科学文献出版社，2019年，第373页。
〔13〕[清]林崇山编《宦海伏波大事记》卷首《耀祖谱序摘录》："二十二年，经宁古塔都护萨普素公奏调南方水师数处，悉命我祖率之。是时，黑龙江无战船，我祖随带艨艟巨舰，并将宁古塔官船拨派一百艘，又将宁古塔台丁、永吉州民人以及十家户徙自耕自食者，

亦拨派随船而为丁壮,惟我族随船征剿而为水军者,盖有其半焉。"是说陈汶环为黑龙江水师营主官,所带来的陈姓族人约占水师营的一半。收录于任国绪主编《宦海伏波大事记(外五种)》,黑龙江人民出版社,1994年,第28页。

〔14〕《宁古塔纪略》,吉林文史出版社,1993年,第85页。

〔15〕《宦海伏波大事记(外五种)》,第64—65页。

〔16〕《黑龙江志稿》卷三〇《武备志·兵事》,第1325—1331页。

〔17〕参见《清圣祖实录》卷一一八,康熙二十三年十二月乙巳。

〔18〕《历史文献补编——17世纪中俄关系文件选译》,第64件《1683年1月3日—1700年9月》,有关同中国人、蒙古人的关系及军事活动的文献,第220—263页。

〔19〕[俄]瓦西里耶夫《外贝加尔的哥萨克(史纲)》第一卷,《阿尔巴津城堡的建立》,注释1,第225页。

〔20〕《外贝加尔的哥萨克(史纲)》第一卷,《阿尔巴津城堡的建立》,第225页。

〔21〕《外贝加尔的哥萨克(史纲)》第一卷,雅克萨哥萨克"编制上是一百零一人,而他们实有二百人"(第231页);周边村屯在1684年已有"四百八十家农户和渔猎户,……连同哥萨克在内种了一千俄亩粮食,和五十俄亩官地"(第227页)。

〔22〕《平定罗刹方略》描述了当时的场景:"众裸而下水,冒藤牌于顶,持片刀以进,罗刹众见之,惊所未见,呼曰'大帽鞑子',众皆在水,火器无所施,而藤牌蔽其身,枪矢不能入。"

〔23〕《外贝加尔的哥萨克(史纲)》第一卷,《中国人进攻阿尔巴津 保卫战 谈判 向涅尔琴斯克移民》,第255页。

〔24〕《历史文献补编——17世纪中俄关系文件选译》,第64件《1683年1月3日—1700年9月》五,文献中记载:"中国军分乘木船,携带大炮及各种进攻火器,尾随阿列克谢直至额尔古纳河口能望见村庄的地方,而没有尾随阿列克谢乘船进入石勒喀河。"

〔25〕《清圣祖实录》卷一二一,康熙二十四年六月癸巳。

〔26〕《历史文献补编——17世纪中俄关系文件选译》,第74件《1685年4月10日》四,第380页。该文献中,托尔布津报告称"卑职率领军役人员和各色人员向涅尔琴斯克堡进发,并打发部分军役人员和各色人员由阿穆尔河经乌尔卡河去勒拿河,以免同路死于饥馑。卑职及军役人员、耕农等没有粮食和牲畜,衣不蔽体,赤足而行,饥馑万分,以野菜和草根度命"。文献采自《叶尼塞斯克档案抄件》手稿第3卷,第391张。

〔27〕《外贝加尔的哥萨克(史纲)》第一卷,《帖利清的侦察》,第257页。

〔28〕转引自刘民声、孟宪章《十七世纪沙俄侵略黑龙江流域编年史》,《1986年》,第217页。

〔29〕《清圣祖实录》卷一二一,康熙二十四年六月癸卯。

〔30〕《清圣祖实录》卷一二四,康熙二十五年二月丁酉。

〔31〕《清圣祖实录》卷一二四,康熙二十五年二月丁酉。

〔32〕[清]鄂尔泰等《八旗通志初集》卷一五三《名臣列传》十三,藏于哈佛燕京图书馆。

〔33〕《历史文献补编——17世纪中俄关系文件选译》,第64件《1683年1月3日—1700年9月》十八,第264页。

〔34〕[俄]尼古拉·班蒂什-卡缅斯基编著《俄中两国外交文献汇编(1619—1792年)》,《中国人第三次进攻阿尔巴津》,第62页。

第五章　回望尼布楚

三百三十多年过去了，今天的人们仍会回望尼布楚，重新审视《尼布楚条约》——由康熙帝亲自确定谈判底线，亦被看作收复雅克萨和黑龙江左岸的标志性成果。那是一份平等的边疆划界条约，还是不平等条约？苏俄学者（尤其在中苏交恶时期）多称其不平等，絮絮叨叨诉说清王朝的强梁霸蛮；而爱国诗人闻一多在《七子之歌》的引言中，也将其视为不平等条约之首，至今仍有一些赞同的声音。美丽的贝加尔湖，是苏武曾经牧羊的北海，早融入国人的历史文化记忆，似乎也随着该条约脱离母体，成为一种不能碰触的痛点。是耶？非耶？

"溥天之下，莫非王土，率土之滨，莫非王臣"[1]，是《诗经》中的名句，也是儒家大一统观念的内核，为历代王朝的统治者所尊奉，自然也包括入主中原的大清。在清朝的机构设置中，很长时期内只有理藩院，没有外交部。而在皇帝及一班枢阁大臣看来，管他什么大使、公使、特使、专使、信使，都是贡使。就哥萨克侵入黑龙江之事，康熙帝曾多次传谕与俄廷交涉，以期和平解决争端，而对国家之间的平等交往仍缺少常识。对于清朝君臣来讲，尼布楚的划界谈判是一个艰辛的过程，也是一堂外交课。

一　全权大使戈洛文

对于广袤的东北部边疆，康熙帝一直希望通过与俄方谈判解决问题。即使在大军克复雅克萨之后，在重新围定雅克萨之际，他所秉持的也是"和为贵"，并不断通过各种渠道发出和谈信息。

作为一位八岁继位、十四岁亲政的大国之君，玄烨对于儒家经典极为尊崇，不仅有经筵、日讲等帝王课程，闲暇时也手不释卷，身边有一批学问甚好的南书房翰林，玄烨随时与他们交流探讨。乃至于令人疑惑：过多地沉潜于传统礼教之中，是否软化了康熙帝的果决强毅？仅仅三四十年前，满洲还是一个令人生畏的战斗民族，以十万铁骑横扫中原，而今却不得不在祖居之地面对嗜血成性的哥萨克，那也是一个战斗民族。

通过身边的传教士，以及以往的交战经历，康熙对这个强邻有所了解，应说也不无忌惮。他力排众议，坚定地要夺取雅克萨，进而收复江左国土，但也不希望引发一场旷日持久的全面战争。早期清军有杀俘屠城的痼习，如扬州十日、嘉定三屠，可对恶行累累的哥萨克却一变而为文明之师，皆是凛遵皇上的旨意。从第一次进剿雅克萨大胜后的一个不杀，到第二次雅克萨之战的撤围撤军、派医生为哥萨克治病，皆出自上谕。玄烨在中国历史上享有仁君之誉，但绝不软弱，所采取的对俄方略，应是通盘考量后的决策。

此时的俄国正处于内外交困之中，同时拥有两个少年沙皇（第一沙皇伊凡五世，第二沙皇彼得一世），而掌握大权的是他们的姐姐索菲亚公主，被皇家精锐部队射击兵拥立为摄政，使俄廷内部暗潮汹涌。对瑞典和土耳其的连年战争，出师克里米亚的失败，也使沙俄大伤元气。1685年年底，沙俄决定组建使团赴中国开展边界谈判，并派出维纽科夫等为信使，先行赶往北京预报消息。1686年1月底，俄廷任命费奥多尔·戈洛文（一译柯罗文）为全权大使。此人乃雅库茨克第一任督军、最先派遣哥萨克南侵的老戈洛文之孙、托博尔斯克督军阿历克西斯·戈洛文之子，年轻干练，已在俄廷崭露头角，负责边疆事务。所有的宫廷都存在内部倾轧，据说戈洛文的上升势头已威胁到长官葛利青亲王，后者趁机将之派到遥远的外贝加尔地区。[2] 至于其"御前大臣、勃良斯克总督"等名头,则是出使前的临时加衔,以增加谈判时的分量。俄廷给戈洛文的训令主要是:争取以黑龙江左右分界,重建被毁的城堡,加大移民力度;万不得已则退至牛满江或精奇里江汇入黑龙江处,以西的左岸地区归俄罗斯;"如果这一方案也被拒绝,实在迫不得已,才能以阿尔巴津为界";若清方仍不同意,"使臣们应按关于全权行事的训令行事",采取军事手段。[3]

两位副使是尼布楚督军弗拉索夫和秘书官科尔尼茨基,高级随员多为宫廷护卫,一伙子野心勃勃的勋贵之子。[4]以贵戚大臣之子担任宫中侍卫,有事时派他们去军中历练,清廷和俄廷可谓高度一致。那也是"莫斯科射击兵"严重干政时期,而使团启程时,居然调拨了一个团的射击兵(火枪手与炮兵共五百零六人,由一名上校、一名中校、五名大尉率领)护从,足见重视。[5]俄廷已设主持东进事务的西伯利亚衙门,挑选了步兵上校格拉鲍夫和十一名军官,命托博尔斯克等城督军挑选精干兵员,组建两个哥萨克团,在使团抵达时随同前进,听从大使的调遣。俄廷的思路很清晰,能和谈就和谈,谈不拢随时可以动武,从一开始就为使团配置了精锐部队,并赋予戈洛文调动和指挥远东军队的特权。苏联史学家称戈洛文使团为"军营幕府"或"行军幕府"[6],很是确切。

这么遥远的路程,这么多的人员马匹和车辆,可设想其必然是一次艰难的行旅。戈洛文所带队伍行进甚速,不到两个月即抵达托博尔斯克,在那里"集结托博尔斯克府的军人,等候莫斯科火枪兵到达","取得船只和粮食",几乎每一件事都会有迟误或意外,足足用了两个月才出发,时间已至5月底。戈洛文催促赶行,千辛万苦才于9月初抵达叶尼塞斯克,再前往通古斯卡河畔的雷宾斯克。严冬提前降临,士兵们已不愿意冒险前行,只得停下来越冬。颇有人责备戈洛文行进缓慢,其实有些冤枉:途中山川沼泽,所带大炮等军械辎重甚多,运输难度很大;西伯利亚各城军力无多,从中抽调精兵,组成两个新的哥萨克团,也是阻力重重。应承认俄国挑选了一位优秀人才,戈洛文意志坚定,头脑也清晰,不光早早开始谋划谈判策略,还主动承担起外贝加尔俄军总司令的角色。

9月中旬,戈洛文在叶尼塞斯克接到雅克萨再次被围的消息,随即调兵遣将,也拨出一批莫斯科火枪兵,命他们兼程赶往支援,以免雅克萨失陷,导致谈判不利。幸运的是,由于秋冬严寒,所派出的三支援军均未抵达,否则结果很难逆料。当年冬,戈洛文停在雷宾斯克休整,使团配属的两个哥萨克团均完成集结,加上沙俄近卫军,成为外贝加尔地区从未有过的一支重兵。

二 两个信使

康熙二十五年(1686)九月二十五日,俄国信使维纽科夫和法沃罗夫等到达北京。他们在路上走了十个多月,进京时狼狈万状,致使清朝官员怀疑其是否是两个骗子。内阁大学士明珠奉旨盘问,证实他们的确是从俄京携带国书而来,却也弄不明白信使与特使的区别,含混称之为"俄使""俄罗斯使臣",接待规格较高,还受到了皇帝的接见。

在维纽科夫、法沃罗夫出发前,俄廷也对二人下达了指令:考察从托博尔斯克走哪条路去中国更快捷,带上一封信函给清军统帅朋春,最好能将国书呈给康熙帝本人,赴宴和回答问题时要谨慎,不得有损沙皇的名誉,等等。还有几条秘密训令,要求尽可能搜集各方面的情报。为了有利于二人的活动,明明是两个前来送信的小小书吏,俄廷给了个"专使"的含混名号,还专门给喀尔喀汗写了信,"请求接待和护送他们往返北京,提供粮秣、车马和向导"[7],土谢图汗不太买账,只给了三匹马、二十只羊,康熙帝闻知后嘲笑"待尔尚不如末等跟役也"。

就是这样两位微末之员,仍敢于拒绝清朝接待茶宴上要求的跪拜礼,认为非世界上通行的外交礼仪,荒郊野外也不是行此大礼的地方。

经过一番礼仪之争，维纽科夫在午门前"手举奏文，以伊国之礼，脱帽单膝跪地，置于黄案之上"[8]。这里所说的"奏文"，实乃二沙皇致康熙帝的国书，中俄档案文献都有完整收录。其在开头恭维玄烨"统领东方各大国，以权力道德制定内部法律，抚佑中国，最高尚，最尊贵"等，说了一堆客气话，也说到前沙皇逝世时清方不回复国书的无礼，然后就指责清军无端犯界，"我得知尔该处之情形后，已派无数精兵，令其抵挡尔军。我英勇将士，亦情愿与尔军一战"。有些叫板的意思了，接下来又说收到了康熙的敕书，"同意双方遣使相会，以公理相议，将事妥善了结"，提出：

中国皇帝见我文书之情由，若即撤兵，则互相可停止兵革。尔属下人应勿过境骚扰寻衅，滋生事端，并希放还战俘；双方共派使臣，并令尔所派使臣，凡事秉公妥善办理。杀人者治罪；各定原来疆界，退还尔新取之地；为首寻衅者，亦当治罪。[9]

这份国书的中文版应是经过译者修饰，依然显得咄咄逼人，而呈递到御案上的，却是这个调调了——

鄂罗斯察汉汗遣使上疏言：皇帝所赐之书，下国无通解者，及尼果赛归问之，述天朝大臣以不还逋逃根特木尔等骚扰边境为辞。近者下国边民构衅作乱，皇帝遣师辱临境上，恭请察明作乱之人，发回正法。除遣使议定边界外，先令米起佛儿、魏牛高、宜番、法俄罗瓦等星驰赍书以行，乞撤雅克萨之围。仍详晰作书，晓谕下国。[10]

玄烨看到的只是此文本吗？不敢肯定，明察秋毫的他应会阅读完整的译文，但也有可能未读。不管怎样，经过一番文字打磨，天朝的面子已经有了。康熙帝读后传谕内阁:"鄂罗斯察汉汗以礼通好,驰使请解雅克萨之围,朕本无屠城之意,欲从宽释。其令萨布素等撤回雅克萨之兵,收集一所,近战舰立营;并晓谕城内罗刹,听其出入,毋得妄行攘夺。俟鄂罗斯后使至定议。"明珠即将此旨宣示维纽科夫等人,申明将派员前往雅克萨传旨休战,要求他们派人持俄国文书同去。

对于维纽科夫来说,此行实在是出乎意料的顺利,可立马便有了新的要价:一会儿要求清朝先撤军,一会儿说衣衫单薄,担心途中会冻死,竟然还说到带来的货物没卖完,扭七扭八,拖延多日,方才派人随清朝官员前往。这些话博得了玄烨的同情,命赏给"狐皮帽子,大羊皮袄,羊皮里靴子,毡袜子",对他们呈上的礼物,只取了两枚海象牙,其余皆令其"随意定价出售"。[11]五日后,维纽科夫等到皇宫觐见,规规矩矩地行三跪九叩礼,并参加了当日的宴会。酒席间,二人被引领到皇上跟前叩头谢恩,也通过传教士的翻译交谈了几句,问的是路途和天气情况。第二天是理藩院设宴款待,再有两天是往皇宫接受诏书和赏赐,俄国专使被迫一遍遍叩首,可见清朝大员总有办法使之就范。维纽科夫曾试图要清朝国书依照俄国模式,开列沙皇那一大堆名衔,遭到忽视,开篇为"大清国皇帝敕谕俄罗斯国察罕汗",接下来是"朕为天下共主,无分内外"云云。

1687年3月24日,维纽科夫等在雷宾斯克见到戈洛文,详细汇报了所经历的一切。戈洛文已从弗拉索夫信函中获知雅克萨休战的信息,也见到特来报告情况的尼布楚和雅克萨人员,不断发出指令,要求一切谨慎小心,不得挑起事端。

三 钦差索额图

由于沙皇在国书中表达得不清晰,康熙帝在信使维纽科夫返回后,一直以为俄国使团会到北京来，而对方并无此意。1687年8月，戈洛文率部进入贝加尔地域，土谢图汗迅速报知清廷："鄂罗斯遣使请和，已抵臣境。"[12]康熙即命萨布素等率兵返回黑龙江城驻扎，修整器械，休息马匹，随时准备应对复杂局面。岂知戈洛文使团渡过贝加尔湖后，就在乌丁斯克接到沙皇的新训令，要点是在边界谈判，不许他到中国去。就在十天前，戈洛文已派科罗文赴北京送信，声称自己"现已抵达圣明沙皇陛下的边境城市，恭候贵国国君博格德汗殿下的使臣尽快前来参加会谈"。此人抵京已是次年春，玄烨正为此事着急，阅读理藩院转呈的信函译件，方知原委。

康熙二十七年三月初三日，根据皇上的旨意，由领侍卫内大臣索额图、都统公舅舅佟国纲、理藩院尚书阿喇尼、左都御史马齐、护军统领马喇五大臣等前往议界，调拨前锋营士兵二百、护军营四百、火器营二百护卫，又命理藩院侍郎文达、副都统阿毓玺等沿途设立粮站，接济大军。康熙在临行前叮嘱，其中有一段专论黑龙江的重要性：

> 其黑龙江之地，最为扼要。由黑龙江而下，可至松花江；由松花江而下，可至嫩江；南行，可通库尔瀚江及乌喇、宁古塔、席北、科尔沁、索伦、打虎儿诸处。若向黑龙江口，可达于海。又恒滚、牛满等江及净溪里江口，俱合流于黑龙江。环江左右，均系我属鄂罗春、奇勒尔、毕喇尔等人民及赫哲、飞牙喀所居之地，若不尽取之，边民终不获安。朕以为尼布潮、雅克萨、黑龙江上下，及通此江之一河一溪，皆我所属之地，不可少弃之于鄂罗斯。[13]

在清朝皇帝中，只有玄烨将黑龙江提高到应有的战略地位，真正关心这块寥廓大地，怜惜各族生民，也只有他对黑龙江的自然地理、水文交通如此了然于胸。请注意，他在这里是将尼布楚与雅克萨同样论列，要求一并收回的。

索额图出身满洲勋贵,聪敏练达,三十三四岁即任内阁大学士。他曾深得康熙信任,权势熏天,与明珠等内斗不止;也在数年前以结党营私被痛斥,解除所任要职,仅给一个领侍卫内大臣。索额图此年不到五十岁,年富力强,心机深沉,已在政坛栽过大跟头,起用他去跟俄国人斗法,或是一个恰当的人选。

双方约定的谈判地点,为贝加尔湖南、色楞格河畔的楚库柏兴(俄称色楞格斯克),那里是喀尔喀部的传统驻牧地,与车臣汗的大营相距不远,周边蒙古部落甚多。1665年9月,巴尔古津堡的哥萨克看中了这个水道四通八达的地方,建立了一个周长六十俄丈、四角有塔楼和炮台的新城堡。据俄国文献记载,车臣汗不仅没有激烈反应,还表示愿意和好相处,并派了三个使者跟随俄国人到莫斯科去,三人过了贝加尔湖就不辞而别,两年后再次派人前往,总算是到了。此事被形容为俄蒙关系的新篇章,而在当地的变化并不大,蒙古人仍将哥萨克视为入侵者,逮着机会就会下手,使堡内人心惶惶。这种局面一直没有改变,直至1682年爆发大股蒙古骑兵的进攻,其中有布里亚特人,也有喀尔喀人,但未能攻破。色楞格堡就在这样的环境中升格为圆木造的新城,成为外贝加尔的核心,与后起的乌丁斯克要塞互为依托。

1687年9月26日,俄国使团抵达乌丁斯克,一个多月后到色楞格斯克。戈洛文"从1686年年底即不断设法与蒙古的呼图克图取得联系,并且用礼品笼络他"[14],却未能解除当地蒙古部落的戒备和愤怒。蒙古人多次赶走哥萨克堡寨的马匹和羊群,就在使团驻扎期间,乌丁斯克和色楞格斯克频频发生此类事件。戈洛文下令哥萨克携带武器出动追踪,也向喀尔喀来使提出抗议,所有这些都使仇恨升级,终于酿成战争。从1687年底至次年春夏间,当地蒙古各部族纷纷起事,先是袭扰,进而将色楞格斯克与乌丁斯克团团围住,并切断两堡的联系。俄方称土谢图汗之弟巴图尔珲台吉"率领四千名蒙古人,携带中国给他们送来的大炮和小型火器"[15]，其实并非如此。双方的交火持续约三个月，由于军事谋略和武器等方面差距，蒙军死伤惨重，由进攻改为围困。戈洛文指挥了这场守城战，也经常派小分队出击，在获胜后给莫斯科的报告中强调背后有清廷指使，实则原因主要在于喀尔喀人对大批俄军入侵不满，意图将他们赶出去。那时清廷正在等待俄国使团的到来，与这场战争并无关涉。

索额图等人是在五月三十日离京的，一路北上，进入蒙古大草原，一个半月后抵达归化城（呼和浩特），再向北约行进二十日，突然遇到大批喀尔喀蒙古人仓皇南逃。原来是噶尔丹率准噶尔铁骑大举东进，重创土谢图汗，漠北蒙古一时大乱。据钱良择《出塞纪略》，索额图等"选精骑万余人随行""私从仆马亦复逾万"，却也不敢再前进。不久后，有旨要索额图等返回，并遣专使前往告知俄国使团。戈洛文则将蒙古内乱视为扩张的大好时机，派兵四出攻掠，逼迫蒙古部落臣服，一些部落首领被迫在归附条款上签字。

约好的在楚库柏兴的会谈取消了，原因在于突发的战争。其实哪一场战争会是突发的呢？而且越是面临突发事件，越能检验主事者的个人素质与应变能力。全权大使，职责仅限于使团团长，戈洛文却敢于越权去大肆抢占地盘；钦差大臣，也适用于处理内政，索额图等人位高权重，帐下有"八旗前锋兵二百、护军四百、火器营兵二百"[16]，还有大队随从人马，却在遇上蒙古内乱时毫无作为。

四　准噶尔之叛

康熙亲政后，大清的江山并不稳定，集全国之力平定三藩之乱，前后八九年，收复台湾也用了三年。这一期间漠西蒙古（亦称厄鲁特、卫拉特、瓦剌）准噶尔部再次崛起，成为清朝的心腹大患。

卫拉特在明中叶曾盛极一时，经常袭扰明朝边界、竟然在土木堡擒获明英宗，使明朝陷入极大危机。[17]此后就发生内讧，脱脱不花与也先爆发激烈冲突，部众死伤离散，瓦剌部随之衰落。而至明清易代之际，漠西蒙古大致分为杜尔伯特、土尔扈特、和硕特、准噶尔等四部，约有二十万帐，游牧地域甚广，其土尔扈特部远至伏尔加河下游。

天聪九年（1635）秋，皇太极发兵远征，收服成吉思汗后裔林丹汗余部，获得"元传国玺"[18]，次年四月称帝，国号大清。漠南蒙古各部绝多归顺，漠北与漠西蒙古的首领先后遣使通好，但保持割据状态，拒不臣服。崇德五年（1640）八月，深感受到清朝军事威胁的札萨克图汗素巴第邀集土谢图汗、车臣汗和漠西的巴图尔珲台吉、额齐尔图台吉、固始汗等二十六位首领聚会议事，讨论制定了著名的《喀尔喀－卫拉特法典》，在第一条和第四条即规定，大敌来犯之时，"互相通报"和"一致对敌"[19]。那时沙俄东扩的步子正在加大，西蒙古首当其冲，而东边的喀尔喀部也与之冲突频发。固始汗等卫拉特首领感觉到空前的压力，与漠北蒙古放弃争端，举行会盟。而在蒙古三大部族之间，在其内部各支系之间，在同一部落甚至亲兄弟之间，都存在着很深的利益和权力之争，所谓会盟实质上极为脆弱。在此后的数十年中，随着清朝的稳定和强大，固始汗及其后任连年入贡，向清廷推介西藏的达赖喇嘛，清廷也对前来朝觐的五世达赖喇嘛做出册封，赐以金册和金印，漠北蒙古各部则如期呈献九白之贡，积极与清朝联络和示好。

准噶尔的叛乱，准确地说是由噶尔丹发动的漠西蒙古叛乱，发生在康熙年间，堪称一场浩劫。

生来就野心勃勃的噶尔丹，出身可称高贵，禀赋学识亦不同凡响。他是准噶尔部巴图尔珲台吉第六子，十三岁时被送往西藏随四世班禅、五世达赖学习佛法，同时苦练密宗功夫。康熙九年秋准噶尔内乱，继任准噶尔台吉的僧格被杀。噶尔丹闻讯迅速从西藏返回故乡，将哥哥那些逃散的部属召集起来，虽只有千余骑，却勇敢地向对手发起进攻。噶尔丹身先士卒,在枪林弹雨中杀入敌营,毫发无伤,一时有神佛转世之说。以后十余年间,噶尔丹一统卫拉特各部,被五世达赖授予"丹津博硕克图汗"称号,马鞭所指,南疆的叶尔羌汗国,中亚的哈萨克、布鲁特、吉尔吉斯等相继而下,其中也有喀什噶尔和叶尔羌。就这样,在古老中华的西域,在少年康熙亲政未久,一个空前强盛的"准噶尔汗国"突然崛起。

噶尔丹对清朝表面上臣服,频频派贡使与商队往来,私底下已有"并吞四极,窥视中原"之心。他梦寐以求的是重写成吉思汗那样的壮丽史诗,激励蒙古人去推翻满族统治:"我们会成为曾经由我们统率的那些人的奴隶吗?这个帝国是我们祖先留下来的遗产!"[20] 噶尔丹的基本路数也是先在本部夺权,然后同族兼并和地缘攻掠,但增加了一项结交勾连沙俄。这是一个取家人和恩人性命都不皱眉的狠人,什么会盟和法典皆视若无物,目标是由西向东兼并漠北蒙古各部,逐步统治整个大蒙古地域,然后与清廷对决。康熙二十七年五月,噶尔丹亲率三万大军侵入漠北,击溃喀尔喀部,大量蒙古贵族与百姓被迫南逃,漫山遍野涌入内蒙古地界。《出塞纪略》记述在六月初九日之所见:

> 噶尔噶国人(即喀尔喀部)男妇追随,驼马络绎而南,不下万数,奔忙偟偟,若有蹑其后者。通事讯之,乃知其主徒失也兔汗(即土谢图汗)提兵数十万与厄鲁忒国主战于边界,大败,全军崩溃,国主逃遁,不知所之。[21]

次日又得知噶尔丹获胜后,即以奇兵奔袭土谢图汗后方,"掠其亲属辎重",车臣汗部亦溃败。

正是噶尔丹的背后一刀,致使在贝加尔湖一带阻击俄军的漠北蒙古军崩溃,也给即将开始的中俄边界谈判带来无形压力。康熙本计划拿下雅克萨后接着收复尼布楚,后来改变主意,主要应与噶尔丹的兴兵作乱相关。他决心剿灭准噶尔叛军,与俄罗斯尽快缔结和约,既避免两面作战,又能化解对手的一个强援,无疑是一种迫不得已的战略抉择。

五 浩荡开来的大清舰队

那真是一场马拉松式的边界谈判。如果从1685年年末俄国专使离开莫斯科算起,差不多经历了四年。

雅克萨堡虽经解围,那里的哥萨克仍生活在惊恐与饥寒中。还记得在雅克萨督军托尔布津死后、临时负责的别列伊吗?起初还牛烘烘,在萨布素表示关怀时刻意回赠了一个超大馅饼[22];康熙帝派御医抵达清军大营,也向俄方表达可以为患病者医治,别列伊却称"阿尔巴津军役人员都很健康,没有一个病人"[23]。1687年1月底,别列伊实在扛不住了,竟派人到清营中讨吃的,清军派员进堡送食物,归报别列伊"已病危,惟余二十余人,亦皆羸病"[24]。别列伊向尼布楚督军、全权大使都写了许多求援信,央告要离开那儿,得到的命令是不准许。还是就近监视的清军网开一面,允许尼布楚送些粮食和牲畜接济,方得以苟延残喘。

由于与世界不接轨,堂堂大清缺少外交人才,更缺少谈判技巧。本来忧急的是俄国人,可因为发生准噶尔叛乱,清廷君臣上下都急于与俄罗斯解决争端。这边厢一遍遍派人写信,表现出急于谈判与签约;那边厢老毛子的全权大使仍在带兵攻掠,若不介意。1689年5月,戈洛文再次派出一组信使,由洛吉诺夫带领到达北京。此人也是俄外务衙门的书吏,从莫斯科赶来给戈洛文送信,见其年轻干练,又是外事干部,也就起用来担当此任。

洛吉诺夫是一个试探气球,也是一个经过授权的专使。俄廷不愿意将谈判地点设在北京,却又怕清朝坚持,不得不做好在京谈判的准

备。专使兜里装着四个协议文本,皆出于俄廷拟订,可谓步步为营:

一、狮子大开口,要求侵占整个黑龙江流域,边界画在松花江上游和齐齐哈尔附近的根河;

二、保住雅克萨,以该城堡为界,但有权往黑龙江中游打鱼狩猎;

三、俄军可撤出雅克萨,但双方都不得在那里建城堡与居民点。

以上三条为俄廷在莫斯科拟成,唯恐清朝仍不能同意,俄廷责成戈洛文拟写第四个文本,让他掂量还能再做哪些让步。戈洛文在撤出雅克萨之后,又加了一句"其他争端留待他日解决"之类套话,形成第四个文本。他对洛吉诺夫的指示是,力争第一个文本,不得已可退到第二个文本,实在不行才是第三个文本,尽量不提第四种预案。与远在莫斯科的官员不同,身处外贝加尔的戈洛文更知如何对付清朝官员。洛吉诺夫经由尼布楚去北京,拿出戈洛文与另一位副使科尔尼茨基已签字的协约,请弗拉索夫会签,这位督军只签了前两份,拒绝在放弃雅克萨的文本上签字。

岂知洛吉诺夫连一个文本也没有拿出来。戈洛文在信函中提出对等的原则,即双方人数相等,会谈地点设在两国边界之间。清廷几乎是立即表示同意,并约定在尼布楚谈判。这也是一个重要回合。大清出面的都是当朝大员,殷勤周到,多次表达和好的愿望,意图以诚感人,怎知对方熟知谈判桌上的尔虞我诈,偏不出示底牌。戈洛文信中也已设下套儿,那就是尼布楚为边界之地。

大清使团再一次出发了,基本上还是上次的班底。足够精明的索额图已感觉到皇上的态度变化,必须要弄个明白,陛辞之日,君臣有这样一段对话:

> 索额图奏言:"尼布潮、雅克萨既系我属所居地,臣等请如前议,以尼布潮为界,此内诸地皆归我朝。"上曰:"今以尼布潮为界,则鄂罗斯遣使贸易无栖托之所,势难相通。尔等初

议时，仍当以尼布潮为界，彼使者若恳求尼布潮，可即以额尔古纳为界。"[25]

没有谈判文本，没有预设不同的方案，也不留讨价还价的余地，就是一条圣谕、一道底线。由于得知戈洛文人马甚众，康熙命增派京营官兵，由陆路经齐齐哈尔赶往，并命黑龙江将军萨布素与先期抵达瑷珲的都统郎谈率一千五百官兵，溯江直上，开往尼布楚。

康熙二十八年五月十九日，萨布素与郎谈率领舰队由雅克萨出发，六月十日（7月26日）全部进抵尼布楚郊外。这是一支大型武装舰队，至少有二十艘头号战船，另有中型船舶约一百只，小船不计。船上安设大炮，排列甲兵，从江面上浩浩荡荡开来，连续两日不绝。清军舰船越过尼布楚城，在上游的南岸扎下水营，形成控驭进逼之势，令城中俄军与居民惊恐不安。弗拉索夫在城内外紧急布防，装模作样地派人送来牛羊慰问，以清军水营靠近大使前来的航道，要求移往下游。清军舰队转移至尼布楚对面安营，俄人更觉不安全，又来交涉，要求下移至二十里外的山下，被郎谈与萨布素一口回绝。俄员质问清军为什么逼近城堡布阵，得到的回答是：我们想停哪儿就停哪儿，关你什么事？再由高级官员与郎谈交涉，则说此行是来会谈的，"若相离较远，则于我等相会极为不便"[26]，语气和缓了许多，营地则不移动。

7月31日，索额图与大清使团抵达尼布楚，又是一支庞大的队伍：一千四百名禁军精锐，钦差大臣与各位大员的亲兵，随行侍候的众多家仆，运输行李与辎重军粮的民夫，总数差不多有一万人。更多的是马匹骆驼，据传教士张诚记述："仅索三老爷（索额图）一人就带有三百多头骆驼，五百匹马和一百名家人；国舅所带的也不少于三百匹马、一百三十头骆驼和八十名家人。其他官员则按其级别递减。"[27]这么多人是去打仗搏命吗？应也做好了准备。索额图等抵达之时，大清水师与黑龙江官兵把排场做足，所有舰船悬旗结彩，号角齐鸣，将士依照八旗排列整齐,迎接各位钦差大臣。

为了安全,早期的哥萨克更喜欢在岛屿上建堡,尼布楚老城亦如此,坐落于涅尔查河与石勒喀河交汇处的一个岛上。本来是以河道为天然屏障,而对于一支庞大的清朝水师,更容易实施四面合围。哥萨克也有船只,但个头小数量少,完全不在一个量级。弗拉索夫内心紧张,表面上仍撑着督军的架势,先称赞钦差大臣所率人马礼貌周到,有国际范儿,接下来便对清军水师的兵临城下提出抗议,还抱怨踩坏了庄稼,抓走了属民等,哪知索三老爷一笑置之。

因为有约在先,加上戈洛文驻扎之地相距较近,索额图本以为俄国使团会先到,急急赶来,没想到人家还在忙别的事。他多次派人向戈洛文送信催促,也接受了弗拉索夫的一些意见,命清军稍稍后撤,以免节外生枝。戈洛文已在路上,不断写信给索额图,解释行进缓慢的原因,更多的则是发出种种指责,主要是重复弗拉索夫的话,也提出一些新的问题,如清军来得太多,洛吉诺夫为何迟迟未回等。到了近处,戈洛文又复停止不进,说己方有一些"隐事",船队抵达时请清方回避。又能有什么秘密呢?当是随带军队与火炮过多,不愿让对方发现罢了。索额图自能猜想得出,却没给以应有关注,在向皇上奏报时详述此前的信函应答,也写到戈洛文是乘木筏来的,用了两天。至于俄军有多少人马,多少木筏,每筏上搭载多少人,火炮枪械若干?一无所及。[28]

臣子的奏折书写,与皇帝的要求密切相关,圣上不关心这些琐琐碎碎的事情,大家也就省略了。

六 精细与粗放

在尼布楚谈判开始之前,清朝没有任何平等外交方面的经验,虽然也搞过几次"斩青牛白马"的会盟,也来过一些外国使节,却都是摆出一副上国姿态。或正是惩于此前的教训，沙皇不许全权大使再赴北京，戈洛文也一直拥兵在边界一带活动。而不管是在色楞格斯克，还是在涅尔琴斯克，俄方都占有地利的优势，以逸待劳，又在各种细节上做足了文章。如果说划界会谈的筹备是双方的事，则俄方精细，礼数周到，但几乎无处不在算计；清方粗放，事事让对方提议，造成了不少被动，却也能镇定处之，不失体面。

首先是谈判地点。戈洛文先征求中方的意见，得到的回应是"中国钦差大臣愿意听从全权大使的决定，只是不同意在院内或木房中会谈，希望将会谈地点设在旷野帐幕中"。这当然有较强的防范心理，担心对方暗伏精兵，谈崩时突然动手。岂料哥萨克在城堡中关押了许多人质和俘虏，正担心被中方看到，于是一拍即合，决定选在石勒喀河岸边的空旷之地，双方派员查看，确定了下来。

其次是会谈时间与现场护卫。几经磋商，决定第一次会谈在8月22日举行，双方各带三百名士兵，这些士兵在进入会场时可佩带刀剑，不得携带火器；为防止发生夹带现象，双方应互相进行搜检。中国钦差大臣乘船渡河时可另带五百名士兵，但要留在船上，并不得靠近会场。

最后是谈判用的帐幕。戈洛文曾派员就此事询问：中方是否需要俄方准备会晤场所，还是双方各自准备各自的帐幕？钦差大臣回复"自己备有帐幕，俄国使臣可自行安排场所"。但也商定，双方的帐幕应须并列靠紧，以形成一个完整的谈判场地，参与会谈者的座位两两相对，任何一方不尊于对方。话是这么说，搭在一起的帐幕却形成了鲜明对比。徐日升写道：

> 俄国使臣搭盖了一座南北方向的宽大华美的椭圆形帐幕，里面装饰着图画，铺设着贵重地毯。帐幕南侧即面对我们的营地的一面，是正门，门旁设立一个木台。木台几乎占了整个旷场，台上放着一张漂亮的漆金的欧式书案。此外，还摆着一座

座钟,从钟上可以看到提议和答复的时间;还有两只浮雕精美的大银杯。这些杯子是用来给使臣端送加醋的酸饮料和冷水,或者蜜汁,这都是使臣常常饮用的。书案上空悬挂着一个固定在帐幕天棚上的十字架,上镶宝石,十分精美……[29]

这位传教士接下来描述清朝钦差大臣的帐幕,那可就显得寒酸多了:

> 我们的钦差大臣把自己的鞑靼式黑帐幕送到会议场所去,这些帐幕制做得精巧,但很朴素。钦差大臣令将其中一座帐幕紧贴着俄国使臣的帐幕支设,使木台能为双方共用,但让木台主人占着它的大部分。……鞑靼人所搭的帐幕却十分简陋粗糙,地上没有地毯,铺的是粗席。当他们得知俄国人处有奢华的座椅,而他们自己却一无所有时,——因为他们的习惯是席地而坐——他们便督令木匠连夜操作,赶制了一些相当粗陋的长凳。因为时间太少,所做的长凳小得连椅垫都放不下。

真是没有对比就没有伤害。就连为钦差大臣担任译员的传教士也觉得害臊,甚至以此作为与俄方交涉的一个理由:他们从来没有参加过此类谈判,完全不懂国际法,因此你们要忍让。

造成伤害的又不仅是帐幕,还有会谈代表的登场亮相。约好的双方大员同时抵达会场,同时下马,随带同样多的护卫,但排场可就不同了。钦差大臣与官员身穿绣着补子的品服,士兵也都是全身绸缎;而戈洛文登场之前,先有两连士兵缓步行进,仪容整洁,"前面由乐队先导,乐队由笛子和四个军号组成","继之是骑马的鼓手和一队队火枪兵",最后才是侍从伴随、骑在骏马上的戈洛文。落座后,戈洛文"右侧立着一个年轻人,手执贵重的权杖,这柄权杖至少是用镀金的白银制成,上面装饰着宝石","俄国使臣高坐在座椅上,不时伸手取过银杯,姿态优美地啜饮。至于我们的钦差大臣,他们坐在光秃秃的长凳上,不断地用木碗饮他们习惯喝的茶水,木杯的仅有装饰只是上面涂了薄薄一层漆。我们的钦差大臣端起这些杯子时,总显得发窘。每当他们看到银杯时,甚至有些惶惑不安"〔30〕。徐日升显然不太搞得懂清朝官员的心理活动,还是张诚的记述更准确,索额图等事先已了解到俄方会炫耀仪仗,"便决定朴素地参加会议,不带任何显示尊严的标志","俭朴地、毫不铺张地坐在一条长凳上"。〔31〕

七 "自古以来"

浮华和排场的意义永远是有效的,也是有限的,且一旦弄过了头,便显出小家子气。对于索额图和佟国纲等人,什么样的大场面没有见过呢?比较清宫中的收藏,那几件钟表、地毯、绘画又算什么呢?大家是来会晤议界的,并非夸富斗宝,不是吗?

8月22日,双方举行第一次正式会谈,大家坐定后寒暄数句,戈洛文礼貌地问几位钦差大臣是否具有边界谈判的全权,随后便拿出自己的全权证书请对方过目。索额图微微一笑,不接也不看,说是已经相信了对方是真的,请戈洛文先讲。以下的记述和引文出自《戈洛文出使报告》,自然会在文字间玩点小技巧,但大致可信,再现了当时的情境——

戈洛文在开场白中倒打一耙,指责清军不宣而战,侵犯俄国边界,声称沙皇得悉后,"决定派遣无数的强大军队,携带大批作战物资,前来抗击这些军队,下令征服敌人",而在前年年底收到清朝皇帝的国书,内称俄国军队欺凌蹂躏中国人,即命军队克制,派出使团以平息纷争,签订永久和约。他还说:

请博格德汗殿下钦差大臣给自己的军队下令,不要武装越境，不要挑起任何衅端，要释放俘虏，平息一切纠纷，对受害者要给予赔偿，要满足于自古以来就有的领土状况（像汗殿下祖先自古以来就占有的那样）。

请注意，这段话中两次出现了"自古以来"，括弧中的话是索额图说的，前面的那次明显属于鹦鹉学舌。

索额图历数了哥萨克在黑龙江流域的累累恶行，说大清皇帝下旨进剿雅克萨，托尔布津降而复来，才有了第二次攻城，而在收到沙皇国书后同意谈判划界，已命官军撤离，然后说：

> 阿尔巴津所在的这块土地以及整个达斡尔地区，自古以来就归中国汗统辖。达斡尔地区统治者及其子嗣目前仍然住在中国，达斡尔居民一直向汗殿下方面缴纳实物贡。

"自古以来"，一个耳熟能详且铿锵有力的词语，在我国古代典籍中早已有之，而用于两国边界的谈判，应是索三老爷开了先例。索额图等没有留下详细记录，两位担任清方翻译的传教士都有日记，主要记俄方的狡辩和本人的辛勤奉献，倒是戈洛文在向沙皇的密报里详述清方观点，"自古以来"频频出现在报告中：

对于贝加尔湖以东的蒙古驻牧地，索额图说"至于贝加尔海这边的全部土地，则完全属于中国汗所有，因为贝加尔海这边的土地全是蒙古汗的领地，而所有的蒙古人自古以来就是他们中国汗的臣民"；

对于雅克萨与左岸达斡尔人居住地区，索额图强调"阿尔巴津和其他各堡寨所在之地的领主如今仍然健在，居住在博格德汗殿下方面，他们自古以来便领有这一地区"；

对于戈洛文所说的黑龙江"左岸从久远的年代起就属于沙皇陛下方面"，索额图声明"自古以来一直在博格德汗统辖之下，从未变更"。[32]

索额图也列举了其他一些史料记载，但"自古以来"给对手的印象实在是太深刻了。戈洛文虽不免诘问自何时以来，在何处土地，也针锋相对地狡辩，说江左的罗刹城堡"从久远的年代起就为沙皇陛下臣民所占有"，却显得冗长累赘，苍白无力。于是这个一脸庄重的矮胖子开始有样学样，说左岸是"自古以来沙皇陛下就占有的土地"，劝中国使团不要向"沙皇陛下方面"强求"自古以来"就有的领土。咦！堂堂大使竟拾人牙慧，无理反缠，大清众钦差不禁相视莞尔。

八　尼布楚之殇

有关《尼布楚条约》的著作和论述已经很多了，那也曾是中俄外交史上的重要一幕：俄全权大使戈洛文耍的大阴谋与小伎俩，清钦差大臣索额图的老辣和霸蛮，两位清廷聘用的传教士穿梭其间，强硬派郎谈提议派骑兵渡河列阵，叛酋根特木尔与俄军打得配合，大批已屈从沙俄的蒙古部落的强势回归……双方在开始时都曾狮子大开口，也都期望能达成协议，是以斗而不破，欲走还留。

戈洛文极擅于拿对等原则和议事程序做文章，文质彬彬，礼貌温煦，却有一肚皮的机巧诡诈。索额图等缺少对国际法的了解，也缺少谈判经验，却不缺乏自信。他们不太会也不屑于在谈判桌上兜圈子，相信签约只能是综合国力尤其是军事实力的比拼，也清楚所率水陆官兵远多于罗刹。这些当朝大员知道噶尔丹叛乱带来的压力，知道皇上盯着的是雅克萨，是黑龙江左岸，是以在第二次会谈时就急急表示，可以把尼布楚给予俄国，以利于两国交好与贸易往来。这也正是沙俄君臣的"练门"，是其心中最没底的地方，索额图岂能猜想不到，干脆向对方交个底，以令俄使感动敬服，也好早日缔约回京。岂知戈洛文等人听后，"嘲笑着回答说，他们非常感谢我们的钦差大臣，竟慈悲地不将他们从这个城堡赶出去，还允许他们安然在此睡觉"〔33〕。热脸贴了人家的冷屁股，索额图气得七窍生烟，声称除此以外已无话可说，就要起身而去。戈洛文见状，赶紧表示：

> 为使双方使臣不虚此行，为了签订和约，现特向钦差大臣宣布再不能更改的与事实相符的划界建议：边界划到结雅河，阿穆尔河左面至该河属沙皇陛下方面，右面归博格德汗殿下领有。〔34〕

轮到中方钦差大臣"相顾而笑"了，再次声明"这些地方自古以来便为博格德汗所领有"。戈洛文一脸的恳切，说以结雅河为界实出于沙皇旨意，为的是"全体黎属安居乐业，共享太平"，索额图等已经没有耐心再听。夜幕降临，双方郑重道别，索额图等乘船返回驻地，很快就来了一队清军连夜撤除中方的谈判帐幕。负责警卫的瓦西里中尉向前问询，回答是：被雨淋湿了，奉钦差大臣之命运回去晾晒。

更希望缔约的当然是俄方，见此光景，戈洛文连夜派人过河来联络与解释。索额图也不愿谈判破裂，差派传教士徐日升、张诚渡河去沟通。正式的会谈变为私底下斡旋，双方你来我往，有时是连夜多次交涉。徐日升和张诚装作完全是个人行为，装作向俄方交心交底，戈洛文心如明镜，却也借重这一渠道，装出信任甚至依赖的样子。曾有一些议论，说二人出于基督教立场与在俄传教的目的，向俄方透露清朝的机密，证之以《戈洛文出使报告》的记述，并不符合事实。他们的确说了一些俄国人不了解的实情，如告知清朝大员"奉有明白谕旨"，绝不会放弃雅克萨，"再多费力气谈判也是徒然"，应是与索额图等事先议定的谈判策略，并非出卖与利益交换。

两位传教士都留下了日记，记录那些明里暗里的交锋，记述自己的折冲樽俎之功，也描述了清军的大举渡河，兵临城下。此事发生在索额

图等被戈洛文激怒之后,就连传教士也大为生气,张诚在日记中写道:

> 会上决定渡河,布置军队作封锁涅尔琴斯克城堡状,同时立即召集所有对俄国人的虐待不满、寻求摆脱俄国人统治和归附皇帝的途径的鞑靼人。下达了当夜运送军队过河的命令。一百人奉命急速乘船去阿尔巴津,命令他们与留在阿尔巴津附近的四五百人一起毁掉田禾,不准放任何人进入城堡。[35]

看来清军要动真格的了,不光做出进攻的姿态,还再次发兵到雅克萨设围与铲除田禾。戈洛文不免惊慌,连夜派员过河请求重开谈判,被驳回后清晨又来,表示愿放弃雅克萨与额尔古纳堡,只是还有一些小条件。索额图一概驳回,却和颜悦色地告诉对方,军队过河只是寻找合适的营地与牧场,马儿总要有吃的啊。哈,玩点儿外交辞令,对索三老爷来说也是一学就会。

两个小时后,索额图等人登船过河,清军水陆并进,将尼布楚的交通完全切断,将士擐甲持械,排成作战行列。俄国代表匆匆奔来,"带着他们主子的决定",几乎同意了清使的每一项要求。为慎重起见,张诚再次入城核实,也看到街上部署的长管铜炮,一一记了下来。

十天后,两国签署了正式的《尼布楚条约》。该条约有拉丁文、满文、俄文三种文本,双方代表在拉丁文本上签名。核心内容为前两条:

一、自黑龙江支流格尔必齐河到外兴安岭,东至大海,岭南的土地河流归属中国,岭北属于俄罗斯;以额尔古纳河为界,南属中国,北属俄国,现在南岸之俄国人所建房舍,全部迁移于北岸。

二、俄人在雅克萨地方的城堡等建筑应即行全部拆除,所有俄人迁回俄境。两国猎户人等不得擅自越境,一旦发现即捉拿问罪。

这是一个划时代的条约,也是当时所能达到的较好结果,从而保障了我东北边疆一百五十余年的和平安定。但,尼布楚失去了,色楞格失去了，连带外贝加尔湖的大块地域也随之失去。那些地方本属于蒙古喀尔喀部，每年向清朝有"九白之贡"，曾坚持反抗沙俄的入侵，此时更明确表达了归附与内迁的愿望，结果是人（当然不是全部，或也不是大部）回来了，山川与牧场丢了。

历史不容假设，可我仍拽不住想象的翅膀：假如索额图挥师攻城，将会是怎样的结果？清军有正规军三千，分别为京营精锐与久经战阵的边防兵，加上亲丁、水手和民夫约计有一万之众。当地多数居民思归心切，清军抵达之后，即得到邻近蒙古部落与达斡尔部族的响应，也是一支不容小觑的力量。索额图乃大清元勋索尼之子，曾任御前一等侍卫，长期随扈皇帝左右，并不缺血气之勇。加上久经战阵的国舅佟国纲，加上素来痛恨罗刹的黑龙江将军萨布素，深知哥萨克秉性、战术的郎谈和马喇，皆求战心切，也有着丰富的实战经验，一旦打起来，应该有很大的胜算。

俄国的正副大使戈洛文与弗拉索夫早有战争准备，且毫无信誉可言。第一场谈判，事先约好现场各设三百名警卫，不许带火器，俄方却命士兵携带手榴弹。本来有一个相互搜检环节，清兵却硬是没搜出来，让老毛子提前上演了"裤裆藏雷"的神剧。索额图不太信得过罗刹，坚持多带五百精兵过河列阵，张诚私下里讥为不懂国际惯例，怎知暗中有这等大凶险？清军渡河围城，俄国人审时度势，也知不是对手。戈洛文号称拥有三个团，而留了一部分在色楞格斯克和乌丁斯克，调出一些去支援雅克萨，加上尼布楚哥萨克也不超过一千五百人，还真不敢与对手搏命。于是这个战争贩子开始呼吁和平，姿态收敛了许多，对索额图表现得恭敬至极。签署协议后，双方换文，拥抱，"长管齐鸣，乐声大作"，戈洛文设宴盛情招待，赠送精美礼物，还要挽留索额图等多住几天。这种外交谈判套路，俄人中玩得如此纯熟者也不多，无怪他后来能成为彼得大帝的宠臣，在沙俄国际事务中频频出场。

拆除雅克萨堡与额尔古纳堡的命令即行下达，索额图等人圆满完成任务,联名奏报朝廷:说俄使开始阶段虽曾固执争辩,但经过责斥与开示,尤其是"宣谕皇上好生德意",俄使及随从人众"皆欢呼诚服"。为何欢呼?因为尼布楚本是我大清的,嘿,赏给你们了。

注释

〔1〕《诗经·小雅·北山》,《十三经注疏》笺云:"此言王之土地广矣,王之臣又众矣。"参见《十三经注疏》,中华书局,1980年,第463页,笺云:"此言王之土地广矣,王之臣又众矣。"

〔2〕参见[法]加斯东·加恩《彼得大帝时期的俄中关系史(1689—1730年)》,第一章《柯罗文·费要多罗的出使(1686—1689)》,商务印书馆,1980年,第28页。

〔3〕[俄]尼古拉·班蒂什-卡缅斯基编著《俄中两国外交文献汇编(1619—1792年)》,《给戈洛文的训令》,第70页。

〔4〕据《费·阿·戈洛文出使报告》,"使团贵族有:侍臣、西多尔之子阿列克谢·西尼亚文,宫廷护卫、亚基姆之子拉里昂·西尼亚文,宫廷护卫、雅科夫之子斯捷潘·科罗文,宫廷护卫、普罗霍尔之子费奥多尔·乌沙科夫,宫廷护卫、叶利谢之子瓦西里·卢托维诺夫。"该报告详见苏联科学院远东研究所等编《十七世纪俄中关系》第二卷第一册,黑龙江大学俄语系翻译组、黑龙江省哲学社会科学院研究所第三室合译,商务印书馆,1975年,第93页。

〔5〕《俄中两国外交文献汇编(1619—1792年)》,《戈洛文所带军队的数目》,第71页。

〔6〕参见苏联科学院远东研究所等编《十七世纪俄中关系》第二卷第一册,第78—79页;文献驳斥了戈洛文抵达乌丁斯克后建立军营幕府的说法,认为"最可能的是,军营幕府在大使从莫斯科启程后就已建立起来,以后逐渐充实了人员"。

〔7〕《俄中两国外交文献汇编(1619—1792年)》,《给维纽科夫和法沃罗夫的训令》,第61页。

〔8〕《内阁关于俄使文纽科夫呈递国书及接受清廷敕书记事》,收录于故宫博物院明清档案部编《清代中俄关系档案史料选编》第一编,第77页。

〔9〕《俄皇彼得为请解雅克萨围遣使会议事致康熙帝之拉丁文本国书》,收录于故宫博物院明清档案部编《清代中俄关系档案史料选编》第一编,第46件文献附录,第70—72页。

〔10〕《清圣祖实录》卷一二七,康熙二十五年九月己酉。

〔11〕《俄中两国外交文献汇编(1619—1792年)》,第65页,《专使维纽科夫和法沃罗夫到达北京》一节中写道:"博格德汗观看礼品时,考虑到他们二位专使从如此遥远的地方匆忙赶来,便谕令他们把这些礼品拿回去,随意定价出售,汗本人只选取了两枚海象牙。这些礼品是:银座钟一对,法国银表一只,德国小表一对,土耳其制小表一只,海象牙九只,精制玻璃眼镜六副,珊瑚串珠一百三十颗,带框的德国镜子一面,德式饰金帽子两顶,单筒望远镜两个,法国精制玻璃望远镜两副,土耳其地毯一块。"

〔12〕刘民声、孟宪章《十七世纪沙俄侵略黑龙江流域编年史》,第235页。

〔13〕《清圣祖实录》卷一三五,康熙二十七年五月癸酉。

〔14〕《彼得大帝时期的俄中关系史(1689—1730年)》,第一章《柯罗文·费要多罗的出使

（1686—1689）》，第19页。
〔15〕《俄中两国外交文献汇编（1619—1792年）》，《蒙古人进攻色楞格斯克》，第75页。
〔16〕《清圣祖实录》卷一三四，康熙二十七年三月丙子。
〔17〕据《明通鉴》卷二四，事发于明正统十四年（1449）八月壬戌，中华书局，2009年，第895页。
〔18〕清初谕旨多钤用此玺，而由其印文"制诰之宝"，可知实为明朝玺印。
〔19〕《蒙古族通史》中卷，《喀尔喀-卫拉特联盟》，民族出版社，2000年，第214页。
〔20〕语出考朗特《中亚》，第54页；转引自［法］勒内·格鲁塞《草原帝国》，第三编第十五章《15至18世纪蒙古境内的最后一批帝国》，商务印书馆，1999年，第655页。
〔21〕［清］钱良择《出塞纪略》，世楷堂藏版《昭代丛书》辛集别编卷二三。
〔22〕［英］拉文斯坦《俄国人在黑龙江》，《俄中之间的战争（1683—1688年）》中写道："他（别列伊）为了使中国将军相信他并没有受苦，至少是不缺粮，就做了一个重一普特的大馅饼，当作礼物送给中国将军。"参见［英］拉文斯坦《俄国人在黑龙江》，陈霞飞译，陈泽宪校，商务印书馆，1974年，第46页。
〔23〕苏联科学院远东研究所等编《十七世纪俄中关系》第二卷第一册，第213页。
〔24〕［清］鄂尔泰等《八旗通志初集》卷一五三《名臣列传》十三，藏于哈佛燕京图书馆。
〔25〕《清圣祖实录》卷一四〇，二十八年四月壬辰。
〔26〕《都统郎坦题率兵船抵尼布楚日期及安设水营情形本》，收录于故宫博物院明清档案部编《清代中俄关系档案史料选编》第一编，第60件，第113—114页。
〔27〕《张诚日记》，收录于苏联科学院远东研究所等编《十七世纪俄中关系》第二卷附录，第1107页。
〔28〕《索额图题俄使戈洛文抵尼布楚日期本》，收录于故宫博物院明清档案部编《清代中俄关系档案史料选编》第一编，第63件，第119—120页。
〔29〕《徐日升日记》，收录于苏联科学院远东研究所等编《十七世纪俄中关系》第二卷附录，第1053—1054页。
〔30〕本段中引文皆见《徐日升日记》，收录于《十七世纪俄中关系》第二卷附录，第1055—1057页。
〔31〕《张诚日记》，收录于《十七世纪俄中关系》第二卷附录，第1115—1116页。
〔32〕《费·阿·戈洛文出使报告》，收录于《十七世纪俄中关系》第二卷，第770—779页。
〔33〕《张诚日记》，收录于《十七世纪俄中关系》第二卷附录，第1117—1118页。
〔34〕《费·阿·戈洛文出使报告》，收录于《十七世纪俄中关系》第二卷，第785页。
〔35〕《张诚日记》收录于《十七世纪俄中关系》第二卷附录，第1121页。

第六章　东北无战事

自康熙二十八年（1689）中俄签订尼布楚条约，至道光三十年（1850），一百六十余年的漫漫岁月里，中俄东北边界不光没有战事，连大的争端都很少发生。其间西北有平准之役，回疆有张格尔之叛，南方有中缅边界争端，隔海的台湾、西南的苗疆与大小金川都曾发生过变乱，黑龙江流域则一直是和平安定的。这是一件纯粹的好事吗？答案应是否定的。表面的平静造成了清廷的轻忽，不仅不注意充实东北边疆、巩固边防，且不断抽调兵力和迁徙边民，造成黑龙江流域越来越严重的空虚。终于有一天，东西伯利亚总督穆拉维约夫率领沙俄舰队悍然侵入黑龙江……

一　屯田之艰

攻打雅克萨之前，康熙帝反复说过的一句话，是要求清军在黑龙江左岸"建城永戍"。先是命在瑷珲建黑龙江城，驻兵永戍；后来发现更靠前的额苏里，又命于该地建城永戍。使得今人颇有点儿恍惚，弄不清黑龙江城究竟是在瑷珲，还是在额苏里。

戍，主要的含义即为国守边。古代与之相连的词甚多，如戍人、戍边、戍台、戍城、遣戍、远戍、驻戍等，但较少见到"永戍"一词。不知是否为玄烨所创，却也传递出其派兵永远驻守边疆的决心，表达了对这块辽阔大地的重视。长期戍边的关键是军粮供应。远途运输、建立粮台，是历代统治者都会面临的课题，而最好的解决之策在于屯田，让士卒携家眷驻戍，亦兵亦农，战时打仗，平日种田，军粮取之于当地，边疆经济也随之开发和繁荣。今天的新疆生产建设兵团，就是一个艰难开创、终于获得巨大成功的"永戍"之范例。

自古戍边必须屯田，康熙也是这么想的，而且思谋规划得很细。开始时选择在瑷珲与额苏里建城驻兵，重要的一点，是两地都有大面积的可耕田，达斡尔等部族世居于此，附近有"田垄旧迹"在焉。开战前布置军粮转运之时，玄烨即对屯田做出指示，"我兵一至，即行耕种"[1]，指的是远道而来的乌喇宁古塔兵，明确要求他们抵达后就开始垦荒。为迷惑敌人，康熙命理藩院向俄方传递信息，说萨布素是到黑龙江、呼玛尔等地"督耕"的。而此言并非全虚，督促引导官兵耕种，的确是皇上给予萨布素的任务之一，是比清剿哥萨克更重要与持久的使命。可惜萨将军不太理解，也不太情愿。

除了耗资巨大的远程征调，康熙也想到在索伦地区就近征召屯戍士兵。许多达斡尔部落原系从江左迁来，瑷珲与额苏里等实为其故乡，借收复之机鼓励他们回迁，岂不两全其美？二十二年九月，玄烨传谕："我兵既命永戍额苏里，应派乌喇宁古塔兵五六百人、打虎儿兵四五百人，于来秋同家口发往，设将军、副都统、协领、佐领等官镇守，深为有济。"[2]萨布素回奏说额苏里气候寒冷，霜冻期甚长，当年七月已经出现霜雪。如果乌喇宁古塔兵的家口明年秋天到达，恐怕难以糊口。最好是明春自索伦招五百达斡尔兵，先赴额苏里耕种，根据秋收情形再迁家口。多数属下不愿意把老婆孩子迁来，萨布素提议以宁古塔兵马轮番驻防，这样也就谁都不要带家口了。康熙帝予以驳回，再一次提出"在黑龙江建城永戍"，同时传谕盛京将军，令副都统穆泰率六百盛京兵于来年三月开抵瑷珲，协助筑城和种地。为确保屯田的成效，还特派户部侍郎萨海前往督耕。

戍边屯田之苦，古人诗文中多有描述，而在大半年冰封雪覆的黑龙

第六章　东北无战事　143

江左岸永戍，更是苦上加苦。清廷对屯田和官庄给以很多优惠政策，耕牛、种子、水井、搬迁安家的费用，皆由政府承担，仍会遇到各种抵触。其中原因很多，主要还在于苦累繁重和收益太少。诗人吴兆骞在流放宁古塔时有一封写给母亲的信，叙及官庄之苦：

> 每一庄共十人，一个做庄头，九个做壮丁。一年四季，无一闲日。一到种田之日，即要亲身下田，五更而起，黄昏而歇。每一个人名下，要粮十二石、草三百束、猪一百斤、炭一百斤、官炭三百斤、芦一百束。至若打围，则随行赶虎狼獐鹿，凡家所有，悉作官物。衙门有公费，皆来官庄上取办。[3]

信中所描述的是宁古塔的官庄。瑷珲比那里更远也更荒凉，加上哥萨克的滋扰，无怪人人视为苦役。

圣旨大如天，不管大家如何不情愿，来自乌喇宁古塔的兵还是要垦荒播种。户部的保障工作没有问题，粮种、耕牛与农具源源运来，大生产开始了。康熙帝曾从郎谈、马喇口中得知俄人在雅克萨耕种的情况，知所开垦的田地肥饶、收获极多，认为清军也理应如此，心中充满期待。为不致因进剿耽误农事，皇上特命盛京兵丁代为耕种。据《平定罗刹方略》记载：

> 又发盛京兵五百人，代黑龙江兵守城、种地。出征兵还，亦令还盛京。种地事宜，遣户部大臣一员督理。罗刹所云早熟之谷，即地内春麦。今我兵亦多种春麦及大麦、油麦，霜降前六月皆得收获，则不因师出旷一年田功。[4]

所录应是皇上的话，可知他对屯田之事多么用心，连适合哪种作物都做了研究。而盛京兵来后，发现"耕牛倒毙已尽，农器已有损坏"，立即报请补送。康熙帝大为恼怒，痛斥："萨布素等故毁农器，尽毙耕牛，其意在多方迟延，冀撤离黑龙江耳。"[5]堂堂将军应不会去搞此类小破坏，但手下有人干，又失于监管，也是事实。远在京师的皇帝洞察秋毫，犀利地指出根源在于他们想尽早撤离，给萨布素记了一笔账。

萨布素的思路是先将达斡尔人迁来，待耕种形成规模，也好说服属下搬迁家口。于是轰轰烈烈的就地招兵开始了。原理藩院侍郎马喇、郎中宜道都与达斡尔上层关系密切，加上索伦两位总管的积极推动，晓以家国大义，不少拥有农奴的富人前来应征，自备鞍马兵器，要去打罗刹鬼。五百达斡尔兵很快招满，编为八佐领，于次年三月开抵瑷珲，可要他们开荒种地就不想干了。后来得知待遇与满兵差别甚大，又听说续招的"穷索伦官兵"有买奴银、娶妻银、买马买牛银等项，更是大为不满。这种怨愤情绪在逐渐积蓄，而将军、副都统与督耕的户部侍郎全然不知。当年八月，达斡尔兵放假二十五天，让他们过江回家去接眷属，没想到大多数人一去不回。萨布素发文一遍遍催促，接马喇通报，始告佐领噶纳逊等不愿搬迁家口，带人跑到北京告状去了。这就是影响很大的"移眷风波"。后来噶纳逊等头领被革职，萨布素也不再坚持达斡尔兵移眷，只要求接任的佐领把兵带回来。

历来屯田戍边甚难，开始阶段尤其艰难。比，最是人们的思维惯性。康熙帝将本国子民与罗刹流民相比，连远离故土的外国人都愿意携家前来耕作，能在进剿袭扰中连获丰收，朝廷为戍边将士提供那么多支持保障，有什么理由种不好庄稼呢？乌喇宁古塔将士则将瑷珲与故乡比，那里虽然也冷，比起来却如同天堂了。达斡尔兵比的则是待遇不公，比上不如乌喇兵，比下不如穷索伦兵，就这么一闹一告，不光达斡尔兵，连带乌喇宁古塔兵也不迁家口了。

不迁家口也罢了，不种地可不行。将军与督耕大臣调整管理模式，开始主要依赖官庄。不是陆续押解来一些犯事革职的高官吗？他们既有资财，又有管人管事的能力，不少人便成为早期官庄的经营者。如原云贵总督蔡毓荣就拥有三个大型官庄和大批庄丁，多数还是成双成对的。黑龙江肥沃的黑土地，天然适合农作物的生长，因而也具有强大的吸引力，本来不需要太多硬性规定与强迫的。到了第三年，多数官庄都获得丰收，以户部郎中博奇监种之地收成最好，不光足够供应驿站人员的口粮，还有余粮入仓。玄烨闻讯喜悦，降谕嘉奖，并让博奇与其他监耕官员交换地点，许诺如果再有大获，就要升他的职。[6]

由此也可推测，二十六年春康熙帝下旨将蔡毓荣发遣黑龙江，或有考察与再起用一层伏笔，毕竟老蔡出于汉军正白旗，曾任绥远将军，总统绿营兵，是荡平吴三桂巢穴的主帅之一，其在昆明所拟十条战后恢复措施，也颇有大局观与可操作性。至于后来未再起用，倒是另有原因。

二　一路后撤的将军府

历史上曾有两座黑龙江城：一在左岸，一在右岸；先建的在左岸，后建的在右岸。它们也都被称作瑷珲城，左岸的叫旧瑷珲，右岸的叫新瑷珲。

对于第一座黑龙江城的建成时间，未见确切记载，大约成于康熙二十三年（1684）秋冬间。二十二年九月，康熙接萨布素"但来年迁移，兼以筑城屯田，力不能支"之奏，颇能体谅，即传谕："令副都统穆泰率盛京兵六百人，于来年三月抵彼处，筑城器具，悉备以行。"[7]以六百名士兵，加上一些当地民夫，修造一座规模不太大的木城，且有原来的旧城作为基础，五六个月应是绰绰有余。皇上将此事交给穆泰，命萨布素率部渡河西进，在额苏里地方设立营地，兴建木城。此事说来也有趣：盛京副都统建了黑龙江城，黑龙江将军又建了额苏里城，都在左岸地方；向西数百里的右岸，还有一座呼玛尔城。东北边疆规划蓝图初见成效，黑龙江左岸一下子就出现两座中国城镇，皆有大军驻扎。为适应攻剿的需要，皇上命黑龙江将军与副都统衙门暂设于额苏里。萨布素率所部乌喇宁古塔兵于此秣马厉兵，待朋春等率京营劲旅与藤牌军赶来，然后是合兵誓师，扬帆西进。

清军在康熙二十四年（1685）五月克复雅克萨之后，在那里又待了多久？是如何返回的？返程中与返回后做了些什么？未见相关谕旨和奏折，皆已杳渺难寻。推测朋春等人所率京营与藤牌兵会较早离开，而因要派出军队一路押送托尔布津等败兵离境，还要夷平雅克萨堡，踩踏附近农田的禾苗，乌喇宁古塔兵大约需再待上二十天。黑龙江城交给筑城、种田的盛京兵与索伦兵守卫，萨布素和部下撤回吉林休养，待明年春携带眷属来驻防。

当年六月十四日，在接到捷报十天后，康熙命内阁大学士、议政大臣会同郎谈、关保等研究切磋，尽早拟定驻兵戍守方案。他再一次回顾了罗刹之害，指出雅克萨城虽已克复，但对这一地域的防御不可以懈怠。户部尚书伊桑阿与郎谈再次被派往黑龙江，会同萨布素、马喇做深入细致的勘察，提出了几个建城地点，均在右岸，且距黑龙江城甚远。至于在雅克萨、呼玛尔驻守，压根儿没有人提出。再经议政大臣讨论后集体认定，曰：

> 查墨尔根地方最为紧要，应筑城设兵，令将军萨布素及副都统一员驻扎于此，黑龙江设副都统一员，其驻防五百兵，以乌喇宁古塔兵参用。先流徙宁古塔乌喇罪人，俱入兵数发往。[8]

这是一段关键文字，直接影响了整个黑龙江地域的攻防大势，留下无穷后患。今天读来会觉得匪夷所思，在当时一定显得理由充足，可除了路途遥远、气候寒冷、士卒困乏之类陈词滥调，又会有什么别的理由呢？方案完全违拗了皇上的"初心"（玄烨曾不止一次讲到刚亲政时，十四岁的他已有廓清边疆的初心），与其在江左建城永戍的思路不符，可康熙帝居然批准了。《论语》有"为君难"三字，号称圣明的玄烨，有时也难以推行既定方略，不免勉强俯允臣下之意。

已经有木城的额苏里城，既然不在规划蓝图上，很快被拆除了，千辛万苦招徕的农民重又迁回右岸。二十五年春，哥萨克在库马拉附近抓获一名索伦兵，俄国文献中保存了对他的审讯记录，其中说：阿穆尔河左岸，结雅河口上方乌苏尔斯克草原上，原有的一座中国城被摧毁，居民被迁往右岸。因为其方位指向很具体，所说的可知为备战时的清军大营额苏里城，而"摧毁"它的，并非哥萨克，只能是建造该城的清军，更准确的说法应是拆迁。拆与撤大约同时，主导者为黑龙江将军萨布素，他与他的部下都没有兴趣留在左岸地方，应是在回撤途中，顺便拆除额苏里，并把木料运回。

同样，萨布素等也不喜欢在左岸新建的黑龙江城。梳理一下相关史料，会发现他根本没在该城长驻，即以过江困难、公文往来不便、办公成本高昂为由，奏请将将军府移往右岸。我们没看到他的奏折，但知道皇上批准了这一请求。第一座黑龙江城（即旧瑷珲）没有被撤除，改由城守尉管理，呵呵，连个副都统衙门都不屑于设置了。

又一座黑龙江城开始兴建了，这次是在右岸，且往下游十余里处。兴筑新城的情形未见于记载，应当还是那些个奉旨前来筑城的盛京兵丁，加上大批民夫流犯，而额苏里城拆下来的材料用船运来，新瑷珲很快就告竣工，官方文书中仍叫黑龙江城。据俄方文献记述，1686年春天，"中国人已放弃瑷珲城，又在阿穆尔河右岸结雅河口以下建立了一个新城"[9]，"瑷珲城已迁移到阿穆尔河右岸结雅河口的下方，并打了两排木桩（高三俄丈、间距二俄丈，两排木桩中填了一俄丈厚的土）以增加防御力"[10]。

新瑷珲也分为内外城，以黑龙江将军衙门为核心。可未等全部完工，又有旨改由副都统驻守，将军府撤往拟建的墨尔根城。皇上悯惜参战部队，命萨布素所部返回故乡团聚，再命盛京兵负责筑墨尔根城。轻松的日子没过多久，哥萨克重返雅克萨的消息传来，萨布素急急带兵返回。额苏里已是拆没了，不知这位将军是扎营于旧瑷珲还是新瑷珲？两座黑龙江城都能派上用场，一左一右，成为再次进剿罗刹的后方基地。

新兴的黑龙江城是一座军镇，将军衙门之下为五司四协领，首先进驻的是一千五百名乌喇宁古塔官兵，以及就近征调的一千多名索伦兵，编为八旗二十四佐，并有汉军两佐、水师一营。最早的瑷珲城居民，是陆续到来的官兵家属与嗅觉灵敏的商人。康熙帝还指名将一些犯事官员流放至此地，其中就包括原云贵总督蔡毓荣；[11]几天后，审理此案的刑部尚书禧佛、侍郎敦多礼因徇私包庇，也被革职遣发黑龙江。[12]两个月后，原杭州将军、正白旗都统马哈达也被革职，"发往黑龙江效力"，罪名是推荐任用属下时有私心。[13]若说蔡毓荣在攻占昆明后侵吞逆产、纳吴三桂孙女为妾是犯了大罪（其实清军入关之初，统兵将帅几乎人人如此），禧佛、马哈达只能算是过错，本不至于流遣。总觉得玄烨有意让新城多点儿人气，有调过来的，有派过来的，也有流配来的，反正都是来到黑龙江城。清代的流放制度，规定妻室与成年儿子跟随。这些昔日大员连同家属仆役，几乎每人都像拥有个小部落，也能对开发边疆起到一些作用吧。

再一次将雅克萨荡平，的确不太难，甚至连三千官军也不要，可怎么能保证敌人不卷土重来呢？如果派军队驻守，也存在不少现实问题：人数多难以保障粮草供应，而少了又极为危险，随时有被哥萨克匪帮吃掉的可能。

萨布素是在康熙二十六年六月遵旨率部撤回的，驻扎在新瑷珲，即建于右岸的第二座黑龙江城。战事暂停，残敌仍在，双方的谈判大使尚在路上，老萨在这里度过严冬，等待时间大约一年。萨将军所领乌喇宁古塔兵，其实应称作黑龙江兵了，皇上早已下达"永戍"之旨，可有不少人想的仍是回老家。老萨职务在身，自然是回不了宁古塔的，却可以到墨尔根转转。向南三四百里、嫩江畔的墨尔根自康熙二十三年设佐领等官,次年建城,[14]已然初具规模,将军衙门与官邸房间众多,磨砖对缝,前檐后梢,不复先前之简陋,只是不便再叫作黑龙江城了。

康熙帝深感弥漫于官兵中的畏难情绪,既畏惧冰霜严寒,也畏惧哥萨克袭扰,批准了黑龙江城的后撤规划,也允许黑龙江将军衙署撤往墨尔根,心中则大为不爽。当年十月,他先对边镇不知节俭、滥发粮谷严词责斥,命兵部尚书鄂尔多等前往督察,临行前有一段恳切叮嘱,可映见其所思所想。皇上从滥发军粮说起,黑龙江为战略要地,兵丁戍守的劳苦,自己全都知道。从前俄罗斯渐次入侵,盘踞袭扰长达四十余年,这次准备了充足的弹药粮食,派兵永戍黑龙江,才使之窘迫求和。如果粮储不足,便会如前车之鉴。自己想了很多办法,包括水陆运输与就地耕种,才使粮库充裕。而当地大臣官员竟然不思节俭,滥发给无用之人,目的是"希图军储罄尽,势必将彼等撤回"。愤恨加上伤感,溢于言表。此事若放在雍正、乾隆两朝,萨布素及一些在事官员恐怕要被降级革职。玄烨秉性宽仁,虽有强烈不满,仍以说理和教导为主,曰:

> 我之官兵撤回,鄂罗斯大众难以齐来,彼地将军官员固皆稔知,然或一二人,或十余人,陆续聚集于黑龙江、松花江之间,构造木城,盘踞其地,则我取之维艰,是鄂罗斯为主兵,而我反为客兵也。今我惟多贮粮食、永戍官兵,则我兵得逸,而鄂罗斯兵为劳矣……若黑龙江我兵不行永戍,自松花江、黑龙江以外,所居民人皆非吾有矣。[15]

真可谓苦口婆心。

然则皇帝也制止不住黑龙江将军衙门的大踏步后撤:二十九年(1690)秋,将军府迁至墨尔根;[16]三十八年(1699)再退至齐齐哈尔。每一次后撤都能提出充分理由,得到内阁和相关部院的支持,也都得到康熙帝批准。再过一百六十年《瑷珲条约》签署，玄烨的预言成真，黑龙江以外真的"皆非吾有"。

三 噶尔丹军中的大鼻子

对于签订《尼布楚条约》，清朝君臣外示镇定，内心的确有几分急切，原因在于噶尔丹正在兴兵作乱，大举杀向漠北，成为康熙帝的心腹大患。

从今天所能见到的中俄两方面史料，可证俄国谈判大使戈洛文与噶尔丹确有勾结，即便在两国签约后仍存在联络。乌兰布通决战，曾参与尼布楚会谈的一等公佟国纲率骑兵冲阵，即被俄制滑膛枪击中身亡。[17]噶尔丹全军撤走，不久又传来"噶尔丹向俄罗斯请兵"的消息。康熙即传谕兵部拟稿，与俄国人挑明，谕曰：

> 兹闻有噶尔丹博硕克图向俄罗斯请兵，冬季复来之说。事虽尚未得实，然俄罗斯既为与我会盟之国，当派人向尼布楚长官问此情由，以取信息。派人时，当行文写明：我并无前来请求助剿噶尔丹之意。噶尔丹无故于边境作乱，骚扰人民，故我不得已出兵平乱，且今噶尔丹业已败逃。惟据报我人员见噶尔丹兵中，亦有尔俄人十余名等情。我发兵平乱之事，量贵长官业已闻之。今有噶尔丹势处危极向尔国借兵之说。尔国既与我已盟誓和好，当不会以兵援助噶尔丹。倘若尔国畏惧其势，不可不援，则随尔国之便。[18]

此函以索额图的名义拟写，译成俄文、蒙文、拉丁文，一式三份，由理藩院派出一名章京驰送黑龙江将军萨布素，再转送至尼布楚。

此时的尼布楚督军已换为原戈洛文使团成员、莫斯科火枪兵上校斯克里皮增。他认真接待了清朝信使，答应进行调查。次年四月，斯克里皮增致函索额图，说是一年前确有人持噶尔丹书信来此地，经过翻译，方知噶尔丹向沙皇请求援兵，相约共同讨伐喀尔喀，并请尼布楚督军"拨派熟悉地形、又通言语者二三人前往"[19]，但没有拨兵，并告知已与中国议定边界条约。他承认派过三个人为噶尔丹来使带路，也承认先前曾由伊尔库茨克派遣十人往噶尔丹大营，却说这些人是去做和解工作的，被噶尔丹扣留，现已经回到尼布楚。此时戈洛文尚未返回，斯克里皮增的回复，当是二人商量后的标准答案。

不知是出于有意无意，斯克里皮增还提供了一个重要信息：噶尔丹曾在额尔古纳河与石勒喀河之间居住过，距尼布楚不远，更是逼近黑龙江上游索伦之地。他没有说明噶尔丹何时在此，以及待了多久，也不讲他在那里做了些什么，推测应与两国签约同时或稍前。没准儿正是戈洛文留的一个后手，一旦与清军打起来，可以召其相助。噶尔丹军中的俄国人仅仅是向导和信使吗？鬼才会相信。

康熙三十三年七月，宁夏总兵王化行密奏：属下千总带领一名关外来的蒙古人朝章素报告边情，说是在察哈尔阿喇蒲坦处，见到噶尔丹差人，告知已起兵前往板城，阿喇蒲坦随即带兵往板城会合。朝章素说他没有见到噶尔丹，也不知其有多少兵马，"闻得他带有大鼻子同去"[20]。王化行，陕西咸阳人，本姓殷，因家贫过继与王姓人家，武进士出身，熟知兵法，精悍有谋略，历任台湾、襄阳、登州等地总兵。正是为了防范噶尔丹，一年前将他调任宁夏总兵、都督佥事。大鼻子，我国东北百姓对俄国人的俗称，朝鲜史料中又叫"大鼻鞑子"，可见流传之广。王化行约束部伍甚严，平日侦骑四出，听到这一消息即命各营戒备，同时密报上司与飞奏朝廷。

三十五年（1696）正月，康熙帝决心剪除噶尔丹，再次御驾亲征。清朝大军分作三路：中路为大清精锐前锋营、火器营等，皇上亲自统领，出张家口一直向北；西路为抚远大将军费扬古，提前自京起行，赴归化城与孙思克所率陕宁兵会合；东路为萨布素所领黑龙江、盛京与吉林马队。约期四月下旬会师于土喇（今蒙古国境内）。为在火力上压倒敌人，玄烨预备了充足的大炮，仅西路军一部就配备了冲天炮三门、神威炮十门、景山制造子母炮二十四门、江南炮五十五门，后又命兵部于新造大炮拨出八门，连炮手一起驰送西路军统帅费扬古。康熙也格外警惕噶尔丹与沙俄的勾结，就在命西路军克期进军的同一天，密谕萨布素详加侦探：

> 近视口外来报噶尔丹情形，亦有东行之状，着黑龙江将军萨布素立刻整备属下兵马远设侦探。如有用盛京、宁古塔兵之处，许彼星赴往召，总辖调遣，其左近蒙古亦当小心防备。口外所报噶尔丹之事，悉发与萨布素知之，盛京、宁古塔将军处亦着檄知。[21]

其时严冬未消，越往北寒意越浓，行军之艰，实也出于预想。路上缺水缺粮，西路军竟有近千人死于冻饿，乃至迟误了会师之期。中路的情形略好一些，康熙帝命将士每日一餐，自己也与大家同甘共苦。穿越沙漠后，东西两路都未能如约会合，又传来噶尔丹自沙俄借兵两万的消息。费扬古也奏称："闻噶尔丹曾向俄罗斯求救，俄罗斯于前月令二十人来约云：于草生之时，助鸟枪兵一千，并车装大炮，送至克鲁伦河东境。"[22]中军大营弥漫着惶恐气息，左右重臣力劝皇上回师，被严词拒绝。玄烨是个坚定而又谨慎的统帅，召开御前会议，决定吓退敌人，派出使者与几名准噶尔俘虏，命噶尔丹前来会盟。噶尔丹起先不相信康熙帝会亲自抵达，从山顶望见御营黄幄龙纛，又见清军鳞次翼张而进，整齐严密，肃然无声，越过山谷河流徐徐推进，顿感恐惧，丢弃辎重器具，连夜遁逃。

第六章 东北无战事

噶尔丹与沙俄的秘密勾结是有的，而整个外贝加尔地区的哥萨克也不及两万之数，所谓借俄兵两万，不知是噶尔丹虚张声势，还是清廷近臣的捏造，总之纯属胡扯。经过几年观察，估计俄国人已看出噶尔丹成不了气候，加上索额图的揭露抗议，将原先派往准部的一些"大鼻子"，也都要回去了。

康熙帝不战而屈人之兵，胜在使敌人军心动摇。他派出领侍卫内大臣马思喀为平北大将军，率领前锋营、火器营与亲随护军，凑足二十天口粮，继续跟踪追剿。都统巴浑德、齐世，护军统领鄂克济哈为参谋，还有一大帮都统、护军统领、副都统随征，真是旌旗招展，兵将如云。十余天后传来捷报，西路军在昭莫多大胜敌军，斩首三千多级，其中有噶尔丹之妻阿奴，但噶尔丹本人又一次脱逃。索额图将清军大胜的消息通知尼布楚督军，并特别申明：

> 今噶尔丹已穷蹙无路，若逃至尔属地方，或前来求尔，则务必拿获送还。若杀死噶尔丹，则将首级送来。据闻，噶尔丹曾与尔通使臣，今若派人前往尔处，即拿获送来。[23]

文字中满是敲打震慑意味，未见到俄方的回复。

四 越境与盗猎

今天所能看到的《尼布楚条约》有三种文本：满文、俄文、拉丁文。对比阅读与研究，可见条款数目、措辞都有差异，有的出入还不算小。这当然不能全归于翻译问题，更多呈现的是双方使臣在斗心眼、留后手，也在盘算着如何向各自的主子交账。

最核心的分界条款，即拉丁文本的第一条，满文、俄文本的一二两条，规定以流入黑龙江的额尔古纳河、格尔必齐河和外兴安岭为界。这段话看似清晰明了，实则简单粗疏，以河而论，有正名别名、主流支流、河汊洲渚、大小岛屿……光说一个南北左右，便为日后埋下无数争端。不知是不是有所预感，清方提出要竖立界碑，并写入条约："照此各将缮定文本盖印互换，又以满文、俄罗斯文、拉丁文刊之于石，置于两国交界之处，永为标记。"[24] 而俄方全无此意，写的是："中国皇帝对于此项界约，如欲在国境建立碑碣，刻写条文，以资纪念，亦可任便办理。"[25] 意思很清楚，你愿意立碑就立吧，我们不感兴趣。是啊，往小里打个比方，惯于打家劫舍的强盗，还用得着建围墙竖篱笆吗？

清廷对于界碑一事高度重视：议政王与内阁奉旨议奏，请在原定三种文字外，再增加蒙文和汉文，翰林院负责翻译，并设计了五种文字的编排式样；理藩院建议将满文、蒙文、汉文镌刻在阳面，拉丁文与俄文刻于阴面；工部则对界碑的石材、尺寸、结构提出意见，并专门致函关东三将军。咨文确定了界碑的规格样式："此碑碑额若放榫子，则需高八尺、宽三尺一寸、厚八寸之石二块。制榫子需高二尺二寸、宽三尺六寸、厚一尺三寸之石二块。"[26] 好大一块碑！工部考虑到运输问题，提议在东北制作，发函请在盛京、宁古塔、黑龙江三处寻觅合乎尺寸的大石块，并请两路查边大臣在立碑附近山上寻找石料。比起翻山越水远程运去石碑，这样做当然最为节省利便，可在几无人迹之处开山采石，镌刻五种文字，必也有许多周折和艰辛，时间上也会较久，并不太现实。

划界后的第一次查边，是与竖立界碑合在一起的，带队往额尔古纳河口的是都统郎谈。康熙二十九年五月二十一日，郎谈等人抵达额尔古纳，"立碑于河口石壁上，镌清、汉、鄂罗斯、蒙古、里的诺五样字毕而还"[27]。揣摩上下文义，应是携带石碑过去的，又像是当场镌刻，记述有些夹缠不清，且查边队伍有多少人，石碑如何运送，怎样安放，举行了什么仪式，有没有俄国人在场……全无记载。多年后俄海军大尉涅维尔斯科伊在庙街升个旗，都要细细描述，而我国边界史上这种

第六章 东北无战事　　155

极有意义的场景,不独正史忽略,就连当事人的传记也是一笔带过,好不令人遗憾。而次年十二月,索额图还在致尼布楚督军的咨文中写道:

> 再,尔我曾约定即刻在于我等业经划定之格尔毕(必)齐、额尔古纳等交界处立碑一事,现因喀尔喀事宜未定,应予暂停。[28]

究竟是已立还是未立,遂成悬案。

郎谈经行的路上,在黑龙江右岸见到仍有俄人庐舍村屯,周边种满庄稼。他叫过村民质问,回称并非不知道两国协议,去年已接到尼布楚督军公告令撤回,但无力搬迁,只好冒死留下耕种,希望能有点收成。郎谈见说得实在,其情可悯,给予资助,命其拆除房屋,并允许他们收割庄稼带走,"罗刹等悦拜,度岭而去"[29]。是的,罗刹也有千差万别,有老实巴交的农民,若挥刀排头砍去,虽不违反协约,却有些残忍了。

根据现有文字史料,郎谈分别在额尔古纳河口与格尔必齐河口立了两块界牌,所说河口即两河与黑龙江交汇处。无论是界碑还是界牌,都是国家主权的象征,却也挡不住有意越界的盗猎者与劫匪。此类盗猎由来已久。他们多出没于黑龙江北,尤其是精奇里江上游,私自捕猎黑貂,并与境内捕貂人发生冲突。在尼布楚签约期间,索额图曾提起罗刹在乌第河一带掳走七名鄂伦春猎人之事,戈洛文满口答应归还,却一直再无消息。康熙三十年(1691)十月萨布素转呈鄂伦春首领的控诉,索额图致函尼布楚督军,指责俄人越境盗猎情形严重,并再次敦促早日送还先前的七人。[30]

签约后两国有了较多的沟通,起初谈论的多为逃人问题,互相指责对方收留本国逃亡者,后来则集中在俄人的越境盗猎。这一沟通机制的诡异或说搞笑之处,是黑龙江将军无权与沙俄地方当局对话,所有涉外的大事小情,都要上报朝廷,再由理藩院或老索出面交涉,包括与尼布楚督军交涉。即使最后要萨布素派人去尼布楚,也要先得到批准。就这么一圈公文履行下来,时间也就哗哗过去了。

康熙三十一年(1692)秋天,鄂伦春五名猎户又在界内撞见俄罗斯人,质问他们为何越界,为何至今不归还掳去的七个同胞。对方共有十三人,回称前面被俘者六人已死,然后仗着人多,又强行劫走一名猎户,命其他人拿貂皮来赎。这是一批齐勒尔人,原属野人女真的族群之一,投奔沙俄未久,便一改淳朴本色,沾染上罗刹强横习性。同时,在精奇里江源头的吉禄、英克、乌尔堪等地,连年发现越境盗猎的俄人,"筑有近三十处窝棚"。这些事件被层层上报,最后报给了萨布素,由老萨将报告呈送老索,再由老索照会尼布楚督军,已过去半年有余。索额图的交涉文本仍在,措辞严正,要求俄方立即制止盗猎,"务必查拿此两次偷盗之人,并当我人员之面正法",放还所有被抓走的猎户。该函气势如虹,甚至发出战争威胁:"尔如不速行查拿治罪,以致迟缓拖延,而我亦整饬力量,派我人众,越界捕猎。彼时,必致相杀,复起征战,和睦之谊毁于一旦。此事关系甚大,非尔所能担承,而又确属尔方人员骚扰滋事,与我无关。"[31]呵呵,此当大清强盛之始,阅读这些文字,真的很提气啊!

这封强硬照会由京师直接派员持送,黑龙江将军衙门官员陪同,前往尼布楚。同时送交的还有一封由内阁大臣起草,经皇上御览,署名萨布素的信,声称"本将军今一面遣发官兵查拿,并一面通告尔方严加查禁","惟胆敢抗拒者,则即行杀戮"[32]。迫于压力,尼布楚当局不得不开始调查取证,并邀中国官员带着证人前往指认。由于鄂伦春受害猎户散居难寻,俄国盗猎者更是闻讯躲避,这一过程较长,但应该说尼布楚当局的追查很认真。他们将所有俄国猎人、包括投归的原住民猎户严加审讯,初步查清四个盗猎帮伙共十四人,"系由四处越境分头狩猎,从未聚集一起行动"[33]。为什么要说明这些?乃因《尼布楚条约》中做了区别:三四人越境偷猎属于小打小闹,只需分别轻重治罪;十人以上的团伙,再有抢劫杀人恶行,必须立即正法。俄方称已抓获十人,有四人下落不明,虽系少数人结伙,也没有任何杀人劫掠行径,"但为使今后不致因有人逾越两国使臣所划定之国界而引起争端,为使今后不致因有人由我国大君主大皇帝陛下境内越界而破坏和好条约,鄙人钦遵我国大皇帝陛下谕旨,已将尤特卡·瓦西里耶夫、马丘什卡·拉普凯、伊瓦什科·菲利波维奇、什莫宁、卢卡奇、叶弗多基莫维奇·格拉特科伊等四名为首者,当贵国差官之面处以死刑,而对其余从犯六名,根据友好条约,亦当贵国差官之面予以无情鞭笞并割去其耳"。这是时任尼布楚督军加加林致索额图的函,处理之果断,出手之重,真让清方无话可说,以至于连追索被掳走猎户之事,似乎也不好意思再提了。

五 "威伊克阿林"之谜

在中俄东段边界的最东端、靠近鄂霍次克海(清人称为"北海"或"大东海")的地方,据说曾有一块中俄界碑——威伊克阿林界碑。由于清朝官方文献中不见记载,仅有杨宾《柳边纪略》言及此事,叙述又过于简短,尤其是"威伊克阿林"这一地名,未见于其他著作与图册,使之迷雾笼罩,至今难有确解。

杨宾也是一个有故事的人。他祖籍浙江山阴,世居苏州,号大瓢山人、耕夫,主要生活在康熙朝,工诗文,书法精妙,博闻强记,遵父嘱终生不赴科举。顺治年间,其父杨越因同情反清义举,掩护"通海案"的重要成员,事发后夫妻流放宁古塔。时长子杨宾十三岁,弟弟杨宝五岁,还有两个妹妹,留在家乡,骨肉分离。忽忽二十余年过去,杨宾上要奉养祖母,下要照料弟妹成家,奔波流离,那份苦也可以想见。康熙二十八年春,康熙帝南巡至杭州,杨宝至御舟前呼号恳求,愿能替代年迈的父母流放。玄烨倒也亲自开窗询问,一听说涉于前朝逆案,便告知无可宽恕。之后杨宝一直跟随喊冤,至苏州与杨宾再次靠近御驾,而玄烨不予理睬。这年冬月,就在索额图等人签订《尼布楚条约》返回京师不久,杨宾从北京赶往宁古塔省亲,与阔别约三十载的父母含泪相拥,恍然梦中。沈德潜说是皇上有旨让他赴柳条边迎接双亲,应不准确,玄烨尽管不无怜悯,但事涉国家律法,断然拒绝了杨氏二兄弟的恳请,也不许"代戍"。至于杨宾前往宁古塔探望父母,需要得到刑部严格审查,或有皇上的恩恤,拿到了路条,否则根本出不了柳条边。

宁古塔为江南流人(流放人员)较为集中的地方,有杨越之类政治犯,也有因"科场案"发配的举子,平日管束不太严,但想要返回家乡几乎不可能。家人子女只好经过一遍遍申诉请求,前来探亲,官道上有不少杨宾这样的孝子。所不同的是,杨宾是一个有心人,将沿途见闻、驿站里程、宁古塔军政设施与风土人情,一一写入日记,后来编成一部东北史地著作《柳边纪略》。此书的重要价值之一,便是记述了威伊克阿林界碑,曰:

> 威伊克阿林,极东北大山也。上无树木,惟生青苔,厚常三四尺。康熙庚午与阿罗斯国分界,天子命镶蓝旗固山额真巴海等分三道往视:一从亨乌喇入,一从格林必拉入,一从北海绕入,所见皆同(时方六月,大东海尚冻)。遂立碑于山上,碑刻满洲、阿罗斯、喀尔喀文。[34]

康熙庚午,即二十九年,中俄签订《尼布楚条约》的第二年;阿罗斯,即俄罗斯;固山额真,满语指都统,巴海原为宁古塔将军,后改任镶蓝旗蒙古都统。这段话是说两国议定东部边界的次年春夏间,巴海等奉旨分三路巡查黑龙江入海口以北地区,并在国境东北端点一座名叫威伊克阿林的大山上竖立了刻有三种文字的界碑。

这是边界史上的重要事件,也是两国签约后的合理举措。我们已知大清翰林院与工部拟定了界碑的文字与规格，已知郎谈率员经由墨尔根、抵达额尔古纳河口立碑，杨宾在这里做了关键补充，即东部濒海地区的巡查与立碑之举。所有这些都出于康熙帝的部署，是国家划界整体规划的组成部分。

杨宾的记载是可信的。尼布楚谈判涉及边界数千里，自格尔必齐河溯至外兴安岭向东至于海，清廷既派大员到西部两河口立界碑（或界牌），自也没有不到边界东端立界碑之理。其时沙俄钉在黑龙江上游的楔子雅克萨已被拔除，而下游野人女真地域因靠近乌第河，沙俄有越冬营地，时而南下滋扰，故立界碑与巡边合二而一。所分三路，亨乌喇即亨滚河，格林必拉即戈林河，北海应指图古尔湾与乌第湾，清朝巡边官军呈扇面状搜索前行，最后在议定的国界立碑。

三路巡边应各有统领，杨宾只记下巴海的名字，当在于他在主政宁古塔时能体恤流放的江南书生，深得众望。巴海继任父职后，负责东北边疆辽阔地域的军政事务长达二十余年，每年都要领兵巡边，多次与入侵的罗刹交手，也多次获得胜利，人称巴大将军。但他深知哥萨克性格彪悍与火器之利，心存忌惮，采取行动时不免有些谨慎。首次出征雅克萨前，巴海因借故拖延惹得皇上大怒，撤去将军一职，一场载入史册的战争也就与他没了关系。本来的下属萨布素成为首任黑龙江将军，两次雅克萨之战皆打得有声有色，尼布楚和谈也取得巨大成果……消息传来，真不知在京赋闲的巴海做何感想。

在布置各路巡边与勘立界碑时，康熙想起了巴海。他原本就对巴海的印象甚好，认可其父子驻守边疆之功，故在免掉巴海的宁古塔将军后，马上赏给了一个都统，待遇基本不变。这次黑龙江下游至外兴安岭的巡查立碑，巴海无疑是一个合适人选。此年巴大将军在七十岁左右，推想虽分为三路，仍以巴海总其事，是以时人说到此碑，总是与他的名字相联系。

这次竖立界碑是清朝单方面行动，虽立在争议地区之外，但也使得俄国人高度警觉。俄国档案中可见到这样一段记载:"1690年,乌第河过冬站哥萨克向雅库次(茨)克报告说,清政府军队携带着大炮和各种火器抵达图古尔河,并向乌第河过冬站前进,但不知为什么在还有五天路程的地方退了回去,只在树上刻了一封中文信,哥萨克把这封信整个砍下来送到雅库次(茨)克。翻译们口译了这封刻在树上的信,内容是:贵族奉皇帝之命率军队到此征收毛皮实物税。"〔35〕这是巴海所带军队沿途所为吗?不能确定,但应该是三支巡边清军之一,所留树上告示也不会只此一处。

威伊克阿林界碑究竟立在了哪里?是今日学界甚为关心的问题,还应从和约谈起。《尼布楚条约》规定的两国界山外兴安岭迤逦向东,距海约二百公里处分为南北两道山脉,中间为待议的乌第河地区,被沙俄实际占据,清人立碑应选择没有争议的南道山脉近海处。杨宾描绘的山顶不生树木,唯有厚厚的苔藓,皆符合濒海山峰之自然生态。此山之南是大致为东西流向的索伦河,历来由清朝行使管辖权。刘远图曾做详细考证,参酌俄人早期地图,认为索伦河西北、高两千多米的德尔斯克岭,即巴海竖立两国界碑的威伊克阿林。〔36〕

国家间划界历来甚难。《尼布楚条约》重在黑龙江上游地域,而对入海口以北中俄边界叙述较为粗疏。纸上签约后本应联合实地踏勘,而俄国一直借故拖延,同时在争议的乌第河地区增派人员。巴海此行只在最东端立一块界碑吗?好像不是。今存一份雍正十二年岁末领侍卫内大臣丰盛额转奏费雅喀乡长端色的报告,写道,"恒衮河源与俄罗斯接壤,原将军巴海曾于该处立牌楼为界,不准侵越。七八年前,此牌楼倒塌,近两年来俄罗斯人仍旧越界打牲,或抢劫落于我方人员所设围套内之貂鼠。倘能重修此牌楼为标记,从而仍旧禁止俄罗斯人越界,则于我等颇有裨益"。〔37〕恒滚河源距大海甚远,所说俄罗斯人越界应自外兴安岭脊之北而来,因此这个当地呼作"巴海牌楼"的界标,不可能是威伊克阿林碑。俄罗斯人对此也有记载,称为"巴兴牌楼",未注明其确切位置。

六　萨布素案件

康熙四十年二月初一日，黑龙江将军萨布素被革职。此前，他的案件已经被列为钦办大案，调查质询了两年多，女婿与儿子儿媳均被拘押审讯。该年为公元1701年，一个属于人类新纪元的开端，大清王朝呈现出一派兴盛气象，而官场的联络有亲和贪赃枉法也渐趋滋蔓，康熙帝不得不下大力气整顿。这个案件是东北边疆地区的最大事件，没有看到边界对面俄国人的反应，但可以推想相关"俄酋"的愉快——很多年了，萨布素一直是他们的老对手、死对头。

萨布素家族属于海西女真，祖居之地为约克通鄂，距黑龙江索伦地方不远。其父随哈纳领一旗驻防宁古塔，延师授书，萨布素从笔帖式做起，渐升军职，在松花江、黑龙江两岸与入侵者交锋，一步步做到副都统。[38] 经过再三斟酌，康熙帝选定萨布素作为首任黑龙江将军，而他也真的不辱使命：首战雅克萨，率乌喇宁古塔兵积极参战，一举克复该城；再战雅克萨，他作为清兵统帅，以所部水陆官兵为主力，面对兵员和武力大幅升级的顽敌，先打后围，为中俄边界谈判赢得了先机；尼布楚签约，他与郎谈等率大清水师溯江而上，起到了极大的震慑作用；俄方谈判大使戈洛文出尔反尔，又是他与郎谈力主强硬，挥师渡河，逼近尼布楚城列阵，使对方上下陷入惊恐之中……萨布素起于行伍，上知报效君恩，下知体恤士卒，痛恨罗刹，洞悉边情，作战勇猛坚决，的确是一个难得的帅才，在黑龙江将军位置上待了十八年。

与立国之初多数满蒙王公的一味粗豪不太相像，萨布素曾读书识字，"沉勇好兵略，尤喜观山川形势"；而因其出身寒门，没有爱新觉罗或勋戚贵族的血统，待人接物较为平易。此时清廷入关已超过半个世纪，大清宗室爱新觉罗氏早就开始了儒学化进程，各地满洲将军也几经更新换代，大多可以粗通文墨。萨布素的长处在于警敏与谨慎，所统带的黑龙江兵,已练成一支边地劲旅。三十五年(1696)秋,康熙帝第二次讨伐噶尔丹,萨布素受命为东路将军,统率盛京、宁古塔、黑龙江、科尔沁兵沿克鲁伦开进。当年酷寒,从征将士多冻伤,萨布素途中患病,虽坚持领兵前进,还是误了会师之期。皇上未加责备,命他留在归化城(今呼和浩特)调治,后又命他回京养病。而第三次御驾亲征,虽说是指向西北的宁夏,萨布素仍积极请战。康熙帝在巡视军营时,发现黑龙江战马大多瘦弱,难以远途骑乘,即传谕:

> 黑龙江之兵效力心切,故萨布素自称马壮。朕今巡城,见黑龙江军中马匹羸瘦,若将此马乘用,恐归时必致疲毙。伊等若有行走之事,朕另当给马,将伊等之马于察罕托海地方牧放,遣人送往归化城。俟事毕,各乘己马归本处,则易到也。[39]

不仅没有责备,还为之解释开脱,要求有司调换马匹,可见在心底应已留下不好的印象。

就像《红楼梦》里的宁荣二公,萨布素也是"从死人堆里爬出来的",而在官场上历练多年后,难免有几分圆滑世故。关保为御前侍卫,雅克萨之役前被皇上派往黑龙江大营,有监察密报之责,未过几年就成了副都统,同时也成了萨布素的女婿。原云贵总督蔡毓荣因事遣发瑷珲,负责监管的萨布素总是为他说好话,称赞其经营官庄有成效,赦免回京,后来才知二人乃儿女亲家。那是一个美好的边疆爱情故事,还是长辈主持的政治联姻?今天已很难知晓了,可以确定的是,康熙帝闻知后必大不爽。

对于黑龙江地域的治理,萨布素缺乏战略眼光。后世对他诟病最多的,是他将黑龙江将军衙署一路后撤:建城后仅仅一年,从江左撤至江右;再过四年,后撤到向南三四百里的墨尔根;新城用了不到十年,又撤至更南的卜魁(齐齐哈尔)。一个黑龙江将军,却将衙署设在距江七八百里的地方,不要说开疆拓土,就连巩固边防也是鞭长莫及。而整个外兴安岭以南、黑龙江以北的庞大地域,几乎没有任何军事与行政设施,就连一年一度的巡边也基本流于形式。这里面有各方面的原因,怕死,怕冷,怕麻烦,多数将士都不情愿,而作为最高军政首脑,萨布素无疑是有更大责任的。

官场如炉,萨布素也学会了对皇上说好听的,学会了隐瞒不利消息。随征宁夏期间,他向康熙说官庄收成好、各处粮仓储粮超过三万石,因年久已开始腐烂,最好分发给兵丁折算饷银。一直牵挂黑龙江垦荒情形的玄烨,听说后自然很开心。[40] 而因各类刑事罪犯大量发往黑龙江,皇上担心聚集过多会生事,询问他如何应对。萨布素说流放是一项好政策,新满洲兵员众多,将那些凶徒分散各城,给披甲人为奴,令其势孤力散,难以合伙作恶;还可以作为劳力在官庄种田,增加收成,改善新满洲的生活质量。[41] 萨布素也曾果断举劾属下个别"旷误防哨"的佐领,使其受到革职处分。总之是边疆很富裕,社会很稳定,管理很严格,哪个皇帝不愿意听到这些呢?

直到三十七年(1698)秋天,可看到的都是康熙帝对他的赞扬与奖赏:"萨布素任黑龙江将军年久,谙练地方事务,亦得官军之心","黑龙江将军萨布素授任以来,为国效力,训练士卒,平定鄂罗斯,勤劳可嘉,着给一等阿达哈哈番,令其世袭"。[42] 就连他的副手也得到世袭封号。康熙帝还传旨,将自己穿戴过的蟒袍缨帽赐给萨布素等人,并在军前宣谕,是怎样的宠信和尊荣!

萨布素并非一个贪官,出事皆因受到子女与亲属的牵连。先是女婿关保担任黑龙江副都统,与属下佐领不和,互相揭发"私动驿站"(即借驿站办理私事)。康熙帝很不高兴,立刻联想到二十年前东巡时萨布素的表现,说他那时老想着与身边侍从套磁,"器局卑琐",命他审查复奏。老萨不敢解释,呈报将关保革职,倒是皇上念其功劳辛苦,改为降五级调用。[43] 此事刚完,因当地连续两年亢旱,士卒与家属饥饿,仓储无粮可放，萨布素先前所吹粮食富裕的牛皮破裂，亲家蔡毓荣经营官庄亏损作弊也被揭出，皇帝震怒，钦派理藩院侍郎前往查办。萨布素在此长期主政，久任必积累下各种矛盾，手下人的一些不法行径暴露，件件都与他有牵连，很快被停职，解往京师受审。[44]黑龙江大学吴雪娟教授等在满文档案中发现了萨布素供词，琐琐碎碎，却能映照出一个抗俄英雄的末路，满纸悲凉。

四十年正月，兵部呈上审查报告，所列举萨布素的罪责为：不抓官兵训练，听任数千名兵丁家口返回吉林，造成浮报冒领；蔡毓荣经营官庄不善，谎报庄丁人数，予以包庇；家奴仗势欺人；对因事撤职的属下擅作安排。兵部也模仿上谕的腔调，说萨布素昔为猎户，叠蒙圣主擢用，为边疆首辅大臣，谎奏圣主，致干法纪，建议革职。康熙帝念其旧功，降为佐领。从来墙倒众人推，过了不久，又有家奴举报他胁迫满洲披甲卖身为奴。户部拟予革职，枷三月，鞭一百，有旨免除枷号与鞭刑，为他保留了一点尊严。此年萨布素六十七岁，从将军又回到士兵，隶属京师镶黄旗松博珠佐领。四十四年秋冬之间，萨布素在京去世，当时情形已全无记述，只知道其子常德被押解前往治丧，而在返回宁古塔时灵柩竟落入江中，随即被洪水冲走，尸骨无存。"我怜今孝子，人忆故将军"[45]，是宗室塞尔赫在北京为常德送行的诗，那时还不知老将军的结局如此凄凉。

越四年，康熙帝追念萨布素之功，命颁赐御物，对常德也予以赦免和起用。雍正八年正月，常德由副都统升为宁古塔将军。朝廷发兵进剿噶尔丹策零，常德担任北路副将军，可堪告慰父亲的"在水之灵"。

七　大帝与大帝的隔空对话

17与18世纪之交，中俄两国各有一位长期执政的大皇帝：在位六十一年的玄烨与在位四十三年的彼得。在尼布楚谈判与签订边界和约时，玄烨亲政已然二十年，而彼得也由与哥哥并列皇位，一切听命于姐姐索菲亚，开始逐渐掌握实权。在其后三十余年的岁月里，两位相邻大国的君主虽都以强硬著称，却没有出现碰撞，没有发生战争，还有过一两次有意思的隔空对话，传达的皆是满满的善意。

所谓隔空对话，是指由使臣转呈的信函与问候。沙皇彼得持一种较为积极的姿态，目的主要在于开通对华贸易，当然也有对两国边界的关注。1692年3月，共同执政的伊万与彼得派遣伊兹勃兰特前往中国，携带国书与礼物，以及商队和大宗货物，经过超过一年半的长途跋涉，于康熙三十二年十月抵达北京。伊兹勃兰特是个做国际贸易的丹麦商人，多年来向俄廷支付了高额税金，本来是请求经过西伯利亚到中国做生意，竟被委任为专使，加派一个秘书、两名少尉和一个医官，又命托博尔斯克督军在其经过时，配备蒙文翻译以及四五十名士兵，搭起了一个使团的架子。发给伊兹勃兰特的训令大体为：俄廷愿意恪守《尼布楚条约》，但未知清方是否已核准和遵守；探明中国人对于乌第河待议地区有何打算；向中方提出一些有关俘虏、逃人和贸易的具体要求；打探黑龙江流域山川河流的状况，最好能秘密绘制成图。这帮人起初也拿出一副大国来使的派头，但在馆舍被困饿了数日后，就乖乖按照清方规矩呈上了国书。其国书有俄文与拉丁文版本，被迅速译为满汉文字，信中虽对康熙帝有赞美之词，郑重表达了"愿照以前朋友之道，永远和睦相处"的愿望，却因书写格式不礼貌被退回。

当时的沙俄公文，皆用一种可能袭自蒙古大汗的行文模式，先以金字书写沙皇名字，自称为"王上之王，各君之主"，然后是"领有大小俄罗斯，奄有东、西、北各地及其所属莫斯科、基辅……"所有城市和地域名称都列在后面，牛气烘烘，引起清朝君臣的严重反感，康熙帝谕曰：

> 览俄罗斯国察罕汗文书,将其君主写金字置前,且不写奏字而写朋友。凡外国来疏,无不将朕置前并写奏字者,俄罗斯国君主之文书,既不合外国奏书之例,故不予接受,其文书及贡物,均着退回。[46]

伊兹勃兰特再三恳求收下国书,清大臣不为所动,告知他若不带回,就将国书扔掉并把他驱逐出境。

尽管如此,康熙帝仍在宫中接见了伊兹勃兰特,友善地与他聊几句天,还问到"大君主同土耳其苏丹现在是和平相处,还是在打仗"[47],可证玄烨对国际大事也颇有了解。至于具体事务,由理藩院负责沟通,就俄人越界打猎提出交涉和警告,告知今后俄国国书和使团入境应遵循的规定,也答复了俄方提出的一些问题。伊兹勃兰特等人在北京待了三个多月,卖掉了商队带来的货物,通过各种渠道弄了一些真真假假的情报,临行前再次受到康熙帝接见,收到一大堆的赏赐,还带回了清朝皇帝对沙皇的问候,也算不虚此行。

二十余年过去了,大清在康熙帝治理下进入繁盛,而沙皇彼得更是励精图治,以一种坚定的姿态学习西方,发展工业,兴办军事学校,设立科学院,印行报纸等,综合国力得以空前提升。为解决对华贸易问题,曾有近臣建议诉诸武力,但俄国正深陷与瑞典的战争,彼得大帝斟酌再三,还是决定派出友好使团去北京。[48]新选的使臣是近卫军大尉伊兹马伊洛夫,在撰写国书时也是煞费苦心,开头那一段冗长的自我炫耀被删去,改为"谨以和好之礼向抚育天下至圣皇帝请安"[49],原用的"殿下"升格为"陛下",最后是彼得亲笔签名并加盖国玺。清朝官员在俄使入境时即验看了这份国书,将副本飞送朝廷,故一路绿灯,旅途顺利。

康熙五十九年(1720)秋,俄国使团进入北京,清朝举行了前所未有的欢迎仪式:"使臣骑着汗的御马,在喇叭和击鼓声中,在手持军刀的士兵簇拥下,十分隆重地进入京城,而后又经过许多街道才到达宾馆。"军旅出身的伊兹马伊洛夫仪表堂堂,临行前又给了个沙皇近侍大臣的名义,觐见时手捧国书,率商务代表兰格等随行人员在阶前齐齐跪下。康熙帝龙颜大悦,说自己从不亲自接受任何外国国书,但把俄国皇帝视为朋友与邻居,故而今天要打破惯例。他倾听了使臣的简短请求,接过国书,放在一旁的桌子上,和蔼地问候沙皇的身体健康,然后设宴招待俄国使团。伊兹马伊洛夫在御座右侧与几位清朝重臣一桌,玄烨谈兴甚浓,亲自赐使臣酒馔,并向使团人员一一赐酒。"使臣双膝跪下,感谢博格德汗的恩典"〔50〕。老皇帝显然很喜欢这位俊伟礼貌的特使,多次召见,允许他参观内宫、御座、皇家仪仗和收藏品,叫他不必拘于礼节,可以放松吃喝娱乐。在一次宴会后,康熙帝让他坐于身旁,说有两句话要告诉他,不需要他回答,但可谨记在心,回国后奏报俄国君主,曰:

  一者,尔国国君为如此伟大荣誉之君主,拥有广大领土,对于敌国常御驾亲征,海洋广大莫测,狂涛常起,危险殊甚,望尔国国君多加保重,因彼兵良臣忠,不乏差遣之人,应自居于安全之境地。〔51〕

这是一番经过深思熟虑的恳切话语,是一个邻国君主的提醒与告诫,充满善意。玄烨比彼得年长十八岁,登基则早整整二十年,亲政后一直致力于国家富强,虽没有后者那样的社会变革力度,但读书要多得多,人生体悟与精神境界自也不同。此时的康熙帝将近七十,对彼得大帝的穷兵黩武当有较多了解,对罗刹侵扰黑龙江的往事亦记忆犹新,接下来谈到两国关系的一些疙瘩,并直接指出交兵之不利——

  二者,俄国方面虽有二三十人逃来中国,而中国方面亦有

> 人逃往俄国，但两国睦谊决不能因此辈无赖之徒有所变更，因朕始终欲保持与贵国大皇帝陛下巩固之和平。且我两国无必争之理，俄国为严寒窎远之国家，朕如欲派兵前往，必致全军冻死，且纵有所获，于朕究有何益？俄国君主亦同。假如为对抗朕而调兵遣将于贵国所不习惯之炎热地带，岂非使之无端而死耶？两国征战，纵互有所获，究于两国何益？两国皆有许多土地足以自存也。

这里所说严寒与炎热、士兵冻死与热死，皆基于第二次雅克萨之战的经验，虽不免以偏概全，却蕴含了最大的人类政治哲理。一将功成万骨枯，不管你煽动起怎样的战争激情，受伤害的首先是前线士兵与他们的家庭。玄烨明确表达了和平的愿望：中俄皆属地大物博的国家，"皆有许多土地足以自存"，"纵互有所获，究于两国何益？"，这里所说的是清朝与沙俄，而实乃大国交往的至理名言。

伊兹马伊洛夫带来了彼得大帝精心准备的礼物，自己也带了一份厚礼，如金质怀表、英国金盒、法国银剑，以及俄国狼狗和法国猎犬各十二只（天知道他如何将这些活物一路带来），等等。大清皇宫虽不缺这些，康熙帝仍感谢他的美意，回赠丰厚，并将他引至一幅世界地图前，询问和谈论欧洲各国的情况。伊兹马伊洛夫是带着外交委员会的训令来的，乘机请求与清朝大臣会谈，得到批准。

在接下来的谈判中，兴兴头头的伊兹马伊洛夫被浇了一瓢又一瓢凉水：最渴望缔结一个贸易条约，对方却视为"无关紧要的小事"，坚持在俄方归还逃人后才可以缔约；在北京常驻商务代表的设想被否决；俄国人在未划定边界地区的扩张蚕食也被警告。他很想得到一份康熙帝回复沙皇的国书，被告知没有这种先例，如果写也只能是谕旨。

伊兹马伊洛夫有些拘于西方的外交模式，其实康熙帝对他讲的那两条就是最好的回复，传达出维护两国和平与友谊之愿景，比一个刻板公文不知要强过多少倍。辞行之际,伊兹马伊洛夫再次向康熙帝请求,终于得到一份写在黄纸上并钤有宝玺的回书,开头即有"敕谕"二字,倒还不是敕谕沙皇,而是"敕谕俄国使臣伊兹马伊洛夫",让其哭笑不得。其中有"朕之旨意,尔应如实铭记在心并奏闻于贵国大君主"。[52]前面的话与这份敕谕皆存于俄国档案,可证已完整转奏给彼得大帝,只是没见到其读后的反应。

然不久后,传来沙皇接见准噶尔使臣并表示要给以保护的消息,使得清廷震怒,采取了一系列反制措施,驱逐在京俄国商务代表兰格,禁止俄后续商队入境,两国关系急转直下。

八 舅舅隆科多

接下来的数年间,康熙帝与彼得大帝先后辞世,而边界逃人问题旧的未去,新的又来,尼布楚还发生俄人私自越境贸易之事,两国关系仍然紧张。被逐的商务代表兰格一直逗留在边境小镇色楞格,表示可以归还一些中国逃人。清廷迅即派员前往,会谈中表达了修复友好关系的愿望,并邀请兰格再赴北京,但当兰格说到派遣商队与教士团进京,清方代表则说需要向新登基的雍正帝奏报。[53]

1725年6月,继位未久的叶卡捷琳娜一世决定向北京派出使团,任命萨瓦·弗拉季斯拉维奇为特命全权使臣。这个希腊人早期经商,曾追随彼得大帝出征普鲁特河,获得伯爵爵位与四等文官职衔。女沙皇给他的训令多达四十五条,包括原来给伊兹马伊洛夫的任务清单,而最突出的则是两国划界的条款,将近二十条与之相关。使团还未动身,兰格即向清朝理藩院郑重通报,雍正帝很重视,决定委派一等公隆科多与内大臣四格前往边境迎接和勘界。

朝野对雍正帝胤禛的登基颇多物议,时为领侍卫内大臣、步军统领的隆科多有拥戴之功，实为胤禛上位第一得力之人，受命与允祥、马齐等总理事务，授以吏部尚书，兼管步军统领衙门。隆科多为佟国维次子，亦是圣祖孝懿皇后的弟弟，胤禛即位数日后，就对内阁特发谕旨：

> 隆科多应称呼舅舅，嗣后启奏处，书写"舅舅隆科多"。[54]

自古君恩难凭。仅过了三年，这位皇舅就开始失势，撤步军统领，免吏部尚书，次子玉柱的銮仪使也被革去。这次选派他前往主持勘界议界，雍正帝说了一段很有意思的话：

> 隆科多深负朕恩，种种罪恶，应置重典，但伊办事之才，尚属可用。见今与策妄阿喇布坦将阿尔泰岭定为边界之事，甚属紧要。……今已派出额驸策凌、贝勒博贝、散秩大臣伯四格、护军统领喀尔吉善前去，着隆科多一并同往，至阿尔泰岭，再由空鄂罗东至楚库拜姓地方，详察地势，公同定议具奏。再由楚库拜姓之东，额尔古纳，以至黑龙江之源，旧定边界亦未清晰，俟阿尔泰事竣，隆科多即从彼处前往楚库拜姓，将此等地方亦详审定议。见今鄂罗斯国为定边界之故，差使前来。隆科多候伊使臣到日，即将定边界之处会同议结。此事隆科多非不能办者，伊若实心任事，思盖前愆，朕必宽宥其罪。若心怀叵测，思欲偾事，所定边界不合机宜，于策妄阿喇布坦、鄂罗斯地方生事，朕必将伊治罪。[55]

可知隆科多等此行以西部议界为主，但也包括对黑龙江之源的踏勘，还有一项任务就是迎候俄国使臣，解决遗留的边界问题。由这样一位前重臣、当今圣上的舅舅亲自至边界远迎，对俄国使团自是莫大的荣誉。隆科多等在边界友好接待了俄国使团，因其要递交国书和祝贺雍正帝即位,由四格陪同萨瓦等赴京,隆科多则前往阿尔泰等地勘察边界。随俄国使团而来的还有英诺森主教和商队,没有得到进入中国的许可,只能在边境耐心等待。

萨瓦使团带着一大堆任务,而解决《尼布楚条约》未定边界问题,实乃最重要的一项。女沙皇另派宫廷侍臣克雷乔夫等作为界务官前往边境,还特为配属一个测绘小组,要求他们弄清边界遗留问题,并绘出准确详明的地图,以备谈判时作为依据。一个叫布霍利茨的上校也奉派驰往边界地区,训令要他携带一个步兵团与一连龙骑兵,检查沿边各要塞是否坚固,随时接受萨瓦指示,配合划界工作,必要时使用武力。[56]外务委员会的密令,则是要求使团沿途察看中国城市的情况,包括地理与物产、驻军人数和行政长官,探听中国的朝政大事、与其他国家的关系,以及军队数量和武器装备等实情。这当然并非个例,所有赴华使节、商队、传教团和留学生,都负有这种秘密任务。

萨瓦人数众多,一路受到清朝地方官的欢迎和招待,感觉甚好,提出进北京城时应鸣礼炮九响,被断然拒绝,理由是连皇上入城也没有这待遇。但中国的欢迎仪式也很隆重,大约八千士兵夹道欢迎,一路鸣锣开道、击鼓奏乐,直接护送至宾馆,清廷派高官设宴款待,连续十天。[57]接见日的一大早,萨瓦与兰格受邀进入紫禁城,在乾清宫门外,他手捧国书步入大殿,向盘腿坐于宝座上的雍正帝行三拜九叩礼,然后走近宝座跪下,将装在金缎袋子里的国书高捧过顶。雍正帝生性严肃,未许使臣先说,自己也不对萨瓦讲话(反正也听不懂,就不来虚的了),叫过理藩院尚书转述上谕:父皇在位期间,中俄两国一直保持着和平安宁的良好关系,希望能保持下去,现在俄国女皇派如此显要的使臣前来,备感欣慰,所以给予了超规格接待;自两国缔结和约后,迄今没发生任何重大事件,但在边境也存在一些小的纠纷,因而早就期待有一位俄国使臣来,以便消除这些争端。萨瓦很礼貌地跪着聆听,然后请尚书转呈用拉丁文写的颂词,祝贺胤禛继位,祝愿中国大皇帝御体安康,并请求早日安排会谈。[58]雍正帝当即指派吏部尚书查弼纳、理藩院尚书特古忒与兵部侍郎图里琛,担任中方代表。

接下来的七个月里,双方举行了三十多次会议,提出二十余份和约草案,几乎对每一条款都进行反复讨论和争论。[59]中方建议到边境实际解决争端和踏勘划界,萨瓦坚持在北京有个说法,递交了一份书面材料,列举中方欺凌俄国边民、隐匿俄国逃人、压迫商人与强行停止通商,以及侵占蒙古领主阿勒坦汗的土地。他拿出一份早年的文书,宣称上一代阿勒坦汗已归附俄国,已经有一百年了。萨瓦说如果中方不对俄国的国书予以答复,不满足俄方的全部要求,不缔约和建立贸易关系,他不光不能划界,就连《尼布楚条约》被中国人夺走的土地,也要求归还俄国,"至于将来是保持和平,还是另有考虑,则将由女皇陛下裁夺"[60]。

萨瓦明显的强词夺理和威胁意味,令查弼纳等极为恼怒。本以为来了个求和使团,本来见他磕头时一副驯顺模样,哪知居然是来威胁讹诈的。查弼纳针锋相对:中国在边界受到的欺凌要多得多,至今还有六千多属民留在俄国;第二代阿勒坦汗与沙俄缔约之事闻所未闻,我们只知道满蒙两族世代血肉相连,蒙古领土一直延伸到托博尔斯克,而阿勒坦汗与其他蒙古首领从未归顺过俄国。中方告知萨瓦等人,首先要划定乌第河待议地区的边界线,然后归还逃人,"只有到那个时候,我们才谈贸易和其他问题"。

所有的边界谈判都需要耐力与强大意志,也要求对国际法的了解与经验,清朝大臣显然有很大欠缺。他们准备不足,以为能轻松压服对手,一旦不顺就气急败坏,"时而许诺赏赐使臣,时而又辱骂使臣,说他是一个顽固、高傲、出尔反尔的卑鄙之徒,时而又威胁要把他监禁起来,像以前监禁一位葡萄牙使者一样,或者让他不光彩地离去,或者把他从北京赶到荒漠上去,在那里让他和他的使团全体随员冻饿致死",同时还采用断粮、供应咸水等招数,逼他们就范。这些记载来自俄国档

第六章 东北无战事　173

案，会有夸大的成分，但应基本属实。被逼急眼的萨瓦说了实话：俄国与中国历来有仇，因忙于与瑞典、土耳其等作战暂时没有报复，现这几个敌国已被制服，如果你们迫害使臣，就等着吧。

清廷本来要把他驱逐出境，想想还是留有余地，雍正帝收下女沙皇的礼物，回赠了一些礼品，也再次接见萨瓦。他对即将离开的萨瓦有所抚慰，称已悉知双方争执的要点，也有几句赠言，"行事要公，要有诚意，无论对尔国女皇，或对朕之利益，均应尊重，不可偏袒一方，而要兼顾双方。若能如此，则一切均可顺利解决，令人愉快"。[61] 这番话很平实，不难懂，但其间包含的中华文化精髓，不知商人出身的萨瓦能否悟出？

在距色楞格斯克不远的布拉河河畔，双方继续谈判。清方的首席大臣变成了舅舅隆科多。他已在漫长的边界线做了大量调研，态度也更为强硬，又经历了几个月的拉锯战。萨瓦极擅窥测拉拢，在北京就与内阁首辅马齐私下勾连，了解了不少清宫秘密，此时则暗中大搞小动作，声称隆科多故意破坏和谈，引发战争。蒙古王公和其他大臣见大量俄国军队在边界集结，也有些紧张，责怨隆科多节外生枝。不久后的一个夜晚，"傲慢的隆科多于8月8日夜间突然被捕，并被严加监禁，押送北京"[62]。

舅舅隆科多离开了，等待他的是监禁与死亡。皇帝的心也如秋天的云。对于胤禛来说，亲兄弟尚且禁锢而毙，遑论一个舅舅，却不知他要坚守的是神圣国土。在这之后，中俄代表迅速达成共识，签订了《布连斯奇条约》，本属清朝的十余万平方公里划归俄方，而黑龙江入海口向北、存在争议的乌第河地区，仍然被搁置。

注释

〔1〕《清圣祖实录》卷一〇六，康熙二十一年十二月庚子，"调乌喇宁古塔兵一千五百，并置

造船舰，发红衣炮鸟枪及演习之人，于黑龙江、呼马尔二处建立木城，与之对垒，相机举行。所需军粮，取诸科尔沁十旗及席北乌喇之官屯，约可得一万二千石，可支三年。且我兵一至，即行耕种，不致匮乏"。

〔2〕《清圣祖实录》卷一一二，康熙二十二年九月丁丑。
〔3〕吴兆骞《秋笳集》附录，"上母亲书（四）"，第300—302页。
〔4〕《平定罗刹方略》卷二，收录于苏联科学院远东研究所等编《十七世纪俄中关系》第二卷第四册，第986页。
〔5〕《平定罗刹方略》卷二，第988页。
〔6〕参见《清圣祖实录》卷一二八，康熙二十五年十二月丙辰。
〔7〕《清圣祖实录》卷一一二，康熙二十二年九月丁丑。
〔8〕《清圣祖实录》卷一二二，康熙二十四年九月甲申。
〔9〕［俄］瓦西里耶夫《外贝加尔的哥萨克（史纲）》第一卷，"拜顿的侦察"，第260页。
〔10〕《外贝加尔边区纪行》下篇，《阿尔巴津城史》，第119页。
〔11〕参见《清圣祖实录》卷一二九，康熙二十六年二月庚戌，"刑部等衙门会审，蔡毓荣隐藏逆女、贪取财物，种种不法，上背国恩，应仍拟斩立决。得旨：蔡毓荣从宽免即处斩，籍没家产，着枷号三个月，鞭一百，并分家子，发往黑龙江"。
〔12〕《清圣祖实录》卷一二九，康熙二十六年二月庚戌，"得旨：禧佛，着照部议完结后，发往黑龙江，披甲效力赎罪"；敦多礼亦着发往黑龙江"。
〔13〕《清圣祖实录》卷一三〇，康熙二十六年七月甲午，"谕大学士等：马哈达补授都统以来，凡咨补官员皆有情弊，着将都统并所得世职俱行革去，发往黑龙江效力"。
〔14〕光绪年间《墨尔根志》卷一，《建置沿革志》："墨尔根城，原系墨尔根村，于康熙二十四年设立城池"。收录于《清代黑龙江孤本方志四种》，黑龙江人民出版社，1989年，第347页。
〔15〕《清圣祖实录》卷一三一，康熙二十六年十月己巳。
〔16〕参见《清圣祖实录》卷一四九，康熙二十九年十月壬戌，"户部议覆，黑龙江将军萨布素疏言：墨尔根居住之总管索伦安珠护等，每年耕种官田二千余晌，今官兵移驻墨尔根，请即以此项成熟之田分给耕种。应如所请。"据此上推，萨布素等应在当年八月移驻该城。
〔17〕《清史稿》卷二八一《佟国纲传》记载，"国纲奋勇督兵进击，中鸟枪，没于阵"。另有记载称佟国纲是被俄制滑膛枪打死的，参见［美］约瑟夫·塞比斯《耶稣会士徐日升关于中俄尼布楚谈判的日记》，王立人译，商务印书馆，1973年，第53页。
〔18〕《索额图为奉命阅看行尼布楚长官文稿事致兵部咨文》，收录于故宫博物院明清档案部编《清代中俄关系档案史料选编》第一编，第70件，第135页。
〔19〕《俄尼布楚军政长官为告知噶尔丹向其求援事致索额图函》，收录于《清代中俄关系档案史料选编》第一编，第70件附录二，第137页。
〔20〕《王化行题报噶尔丹带有大鼻子同往板城本》，收录于《清代中俄关系档案史料选编》第一编，第84件，第161页。
〔21〕《清圣祖实录》卷一七一，康熙三十五年二月甲午。
〔22〕《费扬古等题俄罗斯援助噶尔丹情形本》（康熙三十五年五月初二日），收录于《清代中俄关系档案史料选编》第一编，第90件，第177页。
〔23〕《索额图为通知俄方防范噶尔丹事致俄尼布楚城长官咨文》（康熙三十五年七月二十五

日），收录于《清代中俄关系档案史料选编》第一编，第91件，第178页。
〔24〕北京师范大学清史研究小组编《一六八九年的中俄尼布楚条约》附录二，满文汉译本，人民出版社，1977年，第453页。
〔25〕《一六八九年的中俄尼布楚条约》附录二，俄文汉译本，第455页。
〔26〕《工部为制做界碑事致黑龙江将军咨文》（康熙二十九年三月初五日），收录于故宫博物院明清档案部编《清代中俄关系档案史料选编》第一编，第67件，第125页。
〔27〕《八旗通志初集》卷一五三《郎谈传》。
〔28〕《索额图等为严禁俄人至喀尔喀行猎并暂停立界碑事致俄尼布楚长官咨文》（康熙三十年十二月初一日），收录于《清代中俄关系档案史料选编》第一编，第73件，第141页。
〔29〕《八旗通志初集》卷一五三《郎谈传》。
〔30〕参见《索额图为促俄送还被掳鄂伦春人事致尼布楚长官函》（康熙三十年十月二十八日），收录于《清代中俄关系档案史料选编》第一编，第72件，第139—140页。
〔31〕《索额图为俄人越界捕貂事致尼布楚城长官咨文》（康熙三十三年二月初六日），收录于《清代中俄关系档案史料选编》第一编，第81件，第157—158页。
〔32〕《萨布素等为严禁俄人越界捕猎事致俄尼布楚长官咨文》（康熙三十三年七月二十五日），《清代中俄关系档案史料选编》第一编，第83件，第160页。
〔33〕《俄尼布楚城长官为处决俄方越界罪犯事致索额图函》（俄历一六九四年七月六日），《清代中俄关系档案史料选编》第一编，第85件附录，第165页。
〔34〕［清］杨宾《柳边纪略》卷一，吉林文史出版社，1993年，第18页。
〔35〕［俄］雅科夫列娃《1689年第一个俄中条约》，转引自刘远图《早期中俄东段边界研究》，中国社会科学出版社，1993年，第100页。
〔36〕参见《早期中俄东段边界研究》，《界山威伊克阿林及其界碑》一章，第90—114页。
〔37〕《丰盛额等奏咨请俄国派员议定乌第河地段界址折》（雍正十二年十二月十四日），《清代中俄关系档案史料选编》第一编，第282件，第627页。
〔38〕参见《碑传集》卷一一五，《镇守黑龙江将军富察公萨布素传》，中华书局，1993年，第3318—3320页。
〔39〕《清圣祖实录》卷一八二，康熙三十六年闰三月癸未。
〔40〕参见《清圣祖实录》卷一八五，康熙三十六年九月乙巳，"黑龙江将军萨布素疏言：沿河被水之十八庄，请计其人数，将旧贮米粮散给。上谕户部、理藩院曰：朕前至宁夏，黑龙江将军萨布素曾奏伊处收贮粮米三万余石，年久渐朽，与其积之腐烂，何若散之为有益乎？且出陈可济军粮，易新便于收贮，宜如所请行"。
〔41〕参见《清圣祖实录》卷一八八，康熙三十七年四月己酉，"朕数年以来，将为盗者止诛首恶，为从者从宽免死，发往黑龙江。朕曾问及将军萨布素，此等罪犯聚集或致生事。据奏：新满洲兵众多，将凶徒分给为奴，势孤力散，恶不能逞。由此观之，不但全活甚众，且新满洲资益良多矣"。
〔42〕《清圣祖实录》卷一八八，康熙三十七年四月庚午；卷一九〇，康熙三十七年九月己亥。
〔43〕参见《清圣祖实录》卷一九三，康熙三十八年五月乙亥，"谕大学士等：黑龙江将军萨布素办事虽明敏，然器局卑琐，朕巡幸至乌喇，每见其逢迎近侍。朕听政多年，何事未历，金壬端良夫岂不辨，彼近臣何能为也！今黑龙江副都统关襄私动驿站一案，其事俱实，着该将军查审具奏。寻萨布素遵旨审覆，副都统关襄疲劳驿站，应革职枷责。得旨：着从宽免降五级调用"。

〔44〕参见吴雪娟、李海军、夏春红《萨布素生卒年限考》,载于《黑龙江档案》1996年第6期。文中引用黑龙江将军衙门满文档案多则,其中包括萨布素三十九年十一月请求献出家人田产的奏状,亦可知该月康熙帝已命宁古塔将军沙纳海前往接替黑龙江将军一职。
〔45〕[清]塞尔赫《送德处士芳卿扶父萨将军柩归葬祖茔》,见于《黑龙江外记》卷七。
〔46〕《索额图等为俄沙皇国书不合体例奉旨议奏之记事》(康熙三十二年十月二十八日),《清代中俄关系档案史料选编》第一编,第78件,第148页。
〔47〕[俄]尼古拉·班蒂什-卡缅斯基编著《俄中两国外交文献汇编(1619—1792年)》,《赐见伊兹勃兰特》,第92页。
〔48〕《俄中两国外交文献汇编(1619—1792年)》,《伊兹马伊洛夫使团出使中国》,第106页。
〔49〕《俄沙皇为派使臣前往北京事致康熙帝国书》(俄历一七一九年三月三十日),《清代中俄关系档案史料选编》第一编,第188件附录,第407页。
〔50〕《俄中两国外交文献汇编(1619—1792年)》,《伊兹马伊洛夫到达京城》,第114页。
〔51〕《俄中两国外交文献汇编(1619—1792年)》,《向博格德汗进献礼品》,第115—116页。
〔52〕《俄中两国外交文献汇编(1619—1792年)》,《博格德汗的回书》,第119—120页。
〔53〕《俄中两国外交文献汇编(1619—1792年)》,《中国大臣和兰格的交涉经过》,第133—134页。
〔54〕《清世宗实录》卷一,康熙六十一年十一月丙午。
〔55〕《清世宗实录》卷四〇,雍正四年正月甲寅。
〔56〕参见[俄]瓦西里耶夫《外贝加尔的哥萨克(史纲)》第二卷,"划定边界",第34页。
〔57〕《俄中两国外交文献汇编(1619—1792年)》,《弗拉季斯拉维奇伯爵离开边境前往中国》,第152页。
〔58〕《俄中两国外交文献汇编(1619—1792年)》,《弗拉季斯拉维奇伯爵的觐见》,第153—154页。
〔59〕参见[法]加斯东·加恩《彼得大帝时期的俄中关系史(1689—1730年)》,第九章《萨瓦·务拉的思拉维赤的出使(1725—1728)》,第209页:"由于他不肯接受中国方面对俄国不利的建议,因此中国只供给他们苦水,这使得有一半以上的部属都生病了。"
〔60〕《俄中两国外交文献汇编(1619—1792年)》,《弗拉季斯拉维奇伯爵关于边界的要求》,第155页。
〔61〕以上引文均见于《俄中两国外交文献汇编(1619—1792年)》,第155—163页。
〔62〕《俄中两国外交文献汇编(1619—1792年)》,《双方关于边界的争议》,第166页。

第七章 乾隆的尊威

在通常所称"康乾盛世"的一百多年里,大清三朝天子的对俄交往既一以贯之,又各具个性:康熙帝坚定果决,先兵后礼,签订了一个基本平等的边界条约,带来了东段边界的持久和平;雍正帝坚定而不果决,反复犹疑,却也在三个界约基础上签署《恰克图条约》,开通商贸渠道,使两国有了较稳定的中段边界;乾隆帝则是尊威无边,坚定果决且傲慢,识破沙俄"借道黑龙江"的图谋,严词拒绝了他们。

也就是在乾隆朝,清廷在外交公文中发泄愤怒,肆意嘲弄羞辱对方,单方面中断恰克图贸易,轻视强敌又不修边备,伏下后世丧权失地的沉沉一脉。

一 跪出个上国风范

签订《尼布楚条约》后,中俄双边交往很快多了起来。俄国的姿态很主动,不断派遣人员来华,既有各类使节,也有传教士与留学生,更多的是一拨接一拨的商队。清廷则端着中央帝国的架子,坚持由理藩院(掌管内外各藩属)办理涉俄事务,坚持以敕谕代替国书,长时期来而不往,直至康熙五十一年(1712)初夏才向俄国派出一个有特殊使命的小型使团。

该使团由太子侍读殷札纳、内阁侍读图理琛等带领,目的地是驻牧于伏尔加河下游的蒙古土尔扈特部,赐予阿玉奇汗敕书并宣抚部民。土尔扈特乃卫拉特四部之一，与准噶尔有着千丝万缕的联系。其时准噶尔仍是清朝大患，此举带有明显的战略意图——联络感情，切断准部西窜之路，如能发兵邀击其后则更好。俄廷疑忌很多，自使团入境始终派军官陪伴，暗中监视。行前玄烨曾交代如果俄皇要求接见，即"前往相会，"见沙皇时，应遵守该国礼仪"。[1]而殷札纳等从土尔扈特回到托博尔斯克，西伯利亚总督加加林再次热情款待，表示彼得大帝尽管正忙于与瑞典作战之事，若清朝使臣携有国书，也一定会安排会见。没见殷札纳等回应，此人大概比较老实，没带国书，也就踏上归程。这算是第一个出使沙俄的清朝使团吗？准确地说，应是一次借道俄国去宣抚藩属的行为。图理琛归来后写成一本《异域录》，记述沿途所经重要城镇及山川地理、风物人情，也附有少量地图，很难得，但大而化之，即使在贝加尔湖地域，也完全没有涉及军事方面的考察。[2]

至雍正七年（1729）夏天，清廷才派出一个正式的访俄使团，理藩院为此通报俄国枢密院："今值尔汗承继皇位喜庆之日，我国特派使臣前往致贺。随同我使臣一同前去者，尚有我前往土尔扈特地方之官员。"[3]堂皇的由头是祝贺彼得二世继位，真实目的主要还是联络蒙古土尔扈特部，以切断准噶尔部的外援与窜逃后路。当时噶尔丹策零正与清军交兵，互有胜负，清廷很忌讳他与俄罗斯联手。大清正使名叫托时，满洲正黄旗人，雍正初为内阁侍读学士，升户部侍郎，兼礼部侍郎，因事革职，特赏给理藩院侍郎衔率团出使。随团有副都统广西等四位官员及差役二十人，同他们一起的还有满泰带领的专赴土尔扈特的一队。同俄国一些赴华使团遭遇相近，他们在边界等了差不多半年才获准入内，俄方已对使团成员调查了个底儿掉，悉知有一半成员曾被免职，因派往俄国又予复官。这也是清廷一贯的方式，从康熙到雍正，都是选不受信任者去主持重要谈判，却使俄方不解：为什么要这样？是否因萨瓦使团在北京曾遭受虐待侮辱，特意挑选一些有承受力的级别较低的官员前往？

这次访问是顺利和成功的，似乎也具有互相进行礼仪示范的特色：

俄国人的接待热情周到,他们在色楞格斯克、伊尔库茨克和托博尔斯克三城鸣放礼炮。进入莫斯科时更是隆重非凡,使团分乘九辆皇家轿式马车,在城门鸣礼炮三十一响,近卫军持枪敬礼,鼓乐齐鸣。而大清使臣进殿后呈上"国书",走近女沙皇的宝座恭致贺辞,然后齐整整下跪,三叩头,在对方宣读女沙皇答语时再次跪下叩首,并一直长跪聆听,站起后躬身碎步后退(注意:不转身),至呈递国书处,第三次下跪叩头。[4]我大中华之无上礼仪,也算使罗刹国开了眼界,君臣都受到震撼,原来下跪与磕头,也可以这般庄重典雅,散溢着摄人心魄的高贵气息!

托时颇能随机应变,不辱使命。本是来祝贺彼得二世的,未想到抵达时已换作安娜女皇,即改口敬贺女沙皇登基;本以为见不到沙皇,也没带国书,便以理藩院致枢密院的函件充当国书;本无当面向沙皇致贺的心理准备,场面上一番话竟也说得简洁得体,像模像样……更重要的是,女沙皇表示渴望与中国睦邻友好,理解清廷对准噶尔的战争,承诺不支持噶尔丹策零,不许逃往俄国境内的准噶尔人有任何敌对行动,并允许使团前往土尔扈特部。至于俄方提出的商队进京与边贸问题,托时表达一定会转奏皇上。

离开莫斯科,满泰一行转赴土尔扈特部(俄称作"卡尔梅克"),俄外务委员会秘书巴库宁陪同,一路走走停停,为布置各项防范措施留出时间。该部首领策楞敦多布被俄廷匆忙任命为卡尔梅克汗,显得比原先的"总督"更有权力。俄廷同时下达指令,命他与清朝使臣交谈时必须有俄国官员在场,并尽快请使团离开。策楞敦多布与母亲待祖国来的满泰等官员极亲切,虔敬跪接雍正帝谕旨,经常与来使私下交谈,也对盯在现场的巴库宁出言讥讽。种种情形令俄国人更为猜忌,随即奏报上去,说很难完成交办的监视任务。

托时还未出境,另一个清朝使团已进入俄国,乃雍正帝得知沙俄皇位再次更替,特为祝贺安娜女皇派出的,正使为内阁学士德新。[5]俄廷倒也不以为多,仍拿出欢迎姿态,派出干员迎接陪送。同时一个前往土尔扈特的宣抚团，由内阁学士班第、内务府总管来保等三大臣率领，携带大量银锭，则被俄边防官员以各种借口阻拦，坚决不许入境。理藩院多次致函抗议，也没有作用。

两个中国使团在西伯利亚的一个村庄相会，迎接与送行的俄国人饶有兴致地观摩：相逢时托时等人在院中并排下跪，向德新问候皇上健康，恭请圣安；次日分别时则是德新等向归国使团下跪，要他们代向圣上请安。这些仪式既是上国礼仪，也是一次现场示范教学，惜乎老毛子缺乏慧根，相视嘻嘻而已。德新一行受到的接待规格与托时一样，只是走得更远，到了彼得堡，适逢安娜女皇加冕纪念日，大清皇帝的"十九箱礼物"加上使臣的个人礼品，也成为一道风景线。德新一定是得到托时提示，也将理藩院公函充当国书，也向女沙皇当面致贺，也是下跪叩首如仪……全部一个路数，也就不需多写了。

使团离京前陛见时，雍正帝曾对拜见俄皇的礼仪做出指示，行"一跪三叩首礼"。这在大清典章中属于臣下拜见亲王之礼，仍将俄罗斯以外藩待之，好玩的是沙俄君臣无人知晓其间奥妙，集体蒙圈，还颇受震撼与感动。托时、德新等大清使臣当喜不自胜，每一次下跪叩首，都不啻一种外交胜利；而俄人没有抗议争辩，不也代表他们认了吗？

二　留学生弗拉迪金

准噶尔问题，土尔扈特问题，喀尔喀问题，曾长期横亘在中俄之间，成为和谈与划界难以逾越的障碍。其实质还在于领土之争，在于沙俄对中华土地的欲壑难填，开始是对黑龙江流域，雍乾间移到漠北蒙古地区，再后来则是新疆的伊犁与喀什等地，但又始终惦记着黑龙江左岸。托时与德新的两次出使，见识了俄国的兵力强盛与军伍严整，以及水兵舰船、火炮快枪之威力，回来后只能当见闻私下里说说，且不敢过分赞扬。这些品阶较低的使臣不会没有心灵震撼，不会感受不到强邻的威胁，但无人敢对皇上剀切陈词，自然也无法引起朝廷的重视。

这之后双方都出现皇位更替：1735年秋雍正帝去世，二十五岁的弘历继位，是为执政长达六十余年、自称十全武功的乾隆皇帝；而沙皇的更换要频繁多了，安娜之后是伊凡六世，然后是伊丽莎白、彼得三世和叶卡捷琳娜二世。两位男沙皇比较悲催，在位时间极短就死于非命，基本是女主坐天下，所谓牝鸡司晨，让大清君臣不免有些蔑视。

在位前期，乾隆帝一反父皇的暴虐忮刻，基本能虚怀若谷，改革力度很大，不仅对内大行宽仁之政，对外也颇能放下身段。俄国没有派使团致贺，来了一个商务代表兰格，觐见时行三鞠躬礼。弘历不仅未加责备，待之还很亲切，召至宝座前亲切叙话，并赏赐御用食物。兰格曾随伊兹马伊洛夫使华，也曾跟在后面当庭向康熙帝下跪，此后长期留于边界办理贸易事宜，自是懂得天朝礼节，却拒绝对新帝跪地叩首。乾隆帝也知其明知故犯，场面上宽宏大量，允许俄商队在京贸易，心中则难免不快。兰格还以为与中国皇帝混得不错，回国前提出当面辞行，哈，免了吧。

七年后，女沙皇伊丽莎白派出信使绍库罗夫，通报其继位之事，"希望维护已签订的各项条约和俄中两国间的和好关系"，并送来三名留学生。理藩院友好接待了这名信使，郑重告知皇上决定赠送俄国女沙皇一宗礼物，这位俄军少校以没得到女沙皇旨意婉拒。噫，岂非匪夷所思！为了不致使皇上恼怒，清朝官员花了一整天时间反复劝说，这小子就是不接受（原因在于他听宗教人员说这会被称为赏赐，对沙皇带有轻视意味）。乾隆帝本来是要派一个使团赴俄祝贺的，一气之下予以撤销。[6]

此时京师已有不少俄罗斯人，最先一拨是在黑龙江下游抓获的俘虏，接着是第一次雅克萨之战的降人，被编为镶黄旗满洲第四参领第十七俄罗斯佐领，安置在东直门内胡家圈一带。清廷十分优待他们，分配妻子与住房，定期发放饷银粮炭与四季衣服，派给用人，甚至还在居所附近建造了一座东正教堂（俗称"罗刹馆"）。当年在冰天雪地中奔窜搏命的罗刹，如今落入温柔富贵之乡，有美酒佳人，经常喝得醉醺醺的，大多数人已然乐不思蜀。

就在这时，两国缔约，老家来人了，被安置在罗刹馆居住。异国相见，自然有许多真情话语，可还真没听说俄罗斯佐领与之有什么勾结犯禁之事。早期的沙俄使者大多很乖觉，鞠躬不行就下跪磕头，三叩九拜也遵照如仪，使清朝君臣的虚荣心大为满足。康、雍二帝虽明知来华俄人是要做生意赚钱的，对他们仍颇为友好。紫禁城东南城墙外、御河西侧的原会同馆改为俄罗斯馆，理藩院对他们妥善照顾，管吃管住，带来的货物常迅速销售一空，归国前还赠以各种礼物。于是，天子脚下出现了一些忙忙碌碌的俄商，他们肩扛卷成筒状的皮张与毛毯，被谑称为"扛毯子的"。[7]但没过多久，络绎不绝的俄国商队就把清廷搞得不胜其烦，出台了一些限制措施。有本书写罗刹喜欢酗酒，有司特意选派功夫高强者跟随，见其闹事就从背后踹倒，而打着绑腿的"大鼻鞑子"很难爬起来。[8]瞧那时大清国民的优越感，而绑腿影响站立的印象，应在那时已经种下。

其实俄罗斯馆绝不仅仅是"扛毯子的"，还有沙俄官员、军人、宗教人士与学生——官派前来学习满文与汉语的留学生。雍正六年签订的《恰克图条约》中，专有一条写到沙俄可向中国派遣六名学生，自此来华俄国学生取得合法身份。他们被安排在俄罗斯馆居住，到国子监学习，不光俄国发放补助，清方每月也有三两银子的津贴，学制一般为十年，俄国早期的汉学家基本上出自来华留学生。

本文要写的弗拉迪金，是随兰格商队于雍正十年（1732）春抵达北京的，一住就是十五个年头。当时理藩院缺少外语人才，接俄国来函，常请其在华留学生翻译，弗拉迪金也曾担任译员。他渐渐成为一个中国通，还被聘为俄罗斯文馆（康熙四十七年建）教习，后来著有俄文版《简明满语语法》《满汉词典》等。但这位仁兄并非纯正学者，在京读书时酗酒滋事,联合其他俄国学生向理藩院强硬借钱,向国内控告在华东正教大司祭,更为严重的是他的间谍行为。对每一个来华教士和学生,俄外务委员都会提出搜集情报的要求,但真正照着做的并不甚多,弗拉迪金则时刻放在心上。他自1741年起受聘担任理藩院翻译,同时又任文馆教习。机会来了,当年他即通过商队向国内提供密报。俄罗斯文馆学生中有不少满蒙勋贵子弟,弗拉迪金利用当老师之便,有意结交,目的则是获取有价值的情报。1746年夏,商队总管列勃拉托夫斯基提出经黑龙江将军所属索伦地区回国,并带回弗拉迪金和贝科夫两名留学生,获得理藩院同意。大清理藩院貌似强硬,实则办事常缺根弦儿,极为简单粗疏。这个商队为什么要舍近求远?乃因二人提供了关于黑龙江的重要情报,在途中正好进行实地观察印证。

忽忽又是八年过去,轮到弗拉迪金带领商队来华贸易了,此人的进步实在不算快,临时才由九等晋为八等文官。理藩院官员得知之初应有些高兴,毕竟是熟人,是我天朝培养的学生,岂知所学所知全被这家伙用来争吵、对抗甚至敲诈——被偷走一匹马,就要求赔偿十匹。他的商队在北京待了约半年,带来的四名留学生被退回,十名宗教人员留下六名。同时带回三封理藩院致枢密院的信,其中有两封涉及他本人:其一说他在京期间表现恶劣,"在贸易方面既无经验又很愚蠢",所以没有得到皇帝的赏赐,并要求以后不要派遣原留学生当商队总管;其二解释了退回留学生与传教团部分人员之事,并说皇上已传谕禁止弗拉迪金进入中国国境。弗拉迪金无权阅读这些密封的公函,但也会意识到可能对己不利,回国后呈上几份给枢密院的报告,强调清廷对俄特别傲慢,"内心对俄国不满和仇视","总是像对待真正的敌人那样尽量回避和提防俄国人"。[9]他也说到一部分准噶尔人已加入清朝国籍,毫无新意,为发生在两年前的事情。不了解俄廷是否对弗拉迪金做出处分,大约不会,但他也自此离开外交圈,似乎成了一个还不错的汉学家。仕而不优则学,也是一条人生径路。

至于他原来提供的情报，只知道有一份是从满洲某高官府上弄到的黑龙江地图，后文中我们还会谈到。

三 "借道"黑龙江

乾隆帝在位期间，俄国有两位女沙皇不容小觑，第一个是伊丽莎白·叶丽萨维塔。这个彼得大帝极为爱宠的小女儿，有着惊人的美貌，也内蕴着强大的精神力量，在母亲叶卡捷琳娜一世去世后备受排挤和欺凌，她默默承受，终于在政变中被推上宝座。她曾向中国派出信使，希望能互派使臣，乾隆帝也准备派出使团致贺，却被那个脑子进水的绍库罗夫搅黄了。之后来了个半吊子商队总管弗拉迪金，连俄国留学生来华都大受影响，双方联系渐趋冷清。

伊丽莎白即位后一直忙于对外战争，却也没有忘记遥远的中国。1753年（乾隆十八年），她曾命枢密院极力邀请乾隆帝派来使节，也希望派遣使团去北京，同时还有一条，"请求中国朝廷准许运载粮食和其他物品的俄国船只在阿穆尔河（黑龙江）上自由航行，以便为东北沿海各要塞和城堡的驻军和俄国居民运送给养"[10]。此时正值"七年战争"的前夜，欧洲各国磨刀霍霍，女沙皇的目光聚焦于西方，此议被暂时搁置。

差不多又过了三年，俄国任命从波斯归国的勃拉季谢夫为办公厅参事，作为信使去北京，携带着枢密院的三封公函，第一封专为借黑龙江水道运粮之事，写道：

> 由于俄国东北沿海居民贫困并且处在极端饥馑之中，因此必须派出一支船队从流经涅尔琴斯克地区的阿穆尔河支流音果达河进入阿穆尔河，然后再进入东海，以便能运送粮食和其他

食物供该地驻军、渔猎人等以及普通居民之用。但是,由于阿穆尔河系流经中国领土,因此枢密院请求理藩院本着双方的友谊,大力奏请博格德汗(指中国皇帝)恩准俄国船只在阿穆尔河上航行无阻;同时还请理藩院相信,沿岸居民决不会因此而受到惊扰;公函中还说,已经命令西伯利亚省省长将船只准备妥当。[11]

此时沙俄在鄂霍次克海沿海的军事布局已初具规模,这份致清朝理藩院的公文却写得可怜巴巴,仿佛若不从黑龙江运粮,不少俄国军民就会饿死,自然为的是掩盖真实目的。而在给勃拉季谢夫的训令中,要他向理藩院当面提出通航黑龙江的要求,如果清方拒绝,就直接把话挑明:急需给沿海军民运送食物,除了黑龙江之外别无他路,所以极为迫切,即使得不到清廷的许可,沙俄舰船也一定要在黑龙江上行驶,并且将携带武器以防有人捣乱。

自彼得大帝亲政以来,沙俄军队常处于大大小小的对外战争中,武器装备与作战能力不断提升。这位终身未嫁的女沙皇自信满满,命使臣传达的口信软中带硬,有着明显的战争威胁意味。她的时间节点选得也不错:清朝与准噶尔部再起烽烟,阿睦尔撒纳降而复叛,定边将军(原军机大臣、兵部尚书)班第与副将军鄂容安自刎殉国,新疆几乎全境陷入混乱。问题在于她并不了解邻国的皇帝,比她还要自信和强硬的弘历,会接受这种讹诈吗?

两国的首都实在是隔得太远了,信息滞后必也造成决策的失当。等到勃拉季谢夫风尘仆仆赶到北京,已经是1757年9月(乾隆二十二年八月),清军已彻底粉碎准噶尔叛乱,叛首阿睦尔撒纳仓皇逃入俄国境内。勃某应说很有外交经验,按规定向理藩院呈递了文书,再三以应对饥荒、挽救生命为由恳求通航;至于如不允许将强行通过、如遇阻拦将动用武力的说法,压根儿也不敢提起。理藩院照例是接受、翻译、奏报皇上，要他耐心等待。

《清高宗实录》记载了此事，乾隆帝阅后即命理藩院行文驳斥，断然予以拒绝。又因担心俄国人不规矩，假借已告知理藩院在边界骗取通航许可，谕令军机大臣火速告知黑龙江将军绰勒多："务须加意防守卡座，勿令私过。倘不听阻止，恃强前行，台站官员报到时，绰勒多即酌派官兵擒拿，照私越边界办理。"[12]一句话，不许通过，若敢硬闯就抓起来。历来雄辩的乾隆皇帝还传谕绰勒多，专为边卡官兵设计了一段外交辞令，以备在俄军闯卡时告知对方：你们枢密院虽然已行文理藩院，可我等并未接到相关批文，岂敢据你一面之词，私放入境？假使我们口称曾行文枢密院，要进你方边界内行走，你们会相信吗？

此时弘历正在热河举行一年一度的木兰秋狝，勃拉季谢夫巴巴地赶到，却根本没有一个觐见的机会。勃某倒也不会闲着，通过各种渠道打探消息，尤其是黑龙江不许通航的原因。由于理藩院致俄公函要借助传教士翻译成拉丁文，这些人便会有所听闻，有的说因为黑龙江中盛产名贵珍珠，也有说是担心俄国人会借机强占，就像他们曾经在雅克萨做的那样。他还探听到清朝皇帝"似乎"说了这样的话：

呵，狡黠的俄国！客气地提出请求，而同时又宣称，业已命令备好船只待发。谁通知他们，没经许可就能擅自行船。[13]

很像弘历的口吻，不乏警惕与坚定，语气中也不无轻蔑。在他看来俄边防军不堪一击，虽传令黑龙江将军做好应对措施，却没有任何强军固边的实际举措。

这事发生在乾隆二十二年（1757）秋。就在正月间，乾隆的叔叔、庄亲王允禄奏称：新收复的伊犁等西域各城，已由原钦天监正何国宗奉旨率员实地测量，绘成地图，载入《时宪书》（即历书，因避弘历的名讳酌改），而宁古塔、黑龙江，包括东三省所属三姓、尼布楚等处节气时刻,却没有载入,请求"一并查明推算,候旨添入"。[14]这位皇叔仍将尼布楚列为大清领土,乾隆帝也不假思索,朱批同意。

在俄国文献中,对于借道黑龙江的请求,大清理藩院的正式公函是这样写的:"自古以来中国未曾有过准许俄国经阿穆尔河运输粮食的先例,现在也绝不应准许,因为条约中既无此项规定,而且在通行时容易使放荡不羁之徒破坏和好关系。"[15]比实录里客气了一些,实质不变。当时清朝一直向俄国追索逃亡的阿睦尔撒纳与舍楞,俄方先是搪塞抵赖,说二人没有入境,然后又说阿睦尔撒纳在河里淹死了,害得清方派擅凫之人在额尔齐斯河某段摸了十余天,"几乎把整个河底都刮干净了",一无所获。后来有人证明亲见"阿睦尔撒纳带领十人于7月23日徒步跑到了边界,并被俄国放入境内","藏在塞米巴拉特要塞"。乾隆帝闻知震怒,命理藩院四次致函俄枢密院,甚至发出最后通牒。而阿睦尔撒纳很快身死异邦,死因是患了天花病,托博尔斯克当局花费不少钱将其尸体冷冻,以备运往边界让清方查验。这是后话。[16]

勃拉季谢夫回去后写了一份报告,第一条就是乾隆帝对追缉叛逃的态度,说是如果俄方不做出满意的答复,就把大军开往边界,诉诸武力。伊丽莎白一世得悉后有啥反应不得而知,但双方皆未擅动刀兵。其时俄国与德法交战正酣,伊丽莎白恰在这时得了重病,乾隆帝的超强硬也自具威慑力,武装通航黑龙江的话便不再提起了。

四 嘴炮轰鸣

乾隆二十七年,公元1762年,俄罗斯经历了巨大但短暂的动荡:伊丽莎白女皇在1月5日病逝,彼得三世上位,迅速与交战中的普鲁士达成和解;而刚过半年,彼得三世就被推翻,妻子叶卡捷琳娜受到近卫军将士的狂热支持,成为新女皇。中外历史上从来不缺少各种政变,而以皇后废黜夫君以自代,并得到多数臣民拥戴,怕也极为罕见。有些像彼得大帝与康熙帝,这位俄国女皇与乾隆帝也有约三十年同时在位,分别统治着两个相邻大国。今天重读当时的一些政府文书,透过沟通交流和打嘴仗研究两国关系,进而研究清朝君臣的外交思路与话语模式,也很有意思。

前此数年间,清军经过艰苦卓绝的征战拼杀,先后平定准噶尔与南疆叛乱,收复西域,开疆数千里,西亚布鲁特、哈萨克、巴达克山、安集延等部进贡称藩,国家达到鼎盛的峰巅,大清君臣也是自信心爆棚。第一历史档案馆邹爱莲写过一篇谈"元旦开笔"的文章[17],论及清帝选择在每年的元旦子夜秘密写下心愿,对新年度的期望包含其中,除了风调雨顺之类吉词,关键字句多有不同;自这一年始,弘历的元旦开笔再无变化,多少流露出由积极进取走向傲骄与停滞。而沙俄军队经过彼得大帝改革后已是脱胎换骨,不断发动对邻国的战争,国土面积扩大,综合国力一直在提升,虽然还未将扩张重点转向东方,但在对华交往中已是要求渐多。大国之间的碰撞发生了,首先是外交语言的冲突,涉及的话题如逃人舍楞、阿睦尔撒纳的尸体、边界木桩、贸易商队、互派使节……总之,几乎没有一件事能达成共识。

叶卡捷琳娜二世登基之际,俄廷派往中国的信使克罗波托夫尚未启程。克某本来是要通报伊丽莎白女皇逝世与彼得三世继位,希望两国能互派使团,并带去俄枢密院致理藩院的专函,岂知世情翻覆,仅几个月又换一位新女皇。叶卡捷琳娜二世显然很重视与清朝的关系,给信使下达了新指令,并决定派遣宫廷侍从切尔内舍夫伯爵为正使。[18]时值两国在恰克图的边界会议陷入僵局,俄方拒不撤除越界设立的木桩,而清方将一批遣返的逃民在边界当众处死,也引起强烈反应。两位国君各以自己的方式助长双边摩擦:叶卡捷琳娜下令公文中遇有清帝称号,不许像以往那样抬头另起一行;弘历听说俄方在恰克图苛收重税、内地商人多不愿前往,已打算关闭这一口岸。一部俄国编年史写道:

第七章 乾隆的尊威

1763年,叶卡特(捷)林(琳)娜二世在通知中国朝廷她登位的同时,表示愿意平息边界争端,并向中国朝廷探询——可否交换使团?

这个建议语气强硬,使博格德汗不快。

博格德汗谕示复文也要"写得傲慢和不客气"。

尤其是这一句话触犯了他:"如果您不要安宁、信义及和平的话,那么我们也有别的办法。"

博格德汗谕示复文说:"我倒要看看他们有什么别的办法!"[19]

次年夏天,克罗波托夫在避暑山庄觐见乾隆帝。没有清晰文字记述这次接见,大约就是在皇帝出猎的路边或围场,将他引至御驾侧问了些话。对新女皇打算派遣使团的说法,乾隆帝矜持地表示默许,却未答应是否相应派团赴俄。首席军机大臣傅恒接收了克某所携枢密院公函,听取他转达的互派使团的要求,回答则不无调侃:我国同意接待俄国使团,如果使臣能像你这样有运气,得到皇上恩典,那也许可以指望遣使赴俄。尽管克罗波托夫根本没提,傅恒却主动问到借道黑龙江一事,也是满含嘲讽:"俄国枢密大臣对自己从前要求在阿穆尔河航行一事,现在又有什么新的考虑?"克罗波托夫似乎不太计较这些,心思主要放在卖东西换银子上——虽没有带领商队,自己却假公济私,带了不少货物,动用官家马车运往北京大肆发卖,让接待方很是瞧不起。

克罗波托夫带回了一份理藩院公函,对俄枢密院的来文一一答复,虽系由俄国文献转引,仍能见出措辞之尖刻,如:

俄国如果明智,并对中华帝国表示顺从,则博格德汗即可考虑对俄国采取善意的行动,示以皇恩,而不致弃之不顾。至于在敝院公函中使用某些不礼貌之词,为的是要使枢密院感到羞愧……你方究竟如何开始废除和平条约,理藩院将拭目以待。[20]

博格德汗,是俄国对清朝皇帝的专称。清方还指责俄人措辞"不成体统和令人遗憾",警告今后再敢如此,将切断边境贸易,不许俄国信使入境,并将东正教神甫赶出中国。

俄枢密院曾在公函中声称俄罗斯幅员辽阔,"几乎占有整整半个地球,因此不应把这样的帝国与准噶尔人和鞑靼人的小小汗国相提并论"。要说这话并非完全无理无据,却引发大清理藩院的极大反感,反复声明"实则只有中国才能被尊为真正幅员辽阔和伟大的国家","只有边陲及于四海的中华帝国才是世界上唯一伟大而强盛的国家","现今有哪个国君能与我专制君主博格德汗相比,何况统治俄国的乃女流之辈"。[21]这些对外文书不管以什么名义发出,照例要经过皇上阅批,也可以说代表了弘历的意思。学富五车的乾隆皇帝显然对国际格局不够了解,皇祖留下的地球仪与巨幅世界地图也不知去哪儿了,平定了新疆,真的以为是世界第一了。

俄罗斯外务委员会"极其愤慨地阅悉"这些情绪化的文字,多数情况下冷处理,"采取沉默态度,不予答复"。但看到女皇被讥为女流之辈,还是命色楞格城防司令雅科比通告清朝边将:理藩院的公函不仅在友好国家之间,就是在交战国之间,也是措辞失当和没有先例的;女皇的尊严不容评述,对于这一很不像样的公函,将不予答复。

不予答复的同时,当然是不解决边界问题。清廷将恰克图的买卖城关张,而边境的界桩、逃人等问题都被搁置,新的冲突摩擦也不断出现。理藩院多次督促俄枢密院解决,收不到回复,就直接通知雅科比,说是要派五名官员到边界会谈,俄国人的做法是不予理睬。雅科比受命致书清朝边将,请他转告:因理藩院来文依然粗鲁刻薄,枢密院对此不予回应。清朝将军少不得飞奏朝廷,同时以个人名义发出责难。雅科比禀报外务委员会,得到指示后答复:

由于不仅理藩院把通篇都是不礼貌和刻薄言词的信寄给枢密院,而且他中国边疆大臣也竟敢不自量地对枢密院进行无礼的和他所不应提出的指责,所以俄国枢密院根据这些情况有正当理由决定:当中国理藩院在同枢密院的往来函件中未采取克制态度并放弃使用在友好国家之间极为罕见的不礼貌言词之前,对理藩院最近一封不成体统和极不礼貌的来函不予任何反驳和答复。[22]

呵呵,枢密院不答复,降格命边将答复,说的是不答,其实也表明了态度,老毛子的嘴炮功夫也很厉害!理藩院岂甘罢休?又是一番对驳和猛轰,得不到回应,即采取制裁措施。俄国人历来盘算很精,驻北京东正教神甫的薪水皆以皮货代替,借机源源运至北京发卖,这次在边界被卡住。而在尼布楚发生了越界杀人和盗窃等刑事案件,雅科比邀请清方审查,轮到清朝将军傲慢地告诉他:在理藩院公函未得到答复前,不会理睬俄方的要求,也绝不允许国内商人到恰克图贸易。

嘴炮轰鸣,各逞口舌之利,持久存在且愈演愈烈。换文与沟通常在边界进行,而双方边将各要请示朝廷,都没有直接回复的权力,时间就这样过去了。1767年1月,叶卡捷琳娜女皇派遣克罗波托夫再次赴华,希望修复与中国的关系,似乎也没起到什么作用。其时清廷正用兵缅甸,大皇帝哪有闲心睬这个贪财的小角色,克某无功而返,死于途中。两国首都实在是相距太远,死在途中的俄国使节,远不止他一个。

五　一份机密的侵华作战方案

试对当时的中俄君主做一点片面比较:弘历博学睿智,意志坚定,自信自强,尽心地掌控着庞大的国家,果断镇压一切叛乱,包括思想上的反叛，在走向兴盛的同时傲视天下，故步自封；叶卡捷琳娜热情坦诚，富于心计与精明强悍，牢牢掌控着军队，也有着开阔的国际视野和变革务实的精神。弘历的身边文星闪耀，如王杰、董诰、纪昀、刘墉，要做实事，也要为皇上誊录诗稿，撰写敕谕，以及奉旨唱和与颂圣；叶卡捷琳娜则崇尚文明与哲学，虚心向一代思想家伏尔泰、狄德罗求教，在国民中开展了一场实实在在的启蒙运动。

在狄德罗编纂《百科全书》陷入经济困顿时，叶卡捷琳娜二世慷慨施以援手，使这位大学者深深感动。而在二人晤面时，她仍谦逊得像一个女学生，请看一段有意思的描写：

> 狄德罗的热情与亲切让女皇喜笑颜开，为了阐明自己的见解，他会抓起叶卡捷琳娜的双手，摇晃着她的胳膊，拍打她的大腿。在给乔芙兰夫人的信中叶卡捷琳娜写道："你们这位狄德罗先生太不同寻常了，每次跟他谈完后我的大腿总是青一块，紫一块的。我不得不在我俩之间摆上一张茶几，以免我和我的四肢受到'伤害'。"[23]

即便按照当下师生相处的行为准则，老狄也属于性骚扰了，且不说他面对的是俄国女沙皇。试想，有谁敢在乾隆爷跟前如此造次呢？

依靠政变上位的叶卡捷琳娜，身边从不缺乏好战的近卫军军官，也无惧发动一场对外战争。那时女沙皇正插手波兰内政，派大军悍然包围华沙，逼迫国会议员推选其老情人波尼亚托夫斯基为波兰国王，而与土耳其亦交恶已久，不断发生摩擦，战争迫在眉睫。诸多因素，使沙俄暂且搁置在远东的争战，对清朝的语言轰炸也采取守势。这种外交克制常会被误解，大清君臣陶醉在辩才无碍、气势磅礴的良好感觉中，怎知沙俄已经在制订一份周密的对华作战方案。

这个方案的策划者是皇家科学院院士、六等文官赫拉德·米勒。这位德国历史学家受聘于俄国科学院已近四十年（该院在欧洲范围内广揽人才，以外籍院士为主），1735年曾深入色楞格斯克牧区调研新发现的藏文抄本，1737年起带队在西伯利亚长期实地考察，后写成《西伯利亚历史》《西伯利亚志》等，这些著述至今仍是这方面研究的奠基性文献。他也是早期中俄关系史专家，注重数据，写过一些重要文章。1763年，米勒提交了一份《关于对华作战的意见》，开篇即说，"如果俄国方面因备受中国人的欺凌，不堪忍受，而意欲发动战争以图报仇雪恨，那么，不应有丝毫怀疑的是，我方一定能在战争中获得预期的胜利"。[24]这里的"备受欺凌"应指清廷的外交语言，尤其是对女沙皇的讥讽，许多俄国政要的确有些愤懑，已将这种讥讽作为悍然发动侵略战争的理由。作为沙皇智囊的米勒院士及时跟进，拟定侵华方案，从四个方面详细阐述。以下小标题皆米勒原拟，原文甚长，只能作一些摘要：

一、俄国发动对华战争有何正当理由？

首先对中俄现有边界的合法性全盘否认。哥萨克匪帮的入侵与烧杀抢掠，所建堡寨或临时越冬营地，如黑龙江上游的雅克萨堡、中游的结雅堡、下游濒海地区的寨堡，都成了"俄国管辖"的所谓史证。进而说《尼布楚条约》不平等，"两国的国界当时系根据中国人的意志划定的"，"中国全权大臣前来参加会议时带来的兵力多达三万人"，俄国大使仅有的三个团受到重重包围，只能被迫让步云云。真有些为这个米勒遗憾，为适应政治需求，竟如此不管不顾地遮蔽历史真相。

二、对战争采取哪些方法，进行哪些准备最为有益？

米勒充分利用以往对两国东部交界地区的考察，开列了十六条战争准备事项，如：大量向边疆地区移民，建立军粮输送通道与一系列大型粮仓，建立就地征收粮食的机制，就近解决作战所需船只、食盐、军装、草料等；另一个重点则是拉拢蒙古王公，印发蒙文传单，策动各部落背叛清朝，归顺俄国，并将界内蒙古和通古斯人编为军事组织。

三、根据当地情况如何行动比较合适和有效?

米勒建议从四个地点采取行动,以尼布楚和色楞格斯克为主攻方向,同时于春季展开攻势,而占领黑龙江左岸仍是第一步的主要目标。在尼布楚应集结十个正规团、两个哥萨克团以及大批武装通古斯人,分成两路:一路乘船顺黑龙江而下,"夷平沿途的中国村庄",用攻城炮摧毁瑷珲城,然后直达松花江口,"同样将沿途的所有村庄予以摧毁",再由那里派遣兵船驶往黑龙江口,由海路开往乌第堡或鄂霍次克,主力部队则返回雅克萨遗址,"修建寨堡,耕种土地,并在那里过冬";另一路越过额尔古纳河南侵,先推进至海拉尔河,用大炮轰垮新建的中国城池,"然后由该城出发,占领直到兴安岭和阿穆尔河的全部土地",吸引索伦人加入俄国国籍,再返回额尔古纳河过冬。

这只是米勒设计的第一次进军,是一次试探性进攻。接下来的第二次入侵,就要在瑷珲兴建城堡与驻扎军队,沿江大肆营建殖民点。他说:"将来应在整个阿穆尔河北岸(自额尔古纳河口起甚至一直到结雅河)选择合适地点,兴建一批寨堡和村庄,因为将来在缔结和平条约时必须坚持不让的立场是,务必使阿穆尔河成为两国的边界。"这可不是米勒的个人意见,而代表着沙俄君臣的心声。

第三波攻势,既指向黑龙江入海口,意在打通对堪察加的补给线,同时南向关东腹地,"溯松花江上行,能到达何地就到达何地,并且将那里所有的一切都予以夷平"。这种口吻哪里还是一个历史学家,分明一个狂热的战争贩子,数百年后的纳粹意识已然在其身上显形。米勒还简单勾画了攻取整个大东北甚至中国内地的蓝图,但也指出路途遥远,提出清朝可能的反攻措施,建议利用民族矛盾作分化瓦解。

这份侵华方案是遵命而作,还是米勒主动献策,有些弄不清楚,也不太重要。重要的是其所透露的强烈的仇华心态,对清朝军队战斗力的蔑视,以及对黑龙江的渴望与势在必得。此时适逢清朝兴盛之巅,作为曾在边境地域考察多年的中国通,竟然将入侵视为探囊取物,而令人感慨愤懑的是，这个日耳曼书生的纸上谈兵并非全不靠谱！庞大的清军看似所向披靡，实则每一仗都打得颇为艰难，取胜后忙于庆功与虚假宣传，并不知总结改进。就是在所谓盛世，清军在军事思想、军人素质、武器装备等方面与西方的差别日渐扩大，而且在黑龙江地域的边防形同虚设。一旦沙俄大军沿江突入，必然是势如破竹，瑷珲城也挡不住侵略者的进攻。

叶卡捷琳娜二世没有采纳米勒的报告，政治家自有其谨慎和斟量。而今天阅读此一入侵方案和战争叫嚣，仍会不寒而栗——那将是一场民族大劫难，是无数士兵与平民的死亡（当然不光是中国人）。但毕竟那时的清朝国力正强，乾隆帝会征调全国军队大力反击，或也能在吃亏后痛定思痛，及早进行军队与社会改革，中国的近代史将是另一种走向。不是总有人说"历史不容假设"吗，其实假设一下，也是题中应有之义。

六　弘历的问号

当年中俄在尼布楚举行边界谈判，康熙帝交代给索额图等人的底牌，可归纳为一让一保：可以把尼布楚让与沙俄，但必须确保雅克萨的回归。圣旨如天，不管俄使戈洛文如何狡狯固执，大清使团始终坚定不移，而且在缔约后立即派出干员，监督雅克萨堡的拆除与人员撤离，尽毁其城郭房舍。负责此事的为都统郎谈，数年来一直为皇上倚重差遣，对沙俄入侵者斗争经验丰富。本来俄人还想以各种理由拖下去，郎谈示以兵威，辅以仁厚体恤，将那次大拆迁交给俄人自己办理，而慷慨提供船只与食物，撤除得快捷彻底。曾在这块土地上开荒种植、浴血死守的殖民者离开了，他们捧着雅克萨教堂里的圣母像，将之安放在尼布楚，也在那里寄存下卷土重来的种子。

那场谈判的最后阶段，戈洛文见实在无法保住雅克萨，曾提出拆除城堡后中国不得在此建城，并要求写入条约，被索额图拒绝。索三老爷也是一位辩论高手，驳得理直气壮：雅克萨本来就是我大清属地，这次签署和约已对此明确划定，你怎可要求本大臣将不筑城住人这种话写入？后来俄国派使臣到北京，仍然纠缠此事，索额图再次严正拒绝。但说归说，清廷却没有在雅克萨建筑城池，驻扎部队，甚至连一个卡伦（边防哨所）也不设。究其原因，大约不是怕老毛子抗议，而是自己人吃不得"永戍"之苦，黑龙江将军衙门上上下下都说是没啥必要。

曾经作为两国焦点、吸引着无数关切目光的雅克萨，渐渐淹没在杂树蔓草中。一年一度的巡查由瑷珲副都统负责，乘舟由黑龙江逆流而上，路过雅克萨时必须下船，在故墟某处埋上一份巡查记录，以证明曾经到此一游。巡边官兵印象深刻的是这里虻虫和毒蚊蜇人，雨后尤其厉害，口口相传，被方式济写入《龙沙纪略》。

忽忽一百年过去了。

乾隆五十七年（1792）九月，征讨廓尔喀之役大胜，西藏与尼泊尔边界底定，乾隆皇帝兴奋之余，意识流开闸，不知怎么就想起雅克萨来，命军机大臣和珅寄发上谕给黑龙江将军明亮，谕曰：

> 康熙朝时，为攻取雅克萨、尼布楚城，与俄罗斯交战数年，收取该二城矣。但今此二城是否归黑龙江所辖？若归黑龙江所辖，则何人管理、何人驻扎之处？着寄谕该将军等，以不使俄罗斯察觉，悄然查明，乘便具奏，切勿声张。[25]

这样一份重要档案，读后真令人捧腹。睿智博学如乾隆大帝，博闻强记如宠臣和珅，居然对本朝历史如此颠倒！收复雅克萨之战，中俄互派使臣在尼布楚谈判，既有《征服罗刹方略》记其本末，又有《尼布楚条约》文本存世，竟不知查找核实，竟以为尼布楚城也于同时收复？

明亮乃一员武将，刚由伊犁调来不久，接到上谕不敢怠慢，赶紧派人查阅档案。将军衙署早已后撤至齐齐哈尔，康熙朝旧档全无保存，只好密令瑷珲副都统额勒登布去查。可那里也没保存前朝档案，费了很大劲儿，才从当地船户家中得到一份"旧藏奏折抄件"。从玄烨拟建黑龙江城开始，此地便成为各类人犯的主要流放地，这位有心收藏索额图奏折的船户，必也有一番来历，惜乎记述不详。当年索额图在与戈洛文议定和约文本后，立即飞奏皇上，文字与正式条约略有差异，但条款大意相同。京师难道没有此类文献吗？怎么可能！《尼布楚条约》满文与拉丁文版本清廷均已存档，索额图的奏折至今仍存有原件，却要到黑龙江去寻觅，也是醉了。

次年二月接到明亮回奏，乾隆帝始知当年缔约内容，始知尼布楚已归属俄国，同时得知"雅克萨城距黑龙江西北一千零八十里，为蛮荒无人之地"（哈，读者诸君切不要误会，雅克萨就建在黑龙江畔，这里的"黑龙江"指的是瑷珲城）。乾隆帝对该城的现状表示关心，询问有没有官兵在当地驻守，是否设有卡伦等。明亮随即奏报：雅克萨一带山高林密，前面又有大河阻隔，俄人很难渗透到此地，而且每年水师去格尔必齐河巡边都会从那里经过，顺道即能查看，不需要另行设卡驻兵。若是在康熙朝，这位生性粗豪的将军肯定会被玄烨一通臭骂——罗刹曾在此地盘踞数十年，两次兴师动众才赶出去，居然被轻飘飘说成"甚难渗入"。弘历没有皇祖的经历，对当时情形几乎全无了解，倒觉得明亮的话有理，御批："巡查雅克萨一事，仍照旧办理，毋须另设卡伦，以不令俄罗斯疑虑无事为好。"[26]口称寻常与照旧，实际上心中对俄罗斯也有几分忌惮，处理得很审慎。

那也是乾隆帝筹划内禅，开始总结执政功绩的时期，所谓"十大武功""十全老人"之类，往往由他自己带头渲染，引领得满朝中谀辞滔滔。他真的没想过在根本之地黑水白山再创辉煌吗？在得知尼布楚已归俄国之后，弘历曾传谕军机处核查：实录内尼布楚城原为我地，因何为俄罗斯所属？数十年来，每天早起阅读一卷前朝实录，已成为弘历的习惯。康熙朝实录应已读过，皇祖在索额图离京时交代得很清晰，他不会读不到，也不会全无记忆，为什么要发此问？

需要说明：弘历所说的"实录"，应该就是指《圣祖实录》，而尼布楚为中国所属领土，也是康熙帝当时的原话。康熙二十七年（1688）五月，索额图等人第一次奉派赴边疆议界，玄烨在强调了黑龙江的重要性后，斩钉截铁地表示不可将尼布楚放弃。索额图等因噶尔丹作乱被迫返回，约一年后再次出发，陛辞时请示可否以尼布楚为界，而玄烨却换了口风，说是若以尼布楚为界，沙俄将来遣使与贸易均失去一个据点，恐怕不会答应，接着面授机宜：你等开始时仍提议以尼布楚为界，俄国使者若加恳求，可以额尔古纳为界，将尼布楚让与对方。乾隆帝应是读懂了皇祖改变主意之无奈，那就是尼布楚是中国的，本来是打算要回来的，迫于当时蒙古内乱，噶尔丹与沙俄勾结，不得已才割让出去。

在这个层面上去解析弘历的疑惑恍惚，便不仅仅是遗忘疏失，还有一种萦绕心头的故土情结在焉。而其反复告诫明亮等人秘密调查，"不使俄罗斯察觉""切勿声张""不令俄罗斯疑虑"，亦像是在东北边境有所谋划。老皇帝正在构思御制《十全记》，而所谓"十全武功"，算来算去似乎也只有九项。乾隆帝会策动一次收复尼布楚之役乎？没看出太多迹象。但要说他惧怕俄罗斯，当也不会。数年后内乱丛生，先是苗疆骚动，接着是白莲教起事，都牵连数省，持续甚久。太上皇帝弘历即使曾有"收拾旧山河"的念头，也只好撂在一边了。

注释

〔1〕《清通鉴》卷六九，山西人民出版社，1999年，第2368—2369页。
〔2〕 该书有雍正元年满文刻本传世，汉文本有《四库全书》等版本。
〔3〕《理藩院为遣使往贺俄皇继位等事致俄萨纳特衙门咨文》（雍正七年五月初六日），收录于故宫博物院明清档案部编《清代中俄关系档案史料选编》第一编，第223件，第526页。

〔4〕 参见〔俄〕尼古拉·班蒂什-卡缅斯基编著《俄中两国外交文献汇编（1619—1792年）》，《中国使臣进入莫斯科》与《接见中国使臣》两节，第202—205页。

〔5〕 据《清代中俄关系档案史料选编》第一编，第538—541页，1730年8月俄首席办事大臣向清廷通报了安娜女皇即位之事，理藩院于雍正九年二月致函通报已派使臣前往庆贺。

〔6〕 《俄中两国外交文献汇编（1619—1792年）》，《派绍库罗夫前往中国》，第276—277页。

〔7〕 胡忠良《玉河桥畔"扛毯子的"——300多年前京城脚下的中俄互市》，《中国档案报》2020年11月27日。

〔8〕 〔清〕陈康祺《郎潜纪闻二笔》卷九："康熙间，俄罗斯贡使入京，仁圣令选善扑处有力者在馆伺候。凡俄国一使一役出外，必有一善扑者随之。俄人虽高大强壮，而两股用布束缚，举足不灵，偶出扰民，善扑者从其后踢之，辄仆地不能起，以此凛然守法。"晋石点校，中华书局，1984年，第481页。

〔9〕 以上引文皆见《俄中两国外交文献汇编（1619—1792年）》，《弗拉迪金率领商队启程前往北京》，第293—295页。

〔10〕 《俄中两国外交文献汇编（1619—1792年）》，《蒙古人的抢劫行径》，第297页。

〔11〕 《俄中两国外交文献汇编（1619—1792年）》，《请求允许俄国船只在阿穆尔河上航行》，第298页。

〔12〕 《清高宗实录》卷五四四，乾隆二十二年八月庚申。

〔13〕 《俄中两国外交文献汇编（1619—1792年）》，《博格德汗对俄国的愤懑》，第310页。

〔14〕 《清高宗实录》卷五三一，乾隆二十二年正月壬子。

〔15〕 《俄中两国外交文献汇编（1619—1792年）》，《博格德汗关于阿穆尔河及其他要求的答复》，第311—312页。

〔16〕 《俄中两国外交文献汇编（1619—1792年）》，《阿睦尔撒纳在托博尔斯克亡故》，第308—309页。

〔17〕 邹爱莲《从"元旦开笔"看清帝治世思想的变化》，《中国文化报》2013年5月27日。

〔18〕 《俄中两国外交文献汇编（1619—1792年）》，《1762年和中国人通商的告示》，第345页。

〔19〕 〔俄〕瓦西里耶夫《外贝加尔的哥萨克（史纲）》第二卷，《1763—1764年紧张的外交关系》，第182页。

〔20〕 《俄中两国外交文献汇编（1619—1792年）》，《理藩院对克罗波托夫所负使命的答复》，第351页。

〔21〕 《俄中两国外交文献汇编（1619—1792年）》，《关闭恰克图贸易》，第352—354页。

〔22〕 《俄中两国外交文献汇编（1619—1792年）》，《中国人希望通过会议消除双方争端》，第355—357页。

〔23〕 〔美〕罗伯特·K.迈锡《通往权力之路：叶卡捷琳娜大帝》第四十九章《伊凡六世之死》，徐海幈译，北京时代华文书局，2014年，第306页。

〔24〕 《俄中两国外交文献汇编（1619—1792年）》，附录K《米勒于1763年所写的关于对华作战的意见》，第398—411页。下文摘编的米勒的意见内容亦出于本篇文献。

〔25〕 军机处寄信档：寄谕黑龙江将军明亮着将雅克萨尼布楚两城现今归属之情查明具奏，乾隆五十七年九月二十八日，档号：031411037。

〔26〕 军机处寄信档：寄谕黑龙江将军明亮着雅克萨地方照旧巡查毋庸另添卡伦，乾隆五十八年五月十六日，档号：031412032。

第八章　戈洛夫金使团

铩羽而归，可以说是乾嘉间来华外国使团的共同命运，倒也不仅仅是因为礼仪之争。前有英国的马戛尔尼，见到了乾隆帝，留下一笔叩了还是没叩头的糊涂账，走的时候两手空空，一肚皮恨意；后有阿美士德，一路艰辛抵达北京，甚至进了圆明园，即将被安排觐见嘉庆帝时，却觉得伤了自尊，拒绝前往，清廷怒极而逐之。而比较起来，俄罗斯伯爵戈洛夫金的状况最惨，自1803年3月开始拟议筹备，1805年5月分批起程，半年后抵达边界，在恰克图和库伦又等了三个月，连大清京师的影子都没看见，就让一个蒙古王爷给轰回来了。

对沙俄而言，这是中俄关系上的重大事件，是一场影响深远的外交风波，黑龙江左岸的最终丧失，东北大块领土的被侵占，已然潜伏下祸机。而在嘉庆君臣看来，却是那么理直气壮：小小汗国，花言巧语，拿一些天朝不需要的零碎玩意儿，竟固执地不愿遵照规矩行礼，来有何益！

一　对黑龙江的新图谋

记述这一事件的中国文献很少，似乎小事一桩，《清仁宗实录》中居然一字未提。俄国全权大使戈洛夫金以为奇耻大辱，详细向沙皇奏报，亦不免遭到无能之讥，随员中一位作家也嘲讽他徒有其表。这里拟从1796年入笔，对沙俄遣使的大背景，以及中俄两国各自的变化，做一点儿简介：

那是大清的嘉庆元年，八十六岁的弘历宣布内禅，将皇位交与皇太子颙琰，自己升格为太上皇帝，仍牢牢抓住军政大权；而比弘历年轻约二十岁的叶卡捷琳娜二世，则于当年11月6日因中风辞世，素不为她喜欢的唯一儿子保罗继位。通常被描绘为神经兮兮的保罗一世，登基后首先做的，便是将父皇彼得三世的骸骨隆重迎回，命当年的弑君主谋、其母皇最资深的情夫奥洛夫亲王跟在灵车后面，双手捧着彼得的皇冠。曾经英姿勃发的近卫军中尉奥洛夫已年过八十，坚毅地承受着羞辱，有意思的是多数人认为奥洛夫才是保罗的生父。呵呵，瞧这份隐曲迷乱，真是莎剧的绝佳素材！

保罗一上来就发布各种与母皇决策相反的律令，刻意追摹彼得三世，在军队中强力推行普鲁士化，搞得天怨人怒。颙琰则处处小心谨畏，做了整整三年子皇帝，不独在父皇跟前亦步亦趋，对权臣和珅也显得极为恳切友善。据说保罗一世曾有过入侵中国的想法，尚未付诸行动，就被一场新的宫廷谋杀夺去性命。其长子亚历山大参与谋逆行动否？未见有确凿资料，但他显然是知晓内情，以故得到父亲死讯后心情复杂，大声哭泣且拒绝走出房间。那时弘历已于两年前安详辞世，颙琰亲政后雷霆一击，处死了老爹的第一宠臣和珅，乾纲独运，顺利完成了权力过渡。

亚历山大一世即位后，沙俄的军国大政重回正轨，在欧洲事务中更显得角色凸显。如何与东方的中国打交道？如何在对华贸易中获得更多收益？怎样既能对北美殖民地提供稳定的后方支撑，又为将来对黑龙江地域的大举东扩做一些铺垫？是摆在沙俄君臣面前的问题。商务大臣鲁米扬采夫伯爵，一个终身未娶、痴迷组织环球科考的学者化高官（后任总理大臣），建议不仅仅是恰克图，还应在广州开展对中国的商贸活动，提出应向清朝派出一个高规格使团。此议经由内阁讨论，并呈亚历山大一世批准，开始了大张旗鼓的筹备。在差不多两年时间内，赴华使团成为沙俄朝野热议的焦点之一，很多人都想挤进去，造成规模的不断扩大。使团自彼得堡出发后，俄枢密院专函向清朝理藩院通报此事，理由是祝贺嘉庆皇帝即位，并向友好邻邦报告新沙皇登基的消息。

这个理由颇有几分滑稽：此时已是亚历山大继位的第五个年头，嘉庆帝更是已在位十年。国内仍不稳定，蔓延数省的白莲教之变虽已敉平，但蔡牵等海盗团伙在东南沿海纵横劫掠，山东、江苏和京畿等地水患频仍，加上各地秘密宗教如春韭般割除难尽，西洋教会的影响日益扩大，都使气魄不小、本事不大的颙琰心中烦乱。这年夏天，刑部审理满人私习洋教案，其中就有"红带子"（清廷给予皇族觉罗氏的特殊标识，袍服外系以红色腰带）图钦、图敏兄弟，经再三开导劝说，竟表示宁死也不退教。颙琰闻知怒极，命遣发伊犁做苦役，终身不得赦免。

这次的俄国使团还附带着一个教士团。康熙年间一些被俘和投诚罗刹被安插北京，其中有一位雅克萨神甫，进京后在罗刹居住的东岳庙设了一个小小礼拜堂，是为中国设立东正教堂之始。沙俄政府因势利导，不断从国内派遣传教士和留学生，命他们结交满蒙权贵，搜集各种情报。清廷十分警惕，限定为十年轮换一次。眼下又到了换届时间，俄廷命访华使团带领教士团一起出发。

对赴华全权大使的任命，俄廷可谓煞费苦心，千挑万选之后，才确定为出身古老贵族名门、受过欧洲教育的外交官尤里·亚历山德罗维奇·戈洛夫金伯爵。他的家族与俄宫廷关系密切，也因此悲欣交集：曾祖父加夫里尔曾与彼得大帝一起在荷兰打工，深受信任，长期担任外务大臣；而其岳父加加林，就是那位曾接待过中国使团的伊尔库茨克省长，则因受贿被绞死于枢密院门前；加夫里尔的后代可谓沾光不少，女儿安娜与小儿子却以卷入宫廷纷争被流放极边。尤其是担任近侍女官的安娜，不知犯了何罪，竟被伊丽莎白女皇下令割去舌头，流遣极寒的雅库茨克，数年后死在那里。尤里的祖父为家中老二，由枢密官、二等文官出任多国大使，鉴于弟弟妹妹之遭际，干脆定居在国外。到了他的父亲，已成为一个酷爱读书思考的怪人，与大名鼎鼎的卢梭结为好友，并认真听从其有关子女教育的建议。

尤里是在叶卡捷琳娜二世时回国的，在近卫军当了两年准尉，然后是宫廷低级侍从（略似清宫的蓝翎侍卫）、侍从、枢密官、商务院院长、宫廷总典礼官、国务委员会成员，可谓一路上升。连俄国话都说不好的尤里，从先人那里继承了很多：伯爵爵位，耶路撒冷斯基勋章，大块的封地，还有无数显贵亲戚和世交。特命全权大使的位置，就是他的亲戚、副外务大臣恰尔托雷斯基极力保荐的。哈，要说跑门子、走捷径、搞裙带关系，沙俄与大清也有一拼。

每一个俄国使团（包括商队）都会得到一份来自沙皇的详细训令，俄外务院也会给出相应的要点，戈洛夫金使团此行的任务主要为四项：

通报俄国第一支环球科学考察队两艘舰船即将抵达广州，希望能在那里得到与英美等国同样的贸易权；

要求把黑龙江变成一条两国共用的河流，获得在该江的自由航行权，以便向堪察加等地提供物资保障；

在俄中西段边界的布赫塔尔玛开辟新的贸易点；

允许俄国考察队从北京出发，经由喜马拉雅山前往喀布尔，以便展开对阿富汗和印度的贸易。[1]

每一项说的都不是领土，又大都隐藏着重大图谋，侵犯中国的主权。所列四条，重中之重还在于黑龙江。俄国人念叨了几十年的黑龙江通航，原来说是要借道运粮，现在则直接声索自由航行权，并举证黑龙江源于俄境内的石勒喀河，按国际惯例可共享河道。这些仍是表面文章，实际意图是步步进逼，一旦通航就迅速占据下江地区，与乌第河已占地域连成一片，所指首先是黑龙江出海口一带。俄人早已看到那里的战略价值，在清朝君臣眼中虽为穷荒不毛之地，却也不会拱手相让。

二　沙皇的大礼

1805年1月，副外务大臣恰尔托雷斯基向沙皇奏报使团的筹备情况，最后谈到礼品，包括到北京送给嘉庆皇帝和权贵的礼品，也有进入中国后给地方官员的小礼物。他说"中国人对礼品非常贪婪，对此早有耳闻。故而有必要运用这种手段使他们的有识之士对我们产生好感"[2]，也是以己度人。如沙俄之频频对外发动战争，以探险的名义扩大殖民地，所至烧杀抢掠，又何止"贪婪"二字。而读库伦办事大臣给嘉庆帝的密奏，也强调沙俄官员十分贪婪，喜爱讨要东西。外交史上此类互黑模式，也是由来已久。

恰尔托雷斯基的报告提出，应交财政大臣等人分工负责筹办，并提交了一份《为出使大清所备办的礼品清单》[3]：

1. 本地玻璃厂自产大号镜子两面、二号镜子两面。
2. 蓝、绿、黄色金花中国风格大花瓶数只。
3. 黑漆金龙花马车一辆，四面及门上有"两国友好和睦为人民福祉"的中文字样。车内应为黄丝绒软包，车辕及车轮为金色。
4. 金银花锦缎数匹。
5. 紫色及黄色丝绒数匹。
6. 紫、深蓝及黄色软缎数匹。
7. 商务大臣以为有必要赠送镌有我国历代国君像及其统治期间重大事件的金质纪念章一套。微臣斗胆进言，窃以为似可赠送银质纪念章一套，仅此一项可节省约35000卢布。中国人亦将同样满意，因为这样的纪念章他们也会跟金质的几乎同样看重。

为什么要选中镜子,大约觉得这种闪闪发光的物件块头大且造价低,殊不知天朝并不缺这个。而最后一段关于纪念币"金质""银质"的话,更将其小家子气与小人肚肠暴露无遗。沙皇批示由财政大臣决定,后来果然改为银质——能省钱的事干吗不去做呢!

一个月后,这些礼品已大致备好,不包括那辆马车(应当尚未制作完成),总价值约为十五万卢布,其中毛皮还是以市场价计算的。从中能见出俄廷国库支出制度的严谨,但在阅读以上礼品清单之后,仍不禁哑然失笑。沙俄对清朝的信息收集与研究由来久矣,却不知此区区物件,尚不及清臣个人向皇上的进贡之数。如乾隆二十五年万寿节(皇上的生日)之前,履亲王胤裪的贡品为:藏佛九尊,藏塔九座,金质无量寿佛经九部,金曼达八吉祥九件,如意九具,汉玉水晶玛瑙玩器九件,三代珐琅鼎瓶九件,成窑壶瓶盘碗九件,合为九九之数。论价值与珍稀程度,均应超过俄廷的所谓大礼。

两广总督李侍尧号称疆臣中"办贡最优",第一历史档案馆保存着他在乾隆三十六年冬的一份贡单,开列各类名物九十种,有关镜子和玻璃制品就有:紫植镶玻璃三屏风一座,紫檀镶玻璃衣镜一对,紫檀镶面玻璃横批一对,珐琅镶玻璃五屏风妆镜九座,珐琅镶玻璃手镜九对,紫檀镶玻璃福禄式小挂镜九对。这些也是舶来品,而仅看名目,就比俄国自产的显得贵重了许多。此类大穿衣镜早已进入勋贵之家,《红楼梦》的怡红院中,就写到这么一架,且有机括控制。[4]

还记得十余年前来华的英国马戛尔尼使团吗?他们也准备了大量礼品,着意于显示新式军舰火炮与枪械,光是轻型野战炮就有八门,含义是复杂的。惜乎大清君臣视有若无,既没做研究,也没交给火器营,弃置于库房之中。俄方准备的国礼开始时偏重于宫廷实用,后经戈洛夫金再次申请,也想到要炫耀武力,做了一些补充:4月4日,使团收到海军部提供的船舶救生艇模型;22日,亚历山大一世命海军制作"百门大炮军舰模型一座、巡航舰模型一座及几座小军舰模型",派人送交戈洛夫金；5月13日，沙皇又命宫廷办公厅拨出一批俄制长枪和手枪，供戈洛夫金挑选。[5]即便如此，使团翻译斯特鲁维还是认为："礼品菲薄，选得不好，大部分是玻璃制品，要知道，中国人会认为这些东西一文不值。"[6]

戈洛夫金使团开始组建时共二百四十二人，下设科学组，有一批通晓满语汉语与中俄关系史的学者；地形测绘组，由一位上校领导；运输与后勤组，有银匠、玻璃匠、木匠、熟皮匠，以及管理马匹车辆之人；有一个十三人的小型乐队，还有四十名精悍的龙骑兵，途中负责警卫，入城时担任仪仗。一些成员还有仆役随行，使队伍更为庞大。

5月上旬，第一批使团成员开始自彼得堡出发。考虑到途中的接待能力，内务部将随员分为八个小分队，间隔三五天起动一队。[7]而戈洛夫金在7月18日动身，两个月行至伊尔库茨克，10月初到达恰克图。戈洛夫金地位显赫，又兼着西伯利亚各省总巡查，沿途地方官热情接送，一时风光无量。但辎重车辆一百数十，道路泥泞，还要不断地翻山越岭，渡过湍急的江河，也是充满艰辛。在横渡贝加尔湖时，戈洛夫金乘坐的大船遭遇风浪，几乎翻覆；而路上强盗出没，有一辆车落在队伍后面，竟被抢了个精光，车夫被捆在森林中大树上，总算挣脱逃回。

清朝负责在边境对接的是库伦办事大臣蕴端多尔济，为蒙古土谢图汗部郡王，其祖父、父亲都曾担任此职。据说他年幼时曾在宫中的上书房读书，或是颙琰的伴读，粗通文理，办理对俄交往也有些经验。接俄国信使通报将派出使团的消息，这位办事大臣在上奏时指出三点：人员太多，夹带留学生和教士团，贡品的情况不明。一个月后接军机处字寄，要求俄方大为缩减人数，并不许携带留学生和教士团。老蕴即行通报俄方，并重点提到沙皇的礼物（用的词是"贡品"），要求必须先说清楚都是些什么东西，否则不便奏报皇上。戈洛夫金避而不答，只说到北京后会与国书一起提交。这是他研究两国外交史学来的招数，前面的使团也被问过，都是这样搪塞过去。可蕴端多尔济执意要问个明白，理由是进入中国后负责运输,应先了解需要多少车马。戈洛夫金的解释是部分礼物可能在途中损坏,所以只能到最后才提交清单。蕴端多尔济大为不满,向皇上奏称已想明白俄使不拿出清单的原因——他们想擅自截留一些物品。此前嘉庆帝刚斥责过他"愚钝",该王爷就要抖点儿机灵了。

因距离的关系,交涉过程显得缓慢,使团运送礼物的车辆继续往中国边境进发。颇让大使担心的是国礼中的玻璃制品,尤其是那些大镜子,路过坑坑洼洼的西伯利亚大道时只能让士兵扶着或抬着,严重延缓了行期。他在向沙皇奏报时说:"运送镜子和玻璃制品的人员由于道路太糟而行进迟缓,臣对进入中国时他们能否抵达已失去希望。但愿一切能完好无损。"[8]

同一天,戈洛夫金在给副外务大臣的信中又提到此事:"卑职等在西伯利亚走过的道路艰难至极,无法想象。卑职已命令运送玻璃制品的车马上冻之前不再前进。如果它们赶不上同卑职一道进入中国,我将安排人员护送。宁肯让它们比别的礼物晚些运到,也比东西碰得粉碎要好。"[9] 读到这里竟有几分敬佩,戈公使在艰险困苦中表现得韧性十足,且能随机生发,以变不利为有利。即此大镜子等物,戈洛夫金也想到补行赠送一招,使得一次献礼变为两次,面见中国皇帝或重臣的机会相应增多,岂不快哉!

然而,他对天朝的理解还是太肤浅了。

三 潜入江口的"科考队"

1805年8月,当戈洛夫金使团还在西伯利亚的泥泞道路上艰难跋涉,还在为那些个大镜子和玻璃制品大费周章时,俄国舰船"希望号"已经在探险队长克鲁森施特恩的指挥下围着库页岛转了大半圈,绕过细长的东北岬角,贴岸航行至该岛的西北角,试图寻找黑龙江入海口……[10]有意思的是船上曾经搭载了一个使团：沙皇派遣的赴日本特命全权大使列扎诺夫及其随员。俄廷也为日本天皇准备了丰厚的礼物，虽未看到礼品清单，推测必有几面自产的大玻璃镜子，由船上装运，应是稳妥多了。而未想到日本人与清朝一样的态度蛮横，拒绝接收沙俄国书和礼物，列扎诺夫磨蹭了许久，最后也不得不离开。"希望号"将大使和随员送到彼得罗巴甫洛夫斯克港，方得赶往库页岛勘察。

克鲁森施特恩被称为俄国第一位环球航海家，二十三岁被派往英国舰队学习，整整待了六年，从普通士兵做起，历尽艰险，掌握了复杂的航海技能。当时的英国舰队配置了最强大的火炮，也吸引汇集了世界上一批航海高手，不仅在欧洲美洲耀武扬威，且早已抵达世界的东方。克氏是一个有心人，处处留意观察，跟随英舰至南中国海，得以在广州居住两年，发现英法等国在此间贸易的巨大利益。那时沙俄已将堪察加半岛纳入版图，并越过白令海峡进入北美，阿拉斯加与阿留申群岛等皆所领有，出产大量优质皮毛和海产品。而清朝只对俄国在恰克图开埠互市，北美皮货等由鄂霍次克经陆路运往恰克图，道路崎岖，差不多需两年才能运到，皮货等路上发霉变质，残损率很高。并且恰克图远隔荒漠，运往中国内地也是大费周折，加上西伯利亚本地所产皮毛甚多，价格也上不去。

学成归国后，克鲁森施特恩立即去找海军部长库舍列夫，提出建立从皮毛产地阿留申群岛直通广州的航线，在那里开设销售机构，无奈部长大人不感兴趣。亚历山大一世即位，克氏得到新任海军部长莫尔德维诺夫和商务部长鲁缅采夫的支持，被任命为海上探险队的指挥官，时间是在1802年8月，要求他带领两艘舰船对美洲西北海岸进行航海探险。俄廷批了一批专款，但没有船只，没有军官和水手，只有他一个光杆队长，而俄国还造不出适于远洋探险的舰只。克鲁森施特恩坚定执着，利用与英国军界的关系，终于在伦敦买到了两艘船，取名"涅瓦号"和"希望号"，同时将人员军械和所需设施配备齐全，用了整整一年。1803

年8月4日,克氏指挥船队驶离芬兰湾东端科特林岛的喀琅施塔得军港,通过波罗的海开赴外洋,上面有一百三十多名探险队成员,还有以尼古拉·列扎诺夫大使为首的访日使团。列扎诺夫为海军少将,身兼俄美公司的主要负责人。请注意这家俄国公司,全称"俄罗斯美洲公司",如同英国的东印度公司,打着贸易的名义而行殖民之实,业务覆盖远东乃至北美的阿拉斯加和阿留申群岛,俄军在黑龙江下游与鞑靼海峡的早期哨所,都与之相关。选中列扎诺夫作为首任赴日大使,也是出于鲁缅采夫的总设计,意图拿下日本这个封闭岛国,形成包括亚洲和北美的巨大贸易圈。

在将近一年的时间里,俄环球航海探险队走走停停,先在哥本哈根、法尔茅斯补充给养,然后驶往南美洲,在圣卡塔琳娜岛为"涅瓦号"更换了主桅和前桅,然后扬帆向南,经过麦哲伦海峡后折向西北,终于在1804年7月,"希望号"驶入堪察加南部重镇彼得罗巴甫洛夫斯克港。这是一次充满艰辛危难的航行,补充给养和维修都不容易,两艘船也曾因大雾走散,两个多月才得以重新会合。他们携带的铁器极受土著部落欢迎,一小块铁就能换得大量物资和劳力服务,但在较为开化的夏威夷群岛,就蒙不了人了,被要求必须拿出呢子来,且只给少量食品。"涅瓦号"不得不留下来设法购置给养,克鲁森施特恩率"希望号"继续前行,在堪察加军港休整补充后驶往日本——不要忘了,还有一个赴日使团在船上。

一般认为,欧洲人是在1542年知晓日本列岛的,葡萄牙和西班牙先后前来贸易,西方传教士也随之登陆。日本天皇认为一些传教士干预内政,宣布了严苛的锁国令,不许外国人接近日本海岸。"希望号"刚在长崎湾口停泊,就有许多日本官员率武士登船,警告他们不得停靠。经过反复交涉,列扎诺夫男爵总算能够率领卫队登岸,可也是受尽屈辱,被禁锢在驿馆里,缺吃少喝,仍然坚持不离开。等了半年,总算等到天皇特使(地方官告知列扎诺夫:特使的官衔高到能亲眼看见天皇的脚)来临,却是严正宣告拒收俄国的礼物,然后是一连串禁令:严禁任何俄国船只进入日本港口,严禁俄国船员购买任何日本物资……列扎诺夫何许人也?若是"涅瓦号"一起前来,没准儿敢悍然动武。他可能是历史上兜了最大一个圈的赴任大使,也付出了足够的忍耐,虽不免灰头土脸地离开,却也了解到不少日本内情,顺带还编了一部《俄日词典》。

克鲁森施特恩的环球考察仍在继续。"希望号"驶出长崎湾,贴着日本海岸线向北,一路观察测量,并在北海道与库页岛南端登陆。所持彼得堡新版航海图标明,在库页岛与北海道之间还有桦太等岛屿,而他们登岸后才了解到,库页岛和桦太岛实为同一个岛的不同名字。短暂停留后,"希望号"转向千岛群岛,进行了测量,在7月初返回彼得罗巴甫洛夫斯克,列扎诺夫和使团成员上岸。这里是俄国的军港,身为海军少将、俄美公司总经理的列扎诺夫立即要求在港海军舰只出动,在千岛群岛、北海道,也包括库页岛等地,对日本实施激烈的报复性攻击。

克鲁森施特恩另有任务,没有参加这些报复行动,而是率"希望号"再次来到库页岛,先对东岸、北端进行贴岸勘测,然后沿鞑靼海峡由北向南航驶,测量黑龙江入海口一带。在驶入海峡五海里后,中间部位的水已经大大变浅,到处是浅滩和礁石,险象环生。他急忙下令停止,派出小舢板继续前进,不断测试水深,发现越来越浅,而水流湍急。克氏使用的是拉彼鲁兹所绘地图,标注库页岛有地峡与大陆相连,误导先入人心。当海水渐浅、沙丘出现时,克鲁森施特恩以为靠近地峡,害怕船只搁浅,一阵犹豫后转身离开了。

这是一次仓促的潜入。克氏急忙离开的原因有二:一是其主要目标在于广州,希望在那里开创贸易新局面,销售从北美殖民地所获皮毛与海产品;二是知道这里属于中国,沿岸村落甚多,并听说清朝在黑龙江口驻扎着四千陆海军。鉴于在日本的经历,他很担心被清军发现捉拿,成为俘虏,遂急急率舰撤离。"希望号"再回彼得罗巴甫洛夫斯克港,推测克鲁森施特恩会与列扎诺夫商谈下一步计划,而后是驶向广州。至于列扎诺夫,则由亲善大使一变而领兵东进,在锡特卡击败了阿拉斯加东南部的原住民,从而确立沙俄在阿拉斯加的殖民统治地位,以保障对当地皮毛的征收掠夺。

四 大使有点儿学者化

再回来说受命访华的戈洛夫金大使。他出身于一个贵族豪门,世代显宦,却有一位没有担任过公职的老爸,一个喜欢读书思考、旅居西欧的潇洒学者。不知道那时是否已有了签证制度,但边界与国际的管理显然很松散,以沙俄为例,军队和政界都不乏外国人,晋升为大臣、将军的不在少数;同时也有大量俄国贵胄或文人流寓国外,长期不归,戈家的老二房即如此。书生老爸,再加上伟大启蒙思想家卢梭的亲自点拨,使戈洛夫金学养丰厚。他会处处摆出领导的架势,也会打几句官腔,会轻信和偏听,但本性单纯,爱读书,爱较真儿,对上层乃至沙皇敢于实话实说,颇有几分可爱。

被任命为赴华大使后,戈洛夫金迅即进入角色,利用各类档案梳理俄清关系史,着重研读了《尼布楚条约》,阅读远东尤其是黑龙江流域的史地文献,做了大量笔记。1805年5月,他就黑龙江通航问题提交了一份很长的报告,指出"帝国臣民沿该河自由航行,始终被认为是一件意义重大之事,因此,这个问题究竟有什么好处,又有什么困难,进行可靠的评估实属重要"[11],报告的要点为:

航行 黑龙江的某些地方河岸陡峭,水流湍急,入海口一带深度不详,鉴于法国航海家拉彼鲁兹曾为北面的沙底浅滩阻挡,可知大型船只难以通过。

居民 黑龙江两岸的原住民归属清朝，历来向清朝缴贡，只有濒海与库页岛的少数部族不归其管辖。

划界 《尼布楚条约》对黑龙江上游以注入石勒喀河的格尔必齐河分界，而向下两百多公里处的阿马扎尔河又名大格尔必齐河，有争议空间；下游滨海一带尚未最后划定，1727年签订《布连斯奇条约》时清朝使臣曾要求沿山脉向北，经过长久谈判仍旧搁置。

谈判可行性 过程将极其艰难，且"肯定徒劳无益"。

战争手段 俄方在那里的军事集结和补给很困难，而"中国人可以轻而易举地集结起十万人马"，故不可取。

建议 派出两支考察队，一支顺黑龙江而下，一支由入海口逆流而上，弄清楚相关情况；加大力度发展对鄂霍次克和堪察加的陆路交通。

结论 "仅仅着眼于阿穆尔河（黑龙江）的航运是危险的，也是不明智的"。

这份报告实在不能说靠谱。上游划界在两国条约中表述极清晰，且已经双方遵守逾百年，还要鬼扯什么格尔必齐河的"大""小"之别；下江和库页岛的部族早已在清朝统辖之下，每年定期缴纳皮毛税；而清廷调集军队的能力也被夸大，第一次雅克萨之战的三千水陆将士，就令朝廷颇费周折。戈洛夫金的报告是呈送恰尔托雷斯基的，显然没能说服这位与沙皇关系亲密的副外务大臣。在为向清朝出具的大使全权证书上，清晰写着"阿穆尔河全程自由通航"的要求；而恰氏所拟训令的第三条，即"阿穆尔河的自由通航问题"。[12] 7月6日，沙皇对戈洛夫金再次发出训令，仍以黑龙江通航为重中之重，曰：

> 阿穆尔河发源于我边境附近，流入堪察加附近的鄂霍次克海，朕以为只有该河有可能为该地区创造充足财富。为此，你在前往北京途中和到北京后应尽量详细查明，船只是否能沿该河驶到鄂霍次克海，可使用什么船，是海船还只是平底船。如

果你了解到该河确可通航,则应把全部注意力集中于这一目标,想一切办法说服中国政府,促其允许我国船只在阿穆尔河上航行,每年数艘亦可。[13]

开头的两个"附近",词义模糊,却也清晰呈现出什么叫强盗逻辑。下面还说到如果黑龙江不能通行航海的大船,则请求允许俄国在江口建一个商品基地,以便存储和转运,也可谓用尽心思。

进入西伯利亚之后,戈洛夫金多方搜集有关黑龙江的信息,向恰克图派出先遣人员打前站时,也要求"尽可能搜集阿穆尔河、该河的所有支流及与该河毗邻地区的情报","在我们进入中国之前,应为宫廷准备好一份有关阿穆尔河的备忘录"。而听到克鲁森施特恩率"希望号"勘察库页岛和测量黑龙江河口,然后将驶往广州,戈洛夫金忧心如焚,生怕激怒清廷,影响自己完成使命。他向沙皇紧急奏报,指出俄国舰船贸然出现在黑龙江口与广州,都极有可能导致与清朝谈判的中断,并反问:"如果某个国家根据条约在我帝国边境设有两个贸易点,而自由进入我港口的请求又屡遭拒绝,现在却突然出乎意料,在未得到陛下同意的情况下便闯入港口,陛下对这样的行动是否会满意呢?是否会认为自己不仅有权把这条船赶走,而且还要在享受此类特权的所有贸易点都中断一切关系呢?"[14]虽然当时两国都是君主专制,但俄廷的君臣关系明显要开明许多,设若蕴端多尔济敢对嘉庆帝如此反诘,至少是个"大不敬"之罪。

戈洛夫金对清廷关于黑龙江的立场应说判断无误,这是一个提不得碰不得的敏感话题。只是由于清廷在下江,尤其黑龙江口毫无设施,"希望号"的侵入测量根本不为所知。倒是沙俄使团引起清廷的密切关注,在戈洛夫金一行抵达伊尔库茨克和恰克图之际,各种传言已满布库伦和北京,关键点仍在黑龙江,说俄国使臣的目的是力请清廷批准俄国船只在黑龙江上航行,并沿着这条大江划定俄中边界。大清君臣对这个使团的强烈不信任感，也许与此相关，可戈氏并不清楚，还是满脑子克服困难、建功立业的热念。

此行出使大清，学究气很浓的戈大使写了很多信，分别给亚历山大一世、恰尔托雷斯基、克鲁森施特恩以及蕴端多尔济等人。他的使命虽没有完成，能力也受到质疑，留下的信函却颇有史料价值。其中有多篇关于黑龙江的长文，既有一以贯之的认识，也有感情和态度上的变化，值得一读，且应集中在一起综合研究。这是一个做事认真的人，也懂得因应之道，见清方强硬要求大幅删减使团人员，便命多列夫上校率一个测绘组前往尼布楚等地，巡查边防并测绘黑龙江源头的地貌。他还正式向亚历山大一世提议实地踏勘两国界山外兴安岭，写道：

> 臣觉得沿斯塔诺夫山脉所进行的由涅尔琴斯克至鄂霍次克海的考察，能集中实现所有的预期，并第一次把这种预期同战胜困难的丰功伟绩结合起来。人类的足迹还从来没有踏上过这片土地，新的科学宝库定能在这里开启……您的慷慨将成就许多有趣的发现；绵延2500余俄里的帝国疆界，其状况我们至今一无所知，了解它和确立它将会给我们带来重大的利益。[15]

斯塔诺夫山脉，也就是外兴安岭，《尼布楚条约》规定的中俄边界，即由格尔必齐河溯源而上，沿该山山脊迤逦向东，直至鄂霍次克海。戈洛夫金写得激情澎湃，写得天真烂漫，使团中也有与他一样充满激情的植物学家和测绘专家，表示愿意去完成这项注定会无比艰辛的考察，但未得到沙皇批准。

给他的理由是这项考察难度太大，没有一两年难以完成。而实际的原因呢？怕是沙皇和他的大臣心心念念在于据有黑龙江左岸，从来不情愿以外兴安岭为界，读了戈大使的这份迂夫子报告，不免有些啼笑皆非。

五　库伦交锋

那时的欧洲刚经历了18世纪的工业革命，列强竞起，俄罗斯的军事实力亦非昔日可比，而自外于世界大变局、缺少国际视野的大清君臣，仍以蛮夷视之。

嘉庆帝素以"守成"为口号，本事没老爹的一半，在对外交往中的牛气却远远过之。颙琰对俄国高级别使团的到来本来没什么反感，还表示过尽量让他们能赶上自个的万寿庆典。因昧于世界大势，颙琰基本不了解日益强大的近邻俄罗斯，视之为外藩，允许俄使跟随前来贺寿的藩国使节一起跪拜，嵩呼万岁，已经是莫大恩典了。是以在给蕴端多尔济的谕旨中，嘉庆特别强调了"态度"问题，若是俄方回函不够恭谨，不遵照要求压缩人员，则予以拒绝；同时表示朝廷并未发出邀请，"若俄人中途止步不来，亦无所不可"[16]。皇上的态度，自然也就决定了库伦办事大臣的态度。

当年9月，俄国使团在行至贝加尔湖畔的伊尔库茨克，开始与库伦密集沟通各种细节。蕴端多尔济出身喀尔喀蒙古勋贵，与俄罗斯可称世仇，且自幼在上书房读书，熟知颙琰的性情与心思，以故对俄使此行并不热心。先是拒绝教士团随行；接着提出驿站马匹车辆不足，要俄方自行筹办；然后说使团人员太多，要求其压缩至几十人；又要俄方预先提交国书文本和礼物清单，以弄清楚对嘉庆帝和亚历山大一世尊号的写法……戈洛夫金与蕴端多尔济经历了三个多月的外交角力，而争执的焦点根本不是通航、划界、广州贸易等大事，那些毋庸蕴大臣置喙，而是关于使团人数、礼品清单等事。戈洛夫金被迫裁员，提交了一个一百五十九人的名单。蕴端多尔济审查后指出护送礼品的人和士兵、随员都一概不必要，要求减至七十人。戈氏派出一秘巴伊科夫赶往库伦解释，带去的名单又做了减少，并举雍正朝萨瓦使团一百二十人之例，强调戈洛夫金的地位比萨瓦高得多，才有所缓和。巴伊科夫也对礼品清单之事做了说明，理由是大镜子易碎，[17] 由是也得知镜子竟至"长数十英尺宽五六英尺"，且有十五面之多。蕴大臣被说服了，在向皇上奏报时加以美言，此前虽有谕旨要求俄国使团不得超过四十人，见奏也不再坚持。就这样，戈洛夫金总算得到进入中国的许可。

1806年1月2日，差不多是一年中最为寒冷的日子，戈洛夫金在给沙皇的奏报中特意注明为零下24摄氏度，俄国使团成员一律盛装绶带，在礼炮声中穿过恰克图，开始了出使之旅的最后也是最奇诡的一段行程。队伍前面是担任护卫的二百名哥萨克骑兵，高擎军旗；接着是特命全权大使戈洛夫金，身材颀长英挺，骑在一匹高头骏马之上，显得雍容华贵；他身后是两列皇家近卫龙骑兵，个个亮出军刀；然后是一连串装载人员和物资的车辆，迤逦数里长。清廷派来迎接使团的两名蒙古王公已等在国境线上，鸣礼炮以示欢迎。而俄方特意调来三十门大炮和色楞格斯克火枪兵连，列队鸣枪二十响，火炮轰鸣，像是要与清兵比试一下，更像是一场武力秀。

戈洛夫金应是向清朝边臣并通过他们向清廷传递一个信号，表明俄国有多么强大、自己有多么重要。而在蕴端多尔济给皇上的奏折中，对这些一字不提，写的只是接待支出的庞大：

> 俄罗斯大车共一百二十五辆，随员所需牲畜及什物，除能骑马之四十名俄罗斯外，每驿站需用驾车马匹七百，蒙古包四十座，每日用羊二十只、糖十斤、薄荷茶三斤、稻米六十斤、蜡十五斤、驮驼一百八十余只。由恰克图至此地有十一站，雪大且深，俄罗斯车甚重，夹带私物又多，途中住宿四日，恰好与二十五日抵达库伦。[18]

这一天为俄历新年的第二天，戈洛夫金使团抵达清朝的北方重镇库伦

（今蒙古国首都乌兰巴托），住进事先准备好的驿馆，没有放礼炮，也没有举行入城仪式。嘉庆帝已对蕴端多尔济下达明确谕旨，要求使团在库伦"演习叩头礼"，应达到的标准是"中规中矩，心无动摇，面容虔敬"。[19]到达的第二天，戈洛夫金带着几分"降尊纡贵"的不情愿，前往郡王府拜会，蕴王爷礼貌接待，双方互赠礼物，相谈甚欢，并约好次日皇上赐宴，要正式举行欢迎宴会。

会见在开始时也算郑重亲切：戈大使率随员盛服而来，虽无记述，估计那些个近卫龙骑兵和乐手都要露一小脸；而蕴大臣的郡王府自会张灯结彩，天朝的锣鼓鞭炮一起，足以淹没遮蔽外夷那点儿奇巧淫技。王爷相貌堂堂，将使臣迎入前厅后略作寒暄，即引他到东厢房。室内铺着豪华地毯，正中摆一张桌子，上面的香炉插着三支点燃的线香，桌前有三个跪拜用的圆垫，便是演习叩头礼的地方。为使戈洛夫金能愉悦地演练，王爷与专程来迎接的贝子将亲任教习，陪他一起下跪叩首。未想到戈大使先有点蒙圈，弄明白之后，当即断然拒绝，说：如果进京得到清朝皇帝的接见，自会履行应有的礼仪，但不会在边境上这样做。

蕴王爷有些恼怒和尴尬，却也没有马上发火。他们请使臣进入一个摆满水果和点心的内室，表示皇上为欢迎俄国使团已经兴师动众，命各驿站做好接待，命贝勒贝子从京师赶到边境迎接陪伴，命自己这样级别的大臣沿途护送，还破天荒在库伦赐宴赐酒，而他竟然不能按照规矩行礼，实在是不应该的。

大使指出：没人预先告知，此前俄国使团也没有这种先例。

双方交谈的时间很短，不过一杯茶的工夫，戈洛夫金起身告辞，蕴王爷未加挽留。一场赐宴搞到这种地步，两边都有极大压力：俄国使团行程约一万四千里，历时半年多，带着一大堆的谈判目标，自不愿无功而返；清廷已命察哈尔都统和直隶总督划拨专款，布置沿途驿站，修葺打扫馆舍，备足米面肉菜和柴草，车辆马驼更是大量征调，时值隆冬，筹备绝非易事，本也希望俄使能赶上年节欢庆活动的。

就这样耗了五天，两人再次晤面。蕴王爷实话实说：此前曾发生过来使在典礼上不守规矩的情况，如果不能演习叩头礼，他也就不敢允许使团进京，那么就请回吧。

戈大使针锋相对：我们是奉了嘉庆皇帝的旨意来中国的，没有他的谕旨，我绝不回国。

王爷不免动气：如果尔等不愿动身回国，我们今后无法保证食品等供应。

大使"以更傲慢的口气"回应：即使如此，我也会下令平均分配供给，继续等待。

谈到这里已成僵持之局，据俄人记载蕴王爷已开始骂骂咧咧，而他在奏折中也充分表达了心中的恼怒，称之为"该死的俄国人""苦役犯""这些囚徒""不堪救药""不是个东西"，极力请求"坚决将其驱逐回国"。[20]

戈洛夫金既不甘心，又担心两国关系急剧破裂，导致贸易中断，决定派遣信使去北京，直接向皇帝或大臣控诉和解释。被派遣的还是巴伊科夫，大使不仅面授机宜，还写了一份长长的训令，写了几封给在京传教士的信，更重要的是为他准备了包括礼品清单在内的一应文件。戈大使要巴伊科夫不仅说明他在俄宫廷的显赫地位，也要重点介绍所兼西伯利亚总巡按使一职，要他在呈递礼品清单时，强调礼品"有多么豪华""有多么值钱"，并代为说明："由于这些礼品在进入上国的那一刻起就已经是中国皇帝的财产，我仅仅是它们的守护者，没有他的特别旨意我无法确定将它们运往哪里。"[21]真不愧是能言善辩的外交家。

嘉庆帝接蕴端多尔济密奏，接连以五百里、六百里急递发来谕旨，命他传集所部蒙古诸王、台吉、章京等，皆佩带腰刀，整列队伍，邀戈洛夫金前来，"命其行跪拜之礼，然后由蕴端多尔济复行跪拜大礼"，再向他逐条宣读圣谕。[22]结果是戈洛夫金"大摆架子，拒绝前来"，蕴王爷只好派人去驿馆宣旨，"该死的戈洛夫金等竟无些许悔过之意"[23]。

次日戈洛夫金又有信来，承诺在京师觐见时会行三跪九叩之礼，蕴端多尔济已是厌烦透了，喝令使团立即打道回府。

六　拿破仑这样说

自1806年2月15日起，不管有多少愤恨和不情愿，沙俄使团还是被迫从库伦分批折返。大使戈洛夫金列在第一批，午后一时起身，不得不连夜赶路，"当夜严寒，马匹疲惫，无处容身，饮食无着"，可谓狼狈万状。谁也未想到使团会突然回转，来时各台站增调的设施车马均已撤走，临时调集，加上马夫吏役皆知双方龃龉，态度大为变化，自然是处处受苦。来迎接使团的贝子宁博多尔济态度尚好，仍是一路陪伴送行，有时过来聊聊天。戈洛夫金手脚冻伤，嘴巴则像后来鲁迅笔下的祥林嫂，叨叨叨诉说个不停。[24]

那些千辛万苦运来的国礼，戈洛夫金离开时留在驿馆，也想留下一条今后交涉的伏线。但次日住下不久，就看到一队清兵押送而来，只好悻悻然带回。我很好奇十五面大镜子的命运，雪拥大漠，狂风卷沙石，会残损得稀里哗啦吗？没有人写到，只知道所有礼品先被存放在恰克图要塞，后来又存放于伊尔库茨克官库，数年后西伯利亚总督还专为此请示俄廷，说再放下去皮毛等就坏了。

戈洛夫金返回时一路赶行，七百余里风雪沙碛路，用了八天。为找回一点面子，他预先通告恰克图军政官员，要求以与来时同样隆重的仪式迎接，可又能弥补些什么呢？俄国官场的钩心斗角一点儿也不逊于天朝，不知有多少人正等着看笑话呢！为出使之便，沙皇赐予他一个西伯利亚总巡按的头衔，以虚为主，可这位仁兄偏偏当了真，一路臧否人物，颐指气使，即便对西伯利亚总督、恰克图海关关长都在报告中公然指责。岂知他们也都是朝中有人，闻知后自然怀恨在心。现在这只骄傲的公鸡铩羽而归,幸灾乐祸者实不在少数。戈洛夫金注意到舆论对自己不利,特派心腹巴伊科夫前往彼得堡,岂知这厮嗅到风向之变,也开始大说主子的坏话,绘声绘色,比别人说得还凶。

回到恰克图的戈洛夫金,身体和心理双重受创,更严重的精神煎熬是:怎样向沙皇交代?怎样向彼得堡那些要人解释?保举他的恰尔托雷斯基职位显赫,而职级更高的鲁米扬采夫就不那么友善了。戈洛夫金不顾手上的冻疮,一直把自己关在房间里奋笔疾书,首先是给恰尔托雷斯基的紧急报告,然后是呈亚历山大一世的奏章,诉说使团遭受的不公和苦难。那是俄国产生大文豪的时代,这位大使文笔亦佳,试引一小段:

> 使团在路上行进迟缓、七零八落,既无帐篷,又不能生火。臣虽尽一切努力关心帮助受严寒威胁的人们,但却毫无办法。在这几个冻死人的夜晚,不少人遭了大罪,臣的手也冻伤了……在苦难艰辛交集的日子里,只有一个感觉能给予臣以慰藉并支撑着臣的信念,那就是皇帝陛下最公正,他会承认,臣最最关注的,就是捍卫陛下的尊严,捍卫他臣民的利益。[25]

一色白描,情感真切,也颇有感染力。他的心态已然失衡,竟呼吁实施军事报复,"为了捍卫帝国最神圣的权利和威严,应该以武力来加以洗刷"。殊不知俄奥联军与法军交战正酣,且处于严重不利状况,还指望他的北京之行能离间中国与英法的关系呢。

为了证明此行并非全无意义,显示一己之远见卓识,戈洛夫金提交了一份关于俄中关系前景的报告,堪称长篇累牍。他特别注明此报告的主体写成于去年12月,即进入中国之前,动因不是为了报复,也不是由于受了侮辱。实际上所有文字都可见出一种经历奇耻大辱的怨愤,"中华帝国的暴君""正义的复仇"晃动于字里行间,开出的药方也都是来硬的和横的:

增加军费,"把防御性的措施变为进攻性的";

必要时与中国开战,以开辟东方贸易市场;

只有占领黑龙江左岸,才能保障在该河的自由航行;

重新谈判雅克萨以及黑龙江两岸归属问题。[26]

没有得到沙皇解散访华使团的命令,戈洛夫金只能继续留在西伯利亚,先是住在恰克图,十余天后即前往伊尔库茨克。那座建在贝加尔湖西畔的小城,是伊尔库茨克省的省府,也是尼布楚和恰克图等城堡重要的后方保障基地。作为一个公认的喜欢虚荣的贵族显宦,戈洛夫金数月前抵达时何等风光,此际则不免灰溜溜的。刚到的时候,他便读到大清理藩院就遣返使团致枢密院的公文,其中主要是对他本人的指控,赶紧进行辩解,大倒苦水,同时预言克鲁森施特恩等在广州可能会被逮捕甚至绞死。殊不知人家可比他灵活多了,虽也遇到了各种限制,仍然卖掉了带来的所有货物,采购了大宗中国商品,在友好气氛中顺利驶离。

1806年5月,由沙皇特旨组成的内阁非常委员会讨论和评估了使团被逐事件,阅读了戈洛夫金的历次紧急报告,对清廷的外交政策发表了一段诛心之论:

> 臣等深入研究亚洲各国人民的风俗后发现,我国使团的返回也好,一些不得体的要求也好,粗暴的语言和库伦办事大臣的信件也罢,对这些都不必像对待欧洲宫廷发生此类事件那样过分予以重视。在同奥斯曼帝国政府打交道的过程中,每一个国家多少都遭遇过那些政府大臣粗暴的、蛮不讲理的对待。要等待中国人给予友善的、彬彬有礼的接待那就更是困难。他们甚至认为,对待使臣粗暴无礼这种根深蒂固的恶习,居然是国家政策的基础。

有鉴于此,委员会认为"无须将使团遣返一事视为多么了不起的侮辱,只可作为双方因无法达成共识而发生的不愉快事件",决定尽力营救广州被扣船只(尚不知克鲁森施特恩交涉成功的消息),并让戈洛夫金在西伯利亚再逗留一段时间,以免清朝君臣以为他受到处分。作为对清朝的反制,俄廷传令西伯利亚边防巡阅使拉夫罗夫少将,鼓励乾隆间东归的土尔扈特部族重回俄国。[27]

令人不能不佩服的是,不管遇到多少困难,不管心里多么沮丧,戈洛夫金仍把黑龙江作为关注的焦点。随团的多数军官和专家都被他派往尼布楚,组成了不同的探险队和测绘小组,并积极为他们申请经费,遴选当地人作为助手。戈洛夫金提交的最后一份文件是《利用当地资源实施西伯利亚军事配置的计划》,建议基于本地资源强化军事力量,形成在边境上的进攻态势,占领黑龙江左岸。他写道:

> 最可怕的攻击,无疑是指向敌人的这样一个地区,即它的丧失对该国最为敏感,同时又最能加强攻击方的优势……如果中国人一直都在拒绝我们沿阿穆尔河自由航行,这显然是出于害怕我们在该河左岸建立机构。中国政府到目前为止还很少利用这片地区,甚至很少了解它们。但是控制这一地区对清政府极为重要,因为它与右岸许多繁荣的城市和富裕的地区离得很近,并且由此极易靠近北京,特别是满洲——当今王朝的发祥地。

真的是满怀恶意,也真的不乏洞察力和可行性。值得庆幸的是此人已成弃子,其喋喋不休业已令人厌烦。拖至8月,身心交瘁的戈洛夫金以健康恶化为由,向沙皇请求调离,而就在五天前,亚历山大一世已发出要他返回彼得堡的旨令。据说同他一起踏上返程的是巴伊科夫——原先的大使第一心腹,后来深切痛恨的人,但戈洛夫金经此一番遭际,似乎把许多事都看开了。

这当然是一次沙俄的外交失败，却也不能算是清廷的外交胜利。俄廷一班大臣的分析是深刻的，其时大清盛世已去，却愈加认真地显摆天朝的尊威，对戈洛夫金使团如此，十年后对英国的阿美士德使团亦如此，可谓一视同仁。

差不多在一年后，俄法两国取得了暂时的和解，两位皇帝在蒂尔西特亲切晤面，亚历山大一世在闲谈时对拿破仑说起此事，可证其仍然耿耿于怀。未想到法皇的观点却是：使臣应该服从一个国家为其高官制定的礼仪。拿破仑进一步论述：

> 须知中国人并未请我们向他们派遣使臣，既然我们把使臣派出去了，这就证明，我们是在谋求某种宽恕或某种好处；因此我们应该服从他们的习俗，要么就根本用不着派人去。[28]

这才是大政治家，直击问题的实质，也不免有所讥嘲。亚历山大一世对这番话很信服，愈加认为是戈洛夫金办事不力，遂将这个二等文官彻底晾了起来。

注释

[1] 米亚斯尼科夫《19世纪俄中关系：资料与文献（第1卷：1803—1807）》中No.129收录了副外务大臣恰尔托雷斯基草拟的训令条文稿，No.130收录了亚历山大一世任命戈洛夫金为赴清帝国特命全权使臣而颁发的训令。徐昌翰等译，薛衔天等审校，广东人民出版社，2012年，第351—366页。

[2] 《19世纪俄中关系：资料与文献（第1卷：1803—1807）》，No.56，第148页。

[3] 《19世纪俄中关系：资料与文献（第1卷：1803—1807）》，No.57，第153页。

[4] 《红楼梦》第四十一回，写刘姥姥误撞入怡红院宝玉卧房，看到一面紫檀框子镶嵌的大穿衣镜，人民文学出版社，1985年，第573页。

[5] 参见《19世纪俄中关系：资料与文献（第1卷：1803—1807）》，No.86，227页；No.98，第267页。

[6] 《19世纪俄中关系：资料与文献（第1卷：1803—1807）》，No.111·注释，第312页。斯特鲁维为俄外务院拉丁语翻译、八等文官，此行结束后发表了相关文章，对戈洛夫金本

人及使团的组织、人员、选取的礼品多所批评。
〔7〕 使团起行的细节描述参见陈开科《嘉庆十年——失败的俄国使团与失败的中国外交》，社会科学文献出版社，2014年，第252—253页。
〔8〕《19世纪俄中关系：资料与文献（第1卷：1803—1807）》，No.160，第447—449页。
〔9〕《19世纪俄中关系：资料与文献（第1卷：1803—1807）》，No.161，第451—453页。
〔10〕 参见［法］儒勒·凡尔纳《19世纪的大旅行家》，第四章《克鲁森施特恩的环球旅行》，第164—172页。
〔11〕 报告具体内容参见《19世纪俄中关系：资料与文献（第1卷：1803—1807）》，No.93，第240—254页。
〔12〕《19世纪俄中关系：资料与文献（第1卷：1803—1807）》，No.105，第288—289页。
〔13〕《19世纪俄中关系：资料与文献（第1卷：1803—1807）》，No.130，第359—360页。
〔14〕《19世纪俄中关系：资料与文献（第1卷：1803—1807）》，No.162，第455页。
〔15〕《19世纪俄中关系：资料与文献（第1卷：1803—1807）》，No.230，第693—694页。
〔16〕《19世纪俄中关系：资料与文献（第1卷：1803—1807）》，No.102，第277页。
〔17〕《故宫俄文史料》130，国家清史编纂委员会等2005年合编，第251页。
〔18〕《蕴端多尔济等奏请驱逐拒不行下跪礼之俄使戈洛夫金等折》（嘉庆十年十二月初六日），藏于中国第一历史档案馆"满文月折档"。
〔19〕《19世纪俄中关系：资料与文献（第1卷：1803—1807）》，No.180，第509页。
〔20〕《19世纪俄中关系：资料与文献（第1卷：1803—1807）》，No.252，第776—783页。
〔21〕《19世纪俄中关系：资料与文献（第1卷：1803—1807）》，No.253，第787页。
〔22〕《19世纪俄中关系：资料与文献（第1卷：1803—1807）》，No.266，第821—824页。
〔23〕《19世纪俄中关系：资料与文献（第1卷：1803—1807）》，No.275，第850—855页。
〔24〕《19世纪俄中关系：资料与文献（第1卷：1803—1807）》，No.277，第857页。
〔25〕《19世纪俄中关系：资料与文献（第1卷：1803—1807）》，No.297，第920—924页。
〔26〕 参见《19世纪俄中关系：资料与文献（第1卷：1803—1807）》，No.300，第932—952页。
〔27〕《19世纪俄中关系：资料与文献（第1卷：1803—1807）》，No.358，第1084—1088页。
〔28〕《19世纪俄中关系：资料与文献（第1卷：1803—1807）》，卷首《戈洛夫金出使中国之行》注释1。

第九章　祸起河口湾

黑龙江形若游龙，自西向东数千里奔趋，先后与精奇里江、松花江、乌苏里江、兴凯河等两岸大河交汇，再蜿蜒斜向东北，流入鄂霍次克海。由于库页岛的北端横亘于入海口对面，水流遇阻，形成了一个岛礁众多、险滩密布的海湾，中国人名曰"小海"，俄人称之为"河口湾"。库页岛上居民大多由黑龙江下游迁徙，与大陆关系密切。

19世纪中叶，沙俄海军大尉涅维尔斯科伊率舰潜入这块中国水域，探测到深水航道，打破大型舰只无法通航的传言，接下来便是窃建彼得冬营，公然侵占庙街，自此揭开了清朝在东北丧权失地的序幕。沃尔科夫在长诗《纪念海军上将涅维尔斯科伊》中最后写道："发现河口湾，结果很美满。升起俄国旗，领土归俄管。"[1]如同顺口溜一般，却是对涅氏两次报功信函的着意抄撮，透露出欣喜、亢奋，以及强横霸蛮。

一　库页六姓

发现，是所有殖民者喜爱使用的一个野蛮语，如哥伦布发现新大陆，坦然将自个的第一次到达作如是观，全不顾及那里早已世代生活的原住民。涅维尔斯科伊也将那次潜入勘察称作"发现"，甚至将鞑靼海峡以自己的名字命名，殊不知这块土地上散布着费雅喀、赫哲村屯，又被称为北山女真、野人女真及海上女真，与满洲人血脉相连，长期属于中国王朝管辖。

明朝太监亦失哈所立永宁寺二碑，曾长期矗立于黑龙江畔的崖壁上。风雨剥蚀，碑文已漫漶残缺，可辨认的文字中都提到库页岛，称之为苦夷：

> 十年冬，天子复命内官亦失哈等载至其国。自海西抵奴儿干及海外苦夷诸民，赐男妇以衣服器用，给以谷米，宴以酒馔，皆踊跃欢忻，无一人梗化不率者。[2]
>
> 惟奴儿干国远□□之表，道万余里，人有女直或野人、吉列迷、苦夷。非重译莫晓其言，非威武莫服其心，非乘舟难至其地……洪武间，遣使至其国而未通。永乐中，上命内官亦失哈等，□锐驾大航，五至其国，抚谕慰安，设奴儿干都司，其官僚抚恤，斯民归化，遂捕海东青方物朝贡。[3]

苦夷，与库页（库野、库叶）读音近同，可视为岛名，但主要指居住岛上的原住民，如费雅喀（又称吉列迷）、鄂伦春和爱奴人等，以状其生存之苦况。从碑文中看不出亦失哈是否率舰队驶出黑龙江口，亲自登临库页岛抚谕穷黎，但要说明朝声教和行政及于岛上，信乎不虚。

进入清朝，对黑龙江下江地域和库页岛的管理采取同一模式，即贡貂和颁赏乌林体制。乌林，又作乌绫，意为从上到下一整套的衣帽鞋袜。发放时按姓长、乡长、子弟、白人区分，大致类似官吏士民之别，各姓长着蟒缎朝衣，俗称"穿官"。当初明朝对于建州等地女真，也有类似做法，使之由"生"到"熟"，迅速崛起。深感族人太少的努尔哈赤，将野人女真视为同族，收服后大加赏赐，不光颁赏服饰，还包括牛马、田庐、器具，无妻者还配发老婆。

顺治年间，黑龙江下游部落皆被招抚，不再强令迁徙，象征性地收缴税赋，每户每年一张貂皮，赏赐以衣物为主，姓长为"披领"，乡长为"缎袍"。穿上这样的官服，仪态自与披张熊皮不同，对朝廷的忠诚和依赖也得以提升。穿官成为时髦，更成为权势与财富的象征。据档案记载，有的村屯出现争议，也有的姓长提出自己年龄大了，请求由儿子继承披领之服。那时盛京已有了专门的服装加工厂，制作四季袍服、皮袄棉裤，以供颁赏之需。

影响所及，库页岛上的费雅喀人也开始请求贡貂，从雍正十年开始，准许纳入与下江一体的贡赋和赏赐体制，起初是六姓一百四十六户，数年后增加两户。为了便于库页人跨海前来，贡貂和颁赏乌林定于每年夏天实行。而在当年秋天，宁古塔总管衙门和三姓副都统衙门都要将发放数额汇总上报，再领取次年备赏物品。所需绸缎布帛等由吉林将军转报盛京，由盛京礼部备办、户部核发，程序很严格。届时两衙门派出员弁领取，车载船运，抵达后先行贮存，再分运各行署发放。路途遥远，水路难测，多次出现过沉船伤人、乌林漂没的情况。[4]

清廷始终未在下江和库页岛设立正式的官府，造成了管理的严重滞后。乾隆七年七月，在奇集行署发生了一起斗殴杀人案件，下江魁玛噶珊的伊特谢努父子等，杀死库页达里喀噶珊的乡长阿喀图斯等三人，影响十分恶劣。吉林将军闻知后，即命三姓与宁古塔两衙门联合办案，很快将凶手伊特谢努抓获。乾隆八年夏天，三姓副都统衙门才派出吉布球带领二十名士兵前往库页岛，要求找到和带回达里喀姓长齐查伊等作为证人，秉公进行审理。而由于族人在赏乌林期间多有死伤，齐查伊深为不满，见面时排列甲兵，并拒绝跪拜。待得知伊特谢努已被拿获，方回来叩谢。可是当听说要他渡海去做证，又犹豫拒绝，吉布球等好说歹说，总算成行。众人在一个多月后抵达奇吉，齐查伊与属下受到宴席接待，但一说还要去三姓城，皆诉苦不已，不肯前行。在吉布球威逼利诱下，勉强答应回船商议，而当晚即乘船逃走。清军追赶不及，眼看着他们消失在茫茫大海中。[5]

乾隆十五年十一月，大学士傅恒特上奏折，提出将库页岛贡貂户以六姓一百四十八户永为定额，不得再扩大，曰：

> 皇上重重颁赏者,虽系仁抚远民之至恩,然此等人贡貂时如不规定户数,随其意愿准其进贡,则必视皇上隆恩为定例,陆续增加,天长日久,反致不知皇上隆恩矣![6]

意思是赏乌林乃皇上隆恩,若不限定户数,谁愿来谁来,时间一长,反而不知道圣恩所在了。说得看似振振有词,实际上就是想节省经费。

作为内阁首辅和首席军机大臣,傅恒要考虑国家的收支平衡和经费节俭,对数十年不变的贡貂赏乌林制度,也有必要加以调整。但目标应是更切实有效的管理,以使更多民户缴贡与接受赏赐。此处的六姓,并非库页岛费雅喀的全部姓氏,一百四十八户更不会是所有家庭。傅恒不去为治理岛屿做整体规划,不考虑岛上的鄂伦春、爱奴部落,而是生怕缴贡人数不断增加,实在匪夷所思。同样匪夷所思的是,乾隆帝当即批准了这一奏议。

对于库页六姓每年贡貂方式,傅恒规定必须在七月到奇吉噶珊,"如不前来约定之地,则令官兵寻入海岛,唤其前来,征收貂皮并颁赏乌林。如有不于约定月内前来者……未来之年应赏乌林停止颁赏",充分显现了朝廷尊威,强制且生硬。可见君臣二人都将库页岛视为累赘,没有任何国家战略的考量和措置。

早期的颁赏乌林,皆做成服装,既费工时,又难以合体,后改为折算绸缎布面,倒也彼此方便。三姓衙门档案中有一份乾隆二十五年的呈文,叙述甚详:

> 三姓地方贡貂之库页费雅喀六姓之人额定为一百四十八户,约定于奇集噶珊进贡貂皮,故应备辛巳年颁赏用乌林一百四十八套,其中姓长之无扇肩朝衣六套、乡长之朝衣十八套、姓长及乡长之子弟所穿缎袍二套、白人所穿蓝毛青布袍一百二十二套,折成衣料为蟒缎六匹、彭缎四十六丈三尺、白

绢一百一十六丈、妆缎二十丈四尺四寸、红绢三十七丈、家机布七丈四尺四寸、蓝毛青布二百四十四匹、白布五百九十二丈即一百四十八匹、棉花二百四十斤八两、毛青布九百二十匹、高丽布五百一十四丈折细家机布二百五十七匹、每块三尺之绢里子二百九十六块……[7]

以下还有梳篦、针线等物。发放物品具体到一寸布、一两棉、一根针，关系原住民的日常使用，处处从宽。虽也收取貂皮，但赏赐的价值远高于岁贡，应存在一种美好期待：费雅喀人由穿着衣饰开始，渐渐脱离半原始的"鱼皮鞑子"状态，跟上旧满洲的发展步伐。

年复一年的颁赏，大量绸缎布帛的涌入，的确使岛民的状态有了较大改变。契诃夫写克鲁森施特恩登岛后，"见到过一个有二十七所住房的屯落"，"基里亚克人穿着华丽的绸缎衣服，上面绣有许多花"。[8]那是在嘉庆十年，在该岛更为寒冷的北部沿岸，屯落里有这种讲究的服装，当与赏乌林相关联。而将成衣折为衣料，必也有一些人转手卖出，或交换一些急需的东西。要知道清廷在遍赏乌林的同时，严禁钢铁和兵器铠甲等物入岛，即使是官差，不经报批也不许携带腰刀之类。这就造成岛民对铁器的渴求，故俄日人员登岛，常以匕首小刀之类为诱惑，大受欢迎。

二　南库页的沙俄"占领军"

1805年8月间，与克鲁森施特恩率"希望号"探测黑龙江口几乎同时，另一艘俄国军舰出现在库页岛最南端的阿尼瓦湾，登陆后大打出手，还留下一支小小的占领军。如果说克氏那次半途而废的探险是沙俄全球殖民战略的一部分，则这个海军武装小组，却是一次货真价实的侵占。阿尼瓦是库页岛南端一个巨大的海湾,临近北海道,俄军的登陆行为主要就是针对日本的。那时日本开始强化对北海道的管辖,也对库页岛产生觊觎之心,在该岛南部私自设置渔业和其他机构。俄海军中尉赫沃斯托夫奉命率舰前来,一通打砸抢,离去时留下五名士兵,也催生了一部俄版的"鲁滨逊漂流记"。

契诃夫在《萨哈林旅行记》中记录下这件往事,对这几名士兵的悲剧命运发表感慨,却没有什么正面评价。大作家并不回避沙俄对库页岛的入侵,又有着独特的文学视角:作为欧洲人对东北亚的占领,光是行路就历尽艰辛,要骑马或步行穿过冰原与密林,登岛时还要与浅滩暗礁、狂风激流搏命;而作为对一个相邻大国固有国土的侵占,又堪称简单轻易。没有血腥的争战,没有两国间的交涉,没遇到任何抵抗,就是百十来个士兵开着一条船来了,悍然登陆,如入无人之境。沙俄海军也堪称自信,扔下区区数人,此岛就算是俺们的了。

还记得那位绕过大半个地球赴任、受尽屈辱后仍被驱逐的驻日大使列扎诺夫吗?身任俄美公司掌门人、海军少将的他可不是软弱之辈,心中窝火,离开后即行发兵报复。赫沃斯托夫等正是奉他之命,由堪察加的海军基地南下,沿南千岛群岛一路攻击抢掠,最后抵达库页岛的。当时日本人已在南库页设立了一些仓库、税务所和哨所。赫沃斯托夫率队登岸后,命士兵展开攻击,杀人放火,抢夺物资,日人猝不及防,损失惨重。在一个叫托马拉的屯落,他留下伊凡等五名士兵,作为驻岛的占领军。次年和第三年,赫沃斯托夫都曾率舰袭扰日本,也都抵达库页岛,推测会给在岛士兵带来补给,但未见记载。仅知因1807年的军事行动未获批准,赫沃斯托夫中尉与助手返回后被逮捕,接着调回欧洲,死于一次酒后的冒险,留岛的几个部下也就成了断线的风筝。日本人在南库页卷土重来,五名俄国兵难以抵挡,不得不向北逃命,慢慢地由沙俄军人,变为真正的流浪汉,融入库页人之中。

涅维尔斯科伊窃占黑龙江口后,于1852年春派海军中尉鲍什尼亚克带领几个人和两辆狗爬犁，从西岸登上库页岛，一路踏勘测绘，主要任务是"查明煤矿的位置"，"收集关于该地区状况和当地居民对中国和日本的态度的情报"，顺便也打探五名俄国军人的下落。[9]根据他返回后的报告，涅维尔斯科伊对此做了记述：在日本人攻击下，帝俄军人难以支撑，只好逃窜进山林中，一路辗转向北，最后在特姆河流域定居下来。命运弄人，第一批俄国占领军变成了在岛流亡者。原住民友好接纳了这几个亡命之虏，容许他们在屯子里住下来，有的还娶妻生子，直至去世。

作为割占黑龙江左岸和滨海地域的沙俄头号功臣，涅氏很注意遮掩抹杀原有的中国痕迹，可还是写到，收留五名俄国逃难军人的屯子很大，名叫契哈尔卫屯（岛上有几个称为"卫"的村屯，当与明代在岛的卫所设置相关）。而当地百姓，主要是从大陆迁徙来的鄂伦春人，"很早以前，通古斯人从乌第河来到岛上安家落户；这里称他们为鄂伦春人。然后，他们指给鲍什尼亚克看俄国人曾经住过的地方。看来，这几个俄国人是住在三个茅屋里，还有过菜园。这时，居民说，最后一个俄国人瓦西里是不久前去世的，俄国人是好人，曾同他们一起去打鱼行猎；穿着也同克加里人一样"[10]。涅氏总希望寻觅到库页岛与俄国的牵连，力证岛上鄂伦春的祖先生活在外兴安岭的乌第河一带，因该地区后来为俄人占据，于是他们也就成了沙俄的臣民。

瓦西里是在1847年去世的。据介绍，逃亡的伊凡等人始终保存着一部东正教的《日课经》，但到了鲍什尼亚克抵达之际，似乎只剩下些许残片。他用几尺粗布，向当地人换了仅剩的四页纸，"有一页是标题页"，写着五人所留的一段文字：

> 我们，伊凡、达尼拉、彼得、谢尔盖和瓦西里五人，是1805年8月17日奉赫沃斯托夫之命在阿尼瓦的托马拉-阿尼瓦屯的；1810年日本人来到托马拉，我们便转到了特姆河。[11]

纸片已经残缺，文字仅为片断，不知道何时所写，也不知他们的遭遇和当时境况，却足以映照出书写者的悲苦无助。岁月无情，库页人则显得有情有义，伊凡等渐渐融入原住民之中，也消失在鄂伦春族群之中。至于他们数十年的异域经历，谁与当地人结了婚，婚后有怎样的生活，有几个孩子，已经无从得知。契诃夫于此写道："如今，赫沃斯托夫当年在北萨哈林留下来的俄国人，已被人遗忘，关于他们的后代则一无所知。"推测鲍什尼亚克会去寻找他们的遗孀与后代，应是没有找到吧。

对于登岛俄国人命运际遇，日本人间宫林藏有另一种记载："从鹈城至诺垤道之间，从前（年代不详）有俄罗斯所属之阿木奇、西眉那、茂木、瓦西里等六人住过。此等夷人为奇楞族人，非常狡猾，欺负本岛夷人，奸污妇女，或斗殴杀害庶夷，亦与山旦夷人相争，迫害此岛夷人达三四年之久。后来，此岛夷人与山旦人共谋，进行讨伐，终将此夷人杀尽。"[12] 所记应是他居留拉喀时，得自费雅喀人的传闻，几十年过去，线索颇为含混交缠。这是一些来历不同的俄人，有从大陆乘小船过来的逃犯，有失事幸存的船员，瓦西里好像也不是五名俄国海军士兵中的那位。这些人"会合在一起，在姆格奇屯建造了住屋"，"以射猎毛皮兽为生，常去同满洲人和日本人做交易"，最后也是"都死在萨哈林"。写到库页岛的"发现史"时，俄日学者似乎彼此存在一种很深的敌意。但不管怎么说，不论是被消灭还是老死，不管是俄国逃犯还是海军士兵，一样都悄无声息地消失在这个岛上。

涅维尔斯科伊将此指为俄国占领库页岛的早期依据，契诃夫大不以为然，写道："如果硬要把赫沃斯托夫的五名水手和凯姆茨以及两名逃犯的奇遇说成是自由殖民的尝试，那么也应该承认这种尝试是微不足道的，起码是不成功的。它对我们有意义的无非是说有八个人在萨哈林住了很长时间，一直到死，没有种过地，而是靠渔猎为生。"[13]

在这里，我们看到了一个伟大作家的良知。

三 间谍间宫

自18世纪晚期开始,日本幕府加快了向库页岛的殖民渗透,不断派出地质与测绘技术人员,意图全面了解该岛的地形地貌、族群分布,也包括与中国大陆及俄国的关系等。所派多是优秀的科学家,当然也是肩负政府使命的特务,其中最为著名的就是间宫林藏,以及他那本薄薄的《东鞑纪行》。东鞑,即东部鞑靼,为日本人对清朝所属这一区域的说法,不无贬义和恶意。契诃夫称间宫为"测地学者",即地理测绘学家,并引用施密特的话,赞扬他所绘的地图"特别精彩,显然是亲自测量绘制的";还说"日本人把萨哈林叫作桦太岛,意思是中国的岛屿"。[14]

较早登上库页岛的日本测绘专家,今知为1806年的高桥源大夫。那是嘉庆十一年,大清皇帝颙琰虽常念叨几句不忘满洲根本,却是目光止于盛京、宁古塔、三姓、瑷珲几处,再远些的黑龙江左岸和下江地区几乎被遗忘,遑论隔海的穷僻之岛。而俄日两个邻国都已悄然动手,对这个由黑龙江口迤逦向南的大岛进行勘测。笔者做了一番梳理,真还难以捋明白谁先谁后,一时间皆派人派船,争相登岛勘察或绕岛测量,势若竞赛。阿尼瓦湾的几个沙俄水兵尚未被驱离,日本方面已急不可耐地派遣高桥北上侦察,由于风雪阻隔,行至西海岸的北宗谷即返还。接着又派出最上德内,也是仅抵达北宗谷。那里已接近库页岛的北纬50度中间线,向来为费雅喀人的范围。

1808年春,日本幕府同时派遣松田传十郎和间宫林藏,二人也做了更充分的准备。松田沿西海岸前行,越过北宗谷,一直走到拉喀,约为整个西岸的四分之三,距黑龙江口已不太远。见前路艰难,便自作主张竖立木制日本界标,然后返回。而间宫先是沿东海岸北上,因无法绕过北知床岬角,撤回该岛较窄处,横穿山林,到达西岸后再向北,在抵近拉喀时遇到折返的松田。间宫跟随松田前往察看所立界标，再一同回到宗谷。松田自以为得计，岂知此举严重激怒费雅喀人，为间宫后来的勘察带来极大麻烦。

间宫性格坚忍，自知对库页岛概况远未查清，同年7月请求再次渡海侦察。他选择靠近清朝大陆的西岸北上踏勘，在未及北宗谷的千绪地方，"有数十山旦人乘船六只到此。威胁要抓走随行夷人，且出语不逊，叫骂不准前往腹地"[15]。素称温和友善的原住民为什么会这样？间宫未写，推测应与去年松田在拉喀的随意立界标相关。此处的"山旦人"，间宫说是黑龙江下江人，实则应以岛上居民为主。被指责斥骂一通，见间宫一直态度谦恭，也就开船离去。经此一番折腾，所雇向导和船夫人心惶惶，百般不肯前行，间宫设法劝诱，也是且行且停，屡次要求返回。严冬渐至，间宫无奈返回北海道的真冈，休整并补充粮食等物。

一个月后再出发，已是1809年1月29日，间宫沿库页岛西海岸曲折前行，不得已时换人换船，终于在四个多月后进至那尼欧。那里位于黑龙江口对面偏北，距库页岛西北端岬角已不太远，"北海渐阔，潮水全往北流，怒涛滚滚，无法航行"。间宫还打算横越山林去东海岸，雇工不依，只得返航。回至一个叫诺垤道的地方，他坚持留了下来，不惜给原住民做佣工，渔猎，打柴，结网，设法讨女人欢心，终于获得费雅喀乡长考尼的同意，随之乘船往大陆进贡。

《东鞑纪行》所记，主要就是间宫自库页岛的拉喀渡过海峡，由奇吉湖一带进入大陆，溯江而上，至德楞满洲行署的所见所闻。他随进贡岛民在湖东海滩登陆，卸下东西，将空船拖过约四五里铺设了木头的山路，由小河入湖航行至奇吉，再转入黑龙江主河道，逆行数日，即到达当时的满洲行署所在地德楞。德楞，书中说颁赏乌林的官员告知为"德楞哩名"（名，似乎是笔谈时的标注），怕也是交流中有误会，《吉林外记》等书作德勒恩。清初，下江和库页岛归属宁古塔将军管理，雍正九年设立三姓副都统衙门，接管该地域。乾隆间三姓衙门在奇吉设立行署,负责对库页岛部族收贡和颁赏乌林。此时因发生斗殴杀人事件暂撤,而流风余韵仍在,"各处酒宴喧哗,锣鼓震天,与寂静人稀之库页岛大不相同"。这里仍是岛民进贡和各处商民贸易的捷径,数里山路"犹如街道一般,每逢夏日,往返山路之夷,络绎不绝",河道上也是舟楫稠密。

七月,是费雅喀人的盛大节日,皆在于朝廷来人接受贡貂与颁赏乌林。据三姓档案文献,可知虽有"赫哲费雅喀"与"库页费雅喀"之分,实际上血脉相连,彼此走动,关系很密切。间宫所搭乘的船只,由库页费雅喀乡长考尼带领,进入大陆后在沿途屯落经常停下来,走亲访友,饮酒借宿,好不快活。我们也看到原住民对日本人很反感,蔑称为"夏毛",不管是在奇吉还是在德楞,都有人成群结队来辱骂戏弄间宫,甚至想把他处死。倒是几位满洲官员颟顸愚钝,全然意识不到间宫的间谍身份,待之很是亲切友善。

德楞行署是季节性临时设置,官员吏役来自三姓衙门。三姓者,三个下江部族姓氏是也,多自清初迁居。前来此地的三位官员均是此地常见姓氏,以正红旗满洲世袭佐领托精阿为首,姓舒;其他两位分别是正白旗满洲委署笔帖式伏勒恒阿,姓鲁;镶红旗六品官骁骑校奖赏蓝翎拨勒浑阿,姓葛。可见选择一个汉字为姓,已成官场中人的时髦。各处来船均系于江岸,贡貂的姓长和乡长要先往官船报到,行三叩首礼,官员则摆酒盛情款待。朝廷对此规定甚细,不同层级的头人如姓长、乡长,酒宴次数也有差别。而对所有跟随贡貂者,一概发给五天食粮。

由于肩负着秘密使命,间宫对各类活动和交易记录甚详,还将行署木城、进贡貂皮和赏赐乌林、私下交易、官船样式等景物画了下来,情形逼真。他的书除说明库页岛与大陆隔着一道海峡(清廷早已悉知,并标在图典中),更重要的价值还体现在这些图画与相关说明文字。出于日本人之手的《东鞑纪行》,证实了清朝对于黑龙江下江地区和库页岛的宗主权,记述了三姓当局的管理模式,呈现了官员与部落百姓的和谐关系，也对库页费雅喀人的国家认同提供了确证和实例。费雅喀痛恨日本人在岛上胡乱立标，每年主动越过海峡往行署贡貂领赏，考尼等主动向官员报告间宫的异国身份，都是有力的证明。

出于要了解更多情况的想法，间宫极力鼓动考尼返程中绕行黑龙江口。经过特林岬时，他从江面望见右边崖岸上的永宁寺碑，岛民们即于船上恭行祭拜。《东鞑纪行》写道：

> 在此江岸高处，有黄土色石碑两座。林藏从船上遥望，看不清有无文字雕刻。众夷至此处时，将携带之米粟、草籽等撒于河中，对石碑遥拜，其意为何不得而知。[16]

后有日本学者就此宣称间宫是两碑的发现者，令人失笑。但正是上引简略记述，见证了一种文化认同，可证永宁寺已进入原住民的集体文化记忆。考尼等人当然不是做给间宫看的，他们的虔诚崇敬发自内心，每次经过时都会如此。

四 闯入的"贝加尔号"

"贝加尔号"远洋运输舰，是第二艘从海上闯入黑龙江口的俄军舰只[17]，就此揭开沙俄侵华的序幕。它的名字，来自美丽的贝加尔湖，俄人好像很喜欢以之命名舰船，三十多年后契诃夫经过黑龙江时乘坐的客轮，也叫"贝加尔号"。

指挥"贝加尔号"的是涅维尔斯科伊，一个满怀激情的海军军官，十六岁考入中等海军武备学校，读书期间就对远方的黑龙江产生浓厚兴趣。在做了大量查阅研究后，他对该江不可供大型船舶通航之说深表怀疑，认为：像阿穆尔这样的大河不可能无影无踪地消失在沙漠里，不管沙漠有多大，阿穆尔河都应该有可通吃水量大的船只的出海口。[18] 毕业后登舰服役，涅氏先后到过波罗的海、地中海、北海和白海，航海业务日益精熟，而亲临勘察黑龙江口之梦一直存于心底。

1846年6月，涅维尔斯科伊晋升为海军大尉，获派指挥"贝加尔号"向勘察加军港运送物资。机会来了！他立刻向海军大臣缅希科夫公爵提出请求，希望能借机考察黑龙江口。缅希科夫欣赏这位年轻军官的怀疑精神，却告诉他根本没有可能：一则沙皇已决定不再争夺黑龙江，擅自去测绘中国河流易引发争端；二则"贝加尔号"尚在建造过程中，按合同到9月底才能竣工，运输物资的时间和经费均有严格控制，没留下再往黑龙江口的余地。涅氏前往赫尔辛基造船厂，千方百计说服厂方赶工期，结果提前了一个半月下水。对所运物资，他一一严格检查和改进包装方式，力求减少体积与重量，以杜绝途中的麻烦。驶出彼得堡军港之前，他再次向缅希科夫提出考察申请，后者批准测绘鄂霍次克海西南沿岸，但不包括黑龙江口，同时提出警告：若擅自行动或船只遇险，将予以惩处。严令之下，涅氏不免忐忑，写信向远在伊尔库茨克的穆拉维约夫求援，寄去自己的计划，希望他能代为向沙皇呈请。至此，沙俄侵吞黑龙江下江地区至为关键的两个人——海军大尉涅维尔斯科伊和东西伯利亚总督穆拉维约夫，已经联袂登场。

在我国的一些史著中，涅维尔斯科伊被描写成一个狂热的扩张主义分子，19世纪中叶沙俄侵略中国黑龙江流域的急先锋，说得没错。而对于俄国而言，他便成了远征异域、开疆拓土的大功臣。在极为困难的情况下，涅氏带队查清黑龙江出海口与鞑靼海峡航道，并迅速向内地渗透，建立一系列军事营地和居民点。为什么沃尔科夫赞美他"发现河口湾"？皆因西方关于库页岛是个半岛的谬说，直到涅维尔斯科伊才被廓清。

1848年8月21日，"贝加尔号"从喀琅施塔得启航，11月15日抵达里约热内卢，次年1月2日经过火地岛的合恩角，5月12日开进堪察彼得罗巴甫洛夫斯克军港，一路赶行，提前了差不多三个月。涅维尔斯科伊本希望能在堪察加接到沙皇御批，可只是见到穆拉维约夫的信，以及一份送交彼得堡的报告抄件。穆督对他的献身精神和积极措施表示感谢，告知正为获得尼古拉一世的恩准尽力，并说当年夏天将访问堪察加，希望7月底能与他在黑龙江的河口湾会面。此信带给涅氏很大鼓舞，可毕竟没有接到正式训令，贸然行动的后果很严重。他将几位下属召集一起，讲述了测量黑龙江口的计划，表示自己将会承担一切风险，得到了大家的支持。

5月30日，事先从阿留申群岛为测绘浅滩定制的兽皮船运到，涅维尔斯科伊与部下立即出发。6月12日，"贝加尔号"抵达库页岛东岸，经过十五天的贴岸航测，终于自北向南驶入河口湾。由于随时会"碰到不正常的急流、错综复杂的浅滩、水下沙滩和正在干涸的低湿草地，以及不断吹来的强劲逆风"，涅氏将"贝加尔号"停泊在安全地带，命属下分乘舢板和快艇出发，还是遇上大麻烦：

> 转瞬间狂风大作，大划船被抛到低湿草地上，而快速艇则被抛到塔姆列沃村（是个大村落）对面的萨哈林岸的浅滩上。快速艇上的人好不容易才逃生上岸，他们点火烤衣服，而一群基里亚克人则乘我们的人因疲倦而入睡之际，将衣服拿走……[19]

对他们来说，极大的幸运是船只没有损坏，水中继续探查也可推进。就在江口左岸岬角处，一个中尉爬上山顶瞭望，看到"河口湾是一个满布被河汊切成小块的低湿草地和大湖纵横的巨大蓄水池"。7月10日，涅氏亲自带领部下分乘舢板和快艇，沿着已发现的深水线搜索前行，不断投放测深锤，终于找到水流汹涌的黑龙江口。接下来先是溯江而上，再转回向南，航测鞑靼海峡，从而得到确证：黑龙江口可供大型舰船通航,库页岛与大陆最窄处为约七公里半,可以由鞑靼海峡直航日本。

穆拉维约夫一直牵挂着"贝加尔号"的进展,两次派出人员到附近海域寻找,视察堪察加返回后停泊在阿扬港,等待"贝加尔号"的消息。正当遍寻不见,以为该船可能遇险沉没时,忽报已接近港口。穆督大喜过望,亲登快艇出迎,还未来得及靠拢就大声问:你们从哪里来?涅维尔斯科伊满怀喜悦地报告:"萨哈林是一个岛屿,海船从南北两面都能进入阿穆尔河口湾和阿穆尔河!"[20]他在回忆录中记下许多话,但有这一句就足够了。

这一"大发现"很快被报送彼得堡,对觊觎黑龙江近两百年的沙俄君臣,不啻一个天大喜讯。但是且慢!此说否定了前辈的权威结论,不免受到普遍怀疑;涅氏未接到沙皇训令即擅自行动,也被论为违反军纪。俄廷与清廷颇有共同之处,权力中枢都呈现着复杂状态,都不乏嫉贤妒能的庸人。本来涅维尔斯科伊要被严厉处分,由于缅希科夫和内务大臣出面保护,使之仍按惯例擢升中校,只是剥夺其应得的十字奖章和奖金。

时在道光二十九年,清廷先经鸦片战争之惨败,复被英人开进广州的要求弄得手忙脚乱,哪里想得到俄人已潜入东北边土与海疆?而当地官员疏于防范,边境卡伦内缩甚远,形同虚设,边区部族离心离德,都使"贝加尔号"的潜入畅行无阻。俄外交大臣所担心的纷争没有出现,涅维尔斯科伊也受命重回河口湾,黑龙江下游和乌苏里江以东地域包括库页岛的历史,也因此人彻底改写。

五 幸福湾的彼得冬营

在"贝加尔号"完成对黑龙江口和鞑靼海峡的测绘、驶出河口湾之后,涅维尔斯科伊率舰继续勘察,就在入海的喇叭口左侧不远处,见到一个海湾。涅氏写道:

> 从上述这座山起，有一个向东北东方向伸延的，长达二十
> 浬（三十七公里）的巨大海湾，靠海的一面，是低平的碎石沙
> 洲。经过乘坐舢板对这个海湾进行勘察后，发现：从海面进入
> 该湾北部的入口处，在沙洲之间，有一个沙滩，其深度比其它
> 沙滩都深，即落潮时九呎（二米七〇），涨潮时十四呎（四米
> 二〇）。我把海湾的这一部分命名为幸福湾，因为它是河口湾
> 附近唯一比较方便的港湾。[21]

"这座山"指的是黑龙江口左侧的高山，涅氏将之命名为缅希科夫山。在所绘地图上，可看到这个倔强任性的家伙颇知感恩和巴结，将这一带的清朝山川大送人情，随意命名，除了选用彼得、伊丽莎白、尼古拉等沙皇御名，支持过他的海军大臣缅希科夫、东西伯利亚总督穆拉维约夫也赫然在列。当然涅氏最爱的还是自己，竟将鞑靼海峡易名为"涅维尔斯科伊海峡"。他也以地名传达当时的感受：如其转过北端岬角后满怀希望，便将一个海湾称作希望湾；后来在库页岛东南登陆时大吃苦头，则称为忍耐湾和忍耐岬；而在探明黑龙江通海航道之后，又在入海口左近发现一个海湾，心中喜悦，遂命名幸福湾。

对于涅维尔斯科伊的新发现，以及总督穆拉维约夫关于派兵占领河口湾的奏报，沙皇尼古拉一世下令组成特别委员会审议。会议由外交大臣涅谢尔罗捷主持，陆军大臣车尔尼雪夫首先对涅氏的擅自行动严厉谴责，穆督提交的派遣七十名士兵占领黑龙江口的报告，也受到嘲笑。沙皇的大臣表达了强烈的否定态度：涅谢尔罗捷认为黑龙江下游与河口湾属于中国，如果贸然行动，激怒清朝，会严重影响恰克图的互市和两国关系；车尔尼雪夫根据获得的密报，以为清朝在河口一带筑有要塞，驻扎重兵，足以击退从海上对黑龙江的侵犯，派出少数士兵，无疑是让他们送死；亚洲司司长谢尼亚文等人也反对派兵，认为更应该相信前人的结论，对涅氏的考察报告表示并不可信。

涅维尔斯科伊被叫去询问，拿出航海日志和实地测量的数据，从容对答，显得很有说服力。他说河口湾周边"不仅没有中国军队，而且也没有一点中国政府的影响"，当地部落蒙昧软弱，"不用说七十人，就是二十五人也可使之就范"。他的表达清晰坚定，对会议氛围有所扭转。加上海军大臣缅希科夫和内务大臣彼罗夫斯基的力挺，特别委员会最后虽不许占领河口，但同意在幸福湾建立冬营。决议特别强调：冬营不能设在河口湾，更不能在黑龙江畔；俄美公司可在冬营与原住民做生意，但"无论如何不得以任何借口染指"河口湾和黑龙江。[22] 俄廷批准成立一支考察队，调派二十五名士兵前往兴建和守卫冬营，授权穆拉维约夫行使管辖权，并指派涅氏负责具体实施。1850年2月，"穆拉维约夫接到了允许在幸福湾（离阿穆尔河口不远）建立冬营的指示"，"这个冬营是以俄美公司货物和贮备品仓库的名义建立的"，被视为侵入黑龙江的"第一块基石"。[23]

当年3月，被任命为总督专差官的涅维尔斯科伊上校（可谓连升三级）携带训令抵达伊尔库茨克，晋见穆拉维约夫。4月赶往雅库茨克，再从那里到阿扬港，搭乘"鄂霍次克号"运输船，于6月27日开至幸福湾。穆氏派遣的奥尔洛夫准尉在半年前就来打前站，对河口湾周边地区海面与河流的解冻期做了大致调查，搜集了不少情报，与当地居民的关系也搞得很融洽。两日后，俄国人开始在幸福湾东岸的沙洲上兴建彼得冬营。用穆拉维约夫的话说，"为了纪念大圣徒彼得和保罗并纪念彼得大帝，这所屯营地命名为俄美公司彼得冬营"。俄国人此一时期在黑龙江下游建立的军营哨所，多数以俄美公司的名义，倒也不全是幌子，该公司也是金主，要负责很大一部分经费的。

这个冬营的选址颇具军事眼光。既可以扼守黑龙江出海口，控制大型舰只的出入；又便于监视附近海域，防范英美等国捕鲸船的登岸滋扰；还能与俄美公司的基地阿扬港甚至更远的堪察加军港保持联系，获得兵员和物资补给。但在住下不久，涅维尔斯科伊就发现多有不利因素：冰冻期长，解冻后仍有大量浮冰拥塞，一直要到6月底；入口处有浅滩，大型舰只难以进入，也无法越冬，不适于做港口。到了7月，涅氏决定深入黑龙江看看，便挑选六名武装水兵和两个费雅喀通译，乘一艘配备鹰炮的舢板，从河口湾驶入黑龙江，逆流而上。彼得堡特别委员会的禁令早被抛于脑后，但他仍感到此行吉凶未卜，叮嘱属下8月初到江口去接应，在那里等上十天，等不到人就设法寻找，找不到则火速报知总督。

中俄签订《尼布楚条约》之后，清廷在黑龙江下游全无布置，除却一年一度的颁赏乌林，对此一辽阔地域直至整个库页岛完全放任，使得当地部落原有的归属感也日益淡薄。涅维尔斯科伊的大胆闯入畅通无阻，一直航行至特林，见有几个满洲人和一群原住民聚集在岸边，便带领水兵登岸。以下是他记录的与一位年长满洲人的对话：

> 他傲慢无礼地问我：我为什么，根据什么权利到这里来；我也反问这个满洲人：他为什么，根据什么权利待在这里。满洲人更加粗鲁地回答说：除了他们满洲人之外，任何旁人无权到这些地方来。我反驳他说，由于俄国人有充分的、唯一的权利待在这里，因此我要求他和其他满洲人立即离开这些地方。满洲人一听此言，一面指着他周围的人群，一面要求我离开，不然的话，他就要用武力迫使我离开，因为未经满洲人许可，任何人都不准到这里来。与此同时，他向周围的满洲人示意，要他们动手执行他的要求。对这种威胁，我从口袋里掏出双筒手枪瞄准这个满洲人……[24]

此时的涅维尔斯科伊，也是一副入侵者的狰狞面目，拔枪相指，宣称如果谁敢动一动，就立刻送他去见上帝。这是一种事先约定的信号，俄国水兵立即冲过来，将枪口对准在场的中国人。那些满洲人只是一些经商者，手上没有武器。被称作章京的老者吓得脸色苍白，连连鞠躬致歉，又邀请俄国人去帐篷做客,竟然还告知下江地区不设防的实情。读后不免郁闷:虽说他们是做生意的,但毕竟出身于马上杀伐的满洲,仅仅两百年,就蜕变得这般怯懦。之后,这几个满洲人似乎也没有将此事报告官府。

涅维尔斯科伊旗开得胜,乘势发表了一通此地域属于俄国的言论,然后折返。8月1日到达庙街,鸣炮升旗,宣称建立尼古拉耶夫斯克哨所,引得附近原住民前来看热闹。涅氏要的就是这个场面,下令鸣炮,六支步枪朝天齐射,升起俄国国旗。他向现场的原住民宣布,现在黑龙江河口、库页岛和鞑靼海峡沿岸地带皆已纳入俄国版图。没有人反抗,似乎也没有人提出疑义,传言中的清朝军队更不见影子。涅氏在给朋友的信中写道:

> 阿穆尔河口是用武力占领的。8月1日,俄国军旗在军笛声中徐徐升起在阿穆尔河上空!它将为俄罗斯祖国的荣誉而永远飘扬。

一会儿说升的是国旗,一会儿说是军旗;先说升旗时枪炮轰鸣,这里又说成军笛悠扬。从此中国的庙街消失了,尼古拉耶夫斯克成为新的地名,一直沿用到今天。

涅维尔斯科伊做出一些安排后,乘船到阿扬,接着到伊尔库茨克面见总督。穆拉维约夫已前往彼得堡,留言要涅氏火速赶去,原来是他在庙街擅自建立哨所的报告惊动俄廷,引发轩然大波。

注释

〔1〕[俄]沃尔科夫《纪念海军上将涅维尔斯科伊》,收录于《阿穆尔边区史》,商务印书馆,1978年,第76页。
〔2〕《〈永宁寺记〉碑记释文》(汉文碑记释文),收录于丛佩远、赵鸣岐编《曹廷杰集》上册卷下,中华书局,1985年,第184页。

〔3〕《〈重建永宁寺记〉碑记释文》,收录于《曹廷杰集》上册卷下,第209页。
〔4〕参见辽宁省档案馆等译编《三姓副都统衙门满文档案译编》,辽沈书社,1984年。
〔5〕《三姓副都统衙门满文档案译编》,《146 处理赫哲、库页费雅喀之间的杀人案件》,第414—419页。
〔6〕《三姓副都统衙门满文档案译编》,《178 三姓副都统衙门左司为依限呈送捕获之野牲事扎音达杵官》附录,第460—462页。
〔7〕《三姓副都统衙门满文档案译编》,《暂署三姓副都统印务协领布尔哈为派员关领乌林事呈吉林将军衙门》,第18页。
〔8〕[俄]安·契诃夫《萨哈林旅行记》,刁绍华、姜长斌译,黑龙江人民出版社,1980年,第132—133页。
〔9〕参见[俄]根·伊·涅维尔斯科伊《俄国海军军官在俄国远东的功勋》,第十三章《考察乌第河、阿姆贡河的发源地萨哈林》,郝建恒、高文风译,商务印书馆,1978年,第166页。
〔10〕《俄国海军军官在俄国远东的功勋》,第十四章《继续考察》,第178页。
〔11〕《萨哈林旅行记》第十一章,第127页。
〔12〕[日]间宫林藏《东鞑纪行》附录,黑龙江日报(朝鲜文报)编辑部、黑龙江省哲学社会科学研究所译,商务印书馆,1974年,第30页。
〔13〕《萨哈林旅行记》第十一章,第128—129页。
〔14〕《萨哈林旅行记》第一章,第10页。
〔15〕《东鞑纪行》上卷,第3页。
〔16〕《东鞑纪行》下卷,第19页。本节以上引文未出注者皆见此书。
〔17〕第一艘应是1805年夏由克鲁森施特恩率领的"希望号",但其未敢深入,参见本书第八章第三节。
〔18〕《俄国海军军官在俄国远东的功勋》,第七章《"贝加尔号"运输船远航堪察加的准备》,第82—83页。
〔19〕《俄国海军军官在俄国远东的功勋》,第九章《在阿穆尔河口湾和鞑靼海峡的考察》,第111页,页下注释。
〔20〕《俄国海军军官在俄国远东的功勋》,第十章《政府对于在阿穆尔河下游一带活动的意见》,第121页。
〔21〕《俄国海军军官在俄国远东的功勋》,第九章《在阿穆尔河口湾和鞑靼海峡的考察》,第117页。
〔22〕《俄国海军军官在俄国远东的功勋》,第十一章《在阿穆尔沿岸地区升起了俄国旗》,第131—132页。
〔23〕[俄]瓦西里耶夫《外贝加尔的哥萨克(史纲)》第三卷,《合并阿穆尔的开始》,第35页。
〔24〕《俄国海军军官在俄国远东的功勋》,第十一章《在阿穆尔沿岸地区升起了俄国旗》,第134—135页。

第十章　只需要几个楔子

但凡越洋跨洲的殖民行径，大都离不开杀戮抢劫和修筑营垒。用凶残屠杀镇压原住民的激烈反抗，同时抓紧建堡筑垒以立足和保命。俄国殖民者将之称作楔子，他们在广袤的西伯利亚如此，在贝加尔湖周遭如此，在黑龙江、精奇里江、石勒喀河、额尔古纳河亦是如此。

早在清朝开国之初，入侵的哥萨克就在黑龙江左岸建造了一批堡寨，如眼中钉肉中刺，揳入我东北疆域。康熙帝洞见其狼子野心，发大军讨伐，坚决拔除雅克萨这颗最大的楔子，而中下游的罗刹堡寨先已次第拿下。忽忽一百六十余年过去，经历鸦片战争重创的大清烽烟四起，内忧外患，擅于把握扩张机会的沙俄君臣则接连出手，急切要圆那个压抑已久的黑龙江梦了。

强盗的胆子常是在试探中一点点变大的。如果说俄廷在"贝加尔号"闯入河口湾时还不无忧惧，严令涅维尔斯科伊远离江口设立冬营；如果说俄特别委员会对其在庙街擅自升旗极为担心，下令将军事哨所改称杂货店；而数年之后，便是计划周详的全面入侵，一次次大型船队蔽江而下，是士兵和移民的大批涌入与一个个武装堡寨的兴建。沙俄堡寨如一个个楔子，后来大块国土的沦丧，虽说有着复杂的政治军事背景，而那些楔子的存在，应是最直接的原因。

一　穆拉维约夫前传

对于侵占黑龙江左岸、乌苏里江右岸包括库页岛一百多万平方公里土地，国人所痛恨的强盗恶棍、俄人所尊崇的民族英雄，最主要的有两人：一是涅维尔斯科伊，先任"贝加尔号"大尉船长，潜入黑龙江口，后来任上校"考察队长"，兴建彼得冬营与庙街哨所，从而揭开在黑龙江下游的侵华序幕；二是东西伯利亚总督穆拉维约夫，蚕食和割占中国大块国土的操盘手，后封阿穆尔伯爵（即黑龙江伯爵）。二人在俄史学界各有粉丝，有时还会对掐，穆粉说涅氏只是总督大人所发指令"干练的执行者"，涅粉则将他视为"整个事业的主要倡议者"，"显示了惊人的毅力和坚忍不拔的精神"。两人皆官至上将，后来在官场都有点不得烟抽，相互交集也很少。涅维尔斯科伊认为自己的功绩未得到公正评价，是穆督遮蔽了他的光辉，晚年写了一本《俄国海军军官在俄国远东的功勋》，以正视听。而穆拉维约夫始终持一种长官姿态，开始时对涅氏极为欣赏，后来对其执拗有些厌烦，再后来干脆让他离开，至于涅氏书中明里暗里的指责，未见予以辩驳——尽管晚年的老穆活得也很憋屈。

  穆拉维约夫出身于一个俄罗斯的古老贵族世家，族人中有学者、显宦、外交家，也不乏将领和大庄园主，可谓英杰辈出。就其本支，曾祖父是第一位经北冰洋进入鄂毕湾的航海家，祖父退役后担任过省长，父亲年轻时曾到尼布楚矿业营服役，升为海军上校，指挥过一艘战列舰，后由副省长、省长直至沙皇亚历山大一世的御前大臣和枢密官（约等于天朝的军机大臣）。缘于这样的家庭背景，穆拉维约夫在年幼时就被沙皇批准送入皇家贵族军事学校，十四岁升为宫廷少年侍从，有些像少年康熙身边的布库子弟，属于芳名远传的巴甫洛夫娜王妃名下。王妃的丈夫巴甫洛维奇亲王掌管皇家军校，自要为夫人优中选优。少年侍从并非日常跟班，平日的主要是学习与训练，但王妃显然对他极是喜爱，自觉担任起保护人的角色，几乎贯穿其一生。

  1825年12月26日，为新沙皇尼古拉一世登基"二次宣誓"的日子，俄国爆发了壮伟激越的"十二月党人起义"。尼古拉是保罗一世第三子，本来与大位无关，然大哥亚历山大一世辞世时膝下无子，二哥又因婚姻不合皇室规矩丧失继承权，皇冠便落在他的头上。亚历山大在两年前就起草了秘密诏书，册立三弟为皇储，但未经宣布，自己猝然间被刺身亡，来不及交代后事，导致两个弟弟让来让去，老三先向老二宣誓效忠，老二不干，反过来向老三表忠心。沙俄出现了将近一个月的空位期，十二月党人乘机起义，陈兵于枢密院广场，提出废除农奴制等一系列改革要求，并强烈反对尼古拉继位。一些激进的十二月党人打算逮捕甚至处死沙皇家族，在广场上排成战斗队形，杀死了试图劝解的彼得堡总督。尼古拉终于不再犹豫，命炮兵轰击起义队伍，近卫骑兵团挥刀冲击，在血腥镇压与政治迫害中登上皇位。

南北的起义组织者中各有一位出自穆拉维约夫家族，失败之后，南方的谢尔盖·穆拉维约夫以特等罪被判处极刑，其弟在交战中身亡；北方的皇家近卫团军官尼基塔·穆拉维约夫因起草《新社会宪法》，以一等罪流放西伯利亚。尼古拉一世对叛乱者冷酷决绝，却不像清廷那样大搞株连，老穆拉维约夫照常在宫廷任职，小穆也顺利毕业并参加皇帝加冕典礼，成为近卫军芬兰团准尉，年仅十七岁。

《战争与和平》等书中描写过不少青年贵族军官，将他们对建功立业的渴望和战场的残酷相映衬……穆拉维约夫的经历大致相同，踊跃参加与波兰的战争，担任师长戈洛文的副官，曾作为突击队长第一个跳下深壕，攀上敌方营垒。他至少两次负伤，在瓦尔纳要塞染上瘟疫并转为寒热病，曾心灰意冷，退伍回家疗养，但还是耐不住清寂，重回军界。

从1838年4月开始，穆拉维约夫在高加索待了六年多，作战勇敢，参加了强攻苏尔哈耶夫塔楼的著名战役，也在清剿时被山民武装的火力压制在沟底，右臂骨被击碎，并感染骨疽和瘘疮，疼痛难忍。他希望能去国外治疗，又没有钱，写信向弟弟诉苦："双手健全的人，可以轻松愉快地谈论请功受赏、加官晋爵，而我却情愿把全部勋章都换成出国医伤的费用，只求右手能恢复到运用自如的程度。"[1]那些碎骨头造成了很多痛苦，取出的过程也很漫长。当健康略有好转时，穆氏被任命为黑

海沿岸防线第二军区上校司令,一位当时的同事写下这样的评价:

> 在穆拉维约夫身上,功名心和自尊心占据着统治地位。为满足这些欲望,他往往不择手段。他身材不高,动作敏捷,生性活泼好动;其貌不扬,但独具一格。他才思敏锐,文笔流畅,受过上流社会的良好教育。他像猫一样,当需要露出利爪时,可以摆出某种马上会收敛的姿态……[2]

很是生动传神。这段文字出于《穆拉维约夫-阿穆尔斯基伯爵》(后简称"穆传"),作者在引用后又加反驳,说可能"出于一时激动","容易失之偏颇",当也是为尊者讳吧。

19世纪30年代的高加索,当地民族殊死反抗沙俄统治,充满着血腥厮杀。"高加索,你这遥远的地方!你这纯朴的自由的故乡!你也充满了种种不幸,你也受到了战争的创伤!"是莱蒙托夫的诗,其名作《当代英雄》也以高加索为背景。这里无时不在的艰危锤炼了穆拉维约夫,而颟顸的上司与嫉妒的同事,也使之常常抑郁愤懑,甚至决定尽快退伍。抱怨归抱怨,现实中的他仍恪尽职守:曾率队伍去远征达耳的部落武装,将当地"居民屠戮一空,荡然无存";曾在要塞殊死抵抗乌贝希人的激烈进攻;也曾乘战舰增援索契,打退五千山民的围攻。穆拉维约夫体质素弱,右臂的伤迟迟不能痊愈,晋升少将后仍会冲杀在第一线,"手执一把出鞘的战刀,腰胯双枪"。穆少将深谙拉拢怀柔的路数,与阿布哈兹王关系良好,在土著中交了不少朋友,内心也敬重那些不屈的山民,但对于他来说,执行命令以及后来的发布命令就是天职,保卫家园的山民就是敌人,攻剿屠戮时毫不手软,看不到托尔斯泰、普希金笔下的人性反思与道德批判。

1844年4月,三十五岁的穆拉维约夫离开高加索,先在一个叫博格罗迪次克的小县城住下,然后出国治伤和旅行,等待着新的安排。他很希望重回高加索，也曾积极运作，未能实现。焦灼煎熬了差不多二十个月，他被调入内务部，半年后成为土拉省代省长和驻军司令，再过一年多竟成为东西伯利亚总督。这份任命使得彼得堡政界整体错愕，也使西西伯利亚总督哥尔查科夫觉得羞辱，而道光帝和一班近侍大臣正被英军突袭广州及回疆七和卓之乱搞得焦头烂额，哪有闲心去思量邻国边将的调整，爱谁谁呗。

二　前省长的控告

担任东西伯利亚总督时，穆拉维约夫三十八岁。这个年龄担当如此重任，在大清官场毫不稀奇，乾隆朝傅恒与儿子福隆安、福康安、福长安一门显贵，都是二十来岁就成为尚书和军机大臣，但在讲求循序渐进的沙俄官场应说较少。破格提拔的决定，只能出自沙皇本人。尼古拉一世夜间乘专列通过土拉，穆省长提前准备的欢迎仪式没派上用场，奉命登车汇报，却被告知皇帝正在睡觉，过了两站才接见，亲口告知对他的擢升。那时穆拉维约夫到土拉省仅一年多，不久前才去掉代理二字，因此颇感意外，在给弟弟的信中写道："我热泪盈眶，无言对答"，"我的宿愿已遂"[3]。要派他去掌管与中国接壤的东西伯利亚，君臣自然会聊到几代人念念不忘的黑龙江，详情不得而知，但尼古拉一世说了句："至于俄国的阿穆尔河，等将来再谈吧。"[4] 为俄国侵占黑龙江定下基调，也给他带来底气。

穆拉维约夫是一个眼里不揉沙子的人：在高加索与长官不合，常会直接提出异议，并在人前人后发泄怨愤；这次成为庞大区域的军政长官，虽说前头还有个"代"字，抵达任所后就开始大摘官帽。一股告状的旋风随之嚣然而起，主导者是前任代总督兼伊尔库茨克省长别特尼次基。当时西伯利亚发现不少金矿，国营与私人竞相开发，各级官员上下其手，大发横财，根子就在这位老兄身上。沙皇接见穆拉维约夫时，谈到对当地采金业混乱状况的严重关切，也可以理解为给了他一把尚方宝剑。穆督详细调阅了几个大金矿的卷宗，提出整治方案，而最先一项举措，就是要求别特尼次基辞职。若说俄廷与清廷的近同之处，大约在于体制性腐败，官员之间联络有亲。别特尼次基与一干亲信及朝中后台都恨得咬牙，很快找到反噬的良机——穆拉维约夫与十二月党人的亲近。

十二月党人起义，是尼古拉一世终生的心结。那些活跃于秘密组织中的贵族将领与青年军官，多数参加过1812年的俄法战争，并随作为俄军总司令的尼古拉亲王一起占领巴黎，竟带头反对自己继位，公然戕杀长官，兴兵作乱，怎能不让他切齿痛恨！俄国法律不允许贵族离婚。为了给叛逆者在精神上沉重一击，尼古拉下旨特许贵族女子与丈夫分手，同时颁布法令，谁要是追随丈夫前往流放地，将被褫夺贵族身份，终身不得返回彼得堡和莫斯科，也不得携带子女同行。可仍有数十名贵族女子联名写信，表示愿意放弃一切，只求去陪伴丈夫，使沙皇大失颜面。

当时的东西伯利亚首府伊尔库茨克，散居着不少流放的十二月党人，也流传着其妻子或女友不离不弃的爱情故事。第一个赶往苦役地的名媛是沃尔康斯卡娅，普希金崇拜的贵族女性偶像，她的丈夫是"南方协会"的分局领导、陆军少将谢尔盖·沃尔康斯基公爵，事败后先定为死刑，后改为二十年流刑。沃尔康斯卡娅义无反顾地要去陪伴丈夫，友人在莫斯科为她举办了隆重的送行会，普希金注视着她，泪水夺眶而出。沃尔康斯卡娅是普希金好友的妹妹，在经历了约两万里路的辗转跋涉后，终于在一个监室与丈夫相会，她亲笔记下那个场景：

> 里面黑漆漆，一开始我什么也看不到。我推开左边一扇小门，走进丈夫的囚室。谢尔盖冲向我，他的镣铐锒铛作响，吓了我一跳：我不知道他竟然戴着镣铐。监禁如此严酷令我明白

了他所受痛苦。他那戴着镣铐的样子令我心潮澎湃,我跪在他面前亲吻镣铐,接着就吻他……[5]

这段文字曾感动得涅克拉索夫哭倒在地,写出不朽的诗篇《俄罗斯女人》。而跪下来亲吻丈夫的脚镣,也成为每一个万里迢迢赶到西伯利亚的妻子或女友,会面时做的第一件事。

其中最凄美的故事,当属于穆拉维约夫家族的穆拉维约娃。这个美丽温婉的名门闺秀,由于怀孕和照料新生儿未能早赴西伯利亚。丈夫尼基塔·穆拉维约夫来信致歉:"我们结婚后我从来没有向你隐瞒任何事情,只有起义这件危险的事情没有告诉你,因为我怕你害怕。现在,我带给你痛苦了,我跪下来祈求你宽恕。"她在回信中说:

你请求我的原谅,请别和我这样说,这会伤我的心。我没有什么可原谅你的。结婚将近三年,我不是生活在这个世界上——我生活在天堂里。幸福是不可能永恒的……不要陷于绝望,软弱与你并不相配。不要为我担心,我承受得住一切。你责备自己让我成了像你这样的罪犯的帮凶……我是最幸福的女人。[6]

穆拉维约娃在路上走了一年多,赶到尼基塔服苦役的尼布楚矿山,并执意留下来陪伴丈夫。她带来了普希金写给沃尔康斯卡娅的诗:

在西伯利亚矿坑深层,有着一位高傲的女性,沉重的大山将会倒塌,监狱的大门会将你放行。出来吧,自由在把你等待,弟兄们将把利剑送到你的手中。[7]

这首诗版本甚多,译名不一,给流放犯带来极大鼓舞。而穆拉维约娃在七年后死于严酷的生存环境与贫病折磨,仅仅二十八岁。濒死的清晨,她含泪为丈夫和刚出生的儿子祈祷,也没能保住儿子的性命,荒原上多了一大一小两座坟茔。后来尼基塔的刑期缩短为十五年,迁至伊尔库茨克市郊,当年风度翩翩的近卫军军官,已变得白发萧掻、疾病缠身。

二十多年过去了,待这位穆拉维约夫莅任总督时,尼基塔已于四年前去世,而其他几位领袖人物如特鲁别次科伊、沃尔康斯基仍健在。前任总督对他们采取严厉的监管措施,其妻子因子女读书住在城里,而他们必须待在乡下,每次进城都要事先经过当局的特批,尤其不许互相走动。穆督很快取消了此类限制,与妻子一起结识了沃尔康斯卡娅、特鲁别次卡娅等,相处愉悦。与老沃等十二月党人偶有相见,彬彬有礼地保持着距离,以免被人抓住把柄,但还是成为告密者的口实。前省长和宪兵上校大肆渲染,竭力把穆拉维约夫描绘成一个新生的动乱分子,甚至说他"出于自由主义观点,竟在印章上镌刻宝剑刺穿皇冠的图案"。[8]这些极有蛊惑力的密信纷纷飞向彼得堡,自有人迅速摆上尼古拉一世的御案。

宪兵司令奉旨将此函交给内务大臣,然后批转穆拉维约夫,勒令他做出解释。穆督的答复很直接也很坦然,说自己深信这些十二月党人,已在多年流放中弥补了年轻时所犯错误,成为沙皇最好的臣民。他还说:"任何惩罚都不应当是终身的,因为惩罚的目的是使罪人改过,这一点对十二月党人来说已经做到了,因而没有任何理由永远把他们排斥在上流社会之外。"几乎没有人敢说这种话,穆拉维约夫应也做好了被拿下的准备,而尼古拉一世却御批"谢谢",并说:

> 总算有了一个能够理解我的人,知道我不是向这些人进行个人报复,我只不过是执行国法而已,我把这些犯人发配到西伯利亚,绝不是想在那里毁掉他们的一生。[9]

怕是没几人会相信这番表白,尤其是那些流放者。但毕竟时过境迁,沙皇不希望再拿这个话题做文章，倒也是可信的。

穆拉维约夫的火箭般蹿升，以及这次涉险过关，也与他的上层人脉相关：巴甫洛夫娜王妃是他最真诚的保护人，而恰好又在沙皇跟前很能说得上话；内务大臣彼得罗夫斯基也对他欣赏有加，穆氏被调入内务部与任命土拉省代省长，都出于这位宫廷重臣的操弄。彼得堡收到的密告信实在太多了，彼得罗夫斯基在表达支持的同时，也提出忠告，劝他尽可能谨慎些、冷静些，不要太张扬。这些的确是穆氏的个性弱点，与其明快果决相缠结，改掉也难。

三　西伯利亚谍影

鸦片战争撕开了中国的门户，西方列强在与清朝的较力中节节进逼：大英帝国为领头羊，《中英南京条约》之后，接下来是《中英五口通商章程》《虎门附约》《上海租地章程》，一步步将攫取利益的绳索收紧；美法等国也不甘落后，逼签《中美望厦条约》《中法黄埔条约》，强索软求，不容清廷提出异议；而佛山事件、黄竹岐事件、青浦事件，也都为洋大人的霸凌与敲诈带来口实，不服从即以军舰闯卡，大炮轰城。所有这些极大牵扯了清朝君臣的注意力，看似见招拆招，实则仓皇应对，越到后来越显得无奈与无力。设若乾隆帝在天有灵，看见亲孙子成了三孙子，真不知该怎样痛心疾首。

沙俄君臣很快看出了门道，有样学样，提出在西北开放伊犁等三个口岸，不久便得以签订《中俄伊犁塔尔巴哈台通商章程》。与俄方代表签署协议的，是新任伊犁将军奕山。十年前的他就担任过这一职务，颇有作为，授以领侍卫内大臣、御前大臣，进入皇上最信任的要员之列。鸦片战争第二阶段，钦差大臣琦善两头哄骗的绥靖政策失效，奕山挂靖逆将军印督师广东，也以丧师失地和怯战欺瞒获罪，圈禁于宗人狱。他与另一个败事将军奕经都是努尔哈赤的八世孙,曾经猛将如云的大清宗室早已寥落,举目望去,二人就算是一时之选了。他俩皆被很快起用,后来都有一番在黑龙江的经历:奕经因事遣发黑龙江,待了几年才重新安排;而奕山则是接任黑龙江将军,在穆拉维约夫逼迫下签署卖国条约,千夫所指,晚年也生活在阴影中。

19世纪中叶的远东地域、包括北太平洋的鄂霍次克海,已为列强所觊觎,英、美、法、德等国的舰只出没海上,有时竟达一百多艘,黑龙江口外海面以及鞑靼海峡都会有舰只游弋。俄罗斯与英国名为同盟国,暗中已然较上了劲儿。曾任黑海沿岸要塞司令的穆拉维约夫,在险恶环境下历练出一种高度敏锐,莅任后很快发现:伊尔库茨克来了几个神秘莫测的英国人,打着学术考察或旅行的旗号,长时间住下来,广泛与当地人交往,千方百计打探消息,而主要关注点似乎指向黑龙江。

第一个是英国人希尔,职业与来路不详,只知道此前去过外贝加尔的恰克图等地。穆拉维约夫到任时,希尔已经在伊市住了一段时间,表面上一副老实谦恭模样,实则是一个包打听,对什么都感兴趣。他热衷于结识当地上流社会,在特鲁别次科伊和沃尔康斯基家中教授英语,借此广交朋友。希尔与穆拉维约夫也有过交往,可能是觉察到新总督的疑忌,很快就自行离去。可他并不走经秋明回欧洲的便捷路线,而是绕上一个大圈,经极北的雅库茨克、鄂霍次克赴堪察加,再转道夏威夷。在给内务大臣的呈文中,穆督写道:"我已经看透了希尔这个人,所以完全了解他旅行的真正目的,他旅行的目的是想探看堪察加以及堪察加同西伯利亚居民之间的交通情况。"[10]这段话是后来的追述,有点儿像事后诸葛亮,在当时大约还只是疑疑惑惑,未对希尔采取什么强硬措施,任由其离去。

正因为如此,对当地出现的第二个英国人奥斯丁,穆督的做法就有所不同了。奥斯丁自称是地质学家,未见做什么地质勘测,而是先跑到恰克图,大力搜集有关中俄贸易的情报,掌握了大量俄当局都不清楚的信息。譬如口岸的金银走私状况,穆拉维约夫说已有所关注,却远不如奥斯丁了解得更深入。后者曾对他直截了当地指出:俄国的恰克图贸易,只是依靠向中国走私黄金白银来维持。贝加尔湖周边盛产黄金和白银,当局看似管控很严,私下里源源流向中国,当然是一个严峻问题。可一个搞地质的英国人,下这种调查功夫意欲何为?

穆拉维约夫是一个责任心极强的官员,经常深入到辖区各地走走看看,检查军政官员的所作所为,及时发现并解决问题。奥斯丁到伊尔库茨克时,他正在外贝加尔省视察,经过恰克图时,已听说来过这样一个英国人,并详细做了问询。走到上乌丁斯克,又得知此人横渡贝加尔湖向东,沿驿道急行,前些天已路过此地赶到尼布楚,听说正在制造木筏,打算由石勒喀河转入黑龙江,顺江而下,前往入海口。这还了得!正由祖鲁海图返回伊市的总督大人立即派一个中尉奔赴尼布楚,命令无论如何不能让奥斯丁得逞,"不管死活要把他弄回伊尔库茨克"。十天后,奥斯丁被成功"弄回",穆督亲自询问,坚信其是一个负有政府使命的英国间谍,而目标就在于黑龙江。在向内务大臣报告此事时,穆拉维约夫做了这样的阐述:

> 他是沿着从西伯利亚去东洋的另一条线路走的,过了涅尔琴斯克是石勒喀河,过了石勒喀河是阿穆尔,阿穆尔河口上有一个无人居住的萨哈林岛,正在等着主人去占据,以便封锁阿穆尔航道。中国那面有几条通航的大河注入阿穆尔;英国人正同中国南部自由地进行贸易,而他们一旦进入阿穆尔,就能控制中国的东北。他们只要在荒无人烟的萨哈林北端派兵设防,便不难控制阿穆尔……英国人只要探知这一情况,就必定会占据萨哈林与阿穆尔河口。这将是一个意外事件,英国不会就此问题同俄国进行交涉,而俄国却将因此而丧失整个西伯利亚。因为谁能占有阿穆尔左岸与阿穆尔河口,谁就能占据西伯利亚。[11]

有些啰唆，也有点重复，意思却很清晰，那就是必须尽快派兵占领黑龙江口和库页岛。穆督还说：从去年起有大量捕鲸船在库页岛附近绕来绕去，随时可以轻易登岛据守。看到这里，涅粉大约不会再去硬拗：总督这种总览全局的宏阔视野和未雨绸缪，他顶着政治压力所做的切实举措，真的非偏于一隅的涅维尔斯科伊所能及。

没有见到奥斯丁事件的太多细节。对于此类小人物，历史学家常是信笔拈来，又随意弃去。他，还有走掉的那位希尔真的是英国间谍吗？奥斯丁被从尼布楚哄回来还是押回来的？穆督是把他关进监狱还是请进驿馆？皆不得而知。从穆传中，可知两人有过不止一次的深入交谈，聊得很放松，奥斯丁可谓知无不言，话语滔滔。而最后虽获得放行，却不许其再从尼布楚往黑龙江，奥斯丁回国前还特意自彼得堡寄来一封谢函，说明双方并未撕破脸皮。借着这次抓间谍事件，穆拉维约夫向朝廷剀切陈述黑龙江的重要性，也陈述了占领黑龙江口与库页岛的紧迫性。此时他抵任仅一年多，通过大力反贪治懒，初步使当地吏治一新，士气振奋，而眼睛已盯住了遥远的黑龙江。

内务大臣彼罗夫斯基回信表示赞同，也对派七十名士兵去占领黑龙江口的说法抱有怀疑。认为实施起来很难，外务大臣会担心影响与英国的友好关系，财政大臣则不愿意刺激中国，因此抢先占领河口湾的方案将不会通过。彼罗夫斯基建议他利用一切机会奏知沙皇，也委婉表达了自己的异议，那就是他到任较短，提出这种重大行动有些冒失。

四　哨所改名零售店

道光三十年（1850）正月十四日，清朝入关后第六任皇帝爱新觉罗·旻宁在圆明园驾崩。道光皇帝私德甚好但缺乏治国才华，辞世的前一年，国事已纷乱如麻：英法使节加上葡萄牙的澳门总督在广东折腾个没完，洪秀全的拜上帝会在广西也渐成气候，加上江浙湘鄂等省特大水灾，都使之焦灼烦郁。旻宁至死也没意识到满人根本之地所潜伏的巨大危机，不知俄东西伯利亚总督已在磨刀霍霍，已经锁定了黑龙江。

那一天为公元1850年2月25日，半个月后，遍布耳报神的穆拉维约夫即向内务大臣通报清朝的皇位更迭，稍后又迅速将准确消息奏报沙皇。他在报告中分析时局与俄清关系，认为道光帝应是痛恨英国的，但继位的十八岁新帝却不一定，"至少我们应该趁英国人尚未完全统治中国之际，根据我国内部之急需，在同中国交界处增兵防守，并进而占据阿穆尔"。像很多侵略者的口吻一样，穆督把秘密计划的入侵说成"符合两国共同利益""真诚的愿望"，也明确表示：如果中国不同意，将"采用武力去开辟"。[12]

正是在这样的背景下，涅维尔斯科伊擅自在庙街兴建哨所之事被俄廷审视。此一行动符合穆拉维约夫的整体黑龙江战略，也得到了他的赞赏和庇护，却严重激怒了沙俄外务部。穆督专程往彼得堡向沙皇面奏此事，受命写成条陈，提交特别委员会讨论。外务大臣涅谢尔罗捷主持这次高级别会议，带头发难，认为这种莽撞举动势必惊动中国人，引发对抗。这位白发苍苍的资深外交家质问："谁敢担保中国人不会大兴问罪之师，把我们那一小撮人赶跑，当着基立亚克人的面捣毁我们的军营，把我们的军旗踩在脚下？"穆拉维约夫参加了会议，反复强调占领黑龙江口的必要性，并说应抢在外国人前面，可多数人置之一笑。陆军大臣车尔尼雪夫公爵（算是穆督的老长官了，但一向不喜欢他）甚至指着他的鼻子，嘲弄道：您是想为自己竖立一座纪念碑吧？有的委员还要以把自己的祖国推向不可避免的危险境地的罪名，提出将涅维尔斯科伊交付军事法庭审判，降为列兵。[13]

会议之后，在否决占领黑龙江口的会议记录上，穆督坚定地签署了不同意见，应是唯一的异议，却恰好对上尼古拉一世的脾胃。沙皇命再次讨论此事，并由皇太子亚历山大亲自主持。亚历山大提前召见了穆拉维约夫,要他写一份简明条陈,并在会上予以力挺,获得了一些与会者的支持,可外务大臣、陆军大臣等仍然反对。且不要以为这几个老毛子是亲华派,他们只是认为时机尚未成熟,与穆督的差别在于立即占领,还是看清楚大势再动手。轮到沙皇表态了。尼古拉一世亲自听取了穆拉维约夫的汇报,认为涅维尔斯科伊"是好样的、高尚的、爱国的",赐予勋章,降旨保留这个以他的御名命名的哨所,并说了那句牛皮烘烘的名言:"俄国旗不论在哪里一经升起,就不应当再降下来。"[14]

沙皇发话,具体操弄便由臣子负责了。哪个国家哪个时代都不乏这方面的高手,所谓调和鼎鼐是也,俄廷的处置不无机巧:将军事哨所改名为商品零售店,原来的军人仍在,甚至得到大大加强,只是增加了一些货物和一间店铺,由俄美公司负责供货和向原住民销售。鄂霍次克海西南岸的阿扬港即归属俄美公司,来自美洲的毛皮鱼油等于此卸载,再经过漫长的崎岖山路运抵恰克图与中国交易,运费昂贵且损失很多,因此也有着打通黑龙江航道的强烈意愿。让他们到下江地域设立销售网点,也是喜出望外。

庙街,是一个非常中国化的地名,因何而来?合理的推测是有过一座或两三座庙宇。下江地区曾有过人烟辐辏、香火繁盛的景象,元朝的征东招讨司、征东元帅府,明代的奴儿干都司在焉,但庙街究竟为何人所建,有多大规模,是否有庙与祭祀什么神灵?已然湮灭无闻。草创之初的尼古拉耶夫斯克(庙街)哨所极为简陋,据首任司令鲍什尼亚克中尉描述:"哨所的情况很不好,大雨把帐篷里弄得很不舒服,新帐篷同样糟。这些帐篷的周围砌着草坯,结果不久帐篷里来了大量老鼠,成了老鼠的乐园,弄得我们有限的一点吃的东西放无处放,做无法做。老鼠成群结队地出出进进,甚至凶到咬伤好多水手的脚和鼻子的程度……一共只有十五到二十个人,要对付这深山老林和冻土地带的大自然,还要防范土著人的袭击,抽出部分人去执行其它任务。一排用圆木垛成的新房终于在树丛中出现了,这是阿穆尔河口的第一批建筑……"[15]当局无能，百姓麻木，袭扰侵略者的只剩下一些老鼠了。

尼古拉耶夫斯克为天然良港，又扼定黑龙江入海口，军事地位极为重要。数年后穆督亲自带领船队赶来，将小小哨所扩大为要塞，一则的确是防范英舰来袭，更重要的则是作为入侵黑龙江的桥头堡。数年后沙俄新建滨海边疆区，尼古拉耶夫斯克作为首府，很快走向兴盛，就连美国也在此设立了领馆和商务处。

五　清朝的将军

从1847年秋到1861年春，精明强悍、一意扩张的穆拉维约夫在俄东西伯利亚总督任上待了十三年有余。查阅清朝史籍，这一期间共有五任黑龙江将军——

任职时间最长的是棍楚克策楞，道光十九年（1839）秋以绥远城将军调任，在此任上待了八年，二十七年十一月病逝。此时穆拉维约夫已得到沙皇口头任命，还没有到任，二人基本上没有交集。棍将军出身于满洲镶黄旗的勋旧世家，读过些诗书，嘉庆间由六品荫生升为副都统，因事受到处分而不服，在皇上跟前反复辩解，被一怒解职，也算是个有性格的人。多年后再被起用，棍楚克策楞任宫中蓝翎侍卫，升三等侍卫，出任英吉沙领队大臣。到任不久遇到南疆的玉素甫叛乱，英吉沙老城（亦称回城）失守，大量叛军围攻汉城（满洲官员与军队所在之城，也称满城），炮轰，灌水，挖地道，无所不用其极，而他率领军民固守了三个月，还经常突出反击，力保城池不失。叛乱平定之后，棍楚克策楞并不报喜争功，得到道光帝欣赏，赐予头等侍卫，自此进入官场的快车道。此人尚属清廉严谨，办事能力较强，在黑龙江将军任上多次劾奏下属失职，由此也可以看到边防之懈怠：有偏袒徇私的副都统，有聚众赌博的城守尉，有擅自放回守卡兵丁的佐领，也有私许流民进入禁地捕鱼以牟利的云骑校……可谓上下失职,沆瀣一气。

中英鸦片战争爆发,清廷的作战模式还是两百年前的那一套,远程征调,分拨启程,黑龙江马队号称精锐,两次各抽调一千人。这些来自东北边疆的骑兵仍以刀箭为主,并未抵达抗英前线,先在盛京备用,后到锦州驻扎,风声紧时开赴山海关和天津等河口布防,协守都城。队伍集结时,连大刀片与梅花针都备不齐,还要置办越冬衣被,先是要统一下发,后来又决定发银子自个做,免不了七长八短。虽说黑龙江兵只是入关兜了一圈,未接战就遵旨撤回,而个别士兵病死,大量马匹倒毙,光是这份折腾就够呛了。

接任的英隆,出身于大清宗室。排查清代黑龙江将军,有不少出自爱新觉罗氏,当是皇帝觉得让一位皇族将军守护满洲根本之地,才算放心和妥帖吧。英隆长期充当宫中侍卫,骑射皆优,曾在阅武楼受到皇上嘉奖。这是一位头脑精明、做事也认真的官员,深知火器的重要,以头等侍卫出任青州副都统后,很快查明所属鸟枪营的杂乱无章,既缺少合适的带兵佐领,又缺乏火药铅弹,配属的火炮也是如此。道光帝批准了他提出的整顿思路,但一说到要增加操练经费,尤其是添制火药铅丸的数量较多,立马予以否决,就是自筹经费也不可以。

道光十七年夏天,英隆调任广州副都统,掌管右翼八旗兵。鸦片战争打响后,他与林则徐往来密切,即便在林则徐被革职后仍多交往,而与接任的内阁大学士、两广总督琦善关系冷淡。琦善因擅自割让香港被革职抄家,英隆受命将之押解回京。虽未见他亲自率兵作战,但毕竟参与商议应对方略,颇知中外军事实力的差别,见识过什么叫"坚船利炮"。完成押送琦善进京的差使后,英隆未再返南,而是转任齐齐哈尔副都统,六年后接掌黑龙江军政大权。

由于深知道光帝一切务求节俭的个性,英隆到任后没提出扩充边备的请求,只做一些整顿纲纪的事情。黑龙江军中仍是一派废弛,赌博和酗酒之风难以禁绝,坐卡军官常常不到班,规定的"每日会哨"也变成虚应故事，两拨人马约个地方换一次箭，就算完事。未见英隆像穆督那样到各处实地考察的记载，但处置起来并不手软，在军机处抄录的文档中，还可见到他奏请添造火器的折子。那已是在咸丰元年，英隆经过一年多对新帝施政风格的观察，与副都统克兴额联名上奏，陈述省城齐齐哈尔的鸟枪营虽有四百五十个名额，实则既无合适的军官，更无固定的士兵，遇到每年的所谓"春秋操演"，临时从八旗甲兵中抽一些人来，对付几天，撑个场面，完事仍回各旗当差。这是一个老话题，在道光二年（1822）时黑龙江将军奕颢就提出过，结果被否决。英隆的奏折标名《奏请筹拨甲兵设立专营训练鸟枪以重操防事》，说黑龙江地处极边，与俄罗斯接壤，平日应该加强战备，"而鸟枪尤为军中利器，更当加意练习……必须设立专营，认真训练，方成劲旅"[16]。他提出在齐齐哈尔设专门的鸟枪营，并在瑷珲、墨尔根等城加强鸟枪兵的操练。皇上批转兵部审议，后来，后来……也就没了下文。

第二份奏折，是请求在守边部队中增添抬枪。抬枪，是清朝自行研制的一种重型鸟枪，各地所造型号不一，长约一丈，重三十多斤，射击时一人在前将枪扛于肩上，另一人瞄准击发，故此得名。这是西方列强武器大换代的时期，带瞄准器的线膛式来复枪早已登场，而清军就连装散弹的老式鸟枪也很少，且不受重视。抬枪装药量大，射程远，虽不够精准，仍较有杀伤力。英隆顺带说明黑龙江全省军中共有鸟枪一千五百九十六支，都是康熙年间攻打雅克萨时由兵部配发的，至今仍在使用。他没有讲破损情况，但可推想这些用了一百六十年的老枪，又无专人维护保养，作战时必然故障百出。这次提出添造八十杆抬枪，他与副都统克兴额提出用自己的养廉银捐办，大约也知要朝廷出钱，事情就办不成了。果然咸丰帝立即批准，命由京师内外火器营选派章京一员，挑选抬枪二杆以及相关器械，带上几名工匠，"前往盛京，如式制造"。[17]由此也证明，黑龙江将军衙门并没有制造此类兵器的能力。比较起来，西伯利亚俄军营一级部队，有不少人能维修枪支和制造子弹。

咸丰二年（1852）六月，库伦办事大臣德勒克多尔济急奏，说"黑龙江边外瞭见有俄罗斯兵往东边一带行走"。这位贝子衔蒙古办事大臣算是个精细人，但显然汉语差劲儿些，应是"瞭见有俄啰斯兵往东边一带行走"，皇上倒是看懂了，降旨令英隆留心探访。英将军立即分派属下带兵到各处边卡防守，并请求将本年的军政考核（上级要来考评打分，故各级官员都会放下正常工作，以此为重）往后推。岂知皇上见奏大为恼火，责斥"殊属不晓事体"，并说上次的谕旨不过是要他"留心探听，暗地设防"，竟这般摇旗喝号地折腾起来，"若令俄啰斯闻之，岂不转生疑惧？"[18]。二十一岁的小皇帝大约不会想得这么复杂，应是身边那些枢阁近臣，生怕东北再惹出麻烦。

德勒克多尔济为成吉思汗之后，是当年赶走戈洛夫金使团那位库伦大臣蕴端多尔济的孙子，读书较多，不像其祖那样生硬，颇能与俄国人周旋。他密奏已在边界卡伦加强了防范，但较为隐蔽，谕旨虽未表示不满，也警告他"此事关系外国"，应当"镇定办理，断不可纷纷起衅"。[19]这是一句沿用了至少三朝的套话，当初林则徐以钦差大臣南下禁烟，行前道光帝八次召见，君臣密谈，关键词就是"鸦片务须杜绝，边衅决不可开"。[20]以林则徐之胆略才具，也完成不了这一两难使命，遑论他人！而经历过前车之鉴，军机处那帮庸臣为新帝拟的，还是这一陈词滥调。严旨之下，英隆只好乖乖撤回边卡上的增兵。在一去一回中，属下会觉得英将军很荒唐，一切照旧，还是那几支破枪，还是那种慵懒懈怠的状态。

六　侵入性地理勘察

自雍正五年（1727）中俄在恰克图开展边贸之后，俄罗斯使团与商队多由此处入境，外交文书也由库伦办事大臣收转，瑷珲与尼布楚颇有些冷清了。德勒克多尔济所说的俄军向黑龙江边外调动,从俄方档案中尚未找到记录,不知其详,但就在黑龙江下江与河口地区,一帮私自闯入的俄国殖民者正在各处山川村屯游走,毫无顾忌地展开地理大调查。

自黑龙江与松花江交汇处到入海口,清朝时隶属吉林将军衙门管辖。吉林将军固庆是在道光三十年(1850)夏天由杭州副都统升任的,正值涅维尔斯科伊带领考察队侵入河口地区,兴建彼得冬营,并在庙街建立哨所,升旗鸣炮,生怕别人不知道,而固将军以及三姓副都统居然毫无觉察。

西伯利亚实在是太大了,以至于俄罗斯在逐步占领之后,赋予了东西南北中之名目,与中国接邻的有东西伯利亚、西西伯利亚两个总督辖区。而在此一时期,库伦办事大臣、黑龙江将军、吉林将军要面对的都是东西伯利亚总督穆拉维约夫。穆督数年经营,手下已有了一批优秀人才,如沃尔康斯基的儿子米哈伊尔,初中毕业时以成绩优秀获金质奖章,即被总督府录用,完全不顾忌其是逆臣之子。其中尤以涅维尔斯科伊最为突出,被俄廷正式任命为考察队队长后,于1851年夏天再赴幸福湾,到达后即带二十五名武装人员增援在庙街的哨所。同时,他分派有限的人手对山川地理、原住民的分布开展调查,先是详细测绘河口湾南部海岸,接着调查左岸的阿姆贡河源头及两岸部族。这是一条发源于外兴安岭东部的大河,全长约一千五百里,中下游可通航,大清朝廷竟对之视有若无。

当年冬天,海军准尉契哈乔夫率一个小组,乘两架雪橇,向东南方向进行侦察,主要是察看从黑龙江到鞑靼海峡有无可避风的海湾,以及过江船只的情况;奥尔洛夫小组也乘两架雪橇出发,向西南方向开进,侦察乌第河上游的山脉走向,有无界标存在,界标后是否有中国军队。这类小组通常是由一名军官、一个测绘员、一个来自当地的向导兼通译、一个士兵组成,携带干粮和枪支弹药,不光要在隆冬之中赶路与测绘，还经常会找不到住处，就在旷野中设法过夜，当然也要防备当地人的袭击。遇到落单和体弱的外国人，原住民中是有人敢下手的，带武器的要相对安全。差不多一个半月后，两个小组先后归来，搜集到很多情报。

动身来幸福湾之前，涅维尔斯科伊在伊尔库茨克结了婚（担任伴郎的就是米哈伊尔），十九岁的妻子伊凡诺夫娜坚决要求陪他前往，"在鄂霍次克驿路上的泥泞沼泽中和荒山的原始森林中骑马跋涉"，历时二十三天，行程一千一百俄里，荆棘挂衣，虻蚊扑面，毫无怨言。在阿扬港搭乘舍烈霍夫号帆船抵达幸福湾入口时，船只进水欲沉，船长与大家请她先撤，伊凡诺夫娜坚持让其他女眷和儿童在前，然后才是自己。契诃夫的《萨哈林旅行记》对俄国的殖民扩张颇多批评，而对涅氏夫妇高度赞赏，特地引录其书中的一段，摹写伊凡诺夫娜与当地人亲切相处的情景：

> 叶卡捷琳娜·伊凡诺夫娜让他们（基里亚克人）在地板上围坐一圈，中间摆着一只大碗，里面装着饭或者茶。这间屋子是我们住房里最大的一间，权充大厅、客厅和餐厅。他们享受着款待，经常拍着女主人的肩膀，一会喊她去拿塔姆奇（香烟），一会儿叫她去取茶。[21]

涅维尔斯科伊很欣赏妻子的做法，对费雅喀人也看不出多少厌弃。并不是所有的殖民者都只知杀人越货，有智慧和学养者懂得收买人心，也有一些良善之举。可以理解契诃夫，设若清朝出现一对这样的夫妇，我们也会不吝溢美之词。有一部俄国历史小说《涅维尔斯科伊船长》[22]，细细描写了二人的一见钟情和苦恋，然后是相随而前，经历与死神搏命的极地之旅，以及数年的煎熬与苦撑。

涅氏性格倔强、激烈、难以相处，在俄罗斯的政界也属异类。据一位不太喜欢他的同事描述，涅维尔斯科伊的外貌很一般，身材瘦小，脸上有很多皱纹和麻斑，秃脑袋上只剩下一圈蓬乱的白发，一双小眼睛总是眯缝着。在此后数年间，涅维尔斯科伊与他的考察队真的就像俄外务大臣说的"一小撮"，不消动用攻打雅克萨那样规模的队伍，以吉林一省出动五百官兵，带上点大炮和抬枪，就能将其歼灭。吉林将军固庆是畏惧不报、有意欺瞒朝廷吗？怕也不是，他没有这个胆量，也没有什么见识和责任心。我们知道老毛子的考察队一直打着做生意的旗号，下面的人即使报告此事，也会说成一伙子俄国商人，又有何碍！

除了采取荒谬封禁政策的清朝，除了已然悄悄潜入的俄罗斯，也有不少国家对这条大河和这块土地产生浓厚兴趣。涅氏书中写到大量舰只在鄂霍次克海游荡，甚至有一条美国大船开到幸福湾停泊，上节写穆督对英国人出现在伊尔库茨克和尼布楚的敏感，实际上也有英人从中国内地到达这里。一位名叫布鲁尼埃的传教士到达过三姓，并由这里深入下江，后来不幸遇难。在此前寄往欧洲的信中，布鲁尼埃写道：

> 三姓城是中国北方最后一个设官的地方。满汉旅客人等只能走到这里为止，这是法律允许他们到达的极限。越过这里，便被认为是最严重地违犯了国法，要受到惩处。大约有十个商人得到清朝护照的保护，他们每年要为护照缴纳一百两以上的银子，以取得沿松花江下行，进入黑龙江，最后上溯乌苏里江的特权，在乌苏里江的森林里可以采集到著名的人参。

三姓副都统衙门并非最北的清朝官府，盗挖人参的途径也非此一条，不能论为封禁的主要理由，但所写禁止一般人员下行，以及特许一些商人缴费去那里做生意，是可信的。布鲁尼埃信中不否认清朝对该地域的管辖权，感慨的是官府恶劣透顶的管理方式：

> 那些乘船来的官兵，对自己的事务比对皇帝的事务更关心……他们不仅要貂皮，在换给应许的布料以前，还要勒索很多钱；尽管所有的土人都对这件事不满，但还是不得不在被鞭笞的痛苦中，交出任意勒索的贡物。许多人家看见来船时，就离开茅屋逃到山上。不过，这样做并不顶用，因为他们不在的时候，什么东西都会给抢走，房子也会被烧毁。[23]

写的是三姓官员吏役前往颁发乌林，烧茅屋之举或别有原因（如越界流民），但已无四十余年前间宫林藏描绘的和谐场景。《俄国人在黑龙江》的作者拉文斯坦为英国军官，任职英国陆军部地形测绘局期间，数次潜入黑龙江地区，私自勘察和搜集各种情报。这段时间，涅维尔斯科伊已经占据庙街和奇吉，正逐步扩大地理测绘的范围；而穆督从谨慎试探到大举侵入，也因此成为拉文斯坦书中最后一节的主角。

七　进占奇吉

进入黑龙江下江地区后，涅维尔斯科伊有一种滚动着的扩张念头：发现了黑龙江入海航道，立即去寻找可供停泊的海湾；尚未在幸福湾建成冬营，就乘舢板溯江而上，并选定于庙街设立哨所；而在携带新婚妻子抵达营地时，船只遇险沉没，惊魂稍定，便派出若干小组四处侦察和勘测。从原住民口中，他得知由庙街溯江十余天水程有个奇吉屯，那里的主航道离海岸很近，即派契哈乔夫与俄美公司的经理别列津带领一个小组，携带货物前往（装出做生意的样子，不断送出小礼物，拉拢当地头领）。契哈乔夫和别列津都是干员，很快与当地居民搞得很热乎，得到很多情报：

鞑靼海峡沿岸存在不少天然海湾，有的可作为避风港；

从黑龙江右岸有多条途径通向这些海湾,部落民经此去海上猎取海豹;

所有道路中最近也最方便的在奇吉,由奇吉湖划船至海边隘口,可经过一条铺满木头的路把船拖到海里;

隘口南边不远就有可避风的迭卡斯特里湾。

契哈乔夫在途中还听说有些满洲商人正策动一场袭击,并声言开春就有大批官兵从三姓开来,剿灭俄国人以及帮助他们的原住民。涅维尔斯科伊紧急向穆督请求增派军队与小型蒸汽舰只,同时派士兵前去抓捕敌对者,当着周围几个村子的费雅喀人,用树条抽打并罚他们做苦工,起到了震慑作用。1852年6月,涅氏向穆拉维约夫报告地理勘察的收获,宣称清朝不拥有下江的管辖权,建议占领奇吉和迭卡斯特里湾,作为离尼古拉耶夫斯克最近的据点,以便监控鞑靼海峡和黑龙江航道。他还要求派一支特别考察队去勘察乌苏里江,在两江汇流处的村屯留人驻扎,搜集有用的情报。

由于担心与清朝发生冲突,俄特别委员会虽批准涅氏担任黑龙江考察队队长,又强调只是一支非官方的贸易考察队,并严令不得再前进一步,否则将受到惩处。涅维尔斯科伊哪里会受此类条文约束,很快就盯上了奇吉,而穆拉维约夫获悉后非常支持,当即与彼得堡联系。孰知官场多变,彼得罗夫斯基不再担任内务大臣,穆督失去了一个重要靠山,一向支持侵占黑龙江的海军大臣缅希科夫传达了尼古拉一世的旨意:

> 皇上在听了一等文官涅谢尔罗捷伯爵的说明后,仍然希望在我们只与居住在阿穆尔河河口附近的基里亚克人和其他部落建立和平和牢固的关系,同时,要特别谨慎小心,不可操之过急。此事已由涅谢耳罗捷伯爵通知您。现在我奉命向您重申,谨慎小心和不可操之过急二点,应当首先予以注意。因此,皇上未恩准占领位于阿穆尔河右岸的奇吉屯和迭卡斯

特里湾,以及派遣考察队去勘察鞑靼海峡沿岸、阿穆尔河和乌苏里江……[24]

穆督生性的不屈不挠,促使他继续向新任海军总参谋长的康士坦丁亲王报告,但也明显感觉到最高当局的不信任,心情不免灰暗。接到沙皇召赴彼得堡的命令,他以为未必能再回西伯利亚了,有些伤感,也做好了离开的准备。而就在这时,涅维尔斯科伊的急件送到,告知考察队供应严重短缺,阿扬港司令通知俄美公司规定只能用官船运货,而且不许超过规定的数量,所以在严冬降临前不能保证运来所需物资。由于要用小恩小惠笼络原住民,涅氏一直超额要求各种货物,并为此在信中出言不逊,与俄美公司总经理处搞得很僵。除将此件转呈康士坦丁亲王,穆督也是爱莫能助。

考察队的所有人只得勒紧裤带,各种疾病开始出现,特别是坏血病。涅氏带领多数人离开彼得冬营,迁到尼古拉耶夫斯克,而在寒冷阴晦的冬天到来后,病魔肆虐,吞噬了好几条生命。他在回忆录中写道:"1852年,我们仿佛被大家遗忘,仿佛我们遭到意外和饿死了。因此,每个人都可以想象到我们当时的处境。特别困难的是我那可怜的妻子,她和大家一起共患难,同艰苦,担惊受怕,还带着一个随时有饿死之虞的病孩子,因为我妻子自己不能给孩子喂奶,而奶妈又找不到……"[25]契诃夫很敬佩这对夫妻的开创精神和牺牲意识,写道:"他在东部沿海和萨哈林的短短五年时间里创造了光辉的业绩,但却失去了女儿(他的女儿是饿死的)。他本人衰老了,他的夫人也衰老了并且丧失了健康。他的夫人是位'年轻美貌、和蔼可亲'的女人,英勇地经受了一切艰难困苦。"[26]读至此处真是感慨万千,不知该如何评说。

即使在极为困难的情况下,涅氏也没有放慢扩张的步子。年轻能干的海军中尉鲍什尼亚克奉命沿着黑龙江左岸步行去奇吉,一路勘测江水水位,寻找可供移民的地点,再由奇吉往迭卡斯特里湾,察看地形,以便建立哨所。鲍中尉很好地完成了任务，到达海湾后选定地点，即在当地人中指定一名屯长，并雇用原住民砍伐建房的木材。返回奇吉，又任命一位当地头领为屯长，并宣称"所有居住在乌苏里江、阿穆尔河沿岸至兴安岭的民族"，都在俄国统治和庇护之下。这当然不是商人的口吻，应也会传到三姓和吉林，却未见官方有任何反应。

在黑龙江下江地区，奇吉是一个相对繁荣的市镇，一年一度颁发乌林的满洲行署就设在这里，虽因斗殴杀人事件关闭过数年，为了方便岛民，道光间奇吉行署重又开放。据三姓副都统衙门满文档案，每年七月，下江的赫哲部落与库页岛的费雅喀人都要来此地，按村屯户册缴纳貂鼠皮，并接受三姓官员代表朝廷颁发的赏赐。

尽管已侵入黑龙江河口湾，除却到处演讲和撒传单的涅维尔斯科伊，沙俄君臣一直不愿意公开化，坚持要求考察队谨慎行事，在表面上装出对华友好的样子。东三省将军也乐于相安无事，报喜不报忧，即使有事也尽量掩饰。一年一度的贡貂赏乌林仍然在奇吉行署举行，不知道三姓衙门的官员与涅氏属下有否相逢？是否邀其到官船中喝小酒？记载显示，不少清朝官员喜欢与外国人喝酒聊天，天南地北神侃，卖弄显摆，而不知觉间使对方获得大量信息。

比较起来，吉林将军固庆还远不如英隆，莅任以后未见重视边防的举措，唯一做的是设置关卡障碍，不让内地人进入黑龙江下游与乌苏里以东滨海地区。就现存固庆密奏的折子，可知其抵任后的两个月时间里，几乎每一件奏折都是禁止垦荒，不许外来移民参与屯田，不许他们到卡外居住，不许他们砍树垦地……东北的封禁由来已久，但至少自乾嘉以来，朝廷也有意将北京、盛京的一些满族闲杂人等大批回迁。似固庆这样将大块国土不闻不问，任其荒疏空旷，任由他人侵占，也不只一个"蠢"字可形容。

有了这样的将军，三姓与宁古塔的官吏兵役整体处于浑浑噩噩状态，全不晓得大祸即将降临。至于固庆将军，应该庆幸没机会与穆拉维约夫唱对手戏。咸丰三年（1853）正月，穆督还在彼得堡到处奔走游说，距其首次硬闯黑龙江尚有一年多，固庆与副都统琦忠因争权夺利闹了起来，互相参劾，搞得朝廷不胜其烦，干脆将他俩一起摘了官帽。

八　攫取库页岛

在率"贝加尔号"进入河口湾之前，涅维尔斯科伊曾想在库页岛北端寻找一个可供海船停泊的港湾。那里风急浪高，涅氏指挥属下沿岸仔细搜索，花了十六天，曾搁浅于一个海湾中，死命挣扎，两日才得脱险，也没发现一个合适的地点。他们也曾派舢板进入地图上标注的奥布曼湾（曾被前人误认为是河口湾），葫芦口处沙埂淤泥，难以进出。尽管有过这些不愉快的经历，极具军事眼光的涅维尔斯科伊仍清楚库页岛对于黑龙江下游的意义，因此在彼得冬营立稳脚跟后，即派鲍什尼亚克中尉前往库页岛西岸和中部探察。

时为隆冬季节，二十三岁的小鲍乘狗爬犁，仅带一名懂得通古斯语的哥萨克和一个向导就出发了。他们由河口湾右行，从拉扎列夫岬越过海峡，先沿着海岸弯曲向南，直到杜厄河一带（俄据后在这里营建了臭名昭著的杜厄监狱，契诃夫书中做了详细的叙述），然后折回中部的姆格奇屯，由那里横穿山脉，沿特姆河抵达东海岸。小鲍堪称涅维尔斯科伊的得力膀臂，一路将发现的煤矿、天然港湾、河流山川特别是村屯做了勘测记录。这次登岛调查，历时一个多月，回程时食物告尽，有十天的时间只能以干鱼、野果与半腐烂的海豹肉充饥，向导生病，自己的脚被冻伤，就连拉雪橇的狗也一只只死掉，仍完成了任务。光是这份执着坚忍，就令多数只知酗酒赌钱、欺压部族民众的清朝官吏难望项背。

1852年冬天，涅氏考察队于艰难状态下苦撑，并坚持派出有限的人员抢占战略要地；穆督本人则赶往彼得堡，在不利情形下一力抗争。他担心会因得罪权臣免职，直接向沙皇呈递了一份条陈，分析东西伯利亚的政治形势，预测中英战争一旦再次爆发的影响，阐述自己的看法。作为一个真正的"中国通"，穆拉维约夫已经认识到清朝的虚弱，要求改变长期以来的谨慎对华政策，自告奋勇代表俄国与清朝理藩院办理交涉，并强烈呼吁抢在英美等国之前，占领库页岛与河口湾地区。他写道：

> 当需要当机立断时，时间是宝贵的。而当我们必须抢在对手之前时，时间尤其宝贵；要知道，我们的对手是精明能干的，他们事事都授予自己的地方代理人以全权。[27]

在伸手要权之时，穆督回顾了一件往事：二十五年前俄美公司曾提出占领加利福尼亚，表示担心如果不这样做，那里很快就会成为美国的领土，俄廷有的大臣颇不以为然，"断言即使美国要占领也是一百年以后的事情"，而今天加利福尼亚已成为美国的一个州。这番话显然打动了尼古拉一世，御批给予涅氏考察队官方编制和经费保障，海军大将康士坦丁亲王也约见穆拉维约夫与俄美公司总经理，详细探讨占领库页岛的实施步骤。几天后，沙皇批准由俄美公司占领库页岛，有意以贸易活动掩盖军事入侵，而该公司已是由军人管理，实质上并无差别。

原本风雨飘摇的穆拉维约夫重获沙皇信任，钦赐皇家白鹰勋章，障碍排除，即着手安排向彼得冬营增派军队和运输物资。有了沙皇的谕旨，一切都迅速改观：涅维尔斯科伊受到表彰，获得二级圣安娜勋章，被任命为官方考察队队长，可行使地方长官和驻军司令职权；从堪察加等地调派八名海军军官和二百四十名士兵，在河口湾组建了一个海军加强连；另外，还为考察队配属了一个哥萨克骑兵连，一个山炮排。考察队在各方面均受东西伯利亚总督直接领导，享受的待遇空前提高：军官所领津贴为堪察加的两倍，士兵在考察队服役一年可抵二年。由于地处荒僻，这些旨意的传递和贯彻都需要时间，但有一个穆督盯着（即使在去欧洲休假的四个月也未放松），运兵船与运输船在当年秋天陆续抵达，冷寂已久的彼得冬营热闹起来。

总督府副官布谢少校送来沙皇关于占领库页岛的谕旨，共十一条，重点在于利用考察队官兵与设备，着手在岛上建立据点，但一切在俄美公司的框架下行事，只能乘坐公司的船只，不许调用军舰。穆督也有两道指令，先是责成涅队必须准确无误地遵奉圣旨，并告知在明年行政长官抵达该岛之前，岛上已有设施机构概由他负责，可自行决定在东岸或西岸占领二三处据点，但不许惊扰南端的日本人。一个月后签发第二道命令，建议他在当年夏天占领迭卡斯特里湾和奇吉，建立哨所，但要把主要精力放在库页岛。没有电子通信的时代会发生各种荒唐故事，当指令递到涅队长手中，两处据点已建成半载有余了。

布谢少校，就是前面提到的那个将涅氏勾勒成半疯子的人。近卫军出身、一向以服从命令为天职的他，总算见识了什么叫自以为是：穆督要求布谢送达文件后即行返回，涅队则以缺少军官为由，将其扣留并派到库页岛，封他一个临时行政长官；谕旨要求登岛必须乘用俄美公司舰船，队长大人却毫不犹豫地命海军"额尔齐斯号"运输舰前往库页岛；谕旨和穆督的指令都要他避免与日本人冲突，不要在库页岛南端设立据点，而他选中的第一个据点偏偏是与北海道相对的阿尼瓦湾。也许因为对布谢不太放心，涅维尔斯科伊与之同船前往。在登陆之前，布谢希望在一个偏僻处所驻扎，并反复引证总督下达的"不准惊扰日本人，要离日本人居住的村落远些的命令"，涅氏则执意开往南岸的主要村镇托马拉，即使看到岸上有黑色的炮筒、有大群持刀民众冲来，也不退缩。他做好了恶战的准备，命军舰上的大炮装填弹药，二十五名海军登上载有鹰炮的大划船，他也与布谢、小鲍登上武装舢板，一起驶向海岸。岸上的人退缩了，领头的日本人开始鞠躬，饱受其奴役的爱奴人甚至希望俄军惩罚日本工头，就像四十多年前那样。涅队却一律加以怀柔，当众发表俄国占领此地的演说，并邀请几位日本人与爱奴人的年长者去船上饮

第十章　只需要几个楔子

酒絮话。一时皆大欢喜，日本人提供了卸货用的船只与军队暂住的大棚，爱奴人则帮助搬运物资，一派融洽欢快的景象。涅氏后来在回忆录中记下了占领时的标志性场景：

> 当两门大炮已在岸上架好，升旗用的旗竿（杆）也已立起，部队排成队列的时候，我当即下令祈祷。在我们下跪向上帝祈祷时，日本人和爱奴人也下意识地摘下帽子。祈祷后，我与布谢在一片乌拉喊声和枪炮齐鸣声中升起了俄国军旗。此时，"尼古拉号"海船上的人员也高呼乌拉，爬上软梯与横桁，海船开始鸣炮向军旗敬礼。我们便以此宣布，我国终于进入了萨哈林岛上的托马拉－阿尼瓦。[28]

这也是一颗钉在中国领土上的楔子，吉林将军还在睡梦里，涅队长则知道钉在哪里最为关键。哨所在几日间草创而成，命名为穆拉维约夫哨所，以向总督大人致敬。

注释

［1］［俄］巴尔苏科夫编著《穆拉维约夫－阿穆尔斯基伯爵》第一卷，第九章，黑龙江大学外语系、黑龙江哲学社会科学研究所译，商务印书馆，1973年，第72页。

［2］《穆拉维约夫－阿穆尔斯基伯爵》第一卷，第九章，第74页。

［3］［俄］瓦西里耶夫《外贝加尔的哥萨克（史纲）》第三卷，《收复阿穆尔的思想》，第18页。

［4］［俄］瓦西里耶夫《外贝加尔的哥萨克（史纲）》第三卷，《收复阿穆尔的思想》，第18页。

［5］《玛丽亚·尼古拉耶夫娜·沃尔康斯卡娅公爵夫人纪事》，圣彼得堡印厂出版社，1906年，第46页。

［6］［俄］尼基塔·穆拉维约夫《十二月党人书信集：1812—1826》，莫斯科历史思想丰碑出版社，2001年，第198号信。

［7］［法］亨利·特罗亚《普希金传》，第六部第一章《尼古拉一世与普希金》，张继双、李树立、董爱春译，世界知识出版社，1992年，第396页。

［8］《穆拉维约夫－阿穆尔斯基伯爵》第一卷，第194—198页。

［9］《穆拉维约夫－阿穆尔斯基伯爵》第一卷，第197页。

〔10〕《穆拉维约夫-阿穆尔斯基伯爵》第二卷,《6 1848年:致内务大臣的公函摘录》,第33页。
〔11〕《穆拉维约夫-阿穆尔斯基伯爵》第二卷,第33页。
〔12〕《穆拉维约夫-阿穆尔斯基伯爵》第二卷,《17 1850年:上皇帝疏》,第54页。
〔13〕《穆拉维约夫-阿穆尔斯基伯爵》第一卷,第291—292页。
〔14〕[俄]根·伊·涅维尔斯科伊《俄国海军军官在俄国远东的功勋》,第十二章《开始勘察阿姆贡河下游一带》,第140页。
〔15〕[苏]卡巴诺夫《黑龙江问题》,第八章《对阿穆尔河下游和萨哈林岛的考察,这些地区并入俄国的经过,涅维尔斯科伊考察队的活动》,姜延祚译,黑龙江人民出版社,1983年,第180页。
〔16〕录副奏折:英隆、克兴额,奏请筹拨甲兵设立专营训练鸟枪以重操防事,咸丰元年三月初十日。档号:034244018。
〔17〕录副奏折:英隆、克兴额,奏请添造抬枪事,咸丰元年三月初十日。档号:034258025。
〔18〕《清文宗实录》卷六四,咸丰二年六月丁酉。
〔19〕《清文宗实录》卷六四,咸丰二年六月辛丑。
〔20〕茅海建《天朝的崩溃:鸦片战争再研究》第二章《骤然而至的战争》,生活·读书·新知三联书店,2005年,第101页。
〔21〕《萨哈林旅行记》第一章,第9页。作者以一条长注介绍了涅维尔斯科伊的妻子,充满赞美。
〔22〕[苏]尼·扎多尔诺夫《涅维尔斯科伊船长》,武仁译,黑龙江人民出版社,1980年。
〔23〕以上引文皆出自[英]拉文斯坦《俄国人在黑龙江》,《满洲的罗马天主教徒》,第69—70页。
〔24〕《俄国海军军官在俄国远东的功勋》第十八章,第218页。
〔25〕《俄国海军军官在俄国远东的功勋》第十七章,第210页。页下注曰:"这是我的第一个女儿叶卡捷琳娜,她不久就饿死了。"
〔26〕《萨哈林旅行记》第一章,第8—9页。
〔27〕《穆拉维约夫-阿穆尔斯基伯爵》第一卷,第三十八章,第331页。
〔28〕《俄国海军军官在俄国远东的功勋》第二十三章,第274页。

第十一章　俄舰闯入黑龙江

进入1855年，清朝咸丰五年，俄国人由黑龙江口悄然而又快速地进行战略延伸，用的仍是布点敲楔子的方式：口内有尼古拉耶夫斯克哨所，与彼得冬营互为犄角，监控内外湾区；溯江而上的奇吉有马林斯克哨所，扼住通往下江之航道；河口湾以南，顺着鞑靼海峡布点，先是迭卡斯特里湾的亚历山大哨所，更南有皇帝湾的康士坦丁哨所，控驭鞑靼海峡；而在库页岛南端设立穆拉维约夫哨所，目的是堵住日本人的北进之路。这些据点多数以极少的人力物力建成，涅维尔斯科伊给穆督的信中曾拉过一个清单：

彼得冬营，二十五人，二十五支"从鄂霍次克弃置不用的废品中挑来的破烂"石火枪；

尼古拉耶夫斯克（庙街），有三十人和三十支同样破旧的老枪，两门火炮，"只有一门可以发射"；

马林斯克（奇吉），八人，八支破枪；

亚历山大，十人，装备是一门炮和同样的火石枪。

整个考察队只有二十四公斤火药和七十五发炮弹。

就这点儿人马和武器，连两百年前的哥萨克帮伙都比不上。当地曾多次传言清朝大军即到，却也只是谣言，三姓副都统与吉林将军似乎从未有过发兵进剿的念头，只要皇上不说话，便一味听之任之。驱逐入侵者、廓清下江地域的机会，就这样丧失了。而在涅队长写这份报告的时候，穆拉维约夫筹备已久的入侵已完成集结，各路军队和各种船只汇集于石勒喀河畔，浩浩荡荡开往黑龙江。

一　穆督的战争准备

此时的清廷正被太平军搞得手忙脚乱，而京师依旧是一片歌舞升平。绵延至今的"红学"初现端倪，"开谈不说红楼梦，纵读诗书也枉然"，却又很少有人留意忠仆焦大那一腔愤激，但见莺莺燕燕，早忘却贾府先辈从死人堆里爬出来的经历。曾经的战斗民族满洲，已找不出几个有血性、知韬略的将帅了，地处东北边陲的黑龙江与吉林将军，虽不乏龙种和将门之后，捆在一起也不是穆拉维约夫的对手。

出身勋贵的穆拉维约夫本质上是军人，担任东西伯利亚总督之后，他反复向沙皇奏报航行黑龙江的重要性，也意识到俄国在欧洲仇敌甚多，很难从内地大批调兵，即着手组建地方军队。在他任职之前，伊尔库茨克仅有四个边防营，遥远的堪察加一个小型舰队，各城堡有一些哥萨克武装，多少不等，装备甚差。穆督提出由地方筹措经费，挖掘兵源，组建外贝加尔哥萨克军，下设四个俄罗斯骑兵团、两个布里亚特骑兵团和十二个步兵营，经历不少曲折，总算得到了陆军部的支持和沙皇批准。

组建一支庞大的军队，首先需要大量的经费。穆督铁腕行政，打击淘金业的官商勾结，取缔黑幕重重的包税制，惩治边境走私，财政收入逐渐丰盈。加上一些当地富豪如库兹涅佐夫的捐赠，众筹东西伯利亚发展基金，军费已不成问题。

其次是兵源。东西伯利亚地域广大，人烟不是一般的稀少，所辖各省多者也就是数万人口，但总督大人自有解决办法。尼布楚、赤塔等地矿井是精壮男子集中的地方，有许多政治流放犯和农奴从事采掘苦役。穆督下令凡从军者均予赦免，解除流犯与农奴身份，享有军人待遇，一时掀起踊跃参军的浪潮。这是他在报告中说的，实际过程则要复杂得多，强征入伍的现象并不少见。如第一步兵营的哥萨克中，一个普加乔夫起义者的后裔拒绝穿军服，另一个甚至撕坏了旅长的肩章，被判"从一千人的行列中通过三次"，当场惨死。这是一种残酷的、有警诫意味的军中酷刑，一千名士兵分列两排，手执带刺的木棒，在犯人通过时用力打他。一般来说，受刑者连一次也通过不了。

1852年夏天，穆督再次巡行外贝加尔省，视察工厂和金矿，特地由尼布楚沿石勒喀河骑马向西，通过岸边陡峭崖壁上凿出的路，一直走到中俄分界的格尔必齐河口，驻足眺望。他重在检阅集训中的新建部队，各步兵营的主体为矿井农奴，加上一些来自村镇的哥萨克，列成纵队欢迎长官。穆拉维约夫逐营逐连亲加点验，宣示沙皇赐予其平民身份的恩德。一些部队刚集训不久，队列不整齐，有的还没有武器，熟练一点的身着军服站在队列中，农民装束者站在队外，但他兴致盎然，毕竟外贝加尔军已初具规模。在给沙皇的冗长奏报中，他不厌其烦地讲述校阅步兵营、俄罗斯连、骑兵旅、炮兵旅，还有两个布里亚特骑兵团的情形，各部完全按照俄罗斯军队定编和训练，"横队前进，从左向右转，排成全连纵队或半连纵队，以纵队形式慢步和快步行进，全连或半连进行包抄，每三个连一起排拉瓦队形，然后进行冲锋"[1]。布里亚特人是蒙古卫拉特部近支，在罗刹东进时曾节节抵抗，悍不畏死，此际则加入外贝加尔军，亦堪浩叹。视察时也发生了败兴之事，一个士兵出列嚷叫，抗议杀害和关押普加乔夫起义者，穆氏如实奏明沙皇，以示毫无隐瞒。

为了航行黑龙江，穆督从彼得堡聘请杰出工程师，从欧洲购买先进设备，在尼布楚彼得工厂制造蒸汽发动机，并在石勒喀河畔建立船厂，赶造"额尔古纳号"轮船以及大批平底船。这次巡查，穆氏专程前往这家工厂，看到已按照欧洲最新式样制造出一台136马力的蒸汽机，运转正常。他心中喜悦，赶紧奏报沙皇，说轮船明年一开航就可下水，届时装配上蒸汽发动机，将极大提高航行的机动性。

对待臣下的奏报，尼古拉一世的认真有些像雍正皇帝，阅后御批："但愿一切俱如所述，可谓差强人意。需面谈一下。"[2] 显示出对穆拉维约夫的欣赏，也深知其中会有一些水分。虚报好粉饰乃中外封疆大吏的通病，穆氏的作风虽相对务实，但也不乏夸大和遮掩之处。

组建外贝加尔军，并将总督直属部队调往赤塔和尼布楚，自然是为谋划已久的入侵做准备，目标只有一个——黑龙江。孰料国际形势猝生巨变，第九次俄土战争（又叫克里米亚战争）于1853年10月爆发，俄廷的注意力集中于此。这是一场俄罗斯主动挑起的战争，面对衰败的奥斯曼帝国，提出一揽子极为苛刻的条件，没想到对方在英法怂恿下竟敢于应战。11月，俄黑海舰队在锡诺普海战中全歼一支土耳其舰队，士气和民意一时爆棚。而英法先后派出舰队为土耳其军队护航，不久便直接加入了战争，形势开始对俄罗斯不利，战场也由巴尔干转到克里米亚。

那一年的春天，穆拉维约夫曾往欧洲治病，阅读当地报章，即感到作为盟友的英国极不可靠。随着英法对俄宣战，他意识到北太平洋也有可能发生战争，敌方舰队很容易在俄国背后插上一刀，攻占堪察加的军港，并乘势占领库页岛和黑龙江江口。穆督立即提出自己的看法，而各位大臣关心的是俄土战争，没有人在意偏远的西伯利亚。穆督自有渠道，赶写了一份秘密条陈，先递给海军大将康士坦丁亲王，转交皇太子，然后呈送沙皇。尼古拉一世命皇太子主持特别会议，审议穆拉维约夫提出的方案，决定由他就划界事宜与中国交涉，由他支配东西伯利亚的全部预算结余，由他率领船队运送军队去防守黑龙江江口和堪察加。穆督的顶层路线获得成功，所有要求几乎全部兑现。

俄廷的特别会议决定："沿阿穆尔航行。"尼古拉一世予以批准，又专门召见穆拉维约夫，叮嘱他"不要散发出火药气味"。[3]

二　闯进一支沙俄船队

1853年6月，沙俄尚在对土耳其外交施压过程中，希望先稳住东方的中国,由外务部向清理藩院提议协商划定东部边界。被内乱闹得焦头烂额的清廷正有稳定东北之意,命库伦办事大臣与俄方接洽。恰克图市长列宾捷尔以为"天将降大任于斯人也",表现出很高的热情,与外务大臣信函往来,希望能主持边界谈判。仍在彼得堡的穆拉维约夫闻知大怒,立刻去外务部亚洲司质问,并发函训斥列宾捷尔,宣称与清朝的谈判必须经过自己。

清朝的姿态很积极,今天还能看到咸丰帝寄发黑龙江将军英隆的谕旨:

> 适据景淳奏"俄啰斯分立界牌之处,俟明年春融时,再行派员查明妥办等因",请旨一折与外夷分立界牌,事关重大。不知分立界牌,究竟与赫哲、费雅喀居民有无妨碍之处,尚难悬揣。此时路径既系不通,着俟明年江河融化之后,即派协领富呢扬阿,先由水路,从毕占河直抵海岸,详细查明再行妥办。景淳原折,着一并抄给阅看。[4]

吉林将军景淳也接到近似的谕旨,要他明年派员前往参加勘界。小皇帝与一班近臣皆懵懵懂懂,竟询问立界牌会不会影响下江赫哲、费雅喀等部族,对涅氏考察队的活动似乎全然不知。

1854年3月,穆拉维约夫返回伊尔库茨克,即紧锣密鼓地部署航行黑龙江之事。军队整编成战斗序列,船只和木筏的配置,运载货物与供宰杀的牲畜,各种必需品——不可或缺的砖茶、烟草和烧酒,还有各色旗帜与统一的服装等,都要求下属做好准备。不是所有的事情都顺利:石勒喀船厂奉命制造两艘蒸汽船,"额尔古纳号"只有六十马力,并非向沙皇奏报的一百三十六马力,后来在江口根本拖不动那些巨大的风帆战舰;而"石勒喀号"拖到第二年才下水,笨重粗陋,曾乘坐过的海军上将康士坦丁讥为"一年也许只能走二百俄里,而且是顺水"。

4月间，穆督精心写了一封外交公函，派一名上校送往北京，措辞友好轻松，杂七杂八扯了些两国事务，询问清廷何时能派全权代表议定边界，末了像是顺便提了一句：鉴于我国与英法发生了战争，东西伯利亚总督受命率军队乘船沿黑龙江而下，前去加强沿海地区的防务。真是煞费心机！孰料在经过边界时，库伦派出的守边官员以不合公文转交规矩，拒绝接收和转送，又成了枉费心机。

自从雅克萨在康熙朝被清军铲平，黑龙江就成为罗刹后人的一个心结，闻知穆拉维约夫要率军"远征"，引发了一场闹哄哄的民粹主义浪潮。伊尔库茨克举城欢呼，为之举办盛大的欢送会，素不为其所喜也不喜欢他的商界纷纷解囊赞助。经过恰克图、赤塔时都大开宴会，不少人登台朗诵，就连流放犯也组织了民歌演唱队。石勒喀光荣教堂正中高悬着一幅透明画，上有沙皇御名的缩写字母和一只展翅飞翔的鹰，下面是这样几句诗：

> 乌拉！尼古拉，我们英明的君王！
> 你的雄鹰凌云展翅、任意翱翔……
> 蒙古，勿开口！中国，莫争辩！
> 对于俄国，北京也并非遥远地方！[5]

入侵和劫掠他国，对小民而言从来都像是一丸春药，中世纪维京海盗出海，后来的日本军国主义分子侵华，也能看到类似的狂热迷乱。

组成大型船队首航黑龙江，以东西伯利亚的人力物力，实属勉为其难，仅船舶就五花八门：穆督的旗舰是"额尔古纳号"轮船，刚刚造成下水，其他是帆船、划船、驳船、平底船以及大量的木筏，另有四艘武装快艇。5月14日，穆拉维约夫亲乘旗舰，率领船队从石勒喀市出发，5月18日抵达黑龙江干流（石勒喀河与额尔古纳河交汇处）。俄国船队在江岸停下，来自伊尔库茨克乐团的十四名乐手"吹奏起'天佑吾皇'

的颂曲。船上的人全体肃立,脱下帽子画十字。穆拉维约夫舀了一杯阿穆尔河水,向全体人员祝贺阿穆尔河航行的开端"[6]。这里是黑龙江与石勒喀河、额尔古纳河交汇处,是清朝的国门所在,居然没有一个常设卡伦,真令人无话可说。

沙俄船队如入无人之境,一路畅行无阻,5月6日驶到雅克萨遗址,也是杳无人迹。穆拉维约夫命停靠岸边,乐队演奏沙俄国歌和东正教颂曲,全体人员脱帽祈祷。然后穆督下船登岸,当年激战之地荆榛遍野,但耕种的痕迹仍在,"波浪形土地说明那里曾是菜园的田垄,再远一些则是方方整整的一平方俄里土地"。穆督第一个登上断壁残垣,属下军官接踵而上,凭吊缅怀,以激励士气。[7]

这次航行也远不像穆传中写的那么诗意,缺少蒸汽动力的重船通过黑龙江是艰难和危险的,常会有意外发生:"6月初,他们经受了两次暴风雨:载有军粮、面包干和炮弹的三条驳船、五艘平底木船和八艘大船沉没了。"[8]穆拉维约夫深谙带兵之道,行进中经常召集军官或工程测绘专家来旗舰议事,也坐快艇登上各船,察看部队的生活情况,同普通士兵亲切聊天,遇到事故同士兵一道在岸边宿营,一起吃普通伙食,"边吃边称道发了霉的黑面包干"。

黑龙江在呼玛地方有一个大弯曲——八十里大湾,左岸为乌苏木丹卡伦,乃当时黑龙江上游最靠前的清军卡伦,军营则设于右岸。守卡清兵见俄国船只蔽江而下,顿时惊慌失措,云骑尉巴图善带头弃卡而逃,狂奔回军营报告。而佐领桂庆等人闻知后,不是前往堵击,反而匆忙引军后撤,沙俄船队毫无阻拦地开至瑷珲。这里仍叫黑龙江城,但由于将军衙门已迁到齐齐哈尔,这里改为副都统驻地。接到俄方来人的通报,代理副都统胡逊布方仓促带兵赶往江边,虽未开炮,却也登船向前交涉并试图阻拦。对于俄国船队经过瑷珲的情形,英国人拉文斯坦记述较详:

> 轮船停在城的附近，大小船只在对岸排成一行。这个"港口"有三十五条中国船，每艘载重五吨到六吨。远征队有几个人登岸并受到该城副都统和其他三位官员的接待，邀请他们到一个支在江边的帐篷中去。全部驻军都在帐篷附近列队相迎，共约有一千人，装备很坏。其中多数人扛着一支尖上涂着黑色的竿子当做长矛；只有很少的人有火绳枪，大多数人带的是弓和挂在背上的箭袋。队伍的后面有几门炮，装在粗糙的红色炮车上，并用桦树皮做了个圆锥形遮风雨的伞盖，也涂了红色。每门炮旁边都站着一人手里拿着一条引火绳，或者只不过是一根顶端涂着黑色的木棍。很明显，近二百年来，在这个地区的中国人没有取得什么进步。[9]

尽管读着不舒服，也可以知此言大体不虚。胡逊布还算镇定，收下穆督致理藩院的公函，但也严正告知黑龙江是中国内河，没有朝廷旨意不得通行，并拒绝俄人的入城请求。穆拉维约夫没有登岸，待了一晚，次日晨扬长而去。

由于历史的原因，瑷珲水师营配置与省城几乎相同，下辖三十多条战船，也有一些火炮，包括重炮。也是由于历史的原因，这些前朝利器早已残损锈烂，不堪使用。胡逊布不敢动手，只有眼睁睁看着俄国船队顺流而下。他赶紧派员告知管辖黑龙江下游的三姓副都统，同时飞报上司。吉林将军景淳闻讯上奏，转述了穆督所称借道前往东海与英军作战的说法，又称："查吉林向未设有战船，亦无水师，仅止水手营运粮船大小五十只，现饬刻即修整。"[10]

此时恰是英隆改调、奕格接任的交接之时，黑龙江新旧二将军急奏朝廷，记述较为详细：

> 有许多船只，约距黑龙江城八里之遥傍岸停泊，内有火轮

大船一只驶近城垣。胡逊布带领佐领锡林布,亲见该固毕尔那托尔木哩斐岳幅,询其情由,因伊国东边各岛地方,被嘆咭唎吉利扰害,派伊带兵前去。……胡逊布坚执不许经过,该夷并不听候,扯篷顺江下流而去。[11]

这个乘坐大火轮的"固毕尔那托尔木哩斐岳幅",就是俄国东西伯利亚总督穆拉维约夫,所称前去与英国打仗和已告知理藩院,也都半真半假。清廷苦英吉利久矣,却也觉得"究恐其中有诈",命坐卡官员严密防查,"妥为防守,亦不可起衅生事""勿得轻举……不可肇衅,致生事端"。谁都听得懂这是不许开战,那又怎么阻拦和防守?

三　初战堪察加

要说脑子聪明与动小心眼儿,多数老毛子大概不如清朝官员;可若论强悍精细、办事认真,此际的东北三将军皆不是穆拉维约夫的对手。穆督带领武装船队直过江卡,也是先占地步,数月前提前知会理藩院,找了一个正大堂皇的理由——往海口与英法舰队作战。对于在英法施压下头疼厌烦的清廷,对于普遍仇视英国的大清官员,虽不免有些疑虑,更多的应是欣慰。接到吉林将军景淳所奏俄人"乘船拥众由黑龙江东驶",声称与英军争战的消息,咸丰帝斥责他"先事张皇",谕令"未可尽信","密为布置,不可稍动声色,致启该国之疑",接下来又说:"如果该国船只,经过地方,实无扰害要求情事,亦不值与之为难也。"[12]小皇帝身边最不缺的是笔杆子,天朝文胆最擅长老生常谈,强邻已然硬生生闯入内河,占据满洲根本之地,却说什么不值得去难为他们。

确如穆拉维约夫所说,英法舰队已经在谋划攻袭俄彼得罗巴甫洛夫斯克军港，至于其计中有计，一石二鸟，以运兵打仗掩盖更大的目标，也是真的。1854年6月，穆督抵达奇吉，立即派遣三百五十名边防军，携带大炮和大量弹药，渡湖越岭开赴迭卡斯特里湾，从那里乘两艘运输舰增援堪察加。"阿芙乐尔号"巡洋舰（与后来炮打冬宫的著名战舰同名）也已抵达，本来力量薄弱的基地有了四艘战船，海陆军超过九百人，日夜不停地抢修了七个炮台，防御能力大为提升。而刚有一个大致的眉目，英法联合舰队就气势汹汹地杀到跟前。

那是欧洲军事思想与武器装备大变革的时代，滑膛枪和散兵线在克里米亚战争中曾让俄军大吃苦头，而新式汽船、轮船和舰炮也打得俄黑海舰队缩在内港，最后不得已自废武功，凿舰自沉。想是在中国沿海骄纵惯了，加上自以为对堪察加军情了如指掌，英法联军在此集结了两千名士兵、七艘军舰：

> 法国的巡航战船"堡垒号"，六十门炮；
> 轻巡航战船"厄里迪斯号"，三十二门炮；
> 轻快巡航战船"奥勃利加多号"，十八门炮；
> 英国的巡航战船"总统号"，五十二门炮；
> 轻巡航战船"皮克号"，四十四门炮；
> 轻巡航战船"厄姆费特赖特号"，二十四门炮；
> 三百马力的兵轮"维腊果号"，六门炮。

两国各有一名海军少将带队，英国的普赖斯少将为总指挥，以为俄国区舰队只是小菜一碟。双方实力差距的确很悬殊，俄国只有一艘四十四门炮的巡航战船，其他则是只有几门炮的运输船，也像黑海舰队那样躲在港内不敢出来。

战斗在当年9月打响。英法联军开始时想用偷袭的方式，以一艘满载士兵的轻巡航战船悬挂美国国旗，伪装成商船，于凌晨雾色中驶向阿瓦恰湾。岂知俄军非常警觉,派出一艘快艇迎上前去检查,敌舰立刻掉头而逃。玩不成阴的,英法联军就要强攻,各舰慢慢向岸边逼近,以排炮轰击俄国炮台,很快把一号和四号炮台打哑。联军并不急于进攻,重点在于侦察防御情况,炸毁对方沿海炮台,几天下来已是基本炸毁,但俄军总是在冒死抢修,哪怕是只修好一门炮,也不放弃。

四天后,英国"维腊果号"兵轮趁着夜色,将笨重缓慢、火力强大的"总统号"拖拽至岸边,以舰炮密集轰击,掩护陆战队用小船和快艇登陆。俄军部署在纵深的炮队伤亡极大,虽坚持反击,击沉敌方一艘载满登陆士兵的小艇,仍是难以支持。穆传中有一段生动记述:

> 这一天,指挥官马克苏托夫公爵表现了英雄气概,他冒着密集的炮火,鼓舞士兵,亲自瞄准射击,一直坚持到被打断一只胳臂而倒下。敌舰"堡垒号"上爆发了一片"乌拉"声。[13]

有些像"四面楚歌"的故事,在法国战舰上看热闹的士兵,也用俄国人欢呼胜利的"乌拉",来嘲弄自己的敌人。随着俄国炮台一个个垮塌,联合舰队甲板上的乌拉声也越来越嘹亮。

战场比拼的是实力和勇气,却也历来不乏撞大运的成分:就在俄方一个个炮台哑火,联合舰队的旗舰"总统号"被汽轮拽着靠近岸边的时候,山后一发冷炮打来,竟将舰队总指挥普赖斯炸死(这是俄国人的记载,英国人的说法是心情不好自杀了,不太靠谱)。接替指挥的法军少将费布维埃有些胆怯,拗不过多数急于报复的英军校尉,决定次日登陆进攻。岂知俄军一夜间加固了工事,攻击内港炮台的联军被击退,试图爬上山顶的敌人被浓密树丛搞乱队形,随时跳出端着刺刀的哥萨克,只得纷纷逃窜。另一支登陆部队在峡谷陷入伏击,被炸得鬼哭狼嚎。俄军从坍塌炮台扒出大炮,加入步兵的队伍,港内各舰也发炮轰击,联军缠斗半日,终告溃败。穆传描述了敌军的惨状:"他们逃到山下,拖着同伴的尸体，直奔小艇。坐划船退却的情景更惨：我军占领制高点后，向缩成一团的敌人射击，死伤的敌人有的掉到水里，有的倒在船上，到处是一片哀嚎声。"[14]死伤惨重的英法舰队不敢恋战，找到一个僻静海湾埋葬了死者，狼狈撤离北太平洋。可聊以自慰的是，就在港外海面，英法联合舰队恰好碰上两艘俄国运输船，载满军需粮食，后者被其俘获。大约是为了发泄恨意，他们将其中一艘焚为灰烬。

那时沙俄还没给远东铺设电报线路，堪察加交战和获胜的消息要乘船报送，河口湾的俄国人获知后一片欢腾。这是穆拉维约夫的胜利，也是通航黑龙江带来的胜利。他知道敌舰必然要来报复，命继续派遣增援部队，巩固防守。涅队却提出截然不同的意见，认为俄舰队绝非英法的对手，彼得罗巴甫洛夫斯克孤悬海外，万难据守，为保存实力，理应撤至河口湾。穆督岂不明白这一点，却抱有决死一拼的想法，又拖了几个月，终于命堪察加舰队撤出，在黑龙江江口和鞑靼海峡重新部署。而英法两国对在堪察加的溃败群情激愤，驻扎中国海域的部分英舰最先杀向堪察加，中途获得情报，得知俄舰已撤往鞑靼海峡，遂跟踪而至。三艘英舰驶入迭卡斯特里湾，发现俄"奥利乌查号"，抵近约二百米处率先开炮，没能击中，"奥利乌查号"开炮还击，英舰中炮退回。可能是考虑到己方舰只较少，又不清楚湾内有几艘敌舰，英军指挥官厄利奥特慌忙率队后撤，派一舰向几百海里外的将军求援，自己则带两舰在海峡巡航，堵住俄舰的逃路。

库页岛的北端，侧对着黑龙江入海口，形成一个浅滩和礁岩密布的湾区，也成为一道天然屏障。19世纪初年，英法俄等国都有航海家来此考察，各留下一段半拉子探险经历，又共同形成库页岛为半岛、与大陆有地峡相连接的误说。涅维尔斯科伊于五年前即探明黑龙江通海航道，察知鞑靼海峡南北贯通，又有意不向外界公布。在厄利奥特所持海图上，迭卡斯特里湾是个封闭的大海湾，怎知由北面可通江口？等到厄氏醒过神来再次开进，俄国的"阿芙乐尔号"等舰已然溜之乎也，英军登陆后摧毁了空无一人的俄国哨所和营房,缴获了一些未及运走的物品,却没有发现向北的航道。更多的英舰开来,扩大了搜索范围,却连堪察加舰队的影子也望不到。他们百思不得其解,猜测俄国人可能是烧掉战船,跑到西伯利亚腹地去了。

四　叶名琛的情报

鸦片战争一声炮响,将中国带入充满动荡和屈辱的近代史,也使一向傲视四夷的清朝官员渐渐放下身段,试图对西方有所了解。于是有了林则徐的"开眼看世界",有了魏源的《海国图志》,有了"师夷长技以制夷"等口号。[15]魏源的这句话曾广受夸赞追捧,实则充溢着"天朝"观念,缺乏开放胸怀和外交诚意,对国家与军队的变革没有根本性效用。

即使到了这时,咸丰帝与一班军机大臣仍昧于世界大势,京城不许驻扎外国使团,不许外商设立机构,不许外国人擅入,因而也难以知道外间景象。于是广州、上海等开埠城市成为境外信息的来源地,地方大吏多注意收集,有选择地奏报皇上。俄土战争以及沙俄与英法交恶,较早由上海道吴健彰闻知上报,两江总督怡良密奏皇上,说是在上海素来嚣张的英人近日"极意修好",访查为何如此反常,据外商相告:俄罗斯的近邻土耳其有海峡一道,嘆咭唎(即英吉利)、咪唎㗖(即美利坚)、啡囒哂(即法兰西)三国的舰船皆经行此处,"可省航海万余里之遥";俄国生恐三国得地利之便,打算攻灭土耳其,扼住海峡要害;英国等暗助土耳其,俄军大败而还,复以三十万大军再来猛攻,三国也很畏惧,已经打了两年。[16]大概是最早一份有关俄土战争的奏报,不算太准确——英国真的没有多少畏惧,而美国不仅没有加入对俄战争,暗中也多帮着俄罗斯。

钦差大臣、两广总督叶名琛身居广州，毗邻香港，得风声之先，也迅速将此事上报："哶咭唎与俄啰斯本属世仇，现在构衅称兵，则皆因土耳其国之隙。道光初年，土耳其侵俄啰斯，大失其利。俄啰斯以大兵围其都城，哶咭唎、嘸嘞唒为之讲和，俄兵乃罢。上年冬间，哶、嘸两国复调兵前往土耳其相与护持，卒为俄啰斯所败。近日以来，传闻俄兵将欲来至香港，与哶夷再决胜负，现在哶夷惊惧非常，加意警备。"[17]此引文与前面的怡良奏折中，凡"哶咭唎""嘸嘞唒"每个字左侧皆加小"口"旁，当是表示"鸟人"、非我族类之义，而俄国一般不加，或仅将俄罗斯的第二字写为"啰"，以示区别对待。叶名琛所奏是向交往较多的洋商打听来的，大致有些影子，俄舰可能攻袭香港的说法也不是空穴来风。唯将俄罗斯在战场的失利说成取胜，或因大清举朝痛恨英国，传言者有意篡改取悦。叶督还自作聪明地将此与旧事相联系，说近年来俄国商船几次开到上海，请求在沪经商，现在看是为了侦察英国人的虚实。

叶名琛出身翰林，在密折中以"蛮触相争"形容俄英之战，用典来自《庄子·则阳》，寓言小小蜗牛的左角有触氏之国，右角有蛮氏之国，时常为争地盘而厮杀，伏尸遍野。小皇帝自幼在上书房苦读，熟知《庄子》，阅后大觉比喻贴切，朱批："该夷蛮触相争，与中国原不相涉"[18]。难道此君此臣不知晓西方列强的船坚炮利吗？难道他们在对外交涉时不是极尽克制忍让吗？却也更能内化为倨傲和鄙视，略似鲁迅笔下阿Q的精神胜利法。

此谕发出的第二天，咸丰帝接吉林将军景淳关于俄国船队闯卡过江的飞奏，再两日黑龙江将军的奏折也到京。先有了叶督的情报垫底，皇上意态从容，谕令两将军"不可稍动声色"。强邻的庞大船队强行大举入境，在中国土地上过兵驻军、建屯开垦，怎样去应对才算不动声色？此也并非小皇帝一人之意，掌领枢阁者为几位先朝老臣，如祁寯藻、卓秉恬，人品学问没得说，应对此类复杂局面则往往一筹莫展，只剩得

"镇定"二字了。

差不多一个月后,叶名琛再呈密折,汇报"英俄备战情况",特地说明来源于英文报纸,主要是讲了一个英使叩见沙皇的故事:

> 唉夷又阴遣人往俄国求和,唉国使者到俄国,见该国主俱免冠,跪拜后起立,读唉国求和表章,并请传话通事。俄国主云,尔念我自知,无须传话。使者已觉骇然。缘俄国主少年未登位时,曾亲历海外,熟习各国番语。唉夷使读罢表章,俄国主听毕,即向该使者云,土耳其系我属国,屡次藐视我国来往官商,无礼已甚,我都不屑与较。后竟攻破我炮台三座,伤我兵丁数百人,彼时尔国何不规劝他不可犯上。直至我兵已发,尔国又声言帮助他,今来求和,明是弄巧卖好,我断不准。想尔国不过恐我得土耳其后,断绝海口总路,阻住尔国与唪嘣唰船只往来。况我舆地广大,不屑要他地方,亦不肯灭他邦国,但止征伐,令其服罪。今尔国要帮助他,我与尔三个月限,练兵修船,来至黑海外洋交战,倘尔国军饷不足,向我国尚可借贷。〔19〕

太逗了!场景鲜活,人物口角毕现,但通篇胡编乱造,典型的小报文风。后面还写到英国求和不成,不得不出兵,商人与百姓都不愿出钱,国主只好自掏腰包,而出征饯别之日,"各兵哭声震野,皆有不能生还之虑"。这样的荒唐故事,竟然被封疆大吏堂而皇之写入奏折,真的让人无语。

香港被英国抢占后不两年,即有报纸出现,第一家应是英文版《香港政府报》,刊载各类国际与本埠消息。叶督说上述情报译自外文,只能是取自市井小报,再经过幕僚一番挑拣勾兑,不是追求准确及时,而是看哪些能适合总督和皇上的脾胃。主子憎恨英夷,那就选一些对英夷不利的报道呗。接下来还有"唉国有货船来中国者,已在附近洋面,被俄国先后夺去二只,每只计值约在二三十万两。唉夷在香港本有炮台数座,近皆一律修整",另新建两座炮台,昼夜派人瞭望,深恐俄舰前来攻击。故意渲染驻港英军的紧张情绪。有这些内容丰富的情报,咸丰帝看后如隔岸观火,心中轻松愉悦,当即批谕:"卿其妥为办理,固我疆圉,不至(致)内乱方好。以后情形,随时密奏。"简言之,让他们打去吧,但须严防给我天朝引来乱子。

1855年10月,英法联军已占领塞瓦斯托波尔,沙俄败局已定,并在年底接受奥地利的最后通牒,同意退还侵占的土耳其属地,撤销在黑海的海军基地与兵工厂。叶名琛却呈上一道很长的奏折,叙述俄国一路节节胜利,最后大举攻入英国本土,兹引一小段:

> 俄国乘胜即派兵船三十余只,突至嗼国界内,当经掌理国务大臣统领重兵,竭力守御,接仗三旬之久,卒于夜间被俄兵攻进港口,死者不计其数,所有守港口之兵船全无下落。由是嗼国各港口纷纷请兵严防,嗼国女主因其亲兄阵亡,极为心痛,现已自行驾坐火轮船,前往咪、哷两国面求救援。[20]

堪称一篇奇文,出自叶名琛之手并非偶然。此时距英法联军攻入北京、火烧圆明园已非遥远,而君臣不事军备,幸灾乐祸,沉浸于英国即将沦亡的梦幻中,令人叹息。叶名琛身兼管理五口通商事务钦差大臣,对外坚持高调与强硬姿态,一时朝野倚为干城,今天看来只不过一朵历史奇葩。仅就搜集情报一项,此公先是自欺,然后是欺君愚民,对于清廷的一系列错误决策,负有难以推脱的责任。

五 尼古拉一世之死

叶名琛所说的游历过欧洲、通晓英文的"俄国主"(请注意这位仁兄措辞之讲究：对外国君主一概避免用"皇""帝""王"字眼，而称之为"国主""女主"，主体意识很强），即沙皇尼古拉一世。尼古拉有一个崇尚普鲁士精神的父皇，自幼在军中严格训练，性格强硬冷酷，生活规律刻板，身边亲信几乎是清一色的军人，也热衷于对外用兵。即位两年多，第八次俄土战争爆发。十九岁的禁卫军芬兰团准尉穆拉维约夫，参加了渡过多瑙河的战役，在攻克瓦尔纳要塞的战役中表现勇敢，受到皇帝嘉奖。尼古拉一世本人也在军中，实际担任军队的总指挥，一本书里写到他在部队里和大家共甘苦，有时冒着倾盆大雨，骑马走在军队的前面。这是御用文人的宣传词，也大半属于实情，同努尔哈赤刚起事时很相像，而与后来清帝的御驾亲征差别较大。俄军在多瑙河和高加索两个战区先后取胜，兵锋直指伊斯坦布尔，封锁博斯普鲁斯海峡和达达尼尔海峡，迫使土耳其签约认输。尼古拉一世积极参与欧洲事务，曾发兵十万镇压匈牙利起义，保住了小表弟约瑟夫一世的奥地利帝国，很享受扮演"欧洲宪兵"的角色。

正因为如此，在第九次俄土战争的胶着阶段，本希望得到"神圣同盟"支持的尼古拉，闻知奥、普宣布中立，尤其是奥地利不仅不站出来支持，反而陈兵边境，提出领土要求，遭受极大打击。对于昔日"同志加兄弟"的背后一刀，尼古拉痛心疾首，说"自己是天下最傻的人，居然相信国家间还有道义"；另一个版本为，"我是一个世界上最大的傻瓜，居然指望别人知恩图报"。1855年3月2日（俄历2月18日）一向高傲的尼古拉不堪承受失败的屈辱，愤然服毒自杀（官方记载说他死于急性肺炎）。临终之前，尼古拉一世对皇太子亚历山大说："我本想替你担负所有的劳苦、所有的重担，给你一个和平有序而幸福的王国，上帝另有决断。现在我要为俄罗斯和你祈祷。在俄罗斯之后，我爱你胜过世上的一切。"及至最后时刻，他又反复叮嘱："守住一切，守住一切。"[21]人之将死，其言也善。可一个侵略成性的君王，能为国家留下和平与幸福吗？

从彼得大帝到叶卡捷琳娜二世，包括那个神经兮兮的短命的保罗，都对黑龙江怀有觊觎之心，只有尼古拉一世采取了实际行动：批准组建黑龙江考察队，批准占领庙街、奇吉和迭卡斯特里湾，批准在库页岛设立哨所，批准武装闯行黑龙江。他常常是在外务大臣、陆军大臣、枢密官等的反对下，做出支持穆拉维约夫的裁定。皇帝也有圈子，军国大事一般先要听听圈子内的意见，尼古拉一世亦如此。穆拉维约夫从来不属于尼古拉的圈子，也不能算是其最信任的臣子，却对他怀有很深的感恩之情。

阅读清朝大臣的奏章，对一个词印象殊深，曰"特达之知"，说的是皇帝对臣子的特殊了解与信任。尼古拉与穆拉维约夫的关系，也是如此。穆氏家族在十二月党人起义中出了好几个叛逆，尼古拉一世心中恨极，仍允许这个穆拉维约夫不断晋升，刚过三十一岁就成为少将，而出任省长仅一年多，即擢升为东西伯利亚总督——位高权重的封疆大吏。为什么？皆因看重其精明强干与廉洁务实。尼古拉在位期间一直注意起用人才，提拔重用了不少有才华也有个性的人，即使在有所怀疑的时候，也能听取他们的申辩，从而做出判断。从性格来说，穆拉维约夫是一个坚定果决、韧劲十足的斗士，尼古拉一世不能不对之心存戒备，可他总有办法获得沙皇的支持；沙俄外务部对穆拉维约夫的刚愎自用、惹是生非反感至极，可也常无法阻止他的举措。尽管一直有厌憎穆氏的近臣上眼药，沙皇也清楚此人骨子里是个自由主义分子，但还是将之放到东西伯利亚总督的高位上。穆氏抵任后被人密告，罪名是结交钦犯和诅咒沙皇，尼古拉不免会猜忌，一旦接到其真情告白，立马转嗔为喜。所有这些，都令穆督感激涕零。

沙皇驾崩的消息传到西伯利亚，正在积极筹备第二次航行黑龙江的穆拉维约夫深感悲痛，一种发自内心的持久悲痛。1855年3月12日，应是他获知噩耗的当天，穆督在给最器重的部下卡尔萨科夫的信中，写道：

> 我们伟大的皇帝与世长辞了！这个消息像晴天霹雳一样，使我大为震惊……主啊！你赐福俄国吧！保佑我们年轻、善良和诚实的皇帝吧！帮助他实现诏书上的话，让俄国达到彼得大帝、叶卡德（捷）琳娜二世、尼古拉一世所期望的那样强大吧！[22]

他将尼古拉列为俄国历史上最杰出的君王，与其说出于敬爱，莫若说是发乎内心的感激，只能算是一种个人表达。

大致类似于清帝驾崩后的布告天下，尼古拉辞世的消息由侍从武官亲来告知，同时还带来新帝亚历山大二世的即位诏书。穆督将先帝的死称为"彼得堡的沉痛事件"，也印证并非一种正常死亡。与清朝不同的是，俄国封疆大吏不需要进京悼念，各地官府也未见遍设灵堂，一片缟素，哭声震天。穆拉维约夫再次率船队强闯黑龙江的计划不变，决定在河道解冻的第三天即行启航，其所真正挂心的，是第二艘轮船"石勒喀号"能否建成下水。

一个帝王的离去，也能解开进行中的战争的死结，给后继者留出斡旋的可能，但需要时间。新沙皇亚历山大二世继位，塞瓦斯托波尔的冬季尚未过去，攻守双方都承受着巨大压力，炮击与厮拼昼夜不停，英法两国仍在大量增兵，俄军不得不咬牙苦撑。穆拉维约夫久历战阵，算准在堪察加吃了亏的英法舰队必然会来报复，也在加紧备战，再次航行黑龙江，运输大批火炮和枪弹，的确是用来对付英法舰队的。在给弟弟的信中，他再次述及得知尼古拉一世辞世的震撼："听到这个沉痛的消息后，我心情很坏，至今还不能平静。但是，祖国的利益和效忠沙皇的职责要求我有所作为。现在不是悲痛的时候。在我的辽阔边区里一切都在前进着，准备着。"[23]沙皇，此信中既指已逝的尼古拉一世，也指刚登基的亚历山大二世，穆拉维约夫要用远东战场的再一次胜利，来报答新老两位沙皇。

六　再闯黑龙江

自从获得代表俄国与清朝办理划界的授权，穆拉维约夫手里又多了一张牌，将运兵抵御英军进犯与谈判划界两大理由混合搅拌，虚虚实实，把一干清朝划界官员整得有些晕乎。

1855年2月底，穆督致函理藩院，指出清方来函的说法不一致：理藩院说明年春暖后派人到库伦等候，库伦办事大臣又说在格尔必齐河两国交界处聚齐。他说希望3月中旬能收到确定的答复，否则就要等到10月再说，因为现在正对英作战，接奉沙皇旨意在解冻后开赴东海，保护俄国领土与人民，也维护二百余年友好邻邦大清国的利益。如果清方愿意，也可以到河口湾举行会谈。沙俄枢密院曾被大清理藩院的强硬文书弄得无可奈何，差不多过了一百年，轮到一个俄国中将总督发出强悍文字，随意指定谈判的时间地点，至于俄国船队将再次闯行黑龙江，又是顺带说上一句。

第二次贯穿黑龙江而下，仍是穆督本人带队，主要目的是与英法联军作战。俄军在克里米亚吃了新式武器的大亏，也在迅速改进。穆拉维约夫设法购置了四百支新式马枪，另有一批带瞄准器的来复枪，从彼得堡请军事专家前来兵营训练，并带来可提高射程的子弹模具，在外贝加尔各营加紧铸造。石勒喀造船厂有超过一千人在忙碌，他所关心的汽轮石勒喀号也已造好，成为总督大人新的旗舰。经过去年的首航成功，穆督悉知黑龙江清军防御的虚弱，更加肆无忌惮；对于沿途河道情况，也有了一些航行经验。他组织了一支更大的船队，装载大批军火与辎重粮饷，分为三批，以避免在河道狭窄处自相拥堵和碰撞。穆拉维约夫心细如发，为每一批船队选择了有权威的指挥官，每条船确定了负责人、划船手，尤其重视火药的装运，反复交代。第三批有十二艘驳船装载一支移民队，由米哈伊尔带领，就是十二月党人沃尔康斯基的儿子，很受穆督赏识,已被提拔为总督府专差官,负责黑龙江流域的殖民行动。船队共有五十多户移民,另有船只运载牲畜和干草,结果干草船撞滩搁浅,牛啊羊啊饿死大半。更让穆督想不到的,是来自总参谋部的三名地形测绘员,夜间航行时被冰排撞翻,葬身水中,所带全部仪器、图册也都同归于尽。此事发生在俄罗斯境内,船队还未起航。

5月5日,穆拉维约夫率第一批舰船出发,整个船队也遇上搁浅,费尽九牛二虎之力才脱困。在库马拉江段,遇到四艘上行的清方帆船,乘坐着奉旨前往格尔必齐河边界谈判的官员。穆督告知自己要往入海口备战,建议他们返回瑷珲等待,回答是奉旨所为,不敢变更路线。三天后,穆督经过瑷珲,派属下给富勒洪阿送去一封信,声明将亲统大军赴东海与英军作战,有轮船一艘、大船一百余艘、八千余人,以及大炮、枪支、火药和给养,请他们不要阻拦。去年俄人闯卡而下,黑龙江水师虽不敢阻拦,但要登船查验人数和装备,以示主权在我。这次俄方干脆先递一份清单,不劳登船了。

在此之前,黑龙江将军奕格曾上奏:"俄罗斯船只过境,应否放行?请旨遵办。"咸丰帝的批复先说沙俄与别国发生争端,只能由外海行走,不得随便取道内地;又说俄船过境时既已放行,若此时阻其归路,不免滋生纠纷。命奕格查探明白,如系驶回之船,即听任其归国。若是从上游新来之船,"告以内地江面,不能听外国船只任意往来,此后断不可再从黑龙江行驶"。可能也觉得夹缠不清,又在题下加了一句:"果于沿途地方不至骚扰,即着听其归国,毋庸拦阻。"[24]有了这样的御批,那就请过去吧。

为了保存实力,穆督于去年底派人往堪察加,命令撤除港口设施,武装所有船只,调走卫戍部队,迁移政府机构和官员,用运输船运送所有家属,去哪里?仍属于高度机密。小小的俄国区舰队惧怕敌舰卷土重来,在港口封冻未全解时就破冰而出,岂知两艘敌舰已在海面巡视。交好运的俄国人被太阳再次照临,而暮色遮蔽了英舰的视野,堪察加舰队在海军少将扎沃依科率领下脱险而出，驶向鞑靼海峡。英舰很快追过来，在迭卡斯特里湾与俄舰交火，然后封锁海峡，请求增援。俄国人见状不好，赶紧收缩兵力，将湾内舰只撤离，同时放弃了炮台与哨所。

穆拉维约夫正在赶往下江途中，得知亚历山大哨所不战而弃，大为恼怒，命将失职的英别尔格大尉送上军事法庭，对决策撤离的涅维尔斯科伊和扎沃依科也很不满。严令之下，俄军决心与敌人大干一场，数百名士兵肩扛手拉，愣是将重炮弄上拉扎列夫岬炮台，各舰也做好殊死一拼的准备，总督忽又传令拆除炮台，撤回军舰。原来他已抵达河口湾，认真相度周边地形，觉得在海峡无法与强敌抗衡，还是尼古拉耶夫斯克更便于扼守，也有利于舰船停泊，遂命撤防。

9月初，由吉林、黑龙江、库伦三地官员组成的大清谈判代表团经过一番南辕北辙之旅，在瑷珲会齐，赶往穆督所在的马林斯克哨所。双方连续谈了三天，前两天穆拉维约夫让手下支应，最后才出场，提出两条：一是已在河口湾及沿海修筑要塞和工事，此地区应永远归属俄国；二是为保障对河口湾等地的供应，必须在黑龙江左岸建立居民点，而黑龙江正是两国最无可争议的天然疆界。清方的主要代表富尼扬阿官职不过佐领，与穆督完全不在一个量级，嘟嘟囔囔地争辩了几句，也就回来了。

划界谈判，对于穆拉维约夫而言只是一个幌子，他心思仍在对英法联合舰队的作战上。作为一个经历过实战的统帅，他丝毫不在意朝令夕改之讥，舰只可以躲起来，炮台可以撤除，至于先前对涅、扎二人的批评，仍坚持己见。穆督亲自赶往迭卡斯特里湾，重建亚历山大哨所，并部署两个连携带火炮在岸边森林里扎营。谁知敌人总也不来，看看进入10月，穆督刚乘船出海转道阿扬港返回，三艘英舰来了！其中两舰驶入碇泊场，以七只舢板载着四百名士兵，直扑亚历山大哨所。接近海岸时，俄军突然枪炮齐射，英军猝不及防，很快溃败而逃。敌舰重新逼近，以猛烈炮火轰击沿岸各处目标，而俄军早隐蔽到射程之外。次日，英舰继续炮击空荡荡的军营等设施,也曾派武装快艇试图登陆,遭到痛击退回。两天后,俄增援部队纷纷赶来,敌人仍采取舰炮轰炸与快艇登陆的路数,可占不到便宜,又待了两天,打了几个冷炮,终于撤离。穆督虽不在战场,却再次证明了决策的正确。

俄国的陆军不惧英国人,而海军舰队则甘拜下风,避之唯恐不远。在此后的几个月内,涅维尔斯科伊与扎沃依科的主要精力,就是把俄国战舰(分别来自赴日舰队和堪察加舰队)导引进黑龙江江口,以图保存。这在浅滩纵横、水道弯曲的河口湾并不容易,要等候朔望大潮,要卸下船上物资,卸下大炮等武器装备,使船体变轻,还要以蒸汽轮船牵引拖拽。彼得船厂匆忙赶制的"额尔古纳号"马力不足,在航道弯曲浅险的峡湾,牵引高大笨重的木制战舰,有点像小马拉大车,遇上风气波涌,就连自身也难保。赴日公使普提雅廷的旗舰"巴拉达号"就因船体过大,只好返回皇帝湾停泊,结果英法舰队来了,慌忙间将之凿沉,成为涅氏的一条罪状。

七 冻在江上的公使

研究黑龙江的历史,还有一位俄国要人不可忽略,那就是普提雅廷(清朝文献中多写作布恬廷,日本人则称作普嘉琴)。此时的他作为沙俄赴日全权公使,正率领一支舰队在日本活动,距库页岛与鞑靼海峡较近,主动参与指挥在海峡以及河口湾的战斗;而数年后,他作为赴华的全权公使,则乘坐新购的蒸汽轮船"美洲号",经由黑龙江开往天津,逼迫清朝签订《天津条约》。沙俄侵占我东北大片国土,此人也是重要推手之一,彼得大帝湾的一个小岛,就被命名为普提雅廷岛。

普提雅廷出身贵族,少年时入海军学校读书,不到二十岁即随著名航海家拉扎列夫做环球航行,去保护俄北美领地阿拉斯加,历时三年。

后来参加过高加索战争，军阶渐高，又被发现颇有外交才华：1842年率领武装使团前往波斯，逼迫后者建立外交关系；1852年率舰队到日本，要求这个封闭的岛国开放口岸。此事比较难办，四十多年前俄使列扎诺夫携带国书，死乞白赖地等了半年，最后还是被驱逐。普提雅廷与美国的使节佩里差不多同时抵达日本，都带着打开日本市场的使命，态度则大不一样："佩里令黑船排开，始终摆出一副威吓的姿态，而普嘉琴则显得更为绅士。"[25] 他们知道这位绅士也是带着炮舰来的，却不一定知道其作为海军中将有权指挥调动俄远东海军，更不知道普公使擅于玩弄外交权谋，堪称高手中的高手。

沙俄与英法联军的北太平洋之役，除了穆拉维约夫预先筹划并亲临指挥外，普提雅廷也给予密切关注和具体参与。1854年春天，由于担心在日本的俄国舰队受到攻击，沙皇命他率领所属舰只转移到黑龙江沿岸。普提雅廷不顾自身安危，派出"奥利乌查号"战船增援堪察加，同时通知涅维尔斯科伊做好迎敌准备。与涅队的动辄发火、向不属于他管的人下达命令不同，职位更高的普公使要温和得多，只是建议南库页的布谢中校率部撤离，说："如果这一建议与您的长官的（即我的）特别命令不相悖，可把穆拉维约夫哨所撤销。"[26] 普提雅廷与穆督一样不轻言败，打算与英法联军好好干一场，但自知海上实力不济，懂得收缩和放弃。布谢本来就不愿意违抗指令在阿尼瓦湾建立据点，接到指示后立刻将部队撤出。

普提雅廷胆大心细，力图谋划长远。奉旨撤离日本沿海时，他并没有急匆匆直奔黑龙江江口，而是与海军中校波谢特、著名作家冈察洛夫乘坐"巴拉达号"巡航战船绕道朝鲜，贴岸向北航行。在靠近朝鲜边界的地方，他们发现一个开阔的、可容大型船舶避风的海湾，命名为波谢特船长湾。其是彼得大帝湾的一部分，为后来强取海参崴埋下伏笔。殖民者的贪欲是无可底止的。普提雅廷此行，发现乌苏里江滨海地区几乎无人管控，目光所及，又有了新的念想。

穆拉维约夫与普提雅廷在康士坦丁湾有一场晤面，实际上不太合拍，普公使已下令在皇帝港迎击敌军，多艘俄舰展开密集部署，穆督觉得还是迭卡斯特里湾较好，有多处岬角之险可据，还可以得到奇吉驻军的支撑。军事上当然是总督说了算，普公使也不固执，两人乘快艇巡视了河口湾与鞑靼海峡，商议各舰进入黑龙江口躲避事宜，然后各自离开——穆督乘船到阿扬港由陆路回伊尔库茨克，普公使则返回日本继续谈判。

1855年春季，普提雅廷可谓两头奔忙：在艰难背景下推进对日交涉，同时记挂着与英法联军的对抗。看来俄国使节会携带不少金条银锭，普公使的旗舰在日本安政大地震的海啸中沉没，即下令赶造了一艘取名"赫达号"的纵帆船，并租用两艘美国商船，以便撤回堪察加岛上的士兵与家眷。他亲自乘船去彼得罗巴甫洛夫斯克，得知舰队已经撤离，便折回鞑靼海峡。夜间通过时浓雾迷蒙，几乎与封锁海峡的英舰相撞，英军还以为是自家舰只，慌忙鸣笛开灯，"赫达号"穿行而过，真是命大撞得天钟响。

当年8月初，普提雅廷率波谢特中校等乘"希望号"溯江上行，这是第一艘上溯整个黑龙江的蒸汽轮船，也是一次几乎送命的悲惨旅程。作为一个有经验的远洋航海家，他早早动身，带足了粮食武器等必需品，期期以为会享受一番夏秋江色。孰知"希望号"动力不足，加上乘坐数十人，以及载有大量辎重，还要拖着一只装满木材（燃料）的大艇，行走如蜗牛，约两个月才到松花江口。三姓守卡清兵抵近拦截检查，俄人态度傲慢，对付几句即行通过。黑龙江上游水位较低，河道上有许多沙堆和浅滩，船行更慢。经过瑷珲城时已见冰凌流下，抓紧赶路，遇上顺江而下的俄船，告知前面河道已开始结冰，只好一起返至瑷珲靠岸宿营，一夜之间河道封冻，不管是上溯还是下驶的船，都被冻在江面。普公使命属下向清方请求借马，说是有紧急公文要递送。副都统富勒洪阿前往安抚，告知不得在境内陆上行走，不能借给马匹，只可在江边住下来，等到明年开冻再起行。咸丰帝得悉后，对这种坚定的处理方式很欣赏,御批:不得让俄人在陆地行走,不许擅离江岸,就在江边搭几座帐篷,派官兵看守照料,等春天解冻后赶紧驶离。谕旨还要求明确告知俄国人,黑龙江是中国的内河,以后不得再擅自航行。

谕旨与奕格的奏折都没有提到普提雅廷,应是他并未出面,或对身份严格保密。急欲赶回彼得堡的普公使,当然不会老老实实在江畔待上一个寒冬,几天后就决定沿陆路回国,富勒洪阿以路上危险加以阻拦,可老毛子根本不听。奕格奏报:

> 将隔二日,忽然夷人俱各找见富勒洪阿,嚷称,伊等公文紧要,迟延日限,性命难保。立时就要由冰岸启程上行,该员再四苦劝,时至隆冬,中途并无村庄,倘遇大雪,断绝口食,冻饿而死,那时尔等国王、官员等岂不含怨本省。夷人回言,现有干粮,不至(致)冻饿。仍再四安慰,该夷皆有怒色,若不放行,伊等就要自戕身死。当时万分无奈,始将夷人由江边俱各放行。[27]

这些内容,来自黑龙江城副都统富勒洪阿的报告。此前他奏称已将老毛子拘管在江畔,皇上也下旨不许其走陆路,以防窥测,可那些人说走就走,拦阻便发怒,只好放行。至于俄国人说不放行就自杀云云,纯属瞎编。普提雅廷一行历尽艰险,九死一生,总算进入俄国境内,对黑龙江的印象实在是糟糕至极。

八 别了,涅维尔斯科伊

作为沙俄侵占中国东北领土的标志性、关键性人物,河口湾考察队队长涅维尔斯科伊和东西伯利亚总督穆拉维约夫,曾有过几年的亲密合作：涅队将穆督视为靠山,在极困苦条件下痴心不改,为沙俄侵华抢占了先机;穆督将涅队视为先锋,不光在朝中为之报功鸣冤,倾力提携保护,还尽可能予以物资人员的支持。然一个是顾盼自雄、不容部下有丝毫违拗的长官,一个是高傲倔强、惯于自行其是的属下,性情不合与行事时的碰撞也属必然。

裂隙是渐渐扩大的。

两年前穆拉维约夫在彼得堡时,接到俄美公司一份秘密报告,控告涅维尔斯科伊"非法干涉公司事务",并附有其写的多封公函。穆督当即给涅队写了封训诫信,说:

> 我不得不正告阁下,这些公函的措词和涵义都有失礼之处,其内容依我之见,除损害共同事业之外,不会有任何好处……您无论如何不满,也没有权利对待总经理处如此失礼,因为政府承认总经理处是和最高地方政府机关同等的。[28]

一个"无论如何不满",表明他很清楚涅氏写这些极端情绪化公函的背景,但还是严加申斥:"您给总经理处的不适宜的公函和提出的不合理要求,已经完全破坏了总经理处对政府在阿穆尔河(黑龙江)口所设立的政权本来应有的信任,这种信任正是事业的利益所需要的。"得不到物资与船只就发火的涅队,完全不把什么俄美公司放在眼里,而穆督知道这个殖民巨无霸的分量,赶紧做出补救。训斥的同时,穆督加大上层运作,海军部对考察队的人员经费大幅增加,俄美公司也调拨了蒸汽快艇、划船,并运来食品等物资,还有两名携带渔具的捕鱼好手,考察队的贫窘状况顿时改观。

在晚年完成的回忆录中,涅维尔斯科伊大写考察队在1852年濒临饿死的悲惨处境,写俄美公司设置的种种障碍,一字未提穆督的训斥和协调支持。性格就是命运,这件事一定会对他有所刺伤,却也不会有太多改变。此后布谢中校前来传递信函，被缺少军官的涅维尔斯科伊扣留并派往库页岛，无视不得在南岸设点的指令。穆督的权威明显地受到冒犯，而他恰恰是个冒犯不得的人。例如外贝加尔军统领扎波里斯基曾备受欣赏，只因在通过黑龙江的方式上有些不同意见，不够服从，就被他直接罢免。富于牺牲精神、惯于独立思考和一意孤行的涅维尔斯科伊，也渐渐被总督归入掣肘的一类，只是鉴于其功勋和巨大影响力，一开始隐忍不发，直到终于克制不住。

穆督率大型船队首航黑龙江，提前给涅队送来通知，说是将于5月20日抵达马林斯克，命他届时到哨所等候。涅维尔斯科伊不敢怠慢，因所在的彼得冬营仍冰封雪覆，不能通航，仅有的四只鹿也不能骑，便徒步翻越山岭，赶赴庙街的哨所，再乘兽皮船划到马林斯克。他也能隐约感觉到总督大人的不满，觉得要更加恭敬，又上溯至洪加里河口。那时已是5月24日，不见船队到来，再上行数百里，仍是连个影子也没有。这时马林斯克来报，说是"东方号"抵达迭卡斯特里湾，带有海军上将普提雅廷的重要文件，必须他亲自接收。涅队只得给总督写了封信，匆匆奔往亚历山大哨所接收文件，又急忙折返，总算赶上在马林斯克恭迎总督。

穆督驾到，仅有的几间简陋营房顿时挤得满满当当，尽管不善阿谀，涅队还是带头祝贺穆拉维约夫，盛赞他在中断约170年后顺利航行黑龙江，一时众声附和，气氛热烈。穆督也当着众人，庄重转达沙皇代表整个俄罗斯帝国对涅维尔斯科伊的谢意，转达海军大臣缅希科夫和内务大臣彼罗夫斯基的慰问，接下来发表热情洋溢的讲话，赞扬涅队与考察队"坚持不懈地为实现关乎国家重要利益的目的所进行的全部活动和做出的部署"。他所说的"部署"，指的是峡湾与沿江的据点。没有这些营垒哨所，穆督也会率舰队闯入黑龙江，可有了它们就方便太多了。他还拿出一个手镯，是彼罗夫斯基特赠与涅维尔斯卡娅的，表示一种深切敬意。所有这些都令涅维尔斯科伊深深感动，而穆督的话真诚亲切，发自肺腑,也让他大受激励。穆拉维约夫在这里待了两个多月,调兵遣将,做与英法交战的准备,涅队陪着他视察各个哨所,一起从奇吉湖步行往迭卡斯特里湾,一起骑鹿出彼得冬营到庙街,相处融洽。

1855年2月,穆督写信给外贝加尔省长卡尔萨可夫,发泄对涅氏的不满,称他违抗命令,拒绝在黑龙江口修筑炮台,改为"修在自己房子对面的陡坡上"。涅队在报告中详细阐述了这样做的理由,仍被穆拉维约夫指责为带有"过分的自尊心和利己心""同哥萨克统领一样,是个有害的人物"[29]。这些话有点儿气急败坏,也暴露出已是难以容忍。

客观论列,穆督虽有着丰富的陆军实战经验,但对于河口湾一带的了解,对于舰船和港口,远不及在那里待了五年、可谓"走透透"的涅队。在河口设立炮台,固然可在第一时间打击来犯之敌,但与后方难以衔接,加上英法舰炮威力巨大,很容易被轰破。涅维尔斯科伊将炮台内缩至尼古拉耶夫斯克(庙街),当然并非要保卫自己的房子,而在于能得哨所和冬营两路支撑,港内的舰队也能炮火支援,应为更佳方案。可佳与不佳,是长官说了算,违拗长官意志,便没有好果子吃。历来有强硬专制的长官,就会有一批屁精下属,打小报告进谗言乃溜须拍马者的标配。嫌隙人有心生嫌隙。穆督已是嫌隙入心,决心将涅队撤掉,对卡尔萨可夫说:"为了安慰涅维尔斯科伊,我想任命他代理我的参谋长的职务……这样一来,涅维尔斯科伊有了很大的名声,就不会再妨碍别人,而且可以在那里光荣地完成自己的事业。"[30]谁都能听出那话里话外的意味。

穆拉维约夫从来不抹杀涅队的开创之功,却将之纳入自己的东扩大框架内。第二年他再次率船队抵达,河口湾考察队被撤销,晋升海军少将的涅维尔斯科伊担任总督府参谋长。原先只是让他代理参谋长,大概是实在觉得不妥,去掉了"代理"二字。穆督身兼东西伯利亚军队总司令,习惯于决断和指点江山;涅少将在此地摸爬滚打了五年,坚持要表达不同的观点。两人在许多地方发生分歧:穆督关注着堪察加即将与英法的战争，涅参谋长想的是如何在乌苏里江与松花江口抢占地盘；穆督急于在河口湾加强防御，以备堪察加舰队往庙街躲避，参谋长则碎碎叨叨，埋怨当初不给他调拨勘测船，以至于未探明深水航道。既然好多时候尿不到一个壶里，穆督也就不带他玩了。涅维尔斯科伊很快成为局外人，等到穆督在10月份乘船离开，他的参谋长一职随之解除，更是成为一个没有身份的人。涅维尔斯科伊与家人在庙街度过一个无所事事的漫长冬天，于1856年5月离开此地，走的还是那条伊尔库茨克至阿扬港的驿道，只不过多了两个孩子，一左一右坐在鹿背上的筐里，其长女的小坟则永远留在幸福湾的沙埂上。

别了，涅维尔斯科伊！这个句式多数国人很熟悉，唯一的区别是此人对中国影响（应叫"伤害"）远超过后来的司徒雷登和彭定康，而当时的大清君臣、今日的绝大多数国人，压根不知道还有此一号人物。

注释

〔1〕［俄］巴尔苏科夫编著《穆拉维约夫-阿穆尔斯基伯爵》第二卷，《35 1852年：上皇帝疏》，第93页。
〔2〕《穆拉维约夫-阿穆尔斯基伯爵》第二卷，《35 1852年：上皇帝疏》，第90页。
〔3〕《穆拉维约夫-阿穆尔斯基伯爵》第一卷，第四十一章，第354页。
〔4〕《清文宗实录》卷一一六，咸丰三年十二月甲午。
〔5〕《穆拉维约夫-阿穆尔斯基伯爵》第一卷，第四十三章，第372页。
〔6〕《穆拉维约夫-阿穆尔斯基伯爵》第一卷，第四十四章，第381页。
〔7〕《穆拉维约夫-阿穆尔斯基伯爵》第一卷，第四十四章，第382页。
〔8〕［俄］瓦西里耶夫《外贝加尔的哥萨克（史纲）》第三卷，《驶入阿穆尔河并沿阿穆尔河航行》，第77页。
〔9〕［英］拉文斯坦《俄国人在黑龙江》，《黑龙江最近的历史》，第98页。
〔10〕［清］贾桢等编辑《筹办夷务始末（咸丰朝）》卷八，《〔三〇七〕景淳奏俄船经过黑龙江境现在饬属防范情形折》，中华书局，1979年，第272页。
〔11〕《筹办夷务始末（咸丰朝）》卷八，《〔三〇九〕奕隆等奏俄船自黑龙江入境由江下驶折》，第274页。
〔12〕《清文宗实录》卷一三一，咸丰四年五月丁卯。
〔13〕《穆拉维约夫-阿穆尔斯基伯爵》第一卷，第四十五章，第389页。
〔14〕《穆拉维约夫-阿穆尔斯基伯爵》第一卷，第四十五章，第390页。

〔15〕［清］魏源《海国图志》原叙："是书何以作？曰：为以夷攻夷而作，为以夷款夷而作，为师夷长技以制夷而作。"岳麓书社，2011年。
〔16〕《筹办夷务始末（咸丰朝）》卷七，《［二九三］怡良等奏英人近日极意修好并闻俄欲与英美法交兵折》，第258—259页。
〔17〕《筹办夷务始末（咸丰朝）》卷八，《［三〇四］叶名琛等奏俄国求在上海通商情形折》，第269—270页。
〔18〕《筹办夷务始末（咸丰朝）》卷八，《［三〇六］廷寄》，第271页。
〔19〕《筹办夷务始末（咸丰朝）》卷八，《［三二四］叶名琛奏英备战情况折》，第289—291页。
〔20〕《筹办夷务始末（咸丰朝）》卷十二，《［四八〇］叶名琛奏英法俄构衅情形折》，第437页。
〔21〕［俄］德米特里·奥列伊尼科夫《尼古拉一世》，莫斯科青年近卫军出版社，2012年，第329页。
〔22〕《穆拉维约夫-阿穆尔斯基伯爵》第一卷，第四十八章，第414页。
〔23〕《穆拉维约夫-阿穆尔斯基伯爵》第一卷，第四十八章，第415页。
〔24〕《筹办夷务始末（咸丰朝）》卷十，《［四〇四］廷寄》，第373页。
〔25〕［日］和田春树著，易爱华、张剑译《日俄战争：起源与开战》，生活·读书·新知三联书店，2018年，第46页。
〔26〕《俄国海军军官在俄国远东的功勋（1089—1855）》，第二十七章，第347页。
〔27〕《筹办夷务始末（咸丰朝）》卷十二，《奕格等奏俄冻阻各船已由陆回国并交来咨文呈览折》，第434页。
〔28〕《穆拉维约夫-阿穆尔斯基伯爵》第一卷，第四十一章，第355页。
〔29〕《穆拉维约夫-阿穆尔斯基伯爵》第一卷，第四十七章，第407页。
〔30〕《穆拉维约夫-阿穆尔斯基伯爵》第一卷，第四十七章，第408页。

第十二章　1856：清廷与俄廷

咸丰五年的十一月二十四日（1856年元旦），年轻的大清皇帝奕詝连发三道谕旨，皆与黑龙江无关，说的都是国内的平叛。其时曾国藩统领的湘军尚未壮大，出征江西后不敢轻易与太平军接战，被咸丰帝降旨督责："该侍郎岂不知饷糈艰难，日甚一日，何堪顿兵不战、坐耗军需耶？"[1]这是奕詝继位的第六个年头，辅佐他的多是清谨老臣，朕躬也堪称勤勉，而国势则日趋颓败。皇上说的是急话气话，也是实话，山河破敝，军费筹措困难，听到湘军避战不前的奏报，不免着急上火。

大东北的满洲根本之地屡被俄军残破，七拼八凑的沙俄船队已两次闯入黑龙江，发自朝廷的谕旨和军机处字寄，仍要频频从那里抽调边军，仍然对边界毫无布置，而对于边疆大员的紧急奏报，也是一味训诫——"不得轻易启衅"。

一　两个朝廷的同与异

其实，沙俄帝国此时同样承受着巨大的压力，甚至比清廷还要沉重和严峻：在历时三年多的克里米亚战争中节节惨败，引以为豪的黑海舰队全军覆灭，塞瓦斯托波尔在血战后终告失守，国际上四面楚歌，就连沙皇尼古拉一世都悲观自杀，军队士气低落，国家危机四伏。

清、俄两个相邻大国的主要外敌都是英国和法国，同时遭受着英法的武力逼凌。然细加比较，又可知英法对清廷尚在谋划与施压阶段，而对于俄国一开始就用重拳，派出配备蒸汽动力和新型舰炮的主力舰队，不断增派重兵，既将克里米亚作为主战场，又分派舰队，意图在波罗的海和北太平洋消灭沙俄海军，攻占其基地和领土。前面所写穆拉维约夫率船队闯入黑龙江，理由是与英法开仗，保卫黑龙江入海口，并非一味虚言欺骗。弱小的沙俄北太平洋分舰队虽然以躲避为主，先是缩在彼得罗巴甫洛夫斯克军港之内，然后从堪察加半岛转移鞑靼海峡，再躲入黑龙江口，但也坚持发炮回击，配合陆军顽强抵御敌舰，还有过在鞑靼海峡的一对三炮战，令对手吃了不少苦头。所有的战争都需要调集部队，但俄廷尽管选派大量精锐赶赴战场，边防与海防的军队不光未动，还有所加强。如穆拉维约夫的外贝加尔军已经成军，完全没有被征调，使之成为侵入黑龙江的主要武装力量。

不管俄军在交战过程中怎样顽强（读那些文字亦让人心生敬意），他们仍输了，输得极惨。尼古拉一世加冕波兰国王以来所掠夺的土地几乎全部丧失，神圣同盟顷刻瓦解，往日的"欧洲宪兵"沦为笑柄。俄国在这场战争中大约花费八亿卢布，换来的是五十多万军人的伤亡，多半为陆海军精锐。沙俄进入亚历山大二世时代，三十八岁的他早就在父皇安排下游历各国，参与大政，国际视野与综合素质远非奕𬣞可比。1856年1月16日，他表示接受奥地利的调解，批准参加巴黎和会。有一个词叫作"一败涂地"，俄罗斯虽败，其代表在和谈期间仍不失强硬。加上拿破仑三世并不希望英国独霸近东，不希望奥地利乘机占便宜，以故《巴黎和约》虽确立黑海中立化，禁止俄罗斯在黑海拥有舰队和海军基地，禁止俄国在黑海沿岸建立或保有兵工厂，但将克里米亚归还俄国。战败的沙俄虽有割地，割的是以前侵占土耳其所属的土地；没有赔款，像西方列强和日本对清朝的巨额勒索，并未发生。

第九次俄土之战，被称作世界史上的第一次现代化战争，在军事思想和战略战术、军械火炮和后勤保障等方面产生巨大变革，蒸汽动力战舰、新式线膛步枪、铁路和有线电报等在战争中发挥了极大作用。

之后，英国对蒸汽动力战舰不断改进，逐步获得海上霸权；法国则大力研究新式步枪，形成了强大的陆军。而历来骄横的俄军遭此惨败，暴露出装备落后、后勤运输和供应能力低下、军事思想陈旧、指挥无方等严重问题，也在急起直追。值得指出的是，尚在战争期间，穆拉维约夫就设法从法国搞到新式步枪和子弹的模具，命在赤塔和尼布楚的军队如法炮制。

巴黎和会的谈判结果见诸报端，香港与南洋的中文报纸不乏报道，却未见有人奏报清廷。内阁大学士兼两广总督叶名琛此前一直对皇上称说俄国如何强大、英法两军如何难以抵敌，此际即便知悉最后条款，也选择装聋作哑。大清的君君臣臣，脑子里都是如何剿灭太平军和捻子，哪里顾得上僻远寒苦的黑龙江流域，哪里顾得上去管此类"蛮触之争"！而天朝上国的习惯性思维，也使多数地方官在处理涉外事件时进退失据。

当年3月，美国领事致书江苏巡抚吉尔杭阿，要求各国在上海重议五口通商事宜。道员蓝蔚雯即予搪塞，以此类事情统归两广总督叶名琛办理，要他们折往广州。江海关英方司税李泰国告以条约必须修订，否则就会出事，而因叶名琛姿态僵硬，毫无通融，各国公使已不愿与之打交道。这是一种威胁，也是一个重要信号，两江总督怡良和吉尔杭阿迅速上奏。奕䜣与一班军机大臣也预料到美英等国达不到目的，必然至天津，随即发出的谕旨，要求怡良等劝说各国领事去广州讨论，同时指示叶名琛适度灵活，能答应的"不妨酌量奏闻，稍事变通"，过分之处"正言拒绝"，但不得"峻拒不见"，给外国人留下借口。

四个月后，叶名琛的专折送达京师，这是一个擅于讲故事的封疆大吏，不去谈如何会见各国领事和化解矛盾，有没有达成共识，而是娓娓道来：这次起头挑事的美国领事伯驾，本来是个医生，曾在广东行医二十年，"遇事生风""素称狡黠"。太平军起事后，伯驾与叛乱头领往来密切，并在外商中扬言太平天国必能成事。等到官兵在各路作战取胜,伯驾觉得没有面子,于去年夏天回国。没想到美国国王(全不知总统制与王权的区别)竟然要他来华任公使,故而一到就大整幺蛾子,以此"掩人耻笑"。对于各国舰只会不会结伴再到天津,叶大学士倒也未打保票,只是回顾了各国两次联合往天津的往事,认为即使发生,最后只能乖乖离开,还得到广州解决问题,届时自己定然"随时驾驭,设法钳制,庶可消患于未萌也"[2]。一句话,这件事没有啥大不了的,朝廷不必担心,各省督抚不要过问,让尔辈放马过来吧,本督在广州等着他们。

二 "奕"字辈将军

如果要找出一条清廷对黑龙江特殊重视的理由,那就是从首任将军萨布素开始,都由满洲大员中选任,其中有不少出于宗室。

就在1856年到来前夕,咸丰帝收到吉林将军景淳的奏报,说是勘界委员在奇吉一带发现俄国人停泊很多船只,建了大量住房,看样子打算久住;俄方在谈判中,明确要求黑龙江左岸与海口等地划归俄国。奕䜣随即发布谕旨,指出俄人胆敢欲求属于中国的领土,"居心叵测","犬羊之性",要景淳告知对方,"我国立制綦严",守边大臣不得违例奏请边界事宜,自己"恐得重罪、不敢入奏"。[3]这是清廷的一种惯用手法,命封疆大吏在与外方交涉时,宣称如果将他们的索求转告朝廷就会犯下大罪,故而万万不敢转报。这种哄小孩子的路数很快为外国人识破,遂将计就计,驾驶军舰直至津门,要求直接与清内阁或军机大臣对话。

不久后,又接到黑龙江将军奕格的急奏,内容也是在阔吞屯分界谈判之事,记述较为详细,而有意降低了穆拉维约夫等人的调门,说他们声称很清楚"兴安岭山阳流水之源皆系中国属地","亦知景奇里、西里木的牛满各河等处为大国地界",只因俄军在陆路往来不便,故欲分给俄国。咸丰帝仍是老办法,命奕格、景淳与库伦办事大臣德勒克多尔济会衔发出公文,以"三人之意"知照俄国,告以此次勘界只解决原先未定之地,若将已定疆界混在里面,"我等因此身获重咎,于尔国亦属无益"。同时也谆谆叮嘱,只可"不动声色,密加防范",不能激成事端。[4]奕䜣与身边那些文武大员似乎连《尼布楚条约》也没仔细研读,还要询问奕格:关于以兴安岭山阳、山阴分界的说法,是否有刻在界碑上的原文?

奕格是怡亲王胤祥的曾孙。由于祖上与雍正帝的特殊亲密关系,本支不光得了一个铁帽子王,还另外赏给一个郡王,奕格的祖父弘晈就是郡王。到了他这儿,由于一代代的降袭,成了固山贝子。在宗室子弟中,奕格还是较为突出的,由乾清门行走,很快升任副都统、护军统领、领侍卫内大臣、御前行走,道光二十九年担任乌里雅苏台将军。咸丰初年,奕格调回京师,先后担任正红旗汉军都统、御前大臣、后扈大臣,四年二月出任黑龙江将军。

奕格是在五月十六日抵任的,正遇到沙俄船队第一次硬闯黑龙江。此前六天,已有大批俄船经过瑷珲江段;而就在他到齐齐哈尔的当天,接报又有四五十艘各式船只经行瑷珲,还派人递上文书;次年五月,穆拉维约夫又一次率大型船队闯入。作为长期在皇帝身边的近侍大臣,奕格当然能感知清廷对列强的惧怕,曾就是否允许俄人过江请旨,亦在批谕的含混词句中悟出不可阻拦,但也想有所准备。当时黑龙江地区有不少流放的官员,奕格曾起用几位办理团练,奏请皇上加恩赦免,御批驳回。他提议暂缓请进贡貂皮,将打牲八旗官兵及鄂伦春人集中起来,以防备俄军,也被批驳,说是对俄人"只可暗地设防",不得"迹涉张皇","转启猜疑之意"。[5]

此时,奕格已以病重呈请解任。他的奏折,俄罗斯馆大司祭巴拉第在给穆拉维约夫的信中,做了转述。巴拉第当然看不到奕格的密折,而他在京师的满蒙勋贵中广交朋友，自有复杂的消息来源。他说奕格在去年5月接到黑龙江城副都统富勒洪阿的报告，得知俄国船只再次开进黑龙江，精神紧张，竟然惊吓病倒，一直未愈，上疏恳请解任，曰：

> 这个消息让我震惊莫名，以致一下子发起烧来，头昏眼花，心跳加快，耳朵也聋了，要不是我的家人扶着就跌倒在地。从那以后我就病倒了，无法胜任职务，也不希望继续任职。[6]

密折的内容到了巴拉第耳中，应已几经转述，难免添油加醋。很难相信奕格会这样写，若说他急欲离开的心情，当也差不多。

齐齐哈尔距京师路途遥远，从提出请求到获得批准，还会有数月时间。大敌当前，大战当前，目睹军械破损、边备荒疏，奕格还是带头捐资增添枪支弹药。时届年末岁首（咸丰五年十二月，即1856年1月），上一年的官兵俸饷还未下发，好不容易等到补放的银两，又要扣捐，也令属下生怨。咸丰帝得悉后很体谅，责成盛京将军挤出一批款项，命奕格在此款解到时，"即将此次捐款按名赏还，以示体恤"。对于不断抽调官兵，包括挑选兵丁备调的指令，奕格也痛感不妥，委婉上奏："黑龙江除带伤征兵外，仅有兵四千余名。现在添派防堵，不敷应用，请将挑备余丁，留存本省备用"。[7]就在几天后，有旨调他回京，命奕山接任，总算解脱了。

奕山可是一个大大的名人，中外知名。他出于康熙帝十四子允禵一系，由于皇位之争，允禵与胞兄胤禛对着干，被革去爵位，后代也就没有王、贝勒之类世袭爵位。作为其四世孙，奕山在三十一岁才谋了个三等侍卫，在新疆时勇于任事，不断升迁，由伊犁将军奉调进京，任领侍卫内大臣、御前大臣，俨然又是一颗政治新星。鸦片战争爆发，林则徐被贬，琦善遭逮捕，受命前往的奕山开始也曾积极部署反击，后被坚船利炮吓破了胆子,先是投降,接着又与英人签约,被关入宗人狱。而奕山被遣发往新疆后,不数年竟又擢为伊犁将军,主持与俄国签订了《伊犁塔尔巴哈台通商章程》。对于奕山,巴拉第颇有一些不屑,在写给穆督的密信中也说了几句:

> 应奕格的要求他于今年1月离职,替换他的是奕山。这个人无论英国人还是俄罗斯人都有所闻,因为,他曾经在伊犁当过将军。听说奕山十分不愿意去赴任,一直拖到最后一天才从北京动身,为的是寄希望于自己到阿穆尔时,远征队的事情已经过去了。

两个"奕"字辈将军,都是大清宗室,是当朝天子的同辈兄长,值此边情危机、国家用人之际,却是一个急着要走,一个拖延不来,令人慨叹!

上一年清朝派出谈判代表,在黑龙江上上下下,总算在阔吞屯与穆拉维约夫举行了会谈,虽然没有取得任何成果,但也知道了俄国人的欲求,那就是"将黑龙江、松花江左岸以及海口,均分给伊国守护"。所谓"守护",是清朝官员转奏时的婉辞,大约避免太刺激皇上,而穆督说得很清晰,就是分界。毕竟有了两次与外国人打交道的经历,奕山应会清楚其含义。依照惯例,督抚将军等赴任之前都会有一个"陛见"环节,聆听皇上的训示,在外地者尚且要进京,作为御前大臣的奕山自也会被召见。咸丰帝与他谈了几次?都谈了些什么?奕山未留下记录,今天已不得而知。但他们必然要谈到大局势下的东北,谈到俄人侵入黑龙江之事,谈到不可另起一个战场……

就在当时的一份谕旨中,写了这样的话:

> 奕山赴任以后,于一切情形,想已豫为筹画。着该将军等

遵照前旨，遇有俄夷船只驶至该处地面时，务须暗为设防，随机应付，勿令激生事端。[8]

这几句套话，就是君臣谈论的对俄方略，是皇上给新任将军奕山的底牌，还能期待他有怎样的作为呢？

三 一个十二月党人之子来库伦

尽管朝中没有人会承认，尽管理藩院及库伦办事大臣的行文中还保持着惯常的固执和傲慢，但也不难通过各种史料测知：清廷此时已对俄国深怀畏惧。

这里还要说到当日名重朝野，以内阁大学士身份主管对外事务的两广总督叶名琛。就在1856年年初，在沙俄已被英法联军彻底打败之后，他对俄土战争的密奏送达京师。那是一份颠倒错乱到荒唐可笑程度的战况综述，比如说土耳其是俄罗斯的属国，又说亚历山大二世登基之后大得军心，一战令英法联军死伤十余万人、几乎全军覆没，还说到俄军已反攻入英国本土，引发巨大恐慌。这样的奏报，在叶相当是想说明英军不足惧，而对朝廷必然带来另一种恐慌。该奏送达时奕山尚未离京，陛辞之际，君臣二人也可能会议及叶的奏折，受到一些影响。

如果说在乾嘉两朝，清廷时而发生拒绝和驱逐外国使团的行为，显然出自傲慢和偏见；而从咸丰朝开始，这种外交避拒，更多的则是出于固执与畏惧。清廷会严令各地化解、阻拦"外夷"的进京图谋，封疆大吏也不愿出面，多令下属去搪塞哄骗。一个极端的例子是：英法联军侵入北京，咸丰帝逃往承德，即使在达成协议后也不返回。原因很多，其中不愿意与外国使臣见面，应是一个重要的梗。时势迁转，那些"碧眼胡"肯定不会三跪九叩了，可天朝从祖上传下来的礼仪怎么办？整不明白,那就一动不如一静,先留在承德好了。

外国人就没有担忧惧怕吗?至少俄国人有,不光沙俄外务部一直不愿与清朝闹翻,看似强悍霸蛮的穆拉维约夫也充满忧患意识。

1855年9月间,穆督乘坐一条租用的海轮由黑龙江口至阿扬港,先是骑鹿,再坐狗拉的雪橇,12月15日才得以返回伊尔库茨克。他立刻听到中国不再允许俄船通行黑龙江的消息,说清廷为此从蒙古南部调集了大量军队,将驻守黑龙江两岸。他有些紧张,决定必须做认真的调查,恰好收到枢密院致清朝理藩院的公函,即派专差官米哈伊尔动身前往库伦,假借递交公文之机,侦探相关军事部署和调动情况。穆拉维约夫善于发现和大胆使用人才,北方十二月党组织首领沃尔康斯基公爵之子米哈伊尔即其一。小沃尔康斯基的确是块好材料,做事踏实,在第二次航行黑龙江时总管移民安置,办理得井井有条。1856年1月12日,米哈伊尔在接到命令后连夜赶往库伦,行前由穆督口授指令:

> 您虽以恰克图市长的信使身份去库伦见贝子办事大臣,但无须隐瞒您在我手下供职以及同我到过阿穆尔等事实。现因枢密院致理藩院的公文非常重要,故伊尔库茨克收到该文后,立即派您由伊尔库茨克直接送到库伦。您就说,前因敌人屡屡进犯,我不得不留守阿穆尔河口,而今敌船已被击退,损失巨大,我才从海道顺利返回此地,因当时从阿穆尔河走已经过迟。

穆督提示他在会见时拿出一副坦诚无隐、实话实说的样子,不忘强调俄军战斗力之强,同时要他向德勒克多尔济致意,谈友谊和好,大灌迷汤:

> 如果他们问到军队——只有当他们提及此事时——您可以

说,我正在东西伯利亚各地调集重兵,因为预料敌人也会增加兵力。至于中国,除开我国政府对中国政府持友好态度外,我本人对中国全国也抱有友好的感情。您得便还可以向他们表示,我们总督十分珍惜大清皇帝的恩典,并殷切希望大清皇帝能在我国皇帝面前替他讲几句好话。

您可暗示他们,只要中国政府向我国政府提出请求,总督准备帮助中国抗击任何敌人,无论英国人,还是法国人。请您尽量设法了解他们对这次战争、对我国以及我国敌人持何态度,有何看法。要尽量使他们不再信任英国人,因为英国人侵吞了印度,而印度领土并不小于中国。[9]

什么叫威逼利诱?什么叫胡萝卜加大棒?穆督在此提供了一个范本。他要求小沃尔康斯基"在会见办事大臣时尽可能从谈话中探明情况,收集详细情报,以证实中国传来的消息是否可靠,中国政府是否真想阻止我们航行,是否真为此调动了军队"。穆督说自己很快就去彼得堡,要沃尔康斯基尽快完成任务,赶往彼得堡汇报。

米哈伊尔自幼随父母生活在流放地,踏实精干,责任心强,也很能吃苦,到达恰克图后随即带着翻译希什马廖夫和几个懂蒙语的哥萨克赶往库伦。时值隆冬,奉命接送的清朝官员抱怨路上积雪太深,他不为所动,坚持赶路,立刻获得满蒙两位办事大臣的接见。主事的德勒克多尔济出身于土谢图汗部,其父纶布多尔济曾任库伦蒙古办事大臣。他在父亲死后袭贝子,晋京在御前行走,不久即任库伦帮办大臣,1839年任办事大臣,迄今已十余年。与那位赶走俄国公使的蕴端多尔济不同,德勒克多尔济温和谨慎,办事周密,加上很希望从俄国信使口中探得一些信息,因此会见时的话题非常广泛:

清朝官员详细询问俄土战争的起因和过程,米哈伊尔择要做了介绍,说到对英法的宣战,自也会多讲俄军的战功,掩盖己方的惨败。德勒克多尔济表达了对英法的谴责,表示不能理解"俄国和土耳其打仗,同英法毫无关系,为什么英法要参战",显示出对国际事务之隔膜。而他们更关心俄军在堪察加和黑龙江口是怎样击退英法联军的,敌舰有多少?开到何处?小沃尔康斯基侃侃而谈,由彼得罗巴甫洛夫斯克的炮战讲到联军司令被击毙,讲到击溃英法联军的登陆,再讲到鞑靼海峡的海战,以及哥萨克营在迭卡斯特里湾打退敌人进攻……

由于正在受到英法两国的欺凌,这种故事应是清朝官员爱听的。德勒克多尔济等也问及俄国船队航行黑龙江的经过,是否得到当地官员的帮助——有意引向这个话题,也是因为知道的确中方提供过不少帮助。米哈伊尔讲了对瑷珲副都统富勒洪阿的感激(也是穆督事先叮嘱的一个重点),大谈其对来往俄人的热忱关怀,也提起穆拉维约夫报请两国朝廷表彰此人。趁着宾主开怀的一刻,小沃尔康斯基说到本年将会有第三次沿黑龙江的航行,德勒克多尔济等人立刻缄默不语,极力回避这个话题。[10]

在库伦期间,米哈伊尔活动密集,多渠道刺探情报,与办事大臣和帮办大臣谈,与德贝子的亲信幕僚谈,与管理驿站的部员和其他官员谈,也通过人头很熟的翻译和哥萨克多方了解,从而得出结论:中国人无意阻止同英法作战的俄国军队沿黑龙江航行,也未在蒙古做任何军事征调和部署。

有了这些就够了!小沃尔康斯基带着一大堆主人赠送的礼物,告别了库伦,急急赶赴彼得堡,去向已在那里的穆拉维约夫汇报。

四 由通航到强占

1856年的整个一年,穆拉维约夫几乎不在东西伯利亚,却也未曾忘记第三次组织大型船队航行黑龙江,未曾减缓对左岸与滨海地区的殖民和军事占领。

派遣米哈伊尔前往库伦后，穆督即与妻子乘坐驿站的马车赶往彼得堡。路况虽然比由阿扬而来要好些，仍然遥远而艰辛，他任职后曾沿西伯利亚大道多次往返，高加索的旧伤一直未痊愈，光是颠簸就令他肝肠欲碎。为什么要这样着急？想来大约有三点：了解克里米亚战争的最新进展，尤其是能否达成停战协议；谒见新沙皇亚历山大二世，面奏航行黑龙江以及与英法舰队的作战详情；拜见和联络朝中大佬，消除对自己的不利舆论。新帝登基，必然又是一波权力分配与官场角力，反对穆拉维约夫的势力在彼得堡并不小，是否会再一次聚集起来，也使他警惕。

刚到彼得堡时，局面对穆拉维约夫颇为不利：一是普提雅廷回到首都后，到处讲述经过黑龙江时遇到的灾难，宣扬那只是一条危险重重的不利于航行的河流；二是大清黑龙江将军、吉林将军和库伦办事大臣联名向俄枢密院举报，指责他恣意妄为，破坏两国友好。新沙皇与近侍大臣把他当作一个夸大其词的人，一个麻烦制造者，待之很冷淡。穆督又开始与上层政客的新一轮辩驳，在各种场合慷慨陈词，并拿出翔实的证明材料。恰好米哈伊尔从库伦赶来，又提供了新的有力证据。于是，天平重又倾向他这一边。亚历山大二世钦命外交部授予他与中国交涉的全权，委任他可以根据自己的判断、以自己的名义向中国提出要求。海军大将康士坦丁亲王对他恢复了往日的信任，一下子就拨付六艘螺旋桨轻巡航战船、六艘螺旋桨机帆炮船，外加第四十八海军陆战队。有学者说俄罗斯是俄土战争惨败后，失之于西方，意欲收之于东方，怕也未必如此直接和简单。但要说穆拉维约夫重新引燃俄廷对黑龙江的兴趣，掀起了一波新的入侵浪潮，那倒是真的。

穆拉维约夫本打算5月返回伊尔库茨克，因要参加新沙皇的加冕典礼拖了下来。他派副官传达命令，第三次航行黑龙江计划不变，授权外贝加尔省省长卡尔萨科夫上校总负责。由于《巴黎和约》已经正式签订，与英法联军的作战任务不复存在，通航的目标变为两项：对黑龙左岸进行实际占领，要尽可能多地组织移民，构建军事哨所和村屯；撤出在下江和滨海地区的多数战斗部队，让他们回到原驻地。代理总督事务的温策尔中将即加转达，要求外贝加尔省官员想尽一切办法、采用最有效的措施，在沿江左岸各哨所为撤回的部队贮存充足的粮食；又因无法肯定"亚美利加号"能否开到上游，让撤回各部尽量多准备轻便船只。俄军在下江已设有尼古拉耶夫斯克、马林斯克等基地，而在黑龙江中上游尚无哨所。卡尔萨科夫办事精细，下令在沿线增设兴安、结雅、库马拉、库托曼达等哨所，附设大型仓库，并于6月初分三批浮运了堆积如山的物资和粮食，包括面包和米面，以及大量肉牛与充足的油、盐、酒精。唯恐不够，9月间又派人运送了大批物资。

而俄军在江上的机动性仍很有限，那只把普提雅廷折腾得够呛的"希望号"，仍是唯一可乘坐的火轮船。5月21日，卡尔萨科夫的坐船由"希望号"牵引，在一艘炮舰和十只大艇护卫下，停泊于瑷珲城对岸。因为已提前接到俄方的通知，当卡尔萨科夫的船一停下，就有清朝官员靠近发出邀请，说三位长官欢迎他的到来，并邀请他前往见面。会晤的大帐就设在右岸，为首的是副都统魁福，桌上摆满了茶酒糖果之类，气氛显得亲切友好。稍事寒暄后，卡尔萨科夫说奉总督之命，护送前往黑龙江口的船只，又说整个夏天都会有俄船在江上来往。他还告知会有大批部队从黑龙江口撤回，为此，总督命令在左岸若干地方储存粮食，以便供应过往部队。魁福等略加考虑之后声称：没有得到允许俄国人通航的旨意，为了两国的友谊可以放行，只是担心会因此受到上司的怪罪，所以最好不要在这一带存放粮食和驻扎军队。对于此类推搪，卡尔萨科夫早有预案，推称奉命所为，各位大人如不想承担责任，可以将此事上奏北京。

这个话题只能到此为止，清方官员询问俄国在黑龙江口有多少军队。卡尔萨科夫为了恐吓，诈称已有一万人，今年还要再派五千人左右。此人比穆督质朴温和，而玩起心计来也不输太多，大肆夸张，又

第十二章　1856：清廷与俄廷

装作只是顺便一提，还说将在对岸的海兰泡驻扎五百人。三位满大人和在场官员立刻面面相觑，但没人出来说一句硬话，吭哧半天，才请求俄方开列一个清单，写明往返俄船的数量和人数，请他们不要欺侮中国人。大约觉得表述得太过软弱，也承诺不让己方士兵欺负俄国人。

对于卡尔萨科夫的这次造访，魁福立即报告将军衙门，奕山与景淳联名转奏朝廷：

> 据黑龙江副都统报，四月二十七日有俄罗斯大船一只、小船二只，驶至乌鲁苏江面，投递文称：今夏伊等仍由黑龙、松花两江行走，已咨报理藩院。旋据续报：俄夷复有船只驶至，当即与之接见，礼貌尚谦。据称，伊国因与英夷有事，故仍由此来往，并在雅克萨城以上五处存粮，派员经理，随后尚有多船亦由此下往等语。言毕回船，分起开行等情。[11]

密折也算及时，但没说卡尔萨科夫的身份，没说他提出在瑷珲对岸设兵与储粮，也不奏报下江有众多俄兵、今年还要大批调来的信息。封疆大吏的奏章大多如此，真真假假，藏藏掖掖，充满了"政治智慧"。

作为穆督手下第一干将，卡尔萨科夫姿态平和，语气坚定，实际上仍是在试探。而见清方一味软弱，即令在对岸建造结雅哨所，并命在中上游兴建多处哨所。他很快乘"希望号"返回，统领整个船队的是布谢中校，就是那个与涅维尔斯科伊很不对付的首任"库页岛军事长官"。大型船队分批起航，有一千六百多名军人和一百一十八只舰船木排，分工细密，有的直奔下游，有的在左岸沿途留人卸货建房，大兴土木。他们特别注意在各支流与黑龙江交汇处布点，如乌苏里江口、松花江口、精奇里江口、库马拉河口等，敲下一个楔子，即可控驭两条河流。俄军的第三次航行黑龙江是一个转折，转向对左岸的全面控制，不光是河口湾与库页岛，沿江左岸的许多要地都被实际占领。

奕山、景淳等飞奏朝廷，嘴上说要"阳抚阴防"，实则听之任之，上谕还是那几句老话，不可张皇，亦不可大意，但增加了一项新判断："该夷情形，不过像作通商地步。现在固不可不严为之防，尤不可稍露形色。"[12] 应是最高智库紧急研究后得出的结论，这些老毛子运来大量物资，原来是想在黑龙江搞对华贸易！这是一个重大发现，也使大清君臣吃了一个定心丸，哈，技不过如此耳。奕䜣对奕山采取的绥靖政策很满意，称赞他"不激不随，尚属得体"，并叮嘱他与景淳严格保密，不使对手得知其贸易意图已被破解。

五　卧底的达喇嘛

如果以第一次鸦片战争作为中国近代史的开端，在不太长的史幅上，真是处处痛点，而最痛的点就在黑龙江流域。

阅读与梳理相关史事，也痛感清俄两朝在使用人才上的差异。穆拉维约夫家族出了一批叛逆，并未影响尼古拉一世对之破格升用，使得原本混乱沉闷的东西伯利亚很快就一派生机。而在穆督帐下也是人才济济，如涅维尔斯科伊、卡尔萨科夫和后面要写到的船舶专家卡扎凯维奇，如率领第三次闯江航运的布谢，如后起之秀米哈伊尔，堪称梯队健全。穆督生性褊急，言辞刻薄，容不得部下有丝毫违拗，导致与涅维尔斯科伊闹翻、与卡扎凯维奇疏离，但识才惜才，加上强烈的使命感与责任心，自具一种超强的凝聚力。

本节要写的是一位神甫，东正教在北京的修士大司祭巴拉第。在清朝的官方文献中，称他为"俄罗斯达喇嘛"，如理藩院奏本，就说到"驻京俄罗斯达喇嘛巴拉第呈称"云云，附录的呈文也写着"驻京俄罗斯达喇嘛巴拉第为呈明贵院事"[13]。达喇嘛，又作掌印首领喇嘛，起于藏传佛教，顺治间在绥远等蒙古地区设喇嘛印务处，选任掌印札萨克达喇嘛和副札萨克达喇嘛。将东正教大司祭巴拉第称为达喇嘛,应包含两层意思:一是给在京俄罗斯馆以较为体面的地位;二是暗含对沙俄仍以藩属视之,与蒙古诸部并列。降至道、咸两朝,沙俄早已成为军事强国,清朝君臣畏之如虎,而在制度上抱残守缺,那份天朝心态依然随处可见。

巴拉第,本名卡法罗夫,1817年9月出生于喀山的一个东正教神甫之家。他的父亲是著名的大司祭,两个哥哥都是神父,而他先是在宗教学校读书,二十岁时进入彼得堡神学院,毕业后留在院外事办公室做文秘,主动申请前往驻北京的俄罗斯馆。1840年10月,巴拉第作为第十二届俄罗斯馆的辅祭抵达北京。在同伴的眼里,他是一个诚实温和的人,"安静,温柔,随和","从没有听说过他有一次和自己的同事们相处时哪怕是几分钟的不和睦,或者是做出如何有失分寸的事情"。[14]由此到1847年春,是他在北京的第一个任期,学习汉语和满蒙文字,研治佛教经典,接连完成几部佛学专著。正因如此年轻就在汉学上成绩斐然,巴拉第被召回国,受命组建第十三届俄罗斯馆。两年后,作为大司祭的巴拉第再至北京,又待了差不多十年。在此期间,巴拉第承担了大量的管理职责,也包括搜集和向国内传递各类信息。他仍然热衷于了解和研究中国,可显然掺杂了较多的政治色彩,比如《中国及其藩属区域内的商路》《天津和上海之间的海运》,情报价值一望而知。

早在1851年秋天,穆拉维约夫就给巴拉第写信,告知侵入黑龙江的思路,将关心的问题开列一张调查表,请他帮助搜集和提供情报。由于传送的延误,次年3月巴拉第才收到,立即回复,表示将全力支持穆督的"东方改革意图",并着手进行秘密搜集。1854年5月,穆拉维约夫率军悍然侵入黑龙江。巴拉第则遵照其指令,向理藩院转送经由黑龙江向河口湾和堪察加运兵的公函,并很快报告了清廷的反应,"我听说库伦办事大臣将您的公文送到了这里,通报了俄罗斯与英国的战争,还听说这个消息与您在阿穆尔的考察比,在军机处没有引起多少反响""尔后我了解到,军机处开了一个会议,内阁成员、皇上的哥哥为俄罗斯说话,他说俄罗斯对中国的友谊已经延伸了200年了"。[15] 猜想所指为恭亲王奕䜣,是皇上的弟弟,担任军机大臣,并非内阁大学士。

那时的北京"俄罗斯馆"属于俄外交部亚洲司领导,而穆拉维约夫与外交部,尤其是亚洲司的矛盾已不是秘密。巴拉第与穆督并无从属关系,却也一直尽心尽力,不断提供有关中国的情况。1855年3月,巴拉第报告了清军在南京与太平军作战不利等情,而穆督正在紧锣密鼓地筹备第二次率领大型船队硬闯黑龙江,限于传递的不便和时间太紧,应是难以参酌这些情报。后来的密信中,巴拉第多次谈到中国的内战,对太平军毫无好感,认为还不如保留满洲政权对俄有利,但也详细列举了清廷的财政困难,军队补给不足,银价飞涨,粮食短缺……这些情报暴露了清帝国的衰弱,令穆督心里踏实,加快了入侵黑龙江的步伐。

就在1856年1月,穆督从彼得堡返回伊尔库茨克,读到巴拉第去年夏天送来的第69、70、71、72号报告,得悉清廷迫于国内压力,可能会就黑龙江通航对俄让步,即飞报海军大将康士坦丁亲王。穆督向这位达喇嘛表示感谢,还下达了新的指令,请他了解去年9月交清方谈判代表转达理藩院的公文有无进展,"恭请神父在北京尽力施加影响,使边界问题的解决对俄国有利"[16]。说是指令,其实措辞十分客气,这封信随同致理藩院的公函,一起由信使送到库伦,再由那里经驿站转送北京。这是巴拉第向穆督传递情报的主要渠道,所以会出现四五份报告一起送到的情形。

无可否认,巴拉第是一个杰出的汉学家,而在同治朝之前,俄罗斯馆出现了多位术业有专攻的汉学人才。清朝也兴办了俄罗斯学,可未见有熟稔俄国和俄语者,常连准确的翻译都做不到。在致理藩院的咨文中,穆督说起去年在奇吉谈判后发生的事:"贵国三处官员返回后,英国军队乘大船数只袭击河口,但被打退,并受重创。"本来是显摆俄国战力,自我夸耀,却被理藩院翻译成"敝国与英夷对敌之人,乘坐大船

数只,即于海口各处打仗。及至敝国之人退回时,所伤甚多",呵呵,意思全拧了!〔17〕

当年岁尾,巴拉第又向穆督发出密函,讲述北京的物价飞涨:"随着货币的贬值,已经很高的粮价更加涨了,这对战士和贫苦人家的影响更大。贸易受到影响,一方面是因为货源不够,一方面是因为白银在北京和京城外的价格有差别,在北京的银价比其他地方要贵两倍。"〔18〕如果将之论为政治和经济情报,应也较为浮泛。一脑门子学问的巴拉第算是卧底北京,也算是为国家尽了力了,发自北京的密函对穆督判断大势提供了帮助,但作用也有限。巴拉第骨子里还是一介书生,在北京结识不广,做一些时局分析尚可,得到的"关于中国的绝密情报"则不可能多,说他是一个"超级间谍",说他"促成了《瑷珲条约》的签订,为沙皇俄国割占中国一百多万平方公里的土地立下汗马功劳",不免有些夸大。两人在政治上不是一个量级。而实际上,穆拉维约夫对巴拉第的评价也不高,在致其上司、俄外交部亚洲司司长科瓦列夫斯基的信中说:"巴拉第吓得失魂落魄,连中国人好心赠给银两,他都以为是末日降临;他不仅为自己担心,而且为我在阿穆尔建立的兵屯担心。"〔19〕这封信写在1858年春天,亦即穆督逼签《瑷珲条约》的前夕,哪里有什么两人联手的影子?

六 死亡撤军路

穆拉维约夫亲自率领沙俄船队两次航行黑龙江,主要是为了运送部队,前往下江地区、鞑靼海峡和堪察加半岛,去与英法联军作战。而在签订《巴黎和约》后,交战的可能性不复存在,就下令撤回在那里的一些部队。请注意:不是全部,甚至也不是大部,是"一些"。

1856年3月21日,穆督的撤军命令从彼得堡发往伊尔库茨克:"鉴于合约已经签订,须将驻守阿穆尔河口和正调往该地的步兵,除第十五边防营外,全部撤到阿穆尔上游。"[20]此人历来办事精细,遥令撤回部队分作三批,指定各批次带队军官,叮嘱他们多带食物,尽早登程。他把第三次航行黑龙江与撤军相衔接,要求船队一到马林斯克哨所,第一批撤离的部队立刻返回;还希望刚在美国购买的"亚美利加号"轻巡航战船发挥机动作用,能将大部分官兵运至俄境,至少送到瑷珲一带。

上溯黑龙江的旅程是凶险的。从马林斯克到乌斯特哨所大约二千三百俄里,两岸多数地方荒无人烟,没有住房,也很难找到食物。前面已写过普提雅廷在瑷珲被流冰阻住,吃尽苦头才得以返回俄境,乃至回到彼得堡后,到处散布黑龙江是一条无用之河。此外,还有一个考察队长马克,也是在去年沿江返回时遇到流冰,得到清朝官兵救助,被安排在瑷珲住下,尽管有严密监看,还是偷画了一张详细的城区图。

撤回部队也抓得很紧。第一批部队在谢斯拉文中校率领下,6月中旬即从马林斯克起行。穆督所期待的"亚美利加号"汽轮尚未抵达,他们从费雅喀人那里买了大小船只,尽量多装粮食,顺风时张帆,逆风时拉纤或划桨,开始阶段行进颇速。待到黑龙江中游,河水大涨,江面加宽,根本无法拉纤,逆水顶风而划,战士累得精疲力竭,也走不了多远。更要命的是会偏离主航道,沿着支流艰辛走出数十里,发现后再折返,沮丧至极。行至上游江段,热病开始在军中蔓延,按天配发的粮食由于时间拉长不够吃,个别军官和士兵死去,总算在9月底前后进入俄罗斯境内。

第二批是由亚兹科夫率领的八百多人,在两周之后动身,也是利用费雅喀人所造小船作为交通工具,一路遭遇了更多艰难,接近俄国边境时闹起饥荒,不少人死于途中,但赶在冰期之前抵达俄境。关于这一批的死亡人数,穆拉维约夫说是"死于各种疾病的共五十二人"[21],很忌讳提起饿死;其他记载则说因饥饿引发疾病和死亡,"在路上这个支队损失了九十六人"[22]。

最惨的是第三批，由押运物资到马林斯克的第十三边防营营长奥别列乌霍夫中校带队，7月底才启程，至上游已是隆冬。《外贝加尔的哥萨克（史纲）》描写了那次死亡行军："他们冒着零下20°（摄氏度）的严寒行军，一直在野地里，在篝火旁边扒开雪露宿。衣服都穿坏了……疲惫不堪的士兵拒绝前进，躺下来等死……在阿穆尔河的一个岛上，找到了七个精疲力尽的和三个饿死的士兵。部队在继续前进途中，于11月13日遇上了第一梯队二十六个掉队的人，其中八个人已饿死了。11月14日再一次遇上了六人，11月15日又遇上了六人，其中一人已经死了。"[23]让他们略感庆幸的是，春天顺江而下的时候，曾有一艘满载面粉的船在雅克萨附近搁浅，士兵们找到了这艘船，得以饱餐一顿。而一个亲历者却说一些饥饿的士兵由于拼命吃面粉而死去，留下一片尸体，活着的人也凄惨无比：

> 饥饿的士兵在零下35°（摄氏度）的严寒中徒步而行，身上是夹大衣和单制帽，脸全冻烂了，烟把他们熏得简直没有模样，就是连最熟悉的人也认不出来了。手和脚已全部冻坏。尽管如此，士兵们还背着武器和背包继续前进……在一个岛上，有许多姿态不一的冻尸，看情形大部分是饿死的。有些尸体的臀部被割掉了。在岛上还看到二十或二十五个活人，他们由于没有鞋及其他种种原因未能继续走，呆在那里，以人肉为食，等待死去……[24]

那也是黑龙江上的悲惨一幕，回撤的俄军士兵极为可怜，令人悲悯。是怎样的饥饿煎熬，能让军人去吃战友的尸体？又由于死人肉实在难以下咽，竟然发生抽签吃濒死活人"鲜肉"的举动，真是不堪卒读。第三批撤回俄军总共三百七十九人，死亡一百零二人，若非从俄境派来救援人员，数字还会大大增加。

对于俄国人在黑龙江航行，清廷与边镇似乎达成一种默契，那就是不允许、不阻拦。唯一体现主权在我的，是几处江卡的登船查验制度，详细记录士兵、移民、妇女小孩的数量，也记录军械物资甚至牛马之数。俄方不让上船也不硬上，就简单记一下大船若干、小船几只。1856年的黑龙江一派繁忙，既有由西向东的沙俄船队，又有自下而上的回撤哥萨克，吉林将军景淳、黑龙江将军奕山分批奏报了经过所辖江卡的情景，对人数、船数记录很细，如：

> 八月初四日，有俄夷二十人，分驾小船出黑河口，顺流下往；初五日，又有三百八十余人，分驾中船二十六只，自下游驶入黑河口，向上回行；又霍尔托库地方占居夷人，于八月十二日，自行焚拆房四所，仅留数人，外有二十六人，分驾舢舨三面，驶入黑河口；同日又有二百九十余人，分驾中船二十五只，自下游驶抵卡所，少停即行，均无滋扰。[25]

约两个月后，二将军再次将乌鲁苏木丹卡伦的记录奏报朝廷，登记沙俄回撤部队人船批次与数量甚详，也记载了俄军掩埋尸体的情形，数量不多。有意思的是，也就在这一年开始，相距遥远的黑、吉两地将军常联名上奏，真不知是如何操作的。

有一部亲历者的回忆录，提到中方的救助：他们返回之初由于天气炎热，带的食品大都坏了，到瑷珲后想要买些粮食，见居民不卖去找长官，结果被清兵抓起来，关了一天一夜。后来遇到一个熟人，又送了一些金币，长官下令提供必要的粮食和猪肉，还派人带了一段路。实际上遇到秋季上行的俄国人，瑷珲官员总会告诫路途危险，赠送食物，必要时派人引路，也会在江边安排住处让他们过冬。悲剧的发生，往往在于俄国人执意前行。

这次死亡撤军，使痛恨穆拉维约夫的人找到新的借口，各种议论和指责甚嚣尘上。但也有人为之辩护,一位少尉写道:"我是此事的参加者,我所遇到的困难,所吃的苦处,未必比别人少,可是我至今羞于提及这些。因为我觉得,这些艰难困苦在任何一次长途行军、任何一次战争之中,都是司空见惯的现象……在占领仅仅长度达三千俄里荒凉地带的过程中,两年期间总共牺牲了二三百人,人们为此竟然不肯原谅穆拉维约夫,他何以如此不幸?"[26]为穆督作传的巴尔苏科夫也记述了这次撤军,即以这段话结尾。

七 穆督摔官帽

自咸丰四年(1854)开始,穆拉维约夫的名字就出现在大清边臣奏折和清廷批谕中,越往后越多。较正式的写法是木哩斐岳幅,仅有第二个字加"口",不像对英法人名之字字加"口",以示优待,也写作木里斐岳幅、木里幅幅等。他的悍厉作风给清朝君臣印象很深,且具有文武两手:文的是事先行文,不收就硬送,再不接就让驻京俄罗斯馆转递,并对库伦办事大臣函件中的不敬之词随时回怼;武的是率领庞大船队直闯黑龙江,路过瑷珲时派人告知副都统衙门,带着炮舰与清方官员晤面,不等什么呈报批复,不管你许不许可,拥众顺江呼啸而下。一次两次,在江上来来往往,渐渐连告知都懒得做了。至1856年第三次大型通航黑龙江,穆督交与属下具体办理,自己则前往彼得堡公关和办事去也。

那一年的穆拉维约夫,除却一头一尾在东西伯利亚,中间有两个来月去欧洲看病,主要是在彼得堡和莫斯科活动,遇上不少烦心的事儿。经过开始阶段的各种冷落,重新获得海军大将康士坦丁亲王的信任,进而得到新皇亚历山大二世的认可,穆督就放心往马里恩巴德就医,而7月底甫一返回,又感到不对味了。本家卡尔斯基·穆拉维约夫的高加索总司令被罢免，由新皇的亲信巴里亚金斯基公爵接任，穆督为之惋惜，也不免浮想联翩。他在给弟弟的信中写旅欧观感，写对拿破仑三世的看法，也写了回国后的复杂感觉："现在我比任何时候都更相信，只要我们不过于灰心丧气，整个未来一定属于俄罗斯。沙皇之心握于上帝掌中，上帝是仁慈的，一定会帮助他。而对人，尤其周围的人，则是不能信赖的。"[27]心情复杂，语义闪烁，欲言又止，可他的弟弟能读明白，所谓"周围的人"即新沙皇身边的人，对其兄很不怎么样。

1856年8月的俄国，战争的阴霾已然飘散，举国上下正在筹备新皇的加冕典礼。盛大仪式照例要在莫斯科举办，亚历山大二世和整个皇室驾临该城，并于19日举行了隆重的入城式，穆拉维约夫居然没有赶赴现场观礼。他本来打算5月返回伊尔库茨克，特为出席新皇的加冕仪式留了下来，并让人认真挑选外贝加尔军参加盛典的代表，而到了跟前却迟到早退，比新皇晚一个周才到莫斯科，似乎离开时也早不少日子。

为什么？

因为穆督不得新沙皇待见，在受挤兑时，反激出强烈的自尊。巴尔苏科夫于此写道："这时穆拉维约夫在莫斯科的心情却异常沉重：皇帝的亲信仇视他，对他很不公正，使他非常痛苦。他们千方百计使他同皇帝疏远，在加冕典礼的各项活动中也使他不为人注意，并且贬低他为了俄国的利益而取得的成就的意义。"阅读至此，真不知说些什么才好，穆督是侵吞中国大块土地的主导者，内心巴不得他早日完蛋；而从人才的角度，从沙俄的国家立场上立论，他又属于一个难得的封疆大吏，是一个奋发有为的人物，竟尔身受欺凌，哪个王朝不活跃着一批嫉贤妒能之辈呢？

君主体制下的所有臣子，都必须具有较强的忍受力。穆拉维约夫参加了在圣母升天大礼拜堂举行的加冕典礼，出席了各种接见与受觐仪式，表现得中规中矩。而亚历山大二世亦非庸主昏君，加冕当日即赐予穆拉维约夫一枚镶有钻石的圣亚历山大·涅夫斯基大公勋章，并颁布嘉

第十二章 1856：清廷与俄廷

奖令,略为:"卿为帝国操劳,呕心沥血,数年如一日;治理所属边疆,深能体察朕意,政绩卓著,不负所望,朕甚感之……"[28] 新皇能有这样的评价,已属不易。

与清朝皇帝的即位诏书中必有大赦条款相近,亚历山大二世在加冕典礼上,颁旨赦免政治犯,其中包括十二月党人,那些已被禁锢了三十年的流放犯。亚历山大二世授意穆拉维约夫,要他派小沃尔康斯基前往西伯利亚传送特赦令。穆督命这位十二月党人之子即日登程,并托他向特鲁别次科伊、那位临阵脱逃仍不免服刑的起义总指挥表达祝贺。

加冕期间宣布了一些军中将领的晋升,新任高加索总司令巴里亚金斯基被擢升为上将,使穆拉维约夫震惊和恼怒。俄军的晋升讲究资历与业绩。此人在现任中将里列于穆督与苏沃洛夫之后,却轻易越过他们,对两位资深总督不啻羞辱。穆拉维约夫和苏沃洛夫立刻提出辞呈,亚历山大二世未予批准。真是令穆督深感沮丧的日子啊,他的情绪也感染了属下,副官莫列尔在一封信中写道:"他们设下的骗局难以枚举,正常制度屡遭破坏,这就是穆拉维约夫在莫斯科所遇到的一切。而巴里亚金斯基的提升,又给已经斟满的酒杯增加了最后一滴苦酒。这向他表明,人们并不怎么重视他的事业和功勋。同样,过去的许多事实,也一再证明人们对他不信任。"[29] 但我们也看到,同样是独裁统治,俄廷为臣子留下些微抒发个人情绪的空间,搁在大清,哪个敢给皇上撂挑子?

穆拉维约夫的断然辞职,自然是他的对头所希望的,新皇却知道广袤的东方还离不了此人。陆军大臣苏霍扎涅特奉旨约他谈话,劝其继续留任,烦乱暴躁、情绪激动的穆督显然与这位新贵话不投机。第二天稍稍平复,穆督给陆军大臣上书一封,表达皇上的意愿对自己"永远是法令",也再次说明辞职并非完全由于身体,而主要是对政治环境不满。他说:

> 我的孱弱病体忍受旅途颠簸之苦尚易,而经受不愉快事

件的摧残实难。这些不愉快，或由于对我不完全信任，或由于我职位卑微，或由于某些人企图贬低东西伯利亚九年来的成就。凡此种种，我在治理东西伯利亚的最后一年，都经历过了。无情的疾病几度发作，几乎把我送进坟墓。窃以为，为公务计，我最好还是死在这里，而不是死在那里。[30]

这封信较长，一再陈说"必须取得皇上的特别信任"，"倘无皇上的特别信任，则我既不能给边陲带来利益，而于个人亦复有害"，"东西伯利亚总督必须得到特别的信任和地位"，且没有保证自己是否接着干。

之后，几位新旧大臣前来长谈，其中不乏他的知交，穆拉维约夫去意已决，未有什么改变。康士坦丁亲王召见了他，劝他不要辞职，终于把他说服了。据其副官描述，他在回到住处后大发雷霆，切切自责，后悔自己表现得太软弱，其中应有压服的因素。而各种议论也随之而来，说他"只是无聊的疑心，不幸的嫉妒在作祟"。本人倒是觉得：由于上层倾轧和旧疾难愈两方面的原因，辞职的念头已缠绕穆氏很久了，但黑龙江仍常常萦回于其脑际，他在内心深处大约从未想到过此时就舍弃，借端一闹，得到了需要的承诺，也见好就收。

不管怎么说，穆拉维约夫还是留任东西伯利亚总督，并在当年年底返回伊尔库茨克。

八　增设一个"滨海省"

俄军船队闯入黑龙江，表面的理由是前往入海口堵御英法联军，在河口湾和鞑靼海峡设兵布阵，与堪察加的军港形成呼应之势，深层原因还在黑龙江，且顺道布点，首先就公开占领下江地区落下实锤。《巴黎和约》签订后，大部分外贝加尔哥萨克军撤回，仍有相当多的俄正规军赖着不走，大肆兴建营房设施和殖民点。说他们"赖着"实出于表述习惯和情感因素，其实穆督早就把这里视为自己的地盘，理直气壮地盘踞不去。对方可能也觉得不可思议的，是管辖此地的三姓副都统和吉林将军衙门，竟一直悄无声息。

太逊了！

黑龙江上中游有几处大清卡伦，坚持对过往俄船进行查验，官兵会勇敢地贴近俄军大船包括火轮，跳帮登舰，宣示主权在我。他们是认真的，也是马虎的，往往会忽略一些重要的信息。比如他们会详细登记人数，区别男人女人、大人儿童，甚至能分清军人与农民，却搞不清其中有哪些重要人物，出于什么目的乘船而过？去年海军中将、赴日公使普提雅廷乘"希望号"溯江而上，被河冰阻住，回到瑷珲交涉借马，清方官员不知道他的身份，并无礼遇。1856年下行的沙俄船队，尽管没有穆拉维约夫统领，却有两个重量级角色在其中：一个是外贝加尔省省长、陆军上校卡尔萨科夫，瑷珲副都统魁福接到俄方通报后颇为重视，派人在江上迎迓，设帐晤面，却没见其奏报朝廷；另一个是3月间新任命的堪察加军事代理省长、海军上校卡扎凯维奇，大约是随船队一闪而过，未曾停驻。两人都是穆督的老部下，而后者奉派去美国采购轮船和商船，回到彼得堡便接到新任命。

就在当年春天，也有人向清朝官员建议购买小型火轮船。提议的是英人李泰国，时任上海的江海关英国税司，对道员蓝蔚雯鼓吹这种小火轮"船身轻灵，炮火精妙，即至浅至窄之处亦可驶到"，在克里米亚战争中多次奏功，轰垮俄罗斯的炮台和城墙，很有威力。他说现在中国正需要此类轮船，并表示可帮助采购，并立下军令状，愿意参与中国的海军建设。李泰国还把火轮船的样式，以及与俄罗斯交战的实况，绘图九幅作为附录。两江总督怡良向皇上奏报此事，又特别说明：这个英国人是在提出必须修订条约章程时说这些的，应是假借小火轮威胁恐吓，参与大清水师之说更是居心叵测，已明确予以拒绝。咸丰帝本来曾有意租借英方的小火轮，读了怡良的奏折，猛然醒悟，批谕："近有廷寄询问汝等能否雇用夷船，实与此事无涉。惟该夷既有此呈，前事更应斟酌，勿堕其术中，豫杜患萌。"〔31〕意思是必须预先防范祸患的发生，不要落入鬼子的圈套。

读至此处不免一声叹息。

晚清的朝廷和封疆大吏，看上去从不缺少心眼儿，不缺少对外国人的警觉戒备，而缺的是对军事革新和国际格局的了解，也缺少坦诚和大智慧。因海盗频发，广东和浙江宁波的商人先是雇用外国火轮船，后来自行购买火轮护航，已经大见成效。假如清廷拨出一笔经费（无须勒紧裤带，减少一些耗费巨资且作用有限的远程征调即绰绰有余），陆续购买数十艘大小火轮船，分别驻扎大沽口、舟山和广州等地，再以一部配属黑龙江和吉林水师，聘请外国军官训练，那里的军力对比当会改观。而就是这个献计未被理睬的李泰国，两年后随英法舰队开至津门，成为一个极难缠的谈判对手，所称小火轮炮火猛烈、轻便灵活等特点，都在击破大沽口炮台和突入白河时得以验证。

在这方面，常常游历欧洲的穆督既得风气之先，而且是说做就做。军人出身的他深知蒸汽机带来的机动性，先在尼布楚自行设厂制造了两艘小火轮，实际使用的效果虽一般，却也起到震慑清军的作用；意识到技术和材料方面等局限，他改派卡扎凯维奇去美国采购，并请求海军大臣配拨舰只，使得在远东的沙俄海军实力大增。卡扎凯维奇的美国行，还购买了一批最新型造船机器，为筹办新式造船厂做准备，并与美国的一些厂家建立了联系。卡扎凯维奇不太像一个热衷政治的人，在彼得堡晤面时表示不愿意去黑龙江口，却被穆拉维约夫说服，答应只干两年。穆督虽然不满，仍大度地答应下来，觉得有两年时间，就可以安装和调试那些机器设备，解决就地造船事宜。他不太喜欢这个若即若离的属下，常在信中表达几句，但仍器重有加。

穆拉维约夫在俄国两都（彼得堡与莫斯科）常觉得备受冷落，觉得待遇不公，受到重视和尊敬不够，其实新皇和一班近侍大臣对他已很是迁就。整个东西伯利亚几乎成了穆的王国，省长与军区司令的安排基本上遵照其提名：卡尔萨科夫是外贝加尔省省长和军区司令，也是他重点培养的接班人；曾经的总督专差官什土卞多尔夫，此时出任雅库茨克省长；加上一个研究船舶的技术军官卡扎凯维奇，得以署任堪察加一省军政。而卡尔萨科夫与卡扎凯维奇晋升为少将，也出于穆督向沙皇的大力保举。几乎同时，由于他的多方奔走游说，亚历山大二世批准设立东西伯利亚滨海省，行政区划包括从前的堪察加省、乌第区和黑龙江沿岸地区。驻军司令的驻在地指定为尼古拉耶夫斯克。沙皇还批准组建西伯利亚区舰队，任命卡扎凯维奇为滨海省驻军司令兼西伯利亚区舰队司令和东洋各港口司令。这是沙俄侵吞黑龙江下游地域的重要举措，此际秘而不宣，没有看到俄廷向清朝理藩院通报。

卡扎凯维奇约在7月下旬抵达马林斯克。护送通航船队的俄十三边防营两个连正准备回撤，来时所乘木筏被拆散建房，大船则不宜溯流而行，原住民小船经两拨回撤俄军购买已无多，苦于搜罗不到足够的船只。卡扎凯维奇认为在溯行上游极为困难，各处存粮也不够多，力劝领队奥别列乌霍夫中校不要急于赶回，留在尼古拉耶夫斯克过冬，而此人新婚燕尔，执意返回团聚，结果三分之一的士兵死在路上。

就在三批俄军踏上归程后，原拟在撤军中派上用场的"亚美利加号"、一艘新型蒸汽轻巡航战船，以及两艘大商船——"白令号"帆船、"欧罗巴号"海轮，终于从美洲驶抵黑龙江口。帆船载满各种货物，海轮则装载着卡扎凯维奇购买的机械设备和两艘内河铁壳轮船。穆督野心勃勃，布局长远，已开始为入侵东北腹地作准备，将之命名为"松花江号"和"乌苏里号"，彼得堡高层觉得太过露骨，命改为"阿穆尔号"和"勒拿号"。这是沙俄舰只在鄂霍次克海域的一次升级换代，为俄黑龙江舰队打下了基础。

尼古拉耶夫斯克，即涅维尔斯科伊在中国庙街建立的俄军哨所。穆督率领船队第一航行黑龙江,那里已由杂货店改回哨所,却也只有三栋房屋。因要筹备与英法舰队的作战,大批俄军奉调赶来,1855年最多时竟达五千之众,堪察加区舰队的舰只进港停泊,各项设施和住宅迅速兴建,俨然已成城镇规模。次年虽有部分俄军撤离,然经俄廷宣布为滨海省首府,行政级别再次蹿升。卡扎凯维奇到任后,迅速在尼古拉耶夫斯克与马林斯克之间设立冬季驿站,每个驿站有数名哥萨克和农民,配备四匹马,开通了第一条冬季黑龙江邮路。而当年的隆冬时节,尽管刚发生过死亡大撤军的悲剧,卡扎凯维奇仍派员沿着江上冰道,分别乘坐狗拉雪橇和马拉雪橇,从尼古拉耶夫斯克直达外贝加尔省,为打通滨海省的邮路全程,做了一次成功的试验。

注释

[1] 《清文宗实录》卷一八四,咸丰五年十一月癸未。
[2] 《筹办夷务始末(咸丰朝)》卷十三,《[五一四]叶名琛奏英美法请重订条约已设法阻止折》,第465页。
[3] 《筹办夷务始末(咸丰朝)》卷十二,《[四七四]廷寄》《[四七五]廷寄》,第430—431页。
[4] 《筹办夷务始末(咸丰朝)》卷十二,《[四七五]廷寄》《[四七六]廷寄二》,第432页。
[5] 《筹办夷务始末(咸丰朝)》卷十二,《[四八二]廷寄》,第439页。
[6] 陈开科《巴拉第与晚清中俄关系》,第三章《巴拉第与晚清中俄外交关系》,上海书店出版社,2008年,第398页。本节后文中巴拉第致穆拉维约夫信件同出于此书。
[7] 《清文宗实录》卷一八五,咸丰五年十二月庚寅。
[8] 《筹办夷务始末(咸丰朝)》卷十三,《[五〇九]廷寄二》,第460页。
[9] [俄]巴尔苏科夫编著《穆拉维约夫-阿穆尔斯基伯爵》第一卷,第五十二章,第457—458页。
[10] 《穆拉维约夫-阿穆尔斯基伯爵》第一卷,第五十二章,第459页。
[11] 《筹办夷务始末(咸丰朝)》卷十三,《[五一一]奕山等奏俄船复至并筹办情形折》,第461页。
[12] 《筹办夷务始末(咸丰朝)》卷十三,《[五一六]景淳等奏俄船屡次驶过尚无滋扰折·朱批》,第468页。
[13] 参见《筹办夷务始末(咸丰朝)》卷十五,《[五七三]理藩院奏驻京俄罗斯达喇嘛巴拉第来文呈览折》,第522—523页。
[14] 转引自《巴拉第与晚清中俄关系》,前言《巴拉第的生活与学术活动概述》,第7页。该书作者陈开科研究员在这方面刊发了一系列论文、专著,笔者读后颇多受益。

〔15〕《巴拉第与晚清中俄关系》,第三章《巴拉第与晚清中俄外交关系》,第390页。
〔16〕《穆拉维约夫-阿穆尔斯基伯爵》第二卷,《62 东西伯利亚总督给驻北京传教士团团长修士大司祭巴拉第神父的指令》,第141—142页。
〔17〕穆督信函参见《穆拉维约夫-阿穆尔斯基伯爵》第二卷,《63 俄罗斯帝国东西伯利亚各省总督、勋章获得者尼古拉·穆拉维约夫中将致大清国理藩院咨文》,第142页;理藩院译文见《筹办夷务始末(咸丰朝)》卷十二,《〔四七九〕俄国为防英及分界事给理藩院咨文》,第435—436页。
〔18〕《巴拉第与晚清中俄关系》,第三章《巴拉第与晚清中俄外交关系》,第393页。
〔19〕《穆拉维约夫-阿穆尔斯基伯爵》第二卷,《76 致叶果尔·彼得罗维奇·科瓦列夫斯基》,第158页。
〔20〕《穆拉维约夫-阿穆尔斯基伯爵》第一卷,第五十三章,第471页。
〔21〕《穆拉维约夫-阿穆尔斯基伯爵》第一卷,第五十三章,第474页。
〔22〕[俄]瓦西里耶夫《外贝加尔的哥萨克(史纲)》第三卷,《部队撤回外贝加尔情况》,第106页。
〔23〕《外贝加尔的哥萨克(史纲)》第三卷,《部队撤回外贝加尔情况》,第107页。
〔24〕[苏]卡巴诺夫《黑龙江问题》,第九章《阿穆尔河上的最初几次水上考察》,第223页。
〔25〕《筹办夷务始末(咸丰朝)》卷十三,《〔五三九〕奕山等奏黑河口俄船往来情形折》,第486页。
〔26〕《穆拉维约夫-阿穆尔斯基伯爵》第一卷,第五十三章,第479页。
〔27〕《穆拉维约夫-阿穆尔斯基伯爵》第一卷,第五十四章,第481页。
〔28〕《穆拉维约夫-阿穆尔斯基伯爵》第一卷,第五十四章,第485页。
〔29〕《穆拉维约夫-阿穆尔斯基伯爵》第一卷,第五十四章,第486页。
〔30〕《穆拉维约夫-阿穆尔斯基伯爵》第一卷,第五十四章,第487页。
〔31〕《清文宗实录》卷一九三,咸丰六年三月己巳。

第十三章　南雨北云

进入咸丰七年（1857），清廷最关注的仍是与太平天国的绞杀，追剿与反攻，长围与破袭，繁盛的南京城已凋残破敝，江南富庶之地也是处处烽烟，遍地血沫。满营、绿营、湘军、淮军与太平军、捻军互有胜负手，皆以无数士兵的牺牲为代价。来自大东北的八旗马队素称劲旅，在战场上起的作用实在也很有限，毕竟那个纵马挥刀的冷兵器时代已经过去了。

边事十万紧急，黑龙江和吉林将军都曾恳请撤回部队，朝廷也表示理解，可不光不允准，还要继续抽调。想来也难怪那一帮子封闭、孱弱、固执、拎不清的大清君臣，若说遥远的北疆已乌云密布，而江浙与两湖却是大雨滂沱了，孰轻孰重？

一　列强在白河有个约会

其时在更南方的两广，尤其是广东，英法两国公使已借着马神甫和"亚罗号事件"，与两广总督叶名琛闹到决裂的程度。1856年10月，英舰悍然侵入珠江，接下来对广州城进行野蛮轰击，标志着第二次鸦片战争的爆发。其后英法舰队两次北上，残破天津的大沽口炮台，侵入京畿与京师，火烧圆明园，逼签不平等条约，揭开了瓜分中国的序幕，而影响最直接、损失最惨烈的却是在黑龙江和吉林。

马神甫事件又称"西林教案"，1856年2月发生在广西的西林县。

法国传教士马赖被控有种种不法行为,新任知县张鸣凤将他和两个信徒刑讯殴打,监毙后枭首示众。当年9月,法国外长会见英驻法大使,表示将严厉追究此事,要求"得到充分赔偿","如果法国代办谈判失败,而且他手头没有足够的兵力的话,就打算从本土派一支远征军去"。[1]之后约十天,广东水师在巡逻时发现一艘悬挂英国旗的帆船形迹可疑,登船搜查,逮捕了十二名船员,其中包括几个有案底的海盗。英国领事巴夏礼闻讯赶来,意欲强行带走被捕嫌犯,遭到拒绝。巴夏礼即大事渲染清军侵犯英国船只,撤下英国国旗,要求清方立刻放人和书面道歉。叶名琛派人审问,查明其中梁明太等三人确为海盗,遂命收监,而将其余九人送还,巴夏礼拒收。

这就是近代史上有名的"亚罗号事件",被论为第二次鸦片战争的导火索。在此之前,英人(也包括美国和法国)因"入城""修约"二事积怨已久。入城之争,指的是由于当地士绅百姓的强烈反对,加上官府暗中支持,各国使领馆无法按照约法进驻广州城;修约之争,则是说签订《南京条约》《望厦条约》等已过十二年,外方希望进行修订,而清廷绝不应允。叶名琛为内阁大学士和两广总督,负责朝廷的对外商务等,一向姿态高傲,拒不接见英美等使领官员,搞得他们憋了一肚子的气。机会来了!英国公使包令闻讯大喜,声称"现在有了一块踏脚石",可以乘机提出入城问题,"准备和全部舰队一起赶来",并向叶名琛发出强硬照会。叶督也想息事宁人,命将所有船员返还英方,巴夏礼仍然不依不饶,指责清方来人缺少礼貌,又说没有道歉信,蓄意挑起战争。次日,即1856年10月23日,英国在华海军司令西摩尔率领舰队突入内河,并将虎门口内的猎德、龟江、海珠等炮台全部占领——第一次鸦片战争过去已十余年,清军的布防仍如纸糊的一般,令人慨叹!当时正值三年一届的武科秋试,叶督等一众官员正在校场阅看骑射竞技,闻知后意态从容,认为英舰很快就会退走,传令省河内兵船不得还击,以免激化。

岂知英方不仅不退，数日后见叶督仍不理会，悍然开炮轰击总督衙门。叶名琛毫无惧色，端坐公堂，亲笔书写致各国领事的照会，矛头单指巴夏礼一人，显得颇有政治智慧。与一些望风而逃的钦差大臣、封疆大吏相比，这位后来备受唾骂的爵相大人，应说颇有些气节和胆量，炮火之下，一封信仍写得有理有节，软中带硬。虽说事先全无布置，叶名琛在事变后毅然发出布告，号召军民杀敌：

> 太子少保两广总督部堂叶，为晓谕事：照得英夷攻扰省城，伤害兵民，罪大恶极。合行晓谕，公同剿捕。为此，仰合省军民铺户人等知悉，尔等务即戮力同心帮同兵勇，但凡见上岸与在船滋事英匪，痛加剿捕，准其格杀勿论，仍准按名赏银三十大元，解首级赴本署呈验，毋稍观望。各宜凛遵毋违。特示
>
> 咸丰六年九月二十九日示[2]

在后来的日子里，英美军舰轰塌外城，总督衙门被劫掠一空，叶名琛迁至内城的巡抚衙门，绝不离城，也不同意英美提出的进城会晤。他与英国公使包令、领事巴夏礼、海军司令西摩尔照会往返，对英军的强盗行径大加谴责，武斗不济，文斗优胜，显示出强大的文字碾压力量。

叶督的镇静与坚定，也大大激发了广东军民的敌忾之气，各种形式的反击随之展开：

11月6日，广东水师二十三艘战船突袭侵入内河的英军战舰，将士的英勇无畏令敌人吃惊；

11月25日晚间，数名清军划小船接近一英舰，号称送信给舰长，出其不意抓获舰长古柏，押上小船，消失在暮色中；

12月3日，英军数百登岸后直扑广州城防的薄弱之地，守卫者是临时调来的东莞乡勇，在千总邓安邦带领下奋起抗敌，击毙数十名敌军，使其仓皇败退；几日后，英军在西炮台登岸窥伺，又被大沥乡勇击溃；

12月22日，英国"提斯特尔号"邮船和"皇后号"汽轮在虎门遭到清军沙船袭击，所拖带的满载抢掠之物的划艇被截获；

12月30日，还是那艘"提斯特尔号"，在省河内被清军设计俘获，驶向一个僻静河湾，处死船长等十一名洋人，焚毁船只；

1857年1月15日，清军数人潜入香港，在一个面包房撒下砒霜，由于剂量过大，吃面包的人马上呕吐，被发现后赶紧抢救和防范，但引发极大恐慌；

1月19日，新安士绅陈桂藉组织的敢死队潜入香港，突袭一支英军巡逻队，杀死一人，余者惊慌逃散；

1月21日，进攻广州的英军因饱受袭扰，兵力不足，且后方香港"遭受了严重的威胁"，将军舰撤出珠江。叶名琛终于等来了"胜利"的消息，当即飞报朝廷，"英夷借端起衅，我军两战获胜"，又说美国、法国都知"曲在英夷，未肯相助"。[3]

而实际上，这只是一种暂时撤离，更大的行动正在紧锣密鼓的筹备中：英国与法国不仅在马神甫事件赔偿上达成一致，还相约联兵北上，共同提出"修约"的诉求，并开始讨论是占领舟山还是封锁扬子江；美国公使伯驾也积极向国务卿建议，主张加入英法的行动，占领台湾、舟山等地，逼迫清朝屈服。该年9月，英国驻法大使提议：不管有没有美国的参加，英法驻华使节"都应立即尽可能地沿白河上溯，并在那里要求中国皇帝履行他所允诺过的修约谈判"。法国很快对驻华公使布尔布隆和在中国海域的海军上将盖兰发出训令：

> 三国政府已下定决心要使它们和天朝帝国的关系建立在合式（适）的基础上。为了保证此举成功，我们已和英国政府以及华盛顿政府协商一致，决定在中国海面聚集必要数量的战舰，以使你们谈判伊始，即具有足够的威势。
>
> 我们也已一致认为，您应该和您的同僚一起前去白河，并

在航行条件许可的情况下,尽量沿河上溯,以便尽可能地接近帝国的京城,并迫使北京宫廷直接和三位谈判者打交道。[4]

白河,发源于河北沽源,流经延庆、怀柔、密云等地,与潮河汇流后称潮白河,东流注入渤海。由入海口(即英法所说的"白河口")溯流而上,很快就能转入大运河,可卡住大清的漕运通道,又能直趋京师。

白河后来被称作"北京莱茵河",有比附之嫌,却也传递出其对京师的重要和风物之美。英国先在广州蛮横动武,又与法、美约会在京畿的白河之上,为的是直接向清廷施压。而此际的叶名琛,大约还在为英舰临时退去沾沾自喜。

二 讹诈的事儿绝不缺席

英、法、美三国的"白河之约",组织联合舰队直逼大清京师的密谋,并没有通知俄国。一则英法与沙俄刚刚结束数年血战,虽经签署和约,积下的冤仇却一下子难以消解;二则俄国海军一向在华南华东较少出现,在第九次俄土战争中又遭遇重创,难入三国军界的法眼。而俄廷和驻外使团高度敏感,时刻关注英法在中国的动向,加上与美国多有交往,很快就得到确凿讯息。

1857年1月7日,不知通过什么渠道,俄驻美大使斯捷克尔获悉美国国务卿麻西对英国大使的谈话,火速电告俄外交大臣戈尔恰科夫。麻西表示美国政府完全赞同向清廷施压,以便在北京设立外交机构和获取更多的商业优惠,美方承诺提供援助,但不愿直接卷入战争。由于美国驻华公使伯驾在叶名琛那里吃了闭门羹,加上美舰闯入省河时曾遭到清军炮击,在英舰进攻广州城的时候,美国人表现得很活跃——美驻香港领事基南和驻广州领事柏雷都参与其中,随同英军入城劫掠,基南还将一面星条旗插在城墙的缺口上。麻西训令伯驾不应被英国牵着鼻子走,指出派遣军舰闯行珠江是不明智的,并要求调查基南打着国旗冲锋之事。这位国务卿的意思是把握分寸,要与英军的悍然动武有所区别,至于北上白河,逼迫清廷修改通商条约,当然要有美国一份儿。

接到斯捷克尔的飞报,俄廷少不得紧急研究因应之策。克里米亚的硝烟虽已消散,失败带来巨大的屈辱仍刻骨铭心。是否支持清廷与英法对着干?是置身事外还是积极参与?沙俄君臣不免纠结,但有一点是清晰的,那就是讹诈的事儿绝不可缺席。正在德国汉诺威的康士坦丁亲王兼任"阿穆尔委员会"的主席,得到情报后,立刻联想到割占黑龙江左岸之事,在给外交大臣的信中表示:"必须派遣一位全权代表赴华,以彻底解决两国边界的问题,并且务必要代表在英法公使到达北京之前赶到那里。"[5]有点像是在竞技场的跑道上,三国尚在做准备活动,沙俄已暗中抢跑了。

康士坦丁亲王是尼古拉一世的次子,亚历山大二世的大弟弟,时任海军大臣,素以坦诚、务实和改革派领袖著称。克里米亚战争期间,他在喀琅施塔得指挥抵御英法舰队的猛烈进攻,危急时自掏腰包,资助潜艇和水雷的研制,多次击退敌军,力保首都彼得堡的安定。战争刚一结束,有感于俄国海军舰船的落后,康士坦丁力主兴建波罗的海造船厂,采用西方先进技术,被称为俄罗斯海军巨舰的摇篮。这位大公一向是穆拉维约夫东进政策的坚定支持者,但更为欣赏的还是普提雅廷,与之关系密切,加上普提雅廷在出任赴日公使期间表现出色,签订的条约对俄国十分有利,故而提议他担当赴华全权代表。

此时英舰(应该还有美舰)已全部退出广东内河,广州城内外虽受创惨重,叶督的预言也又一次灵验。英法攻城期间,叶名琛表现得还算镇定,内心的焦灼惶恐亦可推想;而一旦敌舰撤离,又恢复了往日的自信。他在奏报中宣称"防剿英夷水陆获胜",说敌军已是黔驴技穷。咸丰帝闻讯自然很高兴,但还是觉得不踏实,叮嘱他见好就收,谕曰:

> 从前林则徐误信人言,谓英吉利无能为役,不妨慑以兵威,致开衅端。迫定海失后,即束手无策。前车之鉴,不可不知。[6]

林则徐以虎门销烟名满天下,奕詝做皇子时对之景仰有加,登基后即委以重任,而今竟作为反面典型,真令人感慨圣意难测。但皇上的忧虑也是对的,英法两国都决意对华施压,更多的军舰正在调集和赶来途中,俄国的全权公使普提雅廷,也在急急赶赴中国的路上,压力山大啊。

普提雅廷与穆拉维约夫一出自海军,一出自陆军,皆属沙俄大员中的明练勇为之士,却不能惺惺相惜,遇事大多尿不到一个壶里。穆督一直宣扬黑龙江的重要战略和商业意义,而普提雅廷两年前溯江返回时吃尽苦头,在彼得堡到处说此江不利于航行,没有多少价值,两人就此结下梁子。康士坦丁亲王似乎也知道一些,特地在德累斯顿给穆拉维约夫写信,就此项任命做出解释,说英法两国将向中国海面派出重兵,同时派遣使节去北京谈判,俄廷准备派富有外交经验的普提雅廷赴华,主要目标就是争取得到黑龙江左岸和滨海地区,与阁下的所思所想完全一致。

穆拉维约夫也时时盯着英法在中国的举动,利用自己的情报系统搜集最新情况。2月15日,他写信给外交大臣戈尔恰科夫,要求向黑龙江左岸增兵,信中说:"广州和上海发生的意外事件,使我们的阿穆尔问题大为简化,尤其是上海事件,说明中国当今朝廷能否长久支持,大有问题,这就迫使我们急速在阿穆尔站稳脚跟。因此,不揣冒昧,敬请公爵大人,如果认为拙见可行,准许我及早着手将哥萨克迁往阿穆尔,不必等待亲王殿下,因为据说殿下可能延迟到4月才回国。"[7]那时他还没收到康士坦丁的信件,不知道亲王已推荐普提雅廷担任赴华谈判的全权代表,而且俄廷已经宣布了此一任命。

得知普提雅廷担任赴华公使的消息,可以设想穆督的憋闷。多年与清朝打交道的经验,告诉他此类谈判不会有什么结果,就连俄国公使能否进入库伦都成问题；而三次侵入黑龙江的行动，又使他对边防清军的虚弱洞若观火，由谨慎、收敛渐而至为所欲为。在他的观念里，所谓谈判压根就是枉费心力与时间，把军队开过去，把移民带过去，在尽量不发生交火的情况下实现直接占领，远比谈判来得实惠。和清朝打交道与日本不同，穆督并不放心有几分呆气的普提雅廷，怕他被大清官员绕进去，签订一个不利的条约。果然，普提雅廷刚接到任命，就提出暂停向黑龙江左岸迁移哥萨克，认为会对与清廷的谈判不利，"只要谈判成功，哥萨克移民一事自然会在条约中得到确认"[8]。而穆督嗤之以鼻，在一封信中写道："普提雅廷为人的确不坏，但很可惜，他参预（与）了阿穆尔事务，这很可能会给事业带来损害。"[9]

其实，亚历山大二世和近侍大臣，康士坦丁亲王与普提雅廷，同样担心穆拉维约夫"会给事业带来损害"。穆督的专断霸蛮与偏执冲动，使沙皇身边的人啧有烦言；他在黑龙江事务上的专擅与过激过分，也使俄国外交部时常提着一颗心。沙皇和亲王都知道他的扩张思路，赞赏其积极姿态和取得的实效，也都有些不放心不踏实。毕竟大国之间需要纵横捭阖，毕竟有些事非偏于一隅的穆督所能了解和掌控，不是吗？英法已联络美国抱团向清廷施压，各国的军舰即将开往天津、驶入白河，列强渴望已久的使臣进驻北京就要实现，岂可置身事外！

刚经历过一次惨败的俄国，虽说不再合适当什么"欧洲宪兵"，但对于沙俄君臣而言，参与对华施压是必须的。至于如何去做，沙皇自有训示，也要求穆拉维约夫提供意见，而采纳多少就看普提雅廷的了。

三　公使吃了个大窝脖

俄历1857年2月24日，为了赶在英法等国之前与清廷会谈，抢占先机，普提雅廷率领的赴华使团离开莫斯科，冲风冒雪，一路向东。穆拉维约夫的副官莫列尔与他们同时起身，但昼夜兼程，比使团提前一周到达伊尔库茨克。这是穆督选中的又一个精干助手，本是在彼得堡各衙门跑动公关，呈递公文与私函，争取拨款和武器装备，应召赶到德国的斯图加特，从康士坦丁亲王那里取回给穆督的两封亲笔信。他对使团之事格外关注，一同起行，又比他们早到，以便长官能尽早了解情况，有所准备。

莫列尔带来了康士坦丁的信。第一封说委任普提雅廷出使北京，主要是谈判黑龙江左岸和滨海地区的归属之事，希望穆拉维约夫能尽力协助。函套内附一份奏折，上有沙皇御批，命普提雅廷将要谈的基本内容告知穆氏。由此可知沙皇和皇大弟都重视穆氏的意见，也很顾及他的感受。第二封信涉及日本，说在国外见到波谢特船长（就是那位与普公使一起勘测东北海岸并经黑龙江返回的航海家），得知英国意欲对日作战，夺取据点，并在黑龙江口附近建立基地。普提雅廷也让莫列尔带信来，谈及此行的目标，并请求穆督提供交通工具。

确定普提雅廷为赴华公使后，俄国枢密院向清朝理藩院发出公函，并派信使送往库伦。与早先的咨文相比，俄方措辞显然多了不少倨傲，其中说："现因贵国内地不靖，外寇侵扰广州……敝国君特遣亲信大臣普提雅廷为使，令其权宜办理两国交涉一切事件，用昭我国相交之道。其所派使臣，谅贵院亦无不愿之理，如迟疑不从美意，必至别生事端。"一副居高临下的口气，且隐含威胁。又如"现在无（毋）庸论理，即照相好道理，迎接敝国使臣，妥为照料"[10]，更显得蛮横无理。信使还告知库伦办事大臣德勒克多尔济，说普提雅廷指日即到恰克图，希望尽快安排前往北京。德勒克多尔济将此件转递京师，也在奏折中表达不满，认为遵照先例，俄方应将来华事由、人数、车数和牲畜数一一写明，得到理藩院批准后方得进入，哪有想来就来、想进京就进京的道理！

普提雅廷一行于3月21日抵达伊尔库茨克，受到了穆督的热情接待，礼炮轰鸣，仪仗鲜明，宴会盛大，让公使大人感觉良好。两人有过几次长谈,穆拉维约夫的印象有所改变,善意地提示使团可能会被拒绝入境,而普公使似乎全无思想准备,自也谈不上有什么因应之策。普提雅廷要在解冻之前穿过贝加尔湖,小住几日便急急上路,行抵上乌丁斯克,当时刚过东正教的谢肉节,进入四十天的斋戒期,每天严格素食,连奶和蛋都不得进食,真是难为这些在雪野冰湖上的赶路者。使团于4月初到达恰克图,外贝加尔省省长卡尔萨科夫遵照穆督的指示,特意调来两个边防营、一个炮营,加上当地驻军,为公使举行了"隆重、豪华、声势浩大"的欢迎仪式。其间有对普提雅廷的示好之意,更多在于向邻国炫耀武力,盛邀清方边境官员出席观礼。可以想象受邀者在现场受到的震撼,但没见一个人记录成文,应也不会回去为老毛子作"宣传"。长他人志气,灭自己威风,历来是官场之大忌。

还在伊尔库茨克时,普提雅廷就派信使塔塔里诺夫先往库伦,告知使团约半个月就可至恰克图,打算在5月间到达北京,希望清方提供沿途保障。德勒克多尔济对信使盘诘半天,说是闻知英吉利与法国勾结,派遣军舰由东海开往天津海口,预谋侵占地界,特地赴北京与清朝商量应对之策,在他看来纯属鬼吹灯,但答应转报理藩院。使团到恰克图后,再次派信使赶到库伦,得到的答复是少安毋躁,静候理藩院的批文。

与此同时,京师"俄罗斯馆"达喇嘛巴拉第接国内来函,也向理藩院发出呈文,对本次使团的目的说得比较具体:"现在嘆(英)夷等三国,有窥伺占据之心,乘贵国贼匪之乱,暗相勾结,放炮杀人,肆无忌惮。彼蓄志深远,外国共知,本国相好,恐将来或为大患,不得不据实相告。"[11]一句话,俄国愿意帮助清朝抵御外侮,特派重臣来报信和商量对策。沙俄君臣以为找了一个好时机、好理由,岂知清廷此时以为英舰已经败溃,阅后付之一笑。巴拉第也说到两国的边界问题,"祈将两国边界之事及早完结,以后情愿与贵国相安相保,共防将来不测之事",并声称"本国深知大义,非同贪利之国可比"。说得好听,但几年间在黑龙江的多次入侵,盘踞不去,有谁会相信这些话呢?

普提雅廷在恰克图住了下来，等待清廷的批复，越等越焦灼难耐。穆督曾建议他不要驻扎恰克图，那样会显得专心等候，会很被动，劝他住在上乌丁斯克，可性急的公使大人不听。此后俄国又多次发函，有枢密院咨文，也有使团的专函，强调普提雅廷职务很高，深得沙皇信重，所谈问题很机密，也说使团人数很少，"不过官五员，仆役八名，兵丁十名"，沿途所需马驼不多。岂知咸丰帝在四月间已做出批谕，要求德勒克多尔济告知对方："大皇帝念尔国道路遥远，向无差大臣进京之事……毋庸特派大臣前来。从前哽（英）夷滋事，中国自行御侮，不借外国帮助之力；至外国互相争斗，中国亦从不与闻，并无机密要事应与尔国相商。"[12]其实德勒克多尔济早已将类似的话告知俄国信使，固执的老普非要等一个正式的说法，那你就等等吧。

5月初，普提雅廷已在恰克图等了一个月，高傲的心备受折磨，多次写信不仅没有作用，德勒克多尔济还告知由于信函中措辞无礼，不再为他转呈。普提雅廷再次致函理藩院，指责清廷的做法不符合友好之道，要求至迟在5月21日前做出答复，否则使团将转向黑龙江，由水路赴华。普公使也写信给德勒克多尔济，指责他有意推诿延误，要他抓紧递送给理藩院的公函。大概是见此人实在不可理喻，德勒克多尔济一下子回了两封信，先说"本大臣奉大皇帝谕旨，总理边疆事务，贵国一切事件，丝毫并未推诿，均随时办理"，再把皇上的旨意明确转告，直说没有什么要与俄国商办的事，别再纠缠不休了，还是请回吧。

真是让普大公使没面子啊！如果说半个世纪前的戈洛夫金使团在库伦折翼而返，他这个著名外交家，则是连中国土地都没有踏上。更没面子的，是一切都让穆拉维约夫提前言中：不光对他说过可能连入境都很难，也对康士坦丁亲王说过谈判不会有作用。德勒克多尔济把话说到这个份儿上，再等下去已是毫无意义，怎么办？

5月16日，普提雅廷离开恰克图，转向已解冻的黑龙江，穆督也在那里。这应是两人在伊尔库茨克商定的第二方案，可走陆路经齐齐哈尔入京，也可走水路——清方难以阻拦的入华之路。

四 "我等不敢不据实奏闻大皇帝"

这句话有点儿拗口，也有着外交上的弯弯绕，出自咸丰帝对黑龙江将军奕山密奏的批谕，命他如此对俄国人去说，整段话是这样说的：

> 吉林、黑龙江地方寒苦，并无出产。即米面菜蔬，亦只数本地民人食用，不能与人交易。又民情凶悍，动辄争斗，既无利可图，又恐约束不周，互生嫌隙，有伤和睦。尔等当及早将人众撤回，以全和好。若久居此地，我等不敢不据实奏闻大皇帝，连阔吞屯之事，亦不得不奏。彼时定由理藩院行知尔国，查明何人从中构衅，欲起两国争端。谅尔国王，必当秉公惩办也。[13]

若要解释一下，意思是：这里又冷又穷，民风凶悍，如果你们长期占据海兰泡，我们只得据实奏报朝廷，不敢再作隐瞒，就连以前你们侵占下游阔吞屯之事，也将一并奏闻。届时你们国王怪罪下来，勿谓言之不预也。

不知是要统一口径，还是怕边臣的表述不到位，清廷对外交之事处处遥控，细到具体的话应该怎么去说，都要一一写明。此前在奇吉谈判时，穆拉维约夫提出要割据黑龙江左岸，清廷闻知后，指示吉林将军景淳等告知对方，"中国法制森严"，"恐得重罪、不敢入奏"，总之是我等害怕皇上治罪，不会把你这些无礼要求转呈。有这么一挡，朝廷也就假装啥也不知道。而俄国人步步紧逼，直接就在对岸搞起大生产大建设，清廷又研究出一个"不敢不如实奏闻"的句式，内涵真的还挺丰富，能显现大清皇帝的无上尊威，能表达经办人的为难和留有余地，也带有威胁之意。阅读中俄史料文牍，可见清代边官还真的常常使用，不少时候再加发挥，变成"你们如果……我们就会被处罚（处死）"的套路，并辅以切脖子的手势。老毛子听多了，也就剩下"呵呵"了。

却说普提雅廷到了买卖城对面的恰克图，与大清土地一步之遥，但等待良久，不得其门而入，只好折向尼布楚。这也是一个情绪化的家伙，由原来的主张暂停向黑龙江增兵和移民，以免激怒清廷，一变而态度激烈，表示如果瑷珲当局在黑龙江上再作阻拦，就发兵攻占那个城市。而穆拉维约夫先前没听他的，命令照常练兵和造船，积极筹备再次入侵黑龙江；此刻也不把他的话当回事儿，倒是借着要护送俄国使团、逼迫清方礼貌接待公使的理由，提出向海兰泡等地运送三个哥萨克骑兵连，并带两个边防营和一个炮营护航。俄廷这时才知道还是穆督更谙练边情，不光完全批准他的方案，还允许"酌情采取预防措施"。

"黑龙江事务"的主导权，重又回到穆拉维约夫手中。

第四次航行黑龙江行动，仍由外贝加尔省省长卡尔萨科夫负责。俄军已积累了丰富经验，较多制造大木筏，成本低，吃水浅，装载货物、牛羊方便，一旦搁浅也易于拖拽，更重要的是到达目的地后即可拆散建房。这次航行的目标主要为两项：一是迁移阿穆尔骑兵团的三个连及其眷属共四百五十一户，要多处布点，安置在黑龙江上游左岸近一千俄里的地方，扼守河岸；二是"武装护送公使，并以武力作为他的后盾"，穆督知道双方不会打起来，以此为幌子运去三个加强营，实际上是要扩建军营和帮助移民建房子。《外贝加尔的哥萨克（史纲）》写道："带这些营是为了应付万一，是为了威胁中国人，但主要的是充当安置哥萨克的劳动力"，"这里所说的士兵，几乎都是用来建造公家房屋和帮助哥萨克移民浮运财产和盖房的"。[14] 船队于5月中旬分批出发，而穆督与普提雅廷分乘快艇，仅带两艘小型炮舰，在月底才驶离石勒喀。由于机动性强，他们很快就超过所有的部队，包括那三个营，于6月5日在瑷珲对岸的沙俄结雅哨所会合。在穆督的脑子里，压根儿不需要什么护航。

就在普公使到达的当日，两人带着炮舰驶向对面的瑷珲。有一种说法是普提雅廷带领四名士兵强行入城转了一圈，实际上并没有。穆督根本不出面，只是普提雅廷派员登岸，询问是否收到朝廷准许他进京的旨令，回答是没有。于是普公使便命开船下行，前往黑龙江入海口，由那里换乘"亚美利加号"取道水路赴华。穆督率炮舰陪送了一段水路，算是礼数已尽，次日折返结雅哨所，忙自己的事情去也。

再说清廷接到德勒克多尔济的奏报，得知普提雅廷可能转由黑龙江赴华后，即刻由军机处通告黑龙江和吉林，要他们设法阻拦，由于路途遥远，此时廷寄尚未到达。瑷珲副都统魁福对普提雅廷的来去匆匆一头雾水，向奕山报告，奕山也迅速转奏：

> 据黑龙江副都统报称：俄夷驾大船多只，于黑龙江城傍岸，声称，伊国曾咨明理藩院，迄今未接回音，前欲取道蒙古境界，因薪水不便，今请由满洲地方行走等语。诘其何往？据称欲赴日本国有事。该副都统欲诣身次会见，该夷拔锚开行，木酋折回海兰（泡）停泊。惟俄夷前由水路游行，尚属安静，近来欲由陆路取道，又不提及进京，种种诡诈，不知作何究竟。[15]

报件中的"俄夷"，指的是普提雅廷，而"木酋"即穆拉维约夫，黑吉官员叫他木哩幅幅，对其强横已种下深刻印象。这段叙述可补俄方记述之简，普提雅廷派人问询理藩院回文之事，表示希望从瑷珲沿陆路进京，被告知没有收到批文，经齐齐哈尔往北京的事自然无从谈起。魁福已在岸边等待，通常会晤俄人的大帐篷也已搭好，可普公使兴趣索然，连船也懒得下了。副都统见其不上岸，意欲登船相会，二人也不理睬，开船顺流而下。

那个夏天，穆督一直泡在海兰泡。三个营的沙俄正规军赶到这里，就在黑龙江左岸大肆兴建。这使清方严重不安，奕山得知后紧急上奏，说有俄夷数百人分别乘坐大木排，驶到海兰泡停泊，兴建住房，安设炮位。瑷珲协领巴达朗贵前往对岸交涉，穆拉维约夫对他说最好是仿照恰克图通商，便可彼此相安，并告知"后起人数尚多"。由于语言问题，清方官员常弄不明白俄方的意思，加上一些推测，难免误差。穆督如果真的这样说，也是有意忽悠，争取时间建房和移民。而清廷还真的被忽悠了，批复中有"俄夷拥众猝来，要求通商"，"是该夷欲占地通商，已明言不讳"，要求当地官员不得接受对方的礼物，不得与俄国人做生意，设立关卡，严禁老百姓卖给食物，使之难以存身。针对俄军在瑷珲对岸的新动向，大清军机处火速拟了一套新词，要奕山告知对方：从前只有恰克图一处口岸，近年在新疆增加两处，反而惹出争端，朝廷必然不肯再增加通商地点。不知这些话在层层递减也层层递增后，传到穆督耳中变成什么样子？而即使原版转述，也无异于"对牛弹琴"。牛气冲天的穆督哪里会听这个！他命令属下向瑷珲官员和海兰泡居民散布一个信息：从明年开航始，凡留在左岸的居民均属俄国管辖，不愿意接受管辖者，应该迁到右岸去。黑吉两省官员终于明白老毛子所图不是什么通商，而是要侵占整个左岸，奏报朝廷。谕旨定的调子略作调整，告知对方已将侵占领土之事奏报朝廷，"尔等如此恣意行驶，我等不敢不据实奏闻""理藩院已行知尔国查办"[16]，那意思是，你就等着挨收拾吧。

可叹此时的大清军机处，不光不查阅像《尼布楚条约》之类重要历史档案，大约连一份《皇舆全览图》也没有悬挂（狭窄的军机大臣值房也没有一个悬挂此图的空间），对于奏折中提到的地名，在左岸右岸都弄不清。就在这份廷寄的末尾，竟然问："精奇哩地方，是否系黑龙江专辖？所称往奇咭贸易，是否内地？抑系东海岛屿？"真是让人无语。而从其对两个地名都加了小"口"，可推知已作为蛮夷之地了。此类文字表述上的把控，咸丰君臣倒是心细如发。

五　一个美国佬到瑷珲

在俄国公使普提雅廷改变赴华路径之前，一个美国人，具体说是美国政府派驻黑龙江的商务代表柯林斯，于4月初来到尼布楚地区。柯林斯持有穆拉维约夫的亲笔书信，遍交当地的沙俄军政官员，参观城镇、矿山和工厂，也在额尔古纳河左岸的哥萨克村屯兜兜转转，等待石勒喀河与黑龙江解冻时开航下行。

那是美国从独立转为开疆拓土的扩张时代。一批批殖民者越过密西西比河，穿越落基山和内华达山脉的隘口，沿着俄勒冈通道和圣菲小道，移居西部地区，与哥萨克的侵入远东有几分相像。两个大国一东一西，就这样拥抱了浩瀚的太平洋。那时的美国海军还显弱小，但对海洋资源与海外贸易的兴趣已很强烈：

18世纪40年代，鄂霍次克海已较多出现美国捕鲸船和商船，这些船常会贴岸航行并深入鞑靼海峡，补充给养，也与沿岸居民交易。

1854年2月，美国海军准将佩里率蒸汽铁甲舰队（日人称"黑船"）第二次开进江户湾，逼迫日本幕府在横滨签订《日美亲善条约》。一向封闭的日本国门被打开，沙俄、英国、荷兰闻讯后都派舰队赶来，普提雅廷就是在两年前赴日期间成功签约，在沙俄政坛露了一小脸。

1856年7月，美国公使伯驾会晤闽浙总督王懿德，所提中美互派大使、驻扎京师的请求被拒绝后，向国务卿建议发兵占领台湾；此后英军炮轰广州，美国基南、柏雷二领事率少数美军积极参加，打着星条旗，随同英军入城劫掠，虽受到国务卿的批评，但与列强一起打开中国门户的主旨不变……

那也是美国与沙俄眉来眼去的时期。克里米亚战争期间，美国舰只在鄂霍次克海没少给俄国通风报信，就连穆拉维约夫离开彼得冬营至阿扬港，也是租用的美国商船。穆督对英国人航行黑龙江的企图极为警惕，派人将之从尼布楚带回，而这次在莫斯科会见美国政府派来的驻黑龙江商务代表，却给以一路绿灯。他对柯林斯真可谓"一见钟情"，极尽夸赞，在一封信中说，即使此人日后当上美国的国务卿，也不会令人吃惊；而柯林斯不仅当面当众多次赞美穆督，四年后还将自己的横穿俄罗斯和黑龙江之旅写成书，扉页上题着：

> 本书献给东西伯利亚总督、阿穆尔伯爵、陆军中将穆拉维约夫，以表尊敬与谢忱。

柯林斯出生于纽约，做过律师、商人、投资人，也积极参与政治。当西部出现"淘金热"，柯林斯就跑到加利福尼亚，在那里与俄美公司有了往来，进而激起对黑龙江的浓厚兴趣。"美国佬"三字，是他在所写游记中的自称，颇有山姆大叔的开朗自信，他说：

> 我有钱，有强健的身体，而且也有去阿穆尔河探险的雄心，这就使我同阿穆尔河的开发与未来联系了起来，我希望自己成为第一个到那个地区和那条伟大河流上去的美国探险家，我认为阿穆尔河不用多久一定会引起人们极大的关注，同时对美国来说，也是一个有利的贸易交往的源泉。[17]

呵呵，美国佬总喜欢整什么第一第二，在该书另一处，柯林斯书写踏上黑龙江右岸的喜悦，也说"我是当代第一个亲眼看到这条河的美国佬"。其实在他之前，到过黑龙江口的美国船只很多，且至少那一位驾驶"亚美利加号"前来的船长，去年已经溯江而上，抵达伊尔库茨克了。

柯林斯的黑龙江之行，其价值或不在于他那些野心勃勃而未能实现的计划（修铁路和架设电报线），不在于他与穆总督、卡省长的亲切交往，而在于他写的游记。曾有人指责他是"为美国向东亚进行经济扩张而刺探情报的探子"，倒不一定，但他随笔记下的沿途见闻的确有情报价值。如他对于沙俄船队闯入黑龙江前集结地石勒喀的描述：

> 石勒喀是过去一座罪犯干活的银矿开采地。可是现在银矿的开采停顿了……如今是造船厂，是为阿穆尔河设置的陆海军军用仓库。这里除了修造许多驳船、小艇和木筏之外，还造了两艘轮船。据认为这里是到阿穆尔河去的航行起点，离大洋有三千三百俄里，约为两千两百哩（里）。
>
> 有不少驳船正在建造和准备之中，军队也正在操练，上游各村的驳船和木筏都纷纷开到，粮秣和军需都装上了船，各种不同的小型的独立探险队和队伍都整装待发，准备下阿穆尔河去，即：阿诺索夫上尉，带领一支探矿队；自然科学家拉迪先生；目前在尼古拉耶夫斯克的契卡乔夫海军上校，负责"美洲号"轮船，护送海军上将普提雅廷伯爵去北京；海军上将本人的舰艇；某某海军上校，带领一队地形技术人员，在尼古拉耶夫斯克和迭卡斯特里之间架设一条电报线路；几条商用驳船；还有我们这支小小的志愿探险队。[18]

具体而翔实。对于派员潜入俄境，了解俄国人是如何造船，共集结了多少军队船只，黑龙江将军奕山大约想都不会去想。这个美国佬似乎不必如此上心，却记载得清清楚楚。

柯林斯所乘之船是外贝加尔省省长专门提供的，同船有富鲁赫尔姆海军上校与男仆，以及五名哥萨克水手。6月12日早晨，该船在接近瑷珲城时遇到清方巡逻艇，一番询问后登船检查，"样样都看，拨弄我们的行李和口粮，检查我们的枪枝（支）"，但非常客气。登岸后，柯林斯等人由清朝官员引领至一个蓝色帐篷——清方官员与俄国人会见的固定模式，得到瑷珲副都统魁福的接待，握手寒暄，品茶饮酒。富上校曾任萨哈林军政长官,现为阿扬港司令,号称通四国话,但不懂满蒙语言,幸亏俄方自带了通事,方才开始转来转去的交谈:清方用蒙语提问,通事给富上校译成俄语,老富用俄语回答,通事再译作蒙语,由清方通事用汉语讲给魁福听。此时的副都统魁福为满人,因与太平军作战勇猛,被授以巴图鲁称号,也已严重汉化,连满语都听不懂了。

交谈主要由清方提问,富上校回答,没有柯林斯什么事儿,却能清晰记录下来:"问明了我们姓名和情况(其实这些他们早已听说了),不一会儿话题就转到河流上游俄国人的活动以及兵力、枪炮和船只的数目等等,转到俄国人到阿穆尔河下游来的活动,或者年内他们准备上哪儿去,打算干什么。他们弄不懂美国领事是什么,也弄不懂他在满洲要干什么。富鲁赫尔姆上校说他们大概听到过美国,但这一点他也没有把握。不过领事——到底是什么,似乎使他们大伤脑筋。"对于柯林斯这样一个富有好奇心和能言善辩之人,这恰恰是沟通的上佳机会,可富上校有些骄横和不耐烦,站起身就要离开。柯林斯赶紧请求富上校再次表达进城参观的愿望,"对都统说我们从西方远道赶来,久仰满洲民族和瑷珲城的盛名,因此,很想参观这座萨哈林河上的最大城市"。清方官员听后没有马上回应,而是商量起来,富上校见状不满,起身就走,通事等人跟着起身,柯林斯只好跟着离开。

一个美国佬的瑷珲行就这样结束了,他写道:"千里迢迢赶到瑷珲来,竟然被拒之于城外,对我来说这是一个严重的打击,而我是完全准备孤注一掷的。"[19]所说的孤注一掷,是想硬闯入城。他也说到普提雅廷"仗着武力直入瑷珲城",不知是谁告诉他的,实际上普公使连河岸都没踏上。

六 "阿穆尔防线"

阿穆尔河,是俄国人对于黑龙江的称呼;阿穆尔防线,意即黑龙江防线。大变在即,大敌当前,俄兵俄船纷纷闯入,黑龙江将军奕山亟须为抵御强敌建立一道防线,但是没有,没有见他采取任何积极有效的军事措施。这道防线,反而出自穆拉维约夫的战略规划,在黑龙江左岸立足未稳,他就迫不及待地设立了这条防线。

它是一条沙俄殖民点的分布线。

要想实现永久性占领,必须有本国人的大量迁入。沙俄对黑龙江流域的武装入侵,从开始就与非法移民缠结在一起,杀人越货的哥萨克中也不乏垦荒种田的农民。穆督派亲信干员负责移民安置,对移民政策大加宣传,发补贴,发土地,发牛马和耕具,由部队为他们建造住房……从外贝加尔省、伊尔库茨克省甚至更远的内地吸引移民,数量不够就采取强制手段。在兴建黑龙江城时,康熙帝即注重屯田戍边,尤其是在左岸耕种。清廷下大力气组织达斡尔人返回故乡,钦派大臣引导督察,运来粮种、耕牛,取得了一些成效,遗憾的是后来没能坚持;乾嘉两朝也鼓励闲散满人回迁黑吉两省,出台了一系列保障措施,选址却多是远离边境。而穆督的殖民规划一开始就具有战略眼光,几乎将所有的村屯都沿江设置,亦兵亦农,成为"阿穆尔防线"的组成部分。

它也是一条军事分割线。

此时的清朝,在黑龙江左岸只有乌鲁苏木丹一个卡伦。而俄国在尼布楚划界后,就在上游交界处设立哨所,清方则没有;涅维尔斯科伊潜入河口湾,先在左侧建彼得冬营,后来在庙街设立哨所,接下来是兴建奇吉基地和鞑靼海峡的亚历山大哨所等,扼住黑龙江上下两端;1854年借口与英法作战的军队需要补给,俄军在黑龙江上中游的左岸选点建房,储存粮食弹药等,加快了军事据点的布局,很关键的一点是同时加大移民力度。就在俄廷派遣普提雅廷赴华谈判的过程中,穆督丝毫没有等待,在写给陆军大臣的信中说:

> 我的各项准备工作从未稍停;为哥萨克移民采购粮食和各

种物品以及修造船筏等工作,一直没有中断;哥萨克移民须于5月之前备齐安家的一应物品,从原住处动身,在入冬前赶到新住处,安顿停当,并作(做)好过冬准备。因此,阿穆尔团的头三个连以及该团第六连的家眷,都在积极准备,有关的最后指令一到,便可立即出发。[20]

这份报告呈送到沙皇案头,御批:"立即准许将阿穆尔团的三个连迁去。"皇上发话,陆军大臣自是一路绿灯。此时黑龙江下江地区已被俄方控制,穆督将重点放在瑷珲城对岸偏西的海兰泡,在已有结雅哨所的基础上大肆兴建。他将阿穆尔防线划为两个分区,第一分区的司令部就设在海兰泡,调集重兵驻扎。

从美国佬柯林斯的记述中,可知清军也能在困境中捍卫主权:上游的乌鲁苏木丹卡伦坚持在江上履行检查盘问之责,有时表现还很强硬;瑷珲的军事巡逻艇更多,并坚决拒绝俄方入城;对沿江而下的可疑船只,如搞不懂来路的美国领事,则派出小船尾随盯梢,不惧其开枪恐吓,黏住不放。奕山对局势之危急并未刻意隐瞒,奏报时特别注明俄方在对岸"盖房安炮",军队动作不断,甚至闯入松花江口西进,声称已添派兵丁,加强巡防,请求迅速从盛京调拨火药十万斤。咸丰帝倒也明白,谕令盛京将军承志即行办理,先将现有火药制成弹丸,克日起解,毋稍迟误。

数年内战,黑吉两省的八旗马队大量被调往内地,出现在追剿太平军和捻军的前线,伤亡之下不断要求补充,兵额不足就扩大到"西丹"。西丹,乃满语音译,指"未成丁"的少年兵。相对于满营和绿营的腐化怯战,来自边疆的少年兵显得更勇敢些,因此退而求其次。强盗已破门而入,边疆边防已压力巨大,而征调竟到了这种程度!奕山、景淳多次奏报边情紧急、防务空虚,朝廷也曾通告各路军营"将吉林、黑龙江马队分别撤留",即撤回一部分,并不再批准各处"续请添调"的要求。

哪知到了咸丰七年秋天，武汉前线督师、湖广总督官文吁请甚急，只得"谕令景淳、奕山酌量各调西丹二三百名，实于无可调拨之中，勉为抽派"。试想，等官文密奏飞报京师，朝廷谕令送到黑吉两省，当地再去选拔少年兵，配齐武器装备，分拨起身，赶到前线差不多再快也要到明年了。这样的远程抽调有意义吗？让这些从未打过仗的半大孩子上阵真的有用吗？连普通百姓都知道"远水解不了近渴"，可才具平庸的官文强调很重要，同时开了一个选调武将的名单，有"协领察隆额等三十五员名"，皆为瑷珲等城的得力之员。如按照这个只顾眼前的糊涂蛋的设想，黑吉两省大约要抽调一空。朝廷也觉得不可完全同意，命奕山从中"酌拨数员即令管带西丹，前赴湖北"[21]。攘外必先安内，是中国历代王朝直至蒋介石尊奉的一项基本国策，看似振振有词，实则极易造成误导，颠倒主次。此际的清廷仍是这样做的，不惜抽空边防，恶果则有目共睹。

对于穆拉维约夫而言，阿穆尔防线，又是一条可以多点发动的进攻线。沙俄想对中国的东北动手可不是一天了，拟订攻掠远东的计划也不止一次了，应只有穆督真的做好了战争准备。他在给外贝加尔省省长卡尔萨科夫的信中写道：

> 如果我国决定，一旦谈判失败，立即诉诸武力，那末（么），我可以对这次出使表示赞同。其实，根据陆军部的准备来看，使用武力是完全可能的。若是我国当真准备如此行事，我想，我们势必要在今秋（9月间）开始行动，派出两支部队：一路攻取库伦，另一路攻取瑷珲。还可以派出一支不带步兵的部队，从祖鲁海图跨过额尔古纳河，径取海拉尔、玛尔克什和契吉利亚尔。驳船的建造切勿停止，9月份也许会用上。[22]

在给卡尔萨科夫的另一封信中，穆督说得更为具体：

> 我认为我们的主要作战基地将是阿穆尔，登陆地点是黑河。从那里有几条平坦大道，穿过人烟稠密的地区，通向南满和北京……至少今年我们要派出先遣部队，等来年河开草长，再率主力向前推进。此次行动期间，移民无疑须暂停。假若我们能立足满洲和蒙古，从而使满蒙脱离中国，成为受俄国庇护的两个独立的公国，即使暂时不移民也于事无损。[23]

思维极为周密。穆拉维约夫还不断写信给康士坦丁亲王，委婉表达了对于谈判的不抱希望，表示谈不赢就打，并振振有词地反问："既然英法有权以武力强迫中国接受其条件，为什么我们就没有这种权利呢？"此时的他胃口更大，已不止于黑龙江左岸了。

针对东西伯利亚人口稀少的实情，穆督抓住一切机会以求改变。他得知沙俄陆军部要将一万八千名犯罪士兵清洗出去，赶紧提出申请，希望能收留其中的一万五千名，分批（每月五百人）派到黑龙江的各个哥萨克步兵营。沙皇批准了他的方案。沙俄在左岸调集大军、磨刀霍霍，清廷对右岸本来不多的驻防军不断抽调、及于余丁和少年，这就是1857年黑龙江防线的实况。

注释

[1] 丁名楠、余绳武等《帝国主义侵华史》第一卷，第三章《第二次鸦片战争与中外反动势力对太平天国的联合镇压（一八五三—一八六四）》，人民出版社，1973年，第125页。
[2] 转引自［澳］黄宇和《两广总督叶名琛》，第十章《重新评价叶名琛在"亚罗"战争中的"无为"政策》，区鉷译，上海书店出版社，2004年，第184页。原载F.O.17/267卷，第168号公牍（1857年4月7日），附件，叶名琛1856年10月27日檄文。
[3] 《筹办夷务始末（咸丰朝）》卷十四，《[五四八]廷寄二》，第500页。
[4] 齐思和、林树惠、田汝康、金重远等，故宫博物院明清档案部编《第二次鸦片战争》（六），《给布尔布隆先生的训令》，上海人民出版社，1979年，第73—74页。
[5] 《穆拉维约夫-阿穆尔斯基伯爵》第一卷，第五十六章，第500页。
[6] 《清文宗实录》卷二一八，咸丰七年正月己卯。

〔7〕《穆拉维约夫-阿穆尔斯基伯爵》第二卷,《致亚历山大·米海洛维奇·戈尔恰科夫公爵》,第147页。
〔8〕《穆拉维约夫-阿穆尔斯基伯爵》第一卷,第五十六章,第501页。
〔9〕《穆拉维约夫-阿穆尔斯基伯爵》第一卷,第五十七章,第511页。
〔10〕《筹办夷务始末(咸丰朝)》卷十五,《〔五六八〕俄国为遣普提雅廷为使进京办理交涉事件给理藩院咨文》,第518—519页。
〔11〕《筹办夷务始末(咸丰朝)》卷十五,《〔五七四〕巴拉第为俄国遣使进京给理藩院呈文》,第523页。
〔12〕《筹办夷务始末(咸丰朝)》卷十五,《〔五七五〕廷寄》,第524页。
〔13〕《清文宗实录》卷二二八,咸丰七年闰五月庚子。
〔14〕[俄]瓦西里耶夫《外贝加尔的哥萨克(史纲)》第三卷,《穆拉维约夫准备第四次航行》,第128页。
〔15〕《筹办夷务始末(咸丰朝)》卷十五,《〔六〇二〕奕山等又奏俄船于黑龙江城傍岸声称欲赴日本片》,第543页。
〔16〕《筹办夷务始末(咸丰朝)》卷十五,《〔六三三〕廷寄》,第570—571页。
〔17〕转引自[美]查尔斯·佛维尔编《西伯利亚之行:从阿穆尔到太平洋(1856年—1857年)》导言,斯斌译,上海人民出版社,1974年,第18页。
〔18〕《西伯利亚之行:从阿穆尔河到太平洋(1856年—1857年)》,《从班金到石勒喀》,第177页。
〔19〕《西伯利亚之行:从阿穆尔河到太平洋(1856年—1857年)》,《到达瑷珲》,第206—210页。本节以上引文未经注明者均出自此篇。
〔20〕《穆拉维约夫-阿穆尔斯基伯爵》第二卷,69《呈陆军大臣的报告》,第148页。
〔21〕《清文宗实录》卷二三六,咸丰七年九月丁酉。
〔22〕《穆拉维约夫-阿穆尔斯基伯爵》第一卷,第五十六章,第501—502页。
〔23〕《外贝加尔的哥萨克(史纲)》第三卷,《穆拉维约夫在军事方面的设想》,第120页。

第十四章 《瑷珲条约》出笼记

咸丰八年四月十六日，亦即公元1858年5月28日、俄历5月16日，沙俄东西伯利亚总督穆拉维耶夫与大清黑龙江将军奕山经过数日角力，最后签订《瑷珲条约》。如果说此前的《中英南京条约》是一个城下之盟，以武力打开了清朝的门户，此条约则意味着大块领土的丧失，带给中国人的是更为刻骨铭心的伤痛。清廷将之称为"逼签"，先是朦胧隐忍，意识到其巨大危害后力图挽回，在一段时间内拒绝承认，最终仍不得不接受。

谁是签订《瑷珲条约》的罪人？当然非奕山莫属，是他身任边镇而无所布置，是他准备不足而追着对方要谈判，也是他面对咄咄逼人的穆督退让屈服……史学界翻出这个宗室将军的一屁股旧账，在广州的败阵赔款，在新疆的开放门户，痛斥他是个资深投降派，而忽视了其所奉密旨与时势之迫。除了"权为驾驭"，奕山还有别的选项吗？如果不是奕山，换一个人（如主战的僧格林沁或胜保），结果又会更好一些吗？

一 普公使的韧劲儿

在恰克图吃了闭门羹之后，普提雅廷与戈洛夫金的废然而返不同，而是转向黑龙江水道。不管心中怎样的幸灾乐祸，东西伯利亚总督穆拉维约夫还是赶过来热情接应，一路陪他到瑷珲，然后在江上挥别。他能预测到去天津的情形吗？很自然，但大约不会多讲，看到普公使的坚持前行，再多说就显得居心不纯了。倒是普提雅廷对他说了不少，其中有一句被穆督记下来，大意是：与日本人打交道，要比与中国人打交道愉快得多。

普提雅廷在黑龙江江口的尼古拉耶夫斯克待了几天，会见了随后抵达的美国商务代表柯林斯，然后换乘"亚美利加号"（即穆督刚刚购进的那艘蒸汽轮船，又译作"美洲号"），由海路前赴中国。柯林斯实在是一个好奇心重、笔头也勤的家伙，记载了这个港口城镇的河道、港湾、流速乃至地貌与土壤情况，还欣喜地发现四艘来自美国的商船。他在书中也记述了普提雅廷起航的情形：

> 7月12日，星期日。中午十二时温度八十度。天气晴和，有海风。海军上将普提雅廷和随从人员登上"美洲号"轮船。13日早晨，"美洲号"轮船启航。科萨克维奇省长和随从人员登上"阿穆尔号"轮船护送那位海军上将入海。岸上的炮台为此鸣炮致敬。美国船上悬旗庆祝。两只轮船向河的下游行驶，鸣炮回礼，最后消失在突出的海岬或角堡的后面……[1]

与五年前担任赴日公使时率领一支舰队不同，普提雅廷此次辗转赴华，显得有些寒碜，所乘为"亚美利加号"，另有两艘护卫和补给舰，还是拜穆督的慷慨借予。穆拉维约夫曾向康士坦丁亲王表示会全力支持使团，"我甚至准备亲率一百名哥萨克护送普提雅廷到中国，即或我不参加谈判也无妨"，也只是说说而已。普公使心知肚明，仍坚定地前赴中国的大沽口。

没有看到这个使团的文献和普公使的日记，无以知晓他们在海路上的详情，根据清朝档案，"美洲号"于咸丰七年六月十八日（1857年8月7日）抵达天津白河口拦江沙外，全程二十五天，也是够拼的。此前普提雅廷已致函理藩院，奕山也将其在瑷珲打探消息的事奏报，清廷一直惦记着，先命直隶总督谭廷襄严加戒备，又选派长芦盐政乌勒洪额、贵州布政使文谦、直隶布政使钱炘和协办此事，足见重视。当地军营每日派出哨探到海面察看，很快就发现了"亚美利加号"。谭廷襄曾请求由理藩院拣派通晓俄语言文字之人，以备翻译之用，谕旨以为反使对方猜出是朝廷预派，说俄国人"自必带有通事，但就其所述之语据理剖析，得其大意而止，不必多生枝节"[2]。闭目塞听，翻译的重务全听对方去说，还自以为得计。

普提雅廷随行有七八十人，真的带了两名通事——据说在北京待过十余年，曾长期"借调"理藩院，精通满汉文字，也熟悉此间的风土人情。谭总督令属下扮作商人，驾驶渔船抵近侦察，再令知州陈钟祥登船，告知"天朝体制，各有专司"，俄国公文应由枢密院通过库伦办事大臣转理藩院，此地不敢擅自接收。普公使可不是这么容易被赶走的，声称库伦方面临期爽约，不得不赶赴天津，如果这里也不收文，就请在封套上写明"究竟何衙门何官不收"，自己立即回帆。清方试图了解沙俄使团的真正来意，对方只称必须递交公文，就是不肯说。乌勒洪额等三人奏称，坚拒沙俄使团并不难，难的是将来另生枝节，无法收场。朝廷也意识到一个知州是打发不了俄使的，命文谦亲自登船，先讲规矩和道理，也可以勉强收下公文，前提是俄船必须离开，以后不得再如此操作。

文谦以巡河大臣的名义前往，由于风浪太大，折腾到傍晚才登上俄舰，鹦鹉般学说了皇上下达的标准措辞，普提雅廷却说此地离北京不远，"情愿再次候信"。他还反问：如果返回听信，自己何必漂洋过海地冒险前来？文谦说两国和好多年，不值得因此伤了和气，不管是恰克图、库伦还是黑龙江，定一个地方，一定会将回文递到。普公使则说两国订有在边界友好接待来访大臣条款，而当地不接待，才由水路赶到天津，由此进京商议要事。文谦说天津民风强悍，万一出事就麻烦了。老普一笑置之，说围观外国人属于常情，愿看就看呗。对话至此，文谦已是没辙，只好假作生气，训斥陪同登船的陈钟祥多事，起身欲离开，被俄人拦住不放。陈知州赶紧解释文大人是来巡查河道的，请他来本想通融一下，既然讲不通，会转告地方官来接收，回文大概需要十几天。普提雅廷不答应，最后说是八日内差人接件，才放他下船。而当普提雅廷与文谦唇枪舌剑之际，另一个通事悄悄对陈钟祥说：英国人正在勾结太平军，密谋对贵国不利，若来此地很难抵御，投递公文也有相帮之意。陈知州正言相告中国自有退敌之策，也不愿意掺和外国的事情，但还是赶紧禀报上司。

清廷再发谕旨，认为文谦先已假冒查河，不便再出面，命钱炘和登船，又编成一套新词，对什么英法动向一概不感兴趣，甚至公文也不让他接收了。岂知黄昏时分，清军哨船照例远远盯着俄舰，突有一舢板飞速前来，将一个纸包掷入。官员赶去询问，俄国通事说：来此二十天了，既无人收件，又毫无礼遇，天气炎热，即将离开，故将公文送出。清方赶紧告知布政使会来处理此事，俄人才把公文收回。待钱炘和登船，普提雅廷在一番寒暄诉苦后，竟表示直接赴京。钱炘和告知大船过不了拦江沙，他便要跟随官船前往，又说可让轮船开离，自己只带两个通事上岸等候。布政使大人忙说僻野村庄，岂是款待使臣之地。普提雅廷缓缓地说：如果真的拒收公文，我不敢勉强，也不会在此听信，"改日前来，恐不似今日见面光景"[3]。钱布政听出其中的威胁意味，思忖半晌，接收了俄国的公文。

8月25日，"亚美利加号"启碇南行，临去时老普留下一句话：半个月后再来听回信。清廷得报深为不安，推测俄舰可能会去辽宁或胶东海口，立即传谕盛京将军庆祺、山东巡抚崇恩密为戒备，不许沿海百姓卖给他们食物，严禁俄人乘小船进海口测量。

二 奕山接奉密旨

常见有人将签订《南京条约》、开放五口通商称为"国门洞开"，其实大不然，闭关自守在此后多年仍是清朝的主旋律。以肩负沙皇使命、奔波两万里的普提雅廷为例，十五年后仍不得其门而入。而在他之前，美国新任公使也是一样，巴巴地赶到香港，发来照会，想进广州拜会总督叶名琛，没门儿。连使节都不得其门而入，怎能说成"洞开"？

普提雅廷的坚韧与坚持总算起了点儿作用，清朝官员被迫接收了俄方公函，送往北京。该函文字不长，先埋怨一通库伦和理藩院不遵守约定，接下来主要写了三点：

其一，中俄两国从东到西有漫长的接壤之地，有些地方边界未定，沙皇特派亲信大臣赴京，以早日勘定，避免兴起争端；

其二，中国的内乱已影响到恰克图贸易，俄国愿意出兵帮助平叛；

其三，贵国的兵书与文学作品甚好，但英国密谋进犯广州，恐怕单靠贵国之力难以支撑。

信的末尾处说"如使俄罗斯大邻国不和，至于为敌，则贵国诸多有碍"[4]，带有明显的胁迫意味。理藩院遵旨回复，再次申明两国只有乌第河地区未定疆界，已责成当地将军会勘，其余不存在重新划界问题。至于俄使表示愿意帮助平定内乱和对抗英军，均予婉拒。清廷岂看不出后两条意在迷惑和拉拢，划界占地才是来使要谈的重点，立即对奕山和景淳发出密旨，附上普提雅廷的函件，命奕山主持与俄方的边界谈判。

阅读奕山抵任后的奏章，未见有大的欺隐，涉俄之事都能及时详细地奏报，都是钦此钦遵，这也是朝廷信任他、命他主持边界谈判的原因。密旨要求他"亲往与该夷会晤"，讲明边界未定的原因在于俄方，并说"如该夷别有要求，并着正言拒绝"[5]。而就在此时，大批沙俄人马正乘坐船只木筏纷纷沿江而下。他们已积累了相当丰富的经验，将多只木筏串联一排，既增加了稳定性，又能大量装载牛马器械，到后拆开便可用以建房。当老普在天津口岸日日苦等、憋闷郁愤之际，穆拉维约夫可没闲着，命部下沿黑龙江左岸布点，加紧移民。他们以精奇里江口西侧的海兰泡为重点，在已有的结雅哨所和粮仓库房基础上大肆营建，

"支搭帐房,砍伐柳枝,备编苫房",同时安设铜炮,对着右岸的小黑河屯。清方边员过江查看,见俄人"各有鸟枪腰刀,兼有演练枪炮等事",毫不避讳。穆督在此地坐镇指挥,指派属下友好接待,并表示感谢清方数年来的关照,强行将一份礼物塞给清朝官员。

自顺治朝哥萨克侵入该地域,俄人就以两手开道:赠送礼物金币收买,不服从则杀人抢劫,至此仍是这个路数。他们以送礼为殖民利器,准备多多,分别层级,清方边员喜欢来自欧洲的小玩意儿,但也深知其间利害,坚决拒收,可拒绝也难。奕山呈报朝廷,引用咸丰帝朱批,表示俄方的确是在"豫作通商地步",也说了己方的难处:俄军在对岸已有六千多人,枪炮精良,强行阻止会激成事端,不管又不妥,只得暂顾目前。意思还是不敢管,也管不了。皇上与近臣表示理解,指示要拒收礼物,派人讲道理,暗地里禁止边民卖给俄人粮食肉菜——这些奕山与下属都尝试过,没有啥作用。

却说普提雅廷率舰到日本进行补给,重又折回天津口外。清方早有准备,派知州陈钟祥等冒着风浪,将理藩院回文交到他手上,内容很明确,边界之事,不能在天津决定。老普倒也没再废话,告知即行返回,将此事奏报沙皇。陈知州松了一口气,提出直隶总督要在天津城搞一个小型欢送仪式,普公使连说不敢当,表示趁着风浪较小,马上要启程。果然在陈钟祥等人下船不久,"美洲号"就起烟驶离。乌勒洪额等赶紧奏报朝廷,顺带显摆自己会办事,说是提供了一些食物和猪羊蔬菜,对方欣然接受,拿出礼物回赠,陈钟祥先是拒绝,转思"大局已定,该夷已甚悦服,不值因小节而失和睦。暂将礼物带回"[6],并且开列了一个清单,送往军机处。咸丰帝阅后立即密谕奕山,称普提雅廷愉快离津,要返回向国主请示,路过黑龙江时必然会到海兰泡,命奕山设法与之见面,谕曰:

此次普提雅廷路过黑龙江,谅必至海兰泡等处,奕山如与接见,当告以中国既有咨文至萨纳特衙门,将来未定界址,自必由该使臣与奕山秉公查勘。所有海兰泡、阔吞屯、精奇里等处均有该国属下人盖房占住,现在界址未定,自应先行撤回,以守旧章而敦和好。即或一时未能全撤,亦须饬令安静居住,勿与中国民人互生嫌隙。该使臣系该国大臣,谅能约束属下,静候查勘。

倘或该使臣不到黑龙江与奕山晤面,奕山亦可晓谕海兰泡等处夷人,告以该国有大臣普提雅廷即日前来,与该将军查勘界址,两国永敦和好。尔等若不候定界,擅自盖房占住,实属非礼,中国必咨行该国惩办。[7]

清廷君臣显然以为摸到一把好牌,黑龙江的混乱局势将要扭转。岂知号称"头等公、御前将军"的普提雅廷,进京的目的未能实现,两次来津主要由陈知州接洽,见到的最大官员为直隶布政使,表面上虽彬彬有礼,心中早是郁结愤恨,压根儿没有返回俄国。普公使先到日本港口补给,然后去了上海,在那里给康士坦丁亲王发信,讲述在天津的遭遇和观察,说清朝官员在交涉时虽然傲慢,实则对于俄国轮船出现在白河口外非常恐慌。他建议中断恰克图贸易,以免清廷在谈判时总拿着这个说事,以为卡住了俄国的脖子。

接到密旨后,奕山不敢怠慢,一面命属下打探普公使的消息,一面携带将军大印,由省城齐齐哈尔赶往瑷珲,在那里等候,同时按照皇上的旨意要俄方从左岸撤走人马。穆拉维约夫已经离开海兰泡,主事的为驻防司令亚兹科夫(清人译作央衷枯幅,天朝自洋人抗议后一般不再给其姓名添加小口,而自有鄙视贬损之术)。亚兹科夫回称不知道普提雅廷何时折回,也不敢擅自撤回军队。奕山的大将军派头十足,又命他写信令穆拉维约夫前来会商,对方说这我可不敢。在瑷珲空等了二十天,江上已结冰,普提雅廷已不可能再来,奕山只得返回齐齐哈尔。

岂知普公使已到了香港，利用英国的电报系统，向国内报告获得的新情报。天津海口的遭遇使他对清廷一腔怨恨，说什么清帝已下令在黑龙江反击俄军，认为光靠外交不行，提出派军舰封锁白河口，堵住向北京的漕运，也在英法联军北上时占得先机，得到最大的利益。两广总督叶名琛得到三只俄国舰船停泊广州外洋的消息，奏报朝廷，连舰号都写得大差不离，却不知普公使已然到达，不再与清朝官方沟通，而是迅速与英法美三国公使建立了联络。

国家之间的关系自会影响到使节的交往，普提雅廷与美国公使列卫廉关系密切，一拍即合，与英法公使来往则各怀戒心。英法急欲形成对华施压的统一阵线，先是葛罗登舰拜会，英法联军热努里将军也送来封锁珠江的声明，当是怕沙俄帮着清朝搞事。普公使既是外交老手，刚又两度到达白河口外，握有不少政治情报和军事数据，很快就凸显了自己的地位。

三　主随客便

2008年北京举办奥运会前夕，一位记者在文章中谈论如何接待外国运动员和友人，开篇就自豪地写道："中国人做客和待客都是很有讲究的。如果我们是客人，一定入乡随俗，客随主便，不给主人添麻烦；如果我们是主人，那一定要殷勤备至，主随客便，让客人感到宾至如归。"这番话据说来自周恩来总理，很长时间内成为对外交往的一个姿态，也符合广交朋友、韬光养晦的准则。但这建立在国家独立和满怀自信的基础上，19世纪中叶清朝的黑龙江，也曾上演过长长的一幕"主随客便"，不忍回眸，也不应忘记。

客，是不请自来，来了就不想离开的哥萨克武装和沙俄正规军。1857年的夏天，黑龙江左岸迁来越来越多的"客人"，有军队也有移民，以及他们的牛、马、羊、鸡、鸭,乘木排顺流而下,在左岸沿途布点。海兰泡本是一个中国村落的名字,俄人看中其地理位置,偷偷摸摸建了一个哨所,开始时百般遮掩,此时则有意大张旗鼓。穆督决定组建的阿穆尔防线分为两段,上中游的司令部就设在这里,大批军队开来,很快就兴造了大片的营房、官邸和普通住宅。清方一开始还在逐日统计新建房舍的数目,后来觉得没有意思,也就不数不报了。

穆督离开时,对阿穆尔防线第一分区司令亚兹科夫面授机宜:要求与瑷珲当局保持良好关系,经常性搞些两岸互访,接待副都统本人要和蔼亲切,多送礼物;还命令驻防各连队也要友好接待到来的清方官员,同时派人进入瑷珲,"侦察那里是否在进行作战准备"。亚兹科夫久在穆督身边,自是心领神会。

黑龙江两岸土地肥沃,俄人在海兰泡一带广为开垦,大大小小的菜园子生机勃勃。时任副都统吉拉明阿派人过江交涉,亚兹科夫一脸的诚恳,说国内来的人多,买不到蔬菜,只好自己来种。奕山等将此写进奏折,表明一直凛遵上谕,对边民管理甚严,没人卖给老毛子东西,逼的尔等不得不搞起菜园子来。咸丰帝阅后有些满意,再次训令:"一面妥为驾驭,毋令开衅,一面密禁沿海奸民私通贸易,断其接济,使彼粮食匮绝,当必废然思返。"[8]至于如何对待俄国人的菜地,皇上没说,应包括在"妥为驾驭"中,那就是随他便啦。

也有大量俄国人船经过瑷珲,去向中下游地方。清人将黑龙江与松花江交汇之处叫黑河口,与乌苏里江汇合处称乌苏里口,皆为要害之地,在右岸设了卡伦,因设施装备简陋,基本起不到太大作用。俄军对两江口很重视,在霍尔托库、图勒密等处留下人马枪炮,先搭窝棚,再建住房,周遭还挖出深壕来防御,与哥萨克当年的营寨很像,也开始尝试进入松花江。1857年8月间,俄国军官率领两百余人,驾驶一艘火轮船与七八只帆船,从黑龙江下游驶来,停泊在齐林江心岛畔,"次日清晨,分拨夷人二十余名,驾船二只,驶入松花江,穿越黑河卡伦,逆游西上"。守卡佐领春福阻拦不住，一面令人骑马飞报，一面在江上驾船急追，终于在六十余里处赶上。赫哲人以桦皮小船横于江面，俄人凶蛮地抡篙便打，仍要前行。所幸一队清兵从江汊迎头抄出，阻拦不听，纵身跳上俄船，将其篷帆扯落，才不得不回转。春福等与之理论，对方气势汹汹，待拿出以往俄船的过卡路票，说明无票不得通过的约定，方才表示探水"误入松花江上游，明晸由黑河口折回"[9]。次日，俄兵沿黑龙江上行，临别时恨恨地说：等报告总督后还会率兵再来。

那真是一个忙碌的夏天，直至秋天，主客皆忙。

"客人"在江上来来往往，忙着运兵运粮，造房垦荒，一副扎根我边疆闹革命的架势；主人也跟着在江上来来往往，忙着迎头拦截，尾随侦察，抵近登陆，心里想着有朝一日与老毛子拉清单。就这样，又一批俄国哨所和移民点在左岸出现了，在中游的奇牛山，在松花江口下方的霍尔托库，在乌苏里江口的图勒密……此时的首席军机大臣是彭蕴章，清廉谨慎，但实非治国之才，其他三位资望和能力还不如他。皇上希望了解上述地名的具体所在，这帮老兄显然连份详细地图都没有，转命奕山等查询报告，一来一回，两个月过去了，哪里还能抓住啥"军机"呢？

1857年岁尾，彼得堡的阿穆尔委员会紧急开会，研究普提雅廷在香港发来的派舰队封锁天津口岸的报告，刚到巴黎疗养的穆拉维约夫也被召回参会，决定改任普公使为俄国分舰队司令兼钦派大臣，留在中国海岸，"以便注视西方列强对中国的行动"。什么意思？就是与英法美三国共同施压，利益均沾，但不参加对华军事行动。一向以强硬著称的穆拉维约夫，却主张继续向左岸移民，并本着不诉诸武力的精神，与清方谈判边界问题。康士坦丁亲王很欣赏他的转变（应有些不满意普提雅廷的改变），当即奏明沙皇，赐予穆督侍从将军称号，委托他负责黑龙江的边界谈判。

这是一个重大调整，俄枢密院随即通报清朝理藩院。

对岸的俄军（包括经过黑龙江的俄船），总喜欢拿望远镜观察右岸，清方很敏感，也用各种方式观测对方，收集俄人的动向。奕山将军采取了一系列对应性措施：奏请皇上拨发十万斤火药；奏请将呼伦贝尔的十五个卡伦前移，抵近俄国哨所；从齐齐哈尔等地抽调精干人员，加强边界防御。所有这些都在暗中运作，生恐惊动了俄方。左岸大多已成了俄人的居住地，黑吉两将军不仅仅是主随客便，准确说已然主客易位，老毛子反客为主了。

这年年底，哥萨克在左岸修了一条邮路，从黑龙江口的尼古拉耶夫斯克一直到外贝加尔省的乌斯特哨所，沿途设有驿站，配属士兵和马匹雪橇，房屋温暖整洁。根据穆督的指令，"驿站门前都竖有双头鹰路标，写明站名和里程"。这主要出自滨海省省长卡扎凯维奇等人的动议，甚至还在筹备铺设电报线路，一副兴兴头头建设家园的样子。

四　将星翻作客星单

在首次强行驶入黑龙江之前，穆拉维约夫较为正式地向清朝打了招呼（不是请求准许，是告知），说要往东海与英法联军作战，防止英法入侵黑龙江和乌苏里江流域，第二年俄船再来也是同样一套辞辞。等到《巴黎和约》签署，穆督实在不好意思沿用这个理由，便说要防止英法军舰再来，说是英法正密谋在广州搞事，甚至要组成舰队去天津，由那里进京。穆督如此说，俄枢密院和赴华公使普提雅廷也如此说，而英法也真是正在运筹对华动武之事。"将欲取之，必先予之。"俄国人慷慨提供一些搜集不易的情报，对清廷应说很重要，也很急迫，自以为是极好的见面礼，岂知大清君臣嗤之以鼻，不收不看，拒绝公使迈进国门。

康乾之世，内阁与军机处可谓众星闪耀，咸丰朝则暗淡无光。皇帝的近侍大臣，几乎没有一个调和鼎鼐、担荷山河社稷的人物。可清朝君臣并不缺心眼儿，三年前不相信穆督的与英法作战说，此际也不信英法会有大动作，攻打炮台，闯进内河，甚至炮轰广州城墙、抢劫总督衙门的事都发生过了，不还是偃旗息鼓而去，又能怎么样呢？朝野瞩目的两广总督叶名琛，兼管通商事务，谈笑间从容退敌。老叶在香港安插密探，自有快捷的情报来源，悉知印度爆发全国性的大起义，认为英国的侵华基地东印度公司已朝不保夕，欣慰之余，飞奏朝廷。而此时俄人竟拿着英法来施压说事，哄鬼哦！

作为管理通商口岸的内阁大员，叶名琛身在岭南，也关注着塞北，关注着黑龙江和俄国人的动向。惜乎对世界大势和国际政治所知甚少，依据一些小报资讯与小道消息、虚假传闻做出判断，又秉持敌人的敌人就是朋友之陋见，对沙俄抱有好感。1857年12月27日，叶名琛以六百里加急向朝廷密奏，一折一片（片，为奏折的附件，简记其他事件）。叶督报告三艘俄国兵船到了广州，停泊在外洋，有两艘已经离开，却不知停留的正是普提雅廷所乘"亚美利加号"。而正折很长，叶督又施展段子手的才华，先说英国公使额尔金在孟加拉吃了败仗，一路狂奔至海边，孟加拉各路好汉紧追不舍，恰好被法国军舰救起，与法使葛罗一同到了广东，摆酒致谢。席上商议对华方略，葛罗表示中国一再忍让，而且兵力并不弱，并说国王令他遵守和约，不许再支持英国，额尔金听后也觉得有道理。

叶督又说美国前任公使伯驾挑唆英军滋事，已被撤换，新任公使列卫廉到后不听英方阻挠，发来照会，自己当即批复，美国商民一片欢呼，英商则无不埋怨。额尔金只得再去找葛罗协商，万般无奈，派出挂着白旗的船只来送照会，"火轮船上四方大白旗一面，三板船上三角尖白旗各一面，皆大书免战二字"。他说读了对方的照会，"文理鲜通，字句费解"，大意还想进广州城，已据理反驳。[10]他将针对英法的回复大段抄录给皇上看，显然以为是得意之笔，而今重读，也觉有理有据，大义凛然。叶督还记述了英法美三使会面的场景，记述他们之间的争论，说英国在华无端挑衅,闹腾了一年多,已是骑虎难下,加上印度发生大起义,"穷乏已极",想在中国敲诈点儿银子,以解燃眉之急,绝不能退让。

清代封疆大吏呈送奏折有一个仪式,称"拜折",届时将折匣恭放大堂的香案之上,属员站班,步军列队,督抚三拜九叩,取交折差举于头顶而出,衙门中鼓乐齐鸣。这次拜折之后,英法的最后通牒就到了,叶督照样是不理。次日早晨,英法联军百余门大炮猛轰广州,城陷之后,侵略者到处搜捕叶名琛,数日后在副都统署中将他抓获,押往军舰看守。广州将军穆克德讷、广东巡抚柏贵等举旗投降,皆被软禁于观音山。可以想象咸丰帝接此奏报后的目瞪口呆,只批了句"览奏实深诧异"。的确是太震惊了,几天前刚读过叶督长奏,本以为尘埃落定了。

广州城的炮声已经消歇,而中国军民的抵抗袭扰仍不时发生。额尔金等对叶名琛很忌讳,深恐清军来劫营,将他羁押在"无畏号"上。有一幅画描绘老叶被押解的情形,虽着意将他画得痴肥,仍可见沉稳庄严,不似俘虏,倒像一个统帅。熟读圣贤书的叶督在危难时显示出的高贵气节,也赢得了英国人的尊重,据报载舰上英国军官表现得很敬重,见面时会向他脱帽致意,老叶也欠身还礼。而清廷却极为绝情,得悉其被俘的当日,即颁旨将之革职,曰:"叶名琛以钦差大臣,办理夷务……迁延日久,以致夷人忿激,突入省城,实属刚愎自用,办理乖谬,大负委任,叶名琛着即革职。"为避免英法拿着老叶说事,还要求广州将军向对方声明:"叶名琛业经革职,无足轻重。"[11]一个内阁大学士兼总督被敌人活捉,毕竟不成体统,咸丰帝想起三元里大捷,传谕召集团练,将英法联军逐出省城,"倘该夷敢于抗拒,我兵勇即可痛加剿洗,勿因叶名琛在彼,致存投鼠忌器之心。该督已辱国殃民,生不如死,无足顾惜"。这番话形同梦呓,而流露出的薄情寡义,叶督若听到,真不知是何滋味?

对于叶名琛留在广州,额尔金总是心中不安,一个多月后命人将之押至加尔各答。那里是东印度公司总部的所在地,也是英舰补给和鸦片输华的基地。叶氏将所居题名"镇海楼",自署"海上苏武",赋诗明志:

> 镇海楼头月色寒,将星翻作客星单。
> 纵云一范军中有,怎奈诸君壁上看。
> 向戌何必求免死,苏卿无恙劝加餐。
> 任他日把丹青绘,恨态愁容下笔难。[12]

在当时的西方舆论中,叶名琛恶名远播,是顽固保守和不守信用的代表。而老叶却认为错在英国方面,以为上船是去英国,还打算当面与英王论理,临行前让仆人买办食物,准备打持久战,岂知竟到了唐僧取经的天竺。一年多之后,叶名琛绝食而死,据其随带的家仆讲述:

> 迨至九年二月二十日后带去食物已尽,小的们请在彼处添买。主人不允,且云,我之所以不死而来者,当时闻夷人欲送我到英国。闻其国王素称明理,意欲得见该国王,当面理论,既经和好,何以无端起衅,究竟孰是孰非,及冀折服其心,而存国家体制。彼时此身已置诸度外,原期始终其事,不意日望一日,总不能到他国。淹留此处,要生何为,我所带粮食既完,何颜食外国之物。屡经翻译官将食物送来,一概杜绝不用。小的们屡劝不从,于二月二十九日得病不食,至三月初七日戌时病故。临终并无别语,只说辜负皇上天恩,死不瞑目。[13]

叶名琛是大清的忠臣!他的行为带有一个衰败王朝的深深印痕,个人悲剧为国家民族大悲剧的缩影,而风骨气节应令同僚汗颜,与打着白旗、奴颜事敌的广州将军等判若云泥。当日有"不战不和不守,不死不降不走"之讥,文人之笔,固然不无精准和精彩,可叹多出现在当事者落井之后。

十余年前本人曾到过加尔各答，英国人遗留下来的宏伟楼宇已经破败，巨幅的女王画像也只能在库房沾满粉尘，我参观了泰戈尔的故居，也曾打探叶名琛待过的镇海楼，接待方一脸迷茫，已无人知晓。

五　令无缓急

从康熙帝开始，清廷非常重视皇子的教育，为上书房选配博学醇儒任师傅，一对一教授儒家经典。奕詝的师傅是杜受田，道光三年会元，素负清望，为奕詝打下较厚实的文史根底。但因奕詝继位较早，一上来就遇上内外交困，加上杜师傅突然辞世，继续学习就不够了。他读过《管子》吗？至少是没有细读，对那句"令有缓急，故物有轻重"[14]，缺少领悟。其实也不光年轻的皇帝，大清枢阁并不缺少饱学之士，此时皆方寸缭乱，令无缓急，且多受洋人牵制，看似急急如律，实则多为陈词滥调，是一些貌似周密严谨的套话废话。

出身宗室、长期列于近侍的奕山将军打仗不行，外交不行，揣摩圣意和自我保护倒是富有经验。既然所有的谕旨都急如星火，那就以新旨掩盖旧旨，新急替代旧急。咸丰八年三月，清廷获知普提雅廷仍在上海，打算与英法美一同北上，不免着急；几日后接俄枢密院来文，称会勘边界之事由东西伯利亚总督穆拉维约夫经管，"现由额尔口城水路赴黑龙江、松花江"，急命奕山前往会面。额尔口，即东西伯利亚首府伊尔库茨克。穆督从彼得堡返回后，有关清朝集结军队、将要发起进攻的消息纷纷传来，即命外贝加尔省省长卡尔萨科夫做好战争准备，调集边防营和哥萨克骑兵，筹拨要塞大炮和修筑炮台的物资，一旦江河解冻就运往海兰泡等处。穆督还向瑷珲派出一名信使，说开河后就会赶到黑龙江，但因急于去黑龙江口，在上游不能耽搁太久，副都统如果有意谈判，最好在他从河口返回时进行。这样做的目的：一是希望在尼古拉耶夫斯克得到普提雅廷的最新消息，以便决策时参考；二是欲擒故纵，让清方知道他并不急于边界谈判。很难判定此乃大智慧还是小聪明，却能显示出穆氏是个谈判高手，也深谙缓急之理，心中火急火燎，偏要做出一副浑不在意的样子。

内心着急，也表现出着急的，是咸丰帝与一班近侍大臣。四国公使自上海联袂北上，越来越多的军舰堵住白河口，清廷想的是如何分化对手。掂量来掂量去，首选只能是沙俄——虽也反复多变，面目可憎，毕竟还能沟通商量。而要想稳住俄国，边界纠纷必须赶紧解决，是以再次催促奕山与穆督谈判。怎么谈？皇上的谕旨未见改变，命他遵照前面传授的对普提雅廷那一套话语，向穆督"详细晓谕，务期驾驭得宜，勿使该夷肆意侵占"[15]。真不知军机大臣在拟旨时是怎么想的？一个公使带一条船远道而来，就折腾得京津上下骚动，更何况统领大军、与瑷珲仅隔一江的穆督？他们也意识到穆拉维约夫到后必不安生，深知奕山不是人家的对手，却仍十万火急地要他去谈，且要求"不可迁就了事，致开后患"。

皇上着急，做臣子的自然要表现得更急。奕山自去年奉旨后一直在盯着此事。接到前一份谕令，他就命黑龙江城（此时瑷珲仍叫黑龙江城，简称江城）副都统吉拉明阿向对方打探，获知穆总督已在路上，大约四月初可到，卡省长随后也会率数百士兵赶来。奕山即于三月二十七日（1858年5月10日）携带印信起身，一路蹀行，在四月初五日抵达。他探知穆督次日可到，命吉拉明阿渡江接洽，而穆督声称事情太多，还要赶往下江办理要务，不能在此耽搁，经"该副都统再四挽留，始行应允，定于初十日会见"。一个作势欲走，一个百般挽留，谈判还没开始，奕山已落下风。更为主要的是，将军大人只知急着与俄方接洽，而一无预案，二无底牌。本来是要划界，却连一份像样的地图也没有，甚至于回答皇上问询时，竟不知石勒喀河在什么地方。

比较之下，穆拉维约夫对会谈准备了文武两手，武的是调集了大批军队和火炮；文的是亲自前往瑷珲，并邀请彼罗夫斯基参与谈判。这位外交部五品文官新任北京传教士团监护官，拟在七月份带团赴华，穆督请他出席，本来为的是做个见证，未想到此人业务能力很强，在起草文件和签约过程中都起了重要作用。

约定的日子是四月初十（5月22日），江这边一大早就在岸边盛设彩棚，排列仪仗，那边则迟至太阳偏西才款款登岸。穆督只带数十名随从，登岸后骑马入城。他与奕山互致敬意，介绍彼罗夫斯基是沙俄枢密院高官，很快就切入正题。清朝官员在谈判时喜欢让对方先讲，这次依然，穆督说：

> 前因防范嘆（英）夷，伊国来往由黑龙江行驶，左岸盖房。今年续有数百人船前来在此屯兵，帮助防范嘆（英）夷，均有裨益。黑龙江一带，当初本系伊国地方，现在江左存居满洲屯户，均令迁移江右存居，如有需费，伊国供给。至于两国界址，自沙毕（比）奈岭迤东，额尔古讷（纳）河入黑龙江、乌苏里河、松花江至海，沿河各岸，半属中国，半属俄国。江内只准我两国人船行走，他国船只不准往来。[16]

这番话是奕山在奏折中转述的，也是老调重弹。穆督仍然拿着英国人说事儿：五年前首次闯入黑龙江，说是防范英夷，今天仍然说是防范英夷；五年前只是说要借道去抵御英法联军，现在说驻扎在对岸，是帮助清朝防范英国人。但是他的核心意思还是很清楚的，硬说黑龙江左岸本是沙俄的地方，要当地的满洲村屯赶紧搬走。

你有老调，咱家岂无？奕山仪态庄重，语气和蔼，端出了皇上给的标准答案：中国与俄国向来以格尔必齐河、外兴安岭为界，双方签订条约后已遵行一百多年，从无更改，现在也没有理由更改。存在的争议只有乌第河地方，这次要与俄方讨论的只是该处划界事宜。至于此地通商,因当地气候严寒,所种米麦菜蔬只够居民食用,无可交易。他还说此地民风彪悍,要求俄人尽快撤离,避免发生冲突。

就这样你来我往,各说各的,几乎涉及双方关心的所有话题,但没有一条达成一致。穆督拿出地图,指指戳戳,说明哥萨克建造城寨的时间,吹嘘在哪儿哪儿阻止了英法联军的入侵,奕山看不太明白,不接话茬,自说自话。四个多小时过去了,仍是各执一词,只得暂时休会。

临行前,穆拉维约夫将一份协议草案递给奕山,请他审读,以便在第二天会晤时讨论。而次日再谈时穆督并没有到场,让翻译宣布自己病了,由彼罗夫斯基代为谈判。这就是穆督,虽然"希望能尽快了结此事",与奕山同样的着急,却偏偏做出不急的模样,第二天就公然放了奕山的鸽子。

六 逼签

俄方提出的草案共六条,要点也就是穆督所说的那些,只是由外交官彼罗夫斯基起草,更为严谨明晰。奕大将军与属下及幕僚连夜做了研究,拟出对策,穆拉维约夫却不来了。毕竟有一个身份对等的外交原则,奕山只好让副都统和佐领等出面与彼罗夫斯基谈,一连三天都是如此。大概是怕皇上怪罪,奕山在奏报时有意掩饰,把穆督提交草案说成次日发生,"奴才阅看,言语更加荒谬。奴才婉言开导至再,该夷酋一味狡诈,自觉词穷,遽行告辞回船"[17]。移花接木,剪裁时序,是清代督抚奏事的常用伎俩,拣读宫中档案时不可不慎。

比起性情暴躁的穆督,冒充枢密院大员的彼罗夫斯基更是一个谈判高手,但清方官员也很精明,知道哪里是底线,绝不让步。穆传中写道:

> 彼罗夫斯基每日早晚或同副都统会晤,或同首席通事以及其他人员会晤,每次均会谈三四小时之久。中国官员为了使对方信服中国的声望,信服中国人无可争辩地优于其他民族,施展了种种狡猾手段,实难用笔墨来形容。但是,他们却无法始终扮演这种角色,一则中国虚弱无力,满清皇朝风雨飘摇;二则他们害怕我国联合英国(与其说中国人不喜欢英国人,不如说是惧怕他们)共同反对他们……[18]

摒弃俄人的傲慢与偏见,亦能见出中方代表在困难情况下的自尊和持守,奕山如此,几位下属也是如此。经过几个轮次的会晤和交锋,彼罗夫斯基开始摊牌,指责签署《尼布楚条约》时清朝以武力威胁,指责清方拒绝接待俄国公使,指责中国人在塔城抢劫和焚烧俄国货圈,声称"我国完全有权以另一种方式采取行动"。彼罗夫斯基谈不赢,就发出赤裸裸的战争威胁,而清方手中恰恰缺少对抗的底牌,不敢硬碰硬。

第四天中午,一身戎装的穆督率领卫队前来,奕山仍是友好接待。清方本想来一个"马拉松",安抚或拖住对方,至此才知对手极为难缠,不得不讨论签约一事。通过彼罗夫斯基的记述,可知奕山真的并不太差,不糊涂也不软弱。他坚决反对"以黑龙江为界"的说法,甚至不许条约中出现"国界"二字,同时要求删去沿乌苏里江划界和修订《尼布楚条约》的条文,表示自己"没有任何权力涉及这两个问题和就这两个问题进行谈判"。穆督表示理解,转而提出在乌苏里以东滨海地区防范英军的借口。奕山反唇相讥:如果我派一支部队到尼布楚,说是帮你们防范外国人,你觉得可以吗?搞得穆督大为尴尬,借着别的由头咆哮一通,扬长而去。俄军已在左岸大量集结,数十里江中舰船密布,当天夜间,各舰灯火通明,枪炮声不断。

次日一大早,吉拉明阿带着一帮大小官员来找奕山,报告穆拉维约夫因被拒愤怒回船,"夜间鸣枪放炮,势在有意寻衅,形迹已露",

后面还有大股援军,一旦打起来,必难抵挡,说江东屯户一片惊慌,连夜进城请求保护。而城中驻军几乎被抽调一空,只有一些预备兵,形势极为危险。他们恳请"将军设法安抚",所谓设法无非是签订协议。此为内逼。

奕山思虑再三,只好派人过江求见,打探情形,穆督命翻译转达:"日前你们大人约我会见你们将军,议定界址,我本不去,你们大人再四相强,碍难不允。及至会见后,所议条款多不允准,并言不敢擅专,必须奏明方可议定。……所有议定两国交界,俄国前已行知大国理藩院准行,并未驳回。你们将军乃系亲任大臣,不肯应允,明系故意推诿。"并表示如果再不签约,立即派兵驱赶江东屯户,不准在左岸居住——果真如此,后来的"江东六十四屯惨案",可能会提前数十年发生。此为外逼。

阅读和写作至此,不禁对臭名昭著的奕山有了一丝同情,本一介庸臣,在内外交逼的情况下,仍能有所坚持:反对将乌苏里至海地方划归俄国,要写明"待议"不成,改为共管——比较两年后的《中俄北京条约》将此地区完全划给沙俄,应能理解奕山甚属不易;对江东满汉屯户,也写明"照常居住,归大清国官员管辖,不准俄国人等扰害";而在经过激烈争论敲定条款后,奕山又宣布自己不能先签,必须送呈皇上批准,往返以最快速度也需要四十天。彼罗夫斯基简直气疯了,写道:"我们认为我方的让步应到此为止,于是决定采用最后的方法说服对方,但这个方法直到最后一分钟都没有使用。"[19]所谓"最后的方法"无疑是指动武。彼罗夫斯基在谈判期间刻意渲染穆督是一名久经沙场的军人,不善言谈,喜欢采取行动。而穆督却显得格外冷静,没有出动军队和炮舰,只是穿上军装渡江会晤,做出一些暗示。奕山应能感受到对手那逼人的杀气,不敢闹崩,答应次日中午签字,但要对文字再作修改。

不必详述那些个字字句句争执和死抠的过程了,最后的结果即体现于文本第一款:

> 黑龙江、松花江左岸，自额尔古纳河至松花江海口，作为俄罗斯国所属之地，右岸顺江流至乌苏里河，作为大清国所属之地。由乌苏里河往彼至海所有之地，此地如同接连两国交界明定之间地方，作为大清国、俄罗斯国共管之地。由黑龙江、松花江、乌苏里河，此后只准大清国、俄罗斯国行船，各别外国船只不准由此江、河行走。黑龙江左岸，由精奇里河以南至豁尔莫勒津屯，原住之满洲人等，照旧准其各在所住屯中永远居住，仍著满洲国大臣官员管理，俄罗斯人等和好，不得侵犯。[20]

这是《瑷珲条约》最为关键的文字，奕山也算煞费苦心，尽量将一些地方模糊化。我在前面曾写过，西方列强最不怕文字含糊，正可强词夺理。奕山将真实处境奏报皇上，说如果不签字画押，穆督立刻就要翻脸，边境会出现重大动荡，所以明知其怀有豺狼之心，也只好暂解燃眉之急。需要说明的是，清人多将黑河口以下称作松花江，所以文字中出现"松花江海口"的说法。

5月28日晚，穆拉维约夫身穿礼服，率随员登上瑷珲河岸，徒步入城。奕山设茶点款待，当众宣读和审核满文与俄文文本，签字后做了交换。俄方的签署者为穆拉维约夫与彼罗夫斯基，清方为奕山与吉拉明阿。接下来互致贺词。穆督显然有些亢奋，说沙俄政府对这件大事已持续关注超过一个半世纪，现在缔结和约，实在是可喜可贺！而奕山则认真告知：签字只意味着此事在两人之间了结，要经过皇上的御批才作数，而且还不知自个会有何结局。

其实沙俄朝廷同样主张"人臣无外交"。穆拉维约夫在签约后欣喜若狂，赶紧奏报沙皇和康士坦丁亲王，派人驰送彼得堡，并呈交《瑷珲条约》文本。康士坦丁随即发来贺词，还转达了亚历山大二世的感谢，但俄国外交部却迟迟不予批复。这让穆督敏感上火，认为外交部在等待普提雅廷的意见。他在一封信中写道："全权使臣现时可能心绪不佳，凭他那万能的意志，说不定会轻而易举地把这个条约说成是有害的，正像我本人早已被认为是有害的一样。"[21] 出于可以理解的原因，穆拉维约夫极力夸大奕山的宗室将军身份，夸赞奕山是一个正派的人，也渲染他与奕山的交情。奕山可不敢这么乱讲，几日后接到穆督的礼物，赶紧奏报皇上，并附了一个清单。

七　英诺森大主教

在黑河市的对面，是俄罗斯的布拉戈维申斯克（简称布市），江畔修砌了长条状的公园，穆拉维约夫的雕像临江而立，手握一个纸卷，注视着右岸的大地。向里不远是圣母报喜教堂，当地最为古老的建筑之一，新近经过翻修，教堂外有青铜双人塑像：拄杖而坐的大主教英诺森，一侧稍后者为穆督，佩剑而立，右手握卷。这也是穆拉维约夫雕像的基本姿势，他手中握着的，当然是那份令国人痛心疾首的《瑷珲条约》。

在沙俄的一次次对华扩张浪潮中，常能见到神甫与传教士的身影。康熙间在雅克萨已有了一座东正教教堂，神甫马克西姆随降服的哥萨克入京，获准建立了一个东正教堂，是为"俄罗斯馆"的前身。沙俄船队首次侵入黑龙江之前，东西伯利亚一境若狂，三位大主教联合主持复活节晨祷，其中之一即为英诺森——从外地专门赶来，与穆督商议进取黑龙江之事。

1797年8月，英诺森出生于伊尔库茨克一个普通农家，父亲早逝，被身为教会执事的叔叔收养，九岁入神学院读书，二十岁成婚，同年成为教堂执事，后担任神学院教师。英诺森致力于传教事业，曾在雅库茨克的冰雪大地奔走布道，"想为他自己和东正教寻找一条经由伊尔库茨克到达阿穆尔的道路"，也成为穆督的热情支持者。同样兴奋的还

有涅尔琴斯克显圣教堂大司祭博哥留勃斯基,挥笔写道:

> 这个消息使人民重新燃起了美妙的希望:他们希望收复富饶肥沃的阿穆尔边区和阿尔巴津(都是1689年割让给中国的),他们憧憬着美好的未来,盼望通往太平洋的航线开辟后发展贸易和工业。阿穆尔是旧世界通往新世界的捷径,阿穆尔对俄国是一桩伟大的事业![22]

石勒喀镇举行了盛大的首航仪式,博哥留勃斯基手持一幅古老的圣母像("传说这个圣母像是从割给中国的阿尔巴津回来的居民带出来的")为参与者祝福,郑重将之敬献给穆拉维约夫。[23]穆督虔诚接过,"把圣母像转赠给部队",然后带着这支庞大船队开往黑龙江。

数月后,俄军在堪察加击退英法联军,英诺森在雅库茨克听到后致信穆督,祝贺他击溃劲敌,说:"现在谁都看到,若不是您航行阿穆尔并把粮食和人员运到该地,那么彼得罗巴甫洛夫斯克现在早成一片焦土了。因此简直不知道什么更值得高兴,是及时开发阿穆尔呢,还是拯救堪察加?而堪察加的得救又清楚地证明了开发阿穆尔的益处……"[24]兴奋之情溢于言表,同时也有对当局未来举措的关心。

大约从那时开始,两人就成了"跨界"的忘年交。第二年夏天,卷土重来的英法舰队在堪察加扑了个空,在鄂霍次克海沿岸四处搜索,肆意打砸。英诺森抵达西南重要港口阿扬,那里空无一人,军民设施已撤离到数十里外的森林里,教堂的门锁被砸坏,撒了一地的传单。他留了下来,每天去探望躲在森林中的居民,为他们举行宗教仪式,也为新生儿做洗礼。一天英舰"巴拉库特号"再次闯入,第二天又来了"皮克号"巡航战船,还押着被俘的传教士马霍夫。英国军官听说此地有一个大主教,立刻赶往他的住所,再奔向教堂,闹嚷嚷闯入后,发现英诺森正在跪地祈祷,"毫无惧色,旁若无人",情感真挚地高声朗诵祷词。

来势汹汹的英国人被那庄重神色慑服,"只好规规矩矩地等他把祷告作(做)完",然后表示要俘虏他。未想到大主教幽默地说自己不是军人,对英军没有任何用处,俘虏他还会吃亏——"要知道,你们得管我饭"。英国军人一笑释之,把他请到舰上喝酒,为他的健康干杯,还应其要求释放了马霍夫。[25] 穆督和当地军民都对他非常敬重,称之为"至圣的英诺森"。

在俄军占据河口湾和下江地区不久,英诺森就到这里传教,经常冲风冒雪去军营看望俄国士兵,也对新入教的原住民关怀备至。小沃尔康斯基就对他极尽赞美,称他待人平易可亲,一视同仁,要求自己严格,但以崇高的爱对待别人。

又三年过去了。1858年3月,当穆拉维约夫从伊尔库茨克起身时,英诺森与他一路同行。这不是巧合,而是一种刻意的安排。穆督在给康士坦丁亲王的信中写道:"堪察加和阿穆尔的至圣大主教英诺森,选定乌斯季-结雅镇为布道地点。我认为很合适,因为从那里教化满洲居民最为近便。我将同他一道乘'勒拿号'轮船到那里去。"穆督深知英诺森在整个西伯利亚的巨大声望,能给身居危境和苦境的殖民者一种精神力量;英诺森也知道穆拉维约夫的抱负和能力,希望借助他建造更多的教堂、获得更多的信众;至于在满洲人中扩大影响,吸纳教徒,则是他们的共同愿景。

签订《瑷珲条约》五天后,穆督与英诺森一起在海兰泡为圣母报喜教堂举行奠基典礼,英诺森在感恩祈祷之后,特向穆拉维约夫致颂词,赞美他为"天赐良材","不伤和好、兵不血刃便成此盛举",也特别讲到占领左岸对教会在中国发展的意义——

> 这一地区会给俄国带来多少利益,多少幸福,一目了然,毋庸在此赘述。我要说的是:此举同时会给我国邻邦带来益处和幸福,因为他们迟早要通过我们受到基督光辉的普照。还有

何种幸福能比这更美好更长久呢？你为实现此一极为主要的目的而呕心沥血，努力奋斗，你的功绩实难计数，评价此业绩并非此时此地之事，同时亦非我等力所能及。唯有本地未来的居民和历史才能作出评价。即使子孙后代有朝一日将你遗忘，即使享受你功绩成果的人将你遗忘，我们东正教教会也永远把你铭记心上，东正教会甚至永远回忆那些修建教堂的人。正是你——天赐良材，为在这辽阔无垠的阿穆尔流域建起千万座教堂，创造了条件，赋予了希望，开辟了远景。[26]

就在这座教堂的东侧，他俩的雕像凝视着对岸的大地，似乎还有许多的未尽心愿。英诺森后来成为莫斯科总主教，地位愈加尊崇，但他没有活到三十二年后的庚子年，没能预见那场惨绝人寰的大屠杀和接下来的入侵，否则真不知他会如何评说。

八　报喜城

在瑷珲举行边界谈判的前两天，穆拉维约夫向康士坦丁亲王呈送一份报告，请求在当地建一座城市。他写道：

> 结雅河是阿穆尔河的主要支流之一，乌斯特-结雅村位于结雅河同阿穆尔河汇流处，地理条件特别有利，而且满洲居民人烟稠密，所以此地在战略上和商业上均有重要意义，它具备迅速顺利发展的一切条件。因此，我认为应该在这里建立一座城市。这次与我同来阿穆尔的至圣的英诺森——堪察加、千岛群岛和阿穆尔三地大主教——于本日（5月9日）在乌斯特-结雅村为圣母报喜教堂举行了奠基典礼，所以我认为宜将新城市

命名为布拉戈维申斯克。[27]

结雅河,即中国文献中的精奇里江,从外兴安岭蜿蜒而下,全长一千二百多公里,在瑷珲上游约七十里处汇入黑龙江,是左岸最大的支流。在鄂伦春语中,精奇里的意思是"黄",故又称"黄河",沿岸土地肥沃。那里本是达斡尔族的祖居地,村寨密集,清初因罗刹侵扰纷纷内迁,收复雅克萨后在此设军屯和官庄,也有一部分达斡尔人重回左岸屯种。1856年夏天,穆督向瑷珲当局发出专函,请求在左岸设立五处临时粮站(借地屯粮),各留数十名士兵看守,其中就有精奇里河口往西的一处,也就是几间"地窨子",类似东北部族流行的半地下式建筑,成为布拉戈维申斯克城的发轫之作。该粮站紧挨着海兰泡,两年来不断扩充,已经颇具规模。海兰泡与不远的精奇里屯(又称黄河屯)皆属中国百姓的村落;而在江口之东,是为老瑷珲即第一座黑龙江城旧址,康熙朝开始于此地大力屯田,有数十村屯迤逦而东,与新瑷珲城隔江相望。

对于在黑龙江左岸设立据点,俄国人起初还较为谨慎,刻意避开瑷珲城对面,也不称哨所,同时在黑河口(松花江汇入处)以下霍尔托库地方抓紧兴建,以图扼控两江。那里的右岸已有清军关卡,一左一右,居然相安无事。而在穆拉维约夫将普提雅廷送出黑河口返回后,结雅村的扩建突然提速,有七八百人驾一串串木排从上游涌来,"支搭帐房,砍伐柳枝,备编苦房,并将载来旧房木挽运上岸,建房二十处。又以铜炮六尊,分载车船,以四尊对黑河屯安设"[28]。几乎所有的殖民者都有一种心理-行为模式,初入时高度戒备和紧张,扎下根后渐觉从容,不多久就会为所欲为,肆无忌惮。俄人也如此。开始时只说要建一个临时存粮的仓库,以供应过往俄军需用,接下来就作为上下俄船的停靠地与中转站,建起了房屋和码头。清方派佐领前往驱逐,辩称秋后就会拆掉,催逼紧了就发火,后来又写了份字据,说在秋天都将拆毁。岂知到了秋天,又以回船冻在江中为由,不光不拆,反而有所增加。

在俄国向黑龙江大批调兵和大举移民的浪潮中,海兰泡是重中之重:俄军两个连全副武装赶来,大小火炮对着大黑河屯,大批人员牲畜乘木排登岸,数十栋房屋纷纷兴建。对清方的查问也不再躲闪,强硬回答奉有穆督号令,还有大批人船在后面呢。副都统吉拉明阿率佐领兵丁前往左岸,俄国人并不停工,好不容易见到穆拉维约夫,岂知他也学会了拿着皇帝说事,称奉沙皇之命防范英军入侵,在江左盖房留兵,"不敢擅自拆撤"。对于吉拉明阿所说扰民,他竟提出"旧居屯户"最好尽快迁走。吉拉明阿声明江左村屯世代安居,田庐坟墓与有关系,"在在不能迁移",穆督说那就请大人自己斟酌吧。[29]

对于俄国人在黑龙江左岸建房种菜,清方看在眼里,急在心头,既不能坐视,又无法阻止,不断过江干涉,几乎没有什么作用。清廷的谕令首先是不得发生冲突,再就是防止势态蔓延,必然造成地方当局的畏首畏尾,丧失斗志。随着兵民的越聚越多,各种房舍、设施越来越多,俄方官员的态度也愈加强横,瑷珲副都统和协领等只能与之周旋,奕山亲自到此,也是一筹莫展。此处自小黑河屯到大黑河屯约五里长,左岸先是搭建零星房屋,仅仅数月,至年末已连成一片,俨然一条长街。此时俄员的口风又变,说什么黑龙江左岸本属俄国,当年在尼布楚谈判受到清军欺凌,被迫割让,现在是应收回了。编造和下达这些说法的,就是胃口极大的穆拉维约夫。

穆督与海军大将康士坦丁亲王关系密切,常给他写信,要求各种支持,此时则拜托亲王出面,请求沙皇"敕许建立布拉戈维申斯克城"。[30]这里距彼得堡路途遥远,电报未通,获得批复需要时间。习惯于独断专行、想干就干的穆拉维约夫没有耐心等待,发信的当日,就把结雅村改名布拉戈维申斯克镇——想是镇子的命名权在于总督吧。殖民者和探险家最爱胡乱命名,如涅维尔斯科伊潜入黑龙江河口湾后,就四处题名,以沙皇、皇后、总督、海军上将包括自己的名字命名中国的山岳海岬、海峡港湾等。但如果说一座重要的城市，大约还是要奏请沙皇御批。

布拉戈维申斯克，又名报喜城。搞文学的人常会出现望文生义的毛病，以为是穆督纪念签订《瑷珲条约》、并向沙皇报喜之义。读了这封信，则知取名在谈判之前，来自俄语的"圣母报喜节"，纪念天使向玛利亚报知她怀孕的喜讯，所怀正是上帝之子耶稣。俄罗斯与西方各国有许多同名教堂，也有的叫作"天使报喜教堂""报喜大教堂"。英诺森早年曾在伊尔库茨克圣母报喜教堂任神甫，穆督以布拉戈维申斯克为新城市之名，据说也有纪念英诺森多年来的坚定支持之意。[31]

1858年7月30日，沙皇亚历山大二世在穆拉维约夫的报告上御批"同意"，而性急的穆督在5月24日即举行了新城的命名仪式。那是瑷珲谈判的第二天，不愿意也不擅长与清朝官员多费唇舌的穆拉维约夫，让彼罗夫斯基假冒枢密院官员，去瑷珲城进行具体条款的争议，自己则和英诺森大主教一起，出席布拉戈维申斯克的建城典礼。此时的他们唯恐奕山等不知道，在江畔竖起旗杆，共同升起一面写着市名的大旗。

在双方签署《瑷珲条约》的次日，穆督回到布拉戈维申斯克。英诺森在教堂主持了感恩祈祷，穆拉维约夫发表了简短演说："同事们！我祝贺你们！我们没有白白努力，阿穆尔终于归俄国所有了！神圣的东正教会为诸位祈祷！俄国感谢诸位。"[32] 教堂庆贺之后，紧接着是盛大宴会，报喜城一片沸腾。对岸的奕山在做什么呢？是否已在返回省城的路上？未见有任何记载。

注释

〔1〕［美］查尔斯·佛维尔编《西伯利亚之行：从阿穆尔河到太平洋（1856—1857年）》，《尼古拉耶夫斯克》，斯斌译，上海人民出版社，1974年，第273—274页。

〔2〕《筹办夷务始末（咸丰朝）》卷十六，《〔六一一〕廷寄》，第552页。

〔3〕《筹办夷务始末（咸丰朝）》卷十六，《〔六二四〕乌勒洪额等奏钱炘和往晤俄使并收其来

〔4〕《筹办夷务始末（咸丰朝）》卷十六，《〔六二九〕普提雅廷为进京商议分界等事给理藩院咨文》，第565页。

〔5〕《筹办夷务始末（咸丰朝）》卷十六，《〔六三七〕廷寄二》，第574页。

〔6〕《筹办夷务始末（咸丰朝）》卷十七，《〔六四九〕乌勒洪额等又奏俄船起行互有馈送片》，第586页。

〔7〕《筹办夷务始末（咸丰朝）》卷十七，《〔六五〇〕廷寄》，第587页。

〔8〕《筹办夷务始末（咸丰朝）》卷十七，《〔六五七〕廷寄》，第593页。

〔9〕《筹办夷务始末（咸丰朝）》卷十七，《〔六五六〕奕山等奏俄人在江岸盖房种菜及船只越卡西上折》，第592页。

〔10〕《筹办夷务始末（咸丰朝）》卷十七，《〔六七九〕叶名琛奏英法二使递来照会已据理回复折》，第612—613页。

〔11〕《筹办夷务始末（咸丰朝）》卷十七，《〔六八三〕上谕》《〔六八四〕上谕二》及《〔六八五〕廷寄》，第623—624页。

〔12〕黄宇和《两广总督叶名琛》，第十一章《被囚印度》，第216页。

〔13〕《两广总督叶名琛》，第十一章《被囚印度》，第218页。

〔14〕见《管子·国蓄》，意在劝谏君主决策应格外慎重。

〔15〕《筹办夷务始末（咸丰朝）》卷二十，《〔七二二〕廷寄》，第692页。

〔16〕《筹办夷务始末（咸丰朝）》卷二五，《〔九八五〕奕山奏已与木哩斐岳幅订立瑷珲条约折》，第911页。

〔17〕《筹办夷务始末（咸丰朝）》卷二五，《〔九八五〕奕山奏已与木哩斐岳幅订立瑷珲条约折》，第911—915页。本节引文除另行出注者均见此篇。

〔18〕[俄]巴尔苏科夫编著《穆拉维约夫-阿穆尔斯基伯爵》第一卷，第五十九章，第527—528页。

〔19〕[俄]瓦西里耶夫《外贝加尔的哥萨克（史纲）》第三卷，《中国全权大臣修改条约草案的最后企图》，第154页。

〔20〕步平、郭蕴深、张宗海、黄定天编著《东北国际约章汇释（1689—1919年）》，《瑷珲和约》，黑龙江人民出版社，1987年，第56页。

〔21〕《穆拉维约夫-阿穆尔斯基伯爵》第二卷，《89 致叶果尔·彼得罗维奇·科瓦列夫斯基》，第182页。

〔22〕《穆拉维约夫-阿穆尔斯基伯爵》第一卷，第四十二章，366—367页。

〔23〕《穆拉维约夫-阿穆尔斯基伯爵》第一卷，第四十三章，370—371页。

〔24〕《穆拉维约夫-阿穆尔斯基伯爵》第一卷，第四十六章，第400页。

〔25〕《穆拉维约夫-阿穆尔斯基伯爵》第一卷，第五十章，第441页。

〔26〕《穆拉维约夫-阿穆尔斯基伯爵》第一卷，第六十章，第531页。

〔27〕《穆拉维约夫-阿穆尔斯基伯爵》第二卷，《80 呈亲王殿下的报告》，第165页。

〔28〕《筹办夷务始末（咸丰朝）》卷十五，《〔六〇五〕奕山等又奏俄人拥众猝来要求通商折》，第545页。

〔29〕《筹办夷务始末（咸丰朝）》卷十六，《〔六三一〕奕山等又奏派员与俄人交涉情形折》，第566—568页。

〔30〕《穆拉维约夫-阿穆尔斯基伯爵》第二卷，《80 呈亲王殿下的报告》，第165页。

〔31〕《穆拉维约夫-阿穆尔斯基伯爵》第一卷,第六十章,第530—531页写道:"与此同时,穆拉维约夫将乌斯特-结雅哨所更名为'布拉戈维申斯克',以纪念他的一位最积极的赞助者——至圣的堪察加大主教英诺森,因为英诺森最初曾在伊尔库次(茨)克圣母报喜教堂任神甫。"

〔32〕《穆拉维约夫-阿穆尔斯基伯爵》第一卷,第六十章,第531页。

第十五章　另一个谈判现场

钦命奕山在黑龙江城与俄方谈判，是清廷的拖延术与乾坤大挪移法，也是其化解沙俄施压的锦囊妙计：让对手在漫漫程途中劳师耗财，也在漫漫等待中身心疲惫，当然，更为主要的是期待敉平内乱，以整军御敌。岂料宗室将军奕山实为一废物，慑于对方凶焰，竟然真的签下一个丧权辱国的条约。与此同时，普提雅廷虽已变身阿穆尔分舰队司令和钦命大臣，仍以公使的身份积极参与英法美三国公使的北上行动。

咸丰八年四月，数十兵舰陆续抵达和聚集于大沽口外海域，其中就有普提雅廷所率俄舰，逼迫清廷签约。

那是另一个谈判现场，是一场更为复杂的外交博弈，随着大沽口炮台的陷落，也为中国近代史添加了耻辱和惨烈的一章。而就在这一背景下，中俄的谈判代表耆英与普提雅廷却沟通顺畅，最先形成了书面条约，也有着私底下的承诺，彼此心中有数，心照不宣。

一　前度普郎今又来

咸丰八年早春，英法美俄四国公使在广东率舰北上，约好先至上海，普提雅廷似乎是第一个抵达。上海为《南京条约》后开放的"五口"之一，英国于十余年前就在黄浦江边建立了租界，美国法国积极跟进，已形成相当规模，著名的江海关就设在外滩。去年夏秋间，普提雅廷曾两次抵沪停留，派出译员明常拜会苏松太道薛焕，聊得还挺热乎。

俄国在上海没有租界，普公使主要住在船上，所乘"亚美利加号"与英法大舰比起来显得很不起眼，却不太影响他的自信。普提雅廷力图做四国交涉的领导者，表现得非常主动，直接致函大清军机处，指责清廷轻视国际交往的互相尊重之道，一味拘泥守旧，要求派大员在二月底之前至上海谈判。他说俄美两国观念一致，法国和英国使臣的意见也大多相同，希望中国修改章程。文中引用《尚书·皋陶》"行有九德"，讥讽清廷违背古制，缺少变通，枢阁中也缺少德才兼备、调和鼎鼐之人。俄罗斯馆历来出产汉学家，明常在北京待过八九年，对汉学典籍运用略熟，只是以之为侵略主权国家张目，哪里配奢谈什么德行呢？

几天之后，英美公使抵达上海，一反往日事先知会、到后拜访府道官员的惯例，气焰十分嚣张，"各夷船放炮迎接，联络震耳者逾时"。普提雅廷则保持着谦谨的姿态，派明常至道署邀约，与薛焕举行了一次正式会晤，将致内阁首辅裕诚的照会委托转交。因各国公使拒收两江总督命其返回广东的公文，薛焕也只能将老普的照会退回，但他比较机警，拆阅后见事关重大，抄了一个副本。照会文字不长，辩说了几句外交礼仪与划界之争，接下来便告知"为此同各国全权大臣，定即赴北方"——其中所含的情报意味，薛焕也大概领会，故速报上司。几日后外国兵船果然纷纷开行，"共有兵船火轮船十只，大小不等，约载夷兵一千数百名"，两江总督何桂清侦知还有后续英舰等情，以六百里急报飞奏北京。[1]

四国军舰协同北上，主力为英国海军，其次为法国，俄美的舰只不多，尤以普提雅廷统带最少。但这位老兄阅历丰富，见过大世面，也很会搞事，借力打力，两头和番，常能抢占先机。他与额尔金联袂北上，却抢先一步抵达天津海口，并立即派出小舢板，向巡逻的清军哨船抛送信函。函中要求当地官员来船会面，"传紧要话"，即有重要情报要告知。所谓的紧要话，应是四国公使所商议的一些内幕，以及英使情况、英军舰只与兵力的数量等。而清方接信后先报朝廷，再报直隶总督，大费周折，前往会晤已到第五日，其他三国的舰只纷纷抵达，原来的机密军情基本失去意义。这里还发现一个可悲的现象：只要稍有风浪，清朝官员所乘船只就很难靠近外国军舰。去年老普来时如此，今年亦复如此，"又因南风大作，不能驶傍夷船，回至口内守风"，"于初四日寅时，驶近夷船，因风大不顺，至辰初未能傍拢"[2]，还是俄舰望见后派舢板来接，方得登船会晤。钦差乌勒洪额等将此写入奏折，以证明属下人等办事努力与处境危险，却不知早把底细透露给对方——这样的水师舰只又怎能与列强对阵呢？

清廷对普提雅廷的来来回回、不听招呼、言而无信很反感，也看透其假借说合之名，"希图从中获利"的用意，但仍想尽量加以利用，要他去劝阻英法，至少不与之联手。清朝为此临时搭了一个班子，开始时由直隶总督谭廷襄负责，下面是三位副省级官员，再下面是几位州县级专办委员。登船的是委员卞宝书和陈克明，普提雅廷表示广东等地不肯如实奏报，下情不能上达，必须进京面见军机大臣，要求转递紧急公文。面对"去年曾称防堵英夷而来……何以现又同来"的诘问，他倒也无丝毫羞愧，声称"现在我们业已相好"，又说广东之变实因叶名琛耽误，"几次照会不复，求见不见"，激成大祸，而今切勿再迟延误事。大约是怕英国人误解，普提雅廷再三劝说两委员去英舰打个招呼，卞宝书回说我们两国系多年友好，所以才来看望，但绝对不会登上英夷的船。呵呵，彼此都不乏演技哦。

三月十二日，根据前一天的约定，普提雅廷仅带翻译与几位随员，乘舢板冒雨进入大沽口。清军在炮台一侧的岸上搭好帐篷，办理夷务的三大臣（户部侍郎崇纶、内阁学士乌尔棍泰、直隶布政使钱炘和）与之举行正式会谈。直隶总督谭廷襄没有出面，由崇纶主谈，询问何所求而来，普公使提出四款，核心仍是黑龙江划界问题。崇纶为满洲正黄旗人，曾长期在内阁和军机处任职，也曾外任道员与藩臬二司，数年来一直兼办夷务，有一定的外事经验。他逐项反驳俄方诉求，特别说明边界

第十五章　另一个谈判现场

问题去年就交给黑龙江将军奕山办理，需要等候实地查勘，不可能在这里遥定。普提雅廷理屈而词不穷，不断扯出新的话题，尤其是拿着英法联军说事，建议接见两国来使，批准其进京的要求。这是一次长时间的会谈，用了整整一个下午，普提雅廷心中憋闷恼怒，脸色则始终温和友善。这也给崇纶带来错觉，分别时还托他去做英、法二使的工作，回称一定会尽力，成不成就难说了。

此时漕运不通，大沽口成为海运粮船的必经之路，而英法军舰就堵在白河口左右，只留一个窄窄的出入水道，虽未攻击和阻拦粮船，威胁之意甚明。各国舰只仍在不断增加，至三月中旬，光是火轮船已有十七艘。清廷命谭廷襄出面约见四国公使，排在第一的又是普提雅廷，接下来美国公使主动求见，而英、法两国不光不理这个茬，还派出一只小火轮驶入拦江沙内，投递了一份文书，威胁三日后不派军机大臣来谈，就会动武。这种话尔等说过不止一次，最后期限也一推再推，谭廷襄等照例是奏报朝廷而已。

就是这艘突突开进的小火轮，递上公文后折返，竟被一阵海风刮到岸边，搁浅在沙滩上。技不过如此耳！清兵望见大喜，还未及采取行动，另一艘小火轮赶来救应，将其拖出浅滩，一前一后，扬长而去。

二 外兴安岭的两条尾巴

就其形状而言，黑龙江真的颇像一条巨龙，自西向东辗转奔趋数千里入海。而无独有偶，在它北面的外兴安岭也是一副卧龙的样子，龙首朝向黑龙江北源之石勒喀河，数千里龙身沉沉而东，又在接近鄂霍次克海处翘然向北。那道岭应算外兴安岭的尾巴，今属俄罗斯哈巴罗夫斯克（伯力）边疆区，名叫朱格朱尔山脉，清朝称之为诺斯山。康熙年间中俄签订《尼布楚条约》时，钦差大臣索额图提出应沿外兴安岭至诺斯山入海处为界。因哥萨克在山南濒海处建有乌第堡,该堡因位置偏远逃过清军的清剿,便给俄使戈洛文提供了强烈反对的理由,争论数日,以乌第河流域为待议地区,未想到留下一个巨大隐患。

岁月如梭,乌第堡似乎还存在,但也看不出有什么发展,悄无声息。倒是涅维尔斯科伊在窃据河口湾之后,曾派人对周边地域包括库页岛进行地理勘察,得知清朝对下江与乌苏里以东的管辖极为松懈,也得知外兴安岭之南有几道山脉断续伸向黑龙江。涅维尔斯科伊大喜,根本不去考查验证,也完全无视《尼布楚条约》的准确文义,忙不迭地声称外兴安岭于东端转折向南,跨过黑龙江,跨过松花江,一直延伸到日本海。他写道:

> 兴安山脉在南面是松花江及虎尔哈河和乌苏里江的分水岭。它越过松花江江口以上的阿穆尔河,然后未至三姓,便经松花江南至朝鲜的群山,这样便到了日本海。[3]

出于侵占用意,殖民者总会找出这样那样的理由,根本不管是否牵强附会。为加证实,涅队还画了一幅"考察地区略图",违背自然地理的规律,让外兴安岭向南甩出一个长长的尾巴,跨越大江大河,并试图自圆其说:

> 由此看来,奥尔洛夫和鲍什尼亚克是破天荒第一遭从天文学角度确定了乌第河、土古尔河、涅米连河、阿姆贡河和戈林河的发源地以及北纬50°和54°之间兴安岭走向的仅有的两个人。根据1689年的条约,这条山脉被当作我国同中国的边界走向。因此,他们第一次实际上证明了,俄中边界从乌第河上游起不是绵亘向东北东至鄂霍次克海,像此前所推测的、并在所有地图上和地理学中所标明的那样,而是向南南西。这条山

脉在松花江口上侧横越阿穆尔河，在该河和乌苏里江之间蜿蜒至日本海和朝鲜；因此，根据1689年尼布楚条约第一条的准确含义，整个阿穆尔河下游和乌苏里江流域至海均属俄国，而不属于中国。[4]

这种匪夷所思的推定和阐释，就连一向支持他的穆拉维约夫也觉得荒唐，未见加以引证，却也成功地点燃了殖民者的扩张野心。如果说他们此前心心念念要得到黑龙江左岸，此时不独要占据河口湾与下江地区，乌苏里以东的大块中国领土也进入其视野。

不管是黑龙江的左岸还是右岸，都可看到一些南北走向的山岭，乌苏里江之东与库页岛也有，但要说它们是外兴安岭的尾脉，则纯属鬼扯。那条长龙的真正尾巴，只能是斜向东北的诺斯山，即毗邻鄂霍次克西南海岸的朱格朱尔山脉。当年索额图在谈判前做过一些调研，从当地部族中收集到大量信息，指出那个所在，但由于没有详明的地图，语焉不详，造成搁置待议的局面。而一百六十余年后，清廷不仅不敢再提以诺斯山为界，竟然连黑龙江口也保不住了。

海军出身的普提雅廷参加过远洋探险，也曾对清朝的东北海岸线做过勘察，知晓那里有深水良港。此番再来津门，他与卞宝书等第一次接触，就在致清朝军机处的照会中吸纳了涅维尔斯科伊的说法。大约是觉得原文太过离谱，他还是稍作修正：

　　今查明兴安岭并非直达东海，此岭在本处不远，分作两股。一经过我霍斯克（鄂霍次克），在恰克图未立条约以前，已归我国所属。亦并非由黑龙江通松花江，系仅达黑龙江地方，此岭由黑龙江右岸至满洲地方，是以不能以兴安岭为两国边界，当以黑龙江为界。[5]

说得东拉西扯、乱七八糟，意思却很明晰，那就是外兴安岭有两条尾巴，一南一北，都不宜作为分界的标志。

清朝官员一贯坚持以外兴安岭为界的原则，坚持只有乌第河一带存在争议问题，对于普提雅廷最新抛出的"两条尾巴说"，未见回应。为什么？推测原因，一是觉得俄方胡搅蛮缠，不值得一驳；二是自康熙年间测绘《皇舆全览图》以后，从未对这一地域做过实测，也不知道如何反驳，所以干脆置之不理。有意思的是，普提雅廷在此后两次与清朝大臣会晤时，没再扯这一话题，只是提议顺江划界：从额尔古纳河口顺江而东，至乌苏里江口再顺江向南，作为两国边界；并要黑龙江左岸的清朝村屯迁往右岸，表示愿出十万两银子的搬迁费用。谭廷襄当即拒绝，告以大清皇帝抚驭中外，普天之下，莫非王土，岂能给点小钱就搬走？据称普提雅廷顿时哑口无言。

能言善辩的普公使为何"语塞"？大约还是不在一个话语频道上吧。"溥天之下，莫非王土；率土之滨，莫非王臣"，出于《诗经·北山》，本来是吐诉差役劳碌、无暇孝养父母之苦，却被一代代马屁精用以颂赞皇权的浩瀚无涯，缘此为历代帝王所乐闻。而时至强敌环伺，国门残破，夷舰纵横境内，谭总督还要拿出这句老话来抵挡，令普公使满脸错愕，再说什么外兴安岭有两条尾巴，真的是太不搭调了。

在清朝官员的奏折中，普提雅廷大多被描绘得谦恭知礼，一副温文尔雅的绅士模样。他们完全不了解他的履历，不了解其所具有的两种经历和双重身份：作为一个资深外交家，他曾率团至伊朗和日本谈判，皆成功缔约而回，是以面对清朝大小官员表现出来的傲慢固执心中有数，镇定平和，一般不与争辩，很少见疾言厉色；而作为一名帝俄军人，一名参加过高加索战争和远洋探险的海军中将，普提雅廷内心坚毅且冲动好战，从去年入境受挫开始，就一直向俄廷建议对华动武，甚至提议派一支舰队来封锁天津海口，扣留海运粮船。在广东与上海期间，普提雅廷也在列强使节中煽动使用武力，宣称只有将炮舰开进白河，才能迫使清廷老老实实对话。谦恭是他的假面具，动武用强才是他的真实念头，是他隐藏起来的尾巴。

三 强盗遇上强盗

拒绝接见外国公使，拒绝回应外国人的合理诉求，激成英法联军残破广州城的大祸，是广州将军柏贵奏报的叶名琛之罪。联署的几位大佬皆被作为俘虏看押，所奏在占领军的监视下写成，或授意而作，传递的也是侵略者的意思。清廷君臣不知此情，竟然完全听信，颁旨痛斥老叶祸国殃民，将之革职，却不惩处已成为英法代理人和传声筒的那哥几个。

又是几个月过去了，广州的占领并未解除，新任两广总督连城都进不了，而四国公使已各率军舰围堵于大沽口外，派出小火轮在河口进进出出，所筑拦江沙全无作用。清廷不敢再拒绝，钦派一拨拨大员前来会晤，英国公使额尔金等却摆出一副强狠霸蛮的姿态，找各种借口不与会面，或见而不谈，口口声声要率兵去北京。

总有些人批评清廷不懂外交，可中外历史上曾有过以炮舰开路的和平使者吗？他们是强盗，明火执仗的强盗。法国大作家雨果将英法联军称为"两个强盗"，指两年后在北京发生的火烧圆明园事件，而他们去年在广州、此时在天津，已然露出强盗嘴脸。普提雅廷与美国公使列卫廉努力扮演调停人角色，实际上各有诉求，尤以老毛子的胃口更大，骨子里也一样是强盗。

普提雅廷去年两番来至大沽口外，经历过漫长、孤独、焦灼的等待，以及风浪颠簸和缺少新鲜肉菜之困苦。这时的海面上则显得热闹非凡，巨舰小艇，有静有动，可能是听了普提雅廷的忠告，居然随船拉来不少牛羊，还把这些牛羊弄到岸上放养。细读繁杂纷乱的档案文献，你会发现那里正上演一出大戏：强盗与强盗频频互访，联络密切，共谋对清廷施压；他们有的唱红脸，有的唱白脸，闹嚷嚷你方唱罢我登场，配合很是默契；也会发现其各为其主，各怀鬼胎，四个公使四条心，从来不在乎互相拆台。而最热衷玩弄权术的，应说还是沙俄的普提雅廷，他已经不能算是公使了，可顶着一个"钦派大臣"的名头，那股掺和劲儿堪称十分高涨。

索求黑龙江左岸与乌苏里江以东地域，是普提雅廷对华交涉的核心内容，也是其竭力掩盖的秘密。当然不是要对清朝钦差保密，而是不想让另外三国的使节、主要是不让额尔金知道。他在外交上表现得很主动，与美国公使列卫廉交往密切，与法国公使葛罗逐渐熟稔，但由于俄英旧仇难解，与额尔金的过往很少且心结难解。额尔金并非不知沙俄在黑龙江一直拿着抵抗英军说事，从江上到海上抢占军事要地，大举强制移民，实施实际占领，心中早存戒备。葛罗与普提雅廷联络较多，但对沙俄侵入黑龙江也有着同样的疑忌和不满。列卫廉对此洞若观火，向国务卿报告法使"曾表示相信在北京的俄国宗教使团团长已经和中国签订了推测中的商约，而且俄国的确在觊觎朝鲜"，后来又在秘密会谈时认定"俄国人已经占领了大部分的满洲和朝鲜"。在另一份报告中，列卫廉写道：

> 俄国人进入阿穆尔河，却"并没有为英国人所忽视"，他们对圣彼得堡在中国进行通商条约谈判的兴趣表示关切。当俄国派普提雅廷参加其他几个强国的代表在南方进行的讨论时，狮子对大熊的闯入发出了怒吼。"我想知道，这种在满洲和鞑靼地区侵吞大片领土的行为到底是什么意思？"英国驻华公使咆哮说。"在我着手考虑之前，我想知道俄国在中国到底是一个什么地位……我知道这些问题对我们比对你们（美国人）关系更密切，我们必须把我们的道路看得更清楚一些。"[6]

狮子指大英帝国，大熊即沙俄。透过这些文字，我们发现，不独英、法二使，看上去与普提雅廷很热络的列卫廉，也抱有足够的警惕，对俄国侵入中国的黑龙江心中不爽。

上面的引文，乃列卫廉在1857年5月写于广东，反映了三国公使的顾虑。而普提雅廷长袖善舞，表态支持北上施压，慷慨提供在京传教士发来的情报，提供白河口的测绘图和潮汛变化，部分化解了英方的敌视。加上他在赴华之前任驻英武官，熟悉英国政治和民情，与额尔金交流时不乏话题。四国使节先后北上，普公使虽早一日从上海出发，但很快就被英舰赶上，额尔金写道："普提雅廷和我经常在一道，共同访问每一个口岸，大家用眼睛亲自查看一下所有的事务。"有几个外交官不会做表面文章呢？而心中的梗芥疑忌，并不会全部消失。

面对齐整整逼临海口的四个强盗，清廷判断其间必有利益冲突，也试图做一些分化瓦解。咸丰帝首先想做通普提雅廷的思想工作，然后再拿下美国的列卫廉，命谭廷襄施展手段，以夷制夷，俄夷如能听招呼，就可以用俄国压制英法；如果美国比俄国有用，又不妨弃俄而用美。老谭手下还真有这么一个能人——卞宝书，其父亲与弟弟皆为当朝大吏，本人科举不利，以拔贡入仕，升至沧州知州，由于治理有方，官声甚好，特地调来协办夷务。卞宝书精强明练，穿梭于四国使节之间，善能倾听与应对，与那些只会讲套话的大员不同，博得四国使节的一些好感。他把英法提出的主要条款拿给普提雅廷，请教应如何回应。普提雅廷很开心也很热心，建议拒绝其在内地江河通商和领事、教职人员自由行走的诉求，并对英国人销售鸦片、贩卖人口等行径提出抗议。正是透过这一渠道，普提雅廷获知英方要求舰船可出入所有的中国河流，急匆匆去找列卫廉（另一个记载说是列卫廉恰好来找他），表达了担忧与愤慨，"这肯定比我们所梦想到的东西还要多，简直把中国变成了一个新的印度"，强调他与俄国将抵制到底，"假如真给弄成功了，那末（么）肯定会导致一场欧洲战争"[7]。美国公使的看法与之相同，立即委婉地给额尔金写了封信，迫使英方做出了修订。

清廷把英国视为主要对头，却也不放弃在英人身上下功夫。因英方翻译李泰国（一个很中国的名字）曾任江海关税务官，卞宝书试图在他那里打开缺口，虽未成功，也建立了良好的沟通管道。普提雅廷不希望划界之事让英国人知道，卞知州当面表示理解，而转身就去告知李泰国。这个中国通详细解说了列强在中国的福利共享原则，"任何强国涉及中国福利的任何行动，都可在保护共同利益的借口下成为其他强国进行干涉的基础"，反问他难道还不能理解"俄国公使希望边界问题甚至不要在这里提及的那种焦急情绪"？卞宝书立刻表示："啊！我懂了，他希望阻止你那种可能的干涉。"李泰国讲英俄都反对与钦差大臣联合会晤，要害就在这里，并建议：

> 一当解决俄国边界问题时刻来到的时候，假如中国能征求大不列颠和法国的意见，寻求它们的援助，那末（么）中国一定会从中受益。[8]

"一定会"吗？这份《英国外交部档案》中记述"对此卞明显加以赞许"，卞即卞宝书，他的颔首未必不是应付，而心里对老普逼迫割地的痛恨，倒是真的。

四 大沽口陷落

大沽口距天津一百里、北京三百里，皆有水路可达，历来被称为京津门户。明朝永乐帝定都北京，即在此设置炮台，而直至咸丰初年仍属于简陋粗放的状态。外舰虽多次来至口外，只是要求清朝大臣接见，一副满腹冤屈的上访者模样，没有引起朝廷对海防体系的重视。

接到四国公使要率舰前来津门的奏报,清廷虽定下一个尽量不动武的原则,也开始派员检查大沽口等处炮台与白河防御。据相关人员在报告或书信中所写,情况很不妙,首先是"沿河南北两岸炮台台身女墙皆系土筑",一轰即倒,上面毫无遮拦,难以抵挡敌方炮火;而大量铁炮经风吹雨淋,锈迹斑斑,"火门镗口间有伤损","炮架车辆多有破烂",所存火药也有限。朝廷闻知急从京师调来一批大炮,但就连钦差大臣崇厚也在信中嘀咕:"与夷人讲火攻(即炮战),近于班门弄斧。"[9]

不管怎么说,清廷在短短两个月内匆忙维修炮台炮架,调集八千余名将士,包括健锐营和火器营、京营精锐骑兵、直隶督标与海口防御部队,加上天津团练与渔民组成的雁勇,总数已超过万人。四月初五日,直隶总督谭廷襄见英法索价太高、谈判进入僵局,有意显示一下肌肉,"传令南北两岸各营兵勇普律出队,并饬后路健锐、火器等营一并出队,直至炮台,旗帜器械,鲜明整肃",谭督亲自登上炮台指挥,"海岸十里左右,星罗棋布,军容甚盛"。[10]看到外国人爬上桅杆窥探,几位钦差自以为效果极佳,希望能不战而屈人之兵。次日再派卞宝书至俄舰沟通,告以朝廷对英法美三国条款的驳斥,也拒绝了沙俄割占土地的要求,普提雅廷"始而忿怒,继而叹惋",最后还是平静下来,说自己一直试图解劝说服,说这样做必然会导致决裂,未免可惜,并表示美国也可能跟着闹事,要清方早做预备。而美国公使列卫廉也没放弃斡旋,派副使威廉士与通译丁韪良登岸谈判,得到额尔金次日动武的通报,即传话让二人不动声色地返回。威廉士继续与钱炘和沟通,还送上美方测绘的地图等物,握手而别。丁韪良后来出任同文馆、京师大学堂总教习,应算是北京大学第一任校长,当时被蒙在鼓里,后来对此出语讥讽,嘲笑威廉士之虚伪,明知第二天就要开战,还煞有介事地谈判并答应规劝英法,就像是认真去修一栋房子,等着明天的风暴将之掀翻。

大风果然在第二天刮起。

四月初八日(1858年5月20日)一大早,英法各派一名军官送上最后通牒,命清军两小时内交出炮台。清方以为又是讹诈,照样不予理睬。上午十时,约定的时间一到,八艘敌舰驶入大沽口,与已在口内的军舰会合,冲向两岸炮台。清军立即射出排炮,由于炮架固定,难以随机调整炮口,况且每发射一次,都需要有好几分钟的间歇才能发射,给敌人留下可乘之机,命中率极低。但将士们打得很英勇,在敌舰的密集炮火中坚持回击,德巴赞古在《远征中国和交趾支那》写道:

> 炮台的设施都遭受了重大的破坏:炮架被打坏了,许多大炮也就倒在地上,或炮口都给炸碎,这样就全都不能使用了。然而中国人却还没有放弃自己的阵地,继续奔向那些还没有被打坏的大炮。他们的炮手一个接着一个地被我们灵活的射手所击中,然而却立即就有人替补。[11]

这是一场从战略战术到舰只兵器都极为悬殊的交火,是一场碾压式的血腥杀戮。由于结构性缺失,清军炮台的垛堞很快被轰塌,北岸炮台先被攻占,由火器营防守的南岸炮台坚持稍久些,但也落入敌手。清军顺流放下预先准备的火船,被敌军的舢板轻易地以长篙推至岸边,"在那里慢慢地自己烧掉";而后路的蒙古骑兵正欲冲锋,遭到敌军的密集射击,只得退回。即便如此,来犯之敌仍遭到重创:

> "霰弹"号的暗轮缠在打鱼人的网上,有好几分钟暴露在敌人的火力下,无法还手。炮弹穿过船身、机器和其他部分,到处都是弹痕。船上有十一个人被打伤;二十岁的年轻海军中尉比多先生的头被炮弹削掉,事务长被另一颗炮弹震倒在地,这颗炮弹越过船身,在他的头上飞过却没有碰到他……在"龙骑兵"号上,一位学员巴拉蒂先生被劈成两段抛入海中,只有他的一把宝剑还留在甲板上。"火箭"号的副舰长,波尔克先

生也被炸成两段。从桅樯上指挥射击的勒尼奥先生被打中面颊,受了伤。我们一共有四位军官被打死,三十多名水手受伤……中国人的射击既持久又准确使大家都感到惊奇。[12]

而英法军队最大的损失,在于炮台弹药库的爆炸,轰的一声,刚刚爬上炮台的五十多人被掀在半空中。是意外还是清军士兵舍命引燃,已不得而知了。假设一下:如果清军在近岸之地多设有射击孔的暗堡,如果将炮台修筑得再坚固一些,如果从国外购入一些发射精准、转动灵活的新式大炮,如果聘请几位外籍军官训练部队……去年普提雅廷初来,就提出派俄国军官来,帮助训练军队与改进炮台,考虑到其目的严重不纯,被断然拒绝。其实运作得当,二事可以分开,即便不用功于算计的老毛子,自能找到其他外籍军事顾问。

交战时有舍身杀敌的将士,也有仓皇逃命的总兵和副将,而前线败溃,后路各军跟着败溃,各位钦差大臣无一向前,都是自管逃命。直隶总督谭廷襄出身翰林,当日号称能吏,咸丰六年六月以刑部左侍郎兼顺天府尹,两个月后外任陕西巡抚,不到半年即署任直隶总督,本年三月实授总督。开战时他身在后路,妄图收拢狂奔而来的败兵,力斩数人,不仅不能制止,自个也被裹挟着一退再退,狼狈万状。谭督自知责任重大,赶紧上奏请罪,说是为了布置后路防守,自己暂时在葛沽驻扎。而随着英法军舰沿内河节节推进,这位仁兄的督辕节节退后,窝囊至极,几次意欲自杀,都被属下劝阻。真的不忍心太过遣责谭督,更不宜将大沽口之败的罪责都算到他的头上。当是时也,皇上与枢阁一心主抚,他曾提出外舰进入内河就炮击,被严旨训斥,而一旦敌舰群炮齐发,炮台瞬间被炸得稀烂,清军就很难支撑了。

就在交火的前一天,谭廷襄对待战争威胁还表现得大义凛然,以"皇上神威,士卒果敢"回应。经这次接仗,使他更加看清与西方列强的差距,思来想去,还是决定直陈所见:"第统观事势,细察夷情,有不能战、不易守、而不得不抚者，敢为皇上敬陈之……"[13] 叶名琛被称为"六不总督"，此时又出了一位"三不总督"。大约见谭廷襄所言真切，朝廷仅将之"革职留任"，未加严惩。

五　耆英的背影

英法联军攻占大沽口炮台后，俄美使节扮演的中间人角色已告破碎，而清方仍残存着一些希望，尤其是对沙俄。谭廷襄约请普提雅廷到天津会晤，而他为避嫌疑，事先征求英法公使的意见。葛罗本来觉得没有什么，经额尔金提醒"这样一来解决当今问题的权力就会过分容易地落入俄国全权代表之手"，赶紧写信劝阻，表示"四个使节同时入城"的效果会更好一些。清廷再派大学士桂良、吏部尚书花沙纳为钦差大臣，分别会见四国使节，把英国排在第一个，于是就有了海光寺的一幕：额尔金乘八抬大轿，军乐前导，三百卫队持枪跟随，到后旁若无人，拿出女王签发的烫金国书，见桂良等人所持谕旨仅"白折一开，楷字数行"，即嚷嚷一通，拂袖而去。[14] 桂良乃恭亲王奕訢的老丈人，历任督抚至阁老，却不得入军机处，实乃决策圈外之人，被派到津门议和，也只得忍气周旋。

咸丰帝显然对桂、花二位缺少信心，又紧急起用耆英，派他来津主持谈判。此公在前朝可是赫赫有名，曾作为钦差大臣在英舰签署《南京条约》，然后奉旨赴任两广总督兼管通商事务，与列强签署一系列条约，丧权辱国，竟被道光帝钦赐"有胆有识""有守有为"匾额。外国人对他也有很高评价。作为译员参与南京谈判的巴夏礼就曾表示喜爱耆英的风度，认为他的外貌雄伟正派，与人相处愉快亲切。美国公使顾盛也不乏赞誉，称他高贵、聪明而真挚。第一任港督璞鼎查曾为耆英驾临香港举行盛大宴会，英国记者发现他完全没有一般清朝官员那种愚昧与麻木,表现得和蔼可亲,富有幽默感,也具有高超的外交技巧与良好的教养,在宴会上谈笑风生,又极有分寸。而因缔约获益的英国商人为表达感戴之情,不知通过什么渠道搞到一艘中国平底帆船(据说是大清水师的军舰),命名为"耆英号",雇用一批中国水手驶往美欧,在纽约和伦敦都引发巨大轰动,就连英国女王都登船参观。数年后耆英奉调回京,官至文渊阁大学士,与掌领枢阁的穆彰阿关系密切。岂知奕詝做皇子时即对他们的投降媚外反感,登基后迅速出手,穆彰阿被革职,耆英断崖式降为一个六品小官,又因长子马兰镇总兵庆锡一案被革职,圈禁宗人府半年。[15]现在津门残破,诸军溃散,列强窥视京师,担任巡防大臣的惠亲王绵愉提议起用耆英,也有不少勋贵积极附议。

从外方传来的消息似乎也是如此。英法公使咄咄逼人,拒不会见谭廷襄等官员,与桂、花会晤时没说几句转身就走,交涉中却多次提到当年耆英主持的谈判,声称必须像他那样"全权便宜行事"。咸丰帝方寸已乱,秘密召见耆英,问询之际印象不错,即委任他以侍郎衔前往参与谈判,随后又传谕"所有议抚事宜,专归耆英办理","所有文武委员,即着于直隶地方营汛内调派委用"。[16]即由耆英主谈,不光直督谭廷襄等靠边站,桂、花二钦差也排到后面去了。

起用耆英,京师也出现了强烈的质疑之声——让一个老投降派、资深软蛋去主持谈判,合适吗?恭亲王奕訢提出耆英在与英法使节会见时,必须严厉叱责其侵略行径,"先折其气,而后俯顺其情,庶抚议即定,不至蹈从前覆辙"[17]。皇帝哥哥深以为然,立刻追发一道谕旨:

耆英此次经朕弃瑕录用,训谕谆详,深望其实心任事,消弭切近之患,以赎前愆,谅耆英必当感恩思奋。此时如接见哎(英)唎(法)二夷,先责其在粤何故背约兴兵?及到天津,既为说合而来,不当先行开炮,闯入内河。从前所定万年和约,不料今日至于如此。耆英即原办之人,自可与之正言讲理，折其骄慢之气，然后设法羁縻，庶可尊国体而戢戎心。若将万不可行之事代为乞恩，耆英具有天良，当不致为他人所逆料。[18]

话虽这么说，皇上也颇能体谅运作之艰难，提前设计了一个准驳模式：对各国公使所提条款，命桂、花二人酌情反驳；待尔等再提出来，则由耆英批准几项，作为最后决策之人。清朝大臣的一个必修课，就是官位的忽上忽下、忽废忽起，桂、花的职分大于老耆，也只能顶到前面去铺路架桥。咸丰帝把宝押在耆英身上，颁发钦差大臣大印，又补发一旨，告诉他以后亲自接见来使，不必事事与桂良等商量，自己斟酌处理即可，并表示："何事可行，何事不可行，耆英必有把握，朕亦不为遥制也。"[19]看这份信重依赖，耆英能不感激涕零、肝脑涂地！

四月二十七日，耆英抵达天津，若从皇上传谕起复算起，已经是第七日。七十一岁的老耆先是入宫聆听皇上训示，再经过深思熟虑，确定了一个"以夷制夷"的思路，虽说并非什么新玩意儿，但他与俄罗斯馆交往密切，求得大司祭巴拉第一封书信，转托普提雅廷为之说项。加上以前在广东留给英人的美好印象，此行就有了双保险。岂知去年广州城破，总督署所存历年卷宗被英法联军缴获，耆英奏折的副本被译出，文句间的贬损讥嘲令英人极为恼怒，所有好感早已荡然无存。此事巴拉第在一个月前赴海口时已闻知，却不漏一丝口风，倒是借机把京师的一些最新情形在信中报告使团。

耆英的到来，在当地引起热烈反响，士民工商对之期望很高，"群相欣喜"。自次日起，耆英即欲掀起一场外交旋风：请四国公使的助理和译员在风神庙会见，约定与各位公使分别会晤的日期，并转交了巴拉第的信。当晚七时，耆英首先与普提雅廷举行会谈，搞得有些诡秘，普公使带来一个四五人的谈判班子，老耆则孤身一人，安排一个下属在门口把守。他请求俄方出面斡旋，劝说英法撤兵，对方明确表示已做不到；退而希望得到一些建议，普提雅廷倒是很愿意，针对两国的要求谈了不少，同时催促双方尽快达成协议。对于中俄条约，二人也详细进行了商酌，说好等皇帝颁赐的钦差大臣关防（官印），到后一定先与俄方签约。

二十九日，耆英排设仪仗，亲自前往英法使节落脚的望海楼拜望，未想到二使皆推脱不见，搞得他一头雾水。接下来会见美国公使，耆英气势不减，拿出皇帝敕书，要求列卫廉下跪受书。列卫廉拒绝："不行，我只在上帝面前下跪。"耆英坚持说"皇上就是上帝"，对方一笑置之。记录下这段对话的，是担任译员的传教士丁韪良。他没有详记后面的故事，只说清廷对于外交礼仪完全无知。而这也没影响双方的会谈继续进行，基本上形成了协议草案。

五月初一日，英国使团李泰国、威妥玛来到钦差大臣下榻的海光寺，威逼马上答复英方照会。耆英主政广州时，少年泰国常随时任英国领事的父亲出席一些活动，是以算是世交。相见之际耆英深情忆起往事，试图以情动人，没想到二人极为无礼，拿出当年耆督的奏本，挖苦嘲笑并声称必将报复，令他极为意外和尴尬。这不光是要出一口恶气，也是一种谈判策略，告知清廷不要妄图打感情牌。果然如此，不独耆英大为沮丧，桂与花也觉得此路不通。三人商议后，由桂、花的名义奏报皇上，而耆英自知留亦无益，于次日怏怏返回。至于以此激怒皇帝，赐令自缢，那是后话。

六　抢签《中俄天津条约》

那个时代电报通信在西方已经流行，但中国与俄罗斯的西伯利亚还没有。咸丰帝牵挂津门的谈判，密旨多用"六百里加急"，可谓朝发夕至。而几乎在同时，黑龙江将军奕山也派员一路疾驰，送来已与穆拉维约夫签订《瑷珲条约》的奏折。黑龙江畔的会谈在当年四月十日开始,其时大沽口炮台刚在一天前陷落,各路清军争相溃逃,京津一片惊恐;而就在瑷珲签约的四月十六日,天津富商张锦文出面于津郊望海楼宴请四国使团,赶着一大群牛羊,笑欣欣慰劳入侵者。

望海楼曾是乾隆巡幸时的行宫,景物优美,额尔金等人在船上早就住腻了,残破大沽口的第二天就搬来居住。英使属员与卫队渐渐占据邻近的金家窑等村,驱赶村民,抢占寺院,当地百姓欲与拼命,官府赶紧劝阻。有人说官军不如团练,可敌舰大炮一开,不光官军惊慌后撤,号称六千之众的天津团练也一哄而散,让侵略者头痛畏惧的是普通百姓:一法国兵牵着狗牛皮烘烘地闲逛,先被小孩子用土块瓦片袭击,追赶时又遭人痛殴,帽子和狗都被抢走;带了二百人回来报复,怎料在街巷被四方涌来的民众上下围堵,石头瓦块密如雨下,根本无法还手,又是当地官员赶来解围……

就在耆英被起用的四月二十一日,奕山从瑷珲向朝廷奏报签约的经过。他应是在回到齐齐哈尔后才上奏的,以故拖五六天,大约也是一路琢磨怎么向皇上说。五月初三日(1858年6月13日)中俄签署《天津条约》,奕山的密折也在此日送达京师。若说耆英在津期间有一点"工作成绩",那就是议定了与俄国的合约条款。这件事并不容易,先有谭廷襄为首的第一拨沟通,后有桂良、花沙纳两位钦差大臣的第二轮谈判,因为包含割让大片领土,双方争议极大,成了一个很难跨越的梗。而普提雅廷在对华威逼利诱的同时,担心割地条款引发另外三国不满,也是绞尽脑汁。美国副使卫三畏在日记中写道:

> 四国公使的立场倒有点像四个打惠斯特牌的人,他们中的一个人都想打听其他几个人的秘密,用他手中打出去的牌来搞鬼把戏,另外假如能偷看一下他的伙伴或对手手中的牌的话,那么也是很乐意的。俄国人和美国人是伙伴,而假如英国人更

温和、更公开的话,那么在一有可能的情况下,他们就可以借助于美国佬去反对俄国人。[20]

普提雅廷就擅于打一手搞鬼的牌,预先把自己的条约草案送给法使葛罗看,为表达对英友好,删除了禁止鸦片的条款。卫三畏没有提到俄方草案对划界是怎样表述的,恰也说明并未激起他国的反感——普提雅廷隐瞒了关键信息。

清廷在比较之后,还是以为与俄国较友好。耆英抵达后,迅即展开了与普提雅廷的会谈,气氛是友好的,各项条款也一一敲定。至第九条才写到俄国最关心的边界问题,且大而化之,纯属务虚:

> 第九条 中国与俄国将从前未经定明边界,由两国派出信任大员秉公查勘,务将边界清理补入此次和约之内。边界既定之后,登入地册,绘为地图,立定凭据,俾两国永无此疆彼界之争。[21]

这样的条款,不独英法等无从挑别,就连咸丰帝必也会连连点头了。这是普提雅廷与耆英共同的作品,也是一个你知我知的约定。后来清廷曾拒绝承认割让之事,俄人强调在天津曾有口头承诺,但两个人私下里谈了什么?耆英许诺了什么?没见到俄国人的记录,而中方主要人物耆英不久后就掉了脑袋,也缺少记载。

看到奕山呈送的《瑷珲条约》全文,咸丰帝并未暴跳如雷,也未见奕䜣等王公大臣出来弹劾,从几份谕旨可以看出,清廷君臣更像是松了口气。即行批复奕山和吉林将军景淳,表明理解这种"限于时势"的"从权办理",命景淳查明协议中"共管"的乌苏里江以东滨海地区,"如亦系空旷地方,自可与黑龙江一律办理",又以"六百里加急"密谕桂良诸人,兹引录其中一段:

> 本日据奕山奏：已会同夷酋木哩斐岳幅，将乌苏里江至海口等处分界通商事宜，合约定议。桂良等即可借此一事，告知俄酋，谅伊必早有所闻。惟中国与尔国，二百年相好，故能如此优厚。……嘆（英）、啡（法）二酋来至天津，本应置之不理，皆因俄国前来说合，声言并无恶意，是以未与用武。不料该二国先开大炮，直赴天津府城，迄今未有定议。今俄国已准五口通商，又在黑龙江定约，诸事皆定，理应为中国出力，向嘆（英）、啡（法）二国讲理，杜其不情之请，速了此事，方能对得住中国。[22]

自雍正朝设立军机处，皇帝谕旨通常由军机章京拟稿，军机大臣审核润色后报皇上阅定。这篇妙文不知出自哪位大神的手笔，竟将不敢发炮阻击入侵者说成看了俄国的面子，于是大沽口被残破也就有了俄国的责任，加上念在两国和好情分上已于瑷珲签约，所以俄方应出面制止英法的讹诈，了结目前的纷乱局面。不知桂良接旨后是何感受？不知他们如何向普提雅廷转达？国家危如累卵，强敌咄咄逼人，几个钦差大臣在前线左支右绌，咸丰君臣仍昧于大势，徒逞口舌之快，近于满口胡话。

虽说《中俄天津条约》已经签订，这份谕旨还是向俄使传递了一个极重要的信息，在瑷珲已签订边界条约，俄国人的主要目标已经达到。如果说此前普提雅廷还略有一些忐忑，现在应属吃了定心丸。奕䜣以为普提雅廷已知此事，其实不然。穆拉维约夫没有向普提雅廷通报此事，派往彼得堡的专使还在路上，俄国外交部自也无法通知在天津的使团。我们知道，在对华交涉问题上，穆与普一直在明争暗斗，因此获知这一消息，普提雅廷必也是心情复杂。但毕竟是个好消息，素来不太对付的两个人像是心有灵犀，配合得堪称妙绝。普提雅廷并未答应耆英去当调解人，但友好地提出建议，希望清廷硬气一点，驳回英国的一些勒索条款。更为重要的是，他提出要向清朝赠送一万支新式步枪和五十门炮,还要派遣一批军事专家指导军队训练和重建炮台。这是俄廷实施的一项笼络中国的措施,也包藏着控制清朝军队和边防海防的祸心,而运用操作得当,应也是清朝重建军队的一个机遇。去年普公使夏天就有此提议,如抓紧办理,英法联军的进攻就很难得逞。惜乎清朝官员只剩下戒备之心,自外于世界格局,全忘了老祖宗合纵连横的法宝。这次桂良等人不再拒绝,委婉转奏,皇上不知得到哪个高人指点,表示可以接受其枪炮,但教官与地质矿产专家之类就不用派来了。

对于第一个与清朝签订《天津条约》,沙俄外交大臣戈尔恰科夫很兴奋,在给沙皇的奏报中写道:"中国所签订的这样类型的第一个条约乃是和俄国所订的条约,因为只有在和普提雅廷伯爵签订协议后,中国政府才同意和有代表在天津的其它列强签订类似的条约。"[23]这段似是而非的话旨在力挺普提雅廷,刻意忽视穆拉维约夫在瑷珲的成果。

注释

[1] 《筹办夷务始末(咸丰朝)》卷二十,《[七四四]何桂清等奏英美法俄四使已由上海前赴天津折》,第694页。

[2] 《筹办夷务始末(咸丰朝)》卷二十,《[七五三]乌勒洪额等奏委员往晤俄使并接收其咨文折》,第701页,下一段中引文亦见于此折,参见《筹办夷务始末(咸丰朝)》卷二十,第701—703页。

[3] [俄]根·伊·涅维尔斯科伊《俄国海军军官在俄国远东的功勋》,第十五章《在阿穆尔左岸地区的工作成果》,第192页。

[4] 《俄国海军军官在俄国远东的功勋》,第十八章《1852—1853年冬季前半期的工作和边界问题的解决》,第222页。

[5] 《筹办夷务始末(咸丰朝)》卷十八,《[七一七]俄国为分界事给军机处咨文二》,第662—663页。

[6] 齐思和、林树惠、田汝康、金重远等,故宫博物院明清档案部编《第二次鸦片战争》(六),第486页。

[7] 《第二次鸦片战争》(六),《英俄矛盾》,第489页。

[8] 《第二次鸦片战争》(六),《英俄矛盾》,第488页。

[9] 《第二次鸦片战争》(一),《崇厚给酝卿信》,第637页。

[10] 《筹办夷务始末(咸丰朝)》卷二二,《[八三一]谭廷襄等奏英法久无回文仍藉俄关说折》,第788页。

〔11〕《第二次鸦片战争》(六),第149页。
〔12〕《第二次鸦片战争》(六),第153—154页。
〔13〕《筹办夷务始末(咸丰朝)》卷二二,《〔八五六〕谭廷襄奏战守两难仍宜让步折》,第805页。
〔14〕《筹办夷务始末(咸丰朝)》卷二五,《〔九八三〕尹耕云奏各使在海光寺会晤桂良花沙纳情形猖獗应早为战守之计折》,第908页。
〔15〕耆英被治罪,可参见崇彝《道咸以来朝野杂记》记载:"耆平日实有自取之咎,因宣宗朝曾奖耆'有守有为'之语,于是耆相大书一联悬之客厅,云'先皇奖励有为有守;今上申斥无才无能。'此罢官时考语。故意令人见之。"
〔16〕《筹办夷务始末(咸丰朝)》卷二四,《〔九二八〕廷寄二》,第866页。
〔17〕《筹办夷务始末(咸丰朝)》卷二四,《〔九四一〕奕訢奏请敕耆英办理洋务不可一味示弱敷衍了事折》,第874页。
〔18〕《筹办夷务始末(咸丰朝)》卷二四,《〔九四三〕廷寄》,第876—877页。
〔19〕《筹办夷务始末(咸丰朝)》卷二四,《〔九六七〕廷寄》,第895页。
〔20〕《第二次鸦片战争》(六),第159页。
〔21〕步平、郭蕴深、张宗海、黄定天编著《东北国际约章汇释(1689—1919年)》,《天津条约》,第60页。
〔22〕《筹办夷务始末(咸丰朝)》卷二五,《〔九八九〕廷寄》,第917页。
〔23〕《第二次鸦片战争》(六),第464页。

第十六章 "共管"是一个梗

在瑷珲谈判期间,面对咄咄逼人的穆拉维约夫,奕山于大屈从中仍有小坚持:一是黑龙江左岸的大清国民照常居住和生活,瑷珲副都统衙门照常进行管理;二是乌苏里江迤东滨海地域实行两国"共管"。穆督勉强(其实应是"欣然")接受。而穆拉维约夫没有想到的是,清廷会将他以为明明白白的割让,解释为令其在江左空闲之地暂住,并命吉林将军景淳在共管地域照此施行,找一些无人区给俄人"权且安身"。景淳深知其操作难度,在密奏中表示强烈反对,强调那是祖宗传下来的根本之地,是向朝廷进贡参珠之地,咸丰帝方才想到要反悔。

"共管"成了一个梗,成为此后数年间中俄交涉的焦点,一个难以跨越的概念障碍。与此同时,一批批俄军与沙俄移民先沿黑龙江而下,再沿乌苏里江而上,察验土脉,扼守要害,兴建军营和村屯。而反观对朝廷慷慨陈词的景淳等人,除了做一些无效拦截,登记过往俄船俄人数量,几乎是毫无举措。

一 普提雅廷"馅饼"

天上掉馅饼,是我国的一句俗谚,说全了则是天上不会掉馅饼,道理很浅显,却也佐证了馅饼的魅力。其也是人类普遍喜爱的食物,俄谚就有"俄罗斯人的一生都伴随着馅饼"。还记得第二次雅克萨之战吧?为显示被围城堡中不缺吃的,身处极度困境的俄军头目送给清军一个大而厚的馅饼，可谓典型的打肿脸充胖子。

至于普提雅廷要送给清廷的馅饼，则是武器，是当时的杀人利器——新式步枪和火炮，外带一批军事顾问和教官。他表示愿帮助清军指导射击，训练部队，改筑炮台乃至找矿、开矿与冶炼铸造。对于内外交困的清廷，对于已痛感武器落后、海防薄弱、官军怯战的咸丰君臣，无奇于"天上掉下一个林妹妹"。但是且慢，刨去那残存的天朝意识，大清君臣并不缺少智慧和心机，不缺少对沙俄侵华意图的认知，也不能不问一个为什么？

这当然不是普提雅廷的心血来潮，他也没有擅自决定赠送大批军火的权力，一切都来自沙俄外交部与"阿穆尔委员会"的谋划，并由沙皇最后拍板。作为铺垫，沙俄枢密院先行致函理藩院，宣称"外寇"（暗指英法等国）有滋事图谋，特派亲信大臣为使，"权宜办理两国交涉一切事件，用昭我国相交之道"。[1]这里的"相交之道"，意思就是邻国有难，慷慨援助，包括选派教官、赠送火器等。常驻北京的俄罗斯馆大司祭巴拉第赶紧配合，在致理藩院呈文中写得更清楚："现在英夷等三国有窥伺占据之心……彼蓄志深远，外国共知"，"情愿与贵国彼此相安相保，共防将来不测之事"。[2]令他们有些意外的是，库伦办事大臣告知中国有能力"自行御辱"，"并无机密要事应与尔国相商"，不许俄国使团入境。普提雅廷转道黑龙江之前，在恰克图留下一封转交清方的信，写道：

> 不能不令人遗憾者，中国政府对与外国人民建立密切关系之一切建议，不加分析，概予拒绝，因之失却了解他国情况之一切途径。中国政府既未注意由于利用蒸汽，在交通工具方面之重大发明所引起之变化，亦未注意具有毁灭性之新式武器之发明，而认为可仍如既往，继续不与他国人民交往，甚至无需任何同盟者，自外人亦毫无可资借鉴者。……众所周知，贵国

国内暴乱所产生之混乱状况已使国库陷于何等穷竭；无论中国军队如何以勇自豪，但其装备较诸欧洲人远为窳劣，且由于不太了解近代军事技术之改良，因此无法抵御正准备与其作战之海陆军力量之进攻也。

有鉴于此，俄罗斯国作为善邻，对中国目前形势甚为关心，希望尽可能减轻内外战争给中国带来之不良后果。[3]

不管普公使暗伏多少机心，这番话可谓切中大清之弊，咸丰君臣若能豁然开窍，急起直追，亦功莫大焉。遗憾的是此函件虽也摆上御案，但经过翻译过程中的加减润色，已变得语义含糊，咸丰帝得到的信息是沙俄又要派人来，肯定又是一个难缠的主，带着一大堆诉求，赶紧谕令黑吉两将军阻拦。

普提雅廷上面那一大段话的潜台词，是英、法两国正在筹备大举侵华，而好邻居要帮忙，可以帮着训练军队和提供新式武器，前提是割让一些土地。清廷对沙俄戒备极深，认为其"托名英夷，妄肆鸱张"。抵达大沽口外，普提雅廷虽两次会晤清朝高官，对方不接茬，连说这些话的机会都没有。倒是随行的翻译悄悄告知随行的清方委员，说英国人正在勾结太平军，密谋对贵国不利，若来此地很难抵御，俄方有相帮之意。委员立刻正告不需要外国帮助，也不愿掺和外国的事情。

咸丰八年（1858）春，四国公使率舰赶到天津海口，大战在即，普提雅廷却悄悄告知中方代表愿为中国提供枪炮和训练士兵，可以由恰克图经陆路运送，以解急需。谭廷襄急奏朝廷，说因国内火器落后，俄使表示愿赠送一批枪炮，并派人来指导演练和维修制造的方法。清廷谕令婉拒，告知中国军队自有枪械，不用他们费心。普提雅廷表示：赠送枪炮制敌本为一种善意，你们竟然不给面子，调解之事就不宜再过问了。

等到大沽口炮台被攻占，英法联军进据津郊，清廷再签城下之盟，普提雅廷志得意满，并开始谋划久远，老话重提："愿送中国火枪一万杆，各项炮位五十尊，送至大沽海口，由内地自驾沙船运接"，并坦言清军炮台筑造与火器很差，将写信给国内，"令派修造炮台并教兵技艺及看视金银矿苗各官十员前来中国，代为制备一切"。瞧这姿态，不光是配送枪炮，加固炮台，培训部队，就连探矿开采和冶炼制造之事全包圆了。而奕䜣在大沽惨败之后，已知清军的武器实不可恃，命有条件接收，谕曰：

> 俄夷欲送枪炮，既出真心，可告以送来之时，必当收受，将来亦以礼相酬。正可借此笼络，示以不疑，以冀为我所用，不可露中国急需此项之意，致启轻视之心。[4]

几位钦差大臣遵旨回复：接受枪炮，拒绝其他各项。普提雅廷坚持"修理炮台、教演枪炮"很重要，愿意绘出炮台式样，指导修筑。再被婉拒后，老普说与各国通商协议已签，更应加强海防，为免除疑虑，俄方只派五到十人前来，言辞很是恳切。咸丰帝得悉后予以批准，并命转达嘉奖之意。普提雅廷很开心，表示下半年就可派人来，枪炮也会在第二年送到大沽口外，并说在清军学员掌握演放技巧后，俄国军事教官即可撤回。

普提雅廷总算不负使命，得意回国，后来升为沙俄教育大臣，赠送武器和选派教官的事不知交代给何人，一时没了消息。当年岁末，清廷因大沽口正在重建炮台，不愿为外国人窥探，致函俄方，要他们将枪炮送至恰克图。

二 阿木尔斯启

研读清代的中俄档案，常被俄国人名、地名的多译所困扰，譬如一个穆拉维约夫,就有木喇毕也普、木哩斐岳幅、木拉斐岳幅、木喇幅幅、穆拉福业福等。阿木尔斯启,也是穆督出现在清宫档案中的名字,今译"阿穆尔斯基伯爵",是沙皇在其逼签《瑷珲条约》后赏赐的封号。俄人将黑龙江称作阿穆尔河,穆拉维约夫的封爵,也可译成"黑龙江斯基伯爵"。在漠河境内,有一条小阿木尔河(又作额尔河),九曲十八湾,蜿蜒于大兴安岭之中,可证"阿穆尔"三字在当地由来已久。查了一下,未能找到出自哪个部族,究竟是何语义,推想俄人应是沿用原住民旧称,如同将库页岛叫作萨哈林岛一样。

签订《瑷珲条约》后,黑龙江左岸的殖民者一片欢腾,并迅速传播到伊尔库茨克与彼得堡。巴尔苏科夫写道:"侍从将军穆拉维约夫挥笔签字后,便使幅员数百万平方俄里的阿穆尔地区和滨海地区成为了俄国的合法财产。"[5]注意!他说的可是数百万平方俄里,而不是我国史学家习惯表述的一百多万平方公里,应包括大贝加尔和勒拿河流域——在内心深处,老毛子会意识到那些地方都是抢来的。

双方签字之后,奕山等人自知难逃秋后算账,自不会想到保留签字画押用的那管毛笔,而俄方就不同了,穆督所用之笔立即被随扈在侧的作战处处长布多戈斯基中校收藏。[6]布中校也是穆拉维约夫的帐下干将,跟随他乘船顺流而下,一路负责在左岸选择屯田布防之点,"从小兴安岭起直至乌苏里江口,遍设村镇。第十三边防营则在乌苏里江和阿穆尔河的汇合处建立了屯营地,命名为哈巴罗夫斯克村"。[7]该营又被叫作阿穆尔营,这个村本为中国的伯力(又作伯利),很快成为沙俄侵占乌苏里江以东地域的大本营,后来是哈巴罗夫斯克边疆区的首府。滨海省驻军司令卡扎凯维奇已带着"阿穆尔号"在此恭候,此乃一艘新从美国采购的小型铁壳火轮船,性能较优,穆拉维约夫改乘此船赴黑龙江下游。

开行之前,穆督深入查看哨所与新村的兴建,看到正规军和哥萨克正在忙忙碌碌地建造房屋、货栈,种植菜园,很是高兴。他也仔细勘察江流、岛屿，发现乌苏里江口距黑龙江主河道较远，即命阿穆尔营在主河道驻守，以确保黑龙江航道畅通。穆拉维约夫意识到必须进占刚刚争得的共管地区（乌苏里江以东广大地域，以下简称"乌东"），当机立断，宣布将阿穆尔营划给滨海军区管辖，与已经开赴乌苏里江上游的第十四边防营（乌苏里营），统归卡扎凯维奇少将指挥，以迅速达到实际占领。根据清朝档案的记载：穆督还带人闯入乌苏里江口，先停靠清军乌苏里卡伦，询问守卡官员是否知悉两国已签条约，俄国人可以在乌苏里江右岸建房居住，告以不知，也没接到上司之命。他命开船沿江上行，至喉温登岸瞭望，下令砍伐树木，"掘坑长二丈，宽三尺，深二尺余，验毕土脉，折回乌苏里口住宿"[8]。或是为了切实体验移民船只的上溯，穆督有意不乘小火轮，也使驻卡清军得以划船尾随，将观察到的情况报与上司。

离开伯力后，穆拉维约夫继续沿黑龙江下行，先到奇吉附近的马林斯克，"巡视了教堂、营房和其他建筑物"。卡扎凯维奇好像已适应新角色，不再提只干两年的话头，劲头十足，初步建成尼古拉耶夫斯克（庙街）至外贝加尔的驿路，正着手修建"自马林斯克哨所至乌苏里哨所之间的驿站，好让带铃的三套马邮车驰骋在从波罗的海直至东洋的驿道上"[9]。而与此同时，吉林将军景淳听之任之，未有任何实际举措，在接奉谕旨、得知两国已签约共管后，也只是让下属去查查居民的情况。

在海岸炮台的隆隆礼炮声中，穆督抵达尼古拉耶夫斯克。作为滨海边疆区的第一个首府，这里初现繁荣，卡少将修造了漂亮的省长公署、兵营、医院、军港与各种沙俄机构之外，还有一些外国领馆和货栈，有约二百栋私人住宅，"沿着阿穆尔河岸边伸延了一俄里半远"。在驻军医院教堂，穆督举办庆祝签约的感恩祈祷仪式，英诺森大主教激情致辞，最后带领"高呼皇上陛下和皇室万岁，尼古拉一世永垂不朽，穆拉维约夫总督健康长寿……海岸炮台礼炮齐鸣"[10]，谁说只有政治人物才会玩表演秀呢？

返程中，穆督兴致勃勃，为每一个居民点都命了名，有的用他妻子的名字，如叶卡捷琳娜·尼古尔斯卡娅村；也有不少来自其敬重的人或有功的部下，像米哈伊洛夫村，纪念为移民做出贡献的小沃尔康斯基；另有卡尔萨科夫村、卡扎凯维奇村、布谢镇、斯科别里琴镇，也没有忘记以涅维尔斯科伊的名字命名一个镇。他在斋岬参加了圣索菲亚教堂的奠基典礼，然后作别英诺森和卡扎凯维奇，溯黑龙江返回。

经过松花江口的时候，穆拉维约夫抑制不住内心冲动，命"阿穆尔号"闯卡而入。这是出现在松花江上的第一艘俄国轮船，居然还带上登船盘查的黑河口守卡官兵——大约是见这些人有些紧张，穆督让译员告知将派人去三姓贸易，并说火轮船再来时也会西上。此事由三姓副都统奏报上去，未写卡伦士兵跑到人家轮船上搞了个短途游览（约五十里），只说穆督率船队驶至卡伦，要求进松花江察看地势，阻拦不成，尾随六十余里，看到俄人绘图云云。穆督离开时，留下三个人和一只小船，表示要去三姓做生意。就是这三个俄国商人，后来整出一桩大案。

1858年9月，穆拉维约夫躲开专为他搭建的凯旋门，悄悄回到伊尔库茨克，但拗不过热情的属下和各界人士，还是举行了一系列庆祝活动。晚间的总督府灯火通明，房顶上用油灯排出"阿穆尔是我们的"字样，对面广场上站着军乐队和歌手，不停地敲击和引吭高歌。

亚历山大二世在莫斯科颁布谕旨，表彰穆拉维约夫的功劳，曰：

> 尼古拉·尼古拉耶维奇伯爵：卿勤政奉公，屡建武功，政绩昭著，深得先皇器重。先皇深知卿才智出众，故将帝国幅员辽阔之边陲托付于卿，卿十一年如一日，为振兴东西伯利亚终日操劳，孜孜不倦，不负朕望。……卿无愧领受朕之真诚谢意。兹为表彰卿之功劳，朕已手谕枢密院，即日起封卿为俄罗斯帝国伯爵，赐号阿穆尔斯基，以资纪念卿为之（尤其近年来）劳

瘁不懈与朝夕关怀之边陲。[11]

几日后,穆拉维约夫晋升为陆军上将。

当年11月,穆督为派员赴华致函库伦办事大臣——就是那个被他称作大笨蛋的德勒克多尔济,在名号上增加"阿穆尔斯基伯爵"字样,却被译作怪怪的"阿木尔斯启"。是德大臣有意恶作剧吗?证之以信使德斯帕特被译成"得尸坡特",觉得也有一些影子。后来的清朝公文中,阿木尔斯启便成了通常的译法。外贝加尔省省长在派人接洽时特地通报穆拉维约夫的新封号,德大臣回答"系伊国内之事,与我大清国无干"[12],颇有几分外交发言人范儿。可,这家伙的爵位是"黑龙江伯爵",怎么能说与大清国无关呢?

三 庙街"旧碑"

距黑龙江入海口不远的尼古拉耶夫斯克,地图上多括注"庙街"。那个地方又被叫作庙尔、庙儿,有何来历已杳渺不详,望文生义,推测或与曾存在过的庙宇相关。元朝的征东元帅府、明代的奴儿干都司都距此很近,明永宣间太监亦失哈多次率舰队前来巡视,经此地出海赴库页岛抚民,也为修建寺庙留下想象的空间。据说俄人曾在庙街一带发掘出古城遗址,至于有否寺宇存在,应是难得其详了。

1858年6月下旬,穆拉维约夫在《瑷珲条约》签订后抵达尼古拉耶夫斯克,逗留约十天,出席各种仪式和活动,却只字不提它旧日的名字——庙街。怎么会呢?几乎所有的早期殖民者都如此,尽量抹去人们(尤其是原住民)的历史记忆。

而历史记忆又是很难抹掉的。清初哥萨克匪帮袭扰下江,宁古塔将军巴海奉旨清剿,流放诗人吴兆骞随军出征,写下"欲读残碑询故老,铭功无字蚀苍苔"[13]等诗句，可证这块旷远大地上久已有先代文化的遗存。关于庙街旧碑之说，可见吉林将军景淳于咸丰九年正月二十六日所发密奏，主题在于指斥黑龙江城副都统吉拉明阿"擅与俄定期会勘边界"，其中大段文字涉及庙儿旧碑的说法：

> 查该副都统咨称，有三姓所属赫哲、费雅喀居住之庙儿地方，原有与俄国分界石碑，前于咸丰四年间，夷酋木哩斐岳幅人船驶赴阔吞等处建盖房间，将旧设石碑私行损坏，曾经吉林将军衙门咨照在案。[14]

自从五年前俄军闯入黑龙江，黑吉二将军就实行奏本的会签模式。这应出于皇上的旨意，会造成奏报的延误，但也能促进两地互通信息，形成黑龙江上下游的联动机制。景淳所奏有些突兀，而以吉林将军直指黑龙江大员坏事误事，也非官场通常的做法。

为什么？

此时《瑷珲条约》已签署八个多月，俄军携带移民由黑龙江转入乌苏里江，再大举南下，抢筑要塞和村屯，使清廷很快意识到"共管"的危害，命黑龙江、吉林二将军设法解释和阻拦。而黑龙江城副都统吉拉明阿不知风向已变，接到穆督关于派员往乌苏里和绥芬勘界立牌的信函，即回复于明年春暖时举行，在呈报奕山的同时报告吉林将军衙门。没有看到吉拉明阿写给穆督和景淳的原文，仅就景淳奏本中转述，可知他提到庙街旧碑一事，并声称采用的是吉林衙门的说法。

这是一段往事。

咸丰四年夏，俄国船队第一次闯入黑龙江，穆拉维约夫主要有两个理由，一是要运兵往大海抵御英军，二是与清朝谈判划界。景淳派协领富尼扬阿前往议界，因船只破旧，好不容易划到奇吉，未能找到穆督，却看到俄军正在大肆兴建，"临江砖窑、铁匠炉各一座，制造砖瓦军器","有车架大铜炮二位、小铜炮二位,刀枪弓箭俱全",顺便还听到一个庙街旧碑的传说。景淳原奏是这样说的:"庙儿地方,传闻旧有分界石碑,上面分刻满、汉文字,曾被该夷将字销毁。"[15]并申明是俄国通事告知的。他们说的较有可能是永宁寺碑,因距庙街不远,便被张冠李戴了。景淳既无历史认知,也不会想到要去实地考察,人云亦云,写入密奏。

五年过去了,吉拉明阿旧话重提,且坐实此说来自吉林衙门,景淳深知其话外音,急忙上奏分辩。他承认曾在奏章中提过庙儿旧碑,但那只是富尼扬阿从俄人口中听来的,当时就已声明是"传闻"。而他在这次密奏时,针对此传闻展开批判:

> 查阔吞、奇咭切近海滨,相距乌苏里河数千余里,去绥芬尤远。而庙儿地方尚在二处迤东,即使该处果有旧碑,亦属毫不相涉。况原奏委系叙明通事传闻一语,安知非该夷诡诈之言,豫为狡赖地步?且揆之情理,该夷如得有石碑凭据,保护尚恐不暇,岂肯私行损坏?设系国朝与俄夷分界之碑,似应刻写清字、夷字,又焉有满汉并镌之理?[16]

层层剖析,道理很明晰,但奇吉距乌苏里江(不管是江口还是源头)真的不像所写那样远。联系到景淳曾报松花江到东海岸八千里,可知这位将军对辖区不甚了了。清初之际,巴海将军尚能每年率师巡边,直至外兴安岭和黑龙江口,而景淳任吉林将军已经数年,就连奇吉也未到过。多数封疆大吏最擅长的是欺瞒与避祸,景淳见皇上要追究责任,立刻将矛头指向吉拉明阿,说他"竟以前次入奏传闻空言,作为疆域界据","当此夷情叵测之时,不思恪遵谕旨,为正言拒绝之计,以杜该夷窜越之谋,率以空言牵涉臆断,诚恐致滋挟要,关系匪轻"。瞧这眼药点的,吉副都统有点悬了!

在景淳此疏之后,黑龙江将军奕山上了一道密奏,也涉及庙街旧碑之事。原因是见到景淳奏本的抄件,奕山不得不紧急做出反应。此时攻入大沽口的英法联军已经撤离,清廷痛定思痛,尤觉不能失去这块出产"参珠貂皮"之宝地,责令黑吉二将军坚拒。景淳赶紧奏称乌苏里江和绥芬河不与俄国接壤,隐指奕山在谈判时不应定为"共管"。奕山得知后不免火大,指令吉拉明阿逐条回应,于是才扯出旧碑一节。奕山仍将此事写入奏章,压根儿不提"传闻"二字,只说咸丰四年由吉林将军衙门告知"夷酋率众占盖房间,拆毁旧立石界牌,其与俄毗连无疑"。是啊,奇吉与阔吞屯均在黑龙江和乌苏里江右岸,数年前即被沙俄占领,哪里还有什么不接壤呢!限于见闻,奕山等人不太清楚俄军早已据有河口湾与鞑靼海峡,不太清楚庙街已发展成人家的省会,却也自有一段聪明,借机追述前事:在瑷珲谈判时曾特别强调"乌苏里、绥芬等河界属吉林,必须咨询吉林再行定议",参与谈判的吉林官员也依据地图反复争辩,岂知穆督勃然大怒,不辞而去,立刻就要决裂动武;无奈派员婉言相劝,对方气犹未解,说"俄国之人,现在吉林阔吞、奇集等处,久已屯居有年,你们将军岂有不知之理,必须换字方休"。〔17〕为什么转述那个场景与那些话?想来也是被逼急了,希望皇上知道老毛子已侵入滨海地域之实情,也要景淳明白自己了解下游的详情……

大敌当前,黑吉二将军不思抗战,不设边备,却在自己人之间掰起了手腕。他们虽无胆略,倒也不缺少政治智慧,能预料到大块失地已难避免,预料到朝廷和国人必然会追究,必须先占地步。景将军所说的不接壤,依据的是《尼布楚条约》,理论上说也不算错;奕将军奏报的则是实情,即俄军早已占据下江和乌东多处地方,根本不存在什么"不接壤"。二将军各执一端,却并未撕破脸皮,在向皇上密奏的同时,都将所奏咨送对方阅看,以示尊重和襟怀坦荡。

在清代高级官衙之间,此类平行文书叫作"咨文",简称"咨",有告知之义。

四　枷示外夷的吉拉明阿

枷号，是古代的一种酷刑，即在犯人项上套上一个沉重的木枷，带往热闹处所，以示羞辱和惩戒。对于犯事的官员，清朝也有枷号示众的处罚，如通常被视为肥缺的东河河道总督，一旦黄河决口，往往难逃"枷号河干"的命运。河干，即河岸、大堤。将犯官（有时不光总督，也会带着厅、汛等官员）枷立一长溜，让河工上来往士兵与民夫观看，是为枷号示众。本文所说的"枷示外夷"，也属于枷号河干，则主要是给外国人观看的，具体说是想让俄国人看到，而被枷示的官员，就是吉拉明阿——不久前还率员访问过海兰泡，与穆督及属下多有过往。

吉拉明阿为《瑷珲条约》的签字人之一，但所存传记资料很少。《黑龙江志稿·职官志》说他属于满洲正黄旗，齐齐哈尔人，民国《瑷珲县志》卷九则说他姓崔，出身汉军旗。在呼伦贝尔总管任上，吉拉明阿曾积极建议将所属十五卡伦一律前移，以防备沙俄突然入侵，尚属明白和认真。奕山奏请将之任命为黑龙江城副都统，主持瑷珲军政，在对俄交涉中多所倚重。见到景淳的奏折抄件，奕山上奏为吉拉明阿辩解（更多的是为自己辩解），可还未送达宫禁，皇上对景淳折的御批已下。此时清廷已痛悔当初之轻许，接报后对奕山严加责备，对吉拉明阿擅自答应俄方来查界立牌也很恼火，要求他们设法补救。大约景淳也觉前奏过于激烈，又上疏为吉拉明阿缓颊，认为所谓开河后再行会勘的说法，应是一种缓兵之计。可皇上不依不饶，说景淳原奏中提到庙儿旧碑，即言明系传闻之语，"况该处尚在绥芬、乌苏里迤东，与俄夷现占之阔吞、奇吉相距甚远，亦岂能任意牵涉，指为俄夷接壤之据"[18]。这些话是针对奕山的，可知皇上身边缺少会看地图的大臣，奕山自以为已写清楚了，朝廷就是认定不搭界。咸丰帝谕令撤掉吉拉明阿，要奕山保举一名明白干练之员接替，并据实参奏老吉的罪过。

阅读此一时期的朱批奏折，你会看到一个近同的大臣复奏模式，即首先简述皇上的来谕，再表示"奴才等跪聆之下，不胜钦服"，"奴才跪读之下，钦佩难名"云云。奕山为宗室将军、当朝天子的族兄，也是口口声声自称奴才。尽管谕旨中大有谬误，奕山也不敢再作分辩，不敢再提"庙街旧碑"和接不接壤，却仍想保护吉拉明阿，再奏：

> 奴才伏查付都统吉拉明阿自办理夷务以来，数载于兹，俄夷往返过境，狡诈桀骜，肆意妄行，全赖该员设法抚驭，昼夜护持，一手经理，幸无边患。且副都统吉拉明阿人亦明白，老成练达，办事认真，结实可靠，洵属得力之员。现当夷务吃紧，似未便遽易生手，若将该员撤任，深为可惜。复查该员除此之外，尚无不合之处，合无仰恳皇上天恩，俯念边境紧要，准将副都统吉拉明阿革职暂留斯任，仍责成专办夷务，以资熟手。如再有疏懈，不知感奋，奴才随时从严参办，断不敢稍事姑究……[19]

奕山还主动承担责任，请求将自己"交部议处"。话说到这个份儿上，咸丰帝也就给了个面子，传谕"吉拉明阿着革职暂留本任"，要他"力图挽救，以赎前愆"。奕山应能理解到，这也是对他的告诫。

签约"共管"之后，穆拉维约夫已把乌苏里江直至朝鲜边界作为新的目标，势在必得。1859年3月，冰雪未融，自伊尔库茨克派出的布多戈斯基（就是那个跟从穆督参加瑷珲谈判、并收藏了其签字笔的中校）已率地质和测绘人员赶到海兰泡。吉拉明阿急忙阻拦，好说歹说，无奈之下再用缓兵计，要他们等一个月开河后一同乘船前往。布多戈斯基根本不听，只称奉有穆督之命，坚持下行，说在兴凯湖等清方勘界人员。老吉也是急了，连拦带拉，小布等人则"径自一同摔手而出，率夷三名乘坐爬犁四张"，在冰封的江面上扬长而去。[20] 所走为俄人修的冬季驿道，三姓衙门闻讯派人阻拦，竟连人影子也没见到；清军好不容易在乌苏里江口遇见对方，也同样是拦截不住，眼睁睁看着这伙人折向南方。清廷见报后再令严防死守，要求黑吉两省层层设防，分段拦截，尤其是警告吉拉明阿"务当实力劝阻，毋许意存推诿"，一堆空话，全无效用。

此时吉林将军景淳出差，副都统特普钦代理，想出了一个新说法：条约中乌苏里江至海的意思，专指在江上行船，并非准其上岸。清廷也觉得这类诡辩行不通，要求直接在条约中删掉此条。谁来做这件事？解铃还须系铃人，又落在奕山和吉拉明阿头上。谕旨再次指斥奕山签约轻率，漫许"共管"，命他传知吉拉明阿，向穆拉维约夫讲道理，将之折服，声明此条作废。几天后，也是明知无法挽回，不知哪位高参出的主意，降旨将奕山革职留任、吉拉明阿革职，命特普钦派员将吉拉明阿押赴乌苏里地方"枷号示众"，并向穆督宣示相关人员已受惩处。咸丰帝与军机大臣自以为找到一个好点子，有点自鸣得意地说：他们看见吉拉明阿因此获罪，自必气馁。

可怜的吉拉明阿，就这样由正二品大员变身为披枷戴锁的罪犯。不能确知他的枷示地点，总之要选择俄人经行之地，而乌苏里江口地形复杂，河道宽阔，想让过往的老毛子看到也不容易，猜测会不断地转换地方。可多数俄军系乘船通过，将老吉枷立江畔，遥遥一望，不知何人何事，效果必也一般般，只得利用一切机会告知俄方，让他们带信给上司。等到九月，穆拉维约夫在庙街、日本乃至中国的大沽口兜了一大圈回来，终于在松花江口一带被三姓副都统富尼扬阿截住，见其拒绝登岸，富尼扬阿带人登船会晤。穆督先发制人，一通咆哮，质问吉林将军为何不去乌苏里勘界。富尼扬阿回称奉将军之命在此守候，将天朝的大道理一一言明，特别告知吉拉明阿因办理不善获罪之事。穆督说："我亦知道，听说将吉大人锁拿乌苏里枷号，并未遇着。"两人连说带比画地讲了一阵未能遇见的原因，富尼扬阿说：既知奕山将军和吉拉明阿均因你们闯占乌苏里获罪，就应该为他们设想，迅速撤回。穆督说现有俄

第十六章 "共管"是一个梗

使在北京专办此事,"如办不了,我必得与吉林将军再办"。这句话含有明显的威胁之意,富兄不会听不出,正言告知"无论谁办,寸土断不敢允许,亦无可再议"[21]。一句话将穆督惹恼,又是一阵嚷嚷,将他们赶下船来。清方官员在会晤时一般不带译员,全凭对方翻译,凡穆督大飙脏话时,俄通事偏偏不译,有意让他们懵圈。

咸丰十年正月末,吉拉明阿枷号已经半年有余,两腿已无法站立,就连看管的人都一个个病倒,景淳奏请允许他去三姓看病,未被批准。景淳说"吉拉明阿系奉旨枷示外夷之员",枷示外夷,才是这出"悲情戏"的真正用意。[22]

五 彻卜勒幅的非正常死亡

在大举进入乌苏里江的同时,俄人也觊觎松花江流域,尝试以做生意的名义到达三姓城,站稳脚跟,再作长远图谋。签订《瑷珲条约》仅仅两个多月,穆拉维约夫在巡视黑龙江下游、部署进占乌苏里沿岸后折返,航经松花江口悍然开进,离开时还将三个人和一条小船留下,说是要赴三姓贸易。

领头的名叫彻卜勒幅,一个顽劣狡狠之辈,先是在黑河口卡伦赖着不走,二十多天后,摸清巡防清军的规律,乘夜悄悄越卡,直奔三姓城而去。在巴彦通一带,他们遇上三姓副都统图钦的船只,"不但不遵理谕,一经开导,辄手持双桶鸟枪,并身带腰刀,咨意猖獗,喝令夷众扯蓬(篷)前进"[23]。图钦不敢动武,又要急着赶赴黑河口拦截穆督,只好派人尾随监视,并告知在城主事的印务佐领庆恩戒备。不久后庆恩报告:这伙夷人驾船驶至三姓城下,日夜滋扰街坊,无恶不作,甚至调戏妇女,激起民愤。景淳接报后,赶紧知会瑷珲衙门与海兰泡的俄国当局交涉,同时指示庆恩想方设法将他们弄出黑河口,但不得发生冲突。比较有外事经验的富尼扬阿受命回城处置,可没等他赶到,哥儿仨已经离开了。

咸丰九年四月底,彻卜勒幅等又到黑河口卡伦,声称奉穆拉维约夫之命往三姓和吉林等地贸易,还拿出一张类似通行证的"夷票"来。图钦正驻扎卡伦,拦阻劝说,彻卜勒幅说穆督的火轮船几天后就会到,料你们阻拦不住,遂将船拴在岸边,坚执不去。几天后,从下游开来两只俄国火轮船,声称要去海兰泡迎接穆督,看到卡伦边俄船后停下,下来一人与彻卜勒幅交谈,叽里咕噜,卡伦兵役也听不懂。面对盘问,来人硬说穆督已与瑷珲当局谈妥,又称上年去三姓并未发生冲突,现在若加阻拦,必致滋事,随即开船而去。彻卜勒幅再次闯卡而行,清军船只不断尾追和迎阻,这家伙一直驶至三姓近郊的虎尔哈河。富尼扬阿率兵出城,唤其上岸诘问,回称是依据《瑷珲条约》的通商条款,来三姓买牛马,还要到吉林、伯都讷、宁古塔等地做买卖。因双方都没有翻译,仅彻某略懂一点当地土语,讲了半天道理,也是鸭子听打雷;而他一会儿像是答应,一会儿又凶相毕露地用俄语叫喊,富尼扬阿也整不明白。无奈之下,富尼扬阿命人在附近严密监视,限制民众与之接触,可也没有太大作用,几个俄国人仍是不断地登岸进城,四处游逛,只能是派兵尾随。

约半个月后,俄人向看守清军诉说彻卜勒幅夜间下船,至今未回。看守急忙去找,连同查街官兵一起四处寻觅,不见踪影。富尼扬阿闻知后派出兵丁扩大搜寻范围,五天后始于城外二里许的松花江南岸发现漂尸一具,验明就是几日前还活蹦欢跳的彻某,"右额角近上并两腋肢有伤"。事情闹大了!富尼扬阿命将尸体寄放庙中看管,审问那些负责监视的弁兵,周密侦缉,大致弄清了案情:五月二十九日午后,彻卜勒幅闯进民人王义会家,调戏其妻王高氏,经番役高连生与民人刘有劝阻回船。当夜三更时分,彻卜勒幅潜入王家,意欲强奸王高氏,被刘有用劈柴打死,弃尸江中。刘有旋即逃逸到数百里之外躲藏,被拿获后押回三姓,王高氏也被监禁审讯。署将军特普钦觉此案重大,密派干员奔赴三姓切实查访,并下令将相关官员兵丁拘传严审,并奏报朝廷。他担心的是当地兵丁因愤怒杀了彻某,调查后确知不是。咸丰帝阅后传谕:"三姓地方并非俄国人所应到,且系舍船上岸,图奸以致毙命,实所自取,并非内地无故谋害。"〔24〕为此案定了调子,但命对未能在江上拦截俄商、未能在城郊阻止其登岸的员弁做出处罚,并命库伦办事大臣通知俄方。

当地居民对俄人多畏惧,出了个单挑老毛子、将其用劈柴拍死的刘有,也很振奋人心。大约是觉得此事蹊跷,上谕命讯明刘有与王高氏有无别情,天子圣明,这一审果然挖出新料来,请看景淳的案情报告:

> 缘刘有系直隶抚宁县民,来至三姓谋生,与沿江居民王义会之妻高氏认识来往,王义会父子贸易外出未回,咸丰八年五月,刘有乘间与高氏调戏成奸。九年四月,刘有租住该氏闲房,开设歇店,每晚与氏奸宿,资助钱文度日。五月十五日俄夷彻卜勒幅、伊万、伊尔雅三人,由黑河口驶至该处江岸停船,欲求通商。署副都统派员拦阻,未肯回帆,随派六品委官绰尔霍罗等在彼安设帐房看守,而彻卜勒幅终日赴街游逛,途遇妇人戏谑轻狂浮荡,无所不为,官人尾随严防,不服拦劝。是月二十二日,高氏出外探亲,经过停船江岸,彻卜勒幅瞥见,拉手调戏,经官人解释。二十九日彻卜勒幅复闯入氏家,调奸吵嚷,经番役高连生同刘有推拉回船。是夜大雨,绰尔霍罗等在帐房避歇,三更时彻卜勒幅乘空登岸,潜至氏家,适值高氏掩门未睡,彻卜勒幅进屋搂抱图奸,该氏喊叫,刘有闻声蹿至瞥见,因思彻卜勒幅系属夷人,屡次调奸民妇,情殊可恶,一时气忿,起意将其致死,顺拾木劈柴殴伤彻卜勒幅右额角,相连右太阳右耳根,倒炕立时殒命。刘有畏罪,商同高氏,将尸背弃江内,各自逃逸……〔25〕

通奸，清朝律法属于"轻罪不议"，打死人和抛尸则是大罪，刘有被判处斩监候，王高氏杖九十并罚银，失职吏役也被革职或杖责。

时值炎夏，如何处置彻卜勒幅的尸体，成了一个大问题。三姓衙门派人将该尸与伊万二人解送黑河口，由富尼扬阿转交俄方。此人很有经验，先将案件始末以满文详细写明，派员送给对方，又想方设法在江上截住穆督，当面向他说明。俄人终是心中有气，至约定交接之日，驻扎徐尔固俄军头目普西诺先是索要字据，忽又变卦，要等报告上司后再说。恰好有俄轮船下驶，声称阿穆尔防线司令布谢带来文书，富尼扬阿生恐有诈，让对方自行拆封，俄人拒绝后开离。岂知普西诺又带领该舰转回，在卡伦前连开数炮，拥众下船，气势汹汹。富尼扬阿镇静应对，当众打开布谢信函，却是专为彻卜勒幅之事，要求属下接收尸体和遗物，方才得以转交。

为了防止俄方要挟，三姓衙门将刘有与王高氏也押至黑河口，等待双方会审，俄方可能是避免丢人现眼，未见再做纠缠。没有读到更多的细节，也难以推想披枷戴锁的二人该怎样熬过那些日子，后来又如何结局？唉，可怜的王高氏——

六 "该人禀性难移"

签订《瑷珲条约》之后，穆拉维约夫的威望一时达到顶峰，但仍有很多人，包括东西伯利亚的不少官员，包括沙皇身边的亲信大臣，乃至亚历山大二世本尊，并不喜欢他，不喜欢他的强梁专断，不喜欢他的好大喜功，也不喜欢他那种随意喷发的尖酸刻薄……

穆督亦知为不少人所痛恨，常为之愤愤不平，却从不反躬自省，改不了偏执激烈、动不动就口出恶言的毛病。譬如曾深得其信重、发现黑龙江入海航道，进据河口湾与下江地区的涅维尔斯科伊，因为提了些不同意见，就被他晾到一边，黯然离去；而外交部四等文官彼罗夫斯基，在瑷珲谈判时出了大力，出任在北京的俄罗斯馆监护官，普提雅廷离华后接任驻华全权代表，接管与清廷的边界交涉等项，因为不能事事听从指示，不能搜集到较多情报，也使他啧有烦言。

穆督长时期与沙俄外交系统处于对立状态，从尼古拉一世时的外务委员会到亚历山大二世的外交部，经常发生激烈争执，焦点应在于他试图主导中俄边界交涉。1858年10月16日，他给外交部亚洲司司长科瓦列夫斯基写了一封长信（天知道老穆一生写了多少信，又从哪里抽出时间写这类长信），先是发表了一通对瑷珲签约后奖赏不公的议论，尔后开始叨叨乌苏里江的划界问题，如何派出信使传递密令，如何亲自前往恰克图施压，外交部和彼罗夫斯基应怎样配合，与何人于何时何地开始谈判。穆督还异想天开地提出向清朝边臣颁发勋章：两枚镶钻石的一级安娜勋章，分别给奕山和德勒克多尔济；一枚镶钻石的二级安娜勋章，给瑷珲副都统吉拉明阿。签约后的他对奕、吉滋生好感，却不知二人因此倒了大霉。至于库伦办事大臣，一直使他心怀不满，为何也要发勋章？应也不难理解，此人已把蒙古地区当作新的目标。

在对华交往中，穆督一直在示强，展示肌肉；也不失时机地示好，向清方大小官吏赠送礼品，在拒收时强塞给对方。在信中，他说从彼得堡运来的礼品已经用完，自己不好意思直接申请，想请外交部出面再弄点。他还对赴华公使的人选提出建议，希望彼罗夫斯基不要急于离开北京，一旦离开应马上有人接替，强调"我再说一遍：务必选派一名总参谋部上校衔的军官充任公使"。简直有些颐指气使了！更过分的还在后面，穆氏开始翻老账，历数外交部在黑龙江问题上的错判和对自己的打压，并对普提雅廷大加讥讽：

　　普提雅廷伯爵这次出使中国，以及全部行动所造成的恶果，没有像原来预料的那么严重，这当然是多亏上帝保佑。当

> 时东西伯利亚总督的处境真是荒唐之至,难堪已极!当时本可以而且应该早些让普提雅廷率领分舰队前往指定海域,并命他不仅要听取总督的意见,而且还要接受他的命令。这样一来,尽管他禀性固执,也不至于不把我关于在蒙古和满洲边境上集结重兵待命的节略交给英法,也不至于像他所做的那样,在他们面前扮演那种可怜的角色……

不光说话过分,也暴露出穆氏的心胸狭窄。从俄国的立场与利益上考察,普提雅廷的出使富有成果,且没有接受东西伯利亚总督命令的道理。

穆督还指责不应对美国公使冷漠,不应先于英法签约,甚至不应与清方谈判边界问题,而认为划界"应交给两国边界地区长官私下研究",接着写道:

> 外国报刊也一直以为,普提雅廷是根据总督的指示行事的。那么究竟为什么外交部在一开始任命普提雅廷时,不愿意采纳这个完全合情合理的方针呢?难道外交部直到现在还不明白,应该让我国驻北京的新任公使直接同总督进行联系,或许也可以说是接受总督的领导吗?[26]

不要说在大清,即便在沙俄,怕也极少有封疆大吏如此伸手要权。不知出于什么心态,科瓦列夫斯基将这封信呈交上去,后来送到亚历山大二世案头,御批:"该人禀性难移,但应善加利用,对其功劳应持平论之。"那是亚历山大二世继位的第三年,对穆拉维约夫已有较为全面的认知,短短的一句批语,可知在俄宫又引发新一轮的口水战。

沙皇所说的"禀性难移",应是指穆督的狂妄骄横和争名夺利;而"功劳"也与之相关,即十余年间持续专注地对华扩张,得寸进尺,一个接一个地实施侵占步骤。尽管不无厌烦,亚历山大二世仍将他继续放在东西伯利亚总督的重要位置上,并委托他出访日本和办理交涉。那时俄廷还要履行向清朝赠送枪炮之事,也希望借以掌控清军的陆海防机密,决定派侍从武官伊格纳提耶夫率使团赴华。

刚刚三十岁的伊格纳提耶夫出身著名军校,是一个少壮派军人,也是一个精明强悍的外交家。作为亚历山大二世的教子,他在毕业后走上前线,靠着自己的打拼一路晋升;巴黎和会期间,伊格纳提耶夫在论辩中击败奥地利和英国代表,为沙俄夺下比萨拉比亚地区,被授予圣斯坦尼斯拉夫勋章;他曾在欧洲广为游历,也曾到中亚探险,九死一生,与布哈拉汗国成功缔结贸易协议,使被俘的俄罗斯人获释,得到圣安娜勋章并晋升为少将。穆督对这位后起之秀深怀好感,听说要派他赴华,马上表示赞同,还拜托亚洲司司长搭个线,并引录了一段出自彼罗夫斯基私函的法文("您将看到,在给中国人的公文中我利用了您授予的权利用您的名字对他们进行了恫吓。我认为,这一招很见效"),表示外交部也可以在小伊赴华之前,"有必要再用穆拉维约夫的名字去恫吓他们一下"。[27]与很多狂妄自大者一样,穆督有一种很深的自恋情结。

1859年4月初,伊格纳提耶夫赶到伊尔库茨克,其也是个性急的人,道路泥泞难行,便将装载礼品的车辆丢在后面,先来与穆督会晤。尽管年龄有较大差异,二人聊得很投缘,尤其在向清廷赠送武器一事上观点一致,那就是:必须在使团到达北京,并认为适宜时,才能把武器运往蒙古;要求清军不得用这些武器反对俄国人;如果清军不将大炮部署在海岸线,那么就根本不需要赠送大炮。作为一个常常非议他人的封疆大吏,穆督真的喜欢上了小伊,不断向彼得堡夸奖他能干,请求直接任命他为公使,并陪同他从冰上穿越贝加尔湖,一路聊到恰克图。他们都把英国视为死对头,担心英国出兵镇压太平军,从而加强在中国的地位,对俄国不利。而从彼罗夫斯基来信及信使口中,得知清军在大沽口积极备战,很快就会与英法有一场恶战,又对清方提出在库伦接收俄国武器大惑不解。

4月18日，二人抵达恰克图，因小伊要等待北京的批复，也要等待礼品车（包括穆督访问日本的礼品）到来，二人只好在恰克图逗留。恰克图当局又一次大搞欢迎仪式和宴会，尽管清朝边界官员一贯表现冷漠，也被力邀参加。半月后，见清方还未有消息，穆督作别小伊，起身往尼布楚，准备由那里乘船沿黑龙江下行，满脑子都是领土扩张的计划。

真的是应了亚历山大二世的御批——"该人禀性难移"。

注释

〔1〕《筹办夷务始末（咸丰朝）》卷十五，《〔五六八〕俄国为遣普提雅廷为使进京办理交涉事件给理藩院咨文》，第519页。

〔2〕《筹办夷务始末（咸丰朝）》卷十五，《〔五七四〕巴拉第为俄国遣使进京给理藩院呈文》，第523页。

〔3〕故宫博物院明清档案部编《清代中俄关系档案史料选编》第三编，上册，《俄使普提雅廷为要求由津赴京事致理藩院咨文·原文今译》，中华书局，1979年，第306—307页。

〔4〕《清代中俄关系档案史料选编》第三编，中册，《谕桂良等力促俄使劝止英法进京所送枪炮亦可接收》，第522—523页。

〔5〕《穆拉维约夫-阿穆尔斯基伯爵》第一卷，第五十九章，第529页。

〔6〕参见《穆拉维约夫-阿穆尔斯基伯爵》第一卷，第五十九章，第529页，注①："尼古拉·尼古拉耶维奇·穆拉维约夫用来签署阿穆尔归还俄国的条约的那枝（支）笔保存在作战处处长布多戈斯基中校处。"

〔7〕《穆拉维约夫-阿穆尔斯基伯爵》第一卷，第六十章，第532页。

〔8〕《清代中俄关系档案史料选编》第三编，中册，《奕山等奏俄人狡执字约肆意展占拟派员详查边界折》，第550页。

〔9〕《穆拉维约夫-阿穆尔斯基伯爵》第一卷，第六十章，第533页。

〔10〕《穆拉维约夫-阿穆尔斯基伯爵》第一卷，第六十章，第533页。

〔11〕《穆拉维约夫-阿穆尔斯基伯爵》第一卷，第六十一章，第544页。

〔12〕《清代中俄关系档案史料选编》第三编，中册，《德勒克多尔济奏将俄赏加穆拉维约夫阿穆尔斯基名号来文抄呈片》，第592页。

〔13〕[清]吴兆骞《秋笳集》卷三，《渡混同江》，麻守中校点，上海古籍出版社，2009年，第91页。

〔14〕《清代中俄关系档案史料选编》第三编，中册，《景淳等复奏吉拉明阿擅与俄订期会勘边界缘由折》，第630页。

〔15〕《清代中俄关系档案史料选编》第三编，上册，《景淳奏俄因忙于侵占我东边滨海地区故无意与我勘界折》，第123页。

〔16〕《清代中俄关系档案史料选编》第三编,中册,《景淳等复奏吉拉明阿擅与俄订期会勘边界缘由折》,第631页。

〔17〕《清代中俄关系档案史料选编》第三编,中册,《奕山遵旨复奏瑷珲条约签订前后与俄交涉各案详情折》,第633页。

〔18〕《筹办夷务始末(咸丰朝)》卷三五,《〔一三九二〕廷寄》,第1321页。

〔19〕《清代中俄关系档案史料选编》第三编,中册,《奕山奏请将吉拉明阿暂行留任专事与俄交涉折》,第643页。

〔20〕《清代中俄关系档案史料选编》第三编,中册,《奕山等奏俄官不听理阻已由陆路前往乌苏里绥芬等候勘界折》,第646页。

〔21〕《清代中俄关系档案史料选编》第三编,下册,《景淳等奏俄督穆拉维约夫狂妄骄横不遵开导情形折》,第842—844页。

〔22〕《清代中俄关系档案史料选编》第三编,下册,《吉林将军景淳等奏奉旨枷号之革员吉拉明阿身患多病请求赴三姓就医等情片》,第903页。

〔23〕《清代中俄关系档案史料选编》第三编,中册,《特普钦等奏入侵俄官恃强过卡并俄商不遵理谕坚欲前赴三姓等处贸易折》,第720页。

〔24〕《清文宗实录》卷二八七,九年七月甲戌。

〔25〕《清代中俄关系档案史料选编》第三编,下册,《景淳奏审拟俄员图奸被殴身死案有关人犯情形折》,第898—899页。

〔26〕《穆拉维约夫-阿穆尔斯基伯爵》第二卷,97《致叶果尔·彼得罗维奇·科瓦列夫斯基》,第199页。

〔27〕《穆拉维约夫-阿穆尔斯基伯爵》第二卷,116《致叶果尔·彼得罗维奇·科瓦列夫斯基》,第241页。

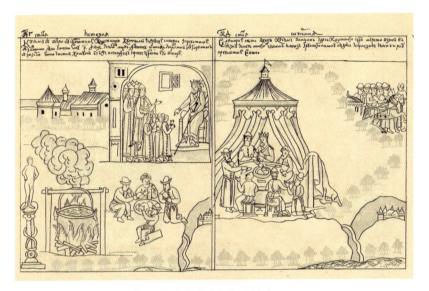

库程汗（又译库楚姆汗），载于列缅佐夫《西伯利亚图纪》

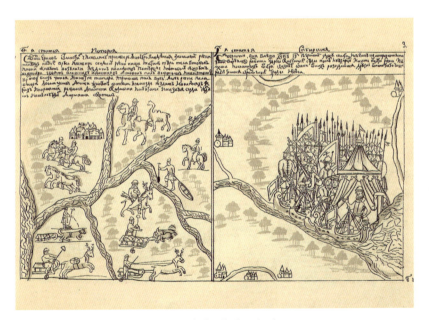

叶尔马克及哥萨克远征队，载于列缅佐夫《西伯利亚图纪》

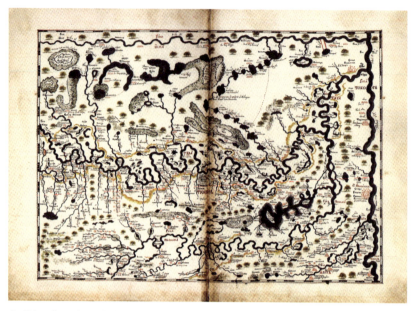

秋明城，载于列缅佐夫《西伯利亚舆图》

Рис. 4. «Татарин» (С карты Вальдзеемюллера, 1516 г.)

十六世纪欧洲旅行者绘制的世界地图上有西伯利亚鞑靼人形象

戈洛文像,佚名画家绘

沙皇阿列克谢一世像,
1645—1676年在位

十九世纪中叶的库马拉堡及河岸

尼布楚的哥萨克马场

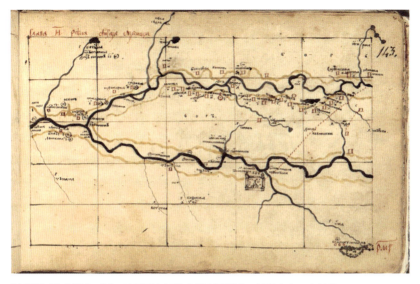

伊利姆河及其周边区域,地图下方标注有伊利姆斯克,城堡中有一座教堂

《罗刹之地图》

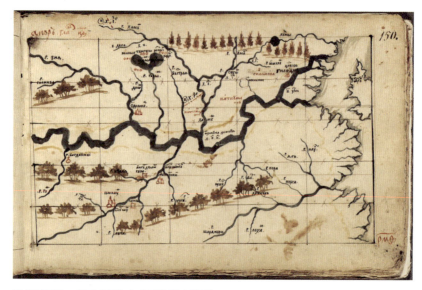

黑龙江下游,载于列缅佐夫《西伯利亚舆图》

《艾浑之地图》

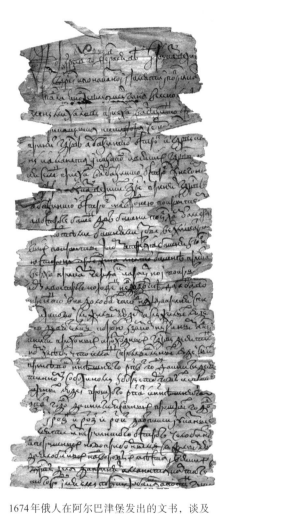

1674年俄人在阿尔巴津堡发出的文书,谈及粮食等问题

康熙帝御用通特克面弓

尼布楚督军弗拉索夫像

伊尔库茨克，位于安加拉河和伊尔库特河的交汇处

阿尔巴津人在北京的东正教教堂举行礼拜活动

俄国使团队伍,载于《从莫斯科到北京:1819年俄国使团行旅图册》

毗邻恰克图(俄称特洛伊茨科萨夫斯克)的买卖城,载于《从莫斯科到北京:1819年俄国使团行旅图册》

十九世纪中叶的费雅喀男子

十九世纪中叶的费雅喀女子

尼古拉耶夫斯克（庙街）俄军指挥部，载于拉宁《黑龙江和乌苏里江影集》第一卷

十九世纪中叶从事边贸的中国商人,载于《远东影像集·东西伯利亚(二)》

布谢像

尼布楚的工厂,载于《远东影像集·东西伯利亚(二)》(1870年刊)

俄国使团抵达中国后,普提雅廷的亲笔信(1857年5月21日)

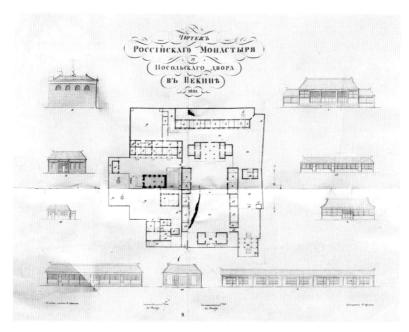

1808年俄国东正教使团北京居所建筑规划图,载于季姆科夫斯基《穿行蒙古到中国:1820—1821年》

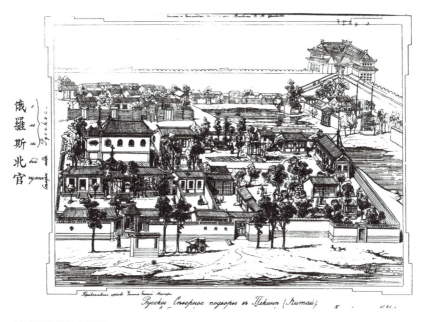

俄罗斯馆北馆布局图

十九世纪中叶的恰克图毗邻中俄边界处,此处有俄国关卡,载于《远东影像集·东西伯利亚(二)》

俄国人在黑龙江江岸上,载于《阿穆尔河之行画册》(俄罗斯帝国地理学会,1855年)

石勒喀银矿,载于《远东影像集·东西伯利亚(二)》(1870年刊)

尼古拉耶夫斯克（庙街）电报站

黑龙江江口的阔吞屯（俄称马林斯克），1855年6月，沙俄军舰运送第一批移民来到这里

十九世纪中叶的瑷珲城的主街,载于《远东影像集·阿穆尔》

英诺森像

出使俄国的钦差大臣崇厚像(俄文画报1879年刊)

石勒喀河上的一个小码头被命为穆拉维约夫码头

再努特普欽於九月初三日亥刻在黑龍江屬界遂次承准
軍機大臣字寄咸豐九年八月二十五日奉
上諭特普欽奏接奉廷寄懇恩陛見等語黑龍江地方緊要特普欽著即赴署任毋庸來京陛見於行抵黑龍江後即先行派委妥員守候以免該夷再
以不見中國官員藉口等因欽此遵
旨寄信前來努跪讀之下感激難名仰見
聖慮淵深
天恩高厚
訓誨周詳俾努等有所秉承知所趨向努伏查前此遵
旨派員守候夷酋另立條約業經奏明責成黑龍江城署副都統愛伸泰專司此路查辦於九月初八日可抵齊齊哈爾省城若俟到任後另行派員恐稽時日努隨於途次飛飭愛伸泰仍即責成該員欽遵
諭旨指示各節據理曉諭務期其心絕其要求妄言不可稍有貽誤努仍趲程前進俟到任後

署黑龙江将军特普钦向咸丰帝奏报悉心筹策夷务及密加防范等情形，台北故宫博物院藏（故宫135845号）

十九世纪中叶的马林斯克,载于《远东影像集·阿穆尔》No.43

毗邻马林斯克的尼古拉耶夫斯克(庙街)市长官邸别墅,载于《远东影像集·阿穆尔》No.45

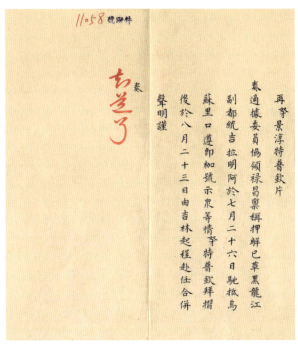

景淳、特普钦奏押解吉拉明阿抵乌苏里口缘由片,咸丰九年八月二十二日,台北故宫博物院藏(故宫129895号)

结雅河支流上,格里戈洛夫公司的金矿,载于《远东影像集·东西伯利亚(一)》(1870年刊)

卡拉金矿

远东金矿的苦役犯

1894年8月6日，俄文画报报道中日甲午战争，刊载两幅图像，上图描绘了清军官兵及其作战装备，下图描绘了战场上日军官兵及其作战装备

1896年4月27日,俄文画报报道,李鸿章和中国使团于4月18日抵达圣彼得堡

日俄战争期间的俄文画报,题为《为俄日战争,作战动员:从莫斯科到远东》

第十七章　小伊与《中俄北京条约》

不管是《瑷珲条约》还是《中俄天津条约》，在令沙俄君臣兴奋的同时，也使他们意识到尚存在不少缺陷：前者的签署人为黑龙江地方官员，事先没有皇上的特命全权证书，事后也没能得到清廷的书面批准；后者关于划界的内容过于笼统，私底下虽有钦差大臣的承诺，并口头转达过咸丰帝的圣谕，却也做不得铁证。俄外交部得悉英法将在次年再次对华施压，即推荐侍从武官伊格纳提耶夫使华，打算弥补缺环，修订条约，添补条款，并确认俄方提供的划界地图。

对此事最关注，也最不放心的，还数东西伯利亚总督穆拉维约夫。其不放心基于一种窃贼心态，也在于明知侵入黑龙江的非法无理。几年前还是完全不靠谱的事，眼下居然要成为现实了，一种亢奋和不踏实时刻混杂于心头。与伊格纳提耶夫相处的一个月里，穆督感受到他对自己的尊重，也能感受到后生可畏，不再说什么听命总督之类，而是讲述与清方官员打交道的经验，倾心指授，并表示要给以强有力的配合。

一　带上"黑龙江舰队"去中国

不管东西伯利亚的地盘如何宽广，一个边疆区总督，要求俄廷派出的全权使臣听命于自己，不免招致反感和讥讽。而要说两方必须配合，要说在北京的谈判应以边界的实际进展为依托，那倒是对的。不知是老穆搞定了小伊，还是反过来，总之这一老一少一拍即合。此时清廷正忙于在大沽口一带修筑炮台和工事，紧张备战，对外交的重视也大幅提升，钦派备受信任的户部尚书、朝中强硬派的代表肃顺主管藩院。他们习惯的还是分化瓦解的老套路，为最大限度地孤立英国，批准伊格纳提耶夫由库伦进京，正所谓前门拒虎，后门进狼。

穆督承诺为小伊在北京的谈判打配合，首先是要绘制一份详细的划界地图。在他看来，交涉的难点不在于黑龙江和乌苏里江以东地区（以江为界即可），也不在于乌苏里江源的兴凯湖，而在于老毛子早看上更向南的海湾，意欲一直进占至朝鲜界。大约也觉得有些过分，穆督给出了两个理由：一是最南面的波谢特湾实在太优良太重要了，拥有世界级良港，俄国不去占，英国必然会来占领；二是直接与朝鲜为邻，也能保障该国不被英法侵占。他在一封信中写道：

> 我们必须将我国边界沿海岸伸展到图们江，即满洲与朝鲜的边界上，否则英国人一定会占据波谢特湾，而那里有良港，有煤。也许现在他们还没有想到要这么做，但如果我们不占领这块地方，不把它划入我国版图，英国人一旦同中国重新破裂，必然会强行占据。[1]

典型的强盗逻辑！明明是自己要占，却说别人可能会来占，进而宣称他占不如我占。为了抢先一步，穆拉维约夫命令作战处处长布多戈斯基率测绘队履冰前往，抓紧时间绘制相关地图。这位布处长，就是收藏了瑷珲签字笔的那个穆粉，从长官身上学来一股子强梁执着，在瑷珲强行闯卡而下，至吉林根本不与清方协调，可也真的不负使命，在极艰苦的条件下完成了草图的绘制。

1859年5月中旬，穆督驶至海兰泡，尚在任的瑷珲副都统吉拉明阿闻知后赶紧过江会晤，通告咸丰帝的最新旨意，并转交理藩院公文，命俄军撤出乌苏里地区。这些话，吉拉明阿当然是不能不说，可说了也白说。穆督在信中提到此事:"我经过阿穆尔时,瑷珲副都统曾交来他自己和理藩院签署的几件极为愚蠢的公文,为此我稍微恫吓了他一下。"[2] 没有细节,没描述吉拉明阿的表现,但他显然未敢硬抗,也没有能力阻拦。吉拉明阿速报奕山,这个废物将军转奏皇上,再次表示经过连年抽调,"饷愈欠而兵愈少,器械愈亏","边衅一开,其患不可胜言",表示在江上与陆地均无法做到遵旨阻拦。[3]

此番沿黑龙江而下,穆拉维约夫有好几件大事要办,最远目标是直隶湾(即渤海湾),是天津的白河口。为此他先要到波谢特湾与布多戈斯基会合,带上所绘的地图,派人送给伊格纳提耶夫公使,作为谈判边界时所用利器。穆督还有一项很乐意承担的任务,即代表俄国与日本交涉如何分割中国的库页岛,先往函馆送上全权证书,自中国返回时再赴江户谈判。两件事都与其野心勃勃的扩张计划相关联,穆督显得很亢奋,在给康士坦丁亲王的信中写道:

> 我已收到同日本确定萨哈林边界的全权证书。我所以自告奋勇来承担这一任务,是想在英国人尚未插手日本,尚未想在萨哈林占据一席之地之前,迅速了结此事。为了顺利完成这一使命,并为了尽快同中国确定边界,我打算率领一支可观的舰队,从尼古拉耶夫斯克出发,前往日本和直隶湾。[4]

远在东方的穆拉维约夫很注意与掌管沙俄海军的皇大弟联系,注意搜集彼得堡的信息,得知沙皇亲临阿穆尔委员会,表达对其扩张规划的支持,颇为激动,却不知道前面的四字御批。"禀性难移"的他竟发展到妄议俄宫之事,对康士坦丁说"皇上在彼得堡是孤立的"、"孤军奋战"、"除皇室外实无可信赖之人",危言耸听,借以表忠心套近乎,完全不知道沙皇对自己的评价。

而以俄海军在黑龙江的实力,根本无法组建"一支可观的舰队"。

除了三年前从美国买来的"亚美利加号"和几只小火轮,再就是石勒喀和尼古拉耶夫斯克船厂制造的"额尔古纳号"等,加上几只木帆船,勉强能凑上八九只大小舰船,也就是"黑龙江舰队"的全部家当了。穆拉维约夫以"亚美利加号"为旗舰,率舰队沿鞑靼海峡南下,很快就发现其他舰只跟不上趟了。他常以炎炎大话制造声势,可毕竟心中明白,在另一封信中对康士坦丁亲王说:"我将竭力调派更多的战船护送我,好让日本人和中国人见识见识我国海军的威力,不过这吓唬不了英国人,因为他们对我们在东洋上的战船是心中有数的。假如欧洲舰队意欲轰击中国炮台,我就不驶入直隶湾,以免像去年那样,让中国人说我们口是心非。"[5]谁说穆督不会装呢?明明一肚皮的欲求和诡诈,却要扮演成一个"打酱油"的角色。

从六年前第一次率领船队硬闯黑龙江,到去年在瑷珲逼签条约,穆拉维约夫给清廷留下一个霸蛮印象。他要前往中国的消息纷纷传来,有的说他要去上海,有的说是运送所赠枪炮到天津海口,引起清廷高度关注,命经停之处极力拦截。此时黑龙江下游已为沙俄占据,清军在上中游共有四道关卡:最前是八十里大湾的乌鲁苏卡,人数太少起不到作用;接着是瑷珲,吉拉明阿努力了一把,见拦不住赶紧通报吉林方面,说是穆拉维约夫乘火轮船带领三百余俄军,另有移民五百多,已沿江而下;中游二卡分别在牡丹江、乌苏里江汇入处,还未拦截,先见到从下游驶来的两艘接应炮艇,气势汹汹,哪里再敢出声。至于穆督最后驶离的波谢特湾,本属吉林将军管辖的地方,连个官军的影子也见不到,怎会有人阻拦?

就这样,穆督在波谢特湾带上爱将布多戈斯基,走走停停,在日本海忽左忽右,一面布置工作,一面办理外交,琢磨着如何应对天津海口的复杂局面,小布则奋力继续完善所绘地图,终于在7月中旬到达大沽口。令他完全意想不到的是:英法舰队的进攻被粉碎,已经偃旗息鼓,剩余舰只皆南撤而去。

二　谁先开的炮

1859年6月25日，在穆拉维约夫抵达前，第二次大沽口之战终于打响。此处用了一个"终于"，是说英法联军实在欺人太甚，清军已到了忍无可忍的地步。而对于究竟是谁首先开炮，从那时一直争论至今。清军统帅僧格林沁奏报称英舰闯入内河，先行开炮向我轰击[6]，英法美三国的亲历者大都说是清军先开的炮，时今仍有人写作"谁先开炮新论"，判定僧格林沁不会首先开火。我倒宁愿先行发炮的是清军——武装到牙齿的强盗已在去年攻破大沽口炮台，复再次破门而入，一定要等待敌方开炮才可回击，算是什么逻辑？

第一次鸦片战争以来，大清君臣自知难与西方列强抵敌，不得已选择了忍耐避让的国策，不管是在两广、闽浙、黑龙江，也包括津门，都是一个腔调：不得启衅。从道光帝对林则徐叮嘱"鸦片务须杜绝，边衅决不可开"，到咸丰帝告诫叶名琛、奕山、景淳、谭廷襄等封疆大吏，"谆谆以不开边衅为要"，一以贯之。而自英法舰队残破津门，清廷委派僧格林沁主持修复和重建海防，情况已大为改观，清军的自信心有所提振。直隶总督庆祺虽提出"不可轻于议战"，也认为如敌舰进入内河，则应该抵抗。御批表示认可，定了个"如竟闯入内河，再当观衅而动"的调子。久历战阵的僧格林沁不同意，在密奏中表示：

> 若仍俟闯入内河，已入咽喉重地，再行观衅而动，则毫无把握，必至如去岁所堕诡计。似宜以拦江沙内鸡心滩为限……设竟闯入鸡心滩，誓不得不慑以兵威，只可鼓舞将士，奋力截击，开炮轰打。[7]

僧格林沁出身蒙古科尔沁部，以忠勇明练渐升至御前大臣、领侍卫内大臣，为当朝第一悍将。这番话虽与谕旨的精神不符，咸丰帝听来却很入耳，当即从善如流，说如果敌舰拥入鸡心滩，就是有意寻衅，由僧王决定如何回击。

6月中旬，英法美军舰二十余艘陆续开至大沽口外，三国公使皆已换人，以英国舰队为主，法方仅有一艘军舰、一艘运输舰和百余士兵，美方也是两舰，并照旧表示持中立立场。英舰队司令贺布派人乘舢板入口侦查，告知要赴京换约，命三天内将河道中的障碍物撤走。他们遇见的是一些民工模样的人，装傻充愣，先是说长官都不在，又说河道铁戗木栅用了好几个月才安设完，哪能三天拆掉。僧王深谙用兵之道，令部队潜伏不出，各炮台将大炮遮掩，又令部下假扮民团，糊弄洋鬼子。而英人根据去年的经验，推测炮台清军早已跑光光，便动手自行撤除河道内的障碍物。他们很像一伙拆除违章建筑的小分队，强梁、自信且肆无忌惮，驱舰直入口门，越过清军视为底线的鸡心滩，分头作业，以绳缆拴上河内排列的巨大铁戗、木排，再用小火轮一个个拖拽至岸边。清方派出官员乘船传信，呼吁他们暂停，等待朝中大员来谈判。英军根本不听，拉开前面的三排铁戗、木栅，开始对付拦江铁索，先试着以巨钳和撬棍弄断，不能得逞，便尔驱舰冲撞，也被勒了回来……

就在这时，早憋满一肚子气的清军开炮了！英、法一些参战人员做了生动记述，写清军炮台的遮蔽草帘突然揭开，露出炮口，两岸一齐轰击，打得又准又狠：

他们的炮火无论就其炮弹的重量来讲，或就其射击的准确来讲都达到了这样的水平，以致参加过中国战役的人，很少有人，我甚至可以断定没有一个人在以前曾经领教过。没有几分钟，"负鼠"号上的船员就有好几个人被打死或受伤。在"鸻鸟"号上，海军上将受了重伤，勇敢的舰长拉桑和第一步兵团的上尉凯南先生均被打死，几乎全体船员都不能再参加战斗了。就在这时候,"高贵号""庇护号""茶隼号"和"鸱鹕号"都遭到严重损坏,几乎快要下沉。[8]

曾经耀武扬威的大英分舰队,在第一时间即被打残,基本丧失了回击的能力,牛皮烘烘的贺布身受重伤,只能把希望寄托在陆战队身上。命令下达,约一千二百人的帝国精锐携带新式步枪和小炮,乘小艇冲向河岸,也是自信满满——

> 就在第一只船刚靠岸的时候,突然砰地一声,又有一炮从炮台上打来,顿时炮弹、霰弹、枪弹和火箭从南岸所有的炮台里打来,如雨而下,一下子就把我们刚登陆的人打倒了十几个。尽管如此,他们还是热情未减,纷纷从小船跳下,其中有很多人因为水太深就只得游到岸边,然后还得穿过泥泞冲向前去……然而敌人的火力还是依然具有很大的杀伤性,泥泞又是如此的(地)深(在许多地方要一直没到人的膝盖,甚至常常没到人的腰部)。结果千把个登陆的人只有百来个才能到达三道又大又深的水壕中的第一道……其中有五十来个人,包括一批军官……终于冲到了第三道水壕的最边缘地区。假如他们手中有梯子的话,肯定会奋勇登城,但是所有带来的梯子除了一个以外,都被炮弹打坏或陷在泥里。结果还是有十个奋不顾身的人带着唯一的梯子冲向前去,其中三个人立即为子弹所击毙,五个人身负重伤。[9]

至此,冲在最前面的英军陆战队再无斗志,一个个蜷伏在壕沟沿下,不敢露头。而清军抛掷火球,枪击箭射,"就像打鸟一样",使侵略者吃尽苦头,挨到天黑才得以逃脱。

还可从美国舰队司令达底拿的报告里得到印证:"中国人炮火的

命中是这样致命地熟练,而且完全集中于英国舰队司令座舰以及最邻近他的船只。由于他的旗舰已进退无力而水兵又受重创,他把旗舰的标帜旗转移到另一艘舰艇上,但这一艘舰只遭受到像前一只舰只的命运,他再一次将标帜旗转移给'鸬鹚'号,这是一条很大的运输汽艇。这时,炮火仍然集中于这位英勇的司令的标帜旗上。"[10]征得美国公使华若翰同意,本来是看热闹的美国人达底拿,高喊着"血是浓于水的",毫不犹豫地卷入战争,冒着炮火拉进装满陆战队的小艇,再拖出那些动弹不了的火轮,还赶到"鸬鹚号"上慰问受伤的贺布,但没有直接轰击清军炮台。

对于搁浅河道的多艘敌舰,包括贺布借来作为旗舰的法舰"鸬鹚号",清军持续发炮轰击,也派士兵潜水前往,但似乎缺少必欲铲除的决绝。即便如此,英法舰队也是损失惨重,近五百人死伤,三艘炮舰被击沉,七八艘遭重创,情知无力再战,只得狼狈撤离。据僧格林沁奏报,至7月11日上午,停泊口外海面的英法舰只已全无踪影,只剩下美国的两艘轮船。

又过了三天,穆拉维约夫率领的俄国舰队来了。

对于第二次大沽口之战,去年就来过津门的美国副使卫三畏,在日记中如此评价:"这确是一次可怕的惨败,但是他们中没有一个人责骂中国人,或者一股劲地对中国人发火;整个仗打得很漂亮,而他们确实是被打败了。"[11]他们,指的是英法联军,并没有抓住清军先开炮去做文章,反而多了几分敬意,惊呼中国人会打仗了。

三 肃大人的气势

赶到大沽口外的穆拉维约夫,没有赶上看热闹,也没有表现出对宿敌英国大败的幸灾乐祸,而是立即联想到清军大胜之后,俄国修订条约的诉求怕是会增加难度。那是他第一次来到渤海湾，勉强拼凑了九艘大小舰船，本想借以搞一点恫吓敲诈，得悉拥有二十多艘战舰的英法联军刚被击败，只得收起炫耀武力的念头，命舰队停泊在威海，仅带"亚美利加号"和"治格特号"机帆炮船前来。他将座舰靠近美舰停泊，也多次与美国公使华若翰会晤，交往很亲密。穆督将给伊格纳提耶夫的信交清朝官员代转，叮嘱小伊在京对美使多帮忙，也夹带了美使的函件，就与清廷谈判之事进行沟通；因"美洲号"无法开入水浅的北塘口，华若翰多次借给小火轮，供俄人进入交涉。

1859年7月19日，美国使团获准进京，穆督特地穿上军礼服前来送行。俄罗斯远东有不少穆拉维约夫的雕像和画像，面容清癯坚毅，身材英挺，而在美国副使卫三畏笔下却大为不同：

> 当我们离开轮船的时候，总督穆拉维约夫前来向公使告别，而且身着军礼服，我想这是为了向公使更表敬意的缘故。他是一个很胖的矮个儿，一脸认真的神情，好像生活对他说来是一桩很严肃的事情。[12]

美国佬一如我们的东北好汉，有一种与生俱来的幽默感，看到糖球般的总督大人一脸庄重，稍带描绘一笔，也让人对俄国艺术家的提升力刮目相看。之后穆督经过多次交涉，成功让携带分界地图的布多戈斯基进京，然后起锚返航，与日本人谈判去也。

由于大沽口交战中抓获的一个俘虏自称美国人（实乃去过美国的加拿大人），华若翰一行的入京多了不少麻烦，短短一段路竟用了十天；布多戈斯基则一路顺利，后发先至，见到由库伦抵达北京已近一个月的伊格纳提耶夫。小伊在抵京次日即告知军机处，请求展开会谈，清廷有意将之晾了十几天，然后通知将委派户部尚书肃顺、刑部尚书瑞常定期与他会晤。肃顺是咸丰政坛上的一位猛人、一颗政治新星。其七世祖为开国元勋郑亲王济尔哈朗,世袭罔替,乃父承袭王爵,作为老六的他就没有份儿了,以"闲散宗室"的身份晃悠了多年,声色犬马样样精通。进入咸丰朝后,肃顺深受宠信,扶摇直上,以户部尚书兼管理藩院。尽管已知俄罗斯地大兵强,清廷仍以外藩待之,凡对俄事务均由理藩院办理,由肃顺领衔对俄谈判。前任俄使彼罗夫斯基出身外交系统,与肃顺的沟通虽疙疙瘩瘩,总算没起冲突,现在换了一个年轻气盛的侍从将军,一场硬碰硬开始了——

双方第一次会晤之前,伊格纳提耶夫拿出一份《补续和约条目》,共六条,第一条就是确定两国东段边界,比《瑷珲条约》索求更甚,删去乌东地域的"共管"二字,且向南大肆侵占。肃顺立即回文,宣称康熙间所订《尼布楚条约》对两国边界早已说清楚,即以外兴安岭山脊为界;即使有未尽处需要勘定,也是黑龙江将军出面办理,吉林之地不与俄国相连,谈不到立界通商之说。至于后面开列的新疆划界、库伦和张家口通商、设立领馆等项,均驳回。

伊格纳提耶夫再递《补续和约条目详解》,声言"本国从东至西一万余里,与中国相交一百余年,虽有大事,并未一次交锋。若英吉利等十数年之间,常至争斗,已经交锋三次,然逾数万里地,尚且如此,况离此相近乎?若英、法两国住满洲地方东岸,火船兵船来时甚易,中国海界绵长,战法各处亦不能敌。惟本国能办此事"。[13]轻蔑与威胁之意甚明。肃顺反唇相讥:相信贵大臣这样说话是一番美意,不是想借机侵占我国的土地;但不用贵国操心劳神了,若有别国占据,天朝自有办法。

与俄国人谈判黑龙江划界,清方有两个短板:一是《瑷珲条约》,二是桂良等钦差大臣在天津给普提雅廷的承诺。伊公使抓住不放。这里还要说一说俄清在办理外交上的差异:俄人是片纸必存,每晤必记,认真归档,谈判时随时拿出当棍子抡;清人则谈判地忽南忽北,主谈者临时差遣,沟通之际现场发挥,也不留意存档。俄使死死咬住的以上两点,清廷大臣(当然包括肃顺)群策群力,也想出一套应对之词。对于

《瑷珲条约》，肃顺强调系奕山在胁迫下的个人行为，没有得到朝廷授权与批准，为此已将奕山革职、吉拉明阿革职枷号；至于桂良转达的谕旨，则告知文本有误，与原件差别很大。至于俄使咬住不放的所谓"诸事皆定"，指的是借给黑龙江左岸空闲地方，绝非乌苏里江以东，那里属于吉林。奕山在谈判时也说过"未敢酌准"，穆拉维约夫必能记得。

根据在恰克图与穆督商定的预案，小伊至京后闭口不提赠送枪炮之事。他大约希望清方提出，自己正好讨价还价，孰知肃大人从不问起，心中则大为鄙夷。有了这层看法垫底，肃顺对于己方的诡辩和抵赖便毫无压力。由于未见当事人记述，不清楚双方会晤的具体过程，不清楚现场由谁提供翻译，据今天所能得见的材料，似乎以公文的互驳为主，但也有过当面争吵。如小伊拿出桂良抄给的咸丰谕旨，肃顺说文字中有很多错讹，小伊争辩不可能出错，并要求拿原件来比对，直接被老肃怼回：皇上的谕旨，哪是尔等想看就能看的！

7月25日，穆督派遣的布多戈斯基一行抵达北京。伊格纳提耶夫有了乌苏里地区的详图，立刻照会肃顺，抬出颇令清廷头痛的霸道总督穆拉维约夫，说他关注和约之事，特地乘船赶到天津海口，派人送来新绘制的地图，"二位大人如愿妥办分界之事，细阅前文，即可依照此图办理方妥。不然，难免侵占扰乱"[14]。小伊还说下次会晤时，肃顺应见一下黑龙江来的布中校，此人很了解实际地形，可以一起商量。岂知肃顺对这份地图毫无兴趣，对俄使要求依照此图、否则就侵占的威胁极为反感，正色警告：如果你们胆敢这样做，我国必将闭关罢市，已借给的黑龙江左岸空旷之地和阔吞屯、奇吉等处都会收回，恰克图和伊犁等地也不许通商！

双方的第三次会晤在8月底，伊格纳提耶夫拿出《瑷珲条约》文本，递到肃顺手中，嘴里噼里啪啦说个不停，孰知肃尚书啪地扔在案上，讥笑说：此乃一纸空文，毫无意义。小伊立刻大喊大叫，指责肃顺"竟敢当着俄国全权代表的面，这样无礼地对待国际文件"[15]。他在次日即致函清朝军机处,要求"指定举止上有分寸的其他全权代表",这当然做不到,当即被驳回,其日子也更加难过。本以为到了北京可以四处转转看看,喝个酒绘个图啥的,哪知被以安全为由限制在小小馆舍,重兵围堵。偶尔允许个别人出门,也有人尾随跟踪。同样困窘的还有美国使团,想与俄使取得些联系,可一南一北,好不容易派人接上头,立马被盯梢的清兵抓住,一通暴捶……

四 函馆谈判

1859年7月下旬,穆拉维约夫在先送美国公使、再送属下小布进京后,率舰驶离渤海湾。根据来时与日方的约定,穆督先至北海道南端的函馆,带上领事加什凯维奇赴江户谈判。所谓黑龙江舰队的其他舰只跟随前往,由于他乘坐的"亚美利加号"航速较快,四艘轻型巡航军舰和其他补给舰跟不上,只好走走停停,惹得穆拉维约夫一路上没少发火。俄日两国预设的首要议题,是中国的库页岛的归属。由于清廷的长期漠视、吉林将军衙门的毫无作为,岛上各族同胞基本是一种自生自灭的状态,该岛遂成为两个邻国争夺的一块肥肉。

两个邻国都惦记着这个北方大岛,想法当然不同:日本人希望得到库页岛的南部,俄国人则要拥有全岛。这项谈判本不是穆拉维约夫的职责,但他主动请缨,意欲再搞一次"炮舰外交",以为日本官员与清朝大员一样,以武力恐吓就会屈服。因穆督去年在瑷珲的逼签成功,沙皇颇有几分信任,沙俄外交部也不便阻拦,很快寄来了全权证书。于是总督大人摇身一变,成为领衔赴日谈判的特使,若说他到大沽口外是"吃瓜群众",此时则是即将登场的主角。

大约在8月中旬,穆督带着黑龙江舰队抵达日本首都江户。这里用"大约",乃因《穆拉维约夫-阿穆尔斯基伯爵》中没有这次谈判的准确时间，且不要说会谈细节，就连个大概的过程也没有，与对瑷珲签约的记述之详形成鲜明对比。为何会如此？推想还是与其严重受挫、空手而归相关。

幸而在该书附录中，能看到穆督的几封相关信件，也附有他与日本全权代表第一次会晤时的发言，通过这些能了解到一些情况。在江户的谈判桌上，穆拉维约夫仍是一副蛮横口气，甚至比对待奕山更过分。他显然提前做过一些功课，预料到日方必以在南库页的实际存在为词，一上来就直接否定，说道：

> 日本渔民长期以来在萨哈林岛，亦即桦太岛南端的阿尼瓦湾捕鱼。这两个古老的名称表明，这个岛同萨哈连乌拉（我们称之为阿穆尔）同出一源，萨哈林岛近一百七十年来，即早在日本渔民开始在那里捕鱼之前，曾归中国所有。但在更早以前，萨哈连乌拉是属于俄国的，因而萨哈林岛当然也属于俄国。俄中两国为保持友好关系，秉公而断，双方共同议定，萨哈连乌拉（阿穆尔）仍然划归俄国所有。[16]

乍一看像是追根溯源，从库页岛的名称说起：俄人所称萨哈林，自然与萨哈连乌拉（黑龙江）相关；而日人的桦太岛，寓意也是中国人的岛。道理讲到此处没有错，接下来便进入强盗逻辑，那就是库页岛本属中国，可邻近的下江与乌东地域现在归了俄国，附属岛屿自然就是俄国的。至于说黑龙江在更早以前属于沙俄，纯属瞎编；而接着又编造中俄议定库页岛"划归俄国所有"，根据现有史料，瑷珲谈判完全没有涉及该岛。

对于1854年俄军曾在阿尼瓦湾设立穆拉维约夫哨所的往事，穆拉维约夫本人自然要大讲特讲。可那个以他的名字命名的哨所很快就撤销了，又怎么解释呢？穆督倒也想好了，绝口不提是由于躲避英法联合舰

队的打击,只说人员太少,又纷纷得病,只好暂时撤离。说这事时,他也没忘炫耀武力:

> 于是六年之前,俄国为此在萨哈林南端的阿尼瓦湾设立了哨所,但由于人员过少,纷纷病倒,普提雅廷将军为避免全部死亡,下令暂时撤掉阿尼瓦湾哨所,留下的房屋托付在那里的日本人看管。
>
> 目前,由我统率的东西伯利亚陆海军日益强大,并已经推进至阿穆尔河口,我已经能够派出一支庞大队伍驻扎阿尼瓦湾,建造良好房舍,以避免像1854年所产生的那种由于勤务繁重而病倒的危险。遵奉我皇帝陛下的谕旨,处理一切边界事宜均应首先同友好的邻邦——日本及中国相互协商。为此我被授予全权来此同贤明的日本大臣进行谈判,以求解决有关萨哈林的争议,并将所得结果形之于文字。

穆督自知沙俄海军与英法的差异,自知俄海军在北太平洋的存在无法与英法分舰队抗衡,也刚刚在大沽口外得悉英法舰队的惨败,却不影响他对日方吹嘘自夸,同时也拿着英国人说事:

> 尽快彻底解决这件事符合我们两国利益,因为别国可能利用目前主权未定的情况,在萨哈林岛上占据地盘。如果我们两国明文议定,全岛均归俄国领有,由我派兵驻守,这类事情就不可能发生了。日本政府自当看到,俄国在此处拥有何等强大的海军。这些兵力不过是五年前才开始在此建立,将来还要逐年增加。鉴于上述原因,为双方安全计,全萨哈林岛必须由我国防守。[17]

不知道日方的代表是谁，不管是谁，应都不难听出这番话中那赤裸裸的战争威胁。此时日本的国门已被列强打开，先后与美俄英法等签订条约，国内危机意识陡然增强，德川幕府的内部矛盾也开始激化，发生了"安政大狱"，尊王攘夷与倒幕的呼声渐渐高涨。鉴于这种情势，日方对穆拉维约夫的咄咄逼人不可能硬碰硬，但也没有顺从。

日方代表的理由很明确，一是库页岛与北海道一衣带水，二是早已在南库页进行开发并建立机构。他们拿出1855年2月与俄国公使普提雅廷签订的《日俄和亲通好条约》，其中第二条涉及库页岛的归属，写道："至于桦太岛，日本国和俄罗斯国之间不分界，维持以往之惯例。"这份条约无异于"王炸"，使穆督不免难堪，也找不出什么理由来反驳。事后在向外交大臣戈尔恰科夫通报时，穆督明知这位皇帝身边的红人与普提雅廷关系更好，还是忍不住告了一状，指责是普公使搞砸了。他在信中说库页岛与北海道之间的拉彼鲁兹海峡战略地位重要，"是我国船只从鞑靼海峡进入东洋的最近的唯一门户"，并说"在签订条约之前，于1854年8月19日我就写信向普提雅廷伯爵陈述了上述意见"，还附上了原信的抄件。[18]

谈判过程中，日方代表曾向穆拉维约夫提议分割库页岛，以北纬50度为界，北面的地域属于俄国，南部属于日本。这个切割点，距1808年日本地质学家松田传十郎私立日本国界标的拉喀向南甚远，在日方看来算是很谦让了。穆督断然否决，并声称不会同日本在岛上任何地方划界。出身军伍的他明显不是一个谈判高手，所发布的开场白难以让对方接受，一下子就陷入僵局。实际去年在瑷珲他就是如此，靠着外交官彼罗夫斯基的折冲斡旋，当然更主要的是邻近的海兰泡驻有大批俄军，奕山及部下被其武力慑服，才得成功。在江户，穆督感到所带黑龙江舰队不足以动武，也没能得到沙皇对使用武力的许可，耐着性子谈了一个多月（主要应是驻日领事加什凯维奇出面），双方也没能谈拢，只好悻悻然离日返回。

五　小伊的小把戏

1860年的春天，俄使伊格纳提耶夫仍然待在北京。他与肃顺的争吵对抗已成为常态，而沟通也未间断，斗而不破，应是双方遵循的一项原则。

显然，居住在北京俄罗斯馆（南馆）的小伊一直过得不痛快：没有欢迎邻国公使的盛大仪式和宴会，没有在京城与京畿游览的自由，没有得到大清皇帝的接见——甚至想见一个内阁大学士或军机大臣做不到，没有与美国使团密约协调的机会，也没有任何一项要求获得批准……他对清廷的谈判代表、户部尚书兼理藩院尚书肃顺深恶痛绝，可还是不得不面对，一次次忍受肃大人的精神折磨。

其实肃顺等人同样在忍受小伊的折磨：不断地递送照会和公文，不断地提出抗议或叽叽歪歪，不断地重复同样的话题和制造新话题，也不断地变着法儿搞事情……肃顺对这个年纪轻轻的家伙厌恶至极，也是不得不面对，因为皇上要他面对，要他不激化不闹翻。

小伊的核心目标还是要侵占大块的中国土地，而基于黑龙江左岸和下江地区已尽入手中，横着的一刀已经切完，而将焦点集中于乌苏里一带，要求竖着再切一刀。围绕着《瑷珲条约》，小伊与肃顺激烈对驳：肃顺说是奕山的个人行为，小伊声称拥有咸丰帝批准的确证；肃顺说只是一纸空文，小伊声称"无论大清国准与不准，本国惟有照瑷珲所立条约及中堂桂恭奉谕旨遵行，将所借之地，本国坚守，永不复还"。这里的"借"字出于《汉文俄罗斯档》，为军机处自满文本转译，小伊的原文必非如此。

如果说受限于因循封闭，肃顺与多数的清朝官员不懂外交，在捍卫主权和保住满洲根本之地时，行为和语言多有失偏激；而伊格纳提耶夫则是深谙外交的路数，一副强盗肚肠，巧夺豪取，根本不管什么公平正义。他不是口口声声要遵循《瑷珲条约》吗？即便以那个逼签的不平等条约说事，也将乌苏里江至海"作为两国共管之地"，也就是两国都有管辖权。而且该条约不包括乌苏里江向南之地，不包括波谢特湾等与朝鲜临界之地，为何也单方面划入侵占之界？在殖民者的词典里，所谓"共管"，就是我也可以管了，进而是归我管、你不能管了。若说他们的历史依据，可比照乌第河地区，《尼布楚条约》将之列为两国共管，实际占据者只是哥萨克。

这个春天，英法两国即将兴兵报复的消息纷纷传来，大量军舰陆续抵达舟山与上海，搞得清廷神经兮兮，在京的伊格纳提耶夫也颇为紧张。去年在大沽口失败，英法就怀疑俄国人暗助清军，传得绘声绘色，甚至说听见清军炮台中有人说俄语；如果联军得胜并进逼北京，更会怀疑驻扎于京城的俄国使团与清廷勾结，那可就里外不是人、啥利益也得不着了。小伊决定离开北京，去上海会见英法等国使节，就像前面的普提雅廷，明知人家不欢迎，也要硬挤进那个对华施压的阵营。他向外交部写信请示，避开清朝官员的监视，委托一位天主教传教士设法传递到上海，再由美国领事格理德代为转发——好一条隐秘途径。

5月19日，伊格纳提耶夫得到沙俄外交部的回复，正式授予他公使衔，告知已组建一支特殊分舰队派往中国水域，由他指挥，并让他自行斟酌是否离开北京。小伊立刻照会军机处，宣称奉沙皇谕令，最后一次质问清廷是否愿意遵循《瑷珲条约》办理？是否愿意按照其历次要求和提供的地图画押用印？照会中再次声称这样做对中国有益，拖下去对中国不利，并说如果不准，他在京待下去已无意义，打算于一周后离开。军机处也再次做出驳斥，并要他解释，侵占中国固有领土怎么会对中国有益？复照未提小伊离京的事，但大清君臣既想早些送瘟神，复觉处置得宜也有可利用之处，随即通知在天津海口的僧格林沁，告诉他不必阻拦伊格纳提耶夫等人登船，但要严加防范，杜绝尔等对沿海军事部署的窥探。

对于小伊心存机巧、弄景搞事的本事，清廷已有所领教，也能意识到他会与英、法使臣勾结,虽批准其离京,并不通知,并在馆墙外明显加强了戒备。5月28日,小伊一行二十余人早晨动身,直奔城门而去。这个年轻家伙一向诡计多端且缺少底线,任驻英武官时曾在一次军火展览会上偷窃新式步枪的子弹,被抓住后仍然狡辩不休,此时也是大玩花招:几天前故意在中国仆役中散布,说是为防备清方阻拦,要走距南馆较远的城门,实际上走的是最近的城门;而为了避免守门清军见他们过来关闭大门,特地将两辆装运行李的大车的后轴锯断,再以活销连接起来,"让两辆大车一前一后地行驶,当前一辆车已抵外城门口时,后一辆车尚在内城门口,此时,两辆车驭者同时拉动活销,用活销连接的被锯断的后轴就塌落下来,大车便不能行动,堵在城门口,使城防士兵不能关上城门,而使团的轿子则趁此时机溜出城门",可谓煞费苦心。届时也果真照方抓药,"两辆车在城防士兵中制造了不少混乱;使团的轿子则乘机在随员和骑兵卫队的簇拥下扬长而去"。随员布克斯盖夫登实在是太敬佩了,补写一段:"还设了一个计谋——轿子是空的。公使从使团的一个成员佩休罗夫那里牵过一匹马,由一名担任护卫的哥萨克伴随,骑马走在前面,顺利地通过城门。"[19]

真是机关算尽啊!

小伊没有想到的是,清廷压根儿没有阻拦之念。假若真要限制他出城,不要说施逞这种雕虫小技,就连俄罗斯馆的大门他也出不了。俄使出城之后,当局派出的人员就来了,以护送的名义一路监视,对其行走路线做出限制,不许他们经过大沽口等军事重地,以防窥探。主持津门防务的僧格林沁很尽心,也很自信,明知"该夷开驶后势必前往上海,与英、法暗通消息",也试图将计就计,让他将津沽一带防守严密的情形透露出去,意图不战而屈人之兵。他奏称"防守现已严密,该夷料难窥伺,欲和之意必坚,欲和之情必切,所最难者先出诸口"[20]。后面这个"该夷",则指英法,意思是他们从小伊口中得知津沽固若金汤,必然想要求和,只是难以出口,上海的官员应适时做些疏导。

僧王设想得太美了！伊格纳提耶夫年龄虽轻，个人素养、军事与外交视野皆非他所能匹敌。从死乞白赖进京到千方百计出京，小伊皆遵循一条主线，怎样对沙俄有利，怎样能得到黑龙江和乌苏里江流域的大块土地？离京之际，他给大司祭固礼留下一份详细指令，要他"密切注视与俄国以及其他欧洲列强有关的一切情况"，"竭力传播对我们有利的传闻和消息"，尽可能多地发送情报[21]；也特地致函军机大臣，表示"如果中国政府同意俄国公使的提议，他将率分舰队留在直隶湾，一旦需要，他便可在清帝和别国特使进行谈判时，向清帝提供友好的协助"[22]。而离津南下时，又一次给清朝军机处留下信函，并说不久后将率舰队返航，听取清廷的回复。

六　两面人

6月4日，俄国公使伊格纳提耶夫离津南驶，本打算四天后赶到上海，谁知乘坐的舰船不给力，整整用了十天。那是俄美亲善的时期，小伊抵沪后，应邀下榻于美国领事格理德的寓所，华若翰公使恰好也住在那里，二人很快取得了一致，决定在即将发生的英法侵华战争中严守中立，"只有在特别有利的情况下，才充当交战国之间的调停人"。小伊希望两国发布一个联合声明，华若翰没有答应——知道英法方面对沙俄的反感与戒备，无意与之捆绑得太紧。

其时额尔金与葛罗尚未赶到，伊格纳提耶夫积极展开与两国在沪大员的交往，结果是处处遭受冷脸。尤其是英国公使卜鲁斯（一译普鲁斯，额尔金的弟弟），"急躁、傲慢、充满大不列颠式的成见和自负心理"，"无法掩饰他对俄国的仇视，他认为俄国是造成去年英国军队在大沽口失败的罪魁"。[23]而法使布尔布隆则显得平庸，跟在英国人后边亦步亦趋。

驻沪主持与各国谈判的，是刚刚升任江苏巡抚兼署两江总督的薛焕。此人精明练达，道光末以一介举人选授金山知县，历苏州知府、苏松太道、江宁按察使、布政使等职，常驻上海，与外国人打交道甚多，算是较早办理洋务的务实派。清廷以办事不力撤掉两江总督何桂清，提升与英、美、法使领相熟的薛焕为钦差大臣。薛焕从华若翰口中得知俄使抵沪，即派华商杨坊等密行打探，将得到的情报飞奏朝廷：

> 卜酋布酋经该商等于有意无意间再四譬解，劝其不必带兵北行，正在尽力筹谋。今因俄酋到此，极力怂恿英、法打仗，并云在京日久，述及都门并津沽防堵各情形，言之凿凿，谆告卜鲁斯、布尔布隆不必误听人言，二三其见，竟赴天津打仗，必须毁去大沽炮台，和议方能成就。而卜酋、布酋为其所惑，主战之意愈坚，有不候额尔金、噶罗到来，即行北驶之议。俄酋又许其同去……[24]

驻沪官员的信息源主要有两个渠道：一是通过华商和买办向外商打听，二是来自几家报纸。再加上幕府中绍兴师爷一番妙笔生花，有意误导，道听途说，以讹传讹之处很多。薛焕此折，严重夸大了伊格纳提耶夫的作用。接下来一连数折，皆说到由于俄使煽惑，英法联军已决意北犯，并报告敌舰准备了大量军火马匹，还"带有竹梯约高一丈五六尺，共六百余架"，当然是为攻打炮台所备。

清廷接报之后，谕令薛焕设法戳穿小伊的诡计，曰：

> 俄酋希图于中取利，已无疑义。现在惟当暗用离间之计，密嘱华、夷二商相机排解，告以俄酋在京屡有帮助中国之说，此次未必非诱令英、法前来，使受惩创，意图见好于中国，不可听信俄酋之言，致乖和议。天津已有准备，即来打仗，未必

即能取胜，徒劳无益。[25]

真是朝中无人啊！这样一个笨拙的离间计能有谁相信呢？其实在接奉谕旨之前，薛焕已让人广为散布：俄使在北京待了将近一年，力图获得黑龙江与滨海的大量领土，"但经过忙碌奔走却一无所获，现在伊格那（纳）提耶夫来到上海，就是专为此事来求助于联军的"[26]。用的也是离间计，却显然高明不少，也给小伊带来很大麻烦。

为扭转被动局面，伊格纳提耶夫分别向各国公使发出一份文件，阐述俄国的立场。他承认与清朝的谈判进入僵局，将此与去年英法在大沽口的惨败相联系，表示衷心支持英法关于传教和贸易的吁求，也建议列强应抛弃成见，共同对华施压。小伊说俄国虽保持中立，但自己奉旨离开北京，然后同联军同时到达大沽口，也会使清廷意识到危险。而最后一句"联军给予中国军队的严重教训，终将使清政府意识到自己的无能为力"，无疑是在煽动战争了。

这场战争需要他煽动吗？英法联军是在他煽动下才决定北上的吗？否。小伊只是要表明观点，解除疑虑，套近乎，争利益。英法公使对他的态度有所改变，华若翰也答应与俄国采取一致行动。在这一过程中，伊格纳提耶夫不卑不亢，即便额尔金与葛罗来沪后亦如此。因俄法关系已有很大改善，他与法国特使葛罗相处很亲切，告知了不少在北京获得的信息；而见大英特使额尔金总是一副牛烘烘的模样，小伊也端着，绝不首先前往拜会。

英国人（也包括法国人）的疑忌不会因他的一个声明就消散，也不希望中立国代表去直隶湾，不高兴在攻打天津海口时有一批旁观者，尤其对伊格纳提耶夫极为提防。对英法联军来讲，打仗是前提和手段，和谈是目的，以打促谈，迫使清廷接受其条款，所以才担心"精通中国事务和深谙北京政府"的小伊搞破坏。伊格纳提耶夫利用一切机会做出解释，他以华若翰的进京遭遇为例，说明清廷对列强的整体排斥，也分析了形成种种误会的原因,渲染肃顺等主战派影响了清帝。这类分析自然会夹带私货,但对于不识内情者而言是新鲜的。小伊也坚决驳斥去年为大沽口清军提供武器和军事顾问的说法,说"普提雅廷伯爵确实有过向中国人提供数千枪枝(支)的打算,但是当俄国政府一知道武器将用于反对欧洲列强的联军时,马上就放弃了这个念头"[27]。又在编谎,他们正是希望清军用所赠枪炮打击联军,也表示直接运抵大沽口,并提供教官和改建炮台,只因清廷不许才作罢。这些话在额尔金那里作用有限,却使华若翰很认可,终于同意向清廷发出一份联合声明,表达了中立立场与和平愿望。这是心计缜密的小伊留下的伏笔。他还给军机处发出照会,说奉命与美国代表返回津门,并准备帮助中国与英法联军达成和解,又是一个伏笔。岂知清朝君臣听信了薛焕的奏报,对小伊切齿痛恨,俄美公使联署以及他本人的照会皆被退回。

在即将发生的津门作战中,额尔金不情愿边上有几个"吃瓜群众"。俄、美公使决定提前离沪,令额尔金很开心,而待大批联军舰只赶到,却发现小伊与华若翰已在离大沽口不远的北塘停泊。真是甩不脱的狗皮膏药啊!清廷得悉海面上来了如此之多的外国军舰与士兵,也不免惊慌,分头复照俄、美公使,希望他们能协助达成和解。伊格纳提耶夫很清楚此时不宜出面,干脆来个置之不理,华若翰则欣然接受,与中国官员联络频繁,友谊的小船来来往往,激怒了英、法特使。清方很快发现华若翰的许诺落空,也终止了与他的联系。

华若翰有点儿学者化,也有美国佬的简单真率,缺乏机心和处置复杂局面的经验。处境难堪的他讪讪离去,小伊则坚持留在当地,目标是博得双方的重视——一面消除联军的成见,取得他们的信任;另一面使清廷确信俄国的中立和调解能力,恢复中断的谈判。这个角色有些像时下所谓"两面人",可当一个两面人也大不易。此时小伊仍深受清廷和联军两头嫌忌,然比起早先的两头憎恨,已有了很大变化,不是吗?这个年轻家伙很有耐心,不动声色地等待着适当的时机。

七　进入安定门

不想再耗费心神去写第三次大沽口之战了,炮台上的清军不是没做殊死抵抗,蒙古骑兵也曾对登陆的敌军坚决回击,冒着枪林弹雨冲向英军的炮兵阵地,"砍杀了三门炮的部分炮手",但战略战术与武器的落后,使之很快被轰塌击溃。一切都很像首次大沽口战役的翻版,英法联军推进至天津近郊,额尔金与葛罗重新开始与清廷委派的钦差大臣交涉,领衔的还是恭亲王的老丈人桂良(耆英已赐死,花沙纳自杀),所不同的是英法特使的要价更高,态度也更加骄狂。俄国公使随后急急赶到,就近"租了一幢体面、宽敞的住宅",可谈判双方都无意于让他掺和。

小伊手中也有牌可打:依仗着在京期间对清朝军政运作与军队部署的研究,开始为联军出主意;不久后俄罗斯馆送来各种最新情报,他也主动提供给联军的两位总司令。因为有真货,额尔金渐渐对之刮目相看,邀他到行馆喝酒聊天,一对一地聊了整整一个晚上,看着像推心置腹,实际上在互相测试、各怀鬼胎:

为日后的调解留有余地,小伊再次表明中立态度,并再次解释了赠送清军武器之事;额尔金哈哈一笑,说只要对自己有利,英国人也会想方设法向中国推销军火(言外之意是不必再遮掩了)。

额尔金告知小伊英军作战中缴获了一些信件,发现清方对他的上海之行极不信任,甚至打算拘捕他,也可看出他在离京时充分维护了自尊;小伊则表示如果由清朝官员陪同,就会被当作清帝的贡使,不如自行安排更自由和有尊严(以防俄方进京时得不到官员伴送,栽了面子)。

额尔金讲起两年前的一件旧事,即清方痛恨英国译员李泰国,通过俄美公使转达,自己则正告清朝官员,因为他们求助于其他国家的代表,英方的要求只能更严厉(意思是俄方不要想着调停啥的);伊格纳提耶夫则强调两国一是要发展商贸,一是只关注划界,在利益上没有冲突(意思是英方对中俄划界不应阻挠)。

小伊不希望英法与清朝的缔约太顺利,明知外国使节觐见清帝有一个棘手的礼仪障碍,力劝额尔金"要求在北京受到隆重的接待""迫使它承认女王和清帝的地位是平等的";额尔金当即表示,"不得到清帝的隆重接见决不罢休"(哈,高傲的老额还是被小伊绕进去了)。

事情的发展出乎这个苏格兰勋爵的预料:原定次日举行的签约仪式被取消,他所赏识器重的巴夏礼等人落入清军之手,联军在突破通州八里桥防线后失去目标……轮到额尔金前来拜访俄国公使了,带着英军总司令克灵顿、第二海军总队队长奈皮尔和大批随员,告知已决定夺取北京,希望能获准查阅俄国使团保存的京城街巷与郊区地图。伊格纳提耶夫慷慨应允,"不仅允许他们仔细地观看地图,而且还让他们复制了若干份"。在与英国将领共同研究平面图时,小伊一一分析北京四郊的地理特征和城防状况,力主首先攻打南部。这就是伊格纳提耶夫,什么时候都有小算计,北城有俄罗斯馆的"北馆",有皇宫,城外西北方是圆明园,宫内园内都有大批涉外档案,其中有不少俄方公文和信函。而远有两广总督府的外交秘档被缴获,近有额尔金说到的清朝密谕,都提醒小伊留心——若是普提雅廷和他本人那些揭露和指斥英国的信函落在额尔金手里,麻烦可就有点大了。

额尔金还有一项请求,或者说是更主要的目的,即请俄方协助挽救英法被俘人员,希望通过俄罗斯馆打听他们的消息。小伊自知没有这个能力,却告知时机不对,说联军刚发出不交人就捣毁北京的威胁,而今再去为释放他们说情,只会使清方趾高气扬。他建议联军继续进攻,并说:

> 如果等贵方军队兵临北京城下,已为决定性攻击做好最后准备,那时由我来履行您的意愿,向中国政府进行交涉,那么其影响将会强烈得多,而效果也更会显著。[28]

因为有数十人被清军扣为人质，也因事先只想到极限施压、逼迫清廷屈服，并未做好攻打北京的准备，一贯骄横的额尔金有些迷惘惶惑，放下身段来找小伊。数日后，额尔金又一次到驻扎通州的俄国使团拜会，两人再次长谈，涉及许多急迫问题，小伊也再次向他灌输必须觐见清帝的意义。额尔金当然不会言听计从，但对小伊已解除敌意，视为好友，甚至对他吐槽法使葛罗，也是事实。

10月5日，英法联军开始往北京推进。本以为会遇到激烈抵抗，但是咸丰帝早已率皇室成员和亲信大臣逃往热河，各路清军毫无斗志，联军很快就逼近德胜门和安定门（完全不采纳小伊的建议）。僧格林沁、瑞麟大营不仅一触即溃，还将法军主力引向圆明园。而闻知这个"万园之园"被捣毁，英军占领了档案库，伊格纳提耶夫极度不安。他担心假若近年来的俄方函件被发现，"会使英国人得到一项用以反对我们的何等有力的武器，使我们和中国签订条约终于成为不可能"[29]。所幸先动手抢掠的是法军，小伊派人找到交情甚好的葛罗，而葛罗即将七宗相关函件转交他，并答应"在进一步整理档案时，如发现涉及俄国的所有公文都将交与俄国使团"[30]，总算是去掉了一块心病。

此时的北京城门紧闭，达官贵人中能逃的都逃了，剩下的每日惊恐不安。在英法联军威慑下，奉旨留守的王公大臣只得将巴夏礼等人释放，接着又被迫打开安定门，武备院卿、前粤海关监督恒祺亲至城门迎接。联军立刻控制安定门，并派数百名士兵登上城墙，升起英法旗帜，安设大炮四十六门，炮口皆指向城内。伊格纳提耶夫闻风而动，命使团车队由通州直接通过安定门去南馆，自己则骑马赶到城外英法使团驻地。由于被扣英国人质曾遭受折磨，且有一半已死，额尔金正在起草至恭亲王的最后通牒，并就此征询他的意见。小伊对捣毁圆明园、赔银以及建认罪碑表达了不同意见。额尔金有所触动，放弃了立碑的念头，却在第二天就派兵焚毁圆明园。

考虑到安全因素，英法公使都驻扎于北京城外。伊格纳提耶夫向他们通报了进城的计划，额尔金"装着一副关切的面孔，试图说服公使不要冒如此重大的、而且照他看来还是不必要的风险"，葛罗则相反，"以急切的心情请伊格纳提耶夫尽速进城，寻找那些躲避的大臣，劝说他们重开谈判来拯救王朝和京城"。10月16日下午，小伊乘坐大轿，前有身穿军装的军人开道，后有六名哥萨克持枪跟随，再后面是大司祭乘坐的车辆，来到安定门外。法国军官施米次骑马引导至城下，一个小而不失隆重的入城式就此开始。布克斯盖夫登写道：

> 进入北京城门的庄严时刻终于来到了，一直阴沉的天空像是特意放晴了，而阳光也不时透过云层照射下来。在内外城门之间的空地上，英方和法方的营队站立在城墙旁边。当公使的轿子走近他们时，先是法方岗哨的士兵，而后又有英方岗哨的士兵，均立正并举枪致敬。欧洲国家的军队是当着感到惊异的中国人的面表示致敬的，这是一个良好的开端……[31]

八　最后缔结的密约

伊格纳提耶夫首先入城，法军高官骑马前引，守门外军对他持枪敬礼，被一些惊恐中的京城民众看在眼里，迅速传播开来。加上小伊原先有意设计的桥段：代联军发放保护寺院等场所的告示，在通州出面劝阻联军残害百姓，以及故意显示与两位特使的交情，都使之名声大噪。而今英法联军发出最后通牒，"均定于初七日照复，初九日给银，初十日画押换约"[32]，否则就轰击京城，直取皇宫，留守的文武大员惶急之下，竟将小伊视作救命稻草。

咸丰帝仓皇离京时，命恭亲王奕訢为钦命全权大臣，负责与英法特使议和；而以豫亲王义道、大学士桂良、户部尚书周祖培、吏部尚书全庆为留京办事大臣，并指定义道、全庆主内，桂良主外。奕䜣不敢身居危城，带着一帮子人在城外游动（即躲避）。城内主要是义道等主持。这位皇叔辈分的亲王庸庸碌碌，压根儿不是个支撑危局的材料。做过头等侍卫、喀喇沙尔办事大臣，曾陪林则徐在南疆勘察的全庆也是方寸已乱，好在巡防处未撤，一些在京大员在此聚会协商，而第一个选项，就是恳请俄国公使出面调解。他们先派人到南馆探问，当晚与俄罗斯馆大司祭固礼沟通，次日便组团到南馆求见。谁来谁不来也经过一番斟酌，义道、全庆、周祖培没出面，领头的是署任步军统领，负责巡防事务的刑部尚书瑞常，以及文祥、宝鋆、麟魁、恒祺、崇纶等大员。瑞常出身蒙古镶红旗，道光十二年进士，年龄应比小伊的父亲还大，当初和肃顺一起多次与小伊会谈，算是老对手了，此时则不能不低声下气。这正是伊格纳提耶夫渴望已久的一刻，先静静倾听各位大臣的诉求，然后滔滔不绝地讲了很多，沙俄对华的历次忠告，提供精良武器和军事教官的好意，交涉过程中肃顺的无礼，再有就是沙俄的强大……他说：

> 对俄国来说，如果要在一万俄里的中俄两国边境线上对你方任何一地发动一次无法抵抗的打击，那是轻而易举的。你们知道俄国有多少陆军，知道直隶湾停泊着我国的分舰队，尽管如此，但是俄国仍然不仅不愿利用你们现在这种走投无路的处境，而且还决心向你们证实它对贵国所抱的善意。[33]

威胁恐吓加上利诱全占了，在场清朝大臣岂听不出，但不敢反驳。对清方虐待英、法俘虏之事，小伊也严厉谴责，以此说明联军在愤怒之下会激烈报复，也挑明调解的难度。他表示可以充当调解人，前提是要由恭亲王出面并答应他以前的全部诉求。奕䜣虽明知伊格纳提耶夫之诡诈，至此也觉无奈，只得权且应允，恳切拜托他担任调停人。熟悉夷务的恒祺对俄使能起的作用有所怀疑，小伊对他也不无忌讳，对瑞常等做了一些暗示,随之此人便被踢出去了。

于是出现了谈判史上极为特殊的一幕:恭亲王派人送来英法特使的最后通牒,一班清朝大臣与俄使逐条辩论,讨价还价,所争有时又纠缠于一些鸡毛蒜皮(如特使入城谈判时带多少人等)。小伊知悉英法两国谋求的核心利益之所在,既提醒清方认清形势,以确保清廷稳固和皇宫不被捣毁为关键,也表示会力劝联军延长赔款期限、早日撤军、绝不毁坏皇宫等等……三天时间很快过去,联军在圆明园等处的破坏升级,再一次火光冲天,占领安定门城楼的联军也有异动。小伊对惊恐万状的清朝官员好言抚慰,答应立刻去见额尔金和葛罗。

英法特使也在焦灼之中,最后通牒与焚毁圆明园都是施压,为的是逼迫清方依其所提条件签约;而他们虽扬言轰击京城与推翻清廷,也轻易不敢冒天下之大不韪。额尔金和葛罗热情欢迎伊格纳提耶夫的到来,饶有兴趣地听他谈城内情况和对时局的看法——其中大多是真材实料,自也不乏俄方的小九九。小伊不提接受清廷委托前来调解,却说再乱下去对大家都没有好处,希望尽快在京城建立秩序,表示如果联军放弃炮轰京城的打算,有真诚媾和的愿望,他可以去说服清方给予尽可能满意的答复。两国公使被说动,与清方迅速签订条约,并于10月30日将部队撤离北京。其间的欺凌胁迫和犹疑反复,小伊的巧妙周旋与两头欺哄,那也不消多说了。

在伊格纳提耶夫的催促下,清俄边界谈判重新开始,却远不是他所期待的那样顺利。尽管恒祺根据俄方要求没有参与,以瑞常、麟魁、成琦、宝鋆组成的班子也反应激烈,"无论如何不同意根据布多戈斯基的地图划定东段疆界"。[34] 谈判在南馆进行,约在上午9时到晚7时,逐日进行,经常争执不下,进展很缓慢。小伊不愿英法公使得知此事,为避免清朝大员与常来南馆的欧洲人碰面,将谈判安排在大司祭固礼的房间,并要求大员们乘坐的轿子不要停放在馆内。此时英、法特使仍住在北京,而额尔金的弟弟卜鲁斯公使带着卫队从天津赶来,认定哥哥受到俄国公使的迷惑，决意要在北京常住，军队也不愿撤离。小伊又是大费唇舌，总算说服二人暂时在天津过冬，等明年春天清廷提供宽敞住所后再搬来。这也是哄骗，只要与清廷签过划界条约，他就不用理会了。

这一切都使得小伊更有紧迫感。平日故示尊贵、不参加具体会谈的他向瑞常等人发表声明，说自己要赶回国内面见沙皇，说拖下去将不得不在北京过冬，而英、法使节得知后必然仿效，最后又使出撒手锏：他能说服联军撤回天津，也能将他们召回北京，只消一封信就能办到。吓住了瑞常等人，小伊也做了一些让步——不再提在齐齐哈尔设立领馆，将驻京俄人数量限制在两百之内，同意乌苏里江以东的中国人留在原地，协议达成了。11月9日，英、法特使离开北京，小伊分别为之举办了送行宴会，二人完全不知俄清之间的谈判，临行前也都到俄国公使处辞行，"像最亲密、最知心的朋友那样依依惜别"。

11月14日下午，恭亲王第二次驾临俄罗斯南馆，《中俄北京条约》的签约仪式正式举行。这是第二次鸦片战争期间的最后一份"北京条约"，也出现了一个小插曲：额尔金大约仍担心俄国人搞事，留下一名叫爱金斯的翻译，小伊心知肚明，热情安排他每天来馆用餐，而在签约这天派两人陪他去参观雍和宫，然后就近在北馆喝大酒，一枕黑甜乡，待醒来回馆，"诸事均已办毕"。[35]

11月22日，伊格纳提耶夫由陆路回国，恭亲王专门赶到南馆送行，二人的关系看上去也很亲切。

注释

[1] 《穆拉维约夫-阿穆尔斯基伯爵》第二卷，《133 致叶果尔·彼得罗维奇·科瓦列夫斯基》，第270页。

[2] 《穆拉维约夫-阿穆尔斯基伯爵》第二卷，《133 致叶果尔·彼得罗维奇·科瓦列夫斯基》，第270页。

[3] 故宫博物院明清档案部编《清代中俄关系档案史料选编》第三编，中册，《奕山等奏俄船由黑龙江经过不敢拒绝折》，第687页。

〔4〕《穆拉维约夫-阿穆尔斯基伯爵》第一卷，第六十四章，第564页。
〔5〕《穆拉维约夫-阿穆尔斯基伯爵》第一卷，第六十五章，第571页。
〔6〕相关记载参见《筹办夷务始末（咸丰朝）》卷三八，《〔一五三七〕僧格林沁恒福奏洋船先行开炮我军回击折》，第1444—1445页。
〔7〕《清文宗实录》卷二八三，咸丰九年五月戊子。
〔8〕《第二次鸦片战争》（六），第203页。
〔9〕《第二次鸦片战争》（六），第204—205页。
〔10〕《第二次鸦片战争》（六），第211页。
〔11〕《第二次鸦片战争》（六），第209页。
〔12〕《第二次鸦片战争》（六），第230页。
〔13〕《清代中俄关系档案史料选编》第三编，中册，《附录二　俄使伊格纳提耶夫对补续条约（即中俄北京条约的条目详解）》，第737—739页。
〔14〕《清代中俄关系档案史料选编》第三编，中册，《附录一　俄使为胁迫清政府同意其侵占乌苏里江地区等事致肃顺等照会》，第761页。
〔15〕《第二次鸦片战争》（六），《伊格纳切也夫在北京讹诈的破产》，第497页。
〔16〕《穆拉维约夫-阿穆尔斯基伯爵》第二卷，《136　建议》，第276页。
〔17〕《穆拉维约夫-阿穆尔斯基伯爵》第二卷，《136　建议》，第276—277页。
〔18〕《穆拉维约夫-阿穆尔斯基伯爵》第二卷，《135　致亚历山大·米海罗维奇·戈尔恰科夫公爵》，第275页。
〔19〕［俄］A.布克斯盖夫登男爵《1860年的〈北京条约〉》，第一章，《伊格纳提耶夫强行离京》，王瑾、李嘉谷、陶文钊译，商务印书馆，1975年，第37—38页。
〔20〕《清代中俄关系档案史料选编》第三编，下册，《僧格林沁等奏俄使已从北塘登舟南去情形折》，第942—943页。
〔21〕《1860年〈北京条约〉》，第一章，王瑾、李嘉谷、陶文钊译，商务印书馆，1975年，第35—37页。
〔22〕《1860年〈北京条约〉》，第一章，第35页。
〔23〕《1860年〈北京条约〉》，第二章，第40—42页。本节开头两段引文均见于此。
〔24〕《清代中俄关系档案史料选编》第三编，下册，《薛焕奏俄使抵沪怂恿英法以武力侵华情况折》，第949页。
〔25〕《清代中俄关系档案史料选编》第三编，下册，《谕薛焕俄国怂恿英法侵华著设法戳穿其诡谋》，第953—954页。
〔26〕《1860年〈北京条约〉》第二章，第43页。
〔27〕《1860年〈北京条约〉》第二章，第45—46页。
〔28〕《1860年〈北京条约〉》第二章，第58—65页。本节至此，引文均出于此文献。
〔29〕《1860年〈北京条约〉》第三章，第111页。
〔30〕《1860年〈北京条约〉》第三章，第115页。
〔31〕《1860年〈北京条约〉》第三章，第124页。
〔32〕《筹办夷务始末（咸丰朝）》卷六六，《奕䜣桂良文祥奏接到英法照会欲赔恤银及拆毁圆明园又俄使请代说合已给照复折》，第2471页。
〔33〕《1860年〈北京条约〉》第三章，第126—127页。
〔34〕《1860年〈北京条约〉》第三章，第139页。
〔35〕《1860年〈北京条约〉》第三章，第144页。

第十八章　武力扩张的升级版

公元1860年11月22日，即咸丰十年的十月初十，俄国公使伊格纳提耶夫离开北京，由陆路经张家口、库伦返回。清廷给予了很高的礼遇，恭亲王亲至俄罗斯馆送行，派员一路陪伴照料，提供车马馆舍。而这小伊任何时候都不忘搞事：就那么二三十人，却分成三拨，走走停停，为的是借机侦察测绘。

如果说小伊的表现以机诈诡谲为主，穆督则更多显示出强梁骄横，二人合手向脆弱的清廷施压，攫取了一百多万平方公里的中国土地，而欲壑难填，殖民者从不会满足和停息，穆拉维约夫的胃口随之越来越大。此人追慕虚荣，很享受万众欢呼的感觉，但也为总有一些不协调的声音、总有人骂他，深感苦恼。

一　"骗人者必受骗"

这是当时俄国报刊上一篇文章的标题，作者叫扎瓦利申，贵族出身，海军军官，早年曾随舰队远洋探险，因参加十二月党人起义被流放西伯利亚。很多年过去了，扎瓦利申受过的苦自也可以推想，而在俄廷实行大赦后立刻活跃起来。他也是一名优秀的通讯记者，文笔生动且犀利，不少文章直斥穆拉维约夫。

穆督经营东西伯利亚已超过十年，手下有一批得力干将，周围有许多狂热的"穆粉"，但穆拉维约夫蛮横、偏执、冷酷，包括热衷于自吹也使人厌憎,导致渐渐形成了一个反穆派。扎瓦利申生活在赤塔,对于1856年那次死亡大撤军耳闻目睹,予以揭露和指责,惹得穆督极为恼怒,视之为反穆分子的带头大哥。

1859年冬天似乎比往年提前到来,从中国、日本返回的穆拉维约夫本欲乘船溯江而上,可过伯力后江面已结冰,只能弃舰登陆。他的心情是郁结烦乱的,几乎没有一件事情顺心:

费心耗力筹备的一次炫耀武力的中国行,结果舰队不给力,走走停停,赶到大沽口外战争已经结束。比他的"阿穆尔舰队"强大得多的英法联合舰队大败亏输,使他意识到清军也不是那么弱,顿时感觉情况不妙。

满以为可以顺道在日本拿下有关库页岛归属的谈判,精心准备了一篇开场白,孰知日本幕府的代表根本不买账,彬彬有礼,软硬不吃,油盐不进,谈了一个多月毫无进展,穆督只好讪讪地离开。

途中亲见移民进展极为无序和缓慢,该年迁至黑龙江左岸的只有二百四十人,到乌苏里江流域仅五十人。很多移民点是人送到了指定之处,而满载物资、衣服和各种工具的船只和木筏在河里冻住了,没有到达目的地。这些新移民在漫漫严冬中饥寒交迫,不免心生怨恨。

正因为天气奇寒,指定运到下江地区的牲畜只能上岸行走,结果大批被冻死于途中,俄军的阿穆尔营、乌苏里营士兵将"一冬都没有肉吃"。

为加强在滨海新区的军事机动性,也是为了对付清军可能的反击,预先定购了两艘浅水轮船,可在海上航行中遇到风浪,竟然与阿穆尔公司的两艘轮船一起沉没了。

……

自从去年夏天逼迫奕山签订《瑷珲条约》,穆拉维约夫名声大噪,自己也颇有几分救世主的感觉,而从日本返回庙街,就听到各种各样的负面评价。令穆督生气的,还在于各地官员对待这些非议攻讦的麻

木态度。被迫停船上岸后,他在库普里雅诺瓦镇写信给卡尔萨科夫,不无责备:

> 关于今年的浮运工作和扎瓦利申的文章,我不准备多说什么,因为这完全是外贝加尔省官员分内之事,这些人无论对什么事都大发议论,但办起事来却是一纸公文了事。牲畜没有运到尼古拉耶夫斯克,赤塔官员定会说成是流放犯的罪过,其实不然,显然是赤塔方面指示不当。应运往哈巴罗夫卡的牲畜,现正在库普里雅诺瓦镇,让这些牲畜走旱路,也不会是流放犯的罪过。不过我真不知道该怪谁……我责怪扎瓦利申,并不是因为他写了文章,而是因为他把整个赤塔弄得一塌糊涂。使我吃惊的是,你怎么会容忍此事……[1]

卡尔萨科夫是穆督最信任的副手,也是他一路提携和保举的接班人,此时仍兼外贝加尔省的省长,与扎瓦利申的关系似乎很不错。穆拉维约夫希望卡尔萨科夫能让其闭嘴,在信中施加压力,要他为之指出一条正路,尽快"纠正这些错误"。

卡尔萨科夫显然没有做到,大约不是他不想做,而是扎瓦利申不听招呼。反对派已博得广泛同情,而老扎正是那时的大V,一直在报纸杂志(如《钟声》)上揭露强制移民的弊端。穆督及其属下想尽办法阻挠,可像赫尔岑主编的《钟声》影响巨大,又是在伦敦编印,无法控制,成为一个重要的传播窗口。这场批评谴责的风暴,矛头始终指向穆拉维约夫,舆论滋蔓,就连一些官方期刊如《海洋文集》,也开始刊载扎瓦利申的文章,抨击穆督不顾哥萨克死活的军阀作风。

穆拉维约夫一生对声誉特别珍惜,但这次运输的组织混乱,导致了移民的困窘,也是一个严酷的事实。他将责任归诸主管官员的失职,但又很难对外解释,"心绪不佳已达极点"。这几年穆督因缘际会,出尽风头,也成为当世很多人的眼中钉,包括清廷君臣、日本幕府、彼得堡的达官贵人、东西伯利亚的官僚阶层、民间的自由分子,尤其是那些强制移民和苦役犯,只有他们日日感受这种军阀式强制移民之苦。穆督在布拉戈维申斯克(海兰泡)停留时,发往乌苏里的"最后一批苦役犯"也因黑龙江结冰困在那里,"他们待在屋子里,虽无棉衣也不致冻死。棉衣、面粉、食盐皆未运至目的地,都被冻在阿穆尔沿岸不需要这些东西的地点,而需要的地方却又未给运去"。这是穆督在信中写的,并又一次提到途中所见:"从尼古拉耶夫斯克出发以来,沿途目睹这些灾难,同时留在尼古拉耶夫斯克的区舰队和队伍今冬又吃不到鲜肉,你想,我怎能不难过呢?"[2]真是烦郁满纸。他在信中还说自己太老了,该休息了,也的确不时闪过辞职的念头。

最让穆拉维约夫着急上火的,还是清方意图否认《瑷珲条约》:经过松花江口时,三姓副都统富尼扬阿迎头拦截,坚持把皇上要说的那一套话讲一遍,惹得穆督大怒;接下来又是瑷珲的新任副都统爱绅泰(又作爱伸泰)派员过江,守候在驿路旁,不得已下车一见,驳回往瑷珲会晤之邀,说是"无商办事件",有啥话到海兰泡再说。而他刚刚抵达布市,爱绅泰就带着人来了,宣布必须遵照《尼布楚条约》,请俄方将侵占乌苏里、绥芬河的人马撤回。穆督少不得一通咆哮,爱绅泰也毫不退让,回以高声嚷嚷。这让老穆意识到问题的严重性,决定要在海兰泡多待一段时间,"好让满人相信,我正在准备打仗"[3]。这个冬天,老穆把自己当作一枚钉子,钉在海兰泡,居然待了一个半月,为的是震慑清方。

扎瓦利申的文章又来了,一如既往地引起轰动。总署参谋长库克里写道:

> 今天城里又议论纷纷。邮车送来了最近一期《工业通报》杂志,上面载有扎瓦利申的文章。依旧是那些老调,仍然是

那些说法，还是那些事情，连语句都没有变。但最恶毒、最有欺骗性、最狂妄的是文章的标题：《阿穆尔，或骗人者必受骗》……[4]

二 强拆乌鲁苏木丹卡伦

抢占地盘也是要付出惨重代价的，几乎所有殖民者都会经历起初的艰难，十年前的涅维尔斯科伊如此，此时俄国人在黑龙江和乌苏里江的状况也是困难重重。太少的人员，太大的地域，太严酷的生存条件，使哥萨克在侵占之地过得并不好：经过十载经营的庙街虽升格为滨海省首府，仍然不宜居住，地里长不出庄稼，马匹牛羊大批冻死；乌苏里流域的新移民状况更惨，饥寒交迫，哥萨克连最爱的小酒也没的喝了。军人与移民都在抱怨，穆督的宿敌开始飞短流长，除了在报刊上公开发文外，一些无头揭帖也出现在乌苏里地方。强权人物多会有此类悲凉，屁股稍微一抬，底下就冒出一簇簇荆棘来。

亚历山大二世不是曾给他一个"禀性难移"的评价吗？的确如此，穆拉维约夫仍是那种一贯的强悍风格，尤其在对付强烈否定《瑷珲条约》的清方官员时。他在海兰泡住了下来，督令左岸的俄军大张旗鼓地折腾，操练，演习，射击，搞得对岸的瑷珲城中很紧张。其实总督大人深知所属部队的薄弱，缺少弹药，缺少食品，士兵吃不饱肚子，心中同样的紧张。"我们并不想真打"，穆督最担心英、法两国派兵来抢地盘，在给卡尔萨科夫的信中说："这件事我非常害怕，从来没有这样惧怕过。"[5]真是胆大的吓唬胆小的，但吃定了清军不敢对抗。

穆拉维约夫决心加大施压。瑷珲城对岸中国人村屯密集，他下令在那里建房安炮，派人张贴告示，闯入民家强买粮食禽畜，搞得鸡飞狗跳。爱绅泰再次过河交涉，费了半天劲儿才得以见面，传达咸丰帝谕旨，穆督一通威胁，反过来提出上游左岸的乌鲁苏卡伦在俄方境内，要求清军将卡伦撤走。爱绅泰曾全程参与《瑷珲条约》的签署过程，是具体的谈判代表，冷静告知乌鲁苏卡伦设在那里已经一百七十多年，即便依据《瑷珲条约》，也是必须予以保留的。穆督也不与争辩，只是一味强硬，声称："如不拆去，我必令人拆毁。"[6] 闻听爱绅泰在布市的遭遇，新署任的黑龙江将军特普钦觉得会面已无必要，赶紧将其蛮横无理向皇上细述一遍，对"孤悬一隅"的瑷珲城表示忧虑，而对其所称将拆除乌鲁苏卡伦一事，并未采取防范措施。

乌鲁苏木丹，又作"乌鲁苏牡丹""乌鲁苏穆丹"，位于瑷珲上游三百余里江湾段喇叭口的左侧。由于崖岩阻挡，黑龙江水在这里转了一个葫芦状大弯曲，然后折回东流，号称"八十里大湾"。康熙间进军雅克萨，前锋营于此设立卡伦，历朝沿承，成为上游左岸唯一一座江畔卡伦。据此监视江上来船，即使侥幸逃脱，也可快速赶到另一侧等它过来。沙俄船队第一次闯入黑龙江时，驻卡清军惊慌逃回，受到严厉惩处。此后守卡官兵一直比较忠于职守，见到俄船就会冲前迎截，虽说很难拦住，却也坚持登船查验；后来俄人不许登船，也会贴近检查，尾随监视；再后来俄国船舰实在太多了，那些小火轮也跑得太快了，卡伦官兵较难履责，但光是钉在那里，就令老毛子心里不舒服，多次催促迁走。

清代边防的薄弱，还体现在边境卡伦的落后，完全不具备要塞性质，乌鲁苏也是如此：临江高阜上孤零零三间房屋，简单一圈木栅，而且入冬时就要撤回，春天再过江执勤，属于季节性卡伦。时值隆冬，卡伦无人驻守，被俄军派人一把火给烧了。爱绅泰得报后，即派佐领鄂尔精阿过江质问。穆督已返回伊尔库茨克，由阿穆尔防线司令布谢（清代档案中称"夷目布色依"）的属下接待，倒也认账，说已就此卡与清方交涉过多次，一直未能迁移，总督大人为此发怒，布谢司令只得命人烧毁。之后俄人又到瑷珲，以穆督的名义送了一些礼物，爱绅泰不敢闹翻,被迫收下。这位副都统出身满洲正红旗,生于齐齐哈尔,长期在瑷珲任职,深知老毛子习性,不再与之争执,命属下赶造了一个木头房子,从冰封的江面上千辛万苦地拉到乌鲁苏,安放于原址,并派佐领鄂尔精阿亲自带兵驻守。

特普钦闻知后迅即奏报朝廷,并对该卡历史和地理做了介绍:

> 该处卡伦,系康熙年间设立,前锋营自力盖房三间,每年开江起轮,派官兵坐防水路,至秋末冬初,船只不能行驶之时,即撤回在阿敦吉林地方坐防陆路……奴才等查该处卡伦,最为要隘。缘大江形势,自西北直向东南,顺流奔放,独至乌鲁苏牡丹地方,则水势委曲回抱,形若转环,始再向东南趋下。左岸陆地一区,如环之有口,原设卡房即修置其上。俄夷船只至此,顺流行驶,必须经日,方能转过湾环。卡兵乘高瞭望,由东北江口送信,瞬息即可渡江,随时防范。[7]

特普钦还说该卡孤悬左岸,左右都是俄国村屯,防守不易,已下令在当地鄂温克村屯组织团练,以为后援。

发现新安装的清军卡伦后,俄方派人过江交涉,要求将木头卡房移至右岸,否则就发兵强拆。爱绅泰当即拒绝,并于次日赶到海兰泡,向布谢提出抗议。布谢自觉理亏,先是推诿,说是奉穆督严令,接下来又装作头痛,躲入内室,让一个下属支对。爱绅泰强调"卡房已经修竣,派兵坐守,断难拆移",却不知此刻乌鲁苏卡伦正在遭到围攻。三十多名俄军带着武器赶到,还来了一些附近移民,威逼将卡伦拖走。鄂尔精阿等再三与之讲理,俄兵将刀枪对着他,愤怒的清军要向前拼命,鄂尔精阿怕事情闹大,喝令部下进入卡房固守。次日一大早,更多的哥萨克携带刀枪重来,用大斧将卡房砍毁,并将鄂尔精阿抱摔在地,清兵"拦阻不听,欲执器械向其交锋,复经鄂尔精阿喝禁,仍在卡房旧基防守"。

第十八章 武力扩张的升级版

不久后又有两百多哥萨克骑兵赶来，连拉带拽，将几十名清军驱逐至右岸。[8]

事已至此，爱绅泰觉得无力反击，提请暂将该卡官兵安置在江右。特普钦也是一筹莫展，奏称"若再敕令仍回原处，强与争执，亦恐互有戕伤。一经构衅，即须立起兵端"，建议"暂缓示弱，留待复图"。获知乌鲁苏卡伦被烧被毁情形，咸丰曾两次做出御批：先是命特普钦密调鄂伦春、赫哲、费雅喀部族百姓，打一场"人民战争"，殊不知附近人烟稀少，而赫哲、费雅喀部落远在数千里之外；得知卡伦再次被毁、士兵被驱赶后，谕旨批准乌鲁苏卡伦移至右岸，又说"自系一时权宜之计"。[9]

就这样，有着近两百年历史的乌鲁苏卡伦，从左岸彻底消失了。"一时权宜之计"的意思不难理解，然也只是说说罢了，此后再无乌鲁苏。而特普钦奏折里所说的"暂缓示弱"，容易造成误读，准确的意思是暂缓对抗，对敌示弱。

三　乌苏里卡伦的冬夜

在黑龙江上游的乌鲁苏卡伦被强拆不久，下游起点之乌苏里江口，老毛子也盯上那里的清军卡伦，逼迫守卡官兵离开。这也是奉了穆拉维约夫的指令——只有他才敢如此玩邪的。穆督在返程经过时，被革职的瑷珲副都统吉拉明阿正在乌苏里卡伦枷示，为的就是让他以及过往俄国官员看到。此处江面宽阔，不清楚穆督是否望见江畔披枷戴锁的吉拉明阿，可以确知的是，附近的沙俄驻军正是奉他之命，前往拆除这个卡伦。

乌苏里江与黑龙江汇合处地形复杂，因大黑瞎子诸岛横亘于江心，又分为主航道与支航道，数十里后再相汇流，乌苏里卡伦就设在两江交汇的东北角。咸丰四年，也就是沙俄船队闯入黑龙江的当年，吉林三姓衙门在此设置卡伦，派兵驻守。《瑷珲条约》签订后，沙俄人船纷纷进入乌苏里江，守卡官兵奉命拦截，多次发生摩擦。老毛子的办法是逼近而处，也在此地建房移民。起初尚能两不相扰，穆督下达拆除乌苏里卡伦的指令后，先来了一个叫鱼吉幅尾计的家伙，自称接替原来的头目，不久后就搞来五十多头牛、六十多张马拉爬犁，装载大批粮食器物，在附近安营扎寨，与清军卡伦离的较近，阻拦不听。过了几天，又从海兰泡来了一位俄方官员，找到清方协领禄昌，声称奉穆督之命，不准清军在这里设卡。禄昌与之讲道理，此人推说事情多，转身离去。次日一大早，禄昌带人找到俄方头领，再三向他们说理，对方只称必须遵守总督的命令。之后的几天，俄方不断有人携带武器前来闹事，推推搡搡，催逼清军移卡，禄昌等坚守不去。十一月二十九日，突然爆发俄军毁卡逐人的暴行，事见吉林将军景淳的密奏：

> ……讵于二十九日，该夷会同伯力夷官多名，率领夷众百余人，各执火枪刀剑等械，随带爬犁前来逐卡，势甚鸱张，即令夷众燃放火枪，并将防御舒林、佐领乌勒吉揪拉出屋，欲同禄昌一并拉至爬犁，四外远送，并将行李等物尽行扔出。禄昌等见势凶焰，断非口舌所能阻止，若不允，立起兵端，随言不必无礼，容俟商议，该夷始行松手，时已日暮，禄昌等迫不得已，无处存身，连夜退至距卡百里之浓江地方，暂借赫哲住房栖止……[10]

真是太欺负人了！也真是太丢脸了！如果说黑龙江的乌鲁苏卡伦官兵还有一股子要拼命的血性，乌苏里卡伦的哥几个则是完全认怂。吉林将军景淳描述时应多有掩饰，实际场景必更为狼狈难堪。浓江也是黑龙江一条较大的支流，在上游一百余里处汇入，他们怎么会连夜退至这里？应不是吓破了胆子，大约也非玩命狂奔，推测是被哥萨克强行架上爬犁，一个劲儿沿着黑龙江冰面往远处拽，以防止他们返回。该奏后面说乌苏里卡伦被占领，十几个哥萨克在那里喝酒吹牛，"时有在彼侦探之兵和德，听闻该夷醉后，有'春暖我等多要进城，看他们如何拦挡'之语"，也觉有些怪怪的，推想应是和德在漏网潜藏时，偷听到这些醉鬼聊天，不太像是主动去那儿侦探。

清朝密折奏事制度，大事用折，小事用片，此折附有一件奏片，专为原瑷珲副都统吉拉明阿患病之事，证明乌苏里卡伦就是老吉被"枷号示夷"的地方。该卡伦的管理有些复杂：负责看押老吉的禄昌、舒林系黑龙江将军衙门所派，"就近在该处办理防务"；而此地和此卡皆属吉林将军衙门管辖，三姓城也差派佐领协助防守。可怜老吉枷号江畔已过半年，本来是做给穆拉维约夫看的，希望他看后良心发现，不再纠缠那个已签的条约；岂知殖民者多属铁石心肠，去年还要给奕山、吉拉明阿颁发勋章，此时明知"老朋友"押在那里，反而下令野蛮驱离。就在这样一个严酷冬夜，哥萨克将清方官兵一律从卡房拽出，押上爬犁，其中也有病中的老吉。景淳也觉心中不忍，奏称老吉"因年老患病，至今未痊，现加头目昏眩，右腿筋聚，步履维艰"，并说连看押他的几位军官都因潮湿寒冷接连发病，恳请皇上允许他往三姓城治疗。[11]御批"知道了"三字，富有皇家尊威与丰富内涵，但也就是"知道了"而已。

对于俄军强占乌苏里卡伦，景淳提出一整套应对之策：

命宁古塔副都统"星速带兵，变装前赴英额岭后各要隘，妥为防御，毋任滋蔓"；命禄昌等人返回乌苏里，在旧卡附近，"择地搭棚巡守，务必严密侦探"；命三姓衙门派出西丹（即少年兵）一千名，携带兵械，"变装易服，以打牲捕鱼为名……驰赴黑河口一带，择要设伏，相机堵御"。

所有举措都是对皇上说说而已，实际上没有落实。乌苏里卡伦被对方强占，景淳的办法是要禄昌等人在被毁卡伦附近搭个棚子，盯着对方，完全不靠谱。而两个月后，得寸进尺的哥萨克竟然冲入在浓江的临时卡伦，抢走官兵的食物，还要扣留守卡人员，包括吉拉明阿。对方只有十几人，而禄昌等人仍是不敢抵抗，再退数百里，竟逃到黑河口地方。景淳飞奏朝廷，再次提起老吉之病，说他枷号已有十个月，现在起立都需要人搀扶，而老毛子"实非义理所能感化"，一句话，再枷号下去已经没有意义了。不独如此，景淳还说如果哥萨克将吉拉明阿这样的原二品大员抓去，"有伤体制"[12]，也就是会影响天朝的颜面。这次皇上很痛快，批谕"准其释放回籍"。

景淳的奏报与皇上的批复，都在咸丰十年春。当年六月是奕𬣞三十岁万寿节，在春节后即做了一番布置，传谕各地将军督抚不得来京祝寿。查正月初一到初十所发谕旨，可知咸丰帝的心腹大患仍在于太平军，严词督催进剿围堵，急急如律令；英法两国要兴兵报复的消息也不断传来，去年获胜的喜悦大半飘逝，天津海口的防卫仍在加强；至于黑龙江和乌苏里江的事情，始终未摆在前面，没有一条涉及。而穆拉维约夫却是专注于此。就在春节前夕，穆督从伊尔库茨克致函在北京的伊格纳提耶夫，告知俄军已经完成了对整个乌苏里江右岸的占领，并特别提到乌苏里卡伦：

> 为了彻底占领右岸起见，最近路过阿穆尔时，我曾命令地方当局拆除乌苏里右岸河口上的满洲哨所，据我的副官达迭什卡利安公爵向我报告，该哨所现已拔掉。[13]

对于穆督来说，这个卡伦比乌鲁苏牡丹卡伦更为重要，必须拔除，必须驱离，也盯得很紧；而作为统辖此地的吉林将军，景淳有些气愤，有些着急，也有过一些部署，却仅限于向皇上表达，从未想到要派兵去夺回来，还不如黑龙江将军特普钦。

四　奕山的罪与罚

在我国近代史上，奕山是一个千夫所指的罪人，统兵广州时举白旗投降，开衙伊犁时私签通商条约，而最令人痛恨的是在黑龙江将军任上，被穆拉维约夫吓破了胆子，擅自签署了《瑷珲条约》。读那时的大内秘档和军机处录副，也能看到咸丰后来常提到这个条约，认为是该地域一切麻烦的根源，严旨令奕山设法挽回，奕山与吉拉明阿不是没做努力，但已属徒然。

历史上的罪人是千差万别的，不一定是恶人，也不一定是通常意义上的坏人。具体到奕山，平日庸碌无主见，在关键时刻表现怯懦，既缺少责任心和担当，缺少绥定边疆的智慧谋略，更缺少风骨气节和为国献身的勇气，完全不是穆拉维约夫的对手。可朝野上下，号称"能吏""干员"者甚多，谁又是那些咄咄逼人的"外夷"的对手呢？两广总督叶名琛不灵，直隶总督谭廷襄不灵，肃顺的一味强硬留下恶果，僧王也在侥幸一胜后被打回原形，忽刺刺大厦将倾，哪里有什么"擎天白玉柱，架海紫金梁"！毛主席说过"有比较才有鉴别"。与穆督比，奕山明摆着一副废物嘴脸；可笔者不无悲凉地发现，在大清皇族和满朝文武中，此公竟然算是一个佼佼者呢。我们还可以将俄帝与清帝比较：第九次俄土战争失败，尼古拉一世自杀以谢天下，也给国家和继位者一个转弯的机会；英法联军残破京城，万园之园的圆明园被焚，奕詝带着一帮子后妃和近臣逃至承德，日日笙歌……

大概这也是咸丰帝起初不愿撤掉奕山的原因，换谁呢？如果多次与英人、俄人打过交道的宗室大员都搞不定，谁能搞定呢？

皇上不愿意撤换黑龙江将军，奕山将军也不愿撤换瑷珲副都统。可签了这么一个丧权辱国的条约，丢了这么多国土，沙俄得寸进尺，国内舆论汹汹，总要有人承担责任。拖了半年多，清廷终于在咸丰九年二月降旨:"吉拉明阿办理夷务,任意颟顸,着先行撤任,并着奕山据实参奏。所有黑龙江副都统一缺,着奕山遴选明白干练之员切实奏保。"[14]这件事的直接起因,是老吉放行俄方赴乌苏里的测绘小队,并答应开河后派员联合勘界,被吉林将军奏了一本。这也是《瑷珲条约》带来的后遗症,可谕旨并未指责奕山,让他选一个人接替副都统,同时要他选调一千名骑兵赴湖北打太平军。奕山并未急于切割和推卸,而是自请处分,说吉拉明阿办事认真,请求将之留任,还真的获得批准,所请求的增加兵额、制造枪炮也都获准。黑龙江的局面如此严峻,朝廷还是不断地从这里调兵,明知正额不足,便指名抽调预备役的西丹,奕山只好奏请扩大部队编制、筹款添设枪炮,也能看出其并非毫无举措。

当年夏天,俄国船只纷纷下驶,开至乌苏里江和绥芬河地方,"占地建房","牧放牛马"。其也导致了黑龙江与吉林两个将军衙门的争执,即谁来负责堵截与驱逐。咸丰帝传谕斥责奕山推诿,曰:"总由奕山轻允黑龙江左岸地方,以致该夷肆意占据。该将军既已贻误于前,并不思力图挽救,乃辄奏称,事属吉林,应由吉林主稿,免致往返贻误。显系因现在侵占之地均在吉林界内,有心推诿。"[15]严命他与吉拉明阿尽力补救,同时也要求吉林方面"合力堵拒"。而朝中不知哪位高人献退敌之策,六天后再下谕旨:

> 绥芬、乌苏里河,地属吉林,并不与俄国接壤,亦并非黑龙江将军所辖地方。上年该将军奕山,轻信副都统吉拉明阿之言,并不与俄国使臣剖辨明白,实属办理不善,咎无可辞。黑龙江将军奕山,着即革职留任,仍责令将从前办理含混之处,辨明定议。革职留任副都统吉拉明阿,着即革任,并着特普钦派员拏(拿)赴乌苏里地方,枷号示众,以示惩儆。[16]

这样做的目的,为的是"宣示夷酋",告知对方奕与吉已因签约身获重罪,尔等不得再拿着条约说事。有用吗?吉拉明阿挡不住俄军,特普钦也挡不住,在密奏说俄人由水陆分赴珲春,并强行赴兴凯湖勘察,并在乌苏里江沿岸建设新村,情形更为猖獗。

八月初二日,有旨"将奕山革去御前大臣,令其来京当差"。清廷一直关注着穆拉维约夫的动向,消息纷纭,一会儿说在秦皇岛附近看到慕(穆)姓大船,一会儿又说他"至今尚未驶抵北塘(即塘沽)",又传说他要赴上海,"传闻互异,行踪实为诡秘"。[17]而实际上此时的他已离开北塘,正在日本的江户谈判库页岛归属。清廷撤掉奕山,也是为了向穆督宣示捍卫国土的决心。没想到署任将军特普钦跑来跑去,连穆拉维约夫的面都见不到,而后者不仅没有任何收敛,反而变本加厉。

御前大臣,在清朝既是皇帝身边近臣,又是朝中重臣,常常由亲王贝勒等担任,排在军机大臣、领侍卫内大臣之前,位分尊崇。道光二十年奕山由伊犁将军奉调进京,任正白旗领侍卫内大臣,并命他在御前大臣上学习行走。所谓"学习行走",大致为一个见习期,三个月后实授御前大臣,挂靖逆将军印奔赴广东,也是信心满满。孰知英军兵锋极盛,难以抵挡,只得一面赔款议和,一面瞒骗皇上,事发后革职下狱,遣发新疆。而仅用数年,奕山由和阗办事大臣渐渐振起,一晃又是伊犁将军——此公的个人能力和好人缘,清廷之用人导向与人才匮乏,都可于此见出。咸丰四年奕山奉调入京,不久后再授御前大臣,并带着这个光亮头衔往黑龙江赴任。

奕山革职回京,鉴于舆论,御前大臣实在不能再当了,但都统之职未撤,仍是一品大员。此际另一位御前大臣僧格林沁正在紧张筹备天津海防,立刻保举奕山协办军务,没有得到批准。数月后八里桥大败,咸丰帝在逃亡热河途中,传旨:"倘抚局不成,该夷攻扑城池,着庆惠、绵森、奕山、赛尚阿等悉力固守。"[18]矬子里拔将军,也只能是这哥几个了。受命陪同恭亲王阅操的几位大臣中,也有奕山。咸丰帝的宠臣肃顺对奕山如何?未见具体记述,大约不会太好,但也未下狠手往死里整他。

而在同治之初,肃老六一命呜呼,奕山则再次崛起,重新担任御前大臣和后扈大臣,并且掌管銮仪卫。这可是一个辛苦活儿,新帝的这位族叔时年七十一岁,精神矍铄,庄重得体,深得两宫皇太后信任。同治三年(1864)七月,因江宁"红旗报捷",大赏群臣,奕山晋封一等镇国将军。后来的他担任过上书房总谙达、行营事务总理、内大臣,以年迈致仕,仍赏给全俸。慈禧太后四十大寿,赏给御书匾额,曰"三朝耆硕"。鸦片战争时的那几个满洲大员,如伊里布、琦善、奕经、耆英,先后因罪被罚,此时皆已化烟化灰,只有奕山一人屡跌屡起,一直活到光绪四年。

五　惨淡经营

经过一番斟酌,还是选择了这四个字作为标题,以写在奕山被革职后、接替之特普钦的精神和工作状态。"惨淡经营"也是经营,更能见出那份坚忍执着和苦心孤诣。此前数任黑龙江将军不能说一点儿事情没做,但多属被动应对,谈不上通盘考量和经营(往大里说叫"经略"),到特普钦才算来了一个认真做事的人。

那是一个讲究族属和出身的年代,又处处呈现着交错混杂。很多满蒙大员热衷于整一个汉族的姓氏和字号,虽皇族王大臣而不能脱俗;而一些汉族大吏则以在旗为荣,如乾隆朝大学士孙士毅,在濒死时提出入旗请求,恳求和珅代奏。特普钦(1801—1887)出身于汉军旗,本姓张,却有着一个很满洲的名字。他本来也想走科举做官的路,二十一岁考中秀才,接连两场乡试不中,遂投笔从戎。这条道上更是充满艰辛与危险,然比较起那些大字不识的庄稼汉,较高的文化素质使之脱颖而出,在军中一步步拾级而上。咸丰七年九月,因黑吉两地局势严峻,调盛京协领特普钦署吉林副都统。署职，是清代使用官员的一种常见方式，即代理，予以职权而级别不变，其中情形千差万别，说到底还是上司觉得资质欠缺，为以后换人留有余地。几个月后，吉林将军景淳受命去处理蒙古喀尔喀部与巴尔虎部的地界争端，有旨命特普钦暂署将军，也证明他到吉林后颇得赏识。

《瑷珲条约》签订后，俄方不断派人进入乌苏里地域，黑龙江城拦截不住，吉林方面也拦截不住，特普钦想出一个对殖民者的新说法：条约中乌苏里江至海，系专指在江上行船，"并非准其上岸"。皇上以过于牵强未采纳，却对动脑筋想办法的特普钦留下印象，撤革奕山后，命特普钦署理黑龙江将军，差不多算是火线提拔了。特普钦上折谢恩，曰："前以协领越署吉林将军印务，数月之久，已形竭蹶。兹复谬蒙逾格，将协领开缺，暂署黑龙江将军事务。该处地当边要，为俄夷接壤之区，实恐（才）难胜任，不禁警惕弥深。"[19]译成白话大致为：自己以一个从三品的协领，越级署理了几个月的吉林将军，已经觉得竭尽全力。现在又蒙恩破格派往与沙俄接壤的黑龙江署职，责任更大，实在是担心不能胜任。他请求"进京陛见，跪聆圣训"，皇上说不必了，赶紧直接上任去。至于特普钦奏折中所说的"越署""逾格"有无言外之意，谕旨中不予理会，其级衔仍是协领，将军职务前仍要加一个"署"字。

该谕旨以军机处字寄发出，重点在于告知他和景淳，穆拉维约夫大约在九月下旬由庙街返回海兰泡，命特普钦抵任后前往约见穆督，宣布圣谕，不许俄军再赴乌苏里，不准俄商前往三姓城，并尽量在左岸争取地盘。三日后又有一道上谕，其中两段说的是对批准签署《瑷珲条约》的后悔：

> 上年木哩斐岳幅以防堵英夷为名，欲将黑龙江左岸让于彼国，彼时奕山为该夷虚声恫喝，率行换字，实属糊涂。朕念中国与该国和好多年，不值因此致启衅端，是以将黑龙江左岸地

> 方，及该夷已经占踞之阔吞屯、奇吉等处允其借住。乃该夷得步进步，并欲占踞吉林之绥芬、乌苏里等处，屡经派员会勘，其贪求无厌之心，若不严行拒绝，尚复何所底止？
>
> ……
>
> 至黑龙江左岸空旷地方，前经奕山许给该夷，本属失计。特普钦亦当向其言明：现在该夷占据之处，划清界限，立定四至，不得将左岸空旷地方全行许给。该夷如不允从，该署将军务当竭尽心力，设法开导，如能挽回几分，庶左岸得有几分免其骚扰，方不至蹈奕山故辙……[20]

特普钦不敢怠慢，抵任后第三天，就携带将军府的旗牌印信赶往瑷珲。他在那里等了约十天，不见音信，将军府中还有一摊子事务要处理，只得无奈折返；而路上又闻知穆督来了，一面派人过江在俄人所修驿道旁守候，一面急急往回赶。穆拉维约夫拒绝会晤，并接连派人拆除乌鲁苏和乌苏里两个清军卡伦，气焰嚣张，特普钦并无反制能力。此时的军机大臣还在自说自话，命他对穆督采取强硬措施，命他对俄国村屯周边加以限制，全不知当地实情。

从底层一路打拼上来的特普钦是个明白人，既知与中俄兵力之悬殊，硬碰硬必然吃大亏；亦知皇上信赖的是肃顺等妄人，必须说几句对俄的硬话才能让他们舒服。可所有的旨意都难以完成，怎么回复？那就学习景淳好榜样，大讲执行的过程，将自己与属下做出的努力详细奏报，记述爱绅泰在浮冰中冒险渡江，记述爱绅泰宣示圣谕时与穆督针锋相对争吵，尤其是唤入高大威猛的管炮佐领、令在场俄人包括穆督"共相起立环视"，"亲身给酒，令其与人各饮一杯"一段，绘声绘色，咸丰帝读后很开心。特普钦并不隐瞒俄方的种种挑衅行为（如到中国人屯落持枪巡行，散发传单，强买粮食，还在正对着瑷珲城的江边建了一座房子），同时大写自己采取的措施和坚定交涉。穆督说那个房子是传递公文用的，并提出由陆路经齐齐哈尔向北京送信。特普钦说已饬令"爱绅泰严行拒绝，不准放行"，似乎是扳回一局。御批颇加称赞："该夷虚言恫喝，是其惯技，羞赧无词，即兔伏鼠窜。"[21]对俄方两次烧毁乌鲁苏卡伦之事，他也详细讲述抗议、抗争与最终的无奈，取得了朝廷的理解，未予处分。

穆督擅长情报搜集，在海兰泡期间对特普钦查了个底儿掉，不免轻视，拒绝与之会晤，未承想遇到的是一块硬骨头。前两任黑龙江将军都是黄带子（即大清宗室出身），都有一个御前大臣的头衔，都试图扭转颓势、稳定边疆，见势不好又都抽身而去。特普钦受命于危难之际，无背景无靠山，却能够咬牙苦撑。皇帝口口声声说黑吉为满洲根本之地，说绝不可以放任沙俄侵占，下了一道道严旨，可实际上从未把保卫大东北摆在前面。先是全力镇压太平军和捻军，接下来英法联军进犯大沽口，然后又是京师保卫战，每一次都要征调黑龙江和吉林马队。边防空疏，财赋凋敝，民人稀少，朝廷仍不断地从这里抽调兵员，还要求自备马匹和武器，谁任将军也不敢拒绝。可也就在这样的情况下，特普钦整顿作风，鼓舞士气，发现和提拔能员，对防边固边采取了一系列有效对策：

其一，在瑷珲整顿军伍，命养育兵和西丹"与该城官兵一体操练"；并下令后路各城加强练兵。

其二，制定章程，在鄂伦春等部族中组织团练，并根据所在地域，分为"五路鄂伦春""三路鄂伦春"，分布于要隘之地。

其三，增添了四座边境卡伦。这也是乌鲁苏卡伦被焚后，特普钦采取的应对之策，不光是立刻在于右岸重设卡伦，而且自额尔古纳河口始，又选定三处重要河口设置卡伦，并制定出会哨巡查的章程。

其四，也是最重要的一项长远措施，特普钦奏请解禁对关东的移民限制，山东等地的穷苦农民争相前来，"担担提篮，扶老携幼，或东出榆关，或东渡渤海，蜂拥蚁聚"，逐渐解决了黑龙江地广人稀的局面。

有了人就有了开垦和收获,有了民气和兵员,甚至在雅克萨对面的小岛上,也出现了一个以山东移民为主的村庄——古城村。

特普钦能关心民众疾苦,对诸路鄂伦春订出具体的接济措施,而局势一经平稳,即解散团练,令其回屯生计。他对沙俄始终高度戒备,多次驳回其借道、借马的请求,从不与俄方官员搞那些个拉拉扯扯,对于越境割草、种地的俄人坚决驱逐之。同治元年十月,特普钦在"暂署"整整三年后,被授为黑龙江将军。

六 "我在苦撑"

1861年1月,穆拉维约夫离开伊尔库茨克往彼得堡。那是他任职东西伯利亚的第十五个年头,身份虽还是总督,心理上则一片灰暗,早有了深深的倦意和离去的决绝。

对于中国人而言,穆督是沙俄侵入黑龙江地域的急先锋,可谓穷凶极恶;而在那时的俄国,他在被捧为英雄的同时也备受舆论抨击,不是反对其侵华行径,而是揭露他在强制移民中的恶政。在职的最后一年,穆督仍下令加速向侵占地区调兵和移民,却没有再亲临现场坐镇指挥,应不是他不想,而是觉得身体扛不住了,时时担心自己会挂了。他在给卡尔萨科夫的长信中写道:

> 过去和现在我都意识到,我的话在彼得堡是起不了什么作用的。现在我在西伯利亚只剩下三个月了,我在苦撑。
> ……
> 我现在肝肿得厉害,天天都闷得发慌,心口疼得很厉害。胸部也老是疼,就像压着块石头似的。我怀疑我是否能支撑到从这里动身的那一天。[22]

这个军政强人说的应是心里话，不无悲凉和酸楚。

本书一路写来，因纪事所需，花了不少笔墨在令清方又恨又怕的穆拉维约夫（后期的清代档案中称之为穆酋）身上，在此做个了结。经过梳理，给他在任的最后一年，排了一个大致的时间表——

1860年1月13日，亦即俄历的新年第一天，穆拉维约夫从布市（海兰泡）返回伊尔库茨克。为避开特地准备的盛大欢迎仪式，一肚子邪火的他宁肯在贝加尔湖畔的码头待着，到夜幕降临后才悄然进入市区。从次日起，穆督先是与几位亲密助手如省长温策尔、参谋长库克里等密谈，会见总署会议成员，几日后才接见全体官员与商界代表。众人等在总督办公室外的接见大厅，"穆拉维约夫伯爵蓦地从办公室走出来，好像不是走出来，而是飞出来的。伯爵手持军刀，向大厅中央跨了几步，用手拄着军刀，向大家扫了一眼，目光不是愤怒的，而是威严的，然后开始讲话"[23]，这是在场的一位穆粉记述的，属下敬之如神，亦畏之如虎，他也习惯了这种神一般的存在感。

短暂在伊市停留后，穆拉维约夫乘车横越西伯利亚往彼得堡，于2月27日抵达，次日即受到亚历山大二世的接见。他向沙皇提出分治建议，即将东西伯利亚分切三块：

将黑龙江下游至海口、包括乌苏里江直到绥芬河的地域划分出去，成立单独的滨海边疆区，驻军司令应享有总督职权，兼任东洋各海港和舰队的总司令，统率驻防陆军，并授予与日本交涉之权；东西伯利亚总署仍管辖伊尔库茨克省、外贝加尔省、阿穆尔省、雅库茨克省和恰克图市，总督拥有处理俄中关系和边界之权；将叶尼塞斯克省交给西西伯利亚总署管辖。

穆拉维约夫郑重推荐了两个人选，都是年富力强、在当地的重要岗位上任职多年：卡尔萨科夫，三十五岁，陆军少将，外贝加尔省省长，可接任东西伯利亚总督；卡扎凯维奇，四十岁，海军少将，滨海省驻军司令，可全面负责正在扩展中的滨海大区事务。他还表示如果需要，自己"可以于夏天以侍从将军的身份启程去伊尔库次（茨）克，观察中国战事的结局"，协调划分行政区域之事。遵照沙皇指示，他迅速写成一份条陈呈上，亚历山大二世批交西伯利亚委员会传阅，"并在朕亲临之下予以讨论"，足证其重视。[24]之后，穆拉维约夫又拜见了皇太子、皇后和一些大臣，尤其是那位一直支持自己的康士坦丁亲王，多方游说，然后于3月31日出国疗养。他在国外与普提雅廷意外相逢，"从科夫诺到巴黎结伴而行，一路上相处得很好"，可也绝不会说心里话——他知道，老普早就瞄上东西伯利亚总督的位子，背后还有诸多朝中大员的力挺。[25]

六周后，穆拉维约夫回到彼得堡，参加了西伯利亚委员会的专门会议，沙皇果真亲自出席，但其条陈被否决。多数委员"认为不宜把西伯利亚划分开，但为减轻总督的负担起见，决定让他任命一名助理，年俸八千卢布银币"[26]。他当即保举卡尔萨科夫为助理，又提议在高加索时的老同事斯杜科夫斯基接任外贝加尔省长，获得认可。会议上的意见是，在中国问题没有解决之前，穆拉维约夫必须留在边疆，至于其他原因无人会当着他说出。穆督只好再次返回伊尔库茨克，临行前写信给弟弟："关于这次我在彼得堡的情况，我什么都不想告诉你，因为这次情况比上次更糟……等年底回到彼得堡，我一定坚决辞职。"[27]

离开彼得堡时，穆督的心情是阴郁的，抵达伊尔库茨克似乎更糟。而像他这样一边申请退休，一边要安排自己看中的接班人，同时也冀求更体面的位置，在俄廷的许多大臣看来更难以容忍。没有让普提雅廷接替他，已经是沙皇给足了面子。

在他离开的日子，伊尔库茨克仍是流言飞动。回到伊市后，驻军司令布谢给穆拉维约夫送来一份没有署名的"告示"，说他是鞑靼人的后裔，要将很多人移往鞑靼地方，其心可诛。穆督写道，"这是从哪里知道的呢？是啊，这的确也对，穆拉维约夫家族的祖先阿利亚波夫斯基公爵是鞑靼贵族的后裔……根据这份告示来看，连我的邻居都不相信我"。[28]他让属下与掌控舆论的第三厅沟通，孰知秘密警察的头子多尔

第十八章 武力扩张的升级版　　487

哥鲁科夫"不仅容忍，而且还纵容"，老穆只得"尽最大的可能来忍耐"。

穆督牵挂着小伊在北京的谈判，并为此（也有一些别的事情）乘坐"阿穆尔伯爵号"轮船前往恰克图，希望在那里得到更多消息。他也渴望前往黑龙江，在一封信中写道："我非常想最后再到阿穆尔去一趟，但至今未能如愿。我待在恰克图附近，不能离开，天天都在盼望北京和直隶湾方面的消息，我不能去阿穆尔的另一个原因，是我的健康每况愈下，我感到自己已经完全不适于长途旅行了，受不了跋涉之苦。"[29]在另一封信里，他说：

> 根据阿穆尔和乌苏里方面的消息来看，当地居民很愿意相安无事，但布谢和卡扎凯维奇，却都愿意开枪打满人。不用说，这是出于冲动，我要使他们冷静下来，这不仅是因为上级给了我指示，而且也因为我个人深信，与其争斗不如苟和。更主要的是，开枪只会打死并不仇视我们的百姓，而满清官员却逃之夭夭，一无所失。话又说回来，我们也没有任何必要开枪打人，因为我们想干什么就干什么，愿意在哪里划界就在哪里划界，反正他们只是口头上以及在不高明的告示上吓唬我们而已。[30]

读这段话的感受很复杂：不管怎样的不舒服，你得承认他说的并无夸张，俄国人那时在黑龙江的确可以为所欲为；而老穆是一个扩张狂人，却非嗜血的恶魔，发布过多次战争叫嚣，也没有真正动手。丑化侵略者也是幼稚的，不战而屈人之兵，才是一个真实的穆拉维约夫，其可怕之处亦在于此。

伊格纳提耶夫在签订《中俄北京条约》后，经过伊尔库茨克返回彼得堡，穆督亲自到渡口迎接，把小伊引领到官邸，并举行了盛大的宴会。他甚至产生过让伊格纳提耶夫接任总督的念头，又觉得那厮应有更好的位置，方才作罢。又过了一个月，穆拉维约夫永远离开了东西伯利亚，提前举行了一个又一个宴会，人们争相致辞，"有真诚的，也有虚伪的"。启程时广场上挤满送行的人，一些人跟着老穆的马车跑，米留亭写道："东西伯利亚的曙光在消散了！事实上也是这样，它已经消散了……"〔31〕

七　乖人景淳

在皇权体系中，各级官员多有几分乖滑，但也于相似中大有差异，像吉林将军景淳（后因避同治帝之讳改名景纶）这样的官场乖人，并不甚多。他的乖，体现在处处紧跟，皇帝说什么就是什么，根本不管对防边固边有利无利；体现在平日不修边备，危急时却又拿出一副慷慨激昂的姿态、一套应对措施，也只是说说而已；体现在善于规避风险，推卸责任；也体现在勤请示，多汇报，颂圣的同时大念苦经，能够生动细微地记述所做的努力，以消解皇上对办事不力的不满。整体论之，景淳的罪责即便不说大于奕山，至少不比他小，惮怯怠玩的恶果也不比他少。但景淳的乖不光蒙骗了咸丰帝，也蒙骗了不少史学家，至今仍是奕山千夫所指，景淳则几乎看不到有啥差评。

论者多将黑龙江将军奕山斥为罪魁祸首，痛恨他与穆拉维约夫签订了《瑷珲条约》，导致中国丧失了黑龙江左岸和乌苏里以东大块土地，是，又不尽然。

大东北的失地是从吉林开始的。

1849年5月，涅维尔斯科伊即率"贝加尔号"至黑龙江河口湾勘察，次年又带领一支考察队潜入，兴建冬营和哨所，并派人四出侦察勘测。那里归吉林下属的三姓副都统衙门管辖，不可能得不到信息，却毫无反应。咸丰三年正月，景淳被任命为吉林将军，潜入下江地域的俄人就是在这一年大肆扩张,在奇吉和阔吞屯建立哨所和货栈,也在鞑靼海峡的迭卡斯特里湾建设冬营,升起俄国旗。景淳与属下皆装聋作哑,不消说派兵前往清剿,连抗议也不发一声。

正因为在黑龙江下游已有了这些军事存在,穆拉维约夫于1854年夏率领船队从上游闯入,理由是增援堪察加军港,实则将多数部队部署在下江,后与英法联合舰队在鞑靼海峡交火,在海岸山林间对抗,地属吉林,炮声隆隆,守土有责的景淳竟完全置身事外。更有甚者,派出的议界官员亲见俄军占领阔吞屯等地的情况,报告给他,景淳在密折中却说:"奴才愚昧之见,该夷占据阔吞屯等处,虽与进贡貂皮之费雅哈人等有碍,究因往征他国,在彼设备,似未便责问肇衅。"[32]不光不发兵驱赶,反而轻描淡写,欺瞒哄骗皇上。

景淳的品格生成,或与其早年任职内务府相关。《瑷珲条约》签订后,沙俄军队和移民浮江而下,多数进入吉林辖区,景淳亦无应对举措。待俄方在原地捣毁乌苏里卡伦,驱逐守卡清军,他不敢回击,连复建一个卡伦的勇气都没有,却在奏报中大讲三路用兵和设伏。咸丰帝头脑简单且心智不全,有些喜欢景淳的抖机灵,也欣赏这种积极而有气魄的姿态,其实大都是鬼吹灯。英额岭远在乌苏里口以南两千里,属于今天的延边,最北边的江口出事,偏要到南边的山隘设伏阻击,也亏他想得出。同理,景淳也提出在黑河口设伏,这里近一些,可也有四五百里的距离。更有意思的是,俄方已然明火执仗,操练,演习,直接攻夺卡伦,景淳还要求所属"变装易服",派一群小孩子(西丹)去打埋伏。

随着沙俄人船入侵的增多和失控,咸丰帝下旨将奕山革职、吉拉明阿枷号江畔,对景淳等人的光说不练、"有名无实"也心生不满。正在此际,英法联军残破大沽口、粉碎八里桥防线,兵锋直指京师,咸丰帝携后妃亲信匆匆逃往热河,急调黑吉马队赴承德警卫。景淳闻讯飞奏:

伏念京师为辇毂重地,逆氛如此猖獗,实属罪大恶极!皇上巡幸木兰，尤宜护卫慎密。奴才世受国恩，血诚难泯，惟有仰恳鸿慈，俯准奴才前来热河，随同护驾，俾尽犬马之忱。如蒙俞允，将印信交麟瑞署理；一面选带随差官兵，由驿起程，以期迅速。[33]

所幸英法联军意在以打逼谈，并无追击捉拿大清皇帝的意思。景淳奏折到时，局势已缓和，咸丰批谕不必前来，所调官兵亦命撤回，但也留下很深的好感。署任黑龙江将军的特普钦虽忙着调兵遣将，派员带往承德，却没有表示要亲赴行在护驾。可话又说回来，国都危若累卵，国君匆惶出逃，勤王之师理应闻讯昼夜赴援，像景淳这样在数千里外远程报批，一来一往，设若有变，皇上早就死翘翘了。

待恭亲王奉旨与沙俄公使签订《北京条约》后，中俄东部边界之争的调子已定，剩下的便是现场勘察与竖立界碑了。奕訢与俄方约定两国勘界代表于次年的农历三月在乌苏里河口（该江与黑龙江汇合处）会齐，开始查勘。咸丰帝钦命以仓场侍郎成琦、吉林将军景淳为划界全权大臣，命成琦携带俄方提供的勘测图以及景淳呈送的地图，于明年正月间驰往吉林。景淳顿感压力山大，奏称乌苏里江口一般在立夏后才解冻，距兴凯湖一千四百多里，俄人的火轮船逆驶便捷，"中国既无火轮船驾驶，江西又无陆地可通，则锅帐等项，无法驮运，即钦差大臣官员等，尤难露宿，以鱼干为食或负米履险，种种艰难，不敢不先行声明，恐致临迩贻误"。他还说仔细阅读《中俄北京条约》的第一款，从石勒喀河与额尔古纳河汇合处向东至乌苏里江口，再从乌苏里江口至兴凯湖，以江为界即可，"界限分明，一切事宜易于勘办"；难点在于自兴凯湖到图们江的地段，约千余里，应把重点放在这里。看似用了心思，看似不无道理，实则将因循怠玩的习性暴露无遗——江中岛屿甚多，地形复杂，哪里有他说的这样简单？[34]想当年尼布楚谈判，相距更遥远，几乎无路可通，钦差大臣索额图率队前往，一路披荆斩棘，绝无二话。

景淳极擅于诉苦,而咸丰一听便信,命改为四月下旬与俄国大臣在兴凯湖会齐。

政治乖人的自保和防范意识往往很强。不久后,景淳再次上奏,称派驻珲春协领斐音阿跑来省城找他,禀报该城自康熙年间设防以来,从未建筑城墙,八旗官兵和居民散住于珲春河两岸,南岸河畔及附近山沟"分住约有二十余屯户至六千余口",由于不断征调,该处只剩下三百余名官兵,现在人心惶惶。他说俄方明知河南岸有许多满族村屯,非要以河为界,将来中俄杂处,"兹若人兽同眠,声息切近……日后更无把握"[35]。景淳的意思是预先声明,避免日后担责,仍躲在避暑山庄的咸丰帝阅后,批谕恭亲王发出两份照会:一份以总理各国事务衙门的名义,致函沙俄外交部,告知勘界之前俄国人不得随意占据,致使当地民众惊疑;另一份以成琦的名义发给俄滨海省省长,内容大致相同。

恭亲王当即遵旨拟稿,飞送承德核准后,发往俄国。推想沙俄官员收到先是一头雾水,尔后便会开怀大笑——他们从未提出过以珲春河为界。

八 珲春划界

沙俄侵略者的胃口是逐渐加大的,也是受了吉林当局不设边防和海防、放弃巡边、放弃管辖和治理等行为的刺激,或曰鼓励。刚潜入河口湾时,俄军难免提心吊胆,将彼得冬营选在入海口之北的岸边——应是为逃跑的方便。看看左右无人,便在庙街设立哨所,然后才是在阔吞屯和迭卡斯特里湾等地布点。两年多时间内全无人过问,方得放开手脚干起来,溯黑龙江向上、再向上,沿鞑靼海峡向南、再向南。嘉庆帝在位时曾写过一篇《因循疲玩论》,痛斥官场的因循守旧和玩忽职守,也颇能切中此时吉林将军衙门之弊,原来的将军如此,景淳将军不仅照常施为，还要加上在内务府养成的乖滑和抖机灵。

奏报珲春河之事纯属抖机灵，属于无事生非。查《中俄北京条约》第一条原文，此处是说"自白棱河口顺山岭至瑚布图河口，再由瑚布图河口顺珲春河及海中间之岭至图们江口，其东皆属俄罗斯国；其西皆属中国"[36]，并非以该河为界。据说穆督开始时也想给中国留一段海岸线，初拟占到大彼得湾为止，后来觉得相邻的波谢特湾实在太好了，干脆纳入囊中。景淳不知稳定军心民心，属下一慌，自己跟着慌，急急上奏，生怕将来把账算到自个头上。可笑的是皇帝、皇弟和一班大臣皆不去细核协议条款，一样地恐惧慌张，发出的照会也透着慌乱，如若俄方顺着竿子上，还真会多一些麻烦。

珲春距省城吉林约一千里，并非遥不可及，景淳任将军八年间从未去过。揆之常理，眼下将与俄国划界，无论如何也要前往查勘一番，景淳没有，反而是不断抱怨天寒地冻、道路难行。咸丰帝大约也有点絮烦，传谕告诫"毋得以道路险阻为词，致有延误"，严命一定要赶在俄方之前，"及早设法，亲至兴凯湖、图们江一带"，他也仅是口头答应。与之相仿佛的还有成琦这个宝贝，一到吉林便进入"景淳状态"，两人合伙念苦经，愣是把奏折写得像一篇游记或历险记：

> 初五日夜，雪厚寸许，山水陡发，所有新修桥梁道路，或被漫溢，或被冲断，以致节节阻隔。至所遇窝集，均在万山之中，山岭崎岖，树木丛杂，路径蜿蜒，仅通一线……奴才等诚恐有误行期，督饬随员人等，冒雨跋涉，或陷于泥，或蹶于水，呼号之声，远近相应。迟至十三、十四等日，始抵宁古塔城。

宁古塔距吉林约五六百里，有路可通，竟被描绘得如此艰难，竟然走了十多天。又用了差不多半个月，"日行榛莽泥淖之中"，夜宿"潮湿特甚"之帐篷内，终于在四月二十九日抵达兴凯湖西北扎营，"守候俄使"。折中还特地说明，由兴凯湖至图们江根本无路可通。皇上阅后，晓谕"无论如何梗阻，汝等必应至该处"[37]，显然是生怕这两个家伙偷懒。

成琦和景淳在兴凯湖西北地方扎营，即有先期探察的宁古塔佐领倭和来报，说发现三十多个俄国人在附近的奎屯比拉砍伐树木，已建成三所房屋。二人当即向俄方发出照会，声明此地属于中国，在会勘之前"不得擅行伐木盖房居住"。五日后俄使赶到，就在兴凯湖畔安营，双方距离三十余里。成琦和景淳移营向前，到达相距十余里的达连泡设营，邀请俄使前来会晤，结果对方临时推脱，指派翻译等人回话。二人只好带着一帮子司员章京，前往奎屯比拉俄国公使的住处相见。

谈判双方看似对等：清方有两位钦命全权大臣，仓场侍郎成琦和吉林将军景淳；俄方以滨海省最高长官、驻军司令卡扎凯维奇少将为正使，副使就是两年前带人来此测绘的东西伯利亚总署作战处处长布多戈斯基上校，还有一位勘界助理官杜尔宾大尉。而实际上，清俄两方完全不在一个谈判量级上：且不说俄使带来新式火炮和枪械用以威慑，人家既有一批（不是一个两个）精通地图和测绘的专家，又有通晓汉语和满语的译员；反观清方，没有勘测专家，没有懂俄语的人，就是几位官员，领着一帮子兵丁民夫，用大车拉着床帐锅碗与鸡鱼肉蛋，一见面就表示要请客吃饭。

还记得1859年夏穆督那次中国之行吧？布多戈斯基在大彼得湾携带测绘的草图登上旗舰，航行中一直在修改和加工，然后装入一个华丽的大木匣，铜钮加封，隆重其事。到了捣鬼有术的伊格纳提耶夫口中，竟说是沙皇亲自封交专递。恭亲王将这套测绘图连同景淳提交的相关地图交与成琦，双方的谈判即依照俄方所绘地图展开。争议的焦点，在于实地找不到条约中所说的白棱河，俄图上的白志河也没有，清朝地图在兴凯湖西南有一条白珍河，符合条约及俄图所说方位。此争涉及兴凯湖大量湖面与湖畔土地的归属，俄方将奎屯河指为白棱河，清方据理力争，作为当事人的布多戈斯基说条约的俄文本上括注"白棱河即奎屯河",因无原件做证,清方不予承认,谈判陷入僵局。

第二天下午,俄使派人到清使大营,送来一份照会,拟稿者中文水平甚差,约略可知是发泄不满;过两天又送来一份,写得仍是夹缠不清,却能看出欲以穆楞河为界之意。该河远在西南方向,又向中国境内推进约二三百里,成琦等大惊,指着俄图的红线抗议。俄方又说不必完全依照和约与地图,说以小河为界日后容易发生纠纷,不如干脆找一条大河作为界河。

第二次会谈设在清方大营,卡扎凯维奇"将枪兵向营门排立,按刀而入,意在胁之以兵"。当成琦阐述理由时,卡少将突然发作,利用清方在照会暴露的对条约的误读,提出要以珲春河为界,并要在东岸设卡盖房。成琦庸碌至极,作为勘界大臣竟然不去细读条约文本,而受了景淳的影响,竟以为被击中软肋,慌忙辩解,说了一篓子的软话。卡扎凯维奇对真实文义心知肚明,见好就收,命译员告知:穆楞河划界就算了,珲春河也让了,但以奎屯河分界必须定下来。成琦等人诚恐"再生枝节",赶紧答应下来,而在奏报中说"经奴才等设法开导,反复譬喻,该使始觉理屈",放弃了一系列要求。[38]

就这样,双方签署了《中俄勘分东界约记》,谈判代表互换签了名的标有分界红线的地图,确定了竖立界牌的地点,商定了界牌上文字。接下来应是实地踏勘和设立界牌,据成琦奏报:由于山林丛杂、河水涨阻、泥深数尺,俄使表示各派小官去立牌,自己派员探看的确如此,不便"强约该使前往",只好一一交给各处官员办理,率领司员章京束装回京。从咸丰帝批谕可见,皇上对这次勘界很满意,可问题是——成琦勘界了吗?

成琦等京中官员回去了,景淳也带着将军府的人回去了,兴凯湖至图们江立牌之事交给一个吸鸦片的协领,烟瘾发作后也离开了,转交给手下一名骁骑校。但俄方却极为认真,组建一个包含三名地形测量员的立牌小分队,委派精通测绘的杜尔宾大尉负责,正使卡扎凯维奇和副使布多戈斯基皆亲自巡视检查，其结果应不难推想。

注释

〔1〕《穆拉维约夫－阿穆尔斯基伯爵》第一卷，第六十五章，第577页。
〔2〕《穆拉维约夫－阿穆尔斯基伯爵》第一卷，第六十六章，第580—581页。
〔3〕《穆拉维约夫－阿穆尔斯基伯爵》第一卷，第六十六章，第584页。
〔4〕《穆拉维约夫－阿穆尔斯基伯爵》第一卷，第六十六章，第583页。
〔5〕《穆拉维约夫－阿穆尔斯基伯爵》第一卷，第六十六章，第588页。
〔6〕故宫博物院明清档案部编《清代中俄关系档案史料选编》第三编，下册，《特普钦奏派员会见俄督穆拉维约夫情形折》，第851页。
〔7〕《清代中俄关系档案史料选编》第三编，下册，《特普钦等奏俄人烧毁我江左乌鲁苏牡丹卡房业经重修驻守折》，第865页。
〔8〕《清代中俄关系档案史料选编》第三编，下册，《特普钦等奏俄国武力拆毁我江左重修之卡房并谕令迁移右岸折》，第871页。
〔9〕《清代中俄关系档案史料选编》第三编，下册，《谕特普钦等乌鲁苏牡丹卡伦被迫暂移江右只可一时权宜并着严防俄人南侵》，第886页。
〔10〕《清代中俄关系档案史料选编》第三编，下册，《景淳等奏俄兵强占乌苏里卡伦及现在筹防情形折》，第902页。
〔11〕《清代中俄关系档案史料选编》第三编，下册，《景淳等奏奉旨枷号之革员吉拉明阿身患多病请求赴三姓就医等情片》，第903页。
〔12〕《清代中俄关系档案史料选编》第三编，下册，《景淳奏可否令革职枷示之副都统吉拉明阿回籍养病折》，第947页。
〔13〕《穆拉维约夫－阿穆尔斯基伯爵》第二卷，《142 致御前侍卫H.伊格纳提耶夫少将》，第286页。
〔14〕《筹办夷务始末（咸丰朝）》卷三五，《〔一三九二〕廷寄》，第1322页。
〔15〕《清代中俄关系档案史料选编》第三编，中册，《谕奕山等拒绝俄方去兴凯湖等处会勘并今后有关俄事准许分省主稿》，第689页。
〔16〕《筹办夷务始末（咸丰朝）》卷三八，《〔一五〇四〕上谕》，第1416页。
〔17〕《清代中俄关系档案史料选编》第三编，中册，《谕景淳等着特普钦署任黑龙江将军妥办边务勿蹈奕山覆辙》，第787页。
〔18〕《清文宗实录》卷三二八，咸丰十年八月癸酉。
〔19〕《筹办夷务始末（咸丰朝）》卷四三，《〔一七〇七〕特普钦奏接奉廷寄悬恩陛见折》，第1633页。
〔20〕《筹办夷务始末（咸丰朝）》卷四三，《〔一七〇九〕廷寄》，第1635—1636页。
〔21〕《筹办夷务始末（咸丰朝）》卷四三，《〔一七六〇〕特普钦奏爱绅泰与木哩斐岳幅会晤不听开导折》，第1685—1688页。
〔22〕《穆拉维约夫－阿穆尔斯基伯爵》第一卷，第七十章，第620、626页。
〔23〕《穆拉维约夫－阿穆尔斯基伯爵》第一卷，第六十七章，第592页。

〔24〕《穆拉维约夫-阿穆尔斯基伯爵》第一卷,第六十七章,第598、596页。
〔25〕《穆拉维约夫-阿穆尔斯基伯爵》第一卷,第六十八章,第605页。
〔26〕《穆拉维约夫-阿穆尔斯基伯爵》第一卷,第六十八章,第606页。
〔27〕《穆拉维约夫-阿穆尔斯基伯爵》第一卷,第六十八章,第607页。
〔28〕《穆拉维约夫-阿穆尔斯基伯爵》第一卷,第六十九章,第614页。
〔29〕《穆拉维约夫-阿穆尔斯基伯爵》第一卷,第六十九章,第612页。
〔30〕《穆拉维约夫-阿穆尔斯基伯爵》第一卷,第六十九章,第613—614页。
〔31〕《穆拉维约夫-阿穆尔斯基伯爵》第一卷,第七十一章,第631页。
〔32〕《清代中俄关系档案史料选编》第三编,上册,《景淳奏俄因忙于侵占我东边滨海地区故无意与我勘界折》,第123页。
〔33〕《筹办夷务始末(咸丰朝)》卷六七,《〔二五八三〕景淳奏请带兵来热河护驾折》,第2525页。
〔34〕《清代中俄关系档案史料选编》第三编,下册,《景淳奏中俄乌苏里绥芬边界情形并沿途交通困难不能如约与俄员会齐折》,第1067—1068页。
〔35〕《清代中俄关系档案史料选编》第三编,下册,《景淳等奏俄国违约要以珲春河为界人心惊慌势难密防等情折》,第1074—1075页。
〔36〕步平、郭蕴深、张宗海、黄定天编著《东北国际约章汇释(1689—1919年)》,《续增条约》,第66页。该条约一般简称为《北京条约》。
〔37〕《清代中俄关系档案史料选编》第三编,下册,《成琦等奏已抵兴凯湖候俄使会勘界址并道路难行折》,第1155—1156页。
〔38〕《清代中俄关系档案史料选编》第三编,下册,《成琦等奏未经实勘仅凭俄图已将兴凯湖至图们江中俄边界划定折》,第1166页。

第十九章　大地与金沙

对于哥萨克来说，最初刺激他们寻找贝加尔湖的一个重大诱惑，是关于银子和银矿的传说。后来果然在尼布楚等地发现了银矿，而几乎同时，也有金矿被陆续发现。穆拉维约夫接任东西伯利亚总督时，黄金开采已成为当地经济的支柱产业，也成了官场腐败的罪恶渊薮，他的第一刀就砍向官商勾结的利益输送渠道。在任十五个年头，这位军政强人主导了对黑龙江左岸和乌苏里以东的侵吞，似乎还不知道右岸河汊中有丰富的金沙，否则又会搞出一些新花样。

"疾风知劲草，板荡识忠臣"，是唐太宗李世民的诗。清朝内忧外患之际，大东北涌现一批忠勇才智之士，如吴大澂、曹廷杰、李金镛、宋小濂……皆倾注血忱，生死以之，力图捍卫祖国的大地，也守护着黑土地上的金沙。

一　洛古河卡伦

地球上的每一条大河，都是汇聚众水，源远源众方得流长，黑龙江亦然。洛古河小镇，坐落于石勒喀河与额尔古纳河汇流处以下十余里地方，右岸的连绵山峦至此消失，江岸平衍舒缓。特殊的地理位置，使之在晚清成为金匪出入的重要通道。对洛古河卡伦设立的时间，笔者在开始时颇有些迷茫：史料上记载创建于光绪三十四年（1908），如此重要的边境口岸，竟然那么久不设防吗？特地请教了研究清代卡伦的宝音教授,承他相助,大疫中跑到人民大学清史所核查史料,告知真的就是如此之晚。

2018年夏天,在《三联生活周刊》的支持下,潘振平兄与我前往黑龙江上游考察。抵达当晚住在漠河县城,次日一大早,我们先驱车前往小阿穆尔河的九曲十八湾,然后是老金沟(又作老沟河金矿遗址),接下来驶过数十里山路,就到了洛古镇。穆拉维约夫第一次带队闯入黑龙江,就是在此处水面停下来,掬水而饮,奏乐欢呼,庆祝俄军再至这条梦寐以求的大江。而在这样一个战略要地,清朝既无卡伦也无驿站,不设一兵一卒,任由老毛子在江面上自嗨。

兴凯湖议界和珲春划界之后,成琦、景淳等人玩忽怠惰、不进行沿江逐段踏勘的恶果很快显现。洛古镇所在的南北两源汇合处,有一个箭镞形小岛,地理位置极其险要,而依照划界原则,既在黑龙江之右,也在额尔古纳河之右,理应属于中国,却不是。据《西伯利亚之行》,柯林斯在1857年夏天经过此地时,这个小岛就已经建有俄军哨所,可知对方多么能抢占先机。

扩张是殖民者的本性,是一种压抑不住的欲望,断不会因为一两个代表人物的离去改弦易辙。穆督去了,一条强加给清朝的边界划定了,沙俄占尽了便宜,可也就是由鲸吞变为蚕食,漫长的中俄东部边境仍不宁静。俄人首先在右岸距瑷珲不远处开荒种地,还建了一所房子,好不容易才把这些俄人赶出去。接着俄人又在额尔古纳河沿岸闹出事端,要求过江砍柴,被拒绝后干脆直接越境,他们挖了一些地窨子住下,大肆放牧割草。清军卡伦防范不严,呼伦贝尔总管珠勒格讷也是听之任之。特普钦闻说后严令如实上报,始知"距巴彦珠尔克等五处卡伦百八十里至五六十里,有夷人越界割羊草,或二三百堆至五七百堆不等,并有偷挖地窨七处"。而珠勒格讷派人找沙俄边防官员交涉,俄方"承认各处羊草,系夷人越界偷割搬取遗剩之物,愿将各处羊草搬取净尽,并将地窨平毁"[1]。咸丰十一年十二月,特普钦奏报此事,认为呼伦贝尔与俄国接壤，多数边卡并不防范，导致俄人潜入，发现后又任其将草堆搬回，实属办理草率，请求将珠勒格讷革职。此时奕䜣已驾崩，清穆宗载淳继位，两宫垂帘听政，即令革退，并命特普钦加意防范。

以江河为界，在国际上很常见，更常见的则是越界。江河并非天堑，如果没有强大国力和周密的边防，偷越实在如同儿戏。当年的额尔古纳河与黑龙江正是如此：清方地广人稀，卡伦防兵通常仅二三十人，两卡之间相距百里甚至更多，加上懈怠玩忽，可谓到处都是漏洞；而俄人得陇望蜀，有空就钻，不断潜入黑龙江右岸种地打草，也越过额尔古纳河开设磨坊，真是防不胜防。特普钦头脑较为清晰，在向朝廷奏报这些事件时，指出边界大势与事件之关键：

> 自额尔固讷至黑河口三千余里，江左俄屯处处，连接不断，而江右一带，多属旷地，并无人居。每年派员上下迎查，即遇有越界耕种之事。与之理论，决不听从，欲即平毁，则彼众我寡，横行阻拦，且未便以微事与之启衅。[2]

边境空旷无人，历来乃守边之大忌。比较起来，沙俄在黑龙江流域虽人口更少，但其移民几乎全部安插在边境线上，亦兵亦民，与哨所兵营互相支撑；而清朝的关东，对呼伦贝尔、黑龙江、吉林滨海地区长期封禁，冬日江上封冻，不多的卡伦反而后撤，广袤地域除却老瑷珲一带村屯，只有一些游动的猎户。康熙朝就主张屯田戍边，成果很有限，道光初年虽在黑吉两地兴办屯田，主要是想解决在京闲散旗人的生计问题，选址距边界甚远，全然没有了戍边的意识。像洛古河这样的边界要地，直到光绪初还没有民户，也没有设立卡伦。

特普钦署任时可谓内外交困，不仅要面临沙俄当局的欺凌，内部压力也很大，"地方困苦无资，差务日增繁费，官兵俸饷不继，在在运转维艰"。经过踏勘，他很快就上了一道《开垦折》，提出在呼兰大兴屯田，制定详细的招垦章程，并将之与实边戍边联系起来，"如果办理顺绪，于经费不为无补，防务亦属有益"。[3]得到清廷批准。

进入同治朝，恭亲王摄政，局面有所改观，屯田之事再次提上日程，吉林将军景纶（即那位乖人景淳）也因行动迟缓、"任意颟顸"遭到斥责。目的虽还是以解决"八旗兵丁生齿日繁"为主，但有人总是比没人强。特普钦随即上奏，说呼兰城之北有大块荒场，"可移住京旗三百户，编为十屯"；而要点在于呼兰已有大批犯禁私自前来垦荒的农民，"先后查出统共私招民户四千一百余名，新陈私垦地一万五千余垧"，请求一律豁免。[4]因为皇家采珠与贡鱼，黑吉的很多河流也被封禁，特普钦提出多设一些网场（即渔场），给渔民更多活路。东北封禁就此被撕开一道口子，山东河南等地农民蜂拥而至，掀起了移民的浪潮。

二 "夹心滩"之争

阅读康熙年间两次攻剿雅克萨的史料，可知俄方城堡建在黑龙江左侧的崖岸上，江中主航道右侧有一个岛屿，清军曾在岛上修建土城，既作为前敌指挥部，调动水路各部对敌围困和突击，也排列大炮向敌堡猛轰。对于这个岛，笔者心向往之，是以一到漠河，就急急打听去那里的道路。所处较为偏远，亦非通常的旅游目的地，但也就是几小时车程。当晚下榻于漠河兴安镇的一个简易旅店，名叫"雅克萨大酒店"，店老板朴实热情，吃饭时询问为何起这个名字，他笑说觉得比较响亮。是啊，收复雅克萨，是黑龙江历史上少有的扬眉吐气之事，当地人自会时常谈起。

对于沙俄的官员将领，也包括一些普通的哥萨克而言，在很长时期内也有一个雅克萨（俄称为阿尔巴津）情结：在俄军首次闯行黑龙江的开航仪式上，东正教司祭向穆拉维约夫敬献撤出时由雅克萨带回的圣母

第十九章　大地与金沙

像;船队经过雅克萨,穆督特地停船登览,带领部下在遗址上默默凭吊;而强占黑龙江左岸之初,俄方即重点在雅克萨原址兴建移民村落,仍叫阿尔巴津。比起入侵早期那些匆忙撒下的沙俄移民点,这里应算是较有规模,一开始就有几十户人家,重新耕种旧有田垄,也在山林间开荒种地。沙俄当局重视的是其象征意义,而移民则很快体会到那里的生存不易,耕地匮乏,发现对面江中岛屿的土质肥美,便尝试着乘船登岛,悄悄开垦。

这个岛的面积约有十五平方公里,为黑龙江的第二大岛,土地平沃,很适宜耕种。由于当地鄂温克、鄂伦春部族以打猎谋生,不事农业,岛上没有固定居民,也造成俄人的越界私耕愈演愈烈。同治元年四月,清军在巡边时发现此情,急忙上报,瑷珲副都统马上派人到布拉戈维申斯克交涉。此时穆拉维约夫虽离去,各地掌握大权的多为其爱将:阿穆尔驻军司令为布谢,老穆早期的副官;而布市的军政长官已换成布多戈斯基,就是那位原东西伯利亚总署作战处处长,负责测绘乌苏里地形图并送往北京的布上校。布多戈斯基自知己方无理,应也具有一些契约精神,答应一定约束移民不再偷越垦种,并写了字据。

第二年解冻后,阿尔巴津村民又带着农具耕牛来了,种植面积扩大到近千亩,而且不光岛上,就连右岸的阿奇夏纳地方也侵占耕种了六百多亩。巡逻清军前往干预,对方倚仗人多拒不服从,推推搡搡,并声称已得到官方的批准。清方派员再去找布多戈斯基说理,此人大约也觉理亏,支支吾吾,先是推说毫不知晓,接下来不得已吐露实情:左岸山多林密,难以大面积开垦,故其上司批准移民到右岸空旷处开垦种植,自己也不便阻止。他说的上司就是布谢,一贯秉持强硬立场、为所欲为的陆军少将布谢——就连老穆也曾不满其动辄就想"开枪打满人",此时早已习惯于对清方耍横了。布谢的理由是该岛处于江中,界约中并未确定属于哪方,应属两国共有之地,要求由俄军看守,所垦田地不得平毁。

1863年4月，布谢派员通知瑷珲当局，要求准备马匹车辆，说要派人赴齐齐哈尔黑龙江将军衙门，有要事相商。瑷珲副都统赶忙拦阻，找出一堆的理由，岂知布谢根本不听，派人渡江而至，自带车马，沿驿路直奔省城而来。特普钦见阻拦不住，倒也镇静，邀至将军署会谈。俄方信使呈递公文，"恳求在省城通商，并乞由齐齐哈尔省城借道前往吉林，由松花江水路回国"。这些诉求历来为清廷所忌，又有明显的侦察窥测之意，特普钦以条约不载予以驳回。对方无奈，接着又提出两项请求：一是要在雅克萨对岸江右地方种地，恳请暂行借给；二是请求在右岸瑷珲城附近一带开垦种植和打草。特普钦正言拒绝，并派员"伴送该俄人回行"，实际上等同于押解。[5]清廷对此做法很满意，也提醒特普钦"俄人贪得无厌，诡谲异常，现虽废然而返，难保不另生枝节，别启狡谋"，命随时防范。

那时该岛并无名字，特普钦奏折中称作"夹心滩"，瑷珲衙门对俄交涉也称夹心滩——一个对声索主权很不利的叫法。

布谢见事不成，委托沙俄驻华使节与总理各国事务衙门交涉，请求暂借岛上土地耕种。议政王奕䜣下令驳回，并传谕特普钦索回该岛的主权，曰：

> 惟夹心滩一处，该酋布色依辄以和约内并未载明，强称为两国之地，主使俄兵看守，不听平毁。又有转行该国驻京使臣，恳求暂借之语，实属狡诈异常。该处地址本属右岸，岂得任令该国侵占！现已谕令总理各国事务衙门，向该国驻京公使据理剖辩，令其知会该西悉毕尔，将夹心滩占垦地方退出，特普钦仍当向俄酋布色依严词驳斥，不得听其久行侵占。[6]

岂知就在此时，沙俄军队已携带枪械登上该岛，保护俄国移民大肆开垦。布谢唯恐清兵干预，派出骑兵和步兵一百多人日夜守护，不光将岛上垦荒扩大至三四千亩，还在右岸多处开垦耕种。清军前往盘查驱赶，俄国人态度蛮横，坚称该岛归属未定，争吵不退。后来瑷珲副都统多次与布多戈斯基交涉，其也不得不承认右岸是中国土地，表示听从清方平毁，而对夹心滩则坚决不肯撤离。清方官员拿出他当初写的字据，仍是咬着牙不认，只答应将军队撤走。

同治二年九月，总理各国事务的恭亲王奕䜣即就此事照会俄国驻华使节格凌喀，坚持提出交涉。此时的奕䜣已颇有外交经验，采用的措辞为"黑龙江雅克萨对岸""黑龙江右岸夹心滩"[7]，严正指出：雅克萨附近夹心滩紧靠右岸，系中国专管地方，据和约，黑龙江左右两岸，自当以江身大流为界，故夹心滩与俄国无涉。[8]格凌喀实在难以辩驳，只好托词要向东西伯利亚总督府询问，奕䜣盯着不放，过一段就追问一次，搞得对方也很被动。

此一事件已迁延数年。俄国移民越界开垦的越来越多，从上游蔓延到下游；俄方官员的态度也越来越强硬，坚持说该岛属于两国共有之地，声称新任东西伯利亚总督卡尔萨科夫亲自下令，允许移民登岛耕种，布市军政长官无权做出让步。但由于清廷上下一致，坚决索要，俄方实在是理屈词穷，只得表示撤离。同治三年（1864）四月，新任俄国公使告知东西伯利亚总督已发文，"严行禁止本国民人，嗣后不得越界于黑龙江右岸私行垦种地址"[9]。奕䜣随即复照："本王大臣查黑龙江右岸江滩等处，既经贵国东悉毕尔总督严行禁止民人越界私垦，足见贵国总督遵守条约，本王大臣等同深嘉悦！"[10]

三　金沙的诱惑

在很长的历史时期内，黑龙江两岸广大地域是荒凉和匮乏的，也是壮美丰饶的，森林、草原，以及沿江支流河汊蕴藏着丰富的金沙。洛古河和古城岛附近河湾,都有金沙矿脉存在,并一直延展到呼玛河流域。

金沙含量最富的地方当属漠河老沟,为黑龙江的一条毛细血管,发脉于兴安岭东坡山林间,全长约十四公里。这样的小河一般是不会有名字的,可是它不光有,而且名称繁多:鄂伦春人呼作塞尔特,俄国人称为热尔图加(又译作极而吐加、泽尔陀加、热勒图加等),日本人所编《黑龙江》中叫作什都喀,《清史稿》称什都克,后来的当地人干脆称为老金沟……种种色色,语义中都有"黄""金"的意思,自然是借了金沙的光。

大兴安岭有黄金的说法起源甚早,且与蒙古成吉思汗家族的传说隐约相关:始祖母阿兰在丈夫死后连生三子,见家人与亲族疑惑,声称乃是她与一个金色天神的后代,由是就有了成吉思汗的黄金家族一说,其崛起之地斡难河,也被视为黑龙江源头之一。女真族再次崛起,攻灭黄金家族后裔林丹汗,漠南漠北蒙古各部尽归版图。满语将大兴安岭称为"金阿林",即"东金山",与号为"西金山"的阿尔泰山并称,一东一西,堪称遥遥相对。阿尔泰山,又作阿勒泰、阿勒坦,意谓"金山",自古以来就以出产黄金著称。

是谁发现了此地的金沙?

那个快乐随和的美国派驻黑龙江的商务代表柯林斯,在1857年的行旅中对矿产高度重视,穿越外贝加尔时私绘的地图,标明金、银、铜矿的分布,而经过黑龙江后却未见在图上标注,很简单,应是俄人还没有金沙的发现和听闻。有的研究者引用成于嘉庆间的《黑龙江外记》所载"楚尔海图有墨河,山出金矿,近车臣汗帐,此地为俄人所垂涎。详见《恭振夔将军公牍》"一段,[11]推定最晚在嘉庆年间漠河金矿就已被国人发现,且为俄人所觊觎,错。这个"恭振夔将军"即恭镗,光绪十二年五月署任黑龙江将军,在嘉庆年间还没有出生呢,何以能将金矿之事写入公牍?核以原卷,见为后来校刊时所加小字按语,并非本文。

漠河发现金沙的时间主要有两种说法：一说在1877年，不知所据；一说在1882年，即光绪八年。《黑龙江志稿》卷二十三：

> 漠河产金之区，名元宝山。鄂伦春以此山名为"日勒特"。原属瑷珲，在西北千余里额尔古纳河之东，背岭面山，金脉极富，为江省开矿最早之区。清咸丰十年，有沿边俄人雅克萨数名，私自探采，未得佳苗。至光绪八年春，有鄂伦春人在日勒特地方掘穴，得金块数粒，通知俄商谢列对吉挪，该商遂邀通晓矿学俄人列别吉那，私自开采。[12]

所记比较可信。那是在1882年春天，一位鄂伦春猎人在林间挖坑时，发现了金粒。由于传闻衍演，此事也变成一个传说，且版本不同，最常见的说法，是一个鄂伦春人的母亲死了（也有的说是他心爱的马死了），他很悲伤，决定将其埋葬于山坡，在挖坑时见到一些金粒，后来用金粒与俄人换取火药，透露出金矿的消息。[13]

这段记载还提到居住在雅克萨的俄人于咸丰十年越境探采黄金，结合上一篇所述，那也正是沙俄移民擅自到古城岛和右岸开荒耕种之时，情形吻合。小额木尔河于兴安古城岛一带汇入黑龙江，河汊中也有金沙，只是蕴藏量不高，也就是文中的"未得佳苗"。《北徼纪游》称："先是，俄人知漠河产金之盛也，相率私入窃挖。"[14]可知俄国移民在迁徙至左岸不久，就开始到处寻找金子，黑龙江左岸各河口与精奇里江沿岸的金矿渐被发现和开采，不独右岸有金沙。

得知漠河发现金沙消息后，俄国商人谢列特金（一译谢立对吉挪）动作迅速，带领矿业专家斯来特钦潜入老沟河谷考察，发现沟帮与河底皆有金苗，"捞起一把河沙，金沫几乎占了一半"，鉴定后含纯金度很高。他们很快筹集资金，置办器械，在多地广为招募工人，进入老沟开采。此时洛古河、漠河、兴安等沿江要地皆无卡伦，边境如敞开的大门，各路盗采者络绎而至。而沙俄财政部所编《满洲通志》记载，老沟金矿发现后人数连年激增，1885年1月"其数一万五千人，内俄人九千，清人六千"，还有来自德、法、美等国的冒险家和淘金者，以及一些朝鲜矿工。[15] 俄国商人作为开矿的主导者，所属有退役军官、哥萨克、矿丁、逃犯，也有传教士、无业流民和西伯利亚土著。这样大的数量，主要聚集在老沟中，也向周边延伸，处处被野蛮翻挖，千疮百孔，昔日静谧的山林顿时喧嚣杂乱。

金矿的华工绝多为挖沙与淘洗的一线苦力，有从海参崴、恰克图雇觅来的山东、河北农民，有自黑龙江下游乘俄船来的募工，也有闻讯主动组团赶来的帮伙。还记得攻剿雅克萨时那支骁勇善战的藤牌军吗？康熙帝特命归降的郑成功旧部、在平定三藩时封为建义侯的林兴珠率队前往，建立奇功，后随康熙帝出征噶尔丹，受命驻扎塞外，子孙便在东北大地上繁衍。漠河金矿的华人大把头林超，传说就是林兴珠的后裔，头脑灵光，本来在吉林做采参把头，听说海兰泡俄商招募华工采金时，立刻联络鼓动二十六家把头带人一起去应聘，使缺少人手的俄商"立募华工三千余人"。这些记载多来自俄国人的坊间小报，恐有不少传说和夸张成分。漠河在那时草莱未开，僻处荒山之中，当地的原住民为鄂伦春人，以游动打猎为生，不事农耕，所有金矿人员的吃喝日用皆由江左的俄国运来，物价腾贵，也吸引了不少商人，在山林间踏出一些通道。

老沟金矿开采初期，金脉极旺，出金之沙丰厚，每六千斤沙石出金在三两左右，幸运时还能挖到金疙瘩和"金窝子"。俄人采用木制机器筛金，利用河道引水筛淘，获利甚丰。据称"仅一八八三年到一八八四年两年统计，就盗采黄金二十一万九千余两"[16]，络绎外运，边界上无人阻拦。当时两岸来往随意，有很多中国人在布拉戈维申斯克（海兰泡）谋生，一江之隔的瑷珲副都统不可能得不到信息，可每天不知忙些什么，对这块边远之地似乎无暇顾及。

四 "极而吐加共和国"

至1885年春,漠河老沟金矿已发展至相当规模,竟被称作"极而吐加共和国"。极而吐加,是开矿俄人对老沟河的叫法,而随着译音的多样化,又作"热尔图加共和国",或是"什都喀共和国",被指为沙俄支持的在我国掠夺黄金的国中之国。

老实说,初次看到这样的名堂,我感到很惊异,也引发了极大兴趣,大费心力去搜寻史料,所获无多,记述混乱重复,难得真相。沙俄官方与在华机构编纂的书籍均对漠河金矿加以介绍,内容相近,而名称有差异:如沙俄财政部所编《满洲通志》作"极而吐加",中东铁路局所编《黑龙江》则称"泽尔陀加",当与日人的翻译相关。两书皆详记国内近年来刊发了一些文章,对此项研究有所推动,但立论多不够严密,还有阐发的空间。在此试着捋一捋线头——

与俄人在漠河疯狂盗采几乎同时,俄国报刊已出现相关报道,如《西伯利亚》于1885年刊登了《俄国的非法掘金》《针叶林中的百万富翁》《鹰场》等文章,《符拉迪沃斯托克》于1886年刊载《来自废物地的财富》,其中拉达特维奇的《鹰场》还附了一帧照片,注曰:"这是热尔图加的中心广场,所有重要集会在此进行,包括法院审判和惩处犯人。广场的名称为'鹰场',中央是一大间办公室,矿山管理机构所在,屋前有一个讲台,讲台挂着铃铛,左右摆着两架大铁炮,以及'堆成塔型的铁炮弹'。"文中虽没有"共和国"的字样,却也透露出一个独立王国的排场,有独立的司法审判,也拥有军械火炮。鹰场,源自俄国的一种古老的掷硬币赌博游戏"奥良卡",因为硬币的一面是"鹰",故有此名。

数年后随李金镛到此地的宋小濂,在《北徼纪游》中写道,"漠河地处北极,向属荒寞无人之区,叠嶂丛林,上蔽天日,只以地产金沙,遂使鸿蒙渐启。先是，俄人知漠河产金之盛也，相率私人窃挖；渐而中国流民亦有闻风而至者。利之所在，人必争趋。三五年间，中俄金匪聚至数千"。[17]书中没有记述金矿原先的情形，也没有提到"极而吐加""热尔图加"等名目。

1896年，列别杰夫在《俄罗斯宝藏》发表《中国的热尔图加共和国》，开篇即写："一八八三年，去中俄国境不远之满洲地方，着手采掘之极而吐加金矿，不但产金丰富，足以震惊世人而已，更发生采金人之殖民地，及其存续之历史，亦足令世人瞩目。金矿之内，不过三数年间，集合风俗习惯种种不同之居民，各自设置机关，制定法律，宛然成一小共和国。嗣以中国官厅之武力干涉，始告终结焉。"不难看出，所谓"小共和国"云云只是一个比喻，用以形容金矿的规模与管理制度之完善。文中对那里的建设，包括鹰场一带做了较详细的描述：

> 与商人并至者，有种种投机家，开始企业，数月前完全为荒原之土地，而忽有欧洲式之天地，发现于其间。即称为马耳式里、贝式塔等旅馆，有浴室二家（一家并有单房），面包店数家，且建设游戏场（某游戏场内有食堂、音乐、赌具等之设备）。此外如动物园、种种娱乐事业及音乐队等，皆陆续发生，以较宏大之木造洋房经营之。但此等消耗，不及于殖民地全体。劳工多数，均收容于街道两旁之冬舍（避寒之房屋）。其构造系支木为之，有窗及户，以保温之故，取苔塞其周围罅隙，房顶积土甚厚，卧处大都为泥地，偶有就地铺刨平之圆木为之者。又有铁炉或俄国式泥炉，为暖房之用。……冬舍之数，在四百以上。有整齐之街道，通过两侧冬舍之间，称为百万街。中央空场，名曰"鹰野"，地颇广阔，在殖民之始，此处有酒店一家，闲人麇集……其后此地，专门为集合大众及刑囚之处。空地周围，建有商店及酒肆，金矿政厅即在中央，长有

十一窗户。前有垒土,上置一钟,重二布度半,吊于柱上。垒之两侧,有铁铸大炮二门,长各三尺,其前有尖锥形纪念碑。右为祈祷堂,诵经僧(逸囚)及司教者居之,修持不懈。入门处大书标语:"凡劳苦者及负重者均来我处,我当慰汝。"其左为仓库,其邻在地下有火药库。[18]

后面还写了医院,写了其内部组织,重点则在于那里的管理模式。

涉及这个金矿,或者说涉及"极而吐加共和国",国内多数文章都称该地区得到沙俄的支持,并以首先潜入探察和带人开发的俄国商人为大头领,亦即总统。根据列别杰夫记述,此人不久后就因酗酒过度,"在半生半死之状态中,运往俄地",自此不知所终。而未见可靠史料证明俄廷为盗挖撑腰,就连俄地方当局的公开支持也没有。左岸毗邻的三个俄国村庄,均禁止本村青年进入中国采金,只可卖一些食品等物给过往人员。这些并未影响金矿的快速繁荣,"由西伯利亚方面,有各色人等群趋此地……在短期之间,集合劳工至七千人之众。其多数为各种阶级之俄人,有矿丁,有逸囚并西伯利亚职工之外,尚有哥萨克、休职官吏及商人。俄人之次,占多数者为中国人,此外有朝鲜人、鄂伦春人、犹太人、德国人、法国人、波兰人、美国人、西伯利亚土人"。[19]这样复杂的人群,从一开始就难免争端、斗殴、偷窃和诱骗行为,1884年12月更是发生了一起骇人听闻的凶杀案。据《满洲通志》记为"厨役以金槌杀人,残酷实甚"[20],《黑龙江》则说是一个由逃犯构成的工组,大白天用铁锤砸死了一个厨子。不管怎样,此事在当地居民中反响极大,经过六天的集会和讨论,决定成立采金事务所,选举出一个大首领,赋予他"矿地及其附近一带住民之全管辖权"。宣布组建机构的第一天,即在鹰野广场绞死三十名杀人犯,又将有过错者当众鞭笞,持续了整整两周。一举震慑了犯罪分子,此后秩序井然,各路商人闻讯也加大了投资。

金矿的大首领被尊为长老，再以冬舍数和族群分为数区（其中一区为华人）选出两名区长。"长老于上衣左腕戴黄铜标章，各区长则以白铁"，各区享有行政司法权，而裁判权在于长老，重大事件则要召集居民大会决议。他们还制定了二十条法规，要求居民署名宣誓，开头即曰："吾等黑龙江加利福尼亚自由金矿之劳工组合，罪孽深重而为神仆，尔须爱邻如己，恪守神之诫令，遵福音书之遗教，导吾等于现世之和平福祉……"[21] 真还有点儿共和的意味。至于民国间有人为之编了一个"职官表"，赫然有"大总统""副总统""国务总理"等字样，则纯属文人游戏之笔，千万别当真。

五　清剿金匪

在《中俄北京条约》签订后不久，黑龙江与吉林地域就出现了绺子，又因其大多骑马行劫，通称马匪、胡匪。马匪心狠手辣，在边界上窜来窜去，有时还会得到俄方保护，成为黑吉两地一件新的头痛之事。而本节所说的"金匪"，指的是潜入漠河山中盗采黄金的帮伙，有俄人也有华人，清军在1886年春，对之展开大清剿。

光绪十年（1884）八月，黑龙江将军文绪获悉巡江协领巴德私放人越界淘金的消息，当即向瑷珲副都统成庆查问。成庆回称确实拿获何佃工等三人，并查出水师营一个叫王石头的涉案，人还没有抓到。文绪命他查清再报，并要兴安城总管派鄂伦春兵勇入山搜索。后来探得俄商在漠河大肆盗采黄金的可靠情报，王石头也被拿获，系在金矿充当通事，也查明巴德等确有受贿纵放之举。文绪奏请将巴德等人革职，追究成庆包庇之责，并部署驱逐金匪行动，命成庆等人封锁粮道，同时要求俄方将本国越境盗采者"如数唤回"。得旨命将巴德、丰伸布"即行革职提讯"，将成庆"交部严加议处"，并要求速与俄方交涉，"据约辩论，妥筹办理；务将淘金华民设法禁止，毋任别滋事端。以安边界"[22]。

此时沙俄已正式设立阿穆尔省，省会就在布拉戈维申斯克，可显然不太配合：先是声称瑷珲副都统无资格发出照会，只能由黑龙江将军出面；接着推说省长去了伯力，驻军司令不管这类事情，应该去找什么"文衙门"；好不容易见到真神，又告知盗挖发生在中国境内，俄方派兵不合条约规定，沿边俄屯卖给粮食并无不妥。清方很生气，又很无奈，总理各国事务衙门也多次约见沙俄在京使节。实际上沙俄当局的说法颇有道理，而清方反复要求与俄方共同出兵，当也有一些小九九：一是事关大量越境俄人，单方面驱逐容易引发争端；二是俄军有震慑力，动起武来较有把握；三是从瑷珲往漠河一千五六百里，道路未开，如两方联合行动，便可搭乘俄国的轮船。可你想到别人也能想到，所以老毛子坚决不接招。

就这样扯来扯去，瑷珲衙门与布市的"俄酋"扯皮，黑龙江将军与瑷珲副都统扯皮，北京的总理各国事务衙门与俄国公使也扯皮，文绪与成庆还因追责闹到朝廷，半年时间就在掰扯中过去了。[23]成庆说瑷珲兵力单薄，提出调集齐齐哈尔与各城练军的攻剿计划，文绪担心引发两国衅端，决定由省里派员带领五十名士兵"直奔挖金处据实查报，相机开导，令其回国"。在这之前，瑷珲与兴安城已各派员弁前往，抵达后发现俄人、华民各有枪械，俄商声称都在本国领有执照，并非私自前来。一位姓孟的华民首领代表众人送了一包金沙，硬逼着他们收下。

此后不久，俄方即有复照送达瑷珲，建议清方将金矿租给俄商，还附了一封俄商头领喀拉金的恳请函。文绪严词拒绝，声明本国严禁淘挖金沙，指斥俄方"乃听淘金俄匪之言，公然要租本国地方淘金，殊属非理"[24]。至此，文绪已不再指望与俄军联合行动，呈请在黑龙江上游增设卡伦，在原仅两卡的基础上增加二十处新卡，"各卡相距均在八九十里，声气亦尚属联络"，每卡设卡官一员，士兵二十名，全部配备火枪和腰刀。文绪命各城选调官兵,分段负责,以"适中之漠河山卡伦为总卡,由布特哈派副管一员作为委协领,所有各卡悉归节制"[25]。此举抓住了要害,对于巩固边防、阻止俄人盗挖金矿,起到了很大作用。

1885年6、7月间,俄方迫于清廷的多次交涉,在布市张贴总督签发的告示,不许俄人进入中国淘金,不许发给前往金矿的华民路票,不许卖给金矿粮食等物品,并派员抵达漠河各处金矿,限令所有俄人尽快离开。至7月底,已有四千多名俄国人、一百多名华民离去。清军赶往漠河时,俄方专办此事的瓦西里告知山中还滞留着五百多俄人、八百多华民,口头上已答应离开,但仍存观望。俄阿穆尔总督在布市会见了清方官员,表示留在山中的俄人都是些无业匪徒,不听官方法令,随便中方处置。清军即派人至老沟金矿催促离开,对方拒不听从,并倚仗人多继续运粮。当时清军还在集结中,一面等待大队人马赶来,一面加强江岸警戒,不许俄方运货船只靠近,并扼守各处山口,不许对岸俄屯的小船摆渡,并将盗挖金沙者的多处运粮山路阻断,破坏其搭建的小桥,使山中金匪得不到信息,也得不到接济。

光绪十一年七月二十八日,清军乘夜从两个方向逼近老沟,黎明时分,"两路官兵一齐开枪,奋力喊进,遇房放火。该华、俄人等不知我兵多寡,各背物件,概弃铁器,由阿木萨拉道出山,逃遁江左俄界。随在附近山厂遍加搜查,亦无藏匿一名。并将俄民所盖房间七百余所、地窖五百余所,共一千二百余所均行放火沿烧灰烬。所有挖金之厂清净完毕,于第三日出山。过江到俄屯询问,据称均由此处渡过,由俄站大道上下散走"。[26] 文绪在奏折中还说,不光将金厂木房店铺、窝棚焚烧净尽,还到沿江各处支流河湾搜索,并派人在黑龙江沿岸驻守,得到朝廷的认可。

此乃第一次发兵清剿,将军文绪奏称"搜逐净尽,地界已清",岂知不到十天,就有数百俄人与华民强行闯入阿玛萨尔道口,前往漠河山内。协领桂廉闻讯于九月十六日带兵八十名进山查看,见"漠河金厂复聚俄人一千余名，收拾木房一百余间"，少数人惊慌而逃，更多的是手执器械聚拢过来，摆出一副要抗拒的架势。桂廉督兵点燃三间木房，俄人头领先是磕头求情，后又表示宁死也不撤离。桂廉兵少，只得自己撤了。文绪闻讯后立即再次调集兵力前往搜剿，并奏报朝廷。[27]至十一月，老沟金矿又聚集四千余人。清廷再次与俄方交涉，部分俄人被召回，尚有二千余名不肯出山。

十二月十三日，瑷珲、呼伦贝尔、兴安城三路官兵在漠河总卡会合，再次攻剿漠河山内的金匪。当夜丑刻，清军于东南面林内分队进攻，"放枪呐喊，各处举放号火"，用的正是驱赶战术，金匪匆忙起身逃窜。天亮后，清军进沟中查看，还剩下一百多名俄人，自称贫寒无处可去，即将他们押解出境。[28]时值隆冬，清军带粮不多，马匹也纷纷倒毙，多数很快撤走，只留部分加强边防卡伦，并由瑷珲马队在老沟驻守。果然在半个月后，数百俄人分别在夜间闯入，他们打着旗帜，手持枪械，列队而前，逼近瑷珲马队在老沟的营地。幸亏卡伦清军分路追击而来，包围了入侵俄人，这些家伙武器不多，虚张声势，统统被缴械拿下，有"俄人白旗一杆、枪十六杆，并于俄人掷弃小袋内，搜出金厂银戳一颗"。[29]大约这就是极而吐加金矿的大印了，不知印文为何，但知自此以后，那个所谓的共和国就彻底歇菜了。

三次清剿，拥有武器的盗采俄人基本没有抵抗，个别华民团伙的头领也曾密谋动手，终究是未敢，这与清军采取的奇袭和网开一面相关，不是围歼与抓捕，而是驱逐轰赶，逼迫他们逃往境外。对于抓获的俄人，不加审讯，不问首从，一概撵出国门完事。而对被捕华民，则显得冷酷严苛，又是杖责，又要递解，完全丧失了同情心。曾见网上有文章赞誉此乃晚清的大胜仗，而我阅读史料时却心情沉重，为那些漂洋过海去打工的关内外贫民叹息，他们绝多为谋生而来，并不是什么金匪，惊慌逃命之际，冰天雪地之中，又能去向何方？

六　收回黑顶子

说到黄金储藏，其实在整个东北三江流域较为普遍，很多地方都发现了金矿，如我们耳熟能详的夹皮沟，《智取威虎山》中解放军小分队发动群众的地方，就是一个著名的黄金小镇。同治光绪之间曾有数千人在夹皮沟盗挖，也吸引了马匪的目光，出现马匪与金匪的勾连，甚至在官府中找到保护伞，屡剿不止。景淳留下的真是一个烂摊子，吉林官场不仅仅腐败公行，还要加上劣币驱逐良币，有点品格和本事的官员难以立足。

光绪元年（1875）二月，盛京刑部侍郎铭安奉旨前往吉林审办贪腐案件，一年后署任吉林将军，剿匪的同时，致力于整顿吏治，训练部伍，振作民心，也想方设法选拔和吸引英才。与前面诸位将军不同，铭安出身翰林，任过内阁学士，多次奏请朝廷选调官员，李鸿章、张之洞等也曾向他推荐人才，如依克唐阿、吴大澂、李金镛、袁大化，就是在那时聚集到吉林，彬彬济济，对东北政局乃至中俄边界交涉起到巨大作用。

铭安的贡献，还在于打破东北一般不用汉族官员的惯例，大力吸纳和使用汉员。如吴大澂，江苏吴县人，同治六年（1867）进士，以精练和办事勤勉著称，得左宗棠等人保荐为道员，光绪六年（1880）以三品卿衔督办宁古塔、三姓、珲春等地边务。他在抵任后配合铭安狠抓军队改革，废除八旗兵的世袭制，改为招募训练，配备新式武器，称作靖边军。驻扎宁古塔和珲春练兵期间，吴大澂已注意到边界问题，致函在珲春主持移民垦荒的李金镛："中俄交界空旷尚多，久欠清理，难保无侵越边荒之弊。查珲春西南图们江与俄国分界之处，立有'土'字界牌，距海口二十里，自二十里以内，界牌以西，皆属珲春管辖。"[30] 他还叮嘱应派员去实地详查，如发现俄人越界垦种，即向俄方发出照会，要求对方迁回界内。

李金镛立即亲自选带人员,从珲春乌龙沟出发,前往已被俄方占领的黑顶子和图们江口,历时数十天,所有各界点皆一一亲历,"按图据约,互证参稽",也随处询问遇到的当地人,查清俄方侵占中国土地的实情,向俄方发出照会:"查咸丰十一年中俄《东界交界道路记文》并界牌汉文,均载距图们江口俄界仅二十里,可见过二十里即中国地,……兹贵国立卡伦距图们江口有百里之遥,是何意见?"[31]他强烈要求对方改正,限期撤销在中国黑顶子地方的哨所,并遣散所招募的侵越开垦的朝鲜流民。

不久后李金镛升任吉林知府而去,吴大澂亲至黑顶子一带踏勘,认定确实属于中国领土,专赴俄境进行交涉,约对方一起到实地会勘,并派守备胡世贵领兵前往黑顶子驻守。孰知俄方将清军蛮横逐回,届时不派人来会勘,吴大澂向俄方提出抗议,也奏请朝廷将当年勘界协约和分界地图的原件发来,以便在谈判时做到有理有据。之后吴大澂被急调天津防守,新任将军希元接手对俄交涉。俄方通报将由滨海省军中高官巴尔巴什等与清方同至黑顶子会勘,表示如果查清确系清朝土地,即行交还。希元决定以协领穆隆阿、双寿负责此事,并通知俄方。届时双方会合,商定依照旧有界牌逐段核查,绘图立标,谁知在赶赴"土"字界牌所在的沙草峰途中,俄方提出只能勘察至"土"字界牌为止,在那里签字画押,否则就不必去了。穆隆阿等指出根据原定条约,在图们江口还有一个"乌"字界牌,而巴尔巴什等人坚决否认江口有界牌,拒绝前往,谈判遂告中止。

重开勘界谈判之议,是在1885年春天,沙俄考虑到国际大势的需要,命驻华公使博白傅致函清总理各国事务衙门,希望两国各派全权大臣对乌苏里与珲春交界地方做一次实地踏勘,解决边界之争。清廷欣然接受,与俄方约定次年四月举行会勘,任命都察院左副都御史吴大澂、珲春副都统依克唐阿为勘界大臣。吴大澂接旨后对原有条约文字和相关史料认真研究,开列多项会勘时应当解决的问题,重点则在于收回被侵占的黑顶子地方，以及补立界碑——1861年勘界时草率从事，既没有照约划界，又立了一些木牌，风吹日晒，加上人为的破坏，不少界牌早已不知去向，此次应一律更换为石制界碑。1886年5月下旬，双方在俄国岩杵河镇召开第一次会议，争执不下。滨海省总督巴拉诺夫为俄方首席勘界大臣，表现出一副诚恳和让步态度，提出愿意让出黑顶子，把"土"字碑立于距图们江口四十余里的沙草峰，即首次竖立界牌的原址；吴大澂当即引据《中俄北京条约》和《东界交界道路记文》反驳，指出原来的界牌就立错了地方，条约和记文中规定的交界处距图们江口只有二十华里，上次立牌时并未遵照。巴拉诺夫辩称距图们江口二十里才是海口，应该以海口计算；吴大澂坚持江口就是海口，沙草峰原立界牌既然与条约不符，就应予以纠正。巴拉诺夫死活不肯，可清方引据条约和划界地图，理屈词穷之下，只得说必须请示东西伯利亚总署。数日后再次会谈，巴拉诺夫说接奉总署指示，同意在越过沙草峰的平冈尽头分界，比原立"土"字界牌一下子展拓十八里。那里距图们江口不到三十里，俄方仍占了一些便宜，吴大澂未再提出异议。6月21日，吴大澂与巴拉诺夫等同往新址监立"土"字碑，一举收回一百多平方公里国土。此后双方又就"倭"字碑、"那"字碑的地点进行讨论，并于7月4日签订中俄《珲春东界约》。诸事完竣之后，吴大澂与依克唐阿在两国交界的长岭子地方竖立铜柱，铭曰：

> 疆域有表国有维，此柱可立不可移[32]

铜柱高4.15米，宽1.03米，为吴大澂亲笔题篆，前有小序："光绪十二年四月，都察院左副都御史吴大澂、珲春副都统依克唐阿奉命会勘中俄边界既竣事，立此铜柱。"1900年庚子之变，入侵俄军将铜柱摧为两段，运到哈巴罗夫斯克博物馆。铜柱台基为正方形石坛，现保存完好，位于珲春板石镇中俄边界第八记号处。

对于清方勘界大员,这是一场与沙俄抗争的接力赛:先是李金镛,接着是吴大澂,此后为希元,再由吴大澂和依克唐阿完成缔约,最终索回了被侵占的大部分领土,并保留了中方由图们江的出海权。再越数十年后,曾任中华民国外交总长的陆征祥说过"弱国无公义,弱国无外交",至为痛切愤懑,而实不尽然。吴大澂等人面对强邻的逼凌毫不退缩,有理有利有节,也为国家争得了一份公义。

七 潜入俄境的书生

光绪十一年(1885)春,黑吉两省都有重大举措:黑龙江将军文绪奏请在沿江增设卡伦,并密调军队筹备进剿漠河山中的金匪;都察院左副都御史、督办宁古塔等地防务兼管屯田事宜的吴大澂,在几轮艰难交涉之后,开始与俄方重新勘立珲春界碑;而吉林将军希元所谋更大,下令选派干员潜入俄滨海省首府伯力侦察,然后往俄境各处密探军情,以为日后的恢复之役做准备。本节所写潜入俄境的书生为曹廷杰,职务虽低,却是个智勇双全的人物。著名的永宁寺碑,就是他此次侦察期间发现与拓回的,本节仅记其"密探俄界情形"之行。

曹廷杰时年三十五岁,本来在国史馆做文员,当东北吃紧之际,激于爱国大义,投笔从戎,分配到三姓军营办理边务文案。此乃通常视为无关紧要的闲差,可让有才华和责任心的人做来,顿觉不同。十年京师史馆的阅历,使廷杰别具慧眼,广为搜集勘察边疆历史地理史料,很快编成《东北边防辑要》《古迹考》两书,令人刮目相看。当年四月,将领葛胜林邀他讨论绘制中俄交界处地图之事,廷杰直言现有之三姓地图都很粗疏,一旦打起战来,几乎全无用处。曹廷杰提议应该学习俄国的绘图方法,也提到刚编成《东北边防辑要》一书,说再用几个月"比次排类,绘图贴说",应会对边防有些实用。

其时俄军大兵压境，得寸进尺，逼近珲春筑垒，开至图们江东岸窥探朝鲜北境，也多次闯行松花江到三姓一带，东北边务更为严峻。吉林将军希元决定派密探潜入俄界侦察，本已选定他人，经葛胜林大力推荐，改派曹廷杰前往。像这种特务间谍之类角色，时时有生命危险，一介书生能担当吗？廷杰慷慨任之，仅带一名懂得绘图的童生、一名士兵，邀请熟悉俄境并懂俄语的王姓商人担任翻译，自己也化装成商人，携带一些轻便货物，由徐尔固乘船进入俄境。为察看更多军事重镇，曹廷杰先至俄滨海省首府哈巴罗夫斯克（伯力），顺黑龙江直至尼古拉耶夫斯克（庙街），然后逆江而上到布拉戈维申斯克（海兰泡），再折返，由伯力过兴凯湖至红土崖，改由旱路至海参崴，从那里直接返回省城吉林，历时四个多月，在俄据地区待了一百二十九天，行程逾万里，经行较为重要的地方皆写入报件，共一百一十八条，附有地图八份，"凡彼东海滨省所占吉江二省界地，兵数多寡，地理险要，道路出入，屯站人民总数，土产赋税大概，各国在彼贸易，各种土人数目、风俗及古人用兵成迹，有关于今日边防与夫今日吉江二省边防可以酌量变通，或证据往事堪补史书之阙者，皆汇入其中"[33]，为吉林将军衙门提供了一份详明的军事情报。曹廷杰对布拉戈维申斯克的俄方机构设置、官员配备、江防设施记述甚细，"炮官十三员，管炮兵二百名；步兵官十三员，管步兵二百名；马兵官十九员，管马兵四百名。兵房、教军场均在黑河屯关帝庙对岸，距江沿约半里许。子药军械房三处，俱在兵房西北山脚地窖内，相距不及二里"[34]。瑷珲衙门经常派人过江交涉，从未见做过如此详细的侦察。那时伯力已升格为滨海省省会，廷杰有多条述及，观察和调查更为详细，如：

　　光绪十年，改设一泥拉拉固毕尔拉塔，总理东滨海省等处事宜。街道占居四冈三涧，凹凸不平。其一泥拉拉固毕尔拉塔署，在第二冈将尽头处。西北半里许，有戴土石头山，俯瞰江流,名曰上宏叭……又西北行半里许宏叭尽处,有机器房,俄名马思利,专备修理枪炮、轮船之用。由机器房北行一里余,至第四冈山头,有子药房二所,中储子药甚伙。由机器房东行半里许,上冈即养病院,贫人有病者,送入院内,官给医药饮食以养之。院后有大兵房十所,每所可容数百人,常驻兵千名,号四千。兵房东北隅有常川取用军械子药房二所。固毕尔拉塔署西南山麓,有储粮大仓三:二储官粮,一储商粮。粮仓前即轮船码头。由此东北行,进穷棒子沟,为该处冲要。[35]

每到一地,曹廷杰皆重点了解其气象、地形、官署、兵营、新式大炮、弹药库、粮仓的分布,标注于图上。他尤其关注进攻时的有利路线,描述伯力东部"三面不及数里,林木阴翳,尚属鸿荒,倘图恢复,出奇其在斯乎?",并记下哪里有华人可资接应。他还注意到沙俄对患病贫民的收治机制,随笔记下,显然印象很深。

当年六月初,曹廷杰抵达接近黑龙江口的尼古拉耶夫斯克,测定经纬度和日时,察看地形、港湾与军事部署。由于上峰下达的指令仅限于大陆地区,他没能登上库页岛,但仍积极探询有关信息,以数节文字,记述岛上的行政设施、驻军情况、水路铁路交通、煤矿开采以及居住华人数量,并指出该岛屏藩黑龙江口和东北沿海,作为"海外门户"的重要性。数十年以来,从大清军机处到吉林将军衙门,几乎不见有人提到库页岛,将这个巨大岛屿视若无物,只有曹廷杰强调其重要价值,足证其远见卓识,可惜已是晚了。

周历俄境,曹廷杰念念不忘恢复被占国土,对很多地方都提出如何攻打的具体建议。而在最后一条,廷杰激情难抑,预作了一个王师反攻的总规划:

江省由卜魁驿路、呼兰小道,可出爱珲,抵大黑河屯,直捣海兰泡；吉省珲春出图们江口、彦楚河口，由海道捣海参崴，由旱道取彦楚河、阿济密、蒙古街、虾蟆塘四处。宁古塔由旱道出三岔口，取双城子、三姓，水陆并进，取徐尔固、伯利二处。[36]

筹谋规划颇有气势，也不乏可行性。廷杰还提议战事一起，即在黑龙江、乌苏里江狭窄处伐大木堵塞水道，并发兵扼住俄军陆路咽喉要道赵老背，切断俄方电话线。就连堵江地方的水道宽深，都做了实测。

曹廷杰的报告有图有真相，得到将军希元的赞赏，命整合为三十五条，呈报军机处。廷杰在海参崴探知沙俄打算"借地修道"，即修筑从满洲里至海参崴的铁道，希元也在密折中特别奏报，引起朝廷的关切。至于恢复大计，希元提出东北与西北边境同时兴兵，调集北洋和盛京海陆劲旅，以期一鼓而下。因曹廷杰"深入俄境，不避艰辛""胆识兼备，勇于任事"，希元建议破格使用，最好仍留在吉林。军机大臣即命"送部带领引见"。

其时已是光绪十二年夏，总理海军衙门的醇亲王奕譞刚巡阅北洋水师还京，要求曹廷杰"抒呈管见"。廷杰即写成《条陈十六事》，痛陈沙俄侵占黑龙江吉林土地之广，阐述强国强军和光复之计，曰："俄夷东滨海省地，布置尚未尽善，可及时一战，恢复旧境也……若再迟数年，待其火车道既修，铁甲船既置，不但东三省不能言战，即畿辅重地亦难言守。"[37]后来清廷终不敢兴兵一搏，而东北大势不幸被廷杰言中，日本的侵入更是始料不及，哪里还谈得上"恢复旧境"？

八　"金圣"李金镛

金匪，是晚清黑吉等地官府对私挖金矿者的称呼，朝廷批谕中也这么说，整体看并无大错，但不管是潜入盗采的俄商，还是闻讯赶来的华民，多数并非匪类。在写作《清剿金匪》一节时，我心中也常泛起疑问：一定要将那个新兴的富饶金矿烧光荡平吗？

与其说那是黑龙江三城的联合剿匪之役，也像是一次强拆行动。强拆作为一个传统由来久矣，似乎非此便不足以显示决绝，不足以令敌人心惊胆战。清军将潜入淘金者不分国籍驱赶净尽，烧光了老沟等金矿所有的房屋，捣毁了所有的机器设施，甚至破坏了通向山外的桥梁，可谓干净彻底，却不去想这是中国的金矿，是地方政权也是贫弱人群极为需要的财富。难道没有别的选项吗？沙俄外交部提出过租借开发的请求，被清廷一口回绝，是对的，因为涉及边界安全。阿穆尔驻军司令也曾建议："莫若将如都谷河金厂租给我们俄人挖金，嗣后再无加添疑难滋事情弊，边界可期宁静。"并附上淘金头目喀拉金的请求书，共有四条，核心是由中国定出租金标准，用其技术"为中国谋图利益"。[38]这类话自然不能相信，所称"在两国地方管束"必也留下遗患，但收回金矿主权，保留房屋和机器设施，雇用喀拉金等有威望懂技术的俄人，不也是一条路径吗？

那是一个蒙昧的时代。对于开矿，清廷似乎从来都有些警惕和反感，应与担心工人聚集闹事相关。黑龙江将军文绪认定开设金矿遗患无穷，"金尽人穷，相聚为匪"，是以三次发兵进剿，一次比一次彻底。那也是一个变革之声渐起的时代。仅仅隔了一年，新任将军恭镗就将开办漠河金矿提上日程，并获得朝廷的批准，命直隶总督李鸿章"遴派熟悉矿务干员，饬令选带矿化各工，携带机器，迅往黑龙江，随同恭镗认真勘办"。[39]改革带来对人才的重视，李鸿章推荐李金镛主持矿务，恰恭镗也呈请特调李金镛，而吉林将军希元则以屯垦需要不肯放人，对其品德才具可谓一时共识。时李金镛已由吉林知府升任长春厅通判，深得将军信任和士民爱戴，到这么个荒僻边地开矿，在别人必不情愿，而他却绝无二话。

1887年4月,严冰未解,李金镛已带几名随员经墨尔根沿着古驿路赶往漠河。这是康熙间清军攻剿雅克萨时所修驿路,两百余年废弃不用,早已是荆棘丛生,桥梁无存。李金镛一行在鄂伦春猎户的带领下跋山涉水,用了三十余天,行程一千三四百里,终于抵达目的地。大兴安岭东坡的金脉分布甚广,数百里沟沟岔岔,都可见金沙时隐时现,有的只是厚薄丰俭之别。李金镛等人在此地一待就是三个多月,可谓"走透透",不时遇到一些偷偷挖金的人,也总是态度和悦,真诚向他们请教各种问题,对方圆几百里的金沙储存基本有了个整体印象,关于如何兴办新矿区也有了思路。他仍选定以老沟作为开发重点,留下几个人建设房屋,然后乘俄方的轮船到达瑷珲。至于由山路而来、江路而去,是李金镛有意的做法,但也有一项任务,那就是与俄方交涉江东满洲村屯的立界之争。当时瑷珲城对岸一百多平方公里土地上有数十个中国人的屯子,依照条约俄方不得侵占,而实际上不断遭到蚕食,瑷珲当局多次抗议无效。李金镛只身渡江,进入各屯走访,收集俄方逼凌侵占的实证,然后提出开挖界沟的主张。他与俄方坦诚沟通,亲临现场监督挖壕,排除了不少阻挠,有斗争也有妥协,终于争回了大块土地,使在左岸的同胞暂得安宁。

年过半百的李金镛马不停蹄,先至省城向恭镗汇报详情,再到保定拜见李鸿章,拿出草拟的办矿章程与金沙样品,取得了上峰的坚定支持,接下来便赶往天津、上海、烟台、平度等地,招商募资,预订机器,聘用外国专家,每一步都不容易,可他也是一步步坚持走下去。精诚所至,金石为开,待次年冬李金镛回到漠河,不光募集到了必要的款项,还有一批有志之士追随而来,"多士景从,人才济济",如后来接手管矿的袁大化,如号称"吉林三杰"的宋小濂,苦寒之地一时竟然还出现过一个诗社。

1889年1月,漠河金矿正式祭山开张,那天正好是光绪十五年的小年,是民间祭灶祈福的日子。从瑷珲招来的两百多名采金熟手,一开始便感受到与俄商奴役下的明显改变:食宿安排周到,所采金沙六成归己。李金镛派人提前为大家采购了御寒的棉帽等物,还经常到采挖点察看,随时探讨和做出改进。散落左岸的采金华工闻讯赶来,经过严格筛选,很快聚集了一两千矿工。金矿的管理层廉洁精干,李金镛自任总办(相当于董事长),先后邀郭梯阶、袁大化任提调(总经理),再以宋小濂负责文案(办公室),唐钦昭、华梦与、吴祖惠掌管度支(财务部),余云岩、陈世敬等人办粮(后勤保障),还设置转运、货房、委积、储材、盘查等部门,职责清晰。漠河金矿的管理既人性化又规矩森严,赏罚分明,当年即产金一万三千多两。

李金镛实在是一个不可多得的干才,老沟金矿初见成效,即派人在洛古河、奇乾河开办分厂。而目睹边境卡伦驻防清军的种种恶习,他决定组建一支护矿部队,几经周折,终于办成,以原湘军悍将向文燕统带,配备新式枪械,采用西式训练方法。此举得到李鸿章的赞赏,认为训练精强的护矿营与边境卡伦一起,已对左岸俄军隐然形成对抗态势,有利于国防。由于搭乘俄轮处处受其挟制,他提出制造轮船的思路,绘出图纸,商定由吉林机器局先承造一大一小两艘汽轮;而对于俄方的先进采金技术,李金镛也亲临参观,聘请俄国专家,仿制其淘金机器。那时的漠河金矿很像改革开放之初的特区,李金镛"无一事不尽心,无一事无良法",带领一帮有志之士倾洒热血,但也难免处处掣肘,譬如他一直希望能修一条直达省城的路,就没有办成。

光绪十七年(1891),是李金镛开办漠河金矿的第二年。正月的隆冬天气中,他即前往布市交涉乘用俄国轮船之事,然后赶往齐齐哈尔与新任将军依克唐阿见面,禀报矿区要务,又急急返回漠河,一月之间在冰天雪地中奔波五千余里。至六月又奉命赶到瑷珲,与俄方交涉侵凌精奇里江东华人村屯的行为,再回漠河金矿。劳累过度,出现咳血症状,仍强撑着工作,至七月底觉得实在支持不住了,方才打报告请假,几日后竟告不治。宋小濂《北徼纪游》记其临终情景:

方易篑时,家人环立而哭,公力疾起坐,慨然谓僚友曰:"大丈夫视死如归,亦复何憾?所恨者边矿渐有成效,天不假年,不得见三年报最耳。诸君其好为之。"[40]

李金镛之后,矿务由袁大化接掌,老沟金矿持续兴旺了十年有余,在"庚子之变"后再入俄人之手,后来又被日本人占据,沦丧之惨状,莫可尽述。

而这块土地上的人,始终没有忘记李金镛,尊之为"金圣",在老金沟建祠纪念。

注释

［1］ 故宫博物院明清档案部编《清代中俄关系档案史料选编》第三编下册,《特普钦等奏俄人越界割草挖窨请将呼伦贝尔总管革职折》,中华书局,1979年,第1233、1234页。
［2］ ［清］特普钦著,李兴盛、孙正甲、王晶编《黑龙江将军特普钦诗文集》,《因俄人于雅克萨对岸越界种地严饬巡江各员加意防禁片》,天津古籍出版社,1987年,第129—130页。
［3］ 《黑龙江将军特普钦诗文集》,《开垦折》,第31、33页。
［4］ 《黑龙江将军特普钦诗文集》,《安置呼兰旗屯营站官庄界内垦户片》,第131页。
［5］ 中华书局编辑部、李书源整理《筹办夷务始末（同治朝）》卷十五,《特普钦奏俄人马列为乞赴省要求借地耕种按约驳阻折》,中华书局,2008年,第678—680页。
［6］ 《清穆宗实录》卷七六,同治二年八月壬辰。
［7］ 《筹办夷务始末（同治朝）》卷二〇,《黏钞东西界清单八条》,第908—909页。
［8］ 《筹办夷务始末（同治朝）》卷二五,《给俄使倭良嘎里照会》,第1094—1095页。
［9］ 《筹办夷务始末（同治朝）》卷二五,《俄使倭良嘎里照会》,第1095—1096页。
［10］ 《筹办夷务始末（同治朝）》卷二五,《给俄使倭良嘎里照会（答上两照会）》,第1096页。
［11］ ［清］西清《黑龙江外记》卷五,黑龙江人民出版社,1984年,第57页。
［12］ ［清］张伯英总纂《黑龙江志稿》卷二三,《财赋志·矿产·漠河金矿》,第1069—1076页。
［13］ 参见露国大藏省编纂《满洲通志》,中野二郎等译,第十一章第二节《泽尔陀加金矿之详况》,日本东亚同文会,1906年,第313页。
［14］ ［清］宋小濂《北徼纪游》,黄纪莲标点注释,黑龙江人民出版社,1984年,第32页。
［15］ 《满洲通志》,第十一章第二节,第312—324页。
［16］ 中共呼玛县委员会、呼玛县人民政府、《呼玛县志》编辑委员会编《呼玛县志》,第二编,第五章第三节,第109页。
［17］ 《北徼纪游》,第32页。
［18］ 俄中东铁路局编纂《黑龙江》,第二十五章《漠河县》附录二,汤尔和译,孙德华标点,

黑龙江教育出版社，2015年，第542—549页。
〔19〕《黑龙江》，第二十五章，第543页。
〔20〕《满洲通志》，第十一章第二节，第315页。
〔21〕《黑龙江》，第二十五章，第547页。
〔22〕《清德宗实录》卷一九八，光绪十年十一月丙寅。
〔23〕成庆被革调后不服，奏称俄人窃挖金沙之事始于三年前，文绪时任瑷珲副都统，而自己在接任后采取了各种措施，审讯了相关人员，被隐瞒不报（录副奏折：成庆，奏为将军文绪蒙蔽实情请饬下廷臣筹议或钦派大员来江查勘办理事，光绪十一年三月二十五日）。朝廷派盛京刑部侍郎宝森前来查办。在一番调查取证后，宝森认为："文绪与参劾之折未能悉心检阅，声叙既多疏漏，文义亦欠分明，其咎固不可辞。而成庆具折剖辩，徒事分争，于失察属员、纵释金匪各情概置不论，也属非是。"（录副奏折：宝森，奏为遵旨查明文绪成庆互参案请饬惩戒事，七月初十日）
〔24〕中国第一历史档案馆满文部、黑龙江省社会科学院历史研究所编《清代黑龙江历史档案选编（光绪朝八年—十五年）》，《黑龙江将军文，为再催俄官速将越界挖金俄人唤回事照会固毕那托尔文》，黑龙江人民出版社，1986年，第162页。
〔25〕《清代黑龙江历史档案选编（光绪朝八年—十五年）》，《黑龙江将军文等，为沿江建卡派兵坐放奏稿及章程》，第167—168页。
〔26〕录副奏折：文绪，奏为委员将漠河金矿厂所剩华俄各民一律驱逐净尽折，光绪十一年八月十四日。档号：039427016。
〔27〕录副奏折：文绪，奏为已逐出淘金华俄人等复行闯现经添兵驱逐事，光绪十一年十月初二日。档号：039427017。
〔28〕参见《清代黑龙江历史档案选编（光绪朝八年—十五年）》，《将军衙门为漠河驻防官兵应如何经年看守等事咨黑龙江副都统衙门文》，第217页。
〔29〕《清代黑龙江历史档案选编（光绪朝八年—十五年）》，《黑龙江将军文绪等，为被逐俄国金匪复行闯入，应请与俄公使明定严惩章程事咨总理衙门及黑龙江城副都统衙门文》，第225页。
〔30〕[清]李金镛《珲腄偶存》，《奉札查勘中俄界址禀》，渐学庐丛书本，第17页。
〔31〕《珲腄偶存》，《奉札查勘中俄界址禀》，第17页。
〔32〕吕一燃主编《近代边界史》上卷，第二章，四川人民出版社，2007年，第189页。
〔33〕丛佩远、赵鸣岐编《曹廷杰集》上册卷下，《西伯利东偏纪要·上希元禀文》，第62页。
〔34〕《曹廷杰集》上册卷下，《西伯利东偏纪要·一一八条》，第65页。
〔35〕《曹廷杰集》上册卷下，《西伯利东偏纪要·一一八条》，第66—67页。
〔36〕《曹廷杰集》上册卷下，《西伯利东偏纪要·一一八条》，第130—131页。
〔37〕《曹廷杰集》下册，《条陈十六事》，第375页。
〔38〕参见《清代黑龙江历史档案选编（光绪朝八年—十五年）》，《黑龙江将军文绪等，为俄酋纵令俄人越界挖金及俄人欲租金厂等事，呈总理衙门文》（光绪十一年二月二十一日），第164—165页。
〔39〕《清德宗实录》卷二三七，光绪十二年十二月丙戌。
〔40〕《北徼纪游》，第57页。

第二十章　瑷珲的庚子年

清光绪二十六年（1900），岁在庚子，史称"庚子之变"或"庚子国难"。那次大动荡从山东河北蔓延至京师和全国，原因是复杂的，其中有西方列强欺凌掠夺激起的仇恨，有西方宗教进入中国后带来的疑惧，也有在"忠君爱国""扶清灭洋"等口号下的肆意胡为……给列强侵占和分切中国以借口，遭殃的则是亿万生民。

八国联军入侵造成的惨案可谓多矣，攻入天津、保定、北京时均大开杀戒，哪里还理会什么中国的国家主权！而海兰泡与江东六十四屯惨案几乎与之同时，又因发生在沙俄统治下的黑龙江左岸，更有一种加倍的凶残，那里的国人也更加悲苦无助……

一　修铁路的竞赛

历史的进展本可以不是这样的。

第二次鸦片战争之后，咸丰帝奕詝在热河崩逝，肃顺等试图专权的辅政大臣被迅速扫除。两太后垂帘听政，以恭亲王奕訢为议政王，主持总理各国事务衙门，重用能臣，开办洋务，也逐渐平定叛乱，十余年间休养生息，带给清王朝一个"小阳春"，时称"同治中兴"。今天仍有史学家这样说，却在解释学上赋予新的意义，如美国学者芮玛丽在《同治中兴》的序言中说：

究竟有没有一次中兴？本书的主要观点是，一个似乎已崩溃了的王朝和文明在19世纪60年代通过非凡人物的不寻常努力而得以复兴，以至于又延续了60年。[1]

文中所说的杰出人物，包括曾国藩、左宗棠、李鸿章，也应包括恭亲王和慈禧太后，各展其才，使岌岌可危的清王朝得以续命半个多世纪。那个时期的改革之声也很强劲，福州船政局、江南制造局、开滦煤矿先后建立，直隶与各省陆续开始改革军队，建立三洋海军的思路也正式提出。进入光绪朝，各种新式铁甲舰、撞击巡洋舰、鱼雷艇大批购入，北洋水师正式成军，大清朝廷的自信也渐渐得以恢复。

1865年11月6日，中国海关第二任总税务司、英人赫德向清廷递呈了一份改革备忘录，建议派遣对外使团，设立驻外使馆，并尽快兴办铁路、轮船、电报和矿业。英国驻华使馆参赞威妥玛也提出了近似的建议，希望中国能加快改革，融入世界的大格局。此议导致了一个品级较低的赴欧观摩团的出行，由赫德为向导，游历了伦敦、柏林、彼得堡等地，足迹遍及大半个欧洲。但对于修铁路，清廷上下仍是满腹狐疑，呼吁营建者有之，强烈反对者更多。如果说1865年英国人在京师建造的那条一里长的小铁路（旋即被拆）不算数，十年后怡和洋行在上海建的吴淞铁路则投入了运营，仅过一年多也被清廷购买和拆除。

俄廷的表现有几分相像，但要更早开放一些：在1837年修了一条十五英里长的皇村铁路，次年再延长十六英里，后来也是引起一片反对之声，进展极为缓慢。最早提出修建西伯利亚大铁路的是英国冒险家达夫，一个典型的大忽悠，说可以在西西伯利亚捕捉四百万匹野马，由马来牵引火车，被交通大臣切夫金轰出门去。约略同时，穆拉维约夫也提出从库页岛西海岸中部的亚历山德罗夫斯克，至黑龙江下江地区的索菲斯克，修一条四十英里长的铁路，用以调兵和运煤等，切夫金仍不同意。紧接着登场的是美国冒险家柯林斯，在顺黑龙江而下的旅程中，给穆督写信极力鼓吹修建铁路,建议先从赤塔修到黑龙江畔,并附有运作方案和报价,也被切夫金否决。

进入19世纪80年代,俄国的军事战略家强烈意识到海参崴的偏远,兴造西伯利亚大铁路的呼声更强,提议至少要修通海参崴至伯力段,以加强在远东的防御。1886年,东西伯利亚总督伊格纳提耶夫[2]与滨海边疆区总督科尔夫都上书沙皇亚历山大三世,以大批中国人渗入外贝加尔为词,奏请修建铁路。亚历山大三世即行批示,强调西伯利亚是俄罗斯不可分割的一部分,修建铁路"将给我们的祖国带来荣光"。这些话应视为最高指示了,1887年,俄方开始对海参崴至伯力路段进行勘探,可财政部以各种理由不给钱,就这样一拖又是数年。

俄人准备修铁路的消息不断传入清廷,引起慈禧太后的关注。她在召见珲春副都统依克唐阿时询问此事,依克唐阿奏报了俄方在兴凯湖东边勘察路基的情形,回任后也不断打探续报。此时津沽铁路告成,李鸿章拟续建天津到通州段,朝野敌视铁路的声浪依然强劲,户部尚书翁同龢就是带头人,而慈禧太后已改变观念,几次传旨命"再议",后干脆降谕"毅然兴办"。

光绪十六年(1890)闰二月,闻知沙俄与朝鲜订立陆路通商条约,光绪皇帝之父醇亲王致电李鸿章,商讨修筑"东轨"事宜。东轨即关东铁路,第一期规划由天津经山海关、锦州、沈阳通往吉林,再往营口、珲春等海口和边防地区拓展。此乃闻知俄国要修筑通往朝鲜的铁路后,清廷紧急采取的对应性举措。总理各国事务衙门奏上六条方略,慈禧批谕只有"精练水陆各军""东三省兴办铁路"有用,其他都是空话,要求尽快落实。[3]较为务实的李鸿章建议"每年尽部款二百万两造二百里路,逐节前进,数年可成",慈禧太后与醇亲王担心落在俄人后面,决定借款三千万两,加紧赶工。[4]两个月后,上海的《申报》全文刊登了张之洞、刘铭传等人关于兴建铁路的奏折,并说起因在于对西方"意存猜忌",而沙俄得知后立刻加快了兴造西伯利亚大铁路的进展。清廷大为恼怒,对张之洞等人不知保密、"一任幕友钞胥,宣泄传播"的做法严加申诫。[5]

关东铁路vs西伯利亚大铁路,本来是暗中较劲儿,就这样被公开提出来了。

那也是沙俄向黑龙江左岸和乌苏里地域加速移民、大肆兴建军事设施的时期。老毛子的胃口又大了许多,黑龙江南岸乃至整个中国东北,都已进入其殖民蓝图。而在规划横贯欧亚的西伯利亚大铁路时,这个老牌帝国主义的腐败低效暴露无遗,尽管得到沙皇支持,进展仍非常缓慢。1891年5月30日,皇太子尼古拉亲自到海参崴主持动工仪式,可仍是一种修修停停的状态。比较起来,清廷的效率似乎要高不少:皇上生父醇亲王全力支持,直隶总督李鸿章受命"督办一切修造事宜",盛京将军裕禄"会同办理",已上马的卢汉铁路工程停下来,"将原议每年筹拨之二百万两,自本年起,移作关东铁路专款"。[6]就在尼古拉出席西伯利亚铁路奠基仪式一个月后,北洋铁路局在山海关成立,聘请英国人金达为总工,至1894年已修至山海关,关外的土石方和铺轨也分段展开。孰料甲午战争爆发,关东铁路被迫停工。

而沙俄由谢·尤·维特担任财政大臣,组建了西伯利亚铁路特别委员会,皇太子亲任主席,使项目一下子提速。两国朝廷都意识到铁路对守土开边的重要性,都要将铁轨铺向黑龙江、乌苏里江流域,也都对工程的浩繁艰维估计不足。俄西伯利亚大铁路至1904年才勉强开通,我国的关东铁路更是命运多舛,此乃后话。

二 甲午战争中的"奇字营"

关于中日甲午战争的著作很多,各类论文也多,兹不加详述,只想谈一点黑龙江军队的表现:日军进逼平壤,清军奉调入朝的所谓"五部精锐"皆被击溃，残兵败将惊惶逃回国内，而黑龙江将军依克唐阿自请出征，亲率骑兵和步兵八个营奔赴鸭绿江边，准备入朝作战，堪称是一次英勇的逆行。这支部队，即是以黑龙江省城齐齐哈尔命名的练军。

自从英法联军攻破大沽口，直击京师，逼签条约之后，清朝君臣有所警醒，开始整顿与训练军队，"师夷之长技以制夷"。直隶总督刘长佑提出制定章程，从绿营兵中选拔质朴健壮者，参酌湘淮二军营制，步兵每营五百人，骑兵每营二百五十人，尽量多配西式武器，根据实战要求进行严格训练，称为"练军"。光绪十一年十月，军机处与总理各国事务衙门等奉慈禧太后懿旨讨论东三省边防事宜，决定以福州将军穆图善为钦差大臣，会同东三省将军办理练兵之事。要求他在已练之军的基础上加以挑选，每省先练五千人，火器的购办则由海军衙门支持。穆图善自知责任重大，从护军营、神机营挑选了一批干员随同前往，一年多时间内尽心尽力，可惜在次年秋一病不起。接替他的是原黑龙江将军定安，不久后即传出东三省新练之军旧习未改，又因待遇较优厚，热衷于吃喝嫖赌。有旨追究，定安等人矢口否认。这是一次不彻底的军队改革，各地练军差别很大，中西练法掺杂，新旧兵器混用，将官多出自行伍，士兵也是以绿营为基础，是以乍看面貌一新，实质上多为花架子。吉林练军号称"吉字营"，黑龙江练军不便如此简称，被称作"奇字营"，来自省城齐齐哈尔的名称。湘军、淮军中也有这样的营号，不要弄混了。

依克唐阿起于军伍，有血气，算是晚清为数不多的一员骁将。他出身满洲镶黄旗，世居于吉林伊通河地方，因家贫当兵，数十年间身经百战，由马甲一步步升至副都统。光绪十一年珲春黑顶子之争，他与吴大澂同任勘界大臣，终于将被俄方越界侵占的部分领土夺回，引起朝廷关注，四年后升任黑龙江将军。依克唐阿作风务实，奏报了所谓"五路鄂伦春"的真实情况（前将军说得热闹，其实皆为行踪无定的猎户，多数又为逃避出痘，集训时连人影子都见不到），在瑷珲兴修炮台和城墙，并大力提倡屯田实边。甲午战争爆发后情势危急，依克唐阿奉旨与四川提督宋庆协防鸭绿江,负责左翼,在蒲石河与日军拼死血战,终于收复多处边防营地。日军深入内地,九连城、凤凰城先后陷落,奇字营腹背受敌,不得已退守宽甸,清廷竟以"观望稽延""畏葸无能"将依克唐阿撤职留任。[7]这八个字很严厉,也很羞辱人,是朝廷用了很多年的套话,也是很多清军将领的通病,对依克唐阿却有很大的冤枉。之后,他率部与友军扼守通向辽东腹地的要隘,在草河口亲临前线指挥,反复厮杀一整日,使嚣张的侵略军遭受重创,不得不退守凤凰城。

比较起当年在八里桥阻击英法联军的京营,甲午战争中在陆路抵抗日寇的清军堪称英勇,诸军之间也会互相支撑。宋庆闻知旅顺告急,即亲率毅军驰援;敌人见扼守大高岭的清军兵力单薄,悉力来攻,聂士成部死战不退,依克唐阿主动从侧面出击,分解敌势。稳住阵脚的清军还合兵反攻,突袭连山关日军,一举收复这一战略要地。使得日军大本营极为恼怒,撤销侵华第一军司令官山县有朋的职务。调整后的日军加强西路进攻,很快攻陷重镇海城,辽阳和沈阳门户大开。依克唐阿率奇字营由东路紧急赴援,与吉林将军长顺的吉字营、丰升阿的盛字营一起发起反攻。这是东三省练军的第一次联合作战,共一万多人,"更番仰攻,扑击山腰",奇字营前锋更是杀到离城墙不远的徐家菜园,然因日军防守严密,火力太猛,只得在天黑时收队。

依克唐阿缺少近代军事视野,但久经战阵,智勇双全,在战场上要谨慎得多,也勇敢得多。出兵之际,他就预料到必有一场恶战,想方设法多备枪支弹药,又奏请从边境猎户中再招募八个营。这些新兵虽未受过训练,但枪法准,身手敏捷,赶到后给日军带来不少麻烦。反攻盘踞海城的日军之前,依克唐阿在营帐置酒,召集属下众将,"取刀刺臂血,搅而饮之,相矢以死",慷慨悲壮。[8]这是在他被革职留任之后,看不到一点个人的患得患失。在主帅的带领下,奇字营愈挫愈勇,与友军一起数次对海城日军频频发起进攻,虽未能拿下,也令敌人心惊胆战,对奇字营产生了几分敬畏。

战场上还有一对亲兄弟：哥哥寿山为京师神机营骁骑校，开战后请求赴前线，单骑就道，在奉天招募忾军两营，在奇字营任步队统领；弟弟永山为三等侍卫，参战前已加入奇字营，此时任马队统领。特别需要说明的是，他们的父亲为原吉林将军富明阿，而七世祖则是被崇祯帝误杀的大明辽东督师袁崇焕。两兄弟皆为依克唐阿手下大将，与一些清军将领的怯懦避战不同，敢于临敌深入，不惧强寇，在夺回草河岭、克复连山关之役接连建功。清军接着攻袭凤凰城，奇字营一部已突入东门，但作战失利，敌军大部来援，左右两翼皆败退，永山率部殿后掩护，"遇伏，连受枪伤，洞胸踣，复强起督战，大呼杀贼而逝"[9]，年仅二十七岁，死前叮嘱部下随哥哥杀敌。而寿山强忍悲痛，在关道口、四棵树、龙湾、草河岭等地与日寇大小十余战，皆身先士卒，以死相拼。光绪二十一年二月二十日，寿山率马队七十骑侦察敌情，在汤岗子与数百日军遭遇，奋呼接战，毫无畏惧。敌人击中寿山，子弹由其右胁射入，贯穿腹部而出，他仍是裹创力战，击退日寇，返回营中时衣裤皆被鲜血浸透。依克唐阿倚寿山为干城，奏请破格奖赏。

今天阅读中日甲午战争的史料，能见出双方的不对称性：清军在战略战术上要落后许多，两军的武器配属、统帅才能和士兵整体素质也不在一个量级上，失败应是必然的。但国家危难之时，历来不缺少舍生忘死的英杰。与依克唐阿一样，吴大澂也是主动请缨。时任湖南巡抚的他统领湘军二十营北上，甫一抵达，便与奇字营、吉字营等部猛攻被日军占领的海城，力图扭转战局。而文人带兵，所部又是数千里舟车劳顿、新旧掺杂的客兵，加上对日军的重视不够，很快陷入困局，牛庄、营口、田庄台先后失守，部伍奔溃。吴大澂愤愧之下欲拔刀自尽，被部下拦住，也意识到自己的确不懂军事。这种爱国志节理应得到鼓励，而一遇挫败，清廷毫无自省，即将全部责任扣在前线将帅头上，责斥吴大澂"徒托空言，疏于调度"[10]，传旨将他革职，几年后又宣布"永不叙用"。

三　从调停到借款

回望中日甲午之役,应能见出有三条战线——陆战、海战和外交战,互相缠绕,又各分场域。牵涉进外交战中的有英、美、德、俄等国,可谓各怀私欲,而沙俄因与中、日、朝皆为近邻,利益攸关,表现得尤为活跃。

甲午之战的起因在于朝鲜之乱。清朝以宗主国的名义派兵平叛,日本则打着保护朝鲜独立的旗号强行介入,沙俄没有出兵,可同样关注着朝鲜政局。差不多十年前,俄国外交部就觉察到日本的侵朝意向,命驻华使节拉德仁与清廷签订一份"共保朝鲜"的密约,表示俄国以后永远不取朝鲜土地,但中国也不得取其地。李鸿章认为俄使很真诚,呈请与俄国互换照会。醇亲王等提出其中有些措辞不当,俄使不同意修改,订约之事搁置,仅由李鸿章与之达成一个口头协议。1894年6月,俄国公使喀西尼回国休假前至天津向李鸿章辞行,议及时局,李鸿章重提两国共保朝鲜的约定,指出日本的野心,嘱他报请俄外交部向日方施压,表示清军可与日军同时撤离。喀西尼深以为然,申明俄国与朝鲜为近邻,也断断不容日本妄行干预。此后,驻日俄使希德罗渥奉命约见日本外相,劝其撤兵,并声明如果不撤应为后果负责。日本内阁非常紧张,回复中声称绝无侵朝之意,并找出一大堆理由,委婉表示不能撤军。喀西尼再次电请俄廷施压,却接到外交大臣吉尔斯的回电,告知目前俄国不宜卷入朝鲜纠纷。

李鸿章闻知极为失望,转请英国公使居间调解,却被光绪帝严词叱责:

> 李鸿章此议,非但示弱于人,仍贻后患,殊属非计,著毋庸议。嗣后该大臣与洋人谈论,务宜格外审慎。设轻率发端致

误事机，定惟该大臣是问。[11]

此时为光绪帝亲政的第六个年头，对于两朝老臣李鸿章全无敬重之意。

日方一则担忧俄英干涉，再则也希望争取国际舆论的同情，命驻华使节小村开展谈判，清廷派总署大臣奕劻出席。小村提出先要"整理韩政"，奕劻坚称日军必须先撤出，会谈无果而终，清廷则背上个不许朝鲜独立的恶名。四天后，希德罗渥照会日本外相，强调日方"不得违背朝鲜以独立政府资格与各国订立之条约"，但表示对其不侵略朝鲜的承诺很满意。对急欲挑起事端的日本来说，无异于吃了一颗定心丸。

光绪帝血气方刚，一力主战，对于谈判讲和很不耐烦，谕令"撤兵可讲，不撤不讲"，并转达慈禧太后"不准有示弱语"的最高指示。[12] 而战局一开，始知日本已今非昔比，素来引以为豪的北洋水师节节失利，日本陆军也很快占领平壤，杀奔鸭绿江。慈禧和光绪在痛苦中看到了差距，起用恭亲王再掌总理各国事务衙门和海军衙门，并开始做议和的尝试，请美国公使出面调停，派税司洋员德璀琳往日本传信，请日方开列和解条件。慈禧太后又想起俄使"共保朝鲜"那档子事，派翁同龢到天津找李鸿章，先就北洋海军的失利传旨切责，想的却是要他再去联络俄方，请俄国人出头。几日后恭亲王也有密函，希望他能不避嫌疑，设法让俄国出面主持公道。李鸿章情知喀西尼无权，但还是遵旨与之详谈，得到的只是一些泛泛的回应。11月22日，恭亲王奏报美国愿意调解，条件是清廷答应"朝鲜自主，赔偿兵费"，同意的话可赴日商谈。光绪帝还要说什么日军怕冷，正是我军反攻之时，停战岂非中了敌人圈套，兵部尚书孙毓汶等当场表示没有这样的事，慈禧太后则一言不发。

战争还在进行中，海陆两军传来的都是坏消息，议和成了清廷的首要选项。清廷派总理衙门大臣张荫桓赴日谈判，却被对方以资格不够拒绝，无奈只得请七十七岁的李鸿章出马，在日遭受的那种无奈与屈辱、逼签与欺凌，也就不去详述了。1895年3月24日晚，李鸿章与伊藤博文会谈后乘轿往寓所，突被一暴徒持枪击中左颊，顿时鲜血迸溅。日方闻讯大惊，生恐国际舆论对自己不利，伊藤博文和陆奥宗光立即赶来探视，明治天皇派来御医，明治皇后还亲手缝制了绷带，并送来两名护士。外相陆奥宗光再次前来，对随父亲出使的李经方表示慰问，据称还说了句"中堂不幸，大清举国之大幸"，不知是真是假，可日方高官骨子里的那份傲慢，李氏父子也是领略到了。

六日后，李鸿章在病榻上与伊藤博文签署《中日停战协定》。又过两天，日方送来合约底稿，核心条款是割让辽东、台湾和澎湖，并赔款三万万两。李鸿章震惊之余，电告总理衙门，要求速告英、俄、法公使，并表示"万不能从""惟有苦战到底"；慈禧太后也说绝不可割地，不惜撤使再战。可李鸿章磨破嘴皮，伊藤博文只同意将赔款减去一万万两，再不退让，最后还是不得不签。[13] 那份谈判的记录仍在，阅读年迈且负伤的李中堂苦苦讨价还价，以及他于困厄中留下的论中日关系的警句，真让人唏嘘感叹。

得知《马关条约》使中国割让了辽东半岛，沙俄财政大臣维特写道："我认为这一条约对俄国极为不利，因为日本在中国大陆上攫取了一块领土，由此而离我们更近，也就是说：此前我们的沿海地区，即滨海边疆区与日本有海洋相隔，而现在，日本则跃上大陆并在此寻求利益，而我们在这一大陆上也有自己的切身利益，所以就产生了一个问题：怎么办？"[14] 沙皇紧急召开御前会议，决定在远东实行军队动员，所有复原和休假的军人立刻集结，外贝加尔的骑兵部队由一个四连制团扩充为三个六连制团，沙皇下令阿穆尔沿线全部正规军与哥萨克军进入战争状态。与之同时，俄国积极展开外交攻势，呼吁英、法、德进行干涉，倡议列强"立即以友谊方式，直接向日本政府提出不要永久占领中国本土的请求"，"如日本不接受此项友谊的忠告，俄国正考虑三国对日本在海上采取共同军事行动。其立行的标的，为切断日军在中国大陆上与其本国一切的交通，使它孤立"。[15] 4月23日，除英国拒绝参与之外，俄、德、法三国驻日公使奉命向日本外务省发出照会，声称日本长期占领辽东半岛将威胁中国首都，也使其所说的朝鲜独立成为虚幻，阻碍远东的和平，劝其放弃辽东半岛。俄军在远东的大动员也通过各种渠道传到日本，显示老毛子绝不只是说说而已。

这对日本也算是个晴天霹雳，以其海军实力，不要说三国，仅一个俄国也干不过。轮到日本开会紧急磋商了，军中强硬派表示要殊死一拼，伊藤博文提出上中下三策，讨论来讨论去，决定占据金州与旅顺，放弃其他地方，但要增加赔款。俄国予以拒绝，要求必须将辽东半岛全部归还中国，日本拖延了两天，被迫宣布接受三国的劝告。法国还希望退回台湾，俄国不太感兴趣，没有形成一致意见。这就是著名的"三国干涉还辽"，沙俄是带头羊和主导者。

接下来的巨额对日赔款，压得清廷喘不过气来，第一年就要赔一亿两银子，而清朝的全部岁入还不够这个数。李鸿章与伊藤博文谈赔款时再三要求减少，两千万、一千万地争，几乎不顾个人颜面，应是十分清楚国库枯竭，根本拿不出这些真金白银。怎么办？总理衙门致电派驻俄德的公使许景澄，要他向俄国商借。沙俄也没有这么多钱，拉来法国银行一起做债主，借款四亿法郎（约合九千九百万两），以海关关税为担保，年息四厘，分三十六年还清。又是一桩稳赚不赔的买卖。许景澄与沙俄签订的借款合同中，还规定六个月内不得再向他国借款，而在第二年和第四年，清廷又向英国开口求借，每一次都是一千六百万英镑，还是为了填甲午索赔的窟窿。可怜的天朝，已然是穷得叮当响了。

四 一份密约

甲午之战的最大受益方，当然是"以国运相赌"的日本，虽未全部如愿，仍然得到了台湾和澎湖，还有巨额的赔款。这种勒索不光在于吸血自肥，更为险恶的是使中国日益疲弱败敝，万劫不复，为后来的再入侵播下种子……所谓的"亡我之心不死"，正是如此；而所有的赌鬼最后都会输得精光，根子也在一个"赌"字上。

第二个受益者，则是极擅于趁火打劫的沙俄。第二次鸦片战争中，英法联军兴师动众，万里来袭，反不如小伊（俄国公使伊格纳提耶夫）的摇唇鼓舌、两头和番，捡了最大一笔便宜。这一次沙俄的角色也是"调解"，而且时间拿捏得恰到好处：先以中立的名义作壁上观，让中日两国军队杀得天昏地暗，大清北洋水师灰飞烟灭，日本海军也遭受重创，待双方精疲力竭坐下来谈判，它这个第三方（还拉了两个帮拳的）出场了。沙俄吃准了日本不敢抗衡，但也做了真打的准备，日本如果不服，可能真的被三国痛殴。辽东半岛就这样退回了，日寇对北京的威胁解除了，清廷上下心存感激，也知道这笔账是必定要还的，怎么还呢？

1896年年初，沙俄外交部宣布尼古拉二世将于5月26日举行加冕典礼，各国政要纷纷出席。清廷拟派湖北布政使王之春往贺，因俄方认为品级不够，改派李鸿章率团出使，并访问欧美各国。那也是大清重臣倾向于联俄抗倭的时期，不光直隶总督李鸿章、湖广总督张之洞、两江总督刘坤一，主持总理衙门的恭亲王等亲王大臣也都有近同看法。李鸿章临行前被慈禧太后召见，密谈甚久，定下一个调子，即"联络西洋，牵制东洋"。俄方对李鸿章的到来高度重视，唯恐清朝使团先行访问英法，竟派出专使至苏伊士运河迎候，[16] 以国家元首的规格盛情款待，先由财政大臣维特出面密谈，然后是尼古拉二世亲自接见，核心话题则是规划中的"中东路"。这是维特几年前的一个奇思妙想——在接手西伯利亚大铁路工程后，他发现沿黑龙江左岸筑路困难大、成本高，提议由外贝加尔的省会赤塔向东南斜插，穿过中国的黑吉二省，直通海参崴。当时多数人认为清朝绝不可能接受，而中日爆发战争，俄国人的机会来了。带头逼迫日本退回辽东半岛后,沙俄外交部忍了半年,于次年春命驻华公使喀西尼提出请求,并纠缠不休。总理衙门虽未予同意,但也可以推想,慈禧在召见时应会与李鸿章议及此事。

沙俄财政大臣维特、外交大臣洛巴诺夫在会谈时做了许多承诺,什么"借地筑路",什么"为维护中国领土完整,必须有一条路线尽可能最短的铁路",李鸿章岂是容易被忽悠的,坚不松口。尼古拉二世亲自出马了,他在接见李鸿章时专门谈到中东路之事,话语很恳切,说本国"地广人稀,断不侵占人尺寸土地。中俄交情近加亲密,东省接路,实为将来调兵捷速,中国有事亦便帮助,非仅利俄。华自办恐力不足。或令在沪华俄银行承办,妥立章程,由华节制,定无流弊。各国多有此事例,劝请酌办。将来倭、英难保不再生事,俄可出力援助"。沙皇把话说到这个份儿上,再不接招,两国关系必然难处。李鸿章频频与国内请示沟通,至此也表示不宜再回绝了。[17]

6月3日,李鸿章与洛巴诺夫和维特在莫斯科签署《御敌互相援助条约》(又称《防御同盟条约》),即通常所说的《中俄密约》。该约很简短,前三款明确指向日本,约定两国在遇侵时互相支援,协力御敌,俄国军舰可开入中国口岸,应是清廷所需要的。仅仅针对日本,能算是"防御同盟"吗?初稿第一条,写的并不限于日本一国,维特认为此款对俄国不利,建议沙皇告知外交部修改,结果在签字前发现忘记订正。洛巴诺夫得知后不动声色,对李鸿章说:"现在12点多了,我们先用餐,不然菜凉了就不好吃了。我们吃完饭后再签字。"而就在大家用餐期间,俄方秘书悄悄修改了条款,"餐后摆在桌子上的已经不是原来的那两份条约文本了"。[18]

俄方关注的重点诉求在后面两款,引录如下:

第四款　今俄国为将来转运俄兵御敌并接济军火、粮食,以期妥速起见,中国国家允于中国黑龙江、吉林地方接造铁路，以达海参崴。惟此项接造铁路之事，不得借端侵占中国土地，亦不得有碍大清国大皇帝应有权利，其事可由中国国家交华俄银行承办经理。至合同条款，由中国驻俄使臣与银行就近商订。

第五款　俄国于第一款御敌时，可用第四款所开之铁路运兵、运粮、运军械。平常无事，俄国亦可在此铁路运过境之兵、粮，除因转运暂停外，不得借他故停留。[19]

谈判过程中，李鸿章曾与俄方反复磋商，涉及敏感字词的表述问题皆以电报请示国内，不能说不慎重。中东铁路由华俄道胜银行承办，合同有效期设定为十五年，在在证明李鸿章不乏精细与设防严密，可他没有想到，一旦将铁路穿越东北三省，就不是清朝能控制的了。

李鸿章离俄后，驻俄公使许景澄于9月8日与俄方签订《合办东省铁路公司合同章程》，中国政府入股五百万两。至12月，俄国来文中将这条线路命名为"满洲铁路"，李鸿章敏锐地意识到其间潜藏之义，坚称："必须名曰'大清东省铁路'，若名为'满洲铁路'，即须取消允给之应需地亩权。"俄方未多争执，遂定名为"大清东省铁路"，简称"东清铁路"。而更流行的名称依然出自俄方，即中东铁路。

对于签署这份条约，双方都极为缜密，只有极少数人知道，清廷将密电码交翁同龢与总理衙门大臣张荫桓保管，译电之责也由二人亲自担任，就连军机处章京也不得染指。与强邻沙俄结盟，在清廷看来无异于消除了日寇的威胁，是以很快批准。李鸿章也觉得为国家做成一件大事，一扫被迫签订《马关条约》之抑郁憋闷，回国后与前新加坡总领事黄遵宪说起，宣称："二十年无事，总可得也。"这位忠贞老臣对沙俄的侵略本性并非不警惕，为赢得喘息之机而缔约，所想的应是痛定思痛和改革崛起。岂知仅过了一年，德国军舰就气势汹汹打上门来。

1897年11月，德国远东舰队借口巨野教案强行开至胶州湾，登陆后驱赶驻扎清军,蛮横嚣张。据说在这次行动前德皇威廉二世征求了表妹夫尼古拉二世的意见,后者没有反对。李鸿章闻讯赶紧去找俄使巴伯洛夫,引据《中俄密约》条款,请沙俄出面交涉。后来俄外交部约见清朝公使杨儒,大意为:德国侵略的事很愿意帮助斡旋,但不知道该以什么为由;可否请你们指定一个港口,我们把军舰停在那里,让各国得知中俄已结盟,这样俄国比较方便出头,德国人也会有所收敛。真是一个圈套接一个圈套,钻不钻由你,说完之后,俄国舰队就大模大样地开进了旅顺口。对于19世纪末这股嚣然而起的瓜分中国狂潮,梁启超认为源头就在于《中俄密约》,他沉痛指出:"盖近年以来列国之所以取中国者,全属新法:一曰借租地方也,二曰某地不许让与他国也,三曰代造铁路也,而其端皆赖此密约启之。"[20]对于西人称李鸿章有手段与"小狡狯",梁氏认为倒不算什么缺点,可惜他只会合纵连横那一套,"又非平时而结之,不过临时而嗾之",是以一次也没有奏效。

五 大屠杀

《红楼梦》第七十四回,以又蠢又倔的邢夫人为主导,以其陪房打先锋,组建了一个抄检小分队,乘夜突入大观园,从怡红院、潇湘馆开始,翻箱倒柜,所向披靡,到了探春院中才遭到反击。三姑娘制止了她们的搜查,并痛切陈词:"可知这样大族人家,若从外头杀来,一时是杀不死的,这是古人曾说的'百足之虫,死而不僵',必须先从家里自杀自灭起来,才能一败涂地!"[21]一个豪门败落是如此,大清的末期也是如此。

自1898年起,大清朝廷愈益破敝不堪:恭亲王死了,自嘲为裱糊匠的李鸿章再次靠边站,光绪帝急欲变革图强,但行事操切冲动,很快被剥夺权力、遭受禁锢，康梁出逃，谭嗣同等六君子血溅菜市口；列强则纷纷以租借的名义割裂华夏国土，德国占领胶州湾，英国占领威海卫，法国占领广州湾……以刚与清朝结为同盟的沙俄最为可恶，不光占领了旅顺大连，还将租借地定名"关东州"，兴建总督府，以海军中将阿列克谢耶夫为总督。激烈排外的义和团开始在山东河北等省兴起，以造反和杀洋人开始，渐渐打出"扶清灭洋"的旗号，而清廷时剿时抚，慈禧太后恋栈弄权，无情诛杀朝中正直敢言之士，国事至于糜烂。

此时署任黑龙江将军的是寿山。

甲午之战后，寿山因作战英勇，被黑龙江将军恩泽任命为镇边军左路统领，驻扎瑷珲。这是一个血性汉子，瑷珲也是他的出生地。光绪二十四年春，俄兵滋扰江东旗屯（即后称"六十四屯"），副都统景祺派兵过江保护，竟被俄军包围缴械，统领寿山得知后怒不可遏，即欲带兵前往追索，被上司阻拦——其实该反击时就反击，才能警告对方，也可锻炼部队。两年后寿山升任开封知府，恩泽以边防急需将才奏留，超擢为黑龙江副都统。进京晋见时，寿山面陈固边御敌之策，获得光绪帝赏识，命帮办军务，批准他招募十六营新军，并命户部如数拨给全年军饷五十万两。寿山亲自前往上海购买军械，经长崎、海参崴、伯力运至瑷珲，一路看到下江和中上游江左地区俄屯密集，戒备森严，而江右沿边荒凉依旧，引起警惕和深深忧虑。

光绪二十五年末，恩泽因病辞官，寿山受命署任黑龙江将军，大力抓紧整顿边防。义和团风潮蔓延至东北，在辽宁等处大举毁轨和袭扰火车站，俄方提出派兵护路，而寿山为避免俄军入侵，致电伯力和海兰泡沙俄当局，并请驻俄公使杨儒转达俄外交部，愿为铁路提供保护，力阻俄方派兵。俄国也承诺"如东省将军承担保护铁路，俄绝不派一兵前往"。时黑龙江地面上铁路线很长，哈尔滨已成为交通枢纽，基本没发生排外与毁路之事。

二十六年五月下旬，因八国联军攻陷大沽口炮台，进攻天津，慈禧太后连续四次召开御前会议，主战派占了上风，清廷于二十五日颁发宣战诏书。远在东北的寿山预感到俄军可能大举入侵，将瑷珲副都统凤翔、呼伦贝尔副都统依兴阿、通肯副都统袁庆祺委为三路翼长，分头整军迎战。黑吉两省都驻有俄护路军，寿山与吉林将军长顺密约，届期一齐下手，先行清除内患。他还请杨儒协商俄铁路人员的撤离事宜，表示愿派员妥为看守工程物料和护送人员回国。六月十七日，俄方提出派兵借道瑷珲前往哈尔滨等地保路，寿山严正拒绝，并三次电告伯力总督府：不许运输侵华军队的舰船通过瑷珲下驶，否则即开炮轰击。

  双方的冲突在六月十八日（1900年7月14日）发生，俄舰"米哈伊尔号"满载枪支弹药，并拖着五艘驳船经过瑷珲江面下行，不听清军船只的拦阻检查，被发炮截停，正登船盘查间，俄界务官科利什米特上校乘"色楞格号"来至，命"米哈伊尔号"强行驶离，双方发生交火，科利什米特等多人被击伤，二舰逃回海兰泡，引发全城骚动。寿山获悉后致电杨儒，表达了为国守土的决心，并通告俄督"如照旧来兵"，即"照旧轰击"。海兰泡驻守俄军此时大多抽调去天津，一时谣言飞传，散布清军即将过江攻城，以那里的华人为内应，还说街头出现了"大拳民的揭帖"（即义和团传单）和红帖子，宣称某夜"洗劫全城"。仇华排华情绪迅速被煽动起来，俄警察局长下令在全城搜捕中国人，捣毁中国人的店铺和住宅，先把他们集中拘押在"中国街"（一说在警察局），再从那里分两路押往上下游江边。[22]不少研究著作都描写了那场血腥大屠杀，似不如石光真清《谍报记》中一个哥萨克的讲述更真切：

  ……手持刀枪的骑兵一面吼叫"向后退！向后退！"，一面逐渐缩小包围，以至人们被逼迫得走投无路，开始从江岸上像雪崩似的被推进了滚滚的激浪浊流之中。顷刻间迸发出一片反常的呼喊声，人们都疯狂了起来，有的硬着头皮往人群里钻，也有乱踩倒在地上的妇女和孩子，企图逃跑的。这时骑兵一边用马蹄子踩,一边用刺刀捅,然后用机枪扫射。喊声和枪声,哭泣和怒吼声混成一片,那犹如地狱般的惨状,实在难以用语言来形容。

　　……善后处理,由于借着刚杀完人的疯狂劲头,因此,出乎意料地很快就收拾完了。说是堆积如山的尸体,其实大部分还处于半死半活状态,有的尚在一股股地往外冒血,有的从被打破的头颅向外淌血,还有的在一边呻吟一边喊叫地蠕动或挣扎着要爬起来。当把这些人一个个都扔进江里之后,从堆积成山的尸体下面,发现了没有中弹而活着的人,这些家伙有的就用枪托打死扔进江里,有的被扯着衣领踢进了江里……[23]

　　石光真清乃日本总参谋部秘密派遣的高级间谍,居住在布市一位沙俄大尉家中,经常在黑龙江两岸活动,连他都觉得太过残忍,在书中写道:"在短短的时间里,中国3000同胞,竟惨绝人寰地遭受杀害,他们的鲜血染红了黑龙江。不分男女老幼惨遭杀害的尸体像木筏一样被吞没于黑龙江的浊流之中。黑龙江有史以来,首次发生了人类最大惨剧。这是有史以来最大的屠杀,最大的悲剧,最大的罪行!"[24]难道布市的俄国人没有一点恻隐之心吗?不,就连那个参与屠杀的哥萨克,也承认施暴者已变成一群野兽,当用枪托砸碎号哭婴孩的头颅时,也砸碎了自己的良心。基尔希纳在《攻克瑷珲》中为大屠杀遮掩辩护,但也承认那是一种变态的排华狂潮,"试图袒护中国人的人被认为有罪,说他们的行为是背叛"[25]。

　　中国人世代居住的江东六十四屯,与布市(海兰泡)仅隔着一条精奇里江,当大逮捕和大屠杀的消息传来,顿时一片惊恐,有的人家开始收拾财物逃往右岸,也有不少人家仍在迟疑。7月17日一早,哥萨克骑兵就越过精奇里江杀来,首先焚烧靠近界壕的补丁屯,凿沉渡船,然后沿屯放火，并将抓到的中国人分别赶进一些大房子里，放火焚烧。此举引发了更大恐慌，男女老幼涌向江岸，又遭到从附近博尔多哨所赶来的哥萨克马队密集射击，纷纷倒毙岸边与江中。瑷珲副都统兼镇边军北路翼长凤翔目睹此景，组织了多支突击队，乘夜过江，攻袭俄军并截击其运输队，拔掉了敌方哨所，焚毁弹药库。瑷珲衙门征调尽可能多的船只接回同胞，昼夜摆渡，大部分民众得以保全，但还是有不少人来不及撤离。18日晚，俄军卷土重来，再次逐屯驱赶，疯狂屠杀，江水为之染红……

几乎与之同时，中东铁路东线约四千名俄国妇孺先撤至哈尔滨，再转道抵达伯力，西线也有数千人撤至祖鲁海图。寿山信守承诺，令沿路清军一律放行。

六　寿山将军的献祭

阅读"庚子之变"的相关史料，对慈禧太后与一班近臣煽动中外仇恨，诛杀忠良，危急时惊惶出逃之恶行扼腕痛愤，也深为一些仁人志士的决绝牺牲所震撼。其中至为惨烈的一个，便是署黑龙江将军寿山。二百七十年前，他的先祖、明辽东督师袁崇焕因后金反间计被崇祯帝诛杀，年仅四十六岁；而当俄军逼近省城之际，寿山则是宁死不屈，意图以一死保全阖城百姓，时年四十岁。一个家族的忠勇义烈与悲情，竟能跨越王朝的藩篱相传承，流淌的都是忠君爱国的热血。

清朝立国一百多年后，乾隆帝为袁崇焕昭雪冤案，并让广东官员去其家乡查询有无后裔，告以无后，载入《明史》。[26]而寿山一支，出于袁督师小妾所怀遗腹子文弼，不知经过了怎样的流离播迁，后编入塞外的宁古塔正白旗汉军。康熙间，文弼随将军萨布素出征雅克萨，留守黑龙江城（即瑷珲），遂定居在此地，子孙繁衍，至富明阿积战功升为吉林将军，光大门楣。寿山出生于瑷珲，自幼读书，稍长在衙门当差，因办理边务受到奖赏，在父亲富明阿逝后承袭骑都尉，服丧期满后赴京任职，历任神机营、通州防营领兵官至船务章京，曾随醇亲王巡查北洋海军，也曾在颐和园、圆明园办事，开阔了眼界。前面写到他在甲午战争期间与弟弟永山奋勇杀敌的事迹，永山战死，寿山身受重伤，并留下眩晕的后遗症。在黑龙江畔长大的寿山，对俄国的实力有较多了解，也从来不是一个莽夫，任职后即抓紧扩军和训练，但也知道提高军队素质绝非短期之功，是以一直隐忍不发。庚子变乱，他承诺保护铁路和俄方员工及家属。而当列强悍然击毁大沽口炮台，进攻天津，朝廷发布宣战诏书，寿山也决心率所部镇边军捍卫边疆，殊死一战。

光绪二十六年（1900）六月十二日，八国联军进攻天津的前一天，阿穆尔总督格罗德柯夫以保护铁路的名义，要求派遣数千俄军入境，经瑷珲、齐齐哈尔开往哈尔滨。寿山断然拒绝，命沿边各部做好战争准备。十五日，天津保卫战已经打响，大批俄国兵船顺江而下前往增援，寿山得知后下令拦截，发生了十八日在黑龙江上的冲突。俄方在左岸屠杀中国人，清军激愤之下，多次渡江援救和攻击敌军。而当寿山急奏朝廷，得到的却是"断不可越境构衅"，"防俄以固圉为务，不必越境图功"，"敌来则击，毋得贪功轻进，后来致费收拾"的一道道严旨，造成了缩手缩脚、被动挨打的局面。[27] 其实冲突开始时对岸的布市极为空虚，当局于数日间惊恐至极，生恐清军越江来攻，而清军只是零星打几炮而已。不久各路俄军赶到，形势顿时不同。

七月初一日，寿山调集重兵进攻盘踞哈尔滨的俄军，意欲先清除内地之敌。孰知敌人火力凶猛，清军遭受重大伤亡后不得不退守呼兰。沙俄厚集兵力，从瑷珲、同江、满洲里三个方向大举内犯，清军做了英勇抵抗，但军队武器装备尤其军官的指挥才能相差太远，致使很快失利溃散。如海兰泡一路，俄军先派出几艘炮艇在瑷珲一带江面来回游弋，清军以为敌人要登陆，集中炮火猛轰，岂知俄大股部队已在上游渡江，向黑河屯防线发起攻击。清军大部隐藏在离江岸三四里的树林中，江边战壕中仅留少数瞭望哨，待发现哥萨克骑兵，已经极为被动。又因多数是招募不久的新兵，来源驳杂，训练时为节省子弹很少用实弹，射击时显得盲目而低效，不少部队抵挡一阵便四散溃逃。最激烈的抵抗发生在瑷珲城，且看一个俄国随军记者的描述：

> 中国兵勇和中国居民无视于让他们放下武器的劝告，进行顽强的抵抗。几乎每幢房子都是经过战斗取得的。许多房子里，中国人都纵火自焚。在"和气的"中国人那里发生的事情，一般都不得不令人感到惊讶。其中有许多人表现为真正的英雄，如果他们的长官不是这样贪赃枉法和颟顸无能，把发给部队的给养粮饷全都中饱私囊，而让兵勇们自费穿衣、吃饭，那么俄国人攻克瑷珲所付出的代价远非如此便宜，可能不是攻克瑷珲，而是布拉戈维申斯克被消灭。[28]

所说清军的腐败是一种普遍的存在，寿山却并不相同，战事一开，他就捐出养廉银，甚至变卖妻室的金银首饰助饷，激励了军中士气，可也扭转不了大局。在此，不想也不忍详述俄军的嚣张入侵、清兵的节节败退了，三处战场都涌现出一些殊死搏杀的将领和士兵，可歌可泣，但更多的则是一触即溃。

七月二十一日，八国联军攻破京师，禁军溃败，大清皇室再次仓皇出奔，所不同的是这次逃得更远。慈禧太后再次领教了列强的厉害，命以光绪帝的名义发罪己诏，沙俄财政大臣维特的两次来电，将侵略东北的责任全部推到东三省将军头上，要求"停攻保路之俄兵"。此时寿山已接到军机处转发的议和之旨，先派幕僚程德全前往俄营，协商停战事宜，而俄军继续推进，已逼近齐齐哈尔。寿山慨然欲亲自前往敌营，左右及街上军民恸哭挽留，情急之下暗自服毒，将印信、王命、旗牌交付副都统萨保。萨保等忙用药灌救，半夜后苏醒，"自称辜负国恩，不能战，不能守，亦并不能与俄见面"[29]，嘱托萨保等人尽力保全百姓。次日晨，俄军发炮轰击出城转移的清军，城中大乱，寿山吞金仍不死，躺身棺材中，严令护卫开枪，终得一死，践行了"兵覆则死"的诺言。他本来是决心全家殉难的，也曾征得了夫人的同意，决定在杀死子女后同殉，而当他抱起八岁的女儿塞进水缸时，被属下苦劝解救，方改为自裁。

决意寻死之后，寿山即开始撰写遗折，断断续续写了好几天，详细记述对俄作战的过程，坦言已战无可战、守无可守、退无可退之境况，表示要以身殉国。他也奏报已派员与俄军议和，对方答应和平入城之事。为保存实力，寿山命令北路翼长恒玉、东路翼长袁庆祺各带所部官兵出省，以避免被俄军缴械。他还对黑龙江的恢复大计提出建议，那就是加大移民和开荒，尤应放弃限制关内汉人的偏见，"以七城之大，土地之沃，如果得人而理，不出十年，必能自立"[30]。寿山以己身为献祭，通篇无一字说到自己和家人。

恰恰就在这一天，流寓太原的光绪帝传谕将寿山和盛京副都统晋昌"开缺听候查办"。这当然是慈禧太后的意思，却不一定完全出于沙俄的逼凌，或也有"老佛爷"的脑筋急转弯。再过四天，又有谕旨：

> 此次京师变起仓猝，原由拳匪无端启祸，与东三省无涉。俄人夺取呼伦贝尔，实系寿山擅开边衅所致。该员业经开缺，听候查办。现在已派庆亲王奕劻、李鸿章等回京，与各国商议一切。切不可轻与开衅，致蹈寿山覆辙。[31]

呜呼！此乃寿山将军以死殉国的第四天。

注释

〔1〕 参见〔美〕芮玛丽《同治中兴：中国保守主义的最后抵抗》，"再版序言"，房德邻等译，刘北成校，中国社会科学出版社，2002年。

〔2〕 另一个伊格纳提耶夫。当年那个捣鬼有术的"小伊"仕至国务大臣、内务部大臣、步兵上将，此时已不再担任实职。

〔3〕 《清德宗实录》卷二八二，光绪十六年闰二月辛亥。

〔4〕 《清通鉴》卷二四七，第8002页。

〔5〕 《清德宗实录》卷二八四，光绪十六年四月庚戌。

〔6〕 《清德宗实录》卷二九五，光绪十七年三月丁丑。

〔7〕 《清德宗实录》卷三五一，光绪二十年十月丙辰。

〔8〕 《清史稿》卷四六一《依克唐阿传》，中华书局，1977年，第12723页。

〔9〕 《清史稿》卷四六〇《永山传》，第12710页。

〔10〕 《清德宗实录》卷三六二，光绪二十一年二月癸亥。

〔11〕 《清德宗实录》卷三四二，光绪二十年六月丁未。

〔12〕 〔清〕翁同龢《翁同龢日记》，"二十年六月二十五日条"，翁万戈编，翁以钧校订，上海辞书出版社，2020年。

〔13〕 参见《清通鉴》卷二五二，第8273—8286页，记述李鸿章被刺与历次谈判甚详，读之令人扼腕。

〔14〕 〔俄〕谢·尤·维特《维特档案》第一卷（上），第十章，李晶等译，李玉桢审校，社会科学文献出版社，2016年，第515页。

〔15〕 中国近代史资料丛刊《中日战争》第七册，第351页。

〔16〕 《维特档案》第一卷（上），第十章，第519页写道："因为据我所知其他国家，即英国、法国和奥地利都千方百计地想拉拢李鸿章，他们想让李鸿章先去欧洲再到彼得堡。我则相反，希望李鸿章在来我们俄国之前不到任何地方去，因为我很清楚，如果他先去欧洲的话，就会受到那里各国人物的各种阴谋诡计的影响。陛下同意了我的想法，责成乌赫托姆斯基伯爵前往迎接李鸿章，临行前乌赫托姆斯基找我详细商量了迎接事宜。"

〔17〕 关于李鸿章在俄谈判过程，《维特档案》第一卷（上），第十章中"李鸿章参加加冕典礼"部分记述甚详，参见此书第518—531页。

〔18〕 详细记述参见《维特档案》第一卷（上），第十章，第528—529页。

〔19〕 步平、郭蕴深、张宗海、黄定天编著《东北国际约章汇释（1689—1919年）》，《御敌互相援助条约》，第130页。

〔20〕 梁启超《李鸿章传》第九章，华东师范大学出版社，2015年，第203页。

〔21〕 《红楼梦》第七十四回，中国艺术研究院红楼梦研究所校注，人民文学出版社，1985年，第1055页。

〔22〕 参见孙蓉图修、徐希廉纂《瑷珲县志》卷八《庚子俄难》，台北成文出版社，1974年，影印本，第317—332页。

〔23〕 〔日〕石光真清《谍报记》，《黑龙江上的流血悲剧·一个刽子手的自白》，赵连泰、靳桂英编译，吉林文史出版社，1989年，第29—30页。

〔24〕《谍报记》,《黑龙江上的流血悲剧·布拉戈维申斯克7月16日的大屠杀》,第26页。
〔25〕[俄]基尔希纳《攻克瑷珲》,第二章,郝建恒译,商务印书馆,1984年,第27页。
〔26〕《明史》卷二五九《袁崇焕传》记载:"崇焕无子,家亦无余赀,天下冤之。"
〔27〕《清德宗实录》卷四六六,光绪二十六年七月癸卯、乙巳。
〔28〕《攻克瑷珲》,第五章,第106页。
〔29〕故宫博物院明清档案部编《义和团档案史料》上册,中华书局,1959年,第545页。
〔30〕参见《寿山将军遗疏》,转引自孙文政《寿山传》,黑龙江教育出版社,2013年,第114页。
〔31〕《清德宗实录》卷四六九,光绪二十六年八月壬辰。

第二十一章　恢复何艰难

北京被列强占领之际，朝臣殉难者甚多，其中就有已授为黑龙江将军的延茂，阖家自焚而死。在此前的甲午之战中，也有几位清军将领自杀，如北洋水师提督丁汝昌，历经挫败，朝野一片骂声，仍强撑着指挥舰队御敌，在威海港陷落之际选择自杀。黑龙江将军寿山的情形近同，死的过程更为惨烈。而误国殃民者当以慈禧太后为最，据说她在城破之际曾穿上宝衣要赴水，即便有此事，怕也就是做个姿态而已，否则数千里西行路上，哪儿死不得呢？

这次侵华战争带来的创伤，除了京津，以东北的黑龙江最为惨痛，恢复也最为艰难。在所谓"八国联军"中，投入兵力最多的是日本，其次便是俄国，如果说英美法等国有点儿七拼八凑，德奥意人数甚少，日俄所派皆精锐部队。两国对我东北的觊觎由来已久，此后未几年便由暗夺演为明争，在辽宁之地大打出手，学乖了的清廷袖手旁观，全不顾惜平日总挂在嘴上的"子民"。

一　千回百折程德全

"千回百折，亮节清风"，是慈禧太后召见程德全时对他的褒奖之语。那时已是光绪二十九年（1903）秋，从外国公使夫人口中，老佛爷得悉程德全在对俄交涉中的英勇无畏与惨淡艰辛，温言询问江省（即黑龙江将军辖区）的恢复之计，对其所言整体思路颇为赞许，也对寿山将军的死表示了惋惜。[1]

板荡识忠臣。

在东北,庚子之变又被称作"庚子俄变",指的是俄军乘机入侵和盘踞不去。当北路敌军攻破东大岭、捣毁墨尔根、抵达讷谟尔河的危急关头,奉命至前线督战的程德全见溃兵已无可收束,急函向寿山建议讲和,并只身赴敌营谈判。他不是乞降,而是质问在两国朝廷已同意和谈之际,为何还要进攻?俄军指挥官连年刚博夫辩称没有接到命令,并告知北京在四天前已陷落,"贵国皇上不知现在何处"[2]。程德全闻之如五雷轰顶,但仍神色不变,说两国协商非军人可知,应等待准确消息。连年刚博夫执意纵兵过河,程德全高声指责俄军屠杀平民,伤天害理,违反国际公法。他的气势令对方愕然,赶紧解释下令在瑷珲屠城的不是自己,并答应再等两天。此后程德全两入俄营,为阻止其发动攻势,毅然拔剑自刎,连氏急忙劝阻,并承诺将和平进入省城。俄军推进到城外扎营,翻译姜某诡称清军在城内设伏,加上分头转移出城的清军被俄方发现,以为是要迂回包围,即欲发炮攻城。程德全再次带翻译赶赴敌营,劝解不听,奋身扑向炮口,被俄兵强行拽开,后见清军并未回击,方停止炮击。将军寿山自杀后,俄军开进齐齐哈尔,程德全强忍悲愤,始终在敌营周旋,为的是尽量维持局面和保全百姓,并在混乱中将寿山的夫人子女数十口安全转移,却顾不上自己的妻子儿女,很长时间内家人下落不明。

找到代理人,建立伪政权,是侵略者通常采取的路数。还在进攻齐齐哈尔之前,连年刚博夫就对程德全的胆识、能力颇为看重,请他署任黑龙江将军,被严正拒绝。占领省城后更是软硬兼施,逼他接管将军印信,程德全情急之下跃入江中,连氏不再以此相逼,也愈加敬重。不久后连氏随军撤回,齐齐哈尔处于俄军管制之下,程德全受副都统萨保之托拜会占领军长官干密丹,交涉相关事宜。干密丹敬佩其气节才能,也意识到此人留下将对俄方不利,骗称应到富拉尔基找更高一级官员商议，随即派兵护送前往，实际上是要把他送往赤塔关押。程德全被迫北行，至扎兰屯遇到四名俄红十字会人员，交谈之中，欣然为之写推荐信，也讲述了省城民众的凄惨现状，引起很大同情。至海拉尔天已大寒，因病住进医院，还是红十字会人员出面协调，才将之放回。

时萨保在齐齐哈尔支撑残局，对程德全很信任，奏请予以三品衔、总理黑龙江善后事宜。俄方也佩服其铮铮铁骨，遇有协商之事，大多给以通融。他曾赴哈尔滨会晤俄总督，"妥议戢兵安民振兴商务各事宜"；曾出面向道胜银行借款，在上海购办货物，促进贸易和商业，使百姓渐渐复苏，所有盈利自己一分不沾。吉林将军长顺趁他出差经过时竭力挽留，委托他办理三姓城善后交涉。那也是一座东北重镇，"庚子俄变"后被俄军占领，又有马匪出没，民不聊生。程德全尽心尽力，一待就是两年……

在这种情势下与敌方周旋，很容易被千夫所指，被骂为汉奸。但我们也看到，只要持心诚正，有气节风骨和为国为民办实事，终能得到广泛认可。程德全就是如此。寿山临终前的举荐，萨保在危难之际的倚信，长顺的截留重用，也包括那些外国公使夫人的夸赞，引起刚经历沧桑巨变的慈禧太后的关注。她在召见前已决定将程德全破格晋升为道员，发往吉林任职。接见之后，慈禧觉得黑龙江更缺得力之人，经主持总理各国事务衙门的庆亲王奕劻提议，再升程德全为齐齐哈尔副都统。慈禧太后与光绪帝对之又有两次召见，询问边情，对俄人操控东北政局的状况不无忧虑，甚至担心他无法抵任。德全说洋人干涉内政，很多时候是由于一些不肖之徒的钻营，为谋求官职走洋人的路子，对方也借以越俎代庖。他举了吉林的例子：去年滨州厅出缺，也有洋人说情，将军长顺不但不准，还将那个钻营者借事罢免，此后再无此类事情。

朝廷的担心是因俄方已放出口风，不希望程德全到任。此前绰哈布被任命为黑龙江将军，俄人不加认可，就不敢前往赴任，一直在外边等着。程德全则毫无畏惧，于寒冬腊月毅然登程，经过沈阳时奉天将军增祺也告知俄方不予承认，有很大凶险，建议他暂缓前行。德全反而直接赶往俄方高官和铁路高管聚集的哈尔滨，秉持坦诚务实的姿态，很快就赢得较多的尊重。俄方主官还是找出种种借口，阻挠他去齐齐哈尔，那些小把戏难不住精强明练的程德全，见招拆招，斗而不破，终得顺利到达齐城。其时已是光绪三十年二月，他与内外受力、焦头烂额的署将军萨保相会，共叙离情。两个月后萨保离任，再过一年，有旨命程德全署任黑龙江将军。

沙俄军事占领之下，不管是署副都统还是署将军，都像一个维持会长，身旁（或曰脑袋上）有颐指气使的俄人，动辄干涉。程德全在危局中竭力收拾旧山河，既有全局视野，又一件事一件事地认真办理，苦心孤诣，重在一个"争"字：争路权，争航行权，争金矿、煤矿的开采权，争税权。这些本应在中国政府的管辖之下，属于内政，但由于外军的占领，加上一个凌驾于清朝官府之上的中东铁路机构，无一不需要交涉斡旋。欲壑难填是所有殖民者的天性，沙俄早有吞并东北之心，清方的许多合理要求都被搁置或蛮横驳回。千折百回，也是程德全在黑龙江施政的真切写照，没有一份执着和韧劲，真的就什么事也做不成了。

二　一个战胜国的"十年隐忍"

程德全署任黑龙江将军之际，日俄之间已战云密布，这是"三国干涉还辽"埋下的仇恨，更是两个侵略者为争夺中国土地的飞扑撕咬。日本被迫吐出到口的肥肉，又眼睁睁看着俄舰开进旅顺口和大连港，恨意弥漫，开始了所谓的"卧薪尝胆"。[3] 这是日本人从天朝的"舶去品"，也是一个民粹主义和军国主义色彩浓重的口号，由著名时评家三宅雪岭提出，发表在畅行于坊间的期刊《日本》上，带引出举国上下的对俄复仇意识，上紧发条，厉兵秣马。

日式的"卧薪尝胆",在日本近代史上又称作"十年隐忍",乃指1894年到1904年。此前还有一个咬牙忍耐、终得一逞的十年,指的是1884—1894年,日军支持朝鲜开化党发动甲申政变,国王向驻扎清军求救,帮办朝鲜军务的袁世凯毅然发兵,攻入昌德宫,与日军激战后敉平叛乱。日本有人主张乘机发动对华战争,首相伊藤博文认为动手过早,反不如隐忍不发,"多建铁路,赶添海军"。彼时日本经济总量很低,无钱购买新式舰船,明治天皇为此减膳撤乐,声称一天只吃一餐,并从皇室经费中拨出三十万日元,充作造舰费。伊藤博文等大员也纷纷捐献,在全国范围内宣传鼓动,大力集资以扩充海军。待十年后日方悍然挑起甲午战争,军事实力已超越清朝,结果我们很清楚,那是一个日本的强国梦,也是北洋水师与清朝的一个巨大噩梦。

被沙俄等逼迫退出辽东半岛时,从日本内阁到军中激进派都有人主张对着干,冷静思量后还是忍了下来。日本将之视为又一个"十年隐忍"的开始,不是从撤出辽东的1896年,而是从对华开战的1894年算起,与前一个十年相连接,用心一望而知。从中国勒索的巨额战争赔款,为其推进新的"十年振兴计划"提供了较多的资金保障,日本政府颁布货币法,建立金本位的金融体制;提出工业立国的政策,推动产业革命,大兴钢铁和造船业;同时重视兴办教育,新建京都帝国大学……而其最大的投入在于军队,实施"甲午战后经营":陆军由原来的七个师团扩编为十三个,并针对在中国大陆的作战需要,另增编制独立的骑兵和炮兵旅团各两个;海军的"六六舰队计划"更庞大,以六艘一万两千吨至一万五千吨的战列舰与六艘一等巡洋舰为主力,意在超越沙俄太平洋舰队的实力。在与英国结成同盟后,这些战舰逐渐购置入列。十年之间,日本的军费开支每年都达到总预算的40%至50%,以至于不得不提高税收和发行公债,举国进入一种孤注一掷的状态,即"国运相赌"。

还在甲午之战之前,日本就有计划地往大东北,也包括黑龙江两岸派遣间谍。如记述海兰泡大屠杀的《谍报记》作者石光真清,就是日本陆军总参谋部的大尉,潜入布市一个哥萨克大尉家中,住了半年多,后来又到哈尔滨开设照相馆,日俄开战后一变为第二军司令部副官,的确可以称得上"知己知彼"了。黑龙江两岸的每一个城市都有日本间谍,以各种身份作掩护,拼命搜集情报。这个"拼命"并非一般意义上的形容词,而是经常发生的实景,要知道俄方并非全无警惕,捉到日本间谍后也是心狠手辣。日本人在远东各地开了不少妓馆,光一个布市就有日本妓女二十多人,有派遣的谍报人员,也有日谍发展的眼线,还有一些不在组织或外围组织的,也是一心要为大日本帝国效力。石光真清在书中写了在瑷珲开货栈的花子,嫁给一个当地"马贼"的头领,"庚子俄变"后辗转到哈尔滨找他,自愿要为祖国做密探。

说到日本的间谍网络,不能不提到享有"日本情报战之父"称号的福岛安正,不能不提他的一人一骑穿越西伯利亚之旅。此人出生于一个没落武士之家,十三岁入军校接受西式教育,既拥有过人的语言天赋,又极为刻苦,能熟练掌握英、法、德、中、俄五门外语,还将英人威妥玛编的北京话课本《语言自迩集》改写成《四声联珠》,用来培训日本谍报人员。福岛曾主动请求到中国进行情报侦察,扮作华人遍历上海、大沽、北京、内蒙古等地,历时五个多月,回国后整理成《邻国兵备略》《清国兵制集》上报。他认为清朝的致命弱点在于公然行贿受贿,上自皇帝大臣,下到一兵一卒,无不如此,堪称不治之症,并断言:如此国家根本不是日本之对手。1887年,福岛安正出任驻德武官,一待就是五年,详细考察欧洲各国的概况,尤其关注沙俄兴建西伯利亚大铁路的计划,认为是其打算大举东进的信号,遂决定要沿着规划中的铁路线做一次实地侦察。福岛心机深沉,将刺探机密的计划巧妙包装,宣布与一个德国军官打赌,要在冬天单骑穿越整个西伯利亚,西方探险家嗤之以鼻,而他则在1892年2月从德国启程,骑着一匹名叫"凯旋"的马,冒着零下20摄氏度左右的严寒北上。这就是当时备受关注的"万里走单骑"。事出反常必为妖。俄方没有那么傻,也是暗下里处处设防,而福岛兜里装着一本美国人编写的《士兵手册》，知道怎样伪装和如何窃密，一路还是搞到了不少军事和经济情报，利用日本驻俄使领馆，源源不断地发往国内。进入东西伯利亚时冬天再次降临，最冷时竟达零下50摄氏度，当地人也几乎不外出，福岛却在冰封雪覆的旷野上坚持前行，终得抵达黑龙江，经过布市转入中国，又用约两个月时间在黑吉两省穿行，最后到达终点站海参崴。在历时约五百天的欧亚大穿越中，福岛换了八匹马，行程约一万四千公里，艰苦卓绝，一举而世界闻名，搞得疑心重重的老毛子都怀有敬意。福岛返日后万众欢腾，受到睦仁天皇的接见和宴请，成为"卧薪尝胆"的典范和坚忍的象征。他曾说"人最重要的就是要能克己忍耐"，在危难之际以此自励。

　　不到一年后，日俄战争爆发，福岛安正受命主管谍报系统，建立了一个立体的情报网，是为日军克敌制胜的第二条战线。再后来，福岛晋升为陆军大将，并主持日本殖民机构关东都督府。一个战胜国的"卧薪尝胆"，不独给沙俄带来惨重教训，更带给宣布中立的清廷（暗中则给日军帮了不少忙）以割地之痛。其实沙俄对交战也做了大量准备，为太平洋舰队采购新式战舰，抢修西伯利亚大铁路，向远东昼夜运输军队物资，但赶不上对手的持久和充分，也比不过其谍报手段，是以在海陆两个战场皆大败亏输，轮到他们去卧薪尝胆了。

　　最应该卧薪尝胆的不是慈禧太后吗？庚子之变的逃跑途中，她也有不少反思，最有名的句子则是"量中华之物力，结与国之欢心"[4]。这是光绪帝所发"自责之诏"中写的，又只能是慈禧本人的意思，弯子转得也算不慢。

三　交战与交涉

　　曾读过一首日本明治时期的寮歌（校园歌曲）歌词，名叫《黑龙江

的流血》,创作于"庚子俄变"发生后,第一段为:

> 黑龙江水血成河,恨意难消冻如冰。
> 二十世纪东北亚,风雨飘摇恶浪生……

沙俄军队在海兰泡和江东六十四屯的血腥杀戮,在黑河屯和瑷珲的屠城暴行,引起各国谴责。而两岸都有不少日本侨民目睹华人惨状,或随同中国人一起逃难,感受尤为强烈,传至国内,催生了这支凄切哀伤的歌。

轮到日本政府逼沙俄撤军了,参与施压的还有英美等国,共同对俄交涉。沙俄官员奇招迭出,签署了从中国撤出的条约,又找出各种理由拖延,而且在辽东半岛坚持不撤,中东铁路的护路军反而更加强。哈尔滨迅速发展成一个中心城市,五方辐辏,间谍蚁集,以日谍最多,也有英德等国的,却不太影响老毛子的主人公心态:地标建筑是俄人兴建的铁路局与车站,驻扎的是哥萨克马队,在街上晃悠的是白俄警察,使用的是号为"羌元"的卢布……令对大东北觊觎已久的日本人看在眼里,怒在心头。

1904年2月8日深夜,擅于也精于偷袭的日本海军对停泊于旅顺港的沙俄太平洋舰队发起攻击,三艘俄主力舰受创严重,日俄战争爆发。战场主要在辽宁之地,哈尔滨则笙歌依旧,大量运载俄军与军械辎重的列车经过这里,沿中东铁路开往前线,更刺激了这座城市的繁荣,索菲亚大教堂的前身——东西伯利亚步兵第四师的随军教堂,也正在扩建过程中。

日俄由交涉演为交战,而清俄则由交战变为交涉。中东路政的管理机构就有一个铁路交涉局,由双方派员组成。当时的中方总办叫周冕,一个擅于与俄方打交道的能员,主持过漠河金矿,"庚子俄变"后深得将军萨保倚信,委以铁路重任,那份令程德全痛心疾首的出让铁路两侧包括河畔森林的协议，就是此人擅自签署的。日俄开战，清廷宣称中立，实则对不守密约、强占东北不退的沙俄切齿痛恨，而周冕则积极帮俄方购办军粮，甚至把自己名下的一栋洋楼捐给俄红十字会，被当地俄文报纸大肆宣扬。他对程德全颇有敌意，对将军衙门要求核算和上缴垦务收入、交涉经费等，一直磨磨蹭蹭，以各种理由拒不上缴。

还是在京晋见时，慈禧太后就提到有人举报周冕，程德全以其确有些才华回应，到任后发现他的许多贪污线索，奏请将之撤职查办。[5]主办此案的是宋小濂，当年李金镛兴办漠河金矿的得力助手之一，后因母亲去世还乡守孝，此时被程德全罗致于麾下。而漠河金矿自袁大化在光绪二十二年初被劾离开，由周冕接办，第二年即被举劾，经上级主管北洋大臣裕禄查明亏空公款十七万余两银子。周冕长袖善舞，刚被北洋衙门革职，就受黑龙江将军恩泽委任为木殖公司总董，接着署将军萨保又派他办理铁路交涉。这一次也是如此，就在黑龙江将军衙门对其逐项审查期间，外务部发来电报，说周冕由于捐银资助练兵，已得旨"交部带领引见"。这就是周冕，几乎在每一个位子上都手脚不干净，又抓不住真凭实据。以他的出手阔绰，既向俄国机构捐楼，又对朝廷练兵捐银二万两，若说没有贪污，真是鬼才相信。而此人就要晋京面圣、要升官了，程德全等实在是气愤不过，写了一道弹劾周冕劣迹的密奏，附以周冕的亲口供词以及由宋小濂为主笔的批驳，送往京师。这是一份厚厚的卷宗：周冕共有九篇"亲供"，对所有指控一概否认，并附录了大量原始文件做证；比较起来，宋小濂主稿的驳议虽大义凛然，却显得空疏无力。"两宫"哪有耐心读完这份数万言长卷，批了个"外务部知道"了事。而不久后，周冕就堂而皇之地到直隶履新，剩下一大堆麻烦，由继任交涉局总办的宋小濂接手拆解。

在漠河金矿担任李金镛助手时，宋小濂就留心学习怎样与外国人打交道，学会了据理力争，但此时的局面更为险恶，俄人更为傲慢。俄方总办霍尔瓦特拿着与周冕签订的购地、伐木合同说事（将铁路西北段两侧各三十五里、东南水路呼兰及浓浓等河两岸林木，划归铁路公司管理），坚执不肯修订。以霍尔瓦特的经验，清方一定会让步，谁知宋小濂软硬不吃，双方相持不下近两年，举行过很多次会晤，终于达成共识，废弃前约，逐一改订三个合同，争回了大部分利权。

当时更急迫的问题是边界，瑷珲和黑河屯等已被俄军占领，额尔古纳河边卡也是形同虚设，大量俄人越界而来，开荒种地，放牧打草，四处挖矿，甚至建起了房子，兴办起磨坊。早些年就出现过此类事件，而今在俄军入侵之后，堪称愈演愈烈。又是宋小濂临危受命，出任呼伦贝尔兵备道，毅然前往。他亲自带人踏勘约一千五百里的国境线，写成《呼伦贝尔边务调查报告书》，对于疆界、民族、山川、地质、气象、矿业、物产，以及边防、交通、通信，分类开列。宋小濂视野开阔，思虑周详，不光关注沿边卡伦的实况，还特别注意考察对岸俄国村屯的分布，对其户口人数、相距里数一一列表汇总，写道：

> 沿边俄界村屯，共大小四十六处。立屯之始，即在中国设卡之年。惟彼国经营不遗余力，故能星罗棋布，鸡犬相闻，以视我界千余里，蔓草荒烟，渺无人迹，未免相形见绌。[6]

额尔古纳河边界如此，黑龙江和乌苏里江也是如此，彼岸村镇密布于边境线上，此岸村屯则离边界唯恐不远，形成了鲜明对比。宋小濂的沿边考察走了差不多半年，至三江汇合处，船只很难溯流返回，干脆绕道俄境，乘火车经石勒喀、尼布楚、赤塔回到满洲里，一路上观察和记录俄军的布防、训练情况。让他深为遗憾的是时间短促，只能沿着边境线匆促察看，未能走透，而我们知道，在黑省官员中也是仅此一例了。

在此之后，宋小濂提出了一整套振兴措施，包括整顿卡伦、创立学校、调整税收等。正是由于实地踏访，悉知沿边俄民不越界将难以为生，他对于持续多年的边界纠纷换了个解决思路，通过与对方沟通，制定了《俄人越界割草章程》《俄人越界牧畜章程》《砍木凿石章程》，允许俄人过江谋生，但需照章缴费。应也算一种改革开放措施吧，经此一变，摩擦减少了，税收增加了，界内经济也渐渐复苏。而对俄方割占满洲里的图谋，宋小濂则直接怼回去，寸土不让。

沙俄于庚子年侵入后，漠河等金矿多被占领和抢夺，交涉收回的过程一波三折，程德全极其慎重，也极其坚定。光绪三十二年（1906）十月，沙俄驻华公使璞科第突然表示愿意交出漠河金矿，催促清方派人接收。此时金矿经过数年的掠夺性开采，已经败敝不堪，而俄人勾结金匪，治安也出现大问题。程德全将接收漠河金矿与恢复边卡结合起来，派出一个步兵营前往漠河驻防，俄方竟不许搭乘轮船，说要由清政府与俄国公使达成协议后才可以，折腾了很久，总算得到许可。程德全等深受刺激，决心兴办自己的航运公司，而那又是一番艰难交涉……

四　重建瑷珲城

劫后黑龙江恢复大业的重中之重，是重建瑷珲城。该城长期被叫作黑龙江城，曾是将军衙署驻地，是清朝在黑龙江畔的唯一重镇，拥有两百多年的历史与数万居民，商铺林立，而在"庚子俄变"中被焚为灰烬，只剩下一座魁星阁。程德全抵任后所上《条陈六事折》，第二条为"瑷珲难民亟宜安插"，曰：

> 查该城户口共七万余人。庚子之变，俄人以兵燹入江中及二十七八两年瘟疫病故者，几去其半。转徙流离，深为可悯。该城自兵灾后，城市村屯，焚毁净尽，然地亩犹存。俄官屡次照会，催令归业……[7]

昔日繁荣的瑷珲城几乎成了无人区,对沙俄的形象和利益都没好处,以此占领军首领致函清方,希望老百姓回乡谋生。光绪二十九年,署将军萨保即派协领桂升带兵百名回瑷珲招抚难民,另派精通俄语的骁骑校存喜协助办理交涉。岂知存喜到后专干巴结俄人、剥削同胞的事情,致使很多人不敢还乡。他还经常跑到省里要经费,到手则任意挥霍。程德全抵任后得知实情,改派奎庆等前往,命桂升带着存喜回省任职。孰知存喜先是拖延不办交接,尔后又唆使俄方派兵驱逐,勒令奎庆等立刻离境,后来经过反复交涉,才算得到俄方的同意。存喜之事绝非个案,俄军占领期间,"稍通俄语者,类皆肆意妄为,久已诛不胜诛",程德全请旨将存喜正法、桂升革职流配,极大地震慑了媚外辱国之风。[8]他还多次对瑷珲主官做出调整,先是将性格软弱的额勒精额调走,换上火器营参领春山,又发现春山年逾七十、体弱多病,奏请从吉林调来鄂龄,从奉天调来姚福升,正是这两个人的尽心料理,让瑷珲的生机渐渐复苏。

光绪三十一年岁尾,鄂龄接替春山,次年五月赴任,应是五年来第一个回到瑷珲的副都统。善后局筹办了十万两银子的牛粮籽种,也有不少流寓省城的瑷珲人随之返回。抵达后见"荒草满地,房宇无存",只得暂居城西三家子屯的民房办公。此时日俄战争已经结束,沙俄在失败后有所收敛,而仍未从瑷珲撤军。鄂龄在巡查时发现俄人已在规划自己的商业圈,"旧城内外有俄人所竖木牌。核计四至,东西宽八里,南北长十六里,将城基全数包括在内",压根儿没有给这块土地的主人留下余地。鄂龄立即与驻扎黑河的俄方长官浦穆特展开交涉,经过"迭次力争",始得将圈地木牌撤去。[9]鄂龄还逐屯逐户普查,分别极贫、次贫予以救济,安定了民心,也着手对重建瑷珲城进行测量和规划。当年岁尾鄂龄因丁忧离职,姚福升接任,据县志记载他是在三十三年正月初八到达三家子屯接印的,也就是说大年初一也在赶路中。这里能看出程德全选人之准,也是瑷珲人的福气,走了一个能干的,来了一个更能干的。

姚福升出身吉林汉军旗，幼年家贫，仅读了四年书就被迫辍学，在吉林将军衙门当差十年，仍坚持读书，做过几年汉文教习，入水师营任职，又被调至奉天将军衙门文案处。程德全久闻其名，奏请调来主管善后局，再命往瑷珲接替鄂龄。形势依旧严峻，俄兵嚣张，土匪猖獗，当地居民逃避外乡已六七年，不独瑷珲城房舍店铺荡然无存，各屯土地也多被越界而来的俄人占作菜园。姚福升亲自带着译员和差役逐户清退，一一发还原主。

更重要的是主权之争。此时已到1907年，经过多次交涉，俄方总算在6月间撤军，却坚持要在瑷珲市中心占一块地方。布市官员古思敏却又发来照会，声明当初与鄂龄协商拨去圈占旧城木牌时，议准将瑷珲城附近"由魁星楼北起，顺江沿至头道沟南止"，南北长计俄里约二里六分余，自江沿向西行东西宽计俄里一里七分余，圈作俄埠地基，绘具图说，请即发给前来[10]。姚福升仔细看了俄方送来的地图，见其将一部分城址与商业区、码头皆包括在内，询问相关人员，得知虽有此议，但并未达成一致意见，即行驳回。古思敏多次来到三家子屯，宣称该事已经议定，双方还共同立下界桩，纠缠个没完。姚福升一面据理反驳，一面呈报外务部，并抓紧重建工程，当年11月副都统衙署落成。而外务部顶不住俄使施压，竟令酌情给俄人划拨一块商业用地。姚福升也有办法，通知俄方将在头道沟以北设一个沙俄商业街，古思敏不干，再次争执不下。这事再一次闹到北京，俄使散布舆论，说黑龙江巡抚、东三省总督乃至朝廷都同意瑷珲开埠，就一个姚福升偏执己见，不肯拨地。此时东北由徐世昌主持，降为巡抚的程德全已生退意，也有不少人劝姚福升妥协，免得危及自身。姚福升表示一己得失无所谓，不能让俄人得寸进尺，侵害国民财产。明明是图谋侵占，俄使却说得冠冕堂皇，声称是"互换利益"；姚福升抓住这一点，照会古思敏，要求在布市太子门以上地段拨给中国做商埠码头，并设领事管理，俄方自是不肯，此事也就不了了之了。

为政的关键在于养活细民。瑷珲既有战后回乡的民众，又有江东六十四屯的难民，为妥善做出安置，姚福升派人清丈土地，计口授田，渐渐使生活恢复正常。废墟上又兴起一个新瑷珲，有新规划的街道店铺，有新式学校以及一所女子学校，甚至开办了"引痘公局"。那是一个动荡混乱的年代，是一个危险凋敝的地方，办成任何一件事情都不太容易，而姚福升毅然任之，将生死置之度外。"庚子俄变"中黑龙江官军大多溃散，乱后恢复建制，而鱼龙混杂、兵匪勾连，发生了多起兵变。三十三年十一月，临时驻在瑷珲的中军左营（就是那个派往漠河金矿的边防步兵营，因俄方不许搭乘轮船暂留瑷珲）突然哗变，参与者竟达一百八十余人，杀死管带和哨长，抢去军中枪械银两，乘夜呼啸而去。[11] 这是一起严重的叛乱事件，乱卒冲向三百里外的墨尔根，却没有去抢劫近在咫尺的瑷珲城，或许是出于对姚福升的敬重。

上任时的姚福升已年逾六十，在瑷珲重建略有眉目后，即亲率随员乘船沿江考察，上自额尔古纳河与黑龙江交汇处，下至通河河口，踏勘两千余里山川形势，设想长远的安边和富民规划。辛亥革命的第二年，姚福升由副都统改任黑河兵备道，衙门迁往与布市相对的黑河，以年迈多病辞职，一年后获准。他本来打算回到吉林原籍，瑷珲各界人士闻讯赶来诚挚挽留，遂回到那个安静的小城定居。

五 "六十四屯遗迹在"

今天的爱辉城有一座著名的历史陈列馆，进入院门，可见通向主楼的路旁草坪上依次排列着大小不一的石块，石上以朱墨题写某某屯，沿路共有六十四个不同的屯名，代表着也纪念那永难回归的"江东六十四屯"。笔者曾沿着这条"屯路"缓缓而行，恍惚进入时间隧道，盈耳皆是枪炮与嘶喊啼哭之声……

江东六十四屯位于黑龙江左岸（因大江在这里转折南趋，又称东岸、江东），康熙间兴建的第一座瑷珲城便位于其区域内，在今俄维笑勒伊村，首个黑龙江将军署在焉。建城之同时，康熙帝谋划久远，命踏勘周边肥沃之地，屯田戍边，既有驻军携带家眷的军屯，也鼓励原居江左的达斡尔等部族返回故土，开拓田园。康熙帝深知此举关乎边境的长治久安，钦派户部侍郎常驻督办，将屯垦田亩与收成纳入官员的考核指标，兴盛之时，海兰泡甚至更远的额苏里等左岸地方都有屯落。一年后将军衙门迁至右岸，原城设城守尉管理，旗屯数量仍在不断增加，记载中有"二十八屯""三十余屯""四十八屯"等说法，正可见出此地拓垦的发展之迹。1881年俄当局做过一次普查：中国臣民达一万四千人，其中汉人八千六百人，满族四千五百人和达斡尔族九百人，共一千二百多户。那时清朝的城守尉已不复设置，但江东华人与祖国的联系依然紧密，各屯有屯长，五六个屯子设总屯长，遵从瑷珲衙门的指令，负责征兵和缴纳官粮等项，居民编入满洲八旗。各屯儿童可入私塾学习，课本为儒家经典，稍长就到对岸入学，青年人满十八岁后，也要到瑷珲进行定期的骑射训练，表现优异者编入清军。

江东的满汉屯落，占地长约一百四十里，宽约四十至六十里，被沙俄当局视为肉中刺。他们很难容忍这块飞地的存在，早在庚子俄难之前，就明里暗里使出各种招数，以求渗透、挤压和分割。《瑷珲条约》规定江东"原住之满洲人等，照旧准其各在所住屯中永远居住……俄罗斯人等和好，不得侵犯"。而签约未久，俄方就越过精奇里江设立哨所和屯垦，采取惯用的逼邻而处之法，步步蚕食。瑷珲衙门一次次过江交涉，双方划定中国村屯的界线并设立封堆，心知理亏的俄官会忍耐一阵子，不久又设法侵越。1883年9月，哥萨克强行将封堆内的吴家窝棚划在界外，瑷珲副都统多次交涉无果，精强明练的李金镛于四年后奉派前往谈判，以大量实证使对方无法辩解，然后开挖界壕，将吴家窝棚划在界内。而不到一年俄方又反悔，要求必须缴纳地租。清驻俄公使许景澄就此多次发出照会，坚持主权在我，俄方的图谋暂时没能得逞。1893年春天，哥萨克马队又闯入以酿酒著称的补丁屯，逐家搜索，将所有酒瓮酒窖砸烂，一时街巷"聚酒成渠"，数十户居民生计断绝。[12]1898年，俄方在江左旗屯借调查户口之名，企图强行征税，协领寿山派一哨官兵过江保护，竟被俄军强行缴械。[13]到了1900年夏天，沙俄当局大开杀戒，并借机将这块富饶的土地攫为己有，以阿穆尔驻军司令的名义张贴告示，宣布不许原来的屯户返回。

为了更多地了解实情，姚福升曾多次派人过江侦察，发现故地上已无一家华人屯户，而布市当局正向那里大举移民，迁入者大多为武装的哥萨克，即所谓军户。至1907年已有五百多家，1908年又迁入二百五十余家，还修建了一座东正教堂，以及一座磨坊。此岸数千难民有家难回，对岸则是老毛子肆意侵占，姚福升忧心如焚，多次交涉无果，呈请将军衙门与外务部出面。清外务部就此发出照会，并约见俄国公使，俄使的答复是：黑龙江东岸之地按照条约归属俄国，居住在那里的华人已经离开该地者，自然不能再享有地权，已将那里交给俄民居住，无法交还中国。明知左岸华人已被驱赶或杀戮净尽，却要说什么留下的屯户，会受到当局保护。

光绪三十四年春节期间，姚福升趁布拉戈维申斯克市长过江贺年之机，置酒款待，席间讲述了江东六十四屯难民的悲惨现状，希望归还中国故地，市长答应会请示上级。而过了几个月不见动静，姚福升再次发出照会，声明"我江东难户日久流离失所，无家可归，哀恳索还江东地方，以便及早归业"，而自己"触目伤心，实无词以对"，敦请不要再推诿。他还就俄方假借有约、索求"划拨通商地段"，转达了江东难户的质问："何以我江东地方，尚不据约如期交还？"[14]未能看到俄方的回应，推想必是一番搪塞之词。

列宁曾说过将废除一切对华不平等条约，苏维埃政府据此多次发布宣言，并写入1924年5月与中华民国政府签订的《中俄解决悬案大纲协定》。瑷珲人受到鼓舞,由省议员、瑷珲学校原校长陈连悦执笔,全县各界各族三十四位士绅联名,提交了《索还江东六十四屯呈文》,经黑龙江省议会审议通过,呈交国民政府外交部。这就是轰动一时的"瑷珲万民折",多家报纸予以刊载,后来也就没了下文。政权更替可以改变很多,却也难以改变对沦亡国土的管辖权。1926年两国曾就此举行过会晤,没有达成任何协议。

《俄中战争》的最后一章,记述1900年8月俄将格里布斯基率兵抵达黑河屯,先是举行感恩礼拜,接着就"宣告该地方为俄国领土"。另一位将军格罗德科夫的话更露骨:"今后黑龙江将是俄国内河而不是边界河,使得通过帝国最广阔地区之一的大动脉的自由和畅通无阻的航行得到保障。"[15]作者很了解那些个沙俄将军,在侵略者的脑袋里,想的是占领更多的中国土地,哪里有过退还江东六十四屯的念头。

在陈连悦之前,还有一位曾在瑷珲教书的边瑾,一个从内地来黑龙江的年轻学子,先是开办鄂伦春学校,后来受聘为瑷珲高等小学校长,痛愤江东六十四屯之失,慨然写成《龙沙吟》四首,兹录其第一首:

龙沙万里戍楼空,斑点离离塞草红。
六十四屯遗迹在,何人光复大江东?[16]

在很长时间内,这首诗被题作《龙江吟》,第三句亦改为"六十四屯今安在",说成是姚福升的作品。经过当地学者刘城、盖玉玲等人考证,始确定为边瑾所作,边氏后人还在数年前郑重将诗集稿本带回瑷珲。这件事令人感动,也能证明:对江东六十四屯牵肠挂肚的,不光是姚福升等有责任心和使命感的官员,不光"眼望江东先人坟墓"而痛愤欲绝的难民,也有流寓此地的读书人,有后此百余年间无数中国人。

2018年夏访问布市期间,笔者也希望去原江左旗屯的地方看看,导游告以一般不被许可,无奈在精奇里江口驻足眺望,江水浩渺,所见只有对岸高高低低的树丛。江东六十四屯遗迹，还会存在吗？

六　彼岸的革命

清王朝的灭亡，辛亥革命的巨大冲击力，到了遥远的边镇瑷珲已减弱，引人注目的变化是副都统衙门撤销，道署迁往黑河，曾经的会城瑷珲降格为县治。

接替姚福升的黑河道尹为张寿增，宛平人，北京俄文专修馆毕业，曾在铁路交涉局任事，深得总办宋小濂器重。民国二年宋小濂出任黑龙江省都督，即命张寿增署理此职。不管是在大清还是在民国，不管是谁来主政，也不管衙门设在瑷珲还是黑河，这里都是一处要地。而张寿增的不同之处在于三任黑河，每次离开之后，一遇到复杂局面，上上下下都希望他来主持。

张寿增在黑河的第一个任期仅两年多，致力于修理道路、安设邮站、整顿警察、兴办学校、惩治贪污，也对俄方侵凌华人的各种行径据理力争，赢得广泛好评，调升恰克图副都护，改为黑龙江交涉特派员。1917年俄国的"十月革命"爆发，其后相当长一段时间内，西伯利亚尤其远东地区是白军的大本营，也是协约国出兵干涉的基地。那时沿黑龙江左岸的阿穆尔铁路已经建成，大批日军和美军在海参崴登陆，数不尽的军械辎重堆积码头，源源运给盘踞在鄂木斯克的白军首领高尔察克，以供他"组建一支大军直捣莫斯科"。而革命的浪潮很快波及远东，普通军人、工人与农民早已对沙皇的统治深恶痛绝，纷纷起来建立苏维埃，布市的革命力量也积极活动。一场内战在彼岸打响，因为仅一江之隔，严重影响到黑河的稳定，省长鲍廷九急调张寿增再任黑河道尹。

布市的情形极为复杂：旧俄各种势力死抓住政权不放，布尔什维克组织在积极筹备夺权，受到革命思潮影响的工人和士兵纷纷投身革命，哥萨克武装则乘机胡作非为。此地还滞留着数千名德奥战俘，以及无处不在的日本间谍……那也是日本图谋乘乱扩张之时，在黑龙江两岸都有不少以妓院、客栈为掩护的日谍，老牌特务石光真清也重出江湖，回到布市掌管秘密机构，并协调赤塔、伯力、海参崴的谍报系统。1918年1月25日，阿穆尔省与滨海省召开联合政治会议，决定成立在列宁领导下的地方机构，遭到哥萨克联队激烈反对，而红色警备队随之组建，应者云集。1月28日，日本参谋本部的中岛正武少将潜入布市，听取石光等人报告情况，指出："现在沿海州已落入布尔什维克之手，阿穆尔州虽面临危机，但如果此地哥萨克崛起，沿海州的哥萨克也会与之呼应，东山再起。"[17]由于哥萨克的武器匮乏，石光特意赶到右岸，拜见张寿增予黑河驻军鄂双全少将，希望能提供一批枪支，被断然拒绝。石光又问到万一出现危急情况日侨可否来黑河避难，得到的回答是"欢迎，一切安排都有所准备"[18]。对俄国革命严守不干涉主义，是民国政府确定的原则，而黑河、瑷珲民众对沙俄深恶痛绝，大多从内心支持布尔什维克，张寿增亦如此。

在日本军方的秘密运作下，哥萨克武装推翻两省联合决议，抢劫了布尔什维克控制的军火库，并密谋暗杀共产党的领导人，但已难以阻挡强大的革命洪流。伊尔库茨克、尼布楚和海参崴都改变了颜色，赤塔朝不保夕，结雅金矿发生了矿工暴动，伯力也于2月5日被布尔什维克接管，大批红军正向布市赶来。布市官员与资方代表不断跑到黑河请求支援，遭到拒绝，转而求助于日本领馆，一位叫中山的大尉参谋当面对张寿增、鄂双全表示：中国现已加入协约国，对于俄国的事情不应袖手旁观，如不出兵，"即以手枪自戕旅部"，二人不为所动。

日方决心干涉俄国事务，见胁迫恐吓中方不成，即着手组织日侨义勇军，两岸都有日本人踊跃报名。当时居住在布市的华侨约七千人，黑河道尹张寿增紧急致函俄方，如不能保证其生命财产的安全，中方将采取断然行动，得到承诺，而沙俄当局已控制不了局面。3月9日拂晓，红军舰队开始轰击火车站一带，哥萨克与日本义勇军损伤惨重，三天后布尔什维克发起总攻，首先打开监狱，救出被监禁的领导者，进而全面夺取了政权。《谍报记》写道："监狱长及看守被红军杀死，全部犯人被劫走。市内陷入混乱，从各主要建筑物中向外射击，呼喊、怒号、悲鸣声和房屋倒塌、玻璃破碎声混成一片"，人们逃向江边，"在封冻的冰层上，成群结队的难民，扶老携幼蹒跚地向前移动。入夜，房屋燃烧的火光映红了黑龙江的冰面，到处枪声不断，暴徒趁火打劫，烧杀抢掠"。[19] 据说超过四十名资本家被从家中拉出来枪毙，"街里遗弃的尸体约有5000余具"。为保护华侨的安全，张寿增多次派员过江，在混乱中找到革命组织的负责人，得到"绝不损害华侨一切"的承诺。红军基本上说到做到，就连一些日侨也因"躲避在中国人家，伤亡者很少"。

布拉戈维申斯克的旧政权被推翻，红军很快控制了所有重要机构，多数德奥战俘也宣布支持革命政权。原来的市府、议会头头从冰上逃到黑河，大批哥萨克也溃散过江，临行前不忘把银库洗劫一空。中国军队严阵以待，命所有沙俄军人一律缴械才许登岸，"前后共下炮四尊、机关枪两杆、大枪七八百杆，军官解下臂缠符号"[20]。当晚俄领事带着一些军官来到道署，百般恳求发还少数枪支以自卫，甚至要决裂，张寿增坚决拒绝。石光大佐与一些日本义勇军也逃到黑河，中国军队虽未收缴日本人的武器，但严格加以管束。这次事件也造成大批华侨过江避难，再加上老毛子与日本人，多达八千余人，来源很是复杂，由于张寿增提前已有预案，没有发生人道主义危机。

黑河采取的"下枪令"与限令俄方原军政人员迅速离境等举措，消解了哥萨克的反攻图谋，得到布拉戈维申斯克革命政权的赞赏，也对稳定两岸局势起了重要作用。张寿增因势利导，很快与布市新政权建立起友好关系，提出收复黑龙江航行权的要求。通航本是中方天经地义的权利，可原来屡次提出，均被俄方刁难，此时再次提出，新政权的代表仍设法推诿。张寿增觉察到其主要是担心在哈尔滨的白军借机袭扰，做出郑重承诺,双方达成五条协议,中国轮船终于得以在黑龙江通航。其时布市新政权剥夺资本家财产,一些船运公司纷纷降价抛售,张寿增命人积极购买,很快形成了一支拥有二十多艘蒸汽轮船的大型船队,自此黑龙江上"中国商船往来如织"。

黑河边境的对俄贸易,向来以卖酒为大宗,当地烧锅物美价廉,洋酒难以匹敌,补丁屯事件的背后即有俄酒商的推动。俄阿穆尔州因哥萨克嗜饮烧锅,为保护己方利益,遂与黑龙江省签订互禁烟酒条约。张寿增则积极与俄新政权沟通,同时请求省府同意,撤销酒禁,给商家与百姓又打开一条活路。

七 庙街事件(上)

十月革命初期的俄国内战,由于协约国的干涉愈演愈烈,辽阔的西伯利亚不再宁静:鄂木斯克有高尔察克统率的白军,外贝加尔是谢苗诺夫匪帮,伯力一带是另一个穷凶极恶的哥萨克匪帮,急于返回祖国的捷克兵团也因突发事件与红军为敌,在西伯利亚大铁路上横冲直撞,而以德奥战俘为主、由德国军官指挥的国际联军则站在红军一边,远东各地更是一派血雨腥风。

1918年7月7日清晨,"突然发现大批哥萨克马队潮水般涌进黑河城",引起骚动,也使布拉戈维申斯克的革命政权高度戒备。两个月后,日本西伯利亚派遣军一个先遣连赶到,开始侦察渡江作战的地形。因为参加了协约国组织,中方应为进攻布市提供支持,但黑河驻军仍对哥萨克做出限制,不许他们携带武器上街。石光写道:"中国官界、军界,对布尔什维克还是持同情态度,在供应粮食、办理护照方面给予方便。对于长期深受俄国帝国主义侵略、威胁之苦的中国而言,反革命派当然是沙俄的余党。"[21]作为一个资深日谍和特务机关头子,他对当地的复杂局面很拎得清。

也是出于对革命党的同情,张寿增出面斡旋,在黑河召开苏维埃政权代表与反对派代表的和谈,结果是不欢而散。战火再次点燃,大量日军从伯力开抵,协助白军武装越江进攻,残忍杀害了布市的苏维埃领导人。日军大肆抢劫,"侵入教堂,抢走3幅神像","搜查扣押银行金条及民宅","将俄军用黄呢料以战利品加以扣押运走"[22],使老毛子也品尝到被占领的滋味。日本人对中方多有不满,由于张寿增镇定自若、处置得宜,从而化解了争端,黑河民众未受伤害,在布市的华侨也都平安。而就在此际,在黑龙江下游的庙街,也是因日军强硬介入苏俄内战,爆发为持续的交火和残酷杀戮,将停泊此处的中国海军舰队牵扯其中,演为中日外交上的一个严重事件。

那是中华民国新组建的"吉黑江防舰队",拥有江亨、利捷、利绥、靖安四艘军舰,是黑龙江历史上第一支中国的新型海军编队。[23]此乃北洋政府对东北局势复杂化的因应措施,也是加强黑龙江防卫和保护中方航运安全的需要,组建后即命赶赴同江一带设防。1919年7月,四舰自吴淞出航,经海参崴、鞑靼海峡、河口湾进入黑龙江口,于9月下旬抵达庙街。庙街,原为中国人居住的江畔屯落,俄据之后一度大肆兴建,在滨海省府迁往伯力后渐形萧条,而其战略地位仍不可忽视,中日在此地的领事馆都还保留。一年前,日本发表《西伯利亚出兵宣言》,随派出两个师团大举开进,表面上是应协约国的要求,实则早就对黑龙江抱有扩张图谋,就连远离阿穆尔铁路线的庙街,也派遣了陆海军驻守。

当地住有数千华人,第一次见到来自祖国的军舰,可谓欣喜异常!从热情的同胞口中,吉黑舰队获知黑龙江再有十天就可能封冻,即行溯江而上,行至伯力附近遭到俄军岸炮拦阻,同时获知江面布有水雷,不得已退回庙街,整个舰队暂泊过冬。日本陆海军在庙街自视为占领军,为白俄残部撑腰打气,实施高压管治,当地华侨,包括在江湾停泊的吉黑舰队也受其挟制。

民国海军的实力远不能与日本海军相比,以抵达庙街的舰队为例,双方虽都是四艘军舰,日军主力是三艘巡洋舰,黑吉舰队的旗舰"江亨号"为五百多吨的海防炮舰,"利捷""利绥"为浅水炮舰,"靖安"为运输舰。后三舰原属德国海军在华舰艇,中国向同盟国宣战后将其缴获,编入海军序列。停泊庙街期间,受命担任舰队指挥官的是"江亨号"舰长陈世英。他出生于福州一个世代簪缨之家,江南水师学堂第四期驾驶班毕业,武昌起义时任"海筹号"枪炮大副,毅然投身革命,数年后升任舰长。此时第一次世界大战已经结束,由于中日有一个"二十一条密约",《凡尔赛条约》竟将德国退还的青岛转交日本,引起了国人极大愤慨,学生运动风起云涌,海军将士大多也受到影响。

日军大部队开进庙街之际,红色武装避其锋芒,撤入周边森林山野。待侦知日本海军会在封江前撤走,只剩下一支人数不多的陆军与一个海军通讯队,红军游击队卷土重来,于1920年1月开始向庙街发动进攻。此地华人与朝鲜人一向备受白俄欺凌,革命爆发后积极支持布尔什维克政权,不少人加入了游击队。进入庙街后,红色政权将俘获的白军分子关进监狱,大批抓捕支持白军的富商等,同时也对驻扎的日军提出议和。"一战"结束后,协约国已无干涉俄国内政的理由,美英法等国的军队先后撤离,捷克军团也由海参崴乘船回国,只有日本迟迟不愿撤军,继续向臭名昭著的谢苗诺夫和卡尔梅科夫匪帮提供资助。聚集至庙街的红军武装约四千人,日军只有三百五十几人,是以一直潜伏爪牙,在忍耐中密谋反击,终于因红军要求他们缴械,在3月13日子夜突然动手,分兵数路,携带机关枪,攻打各处要害和监狱。

滞留庙街期间,吉黑舰队奉命保持中立,白俄与苏俄红军都曾来请求支援一些武器,陈世英均予以拒绝。日军的突袭给红军游击队带来巨大伤亡,就连司令特里亚皮岑也身负重伤,但经过反复血战,日军大部被消灭,只得收缩于日本领馆负隅顽抗。红军一时难以攻入,来找中国舰队借炮,陈世英与其他几位舰长商量后,决定卸下两门舰炮给他们,并提供了一百多发炮弹。[24] 有了大炮的游击队如虎添翼，轰开日军死守的营垒，日本领事与部队长官战死，残存日军和日侨悉数被俘。

驻庙街中国领馆副领事张文焕呈报外交部，称这次事件为"日军忽先开衅，复与彼战败北，日本领事、队长已死，日本男女千人所存无几"。[25] 他预测开冻之后，日军必派兵舰来报复，而红军队伍中约有七八百华人，报复行动难免殃及华侨。民国高层遂开始紧急运作，交通部下令哈尔滨戊通公司派轮船十艘接运华侨，赶在海口开冻、日本兵舰未到之前，由伯力将侨民接出，滞留庙街的中国兵舰同时撤离（因流冰所致，黑龙江河口湾开冻通常比内江晚约十天，故可赶在从鞑靼海峡而来的日本舰队之前，将庙街侨民与中国舰队溯江撤走）。戊通公司很快准备了阳湖号等大快轮船两只、大拖船四只，以及米面菜蔬等食物，于5月5日开往黑龙江下游，请求政府电令滞留庙街的吉黑舰队护送，并请西伯利亚高等委员会通告交战方，以免途中发生意外。孰知伯力一带江面情势极为复杂，日军占领了省城，郊区则由红军的江岸守备队控制，阳湖号等冒险前行，发现江面有不少水雷，只得停泊在伯力，等候上级进行协调。

八　庙街事件（下）

另一方面，闻知庙街事态紧急的日本政府忧心如焚，海陆援军分头出发，甚至动用破冰船，因冰层太厚而作罢。北部沿海州派遣队由津野一辅少将指挥，而多门次郎大佐所率之庙街派遣队（多门支队）则由库页岛一路北上，再越过河口湾登陆杀来。

1920年5月26日，红军游击队再次撤出，离开前将俘虏的白俄和日本人一律处死，死难日侨中有一百多名妇女儿童。这是一个惨案。海参崴《浦潮日报》披露说游击队为节省子弹，将俘虏押至江边，刺伤后再沉入冰窟。也有文章称当地华人、韩国人有很多参加了游击队，中国舰队也向他们提供了大炮，导致日军之败。日本国内一片复仇之声，给中国撤出军舰、接运华侨的计划蒙上浓重阴影。

北洋海军"海容号"巡洋舰此时正在海参崴，舰长林建章被任命为海军代将，在此地设立中国驻沿海州海军代将处，参与协约国的军事协调事宜。林建章深知事体重大，随即声明日报所载内容严重失实，并通过日海军官员交涉，要求该报予以更正。他还电请外交部关注此事，说日本国内传播更广，应令驻日使馆妥善应对。而日方联络员伊田告诉他，似有中国军舰供给红军武器的实证，日本国内为之民情愤激。林建章意识到吉黑舰队在庙街的危险，催促尽快撤出。驻日海军武官林国赓也积极展开沟通，但说日本国内对此事刊载很多，甚至点出相关军官的姓名，建议尽快查清事实，以便交涉和反驳。

6月3日，日军多门支队进入庙街，此地已不见活的日本人，但在搜索战场时发现一名日本军人遗留的日记，随即向报刊披露。6月8日，大阪《每日新闻》进一步渲染庙街事件，并将矛头指向吉黑江防舰只，说中国军舰曾炮击日本守备队，日军由水上还击，受到十二挺机关枪猛烈扫射，遂不支败退。《浦潮日报》也开始连载这本海军通信兵萩原福寿遗留的日记（从3月中旬至5月24日），内容包括日俄交战过程，也写到"（日军）所以蒙巨大之损害者，实因某国炮舰对我守备队施以炮击所致。我守备队一部分虽对之突击，然因受多数机关枪之猛烈抵御，终未成功"[26]。在庙街的华侨与吉黑舰队皆被日军扣留，通信也被切断，说是要等待调查结果。陈世英坚决否认日方的指控，命所部"生火亮械"，每日在甲板擦洗炮弹，严阵以待。日军不敢贸然动手，但封锁上下江道，不许中国军舰驶离。

中国驻沿海州海军代将处做出强烈反应，林建章请求海军部速派员前往庙街，探询各舰情形，以便为将来的交涉提供依据，同时建议外交部质问驻华日使，岂可仅凭一本可疑的日记扣押我舰只与官兵？在哈尔滨的吉黑江防司令王崇文也怀疑萩原日记"全系捏造",提出两条反驳意见:一是日本海军在庙街有一个通讯队,无线电消息灵通,如果我舰在冲突中帮助红军,为何不能提供通讯记录? 二是庙街战事爆发后,曾接到陈世英两次来电报告日俄冲突情形,提及红军希望中方将来证明是日军首先发动袭击,而他已婉拒,就连证人都不肯做,"岂有供给武器及开炮助击之理"?

日军抵达后即开始多方搜寻证据,昔日监禁之地虽经焚烧,墙壁上则留下刻画之迹,诸如"悲剧的历史""5月24日晚上的怨恨""监狱的面团""别忘了12:00 pm"等,其情可悯;除了萩原日记、某中尉的一封遗书,他们还收集了八名证人的供词,说明中国军舰确有炮击日军之事,另有四人证明中国军舰曾向红军提供大炮。中日两国都同意对庙街事件联合调查。日方以驻华使馆一等秘书花冈止郎为首席委员,陆军步兵大佐多门次郎、参谋本部陆军步兵少佐土肥原贤二、第二舰队参谋长海军大佐内田虎四郎等人为委员。中方以海军部副官陈复为首席委员,江防处参谋沈鸿烈、外交部参事王鸿年等为委员。"二鸿"皆精明干练,擅长外交和通晓日语,抵达庙街即多方搜集证据。王鸿年也秘密会见陈世英,得知所部不仅向红军提供了舰炮,也局部参与了对日军的作战,叮嘱他们赶紧修改军械日记簿并让官兵统一口径。而土肥原无孔不入,由当日的"利川号"用煤量抓住辫子,再以战场遗留的弹壳证明出自"江亨号"(该舰为日本制造)。各种情况均对中方非常不利,完全否认已不可能,中国代表针对日方指控,制定了避重就轻的抗辩策略:

一、中国驻庙街副领事张文焕为保护华侨起见,与红军做过一些联络交涉,虽属个人行为,颇为遗憾。

二、庙街情形紧迫时,江亨舰长陈世英与白俄约定,凡侵入中国军舰周围一定界线者,可加以射击,并转告日本守备队。3月12日夜间日军接近中国炮舰时,哨兵即以机关枪向之射击,天明始知被击毙者为三名日本兵,惊慌之下将尸体抛入冰窟中,颇为遗憾。

三、江亨舰长陈世英曾借与白俄三门舰炮，其中一门为红军夺走，用以轰击日军营垒，颇为遗憾。

四、在日军与红军交战期间，个别中国水兵因事外出，为了安全也携带着武器，有几名在路过红军阵地时被逼迫指导炮击，实出无奈，颇为遗憾。[27]

庙街事件的主要交涉在日本与苏俄之间进行，制造惨案的红军负责人特里亚皮岑被处死，而日军在当时就对华人进行了血腥报复。吉黑舰队停泊在庙街上游的麻盖，据载：

> 1920年6月2日前后，重返俄国西伯利亚地区庙街之日军以怀疑华人参与红军，且航行于江面之华籍船舶形迹可疑，遂在麻盖附近海域攻击悬挂中国国旗之运柴风船，并击毙船上华工34人；翌日，日军又在下卡卡满屯虐杀华人29名、麻盖岸上枪毙华人11名，总计两日内共计75名华人遇害，此即麻盖事件。[28]

不久后，又有一个叫江连力一郎的日本军国主义分子，以为尼港死难者复仇的名义，带领一伙亡命徒劫持了几艘苏俄船只，将船上十二名俄人、四名华人、一名朝鲜人全部杀害，酿成新的血案。

日方代表回避这些杀戮，对中方的解释逐条反驳，不愿就此罢休，提出道歉、赔款、处分责任人等要求。民国政府被迫判处几名士兵八个月监禁，撤销了陈世英的职务，并表示"永不叙用"。9月下旬，吉黑舰队四舰驶离庙街，溯江而上，开赴同江驻地。而陈世英改名季良，调入第一舰队任"楚观号"舰长，再升任"海容号"舰长。他在抗日战争中表现英勇，历任海军部常务次长、海军总司令部参谋长兼第一舰队司令等，1945年去世时获赠为海军上将，此乃后话。

黑龙江与乌苏里江已有了中国的江防舰队，主要以一些吨位不高的商轮改装成浅水炮舰,随着"江亨号"等四舰的抵达,吉黑舰队有了些模样。1929年9月爆发中东路事件,吉黑舰队于同江之役中击沉阿穆尔舰队的旗舰,自身也受到重创,损失了超过一半的舰只。苏军乘势强占了中国的黑瞎子岛(抚远三角洲),其入侵还引发沿黑龙江各地的"跑反"(一个浸泡在民族屈辱与血泪中的苦词),黑河、瑷珲等地百姓也蜂拥出逃。这是庚子俄难后的又一次大逃亡,人群中就有年迈的姚福升……

"九一八事件"之后,日本关东军很快控制了整个东北,前清逊帝溥仪被扶持上台,担任伪满洲国的执政,也成为唯一到过黑龙江的清朝皇帝。那是在"二战"胜利后,伪满洲国康德皇帝溥仪被苏军逮捕,先关押在外贝加尔首府赤塔,复解送哈巴罗夫斯克(伯力),倒也颇受优待,吃住尚可,还允许散步和种菜。伯力已成为俄罗斯在远东的中心城市,靠近黑龙江与乌苏里江交汇处,而溥仪所著《我的前半生》,却未见提及近在咫尺的黑龙江。

注释

〔1〕 据〔清〕程德全《赐福楼笔记·癸卯召对纪略》,此日为十一月初十,慈禧太后问寿山事甚详,对德全多有奖誉。见李兴盛、马秀娟主编《程德全守江奏稿》(外十九种),黑龙江人民出版社,1999年,第754—757页。
〔2〕 〔清〕程德全《庚子交涉隅录》,见《程德全守江奏稿》(外十九种),第720页。
〔3〕 参见〔日〕大谷正《甲午战争》第六章,刘峰译,社会科学文献出版社,2019年,第182—184页。
〔4〕 《清德宗实录》卷四七七,光绪二十六年十二月癸亥。
〔5〕 〔清〕程德全《密陈革道周冕劣迹片》,见《程德全守江奏稿》(外十九种),第71页。
〔6〕 〔清〕宋小濂《呼伦贝尔边务调查报告书》第十三,见李澍田主编,蒙兼书等编著《宋小濂集》,吉林文史出版社,1989年,第100页。
〔7〕 〔清〕程德全《条陈六事折》,《程德全守江奏稿》(外十九种),第28—29页。
〔8〕 〔清〕程德全《正法存喜折》《桂升革职并发往军台赎罪片》,见《程德全守江奏稿》(外十九种),第105—106页。

[9] [清]程德全《黑龙江城现办情形片》,见《程德全守江奏稿》(外十九种),第430页。
[10] 孙蓉图修,徐希廉纂《瑷珲县志》卷五,《声复阻俄划留商埠议》,台北成文出版社,1974年,第214页。
[11] [清]程德全《瑷珲兵溃现已剿捕敉平折》,见《程德全守江奏稿》(外十九种),第624—627页。
[12] 《瑷珲县志》卷八,第289—290页记载:"光绪十九年春,俄官竟率马兵数十人直捣补丁屯,挨户搜查存之酒,遽动激烈手段,其各商凡在冷房存酒皆系万勷,木箱难于移动,俄官兵等即用铁凿从下穿窟而放,积满房屋,漫由门户长流而出,弥沿房院,屯中聚酒成渠。各商伙众痛哭流涕,几不欲生。俄尚鼓掌大笑。"
[13] 《瑷珲县志》卷八,《瑷珲城自昔创设以来更迭变治纪》,第290—291页。
[14] 《瑷珲县志》卷五,《据约辨论追还江左议》,第207—213页。
[15] [美]乔治·亚历山大·伦森《俄中战争——义和团运动时期沙俄侵占中国东北的战争》,陈芳芝译,商务印书馆,1982年,第187页。
[16] 陈会学主编《爱辉历史陈列馆故事》,《索还江东六十四屯》,南京出版社,2012年,第127页。
[17] [日]石光真清《谍报记》,《大地之梦·布拉戈维申斯克的哥萨克》,第258页。
[18] 《谍报记》,《大地之梦·布拉戈维申斯克的哥萨克》,第261页。
[19] 《谍报记》,《飞雪与枪声·亡命》,第275页。
[20] 《瑷珲县志》卷五,《详省俄乱严防议》,第222页。
[21] 《谍报记》,《野玫瑰之路·剑拔弩张》,第284页。
[22] 《谍报记》,《野玫瑰之路·哥萨克的反攻与分裂》,第293页。
[23] 包遵彭《中国海军史》下册,台北"中华丛书编审委员会",1970年。
[24] 在后来的调查中,中方的说法是把舰炮借给了白军,指导炮击的吉黑舰队水兵是偶然路过,被红军强迫参战的。
[25] 张文焕电呈外交部(1920年3月18日),外交部档案《救济庙街华侨案》一,台北"中研院"近代史研究所藏。
[26] 林建章电海军部附件(1920年6月14日),"国军档案"《庙街中日纠纷案》一。
[27] 本节撰写参考了张力《庙街事件中的中日交涉》,《南京大学学报》2005年第1期,特此说明并致谢忱。
[28] 黄文德《烈日·苦寒:1920年俄国庙盖华人遇害事件之研究》,《侨教与海外华人研究学报》2013年第12期。

尾　声

2018年仲夏的一个下午，潘振平兄与我飞抵漠河，开始了渴望已久的黑龙江之行。我俩皆与这片黑土地有缘：振平兄先在克东插队，然后进黑龙江大学读书，毕业后到黑龙江出版社工作；我也曾随一位长辈到双鸭山寻生计，割荆条，拣庄稼，待过一年多，却都没有到过黑龙江畔，未得一睹这条东北大河之真容。

次日一大早，我们前往号称"黑龙江源头第一村"的洛古小镇，入村便是一个硕大鲜红的"源"字，乘快艇溯流而上，约略半小时，船夫老张靠右岸停下，指向山坡树丛中，但见立着一块"龙江源"石碑，也是红漆大字。那儿距额尔古纳与石勒喀交汇处尚不止一箭之地，老张告曰有严格规定，说什么也不肯再向前开，只得遥遥伫望：两河交汇处有一座心形小岛，林木葱茏，一个简易的瞭望塔高出树杪，据说是俄方哨所，岛前水面平阔，淙淙溶溶。

逝者如斯夫？

一百六十多年前，咸丰四年（1854）初夏某日，沙俄东西伯利亚总督穆拉维约夫率领大型船队悍然闯入黑龙江，推测就是在此岛停靠，随行的伊尔库茨克乐团激情演奏，官员士兵饮酒狂欢，高唱歌曲，庆祝重回梦寐以求的黑龙江。那是在中俄签订《尼布楚条约》的一百六十五年后，条约第一款明确规定：北以格尔必齐河口、西以额尔古纳河为界，黑龙江两岸的山川土地属于中国。如此冲要的边境之地，主权国大清既不设卡伦，也无常住边民，江天寥廓，任由一众入侵者在"龙江源"自嗨。

将此处标称"龙江源",应有地方上扩大旅游的想法,却是错误的。源与流,各有明确定义,那里毫无疑义已是黑龙江干流,距离其南北两源都很遥远。康乾两朝曾多次派员赴青海踏访黄河源头,过星宿海,登巴颜喀拉山,最后确定卡日曲一带五个泉眼形成的小溪为正源;也曾派内大臣考察作为满族祖山的长白山,对黑水之源却未见探察。为何?当在于清廷认为无须考察。《清太祖武皇帝实录》卷一就提及黑龙江,曰:

> 辉发国本姓益革得里,原系沙哈梁兀喇江尼马谙部人(沙哈梁兀喇即混同江,一说黑龙江是也。此源从长白山发出。)[1]

沙哈梁兀喇,通作"萨哈连乌拉",乃女真人对黑龙江之称名,《清太宗实录》明确说它发源于吉林的长白山,于是长白山的天池也就成了黑龙江之源。这部实录迭经修改,有"崇德初纂本""顺治改缮本""康熙重修本"等不同版本,内容上改动颇多。关乎辉发国的文字,也出现在乾隆四年十二月修订完成的定本上,已经没有了随文注解的小字,或也意味着清廷对黑龙江源头的看法有所修正。[2]

自2018年1月始,我应约在《三联生活周刊》开设专栏,主题为清代的黑龙江,包括这条大河的自然和人文地理、生活在两岸的族群、哥萨克的侵入与当地部族的反抗,要点则是记述清廷与俄廷漫长而最终完败的大博弈。我选择了纪事本末体,以叙写一件件往事,写涉入事件的种种色色的人,尽量挖掘细节和再现情境,致力于呈现那痛切悲怆的艰难行旅。利用国家清史工程收集整理的档案文献,数年间我系统拣读相关的朱批奏折、军机处录副奏折,查阅《清实录》与康雍乾三帝的御制诗文集,以及《清代中俄关系档案史料选编》《十七世纪俄中关系》《筹办夷务始末》等中俄档案,也尽量参考前辈和当今的学术成果,力争做到言必有据。连载于2020年年底结束,其间曾两次赴哈尔滨作专题演讲和学术交流,倾听省内专家学者的指教,到黑龙江档案馆、省社科院图书馆查阅资料，收获满满。至于连载的方式，督促我将相关人物和事件进行梳理，有了一个初步的认知，自也难免潦草粗疏、挂一漏万。这次将文稿整理出版，应是一个修订弥补的机会，可以重读史料，补充章节，订正错讹，而重点则在于增加对黑龙江历史地理的描写，使读者了解其作为中华北方民族"母亲河"的内涵，直面那些沉重哀伤、繁复斑驳的旧事。

如果从努尔哈赤称汗的天命元年（1616）算起，清朝领有黑龙江流域差不多三百年，与沙俄有战有和，刀光剑影，最后则导致左岸与下游大片国土的丧失，最是中国近代史上不堪回首的篇章。东北失地的直接原因，当然在于沙俄的侵略扩张，而回望三百年间之时序迁转，爬梳归集那些个历史碎片，觉得更应以内省为主，反求诸己。个人的理解为：

一、东北失地发生在咸丰朝，而根源应追溯到大清盛世，追因于朝廷经略大东北的政策失误：清初招抚虎尔哈等部、清剿索伦造成的村墟一空；康熙朝留下一个乌第河待议地区；允许黑龙江将军衙门迁往右岸，并不断后撤；乾隆朝对东北根本之地的长期忽略，不修边备，早已潜伏下祸机。

二、咸丰年间内忧外患，沙俄船队大举进入黑龙江，清廷与地方当局被动应对，表现软弱，不仅不加强边备，还要抽调兵力去打内战，黑、吉两将军不敢不从。

三、移民实边，屯田守边，乃中国自古就采取的边政大计。沙俄向黑龙江、乌苏里江的移民数量并不多，但所设村屯首先分布在边境线上，左岸很快形成道路贯通、村落相连的局面；而清廷的政策先是外迁，再是封禁，后虽稍稍放开，移民点大多距边界甚远，数千里边境线绝多杳无人迹。

四、我们习惯于追责某个人，习惯于抓出一两个奸佞，将多数罪过集于其一身，是不恰当的。东北失地是整个统治集团造成的。签署《瑷珲条约》的奕山诚然是一个历史罪人，但咸丰帝与身边近臣，包括颇得好评的奕䜣以及吉林将军景淳,罪责也不算小。

五、进入19世纪,清朝自外于工业革命带来的世界大变局,抱残守缺,国力迅速下降,与俄罗斯相比,主要是思想文化的落后和杰出人才的匮乏,其次才是军事实力的差异。穆拉维约夫的下属中英才很多,对华交往一直占上风;黑龙江后来也涌现出寿山、程德全、李金镛、宋小濂等人才,各自发挥了重要的作用。

历史是一面镜子,大哉斯言,细哉斯言,痛哉斯言!

注释

〔1〕 见潘喆、李鸿彬、孙方明编《清入关前史料选辑》(第一辑),中国人民大学出版社,1984年,第303页。
〔2〕 《清太祖实录》卷三:"初辉发国本姓益克得里,黑龙江岸尼马察部人也。"

主要参考书目

一、史料

《史记》(点校本二十四史修订本),中华书局,2013年。
《汉书》,中华书局,1962年。
《后汉书》,中华书局,1965年。
《魏书》,中华书局,1974年。
《旧唐书》,中华书局,1975年。
《新唐书》,中华书局,1975年。
《唐会要》,上海古籍出版社,2003年。
《宋史》,中华书局,1985年。
《辽史》,中华书局,1974年。
《金史》,中华书局,1975年。
《元史》,中华书局,1976年。
《明史》,中华书局,1974年。
《清史稿》,中华书局,1977年。
《清史稿校注》,台湾商务印书馆,1999年。

袁珂《山海经校译》,上海古籍出版社,1985年。
[宋]徐梦莘《三朝北盟会编》,中华书局,1991年。
[宋]王偁《东都事略》,巴蜀书社影印光绪淮南书局刊本,1993年。
[宋]洪皓《松漠纪闻》,泰山出版社,2000年。
[宋]叶隆礼撰,贾敬颜、林荣贵点校《契丹国志》,上海古籍出版社,1985年。
[宋]陈均著,许沛藻、金圆、顾吉辰、孙菊园点校《皇朝编年纲要备要》,中华书局,2006年。
[宋]確庵、耐庵著,崔文印笺证《靖康稗史笺证》,中华书局,1988年。
《大宋宣和遗事》,岳麓书社,1993年。

［金］赵秉文著，马振君整理《赵秉文集》，黑龙江大学出版社，2014年。
［元］苏天爵编《元文类》，上海古籍出版社，1993年。
［元］孛兰盼等著，赵万里校辑《元一统志》，中华书局，1966年。
札奇斯钦《蒙古黄金史译注》，联经出版事业有限公司，1979年。
《明实录》，中华书局，2016年。
《大明会典》，广陵书社，2007年。
［明］李贤等撰《大明一统志》，三秦出版社，1990年。
［明］陈循等编《寰宇通志》，收入郑振铎等所编《玄览堂丛书续集》。
［明］毕恭《辽东志》，收入《中国边疆史志集成》，全国图书馆文献缩微复制中心，2003年。
故宫博物院编《清圣祖御制诗文》，海南出版社，2000年。
故宫博物院编《清世宗御制文》，海南出版社，2000年。
［清］爱新觉罗·弘历《御制诗》（初集、二集、三集、四集、五集、余集），上海古籍出版社，2010年。
《清实录》，中华书局，1985年。
《清嘉庆三年太上皇起居注》，有民国间朱希祖序。
齐思和等整理《筹办夷务始末（道光朝）》，中华书局，1964年。
［清］贾桢等编辑《筹办夷务始末（咸丰朝）》，中华书局，1979年。
中华书局编辑部、李书源整理《筹办夷务始末（同治朝）》，中华书局，2008年。
中国第一历史档案馆编《乾隆朝上谕档》，广西师范大学出版社，2009年。
李守郡主编，中国第一历史档案馆编《嘉庆道光两朝上谕档》，广西师范大学出版社，2000年。
赵雄主编，中国第一历史档案馆编《咸丰同治两朝上谕档》，广西师范大学出版社，1998年。
叶志如等总主编，中国第一历史档案馆编《光绪宣统两朝上谕档》，广西师范大学出版社，1996年。
［清］穆彰阿等修《嘉庆重修一统志》，上海古籍出版社，2008年。
《清会典事例》，中华书局，1991年。
《清会典图》，中华书局，1991年。
［清］傅恒等《皇清职贡图》，辽沈书社，1991年。
［清］阿桂著，孙文良点校《满洲源流考》，辽宁民族出版社，1988年。
《清通鉴》，山西人民出版社，1999年。
中国人民大学清史研究所编《清史编年》，中国人民大学出版社，2000年。

故宫博物院明清档案部编《清代中俄关系档案史料选编》第一编，中华书局，1981年。

故宫博物院明清档案部编《清代中俄关系档案史料选编》第三编，中华书局，1979年。

中国第一历史档案馆满文部、黑龙江省社会科学院历史研究所合编《清代黑龙江历史档案选编（光绪元年——七年）》，黑龙江人民出版社，1986年。

中国第一历史档案馆满文部、黑龙江省社会科学院历史研究所合编《清代黑龙江历史档案选编（光绪八年——十五年）》，黑龙江人民出版社，1986年。

黑龙江省档案馆、黑龙江省社会科学院历史研究所合编《清代黑龙江历史档案选编（光绪十六年——二十一年）》，黑龙江人民出版社，1987年。

《故宫俄文史料》，国家清史编纂委员会"清史译文新编"第一辑，2005年。

辽宁省档案馆、辽宁社会科学院历史研究所、沈阳故宫博物馆译编《三姓副都统衙门满文档案译编》，辽沈书社，1984年。

［清］蒋良骐撰，林树惠、傅贵九校点《东华录》，中华书局，1980年。

［清］谈迁撰，汪北平校点《北游录》，中华书局，1960年。

［清］吴兆骞撰，麻守中校点《秋笳集》，上海古籍出版社，2009年。

［清］魏源撰，韩锡铎、孙文良点校《圣武记》，中华书局，1984年。

［清］昭梿《啸亭杂录》，中华书局，1980年。

曹廷杰著，丛佩远、赵鸣岐编《曹廷杰集》，中华书局，1985年。

［清］何秋涛《朔方备乘》，光绪七年刻本。

［清］吴大澂《皇华纪程》，殷礼在斯堂本。

步平等编著《东北国际约章汇释（1689—1919年）》，黑龙江人民出版社，1987年。

杨家骆主编《清光绪朝文献汇编》，台湾鼎文书局，1978年。

刘民声、孟宪章《十七世纪沙俄侵略黑龙江流域编年史》，中华书局，1989年。

［清］黄维翰撰，郭殿忱、陈见微编《黑水先民传 长白先民传》，吉林文史出版社，1987年。

任国绪主编《宦海伏波大事记》（外五种），黑龙江人民出版社，1994年。

郝建恒等译《历史文献补编——十七世纪中俄关系文件选译》，商务印书馆，1989年。

［俄］尼古拉·班蒂什-卡缅斯基编著，中国人民大学俄语教研室译《俄中两国外交文献汇编（1619—1792年）》，商务印书馆，1982年。

王慎荣、赵鸣岐汇编《东夏史料》，吉林文史出版社，1990年。

谭东广主编《东夏国史料汇编》，吉林人民出版社，2018年。

金恩晖点校《打牲乌拉志典全书》，吉林文史出版社，1988年。
［清］王之春撰，赵春晨点校《清朝柔远记》，中华书局，1989年。
［清］张鹏翮《奉使俄罗斯日记》，黑龙江教育出版社，2014年。
［清］杨道霖校勘《中俄交涉记》，黑龙江教育出版社，2014年。
［清］萨英额撰，史吉祥、张羽点校《吉林外纪》，吉林文史出版社，1986年。
［清］袁昶撰，陈见微点校《吉林志略》，吉林文史出版社，1986年。
［清］杨宾等撰，杨立新等整理《吉林纪略》，吉林文史出版社，1993年。
［清］特普钦著，李兴盛、孙正甲、王晶编《黑龙江将军特普钦诗文集》，天津古籍出版社，1987年。
《松漠纪闻》等五种，吉林文史出版社，1986年。
孙蓉图修，徐希廉纂《瑷珲县志》，台北成文出版社1974年影印本。
《呼玛县志》，呼玛县志编辑委员会内部发行，1980年。
石荣暲《库页岛志略》，民国十八年蓉城仙馆丛书本。
刘民声、孟宪章、步平编《十七世纪沙俄侵略黑龙江流域史资料》，黑龙江教育出版社，1992年。
何煜《龙江公牍存略》，黑龙江教育出版社，2014年。
柳成栋整理《清代黑龙江孤本方志四种》，黑龙江人民出版社，1989年。
《达斡尔资料集》编辑委员会、全国少数民族古籍整理研究室编《达斡尔资料集》第一集，民族出版社，1996年。
中国社会科学院近代史资料编辑组编《杨儒庚辛存稿》，中国社会科学出版社，1980年。

二、中文著作

艾书琴、曲伟主编《黑龙江通史》，社会科学文献出版社，2019年。
北京师范大学清史研究小组编《一六八九年的中俄尼布楚条约》，人民出版社，1977年。
蔡鸿生《俄罗斯馆纪事》(增订本)，中华书局，2006年。
陈杰《明治维新》，陕西人民出版社，2020年。
陈捷先《努尔哈齐写真》，商务印书馆，2011年。
陈捷先《皇太极写真》，商务印书馆，2011年。
陈开科《巴拉第与晚清中俄关系》，上海书店出版社，2008年。
陈开科《嘉庆十年：失败的俄国使团与失败的中国外交》，社会科学文献出版社，2014年。

陈维新《清代对俄外交礼仪体制及藩属归属交涉（1644—1861）》，黑龙江教育出版社，2012年。

邓清林《黑龙江地名考释》，黑龙江人民出版社，1986年。

刁书仁《明清东北史研究论集》，吉林文史出版社，1995年。

郭成康《18世纪的中国与世界·政治卷》，辽海出版社，1999年。

胡凡、盖莉萍编著《俄罗斯学界的靺鞨女真研究》，黑龙江人民出版社，2015年。

华林甫主编《清代地理志书研究》，中国人民大学出版社，2014年。

姜鸣《天公不语对枯棋：晚清的政局和人物》，生活·读书·新知三联书店，2015年。

蒋廷黻《最近三百年东北外患史》，黑龙江省政协2015年翻印本。

景爱《达斡尔族论著提要》，人民出版社，2015年。

赖惠敏《满大人的荷包：清代喀尔喀蒙古的衙门与商号》，中华书局，2020年。

梁立佳《皮毛与帝国：俄美公司在北太平洋地区殖民活动研究（1799—1825）》，中国社会科学出版社，2020年。

李健才《东北史地考略》，吉林文史出版社，1986年。

李文杰《辨色视朝：晚清的朝会、文书与政治决策》，上海人民出版社，2020年。

李新主编《中华民国史·大事记》，中华书局，2011年。

李细珠《地方督抚与清末新政：晚清权力格局再研究》，社会科学文献出版社，2012年。

李兴盛主编《会勘中俄水陆边界图说》（外十一种），黑龙江人民出版社，2006年。

李兴盛主编《吴兆骞杨瑄研究资料汇编》，黑龙江大学出版社，2014年。

李兴盛、马秀娟主编《程德全守江奏稿》（外十九种），黑龙江人民出版社，1999年。

林树山、姚凤《西伯利亚民族学文集》，吉林文史出版社，1997年。

刘家磊《东北地区东段中俄边界沿革及其界碑研究》，黑龙江教育出版社，2014年。

刘小萌《满族从部落到国家的发展》，中国社会科学出版社，2007年。

刘远图《早期中俄东段边界研究》，中国社会科学出版社，1993年。

吕一燃主编《近代边界史》，四川人民出版社，2007年。

马大正《当代中国边疆研究》，中国社会科学出版社，2019年。

马忠文《晚清人物与史事》，北京师范大学出版社，2015年。

孟森《满洲开国史讲义》，中华书局，2006年。

钱鹏《李金镛传》，漠河外宣系列丛书编辑委员会，2004年。

秋浦等《鄂温克人的原始社会形态》，中华书局，1962年。
石方《黑龙江移民史》，社会科学文献出版社，2019年。
宋小濂著，蒙秉书等编注《宋小濂集》，吉林文史出版社，1989年。
苏位智《从华北到东北——沙俄与义和团战争》，山东大学出版社，2020年。
孙进己、冯永谦总纂《东北历史地理》，黑龙江人民出版社，2013年。
王冬芳、季明明《女真——满族建国研究》，学苑出版社，2009年。
王开玺《清代外交礼仪的交涉与论争》，人民出版社，2009年。
王希亮《近代中国东北日本人早期活动研究》，社会科学文献出版社，2017年。
王禹浪《金代黑龙江述略》，哈尔滨出版社，1993年。
王禹浪等《黑龙江流域古代民族筑城研究》，中国社会科学出版社，2019年。
王云红《清代流放制度研究》，人民出版社，2013年。
王钟翰《清史杂考》，中华书局，1963年。
乌热尔图编《鄂温克史稿》，内蒙古文化出版社，2007年。
吴占柱、波·少布《黑龙江柯尔克孜族简史》，黑龙江教育出版社，2016年。
杨旸等著《明代奴儿干都司及其卫所研究》，中州书画社，1982年。
杨旸《明代辽东都司》，中州古籍出版社，1988年。
杨旸主编《明代东北疆域研究》，吉林人民出版社，2008年。
远东外交研究会《最近十年中俄之交涉》，黑龙江教育出版社，2014年。
查攸吟《日俄战争全史》，中国长安出版社，2015年。
战继发主编《国外黑龙江史料提要》，社会科学文献出版社，2018年。
张先清《帝国潜流：清代前期的天主教、底层秩序与生活世界》，社会科学文献出版社，2021年。
赵东升《乌拉史略》，吉林文史出版社，1993年。
周远廉主编《清朝兴亡史》，北京燕山出版社，2016年。

三、外文译著

［俄］巴尔苏科夫编著《穆拉维约夫 - 阿穆尔斯基伯爵》，商务印书馆，1973年。
［俄］伊·费·巴布科夫《我在西西伯利亚服务的回忆（1859—1895年）》，商务印书馆，1973年。
［俄］科罗斯托维茨，李金秋等译《俄国在远东》，商务印书馆，1975年。
［俄］A. 布克斯盖夫登著，王瑾等译《1860年北京条约》，商务印书馆，1975年。
［俄］鲍里斯·塔格耶夫著，薛蕾译《在耸入云霄的地方》，商务印书馆，1975年。

［俄］B.帕尔申著，北京第二外国语学院俄语编译组译《外贝加尔边区纪行》，商务印书馆，1976年。

［俄］瓦西里耶夫著，徐滨等译《外贝加尔的哥萨克（史纲）》，商务印书馆，1977年。

［俄］P.马克著，吉林省哲学社会科学研究所翻译组译《黑龙江旅行记》，商务印书馆，1977年。

［俄］涅维尔斯科伊著，郝建恒、高文风译《俄国海军军官在俄国远东的功勋（1849—1855）》，商务印书馆，1978年。

［俄］E.B.冈索维奇著，《阿穆尔边区史》，商务印书馆，1978年。

［俄］契河夫著，习绍华、姜长斌译《萨哈林旅行记》，黑龙江人民出版社，1980年。

［俄］谢·阿·多勃隆拉沃夫著，刘秀云、吕景昌译《一个俄国军官的满洲札记》，齐鲁书社，1982年。

［俄］谢·尤·维特著，张开译《俄国末代沙皇尼古拉二世：维特伯爵的回忆》，新华出版社，1983年。

［俄］基尔希纳著，郝建恒译《攻克瑷珲》，商务印书馆，1984年。

［俄］B.B.戈利岑《中东铁路护路队参加一九〇〇年满洲事件纪略》，商务印书馆，1984年。

［俄］赫维基诺夫《黑龙江志》，黑龙江地方志办公室1991年编译印行。

［俄］布谢《远征萨哈林岛日记》，萨哈林图书出版社，2007年。

［俄］阿·科尔萨克著，米镇波译《俄中商贸关系史述》，社会科学文献出版社，2010年。

［俄］B.C.米亚斯尼科夫主编，徐昌翰等译《19世纪俄中关系：资料与文献》第1卷，广东人民出版社，2012年。

［俄］M.И.齐保鲁哈著，杨海明译《征服西伯利亚：从叶尔马克到白令》，中国社会科学出版社，2017年。

［俄］谢·弗·米罗年科著，许金秋译《19世纪俄国专制制度与改革》，社会科学文献出版社，2017年。

［苏］科尼亚杰夫编《萨哈林州》，南萨哈林州出版社，1960年。

苏联科学院远东研究所等编，黑龙江大学俄语系翻译组、黑龙江省哲学社会科学研究所第三室译《十七世纪俄中关系》第二卷，商务印书馆，1975年。

库罗巴特金、利涅维奇日记摘编，苏俄国家中央档案馆编，吉林省哲学社会科学研究所翻译组译《日俄战争》，商务印书馆，1976年。
[苏] Г.Б.利霍夫著，黑龙江省哲学社会科学研究所第三室译《满洲人在东北：十七世纪》，商务印书馆，1976年。
[苏] В.К.阿尔谢尼耶夫著，黑龙江大学俄语系翻译组译《在乌苏里的莽林中》，商务印书馆，1977年。
苏联科学院远东研究所编，厦门大学外文系《十七世纪俄中关系》第一卷翻译小组译《十七世纪俄中关系》第一卷，商务印书馆，1978年。
[苏] 诺维科夫-达斡尔斯基等《阿穆尔州地志博物馆与方志学会论丛》(选辑)，黑龙江人民出版社，1978年。
[苏] 阿瓦林著，北京对外贸易学院俄语教研室译《帝国主义在满洲》，商务印书馆，1980年。
[苏] 鲍里斯·罗曼诺夫著，陶文钊译《俄国在满洲》，商务印书馆，1980年。
[苏] 尼.扎多尔诺夫著，武仁译《涅维尔斯科伊船长》，黑龙江人民出版社，1980年。
[苏] 孔谢·宾·奥昆著，俞启骧译《俄美公司》，商务印书馆，1982年。
[苏] 卡巴诺夫著，姜延祚译《黑龙江问题》，黑龙江人民出版社，1983年。
[苏] Е.И.杰烈维杨科著，林树山、姚凤译《黑龙江沿岸的部落》，吉林文史出版社，1987年。

露国大藏省编纂《满洲通志》，日本东亚同文会，1906年。
[日] 鸟居龙藏著，汤尔和译述《东北亚洲搜访记》，商务印书馆，1926年。
[日] 鸟居龙藏《黑龙江和库页岛南部》，东京，1943年。
[日] 间宫林藏著，黑龙江日报(朝鲜文报)编辑部、黑龙江省哲学社会科学研究所译《东鞑纪行》，商务印书馆，1974年。
[日] 田山茂著，潘世宪译《清代蒙古社会制度》，商务印书馆，1987年。
[日] 石光真清著，赵连泰、靳桂英编译《谍报记》，吉林文史出版社，1989年。
[日] 和田春树著，易爱华、张剑译《日俄战争：起源与开战》，生活·读书·新知三联书店，2018年。

[法] 张诚著，陈霞飞译《张诚日记》，商务印书馆，1973年。
[法] 加恩著，江载华、郑永泰译《彼得大帝时期的俄中关系史》，商务印书馆，1980年。
[法] 儒勒·凡尔纳著，杜洪军、梁小楠、董玲译《19世纪的大旅行家》，海南

出版社，2016年。
［法］伯希和著，萧菁译《伯希和北京日记》，广西师范大学出版社，2017年。
［美］约瑟夫·塞比斯著，王立人译《耶稣会士徐日升关于中俄尼布楚谈判的日记》，商务印书馆，1973年。
［美］查尔斯·佛维尔编，斯斌译《西伯利亚之行：从阿穆尔河到太平洋（1856—1857）》，上海人民出版社，1974年。
［美］斯蒂芬《萨哈林史》，1971年牛津版，有安川一夫日译本，1974年。
［美］乔治·亚历山大·伦森编，杨诗浩译，严四光校《俄国向东方的扩张》，商务印书馆，1978年。
［美］乔治·亚历山大·伦森著，陈芳芝译《俄中战争：义和团运动时期沙俄侵占中国东北战争》，商务印书馆，1982年。
［英］G.拉文斯坦著，陈霞飞译《俄国人在黑龙江》，商务印书馆，1974年。
［英］R. K. I. 奎斯特德著，陈霞飞、陈泽宪译《一八五七——一八六〇年俄国在远东的扩张》，商务印书馆，1979年。
［英］G.拉文斯坦著，崔丕、徐志超译《俄国人在黑龙江》续篇，商务印书馆，1991年。
［英］克里斯蒂安·沃尔玛著，李阳译《通向世界尽头：跨西伯利亚大铁路的故事》，生活·读书·新知三联书店，2017年。
［英］齐格勒《黑龙江》，联经出版事业有限公司，2018年。
［英］丹尼尔·比尔著，孔俐颖译《死屋——沙皇统治时期的西比利亚流放制度》，四川文艺出版社，2019年。
［德］米勒、帕拉斯著，李雨时译《西伯利亚的征服和早期俄中交往、战争和商业史》，商务印书馆，1979年。
［德］狄德满著，崔华杰译《华北的暴力和恐慌：义和团运动前夕基督教传播和社会冲突》，江苏人民出版社，2011年。
［朝］郑麟趾等《高丽史》，西南师范大学出版社、人民出版社，2014年。
［澳］黄宇和著，区鉷译《两广总督叶名琛》，中华书局，1984年。
［荷］伊台斯、［德］勃兰德著，北京师范学院俄语翻译组译《俄国使团使华笔记》，商务印书馆，1980年。

跋

我是在2010年年底参与清史编纂工作的,当时称"国家清史办"和"国家清史编纂委员会",上级领导为文化部,而非现在的文化和旅游部。那时大清史的纂修已进入审读阶段,一些项目被审稿专家否决,有的退改数次仍不合格,戴逸先生与我们都很着急,其中就包括《边政志》。2012年某日,典志组组长郭成康教授来谈,希望我能兼任《边政志》主持人,并转告已经戴逸先生同意,先生还说如果组里谈不下来他就亲自出面请。我有些突然,清史界分工细密,每个领域都有大专家,而我从未接触过边疆问题……不再详记了,总之是接了下来,领着清史办一帮年轻学子干了起来,成果也得到了认可。此举可作为我研究黑龙江问题的发端,是以我的致谢也应从戴逸先生、郭成康先生开始,感谢他们那份特殊的信任(估计也有几分押宝式的不踏实吧),也感谢国家清史办(现改名"清史纂修与研究中心")的小同事。记得负责写中俄东段边界的是王立新,人民大学清史所的博士,做事与写作都认真扎实,现在是研究处的处长。

后来我写库页岛的系列文章,虽属受契诃夫《萨哈林旅行记》触发,实则有审改《边政志·海疆篇》垫的底子,而库页岛与黑龙江的血脉关联,也开启了后来溯江而上的考索。感谢三联书店常绍民副总编辑、时任《读书》主编祝晓风、副主编刘蓉林,版面如此紧张的大牛刊物,一年多就发表了四篇"库页的伤逝";本人性急,将剩下的两篇另投《书城》,李庆西兄是我素来仰慕的学者,审阅后很快刊用,也令我受到鼓励。

正是看到《读书》上的文章,《三联生活周刊》主编李鸿谷通过绍民兄约我喝酒,席上敲定以清代黑龙江为题,于2018年1月的第一个周开始连载。而我在交上第一组稿子后,应黄仕忠兄之邀到中山大学访问,待了一个多月,还记得到附近报摊上买刊物,看到第一篇后的喜悦。当时的状态是摸着石头过河,并不知会持续整整三年。我的做法是一次写成一组,八篇或六篇,提前发给鸿谷和程昆,后来见鸿谷太忙就只发程昆,他会在印刷前将样稿发我看看,每周如此。很喜欢周刊的文化氛围,也多次与鸿谷(单位的年轻人称为李大人)在附近的小馆子喝酒,结识了三位女性副主编——吴琪、曾琰、李菁,一个凝聚的知性明练的班子。

清代的黑龙江,是一个沉重的、常令人有窒息感的题目,加上本人并非历史专业出身,不懂俄文和日文,写作过程绝非轻松。我得到了很多帮助。首先是历史学家、三联书店原副总编辑潘振平兄,为我解惑释疑,也将相关藏书和学术信息源源提供。中国社会科学院边疆所原所长、清史编委会副主任马大正先生,中国第一历史档案馆原馆长邹爱莲先生,已逝的日本天理大学教授朱鹏兄,人民大学清史所宝音教授、董建中教授,旅居日本的原清史所副所长华立教授,都给过我很多帮助。我在清史中心的年轻同事穆蕾、王立新、赫晓琳、张鸿广、高子淇、董娜、陈芳、倪翔等,帮着借阅图书,核对原文,也为此书做了不少事情。要特别提出的是现代教育出版社聂金星、浙江传媒学院黄义枢,随时帮我检索资料,但有所托,不避繁难。好友陆林的女儿陆洋为名古屋大学博士,曾代为查阅了相关资料。连载结束后,周刊图书编辑段珩将全部文稿归拢一处,为下一步的修订提供了方便。当然也要感谢三联书店,这是张龙第二次为我的书做责编,北京大学历史系的博士,低调谦和,恰可弥补我在专业上的缺漏。至于二审三审,目前还不知是哪位,先行谢过了。

得益于周刊提供资助,我和潘振平兄于2018年夏月前往漠河,开始对黑龙江上游的考察,乘船至"龙江源",登上雅克萨对面的古城岛,驱车沿着临江高速一路向下,下榻呼玛、黑河,并去了左岸的布拉戈维申斯克（海兰泡）。振平兄的大学室友于晓东曾任黑河主官，嘱托昔日同事协助，记得接待我们的为李泽国副秘书长，热情真诚又极为周到。瑷珲历史陈列馆陈会学馆长就是在席间结识的，在我们参观时亲自担任讲解，赠送相关资料，受益颇多。在黑河数日间，泽国兄每晚都有一场大酒，介绍新的朋友，振平兄善饮，也有两次喝得步履蹒跚，还坚持要沿江走回宾馆。本来计划第二年考察黑龙江的中下游，因疫情搁置，一晃就是三年。

那之后我有两次到哈尔滨：一次是2020年10月往黑龙江省社科院演讲，题目是《清朝边政失误之再检讨》，承蒙周峰书记、战继发副院长、赵儒军所长热情接待，还特地召集了一个学术研讨会，李兴盛先生等一批师友出席；第二次是应著名作家迟子建之邀，为省政协做历史文化讲座，主题也是清代的黑龙江。深谢主人的细心安排，我先后参观了省档案馆的"黑龙江将军衙门档案"，以及关道衙门旧址、巴洛克街区等，对研究和写作多有启发。

还要特别致谢的是：黑龙江历史文化研究工程为本书的出版提供了资助。

如果从2017年算起，本书的写作已历六年，成为我学术生涯的一个难忘的组成部分。而愈是到后来，愈觉自己对这条大河的了解不够，人物和事件的记述、轻重繁简的把握也会存在各种问题。尤其那些曾生活在江畔的族群，像索伦、梭龙、达斡尔、打虎儿、胡尔哈、虎尔哈、赫哲、黑斤、费雅喀、飞牙喀……尽管下了很大气力，仍觉迷蒙难辨。那就保留这份迷蒙吧，那里的先民同饮一江水，似乎也不太在意族属之间的切割；清晰的是，他们同属于黑龙江哺育的儿女，且为嫡传。

是为跋。

卜　键
2022年12月23日
于京北两棠轩